KB126026

벼랑 끝에 선 **타이완**

Difficult Choices

Taiwan's Quest for Security and the Good Life

by Richard C. Bush

© 2021, The Brookings Institution
Korean translation copyright © HanulMPlus Inc., 2023
Licensed by The Brookings Institution Press, Washington, DC, U.S.A

이 책의 한국어판 저작권은 The Brookings Institution Press와의 독점계약으로 한울엠플러스(주)
에 있습니다. 저작권법에 의해 보호를 받는 저작물이므로 무단 전재와 무단 복제를 금합니다.

번역문은 출판사가 작성했으며, 저자나 저작권자의 검토 또는 승인을 거치지 않았습니다.

Difficult Choices: Taiwan's Quest for Security and the Good Life

벼랑 끝에 선
타이완

미중 경쟁과 양안관계의 국제정치

리처드 부시 Richard C. Bush 지음

박행웅 · 이용빈 옮김

한울
아카데미

일러두기

1. 중화인민공화국(People's Republic of China: PRC)은 '베이징 정부'(또는 '베이징')로, 중화민국(Republic of China: ROC)은 '타이베이 정부'(또는 '타이베이')로 표기한다.
2. '중국'으로 표기한 것은 주로 중화인민공화국을 가리킨다. 단, 좀 더 구체적으로 명기할 필요가 있을 때에는 '중국(중화인민공화국)'으로 표기한다. 지리상의 표기 또는 과거 역사적 실체로서의 중국 역시 '중국'으로 표기한다. 한편 중화인민공화국과 중화민국이 통일의 지향점 또는 그 완성형으로서 추구하는 중국(China)은 '중국'으로 작은따옴표를 추가해 구분한다.
3. 중화권(중국 대륙, 타이완, 홍콩) 인명의 경우, 중국 대륙은 표준어 표기방식에 준해, 타이완 및 홍콩은 자체의 표기방식에 준해 각각 표기한다.

존 매케인 상원의원의 마지막 연설문[*]

　(미국 연방의회 상원에서의 토론은) 제가 기억하는 그 어느 때보다도 더 당파적이고 더 부족(部族)적이었습니다. 우리가 진행하고 있는 심의가 여전히 중요하고 유용할 수 있지만, 최근에는 그러한 심사숙고의 중대함에 대해 과도한 부담을 느끼지 않았다는 것에 우리 모두 동의할 것이라고 생각합니다. 그리고 지금 상원에서 진행하고 있는 심의는 미국인들을 위해 많은 것을 생산해 내지 못하고 있습니다. ……

　나는 우리가 다시 겸손, 협력의 필요성, 상호 의존을 통해서 서로를 신뢰하는 법을 배우고 그렇게 함으로써 우리를 뽑아준 사람들을 더 잘 섬길 수 있게 되기를 바랍니다. 라디오, 텔레비전, 인터넷에서 떠드는 시끄러운 소리는 그만 들읍시다. 그런 것은 진절머리가 납니다. 그러한 말들은 공공의 이익을 위해 어떤 일도 하려 하지 않습니다. 그런 말들은 우리의 무능함에 기대어 먹고 삽니다.

　우리 서로 믿읍시다. 정석대로 돌아갑시다. 우리는 너무 많은 중요한 문제에서 헛바퀴를 돌리고 있습니다. 왜냐하면 우리가 계속해서 반대편의 도움 없이 승리할 수 있는 방법을 찾으려고 노력하고 있기 때문입니다. 그것은 쌍방 [공화당과 민주당_옮긴이]이 의회에서 사무를 처리할 때 지향하는 방식이 톱다

---

[*]　American Health Care Act of 2017; *Congressional Record*, Vol. 163, No. 125(U.S. Senate, July 25, 2017), statement of Senator John McCain.

운top down 형태의 입법을 의무화하고 반대쪽의 어떠한 지원도 받지 않는 접근
법이기 때문입니다. ……

　　그 해결책들을 찾기 위해 함께 노력한다고 해서 우리가 손해 볼 게 뭐가 있
나요? 우리가 분열되어 있을 때 해낼 수 있는 일은 많지 않습니다. 저는 우리
가운데 그 누구도 우리의 무능함을 자랑스러워한다고 생각하지 않습니다. 정
치적 정적이 하려고 하는 바를 하지 못하도록 막는 것만이 가장 고무적인 일은
아닙니다. 우리의 차이를 존중하면서도 핵심 원칙의 포기를 요구하지 않는 합
의, 즉 삶을 개선하고 미국 국민을 보호하는 데 도움이 되는 선의의 합의를 이
루는 것이 더 큰 만족감을 줍니다.

차 례

감사의 글

모든 저자와 마찬가지로 나는 이 책을 연구하고 집필하는 과정에서 수많은 빚 그리고 결코 갚을 수 없는 빚을 졌다. 내가 할 수 있는 일은 나를 도와준 모든 사람에게 감사의 마음을 전하면서 너무 많은 사람을 소외시키거나 모욕적인 차별을 두지 않기를 바라는 것뿐이다. 물론 남아 있는 오류와 오기(誤記)는 전적으로 나의 책임이다.

우선 이 책을 출간하기 위한 프로젝트에 많은 보조금을 지원해 준 스미스 리처드슨 재단Smith Richardson Foundation에 깊은 감사를 전한다. 마린 스트르메키 Marin Strmecki와 앨런 쑹Allan Song이 수년에 걸쳐 나와 나의 학술 활동에서 보여준 자신감은 나와 브루킹스연구소Brookings Institute에 큰 의미가 있다.

나는 브루킹스연구소 동아시아정책연구센터Center for East Asia Policy Studies 및 존 손턴 중국연구센터John L. Thornton China Center(이하 중국연구센터)의 동료 학자들의 통찰력과 우정으로부터 큰 도움을 받았다. 미레야 솔리스Mireya Solis, 리 청(李成), 정 박Jung Pak[한국 이름 박정현_옮긴이], 조너선 스트롬세스Jonathan Stromseth, 린제이 포드Lindsey Ford, 데이비드 달러David Dollar, 라이언 하스Ryan Hass, 러시 도시Rush Doshi 및 제이미 호슬리Jamie Horsley 등으로부터도 큰 도움을 받았다(특히 러시 도시와 제이미 호슬리가 큰 도움이 되었다). 타이완(台灣)*의

---

* 타이완의 한자는 臺灣으로 표기하기도 하지만, 이 책에서는 台灣으로 일괄적으로 표기한다.

양안정책협회(兩岸政策協會) 이사장 탄야오난(譚耀南)은 내가 이 책을 쓰는 많은 시간 동안 동아시아정책연구센터의 방문학자였으며 나는 그에게서 많은 것을 배웠다. 엘리사 글래이저Elisa Glaser, 미구엘 비에라Miguel Viera 및 제니퍼 메이슨Jennifer Mason은 프로젝트를 능숙하게 관리해 주었다. 그 기간 동안 매브 웰랜-우에스트Maeve Whelan-Wuest, 재스민 자오Jasmine Zhao, 에이드리언 초른Adrien Chorn이라는 세 명의 유능한 연구조교가 있어서 운이 좋았다. 특히 에이드리언 초른은 원고의 연속된 버전을 복사하는 지루한 작업을 했지만 작업을 잘 수행했다. 콘스탄틴 버러드슈Konstantin Burudshiew, 이선 주얼Ethan Jewell, 황톈레이Huang Tianlei, 쉬첸성Xu Qiansheng 및 장신웨Zhang Xinyue 같은 두 센터의 인턴들은 특정 연구 과제에 대해 친절하게 도와주었다.

브루킹스연구소의 '외교정책 프로그램Foreign Policy Program'을 수행했던 동아시아정책연구센터와 중국연구센터는 나의 연구와 저술에 협력적인 환경을 제공해 주었다. 특히 내가 프로젝트를 시작할 때 프로그램 디렉터였던 브루스 존스Bruce Jones와 연구 책임자인 마이크 오핸런Mike O'Hanlon은 항상 끊임없이 격려를 해주었다. 나의 동료들은 내가 이 책의 핵심인 아이디어를 발표한 세션에서 여러 가지 유용한 제안을 했다. 대니얼 바이먼Daniel Byman, 브라이언 리브스Brian Reeves, 어맨다 슬롯Amanda Sloat, 콘스탄제 스텔젠뮐러Constanze Stelzenmüller 및 태마라 윗스Tamara Wittes는 특정 질문에 유용한 답변을 제공했다. 서맨사 그로스Samantha Gross는 제5장을 친절하게 검토한 후 개선을 위한 많은 제언을 해주었다. 제프 베이더Jeff Bader와 조너선 폴랙Jonathan Pollack은 은퇴했지만 계속해서 지침을 제공해 주고 있다.

브루킹스연구소에서는 더 광범위하게 도서관 직원들에게 감사드린다. 특히 나의 모든 연구 요청을 기쁘게 추적한 새라 칠턴Sarah Chilton과 로라 무니Laura

---

타이베이(台北), 타이난(台南) 등의 표기도 이에 따른다. _옮긴이 주

Mooney에게 감사드린다. 브루킹스연구소 출판부의 윌리엄 피넌William Finan과 그의 팀은 내 원고를 실제 책으로 만들기 위해 열심히 노력했다. 그 과정에서 두 명의 외부 익명 검토자가 귀중한 제안을 풍부하게 제공했다.

　브루킹스연구소 외에도 고무적인 통찰력과 특정 질문에 대한 답변을 제공한 사람들이 많이 있었다. 나는 중국 전문가 및 타이완 전문가 커뮤니티, 타이완의 매우 재능 있는 정치학자들, 그리고 다른 많은 친구들과 동료들로부터 수년 동안 많은 것을 배웠다. 그들 모두의 이름을 대는 것은 매우 긴 목록이 되겠지만, 다음 인사들은 반드시 언급해야 할 것이다. 네이선 바토Nathan Batto, 장안핑(張安平), 천이신(陳以信), 천팡위Chen Fang-yu, 재니스 천Janice Chen, 브렌트 크리스텐센Brent Christensen, 주윈한(朱雲漢), 자크 드리슬Jacques deLisle, 래리 다이아몬드Larry Diamond, 로런 딕키Lauren Dickey, 마이클 폰테Michael Fonte, 버니 글레이저Bonnie Glaser, 티모시 히스Timothy Heath, 제임스 헬러James Heller, 허밍수(何明修), 허쓰인(何思因), 후링웨이Hu Lingwei, 황쿠이보(黃奎博), 황성평Huang Sheng-Feng, AJ 황AJ Huang, 황칭룽(黃清龍), 트레이시 황Tracy Huang, 알레스테이어 이안 존스톤Alastair Iain Johnston, 데이비드 키건David Keegan, 린청웨이Lin Cheng-wei, 크리스 린Chris Lin, 린페이판(林飛帆), 재러드 린Jared Lin, 준 린June Lin, 린샤루(林夏如), 린잉위Lin Ying-yu, 룽잉타이(龍應台), 마잉주(馬英九), 제임스 모리아티James Moriarty, 케빈 닐러Kevin Nealer, 존 노리스John Norris, 펑푸중Peng Fu-jung, 셸리 리거Shelley Rigger, 쑤치(蘇起), 조너선 설리번Jonathan Sullivan, 쿤터 슈베르트Gunter Schubert, 카리스 템플먼Kharis Templeman, 톈훙마오(田弘茂), 차이귀위Tsai Gwo-yu, 유칭신(游清鑫), 위둥후이Yu Donghui 및 장녠츠Zhang Nianchi, 그리고 유용한 데이터를 이용하게 해준 아시아바로미터조사(ABS), 타이완 국립정치대학(國立政治大學) 선거연구센터(選擧研究中心), 타이완선거·민주화조사(TEDS), 타이완국가안보조사(TNSS) 및 타이완사회변화조사(TSCS)의 관계자들에게도 감사의 말을 전한다. 2018년에 세상을 떠난 '친애하는 벗' 앨런 롬버그

Alan Romberg[*]에게 이 책을 바친다.

무엇보다 내가 전문직 생활을 하는 동안 지속적으로 지원해 준 가족, 특히 50년 넘게 내 곁을 지켜준 아내 마티Marty에게 깊은 감사를 표한다.

---

[*]   앨런 롬버그에 대한 자세한 소개는 다음을 참조하라. Steven Mufson, "Alan D. Romberg, China expert at State Department and think tanks, dies at 79," *Washington Post*(March 30, 2018). _옮긴이 주

용어 관련 설명

　고유명사를 표기할 때 타이완은 용어가 뒤죽박죽이다. 인명(人名)과 지명(地名)을 로마자로 표기할 경우, 중국국민당(中國國民黨, 이하 국민당) 정권은 표준 중국어Mandarin Chinese 또는 베이징 관화(北京官話)에 일반적으로 19세기 서양인에 의해 개발된 웨이드-자일스Wade-Giles 표기법 시스템을 사용했다. 따라서 1978년부터 1988년까지 총통을 역임한 蔣經國(장징궈)를 로마자로 표기하면 Chiang Ching-kuo이다. 타이완에서는 중화인민공화국(People's Republic of China: PRC),* 즉 공산중국Communist China에서 개발한 한어병음(漢語拼音, 이하 병음) 체계를 전혀 사용하지 않는데, 한어병음은 1980년 무렵부터 전 세계적으로 사용되고 있는 중국어 표기법이다. 그러나 타이완에서는 웨이드-자일스 표기법을 전통적으로 사용하는 데서도 타이완만의 예외가 있었다. 장징궈의 아버지이자 전임 총통인 인물 蔣介石(장제스)의 로마자 이름은 Chiang Kai-shek

---

* 　이 책에서 저자는 분단 상태인 양안관계를 논하면서 중화인민공화국(PRC)과 중화민국(ROC)을 베이징 정부(베이징)와 타이베이 정부(타이베이)로 표기하기도 한다. 또한 중화인민공화국과 중화민국의 통일을 향한 지향점 또는 그 완성형을 중국(China)으로 규정하고 있다. 이러한 점을 충분히 고려하고 또한 용어 표기상의 혼란을 방지하기 위해, 이 책에서는 중화인민공화국을 중국으로 표기하되, 좀 더 구체적으로 명기할 필요가 있을 때에는 중국(중화인민공화국)으로 표기한다. 아울러 중화인민공화국과 중화민국이 통일의 지향점 또는 그 완성형으로서 추구하는 중국(China)은 '중국'으로 작은따옴표를 추가해 구분한다. 또한 지리상의 표기 또는 과거 역사적 실체로서의 중국(China)은 그대로 중국으로 표기한다. _옮긴이 주

이다(웨이드-자일스 표기법으로는 Chiang Chieh-shih, 병음 표기법으로는 Jiang Jieshi이다). 국민당의 창시자 孫逸仙(쑨이셴)*은 일반적으로 Sun Yat-sen으로 표기한다(웨이드-자일스 표기법으로는 Sun I-hsien, 병음 표기법으로는 Sun Yixian 이다).

예외는 시간이 지남에 따라 증가했다. 사람들은 자신의 선호도에 따라 인명의 로마자 표기법을 결정했다. 예를 들어, 현직 총통의 이름은 웨이드-자일스 표기 시스템의 변형에 해당하는 Tsai Ing-wen(蔡英文, 차이잉원) 및 Ma Ying-jeou(馬英九, 마잉주)로 표기한다. 1990년대와 그 이후에 타이완 사람들의 의식이 높아짐에 따라 많은 사람들이 이름을 로마자로 표기할 때 중국어[中國語, 즉 베이징(北京) 표준어]가 아닌 타이완어(台灣語) 또는 남부 푸젠어(福建語) 방언으로 표기했다. 도시의 거리 표지판은 실제 음성에 기초하지 않은 웨이드-자일스 표기법보다 실제 발음에 기초해 표기했다.

이 책에서 나는 인명과 지명에 관해 절충주의적 접근을 취한다. 타이완에 거주하고 있는 사람들일 경우, 현재 그들이 표기하고 있는 것처럼 그들의 이름을 로마자로 표기했다(개인이 다른 방식을 채택하지 않는 한 주로 웨이드-자일스 표기법 형태이다). 지명의 경우, 1949년 국민당 정권이 타이완으로 이전해 온 이후 타이완에서 사용하던 형식을 사용했다. 또한 나는 중화인민공화국의 인명과 지명에 대해, 그리고 '국가' 또는 '지역'처럼 고유명사가 아닌 명사에 대해서는 병음 표기를 사용했다. 각주에서 나는, 자신들이 선호하는 표기를 사용하는 타이완 사람의 이름을 제외하고는, 모두 병음 표기를 사용했다.

---

* 쑨원(孫文)을 지칭하며, 일명 쑨중산(孫中山)이라고 불리기도 한다. 그의 기독교 세례명은 일신(日新)이었고, 로마자 이름은 Sun Yat-sen이었다. 日新의 당시 관화(官話) 알파벳 표기는 Rixin이었다. 광둥어의 Yat-sen과는 차이가 컸다. 그래서 비교적 관화 알파벳 표기에 가까운 일선(逸仙)으로 바꾸었다. 광둥어로는 日新과 逸仙은 발음이 유사했으므로 그 이후 孫逸仙(Sun Yat-sen)을 사용하게 되었다. _옮긴이 주

용어 문제는 정치단체에 부여된 이름과 관련될 경우 더 복잡해진다. 국제법 차원에서 실질적인 문제가 진행 중이며, 그리고 사람들은 서로 다른 것을 의미하기 위해 (종종 알지 못한 채로) 동일한 고유명사를 사용하기도 한다. 이 책의 제10장에서 언급하고 있는 것처럼, 용어상의 혼란은 심지어 영어에서의 혼란보다 크다.

문제는 'China'라는 단어에서 시작된다. 일반적인 사용법에서 이 단어는 중화인민공화국 정부가 통제하는 영역을 가리킨다. 하지만 1912년에 건국된 중화민국(Republic of China: ROC)도 있으며, 이는 현재까지 타이완의 공식 명칭으로 남아 있다. 이와 유사하게, 'Chinese'라는 단어는 때때로 타이완인Taiwanese을 포함하는 중국인을 지칭한다. 또 어떤 때에는 중화인민공화국 공민을 지칭하기도 하고, 어떤 때에는 중화인민공화국 정부(예를 들면 '중국의 입장')를 지칭하기도 한다.

국제법은 몇 가지 해명을 제공한다. 국제 시스템의 주요 구성 요소는 국가이다. 국가들은 세계적인 클럽의 구성원이고 무엇보다 유엔 같은 기구의 회원이다. 그 국가들 중 하나는 다른 나라들이 인정하는 중국이다. 이후 장에서 설명하는 바와 같이, 타이완의 일부 인사들이 간절히 바라고 있음에도 불구하고 타이완으로 일컬어지고 인정받는 국가는 없다.

하지만 '중국'이라는 국가는 중국을 대표하는 정부와 구별되어야 하며, 실제로 1949년 이후에 두 개의 정부가 국제적으로 중국을 대표한다고 주장해 왔다. 타이완에 있는 중화민국 정부와, 중국 본토mainland China*라고 불리는 지역을 관할하는 중화인민공화국 정부가 그것이다. 두 정부 간의 경쟁은 중세 및 근대

---

* '중국 대륙(中國大陸)' 또는 '대륙(大陸)'으로 표기하기도 한다. 다만 이 책에서는 양안관계를 중심으로 이 용어가 사용되고 있는 점을 감안해 '중국 본토' 또는 '본토'로 표기한다. _옮긴이 주

초기 영국에서 누가 정당한 군주인가를 둘러싸고 벌어졌던 갈등과 유사하다 (한 예로, 1485년 이전에 랭커스터 왕가House of Lancaster와 요크 왕가House of York 사이에서 벌어진 갈등을 들 수 있다). 여기서 중요한 것은 영국에서 국내적으로 누가 주권자인지를 놓고 다툼이 있었다고 하더라도 국제적으로 영국이 존재한다는 사실은 중단되지 않았다는 점이다. 따라서 엄밀히 말하면 '중국'이라는 단어는 중화인민공화국(PRC) 또는 중화민국(ROC)과 동일한 의미가 아니며, 나는 이 둘을 혼동하는 것을 피하고자 한다.

따라서 이 책에서 타이완 해협 양안(兩岸) 간의 정치적 관계를 다루는 부분 (제2장에서 제6장까지를 제외한 모든 부분)에서, 나는 타이완 해협의 본토 쪽에 있는 실체를 중화인민공화국, 또는 베이징, 또는 중국 본토라고 부르고, 그 반대편에 있는 섬을 타이완, 또는 타이베이라고 부른다. 제2장부터 제6장까지는 타이완의 국내 문제만 다루고 있는데, 여기서는 중화인민공화국을 간략하게 중국이라고 부른다.

이러한 구분을 유지하는 한 가지 이유는 복잡한 영토 문제, 특히 타이완의 지리적 실체가 중국이라는 국가가 지닌 주권 영토의 일부인지 여부 때문이다. 이 질문은 타이완에 대해 논의되고 있으며, 일부 사람들은 이 질문에 대해 타이완은 결코 중국의 일부가 아니라고 생각한다고 대답한다. 타이완이 정부와 행정에서 중화인민공화국의 관할하에 있었던 적이 한 번도 없다는 것은 사실이다. 하지만 그것은 타이완이 중국의 일부가 아니라고 말하는 것과는 다르다.

마지막으로, 'Taiwanese'라는 용어가 있다. 상식적인 의미로는 타이완에 살거나 타이완에서 온 사람을 뜻한다. 하지만 좀 더 정확한 용법은 20세기 초에 중국 남동부에서 이주한 타이완의 거주민들로 한정된다. 그들은 종종 '타이완 원주민native Taiwanese'으로 알려져 있다. '타이완인Taiwanese'과 대조되는 '본토인mainlander'이라는 단어는 1945년 이후에 — 즉, 1895년 이래 일본이 통치하던 타이완을 중화민국 정부가 장악한 이후에 — 본토에서 가족을 타이완으로 데려온 사람들을 가리키는 말로 주로 쓰인다. 1940년대 후반에 형성된 본토인과 타이완인 사이의 깊은 정치적 분열은 시간이 지남에 따라 약해졌지만, 그 차이는 여전히 존재한다. 그러므로 상식적인 의미에서는 '타이완인'이라는 단어를 사용할 때 본토인이 포함되지만, 이는 적절하지 않을 수 있다. 따라서 내가 '타이완인'이라는 단어를 사용할 때는 타이완 원주민을 말하는 것이다. 그 밖에 본토인과 타이완인 간의 분열과 관련된 내용을 다룰 경우, 나는 '타이완'이라는 단어를 형용사(즉, '타이완 사람Taiwan people', '타이완 회사Taiwan companies' 등)로 대체했다.

제1장

서론

타이완은 결코 순탄했던 적이 없었다. 타이완은 천연자원이 거의 없는 비교적 협소한 곳이다. 국토의 크기는 미국의 메릴랜드와 워싱턴D.C.를 합친 것보다 약간 크고 스위스보다 약간 작으며, 중화인민공화국의 작은 성(省) 단위 중 하나인 하이난다오(海南島)와 동일하다. 타이완의 인구는 약 2300만 명으로, 플로리다주보다 200만 명 더 많고 호주보다 200만 명 적으며 상하이시와 거의 같다. 이러한 제약 조건으로 인해 예를 들어 강력한 군대를 구축할 수 있는 선택지가 없었다.

게다가 타이완에는 거대하고 때로는 약탈적인 이웃 나라가 존재한다. 3세기 이상 동안 중국의 역대 정부는 타이완 해협의 가장 좁은 지점에서 90마일 떨어져 있는 타이완을 통제하거나 지배하는 것이 중국의 안보에 기여한다고 믿었다. 그 첫 번째는 17세기 후반의 청나라 제국이었으며, 가장 최근에는 21세기의 중국(중화인민공화국)이었다. 일본은 1895년에 타이완을 첫 식민지로 삼고 50년 동안 통치했다. 타이완[1]을 희구하는 주된 이유는 이 섬이 지닌 전략적 가치 때문이다. 타이완은 아시아-태평양 제1열도선 ― 일본에서 호주까지 이어지며 동아시아의 안보 지리를 정의하는 ― 의 중간 연결고리이다. 제2차 세계대전 이후 많은 미국 전략가들도 제1열도선을 태평양에서의 미국의 최적 안보 경계선으로 간주함으로써 타이완의 전략적 지리에 대한 그들의 이해를 보여주었다.[2]

1950년대에 타이완 지도자들은 섬의 작은 크기와 위험한 이웃이라는 두 가지 문제에 대처하기 위해 대전략grand strategy(더 정확하게는 '생존 전략')을 개발했다. 안보를 보장하기 위해 그들은 미국의 보호를 추구했고 미국으로부터 보호를 받았다. 타이완과 미국 간 관계의 발전은 복잡하고 각 당사국에 불확실성이 많았지만 70년 동안 지속되었다. 타이완 정부는 내부 안정을 도모하고 정권에 대한 대중의 지지를 독려하기 위해 수출주도형 산업화 프로그램에 착수했다. 그것 역시 모든 기대를 뛰어넘는 성공을 거두었고, 시간이 지남에 따라 대부분의 타이완 주민들은 '좋은 삶'을 영위할 수 있었다. 1980년대에는 1940년대 후반부터 존재했던 권위주의 체제에서 벗어나 완전하고 활기찬 민주주의로 점차적으로 전환하기로 결정했다. 그 전환은 설령 전략적 동기가 없었다고 하더라도 전략적인 영향을 미쳤다.

경제와 사회: 성공과 그 효과

미국 중앙정보국(CIA)이 공표하는 『CIA 월드 팩트북The CIA World Factbook』 및 기타 자료의 수치에 따르면 타이완의 전략은 사회적·경제적으로 다음과 같이 큰 성공을 거두었다.

- 2016년 1인당 GDP(구매력 평가 기준)는 4만 7800달러로 세계 30위였다(2016년 타이완 1인당 명목 GDP는 2만 2497달러였지만 세계 순위는 비슷했을 것이다).[3]
- 2020년 출생 시점의 기대수명은 80.6세(세계 43위)였다.

- 인구의 1.5%만 2012년(데이터가 있는 마지막 해)에 빈곤선 이하로 살았다.
- 2020년 인구 증가율은 0.1%(세계 187위)에 불과했다.
- 인구의 도시 비율은 77.5%(세계 45위)이다.[4]
- 영유아 사망률은 1000명당 4.3명(세계 187위)이다.
- 2016년에 농업은 전체 GDP에 1.8%만 기여했다. 산업이 36.1%, 서비스업이 62.1%를 차지했다.
- 노동력의 59.2%는 서비스업, 35.9%는 공업, 4.9%는 농업에 종사하고 있다.
- 다른 선진국과 마찬가지로 GDP 성장률은 1~5% 범위로 둔화되었다.[5] 실업률은 1990년대 1~3%에서 지난 10년간 3~5%로 증가했다.[6]
- 사실상 전체 인구(98.5%)가 글을 읽을 수 있다. 인구의 20%가 어느 시기에 학교에 다니며 인구의 5% 이상(중등학교 졸업생의 95%)이 고등교육 기관에 다니고 있다.[7] 인구의 약 44.5%가 고등교육 기관에 다녔다.[8]
- 100명당 이동전화 가입자 건수가 124건이다(세계 43위).
- 섬 전체에 5개의 TV 네트워크와 171개의 라디오 방송국이 있다.
- 인구의 88%가 인터넷 사용자이다(세계 33위).
- 페이스북의 타이완 침투율은 아시아 시장에서 입지 1위이다.[9]

　　하지만 다른 선진국들과 마찬가지로 타이완은 최근 몇 년 동안 과거에 거둔 성공의 결과에 대처해야 했다. 실질 GDP 성장률은 1983년 9.0%에서 1993년 8.5%, 2003년 6.9%, 2013년 6.0%, 2018년 5.5%로 낮아졌다.[10] 타이완의 최고 회사, 특히 컴퓨터 및 정보기술 분야의 회사는 계속해서 좋은 성과를 거두고 있지만 다른 회사의 경우 성장이 부진했다. 또한 타이완의 모든 거주자가 타이완의 성장하는 번영의 혜택을 누리고 중상류층 또는 상류층의 생활 방식을 즐기는 것은 아니다. 실제로 최근 수십 년 동안 불평등이 심화되는 경향이 있었다. 소득으로 보면 1996년 상위 5분위 가구의 평균 가처분소득은 최하위의 5.38배였다. 그리고 2010년에는 6.06배였다. 경제적 불평등을 측정하는 데 자주 사용되는 분포의 통계적 척도인 '지니계수'는 1996년에는 0.317이었고, 2015년에는 0.338이었다.[11]

많은 수의 고등학교 졸업생이 고등교육 기관(70개의 종합대학 및 87개의 전문대학)에 다니는 것이 인상적이기는 하지만, 여기에는 몇 가지 문제가 존재한다. 타이완에는 실제로 대학이 너무 많다는 공감대가 커지고 있다. 일부 대학은 타이완 노동력의 필요에 의해서가 아니라 정치적인 이유로 설립되었다. 그 결과 학교 수와 학생 수, 대졸자의 능력과 취업 가능성 사이에 불일치가 발생한다. 대졸 실업률은 5.1%로 전체 노동력 평균(4% 미만)보다 높다.[12] 더욱이 최고의 대학에 들어가기 위한 치열한 경쟁은 최고의 고등학교에 들어가기 위한 경쟁을 낳는다. 이 경쟁에서 이미 부유한 사람은 자녀에게 기회를 물려주는 내재된 이점을 가지고 있다.

주거용 주택의 구입 가능성에서도 불평등이 심각하다. 정부가 가격을 안정시키기 위한 조치를 취할 때까지 21세기의 첫 15년 동안 타이완의 주택 가격 지수는 100에서 300 이상으로 급격히 상승했다. 문제는 2004년과 2014년 사이에 소득 대비 주택 가격의 비율이 두 배로 증가한 타이베이시(台北市)에서 특히 심각했다.[13] 전 세계의 다른 주요 대도시 지역과 마찬가지로 이러한 부동산 가격 폭등은 젊은 성인에게 가장 큰 타격을 입혀, 부모와 같은 생활수준을 달성할 수 없을 것이라는 두려움을 조장하고 있다. 한 추정에 따르면, 타이베이의 평균 가격 아파트를 구매하려는 잠재 구매자가 대출 없이 아파트를 구매하려면 자신의 수입을 15년 이상 저축해야 한다. 타이완 전체의 가계 부채 비율은 2004년 이후 GDP의 80%를 초과했다.[14]

인구 통계는 사회가 고령화되고 인구 증가율이 감소하는 타이완에서 고유한 형태의 불평등을 만들어내고 있다. 2016년 중반 기준 타이완 인구의 추정치는 2340만 명으로 1965년의 약 2배였으며, 1985년보다 400만 명 많았다. 하지만 1965년 3.4%, 1985년 1.2%에 머물던 인구 증가율은 0.2%대로 떨어졌다. 따라서 타이완의 총 인구는 정점에 이르렀고 곧 쇠퇴하기 시작할 것으로 전망된다. 현재의 타이완 인구는 2035년에 2290만 명, 그리고 2045년에 2040만 명으로 감소할 것으로 예상되고 있다.[15]

이에 따라 인구의 구성이 바뀔 것이다. 65세 이상 인구의 비율은 1998년 8.3%, 2016년 13.1%로 각각 추산되었지만, 2035년 27.4%, 2050년 36.6%로 증가할 것으로 보인다.[16] 반면 타이완의 노동인구는 2014년 74.0%에서 2020년 71.4%, 2035년 62.5%, 2044년 59.0%로 상당히 급격한 감소의 전환점에 서 있다.[17] 고령화 사회는 나머지 인구에 비해 규모가 감소하고 있는 생산 가능 인구에게 부담을 안겨준다. 다시 말해 어린이와 노인을 부양할 사람이 줄어듦에 따라 어린이와 노인이 더 많아지는 셈이다.

타이완의 사회적·경제적·정치적 발전은 환경의 악화를 초래했다. 산업화를 통한 급속한 성장 기간 동안 시민들은 대기, 토양 및 수질의 오염을 견뎌야 했다. 또한 환경 파괴의 영향을 제대로 알지 못했거나 정치 체제가 아직 개방되지 않았기 때문에 불평할 수도 없었다. 하지만 타이완이 민주화로의 전환을 시작한 이후에 환경보호에 대한 옹호가 널리 퍼졌고 정부 정책에서 환경보호의 중요성이 높아졌다. 많은 산업 플랜트 회사가 세계화에 직면하자 비즈니스 생존을 보장하기 위해 중국 본토와 동남아시아로 이동했고, 이에 따라 그러한 작업은 더욱 쉬워졌다. 그러나 오염 문제는 주로 서비스 경제에서 지속되며 오염 산업은 여전히 타이완의 일부에서 공기를 오염시키고 있다. 타이완은 미국 예일대학교의 '글로벌 환경보호 평가'에서 동아시아의 싱가포르, 일본, 한국 등에 이어 46위를 기록했다.[18]

요컨대, 현대적이고 번영하는 사회를 지향하는 타이완의 출현은 우선순위의 책정을 둘러싼 심각한 경쟁과 이를 해결하는 방법 간의 딜레마를 야기했다. 타이완은 증가하는 에너지 수요와 환경보호, 경제성장과 경제적 형평성, 청년의 요구와 노인의 요구라는 상호 충돌하는 다양한 문제에서 선택지를 찾아야 하는 어려운 상황에 직면해 있다.

국내 변혁: 대외 정치 및 군사 분쟁

안보 측면에서 타이완은 수십 년간 자신을 지켜주었던 미국이라는 방패가 힘을 잃고 있다는 것을 우려하게 되었는데, 여기에는 충분한 이유가 있다. 중국(중화인민공화국)의 통일목표는 1949년이나 지금이나 동일하지만, 그 목표를 달성할 수 있는 인민해방군People's Liberation Army: PLA의 능력은 달라졌다. 인민해방군의 능력은 1990년대 후반부터 꾸준히 개선되어 왔으며, 이는 타이완 해협을 가로지르는 전력(戰力)과 타이완을 방어하기 위한 미국의 노력을 복잡하게 만들었다. 타이완이 이 새로운 현실을 어떻게 해결해야 할지는 만만치 않은 과제이다. 더욱이 1931년에 일본이 만주를 점령했던 일이나 1940년에 '나치 독일'이 서유럽의 국가들을 정복했던 것과 마찬가지로, 여기서 벌어지고 있는 일은 단순히 한 국가가 국제적으로 인정된 다른 국가의 영토를 점령할 가능성이 아니라는 점을 이해하는 것이 중요하다. 이 논쟁에는 20세기 전반에 중국 본토에서 일어난 수십 년간의 분쟁 및 타이완의 법적 특성이 어떻게 이해되어 왔는지, 타이완 국민들이 자신들의 정체성을 어떻게 규정하는지 등으로부터 기원하는 특별한 정치적 차원이 존재한다. 이러한 정치적 차원을 명확하게 살펴보기 위해서는 역사적 경로에 대해 간략하게 살펴볼 필요가 있다.

1911년에 청나라 또는 만주 왕조가 멸망하자, 중화민국(ROC)이라고 불리는 새로운 정부가 그 뒤를 이었다. 그러나 이 정부는 곧 명목상 공화국이 되었고, 경쟁하는 군벌 세력들은 중앙정부가 지닌 외관과 통제권을 차지하기 위해 싸웠다. 그러한 갈등으로부터 두 개의 정치적·군사적 세력이 등장해 상대적인 우위를 점했다. 첫째는 전통적으로 국민당Kuomintang: KMT*이라고 알려진 '민족주의 정당'이었다. 장제스(蔣介石) 총통의 지도 아래 국민당은 1928년 중화민국 정부를 인수해 보다 효과적인 정부를 만들기 위해 노력했다. 그 군대는 전부는 아니더라도 권력을 추구했던 일부 남아 있던 경쟁자들을 제거했다. 그러한 가운데 구사일생으로 살아난 것은 중국공산당Chinese Communist Party: CCP과 마오쩌둥(毛澤東)이 이끄는 군대였다.

한편, 일본은 중화민국에 대한 공격을 시작했다. 만주를 점령한 지 6년 만에 본격적인 전쟁이 중국의 북부와 동부에서 일어났다. 일본군이 이 지역을 점령하고 국토의 중심부로 침투하자 중화민국 정부는 내륙 지역으로 이동했다. 그리고 소련과 미국의 원조와 자체적인 노력을 통해 살아남았다. 한편, 마오쩌둥의 중국공산당은 북서쪽의 주요 거점 지역에서 군사력과 행정력을 강화하면서 일본이 점령하고 있던 지역으로 세력을 확장했다. 일본과의 전쟁이 끝나고 국민당과 중국공산당 사이의 중재 시도가 두 차례 실패하자 양측 군대 간에 내전이 시작되었다.

중국 본토에서의 전투가 점차 중국공산당이 승리하는 방향으로 흘러감에 따라, 타이완은 국민당의 중요한 영토가 되었다. 타이완은 17세기부터 청나라

---

* 중국국민당(中國國民黨, Chinese Nationalist Party)을 지칭한다. 중국국민당의 전신은 1894년 11월 24일 미국 하와이에서 수립된 흥중회(興中會)이며, 그 이후 중국동맹회(中國同盟會), 국민당(國民黨), 중화혁명당(中華革命黨) 등으로 명칭이 변경되다가 1919년 10월 10일에 중국국민당으로 당명이 확정되어 현재에 이르고 있다. 법통상(法統上)으로는 이 책에서 거론되고 있는 양안 전체에서 집정당으로서 집권한 바 있는 유일한 정당이다. 중국국민당 당사(黨史)의 기본적인 흐름에 대해서는 다음을 참조하라. 深町英夫, 『近代中國における政黨·社會·國家: 中國國民黨の形成過程』(中央大學出版部 1999); 中央大學人文科學研究所 編, 『民國後期中國國民黨政權の硏究』(中央大學出版部, 2005); 茅家琦 外, 『百年滄桑: 中國國民黨史(上·下)』(鷺江出版社, 2005); 蔣永敬, 『國民黨興衰史(第2版增訂本)』(台灣商務印書館, 2016); 李建榮, 『百年大黨: 由盛而衰的國民黨還能再一次絕處逢生嗎?』(天下文化, 2017). _옮긴이 주

의 국경지대였다. 청나라 조정은 다른 나라들이 이 섬을 탐낸 후에야 타이완을 개발하기 시작했다. 1895년 타이완은 일본의 식민지가 되었는데, 이는 일본이 한반도에서 벌어진 청일전쟁에서 승리를 거둔 결과로 얻은 보상이었다. 제2차 세계대전 동안 연합국은 타이완을 중화민국에 반환하기로 결정했다. 장제스의 군대는 1945년 가을에 일본의 항복을 받아들였다. 그리고 중국 본토에서의 내전에서 패배하자 장제스와 중화민국 정부 및 그 군대는 타이베이를 수도로 삼아 타이완으로 퇴각했다. 1949년 10월 1일, 마오쩌둥은 베이징을 수도로 삼고 자신들을 중화민국의 후계자라고 선포하면서 중화인민공화국을 수립했다. 그는 또한 타이완을 '해방'하겠다고 맹세했는데, 미국의 트루먼 행정부도 당초에는 이에 반대하지 않기로 결정한 바 있었다.

하지만 미국이 점차 타이완의 안보를 위해 지원을 재개했기 때문에 타이완은 인민해방군의 수중에 떨어지지 않았다. 그 이후 군사적 교착 상태가 이어졌고, 그 교착 상태는 현재까지 지속되고 있다. 타이완 해협의 양측은 정치적 전쟁터에서 맹렬하게 싸웠다.

첫 번째 전투는 중화민국과 중화인민공화국 중 어느 정부가 국제사회가 중국 China이라고 알고 있는 국가의 합법적인 대표인가에 대한 것이었다. 여기서 중요한 것은 유엔 및 기타 국제기구에서 중국이 갖는 지위를 어느 쪽이 차지하느냐 하는 것이었다. 이와 관련된 이슈는 제3국과의 외교 관계였다. 세계의 국가들은 중화인민공화국과 중화민국 중에 어느 쪽을 승인할 것인가? 각국의 대사관은 어느 쪽의 수도에 위치해야 하는가? 여기에서 매우 특별한 점은 미국이 1949년 이후에도 계속 중화민국을 중국의 정부로 인정했을 뿐만 아니라, 1954년 타이완과 미국-중화민국 상호방위조약*을 체결하면서 만약 타이완이 공격

---

* 정식 명칭은 '중화민국 미합중국 간 공동방어조약(中華民國與美利堅合衆國間共同防禦條約, Mutual Defense Treaty between the United States of America and the Republic of

을 받는다면 타이완을 방어하겠다고 다짐했다는 점이다. 하지만 타이베이는 정치적 전투에서 패배하는 중이었다. 결국 중화민국은 1971년 유엔에서 탈퇴할 수밖에 없었고, 1980년대 초까지 국제 체제를 두고 벌인 경쟁에서 중화인민공화국이 사실상 승리를 거두었다. 베이징은 국제기구에서 중국을 대표하고 있으며, 타이완은 특별한 상황에서만 참여한다. 오직 14개국*과 바티칸만(2020년 가을 기준) 중화민국과 외교 관계를 유지하고 있다. 미국은 1978년 말에 타이베이와의 외교 관계를 종료했고 1979년 새해 첫날에 베이징과 외교 관계를 수립했다. 미국-중화민국 상호방위조약은 그로부터 1년 후인 1980년에 해당 조약의 조항에 따라 파기되었다. 한편 1979년 3월 미국 의회에서 통과된 '타이완관계법Taiwan Relations Act: TRA'은 미국이 타이완과 비공식적이면서도 실질적인 관계를 이어갈 수 있는 틀을 만들었다.

베이징과 타이베이 사이의 두 번째 문제는 1979년에 시작되었으며, 아직도 해결되지 않았다. 즉, 양측이 상호 간의 정치적·법적 분쟁을 해결할 수 있는지 여부와 어떤 조건하에서 해결할 것인지에 대한 것이다(이와 관련된 자세한 내용은 이 책의 이어지는 여러 장에서 다룬다). 1949년부터 1980년대 초까지, 베이징과 타이베이는 통일이 되어야 한다는 데 합의했다. 양측은 다만 '어떤 중국'이 결과적으로 사라질 것인지에 대해서는 서로 의견을 달리했다. 하지만 1970년대 후반과 1980년대 초에 베이징은 의견 불일치의 본질을 바꿔버렸다. 베이징은 평화통일이 이루어지길 원한다고 주장했지만 무력 사용도 배제하지 않았

China)'이며, 일명 '중미공동방어조약(中美共同防禦條約, Sino-American Mutual Defense Treaty)'이라고 불린다. 이 책에서는 표기상의 혼란을 방지하기 위해 일괄적으로 '미국-중화민국 상호방위조약'이라고 표기한다. _옮긴이 주

* 2021년 12월 니카라과가, 2023년 3월 온두라스가 타이완과 단교했으므로 이 두 나라를 제외하면 현재 12개국(바티칸 제외)이다. 구체적으로 벨리즈, 에스와티니, 과테말라, 아이티, 마셜제도, 나우루, 팔라우, 파라과이, 세인트 키츠네비스, 세인트루시아, 세인트빈센트 그레나딘, 투발루 등을 지칭한다. _옮긴이 주

다. 또한 베이징은 타이완을 통일시키기 위한 방안, 즉 '일국양제(一國兩制)'라고 알려진 방안을 제기했다. 이는 홍콩에도 적용되었던 것과 동일한 접근법이었는데, 이러한 합의를 바탕으로 한 조치들이 타이베이 측에 의미하는 바는 중화민국이 사라지게 될 것이라는 것이었다. 이후에 타이완은 궁극적으로 중화인민공화국의 '특별행정구역'이 되고 중앙정부에 종속되는 상황에 처해질 것이었다. 타이완 지도자들은 내부 사무를 계속 관리하겠지만, 누가 타이완의 정부를 이끌지는 베이징이 통제한다는 것이었다. 타이베이는 그 당시 그런 조건들을 거부했고, 이후에도 계속 거부해 왔다.

새로운 방향

1980년대 중반부터 양안관계는 이러한 정치적·군사적 논쟁의 정치적 차원과 관련해 다음과 같은 세 가지 중요한 방식으로 변화했다. 우선 첫 번째는 경제적인 것이었다. 타이완에서 자체적으로 제품을 생산하던 타이완 기업들은 점차 글로벌 경쟁력을 잃어가자 활동 무대의 일부를 중국으로 이전해 사업을 되살렸다. 이러한 변화는 중화인민공화국에 즉각적인 이득이 되었다. 왜냐하면 이는 인민들에게 일거리를 주고 기술 및 경영 기법을 이전하는 것으로 이어졌기 때문이다. 하지만 마르크스주의자들에 의해 주도된 베이징 정부는 경제통합의 성장이 궁극적으로 정치적 통일로 이어질 것이라고 희망했다. 그 과정은 시간이 걸리겠지만, 이 시기에는 '일국양제' 방안을 향후 협상을 위한 테이블에 올려놓기에 충분했다.

두 번째 전개는 1985년과 1986년 장제스의 아들이자 타이완 총통인 장징궈(蔣經國)가 정치 체제를 개방하기로 결정한 것이다. 장제스는 타이완에 엄격한 권위주의 정권을 강요했다. 한편 그의 아들은 그 제도를 유연하게 조정한 이후에 점차적으로 민주주의로 나아가는 것이 국민당과 타이완의 이익에 부합된다고 결정했다.[19] 1940년대 후반부터 1980년대 후반까지 타이완의 대중은 누가 권력을 잡고 있는지 그리고 어떤 정책이 최선인지에 대해 목소리를 내지 못했다. 이와 대조적으로 1990년대 초반부터는 중화인민공화국이 제기하는 위험과 기회, 미국 의존에 대한 찬반, 타이완이 어떤 사회여야 하는지에 대해 자유롭게 토론해 왔다. 게다가 그들은 베이징과의 대화가 시작되면 사실상 협상 테이블에 앉을 수 있는 자리도 얻었다.

민주화는 또한 베이징과 타이베이 사이의 오랜 정치적 갈등에 새로운 세 번째 요소를 불러들였다. 중화민국과 중화인민공화국 가운데 어느 쪽이 중국 China을 대표할 것인지, 그리고 그들 사이의 분쟁이 어떻게 해결되어야 하는지에 대한 문제 외에, 타이완 영토가 중국의 일부인지에 대한 새로운 문제가 대두되었던 것이다. 베이징에서의 지속적인 견해와 타이베이에서의 전통적인 견해는 타이완이 합법적으로 중국에 반환되었다는 것이었다[타이완에서 일어난 소규모 독립운동은 국민당으로부터 정권을 탈취한 이후에 시작되었으며, 이 운동에는 타이완이 자체적으로 독립국가가 되어야 한다고 믿는 해외 망명자들이 참여했다].

하지만 타이완 사람들이 표현의 자유 및 집회의 자유라는 권리를 얻게 되자, 이전에 금기시되었던 타이완의 미래에 대한 구상은 매일같이 이루어지는 정치 토론과 주장의 주제가 되었다. 타이완 인구의 소수만이 자신을 중국인으로 여기고, 압도적 다수는 자신을 타이완인 또는 그 둘의 정의되지 않은 혼합으로 보았다. 동시에, 일부 타이완 사람들은 타이완이 분단국가(중국)의 일부라는 생각을 거부했다. 그 대신에 그들은 타이완이 중국과 아무런 법적 관련이 없는 독립국가인 '타이완 공화국Republic of Taiwan'이 되어야 한다고 주장했다. 이는 베이징과 국민당 전통주의자들로부터 강한 반발을 초래하는 결과였으며, 중국 공산당은 독립이 전쟁으로 이어질 것이라고 여러 차례 경고해 왔다. 이러한 이슈들은 보통의 타이완 시민들이나 미국 의회의 의원들이 이해하지 못하는, 복잡하고 매우 혼란스러운 사태를 만들어냈다. 하지만 정치적·법적 정체성에 대한 이러한 의문들은 타이완의 미래 및 그 미래가 평화로울지 여부를 판가름하는 핵심이다.

이윽고 민주적 경쟁을 통해 재편된 국민당과, 독재정권에 반대하는 세력들이 창당한 민주진보당Democratic Progress Party: DPP(이하 민진당)이 권력과 정책의 주요 경쟁자로 자리 잡게 되었다. 2000년까지 각 주요 정당은 소규모로 쪼개진 정당을 포함하는 연립정부를 이끌었다. 이 두 진영은 국민당 깃발[당기(黨旗)_옮긴이]과 민진당 깃발의 각 색깔로 대표되는 블루 진영blue camp*과 그린 진영green camp**으로 알려졌다. 블루 진영은 타이완의 정치적 자율성을 위험에 처하게 하지 않고도 중국과의 경제적 상호작용에서 이익을 얻을 수 있다고 믿었다. 한편 그린 진영은 경제적 의존이 중국에 대한 정치적 종속으로 이어질 위험성이 더 크다고 인식했다.

이 두 진영은 타이완의 자치권을 지키기 위해 미국에 의존해야 한다는 데 대체적으로 모두 동의하고 있지만, 국민당은 '중국 리스크'를 관리하는 능력에 있어서 더욱 큰 자신감을 갖고 있다. 게다가 두 진영은 모두 내부적으로 강경파에서 온건파에 이르는 다양한 관점이 존재하고 있다. 국민당의 강경파 세력(딥블루Deep Blues)은 초기 타이완의 확고한 반공적·반독립적 입장을 고수하고 통일을 선호하는 경향이 있는 반면, 국민당의 온건파 세력(라이트블루Light Blues)은 경제적 관계에서 이익을 확보하면서도 타이완이 중국으로부터 정치적 거리를 유지하는 것에 더욱 편안함을 느낀다. 민진당의 강경파 세력(딥그린Deep Greens)은 타이완의 독립을 지향하는 조치를 통해 자율성을 확보하는 등 보다 급진적인 접근을 선호하는 반면, 민진당의 온건파 세력(라이트그린Light Greens)은 갈등

---

*   공식 용어는 '범람연맹(泛藍聯盟, Pan-Blue Coalition/Pan-Blue Camp)'이다. _옮긴이 주
** 공식 용어는 '범록연맹(泛綠聯盟, Pan-Green Coalition/Pan-Green Camp)'이다. 이밖에 제3의 진영으로 '범귤연맹(泛橘連盟, Pan-Orange Coalition/Pan-Orange Camp)'이 존재한다. 범귤연맹의 대표적인 정당으로는 친민당(親民黨, People First Party: PFP)이 있다. _옮긴이 주

의 가능성에 대해 더 우려하면서 중화민국과 중화인민공화국 사이에 일정한 현상유지를 하는 것에 더욱 편안함을 느낀다.

타이완의 정치권력은 국민당과 민진당 사이를, 그리고 각 진영 내부의 강경파와 온건파 사이를 왔다 갔다 하고 있다. 1990년대 타이완 정치 체제를 주름잡았던 리덩후이(李登輝)* 총통은 국민당 진영에서 출발해 재임 기간 중 점점 민진당 진영 쪽으로 방향을 틀었다. 민진당의 천수이볜(陳水扁)** 총통은 2000년부터 2008년까지 민진당 온건파의 리더로 시작해 몇 년 후에는 민진당 강경파로 자리를 옮겼다.

2008년에 마잉주(馬英九)***와 국민당은 민진당을 정권의 자리에서 몰아냈다. 마잉주는 타이완의 번영, 자유, 안보를 유지하기 위해 중국과 어느 정도의 관계를 유지해야 한다고 믿었다. 그 정책은 2014년경까지 정치적으로 작동했는데, 점점 더 많은 사람들이 타이완이 중국에 너무 의존하고 있으며 그 의존으로부터 얻은 혜택이 널리 공유되지 않는다고 우려하게 되었다.

2016년에 차이잉원(蔡英文)****과 민진당은 다시 정권 교체를 이루었다. 그 해

---

* 1923년 타이베이주[台北州, 현재의 신베이시(新北市)]에서 출생했으며 2020년 7월 30일 사망했다. 일본 교토제국대학(京都帝國大學) 농림경제학과를 졸업하고 미국 아이오와 주립대학에서 석사학위를, 코넬대학교에서 박사학위를 취득했다. 타이베이시 시장, 타이완(중화민국) 부총통, 국민당 주석을 맡았으며, 1988년 1월 13일부터 2000년 5월 20일까지 타이완(중화민국) 총통을 역임했다. _옮긴이 주

** 1950년 타이난현(台南縣)에서 출생했으며 국립타이완대학(國立台灣大學) 법학과를 졸업하고 변호사가 되었다. 그 이후 타이베이시 의원, 입법위원, 타이베이시 시장, 민진당 주석을 맡았으며, 2000년 5월 20일부터 2008년 5월 20일까지 타이완(중화민국) 총통을 역임했다. _옮긴이 주

*** 1950년 홍콩에서 출생했으며 국립타이완대학 법학과를 졸업하고 뉴욕대학교 로스쿨(석사과정) 및 하버드대학교 로스쿨(박사과정)을 이수했다. 그 이후 타이베이시 시장, 국민당 주석을 맡았으며, 2008년 5월 20일부터 2016년 5월 20일까지 타이완(중화민국) 총통을 역임했다. _옮긴이 주

**** 1956년 타이베이시에서 출생했으며 국립타이완대학 법학과를 졸업하고 미국 코넬대학교 로스쿨(석사과정)을 거쳐 영국 런던정치경제대학(LSE)에서 박사학위를 취득했다. 그 이후 행정

1월 16일, 차이잉원은 총통선거에서 손쉽게 승리를 거두었고, 그녀의 정당인 민진당은 타이완의 입법원*에서 절대 다수를 차지하게 되었다. 이것은 불과 8년 전의 상황으로부터 놀라운 역전을 이룬 것이었다. 그로부터 4년 후인 2020년에 차이잉원 총통은 2016년 총통선거 당시보다 더 높은 표차로 재선에 성공했다. 민진당은 입법부 과반수를 유지했지만 의석수는 줄어들었다. 타이완에서의 정치경쟁은 확고하게 제도화되었고, 타이완 유권자들이 현재 최종 결정권을 갖고 있다.

타이완 민주주의가 안고 있는 딜레마

타이완의 민주화는 중국과 미국 모두에게 딜레마를 가져왔다. 타이완의 대중이 자신의 근본적인 미래에 대한 결정에서 발언권을 가지고 있으므로 베이징으로서는 통일을 이루기가 지금보다 더 어려워질 것이다. 게다가 법률상의 독립을 원하는 타이완 사람들은 자신들의 목표를 달성하기 위해 더 개방적인 체제를 이용할 위험이 있는데, 그러면 중국은 이를 막기 위해 전쟁에 나설 수도

원(行政院) 대륙위원회(大陸委員會) 주임위원, 소비자보호회 주임위원 및 부원장, 입법위원, 민진당 주석을 맡았고, 2016년 5월 20일부터 현재까지 타이완(중화민국) 총통(및 국가안전회의 주석)을 맡고 있다(2024년 5월 20일 임기 만료 예정). _옮긴이 주

* 입법원(立法院, Legislative Yuan)은 1928년 난징(南京)에서 수립되었고 일원제(一院制) 의회로서 중화민국의 입법부에 해당한다. 중화민국에는 원래 총통 및 부총통에 대한 임면권 및 헌법 개정의 권한을 가진 최고기관인 '국민대회(國民大會, National Assembly)'가 있었으나 2005년 국민대회가 폐지된 이후로는 입법원이 명실 공히 유일한 최고 입법기관이 되었다. 또한 1948년부터 1991년까지는 중국 대륙에서 선출된 입법위원(立法委員, 의원)이 대부분을 차지했지만, 1992년 이래에는 타이완섬을 중심으로 한 유권자에 의해 선출된 의원으로만 구성·개선되었다. 따라서 입법원은 실질적으로 중화민국 타이완 지구(台灣地區, 타이완섬, 펑후군도, 진먼다오, 마쭈다오)의 최고 입법기관에 해당한다. 2022년 3월 기준 입법원의 입법위원 정수는 113명이며 임기는 4년이다. _옮긴이 주

있다. 미국에게 양안 갈등은 타이완에 대한 방위에 나설지 여부를 결정하도록 요구할 것이다. 타이베이로서는 경쟁 세력들이 모두 발언권을 행사하는 정치 체제에서는 안보와 좋은 삶을 유지하는 것이 더욱 어려울 것이다.

베이징의 딜레마

타이완의 민주주의 및 법률상 독립에 대한 논의는 중국(중화인민공화국)에 매우 불리하게 작용했다. 일단 타이완의 주민들이 정치적 목소리를 낼 수 있게 되자, 베이징은 타이베이의 소수의 지도자들과 협상하는 것이 더 이상 불가능해졌다. 대부분의 사람들은 자신의 정체성을 타이완과 어느 정도 동일시하고 '중국'과는 덜 동일시하고 있으며, 소수의 사람들은 '타이완 공화국'을 원하고 있다. 통일에 대한 지지는 낮다. 타이완 유권자들이 총통으로 뽑은 사람들이 항상 베이징의 마음에 들었던 것은 아니다. 실제로 1996년 첫 직접 투표 이후 당선된 후보들, 즉 리덩후이, 천수이볜, 마잉주, 차이잉원 중에서 베이징이 가장 편안하게 생각했던 인물은 마잉주였다. 그런데 양안관계를 안정시키고 중국과 타이완을 상호 이익이 되는 기반 위에 올려놓으려 했던 마잉주의 노력은 결국 강력한 반대에 부딪혔다. 그것은 중국공산당의 접근 방식, 즉 통일에 도움이 되는 환경을 조성하기 위해 타이완 지도자들을 통해 작업하는 방식에 다시 의문을 제기하도록 만들었다. 게다가 타이완이 입헌 민주주의 국가라는 현실도 존재한다. 이는 곧 통일을 위한 베이징의 접근 방식이 타이완의 정치적 제도와 법적 정체성에서 중대한 변화를 요구한다면 타이완의 헌법을 개정해야 한다는 것을 의미한다. 그런데 이러한 개정안을 제정하는 데 수반되는 장애물이 너무 높기 때문에 민진당과 국민당이 제안된 변경사항이 수용할 가치가 있다는 데 동의하지 않는 한 통과가 불가능하다.

베이징은 타이완 지도자들의 목표를 잘못 이해함으로써 자신들의 임무를 더 어렵게 만들었다. 베이징은 리덩후이, 천수이볜, 차이잉원을 타이완 독립의 지지자로 낙인찍었다. 그들은 총통으로서 그 목표를 이루기 위해 자신들의 권력을 사용하곤 했다. 내가 보기에 리덩후이가 주창했던 것은 법률상의 독립이 아니라, 타이완의 국제적 역할과 통일에 관한 협상을 목적으로 중국으로 하여금 타이완 및 그 정부가 주권국가라는 것을 받아들이도록 만드는 것이었다. 리덩후이는 통일에 반대하지 않았다. 단지 타이완이 주권국이라는 생각에 반대되는 베이징이 제공한 조건에만 반대했다. 천수이볜은 목표와 전략, 전술이 더 복잡했지만 베이징뿐만 아니라 국민당, 타이완 대중 및 미국 등으로부터도 제약을 받았다. 차이잉원 총통은 온건하고 신중하게 접근했으므로, 중국은 그녀의 목표가 베이징이 말한 그대로라고 주장하는 데 어려움을 겪어왔다. 역설적이게도 마잉주는 생산적인 관계에 대한 중국의 전제조건을 기꺼이 받아들였지만, 그는 베이징이 타이완의 독립 못지않게 반대하는 '두 개의 중국' 정책이라는 취지하에서 그러한 전제조건을 받아들였다. 또한 마잉주는 정치적 대화를 시작하라는 중국의 압력을 회피했다.

요컨대, 중국은 여러 타이완 총통의 달갑지 않은 정책보다 더 심각한 문제에 직면해 있다. 중국은 40년이 넘는 기간 동안 타이완의 지도자들과 타이완의 주민들이 통일을 받아들이거나 통일로 이어질 수 있는 정치적 대화를 시작하도록 설득하지 못했다. '일국양제'라는 통일 방안은, 특히 민주화 이후의 타이완에서 시장을 개척한 적이 없다. 타이완 대중은 법적 독립을 지지하지 않을 수 있지만, 현재 대부분의 사람은 타이완에서 태어나고 자라났기에 '타이완 정체성'이 강하다. 양안 간의 경제적 상호 의존은 타이완의 번영을 유지하는 데 일조했지만 정치적인 변화는 없었다. 반면에 이는 타이완으로 하여금 과잉 의존에 대한 두려움을 갖도록 만들었다. 베이징은 홍콩에서 '일국양제' 방안이 성공적으로 적용되면 타이완 시민들과 지도자들이 이 방안을 받아들이도록 격려할 수 있기를 바랐다. 하지만 2010년대 들어 홍콩에서 정치적 갈등이 고조되었고

2019년 여름과 가을에 폭력적인 시위가 벌어졌다. 2020년 5월 베이징이 '국가 보안법'을 제정하기로 결정하자 통일에 대한 타이완 시민들의 반대가 강화되었다. 이로 인해 중국 지도자들은 어려운 선택의 기로에 놓이게 되었다. 중국 지도자들은 '일국양제'를 바탕으로 한 통일에 반대하는 타이완 국민의 의사를 수용하면서 현 상황을 최대한 활용할 것인가? 아니면 대체로 민진당, 국민당 및 일반 대중의 견해와 더욱 양립되는 통일에 대한 접근 방식을 공식화할 것인가? 아니면 목표를 달성하기 위해 주사위를 던지고 전쟁을 시작한 이후 불행해진 타이완 대중을 지배해야 할 것인가?

워싱턴의 딜레마

미국은 냉전 종식 당시에 미국의 가치가 승리했다는 증거로 타이완의 민주화를 강력히 지지했다. 워싱턴은 타이완에서 선출된 지도자들의 정책이 타이완 지역의 평화와 안보와 관련해 장기간 지속되어 온 이익과 반대되는 것을 그다지 달가워하지 않았다. 특히 미국 관리들은 리덩후이 총통과 천수이볜 총통이 베이징을 자극하고 양안관계를 불안정하게 만들며 갈등의 가능성을 높이는 방향으로 타이완을 이끌고 있다고 우려했다. 워싱턴의 관점에서 볼 때 이것은 불필요했다. 워싱턴은 이를 억제하기 위한 노력의 일환으로 리덩후이와 천수이볜의 불안정한 계획으로부터 거리를 두었다.

한편 미국은 마잉주를 조금 더 긍정적으로 평가했고 이에 따라 타이완에 대한 접근 방식을 변경했다. 마찬가지로 차이잉원도 미국과 좋은 관계를 유지해 왔다. 2016년 총통선거의 후보가 된 이후 그녀는 중국 본토에 대한 신중한 접근이 양안을 안정시키는 문제에 대한 미국의 관심과 양립할 수 있다는 점을 오바마 행정부에 확신시키기 위해 열심히 노력했다. 차이잉원 총통이 당선된 이후 워싱턴은 그녀가 현상유지를 변경시키고 있다는 베이징의 주장에 동의하지 않았다. 2017년 10월 브루킹스연구소에서 행한 연설에서 미국재타이완협회 American Institute in Taiwan: AIT의 제임스 모리아티James Moriarty 회장은 "내가 차이 잉원 총통과 소통한 바에 따르면, 그녀가 책임감 있고 실용적인 지도자라는 나의 신념을 재확인할 수 있었다. 미국은 여러 전면에서 중국의 압력이 증가하고 있음에도 불구하고 안정적인 양안관계를 유지하려는 그녀의 결의를 높이 평가한다"[20]라고 논했다. 차이잉원 총통은 미국과 긴밀한 관계를 유지하는 것이 그녀의 정부administration*에 이익이 된다는 것을 이해했다. 또한 차이잉원은 리덩후이 정부 및 천수이볜 정부에서 일했던 적이 있기 때문에 타이완 지도자들이 미국의 이익에 도전하는 것으로 간주되고 워싱턴이 반대편에 서는 위험한 정책을 수행했을 때 어떤 일이 일어나는지를 목도한 바 있었다. 결과적으로 차이잉원은 첫 4년 임기 동안 자신도 리덩후이와 천수이볜이 했던 것과 마찬가지의 일을 할 것이라고 미국이 믿도록 만들 만한 제안을 하지 않았다.

타이완의 딜레마

타이완 지도자들과 대중은 타이완의 민주주의 체제와 미국의 지원 아래 양안 간의 경제적 관계로부터 얻는 이득을 약간의 근심 속에 누리고 있었음에도 불구하고 베이징의 통일 계획에 대해 고려하는 것은 거부했다. 하지만 이러한 성공은 타이완이 피하고자 하는 것을 막았을 뿐이다. 그것은 타이완이 위험한 세계에서 생존하고 좋은 삶을 보존하기 위해 어떻게 노력해야 하는지, 그리고 이를 어떻게 달성해야 하는지에 대해서는 명확하게 정의하지 않았다. 정치적·

---

*　미국 대통령 및 타이완(중화민국) 총통의 행정부를 의미하는 administration은, 미국의 경우 오바마 행정부, 트럼프 행정부, 바이든 행정부 등으로 표기하고, 타이완(중화민국)의 경우 천수이볜 정부, 마잉주 정부, 차이잉원 정부 등으로 표기한다. _옮긴이 주

법적 정체성의 의미 자체에 대해서는 다음과 같은 격렬한 논쟁이 계속되고 있다. '두 개의 중국', 즉 중화인민공화국과 중화민국이 있는가, 아니면 '하나의 중국'만 있는가? 타이완은 어떤 중국 정부가 국제적으로 '중국'을 대표하든지 간에 그런 '중국'의 주권 영토의 일부인가? 타이완은 법적으로 '중국'과 구별되는 자체 국가인가?

만약 타이완의 전략적 환경에 대한 현실적인 평가를 기반으로 지도자, 기관 및 대중이 대전략에 대한 국내적 합의를 이끌어낸다면, 타이완은 이러한 목표를 더욱 잘 달성할 수 있을 것이다. 그런 다음 목표를 거듭해서 천명하고 이러한 대전략을 최대한 활용하기 위한 수단을 만들어내야 한다. 하지만 민주주의 시스템은 종종 내부 합의를 이끌어내는 데 특히 어려움을 겪는다. 경쟁하는 정치 세력이 직면한 위험 및 그 위험에 적응하는 방법과 관련해 서로 의견이 다를 수 있기 때문이다.

타이완은 때로는 제멋대로이기도 하지만 활기찬 민주주의를 가지고 있다. 시민권과 정치적 권리는 보호되고 있다. 정치 체제의 모든 단계에서, 총통과 입법자[입법위원_옮긴이]들은 잘 운영되고 있는 경쟁 선거를 통해 선출된다. 독립적인 사법부가 존재하며, 이는 법원을 부적절한 영향으로부터 해방시킨다. 시민사회는 정치에서 점점 더 중요한 역할을 하고 있다. 하지만 민주주의 시스템은 갈등을 '제도화'시키기도 한다. 타이완의 정치는 국민당 진영과 민진당 진영 사이에서 양극화되어 있기에 의견 차이가 일반적으로 존재하고 타협하기 어렵다. 또한 어떤 정책 이니셔티브의 찬성자들이 그 정책을 제정하기 위해 충분한 지지를 확보하는 것보다, 그 정책에 반대하는 사람들이 그 정책을 막는 것이 더 쉽다. 타이완의 언론은 정책적 실체보다 센세이션과 스캔들을 선호한다. 타이완의 정치기관들 중 그 어느 것도 완벽하게는 작동하지 않고 있으며, '대의원 대 직접민주주의'의 가치에 대한 심각한 논쟁이 벌어지고 있다. 타이완 대중은 주기적으로 민진당과 국민당의 성과를 못마땅하게 여겨왔고, 이는 정기적인 권력

이양으로 이어졌다. 아마도 가장 심각한 것은 타이완의 정치 지도자들이 국내 정책 및 중국에 어떻게 대처할 것인가에 관한 경쟁적 우선순위와 관련해, 그리고 권위 있는 선택을 하기 위해 어떻게 초당적인 방식으로 일할 것인지에 대해 타이완 대중에게 솔직해지는 것을 매우 기피한다는 점이라고 할 수 있다.

타이완의 정책 딜레마가 지닌 두 가지 수준 – 한편으로는 산업화 이후의 민주적 발전을 모색해야 하고, 다른 한편으로는 점점 더 강력해지고 수정주의적인 중국의 도전을 관리해야 한다는 – 은 서로를 더욱 복잡하게 만들고 있다. 통일의 꿈을 갖고 있는 중국이 타이완에서 불과 90마일 떨어진 곳이 아닌 9000마일 떨어진 곳에 있다고 할지라도, 그리고 인민해방군이 타이완에 대한 전쟁을 준비하기 위해 군사력을 증강시키지 않는다고 할지라도, 타이완은 여전히 중요한 정책 문제에 직면할 것이며, 이에 대한 해결책은 항상 명확하지 않을 것이다. 하지만 중국은 90마일 떨어져 있고 그 군사력은 증가하고 있어 중국의 공격으로부터 스스로를 방어할 수 있는 타이완의 능력과 미국의 원조를 받을 수 있는 능력을 복잡하게 만들고 있다. 일반적으로 논하자면, 타이완의 민주주의 체제는 미국을 포함한 다른 나라들과 비교했을 때 좋은 성과를 내는 것처럼 보일 수 있다. 하지만 관련 이해관계와 실패했을 때 발생할 높은 비용은 타이완의 선출된 지도자들에게 상대적으로 더욱 높은 수준의 성과를 요구한다. 타이완은 무시할 여지가 별로 없고, 오류에 대한 여유는 더욱 없다.

이 책의 목적

이 책의 주된 초점은 단순히 타이완의 '대(對)중국 관계'에 있는 것이 아니다. 오히려 타이완이 사회 차원에서 직면하는 딜레마 및 이러한 딜레마를 조화시키는 데서 정치 체제가 겪는 어려움에 초점이 맞추어져 있다. 게다가 이러한 딜레마에서 진행 중인 문제들에 대한 대중의 관점을 특별히 강조한다. 다음 장에서는 타이완의 국내 문제에 대한 여론과 관련해 알려진 것에 대한 기준을 설정한다. 그리고 이어지는 네 개의 장에서는 타이완 국내의 정책 이슈와 이를 둘러싼 논쟁, 즉 정부 예산, 경제, 에너지 안보, 과도기적 정의transitional justice*에 대해 살펴본다. 그리고 다시 이어지는 여섯 개의 장에서는 양안관계의 다양한 측면을 살펴보는데, 제7장에서는 베이징의 대(對)타이완 정책이 왜 지금까지 실패했는지를 설명하고 그러한 실패를 해결하기 위한 선택지를 제언한다. 제8장에서는 안보 문제에 대한 타이완의 접근법을 제시하고, 제9장에서는 타이완의 국방 전략을 살펴본다. 제10장과 제11장에서는 베이징과의 사이에서 벌어지는 논쟁의 요점인 타이완 정체성 및 타이완의 국가 지위를 어떻게 규정할 것인가에 대해 타이완 시민들이 갖고 있는 상반된 견해를 고찰한다. 제12장에서는 강압적이지만 비폭력적인 수단을 통해 타이완을 약화시키려는 중국의 노력에 대해 설명한다. 제13장에서는 타이완의 정치 체제, 분명히 어려운 문제에 대한 합의를 도출하는 데서의 장애물, 그리고 그렇게 하지 않았을 때의 결과들에 대해 논의한다. 제14장에서는 타이완과 중국에 대한 미국의 정책이 갖는 함의를 살펴보고, 마지막으로 제15장에서는 타이완이 직면한 '이중 딜레마'에도 불구하고 어떻게 안보와 '좋은 삶'을 지켜낼 수 있는지에 대한 구상을 제공한다.

타이완의 민주주의는 나에게 특별한 관심사이다. 나의 직업적·지적 경력의 궤적이 타이완의 최근 정치사와 유사하기 때문이다. 1975년 타이완에서 권위주의 체제가 여전히 강력한 통제력을 유지하고 있을 당시, 나는 박사학위 논문을 연구하면서 타이베이에서 처음 살았다. 하지만 1970년대 후반과 1980년대

---

*   우리나라에서는 transitional justice를 과도기 정의, 이행기 정의 등으로 표현하는데, 이 책에서는 상대론적 견지에서 '과도기'가 아직 종료되지 않았다는 관점에 입각해 일괄적으로 '과도기적 정의'로 표기한다. _옮긴이 주

초반에 나의 주된 관심사는 미국과 중국이 외교 관계를 수립한 것이었다. 그것은 타이완에게 쓰라린 타격이었다. 하지만 1983년 여름에는 타이완이 나의 중심적인 관심사항이 되었다. 그때 나는 미국 연방의회 하원 외교위원회의 직원이었는데, 그 이후 10년간 내가 대부분 일하며 보좌했던 스티븐 솔라즈Stephen J. Solarz 의원은 타이완에서 민주화와 인권 증진이 실현되기를 원했고, 그를 돕는 것이 나의 업무가 되었다. 내가 보좌진으로 근무한 지 얼마 되지 않아 장징궈 타이완 총통은 민주화 과정을 시작하기로 결정했다.

내가 보기에 그러한 타이완 과도기의 시작과 완성에 솔라즈 같은 외부인들이 기여한 바는 비교적 미미했으며, 타이완 내부의 반대 세력[일명 '당와이(黨外, Dangwai)'라고 불렸으며, 나중에 '민진당' 세력이 되었다]과 정권 내부의 개혁 세력보다 덜 중요했다. 하지만 미국의 역할은 미미하지 않았다.[21] 가장 중요한 것은 그 결과였다. 타이완 국민들은 수십 년 동안 발언권을 거부당한 후 자신들의 문제에 대해 발언권을 얻었다. 그 이전에는 미국 정부가 타이완 국민들의 이익에 영향을 미치는 결정을 타이완 국민들과 상의하지 않고 내렸다. 내가 이 책에서 정책 현안에 대한 타이완 대중의 태도와 관련 정보를 최대한 담으려고 하는 이유는 타이완의 민주적 전환이 정치사의 구심점이었기 때문이다.

타이완 정치인들이 새로 발견된 자유를 이용해 이전에는 금기시되었던 정책을 옹호하고 타이완의 법적 지위와 중국과의 관계에 대한 새로운 견해를 제시하기 시작하자 워싱턴은 깜짝 놀랐다. 미국 관리들은 미국과 중국 양국 간 관계에서의 우선순위에 초점을 맞추면서도 타이베이의 움직임 뒤에 무엇이 있는지를 이해하기 위해 고군분투했다.

타이완이 1999년 여름 중국과 미국 사이에 발생한 외교적 문제에서 어떻게 미국을 동요시키기 시작했는지를 잘 보여주는 한 가지 사례가 있다. 그해 5월에 미국이 주(駐)베오그라드 중국대사관을 우발적으로 폭격한 것에 대해 중국 측의 비난이 거세지자 미국은 세계무역기구(WTO) 가입과 관련된 중국과의 양자협상을 매듭짓기 위해 노력하고 있었다. 그로부터 2개월 후에 리덩후이는 갑자기 양안관계가 '특수한 국가 대 국가의 관계'*라는 자신의 견해를 발표했다. 인민해방군은 리덩후이가 독립을 위한 법적 근거를 마련하고 있다고 우려했고, 인민해방군의 전투기가 정상적인 거리보다 더 멀리 타이완 해협으로 날아갔다. 사실 리덩후이의 발언에는 상당한 근거가 있었다. 하지만 당시 미국 관리들은 그것을 완전히 이해하지 못했다.[22] 2000년 3월 타이완 총통선거 및 타이완 독립을 목표로 삼고 있는 민진당의 천수이볜이 총통이 될 가능성이 눈앞으로 다가왔다. 천수이볜은 총통이 되었고, 시간이 흐르면서 그는 '타이완 민족주의'를 부각시켰다. 그리고 천수이볜은 자신의 잠재적인 도발적 계획에 대해 미국과 상의하지 않고 제안서를 발표했다.

간단히 말해, 1994년부터 2007년까지 미국은 타이완의 민주주의에 대한 감탄을 계속 표명했지만, 민주적으로 선출된 타이완 지도자들이 보여준 행동에 좌절했다. 그와 같은 상황은 2008년 마잉주에 의해 바뀌었다. 마잉주는 총통이 된 후 중국과 경제적으로 교류하며 양안관계에 안정을 가져오는 정책을 수행했다. 이것은 조지 부시George W. Bush 행정부와 오바마 행정부 모두에게 이들 행정부가 이러한 문제들과 관련해 미국의 이익을 어떻게 규정했는지와 매우 일치한다. 하지만 중국과의 자유무역 체제를 만들기 위해 마잉주가 추진한 정책들은 타이완에서 점점 인기가 없어졌고, 국민당이 2016년 총통선거에 출마할 후임자를 찾는 데 실패하자 민진당의 차이잉원 주석**이 총통선거에서 승

---

* 원래의 정확한 표현은 '국가와 국가, 최소한 특수한 국가와 국가의 관계(國家與國家, 至少是 特殊的國與國的關係)'인데, 이 책에서는 '특수한 국가 대 국가의 관계'라고 표기한다. _옮긴이 주

** 차이잉원은 민진당의 제13대 주석(2008년 5월 20일~2012년 1월 14일), 제15대 주석(2014 년 5월 28일~2018년 11월 28일), 제17대 주석(2020년 5월 20일~2022년 11월 30일)을 역임 했으며 지방선거에서의 패배 등을 이유로 임기를 모두 채우지 못하고 중간에 사직했다. _옮 긴이 주

리하는 것으로 이어졌다. 그녀는 총통선거에서 손쉽게 이겼을 뿐만 아니라 자신들은 현상유지를 원한다는 신뢰를 미국에 주면서 미국을 안심시킬 수 있었다. 차이잉원 총통과 민진당은 2018년 11월 지방선거에서 심각한 좌절을 겪었지만, 2019년 지지율 반등에 성공했고 2020년 재선에 성공했다. 총통 선출에 관한 한, 타이완 유권자들은 일반적으로 결정권을 갖고 있는 것으로 보인다.

하지만 일부 정치세력이 타이완의 대의민주주의에 불만을 품고 있다는 다른 징후들이 있다. 우선, 2008년부터 타이완 청년들이 시위와 항의를 벌였는데, 그중 일부는 소셜 미디어의 영향으로 인해 규모가 꽤 컸다. 2014년 초의 '해바라기 학생운동*'(이하 해바라기운동)은 이러한 유형의 정치적 행동에서 커다란 흐름을 형성했고 부분적으로 행정부와 입법부와 관련된 정책에 대한 논의에서 더 큰 발언권을 갖고자 하는 운동가 측의 열망을 반영했다. 둘째, 민진당 강경파는 공공정책을 수립할 때 이니셔티브와 국민투표를 더 많이 사용하도록 하는 정책을 오랫동안 추진해 왔다. 2016년 민진당은 정권을 잡은 뒤 국민투표법 개정을 추진해 이 같은 직접민주주의 메커니즘을 보다 쉽게 활용할 수 있도록 했다. 하지만 국민당과 그 동맹세력은 곧 민진당의 통치를 복잡하게 하는 국민투표를 후원했다. 셋째, 2020년 총통선거에서는 포퓰리즘을 표방하는 후보들이 유력한 경쟁자로 떠올랐다. 그중에서 단 한 사람 가오슝시(高雄市) 시장 한궈위(韓國瑜)**만 마침내 국민당의 후보가 되었다. 하지만 그는 곧 시장선거에 출마하는 것이 총통선거에 출마하는 것보다 더 쉽다는 것을 알게 되었고, 또

---

* 해바라기 학생운동(太陽花學運, Sunflower Student Movement)은 일명 '318 학생운동(318學運)'으로 불리며, 2014년 3월 18일부터 4월 10일까지 타이완의 대학생과 사회운동 세력이 입법원을 점거하며 농성을 벌였던 학생·사회운동 사건을 지칭한다. _옮긴이 주
** 1957년 타이완성(台灣省) 타이베이현(台北縣) 반차오진[板橋鎭, 현재의 신베이시 반차오구(板橋區)]에서 출생했으며, 중화민국 육군사관학교(陸軍士官學校)를 졸업하고 국립정치대학(國立政治大學) 등에서 수학했다. 그 이후 타이베이현 의원, 입법위원, 가오슝시 시장 등을 역임했다. _옮긴이 주

한 현직 총통에게 대항하는 것은 어렵다는 것을 알게 되었다. 보다 일반적으로, 정책 주도권은 종종 여러 방면에서 방해를 받았다. 제안된 행동을 멈추는 것은 그 행동을 실행에 옮기는 것보다 더 쉬웠다.

타이완의 민주화와 나의 개인적인 관계를 고려해 볼 때, 나는 타이완의 대중과 지도자들이 사회가 직면하고 있는 딜레마를 해결하기 위해 협력할 방법을 찾기를 바란다. 하지만 타이완의 민주주의 정치 체제가 미흡한 수준에 그치고 있고 원래의 약속을 지키지 못하고 있다는 결론을 피하기는 어렵다. 이것은 매우 안타까운 일이다. 왜냐하면 효과적인 정치 체제를 가질 자격이 누군가에게 있다면 그것은 바로 타이완 국민이기 때문이다. 즉, 타이완이 직면한 정책 과제와 이러한 과제를 해결하지 못하는 데에는 엄청나게 높은 위험성이 존재하기 때문이다. 우선순위가 충돌하는 경우 정치를 통해 차이를 완화시켜야 한다. 체제가 양극화되면 정치를 통해 분열이 잠잠해질 것이다. 또한 적극적인 소수파가 거부권을 행사한다면, 다수파가 형성되는 것은 지금 존재하는 것과는 '다른 종류의 정치'를 통해서일 것이다. 그리고 중국이 갈수록 더욱 심각한 도전 과제가 된다면 타이완에서는 민주주의 정치를 통해 국가안보에 대한 폭넓은 공감대가 출현할 것이다.

제2장

타이완의 국민의식: 예비 기준선

타이완 사회의 중요한 특징은 상시적으로 국민투표를 하도록 만드는 지속적인 여론조사 활동이다. 몇몇 여론조사는 방법론적으로 정교하며 설문조사에 대해 교육을 잘 받은 개인이 설계한다. 다른 여론조사는 후원자들이 원하는 결과를 만들어내는 방식으로 제작된다. 이 분야에 정통한 나의 타이완 친구가 설명해 주었던 것처럼, 높은 방법론적 기준에 부합하는 것으로 보이는 조사도 편파적인 결과를 확보하기 위해 조작할 수 있다.

게다가 아무리 건전한 여론조사라고 하더라도 어떤 이슈에는 초점을 맞추고 다른 이슈에는 초점을 맞추지 않는다. 당연하게도, 그들은 사회가 분열된 문제에 대한 감정의 균형을 측정하려고 한다. 그들은 '당신은 총통의 성과를 인정합니까?', '다음 선거에서는 어떤 후보가 더 좋습니까?', '당신은 자신을 중국인이라고 생각합니까, 타이완인이라고 생각합니까, 아니면 둘 다라고 생각합니까?', '타이완에 대해 선호하는 궁극적인 결과는 무엇입니까?' 등의 질문을 한다(뒤에 나오는 장들에서는 이러한 설문조사 결과에 대해 자세히 설명한다). 여론조사가 정치적 갈등의 이슈에 초점을 맞추는 것은 예상할 수 있는 일이며, 이는 여론의 의견 불일치의 경계를 명확히 하는 데 유용할 수 있다. 중요한 쟁점들, 특히 중국(중화인민공화국)에 대처하는 방법에 대해서는 심각한 의견 불일치가 존재한다. 그렇기에 관련된 위험 부담이 큰 것이다.

하지만 에이브러햄 링컨Abraham Lincoln의 표현 가운데 일부를 빌리자면, 비록 타이완의 일부 사람은 중국[1]과 관련된 국내 정치 및 정책에 대해 항상 생각할지 모르지만, 이 문제들에 대해 늘 생각하는 사람은 국민들 가운데 단지 일부이고 다른 사람들은 완전히 무시한다는 것이 안전한 추측이다. 이는 타이완 사람들이 현재와 미래를 어떻게 마주하고 있는지에 대한 보다 포괄적인 이해가 필요하다는 것을 시사하는 것으로, 우리가 평소 눈으로 보는 것보다 훨씬 큰 그림이다. 타이완 사람들의 우려는 '민족정체성'과 양안관계에 대한 감정을 넘어선다. 그런 것은 사소한 문제는 아니지만 불충분하다. 타이완 국민들의 정서를 충분히 헤아리기 위해 이 장에서는 설문조사 및 기타 이용 가능한 증거를 바탕으로 보다 광범위한 기준선을 제공하고자 한다. 목록이 완전하지는 않지만 일반적으로 논의되는 것보다 더 광범위한 데이터를 사용했다.

2018년 「세계행복보고서World Happiness Report」가 0에서 10까지의 점수에서 타이완을 종합 6.441점으로 세계 26위로 선정했다는 소식에 더 큰 그림의 필요성이 절실히 느껴졌다.[2] 그것은 내가 아는 사람들, 적어도 정치와 양안 정책을 논하는 사람들의 부정적이고 비관적인 태도와 대조된다. 물론 이러한 조사의 결과는 방법론적 설계와 질문 표현만큼만 우수하다. 게다가 어떤 인구 내에서도 사람들이 얼마나 행복한지에는 차이가 있다. 개인은 삶의 어떤 부분에서는 행복과 낙관을, 다른 부분에서는 슬픔과 비관주의를 발견할 수 있다.[3]

타이완의 행복도 순위에서 흥미로운 한 가지 측면은 다른 곳과 비교되는 위치였다. 전 세계적으로 타이완보다 '더욱 행복한' 나라의 대부분은 유럽에 있었고 높은 수준의 경제발전에 도달했다. 전반적으로, 세계의 리더들은 핀란드, 노르웨이, 덴마크, 그리고 아이슬란드였다. 유럽 이외의 지역에서는 캐나다,

이스라엘, 코스타리카, 미국, 아랍에미리트, 칠레가 타이완보다 순위가 높았지만 아랍에미리트를 제외한 나머지 국가는 모두 유럽인들이 정착해 형성한 곳이었다. 동아시아에서 타이완보다 순위가 높은 나라는 유럽인들이 정착한 호주뿐이었다. 동아시아의 다른 나라들은 타이완보다 뒤처졌다. 일본은 54위, 한국은 57위, 홍콩은 76위, 중국은 86위였다. 타이완이 적어도 몇몇 행복한 나라들과 공유하는 것으로 보이는 것은, 이전 장에서 언급한 벤치마크가 보여주었듯이, 현대성과 그에 따른 축복이다. 타이완은 정말 현대적이고, 세계적이며, 번영하는 사회이다. 저개발국가들과 비교했을 때, 타이완 사람들은 행복감을 느낄 만한 이유가 있다. 따라서 문화적인 동아시아에서 타이완이 행복도 1위를 차지한 것은, 이 조사가 행복을 어떻게 측정하는지 보여주는 일종의 인공물로 치부되어서는 안 된다.

사회적 분열의 부재

정치와는 별개로 타이완이 분열되지 않는 방법은 많다. 타이완 사회는 놀라울 정도로 동질적이다. 인종과 민족성에 대한 객관적인 정의에 따르면 타이완은 인구의 98%가 중국인이다. 이 민족적 동질성에 대한 작은 예외에는 대략 50만 명의 사람들이 포함된다. 말레이폴리네시아의 조상은 17세기 중국인들이 정착하기 수천 년 전에 이 섬에서 살았다. 최근에는 동남아시아 출신 노동자의 수가 증가하고 있다. 따라서 타이완은 미국이나 싱가포르처럼 상대적인 다양성을 갖고 있지 않다. 미국은 인구가 백인, 원주민, 아프리카계 미국인, 히스패닉, 그리고 아프리카와 아시아에서 온 사람들로 구성되어 있다. 싱가포르는 인구가 중국인, 말레이인 및 남아시아인으로 구성되어 있다. 민족적 기원은 의식의 차이를 만들지 않는다.

사회계급은 깊은 분열의 원천이 되지 못했다. 많은 서구사회는 거대하고 집중된 산업 부문과 공장생활이 만들어내는 정치적으로 의식적인 노동력을 갖고 있으나, 타이완은 이러한 서구 사회의 경험을 공유하지 않았다. 타이완은 산업발전의 기간에도 소수의 대형 공장이 아닌 수많은 중소기업이 비농업 노동력의 대부분을 고용했다. 게다가 1990년대까지는 불평등 정도가 상대적으로 낮았기 때문에 저소득층은 물질적 고충을 덜 느끼고 기회가 열려 있다는 감정을 더 많이 느꼈다. 정당들은 계급을 기반으로 정치를 추진해서 성공한 적이 없다. 이는 타이완 사람들이 자신을 어떻게 보는지에 반영되어 있다. 타이완 국립정치대학에 기반을 두고 있는 '타이완선거·민주화조사Taiwan Election and Democratization Survey: TEDS'는 조사 표본에게 자신이 속한 사회경제적 계층을 식별하도록 요청했다. 2017년 12월 거듭된 조사에서도 상위권이라는 응답은 0.7%에 불과했고, 중상위권이라는 응답은 24.3%에 달했다. 중하위층(전체 중산층의 57.5%)은 32.4%, 하층민은 4.4%에 불과했다.[4]

또한 다른 나라에서처럼 종교가 사회적 분열의 원천도 아니다. 타이완선거·민주화조사에서 특정 종교집단과 연계한 응답자는 불교 26.5%, 도교 21.8%, 민속 종교 17.8%, 개신교 5.3%, 가톨릭 1.2%였으며, 22%는 '무종교'였다. 사실 이 설문조사는 종교에 대한 매우 서구적인 접근법에 기초한 잘못된 선택을 제시한 것이다. 도교, 불교, 그리고 민속 신앙의 토착 신앙에서 중국 민족은 그들의 애착이 매우 다원적일 수 있다. 종교에 배타적으로 '속한다'는 생각은 그들에게 낯설다. 개인을 종교적으로 만드는 것은 특정 단체에 가입하거나 특정 교리를 고수하는 것이 아니라 믿음과 실천이다. 종교적 신앙은 다원적이고 종종 배타적이지 않기 때문에 심각한 사회적 분열의 기초가 될 수 없다. 안드레 랄리베르테Andre Laliberte는 "타이완에서의 종교와 정치 사이의 상호작용은 민주적 전환의 초기에 깊은 논쟁의 문제가 아니었다"[5]라고 요약하며 논했다.

타이완에 사는 사람의 대다수는 중국인이지만, 역사와 정치는 타이완의 지배적인 집단 내에서 상당한 분열을 만들어냈다. 이 분열의 한쪽에는 17세기부터 20세기까지 중국 남동부에서 섬으로 이주한 타이완 원주민이 있다. 타이완 원주민들은 민난인(閩南人)과 허라오인(河老人)*으로 나뉘는데, 그들의 조상은 푸젠성(福建省) 남부에 위치한 두 개의 다른 현(縣)에서 왔다. 커자족(客家族)은 주로 광둥성(廣東省) 남동부에서 왔다(민난 그룹 내에는 20세기 이전에 타이완에 도착한 자신들의 선조가 중국인이 아닌 다른 민족이라고 주장하는 소수의 타이완 정치인이 있지만, 일반적으로 이러한 주장은 받아들여지지 않는다). 이 분열의 반대편에는 1945년에서 1949년 사이에 '중국 본토'에서 온 사람 또는 그들의 후손이 있다. 원래 이 집단에 속한 사람들은 대부분 마오쩌둥의 공산당군에 패배당하고 타이완으로 후퇴한 국민당 정권과 연줄이 있었다.[6] 1978년까지 중국 본토에서 온 본토인이 타이완 인구의 14%를 차지했고, 타이완인은 거의 나머지를 차지했다.[7]

본토인과 타이완인의 분열은 1990년대까지 정치적으로 중요했다. 왜냐하면 국민당 정권이 타이완인을 억압적인 방식으로 대했기 때문이다. 하지만 이러한 분열은 강화되고 있는 다양한 요인으로 인해 오늘날에는 관련성이 적다. 즉, 본토인과 타이완인 간의 혼인으로 인해 두 그룹 간의 경계가 모호해졌고, 1945년 이후 중국에서 건너온 사람들이 계속 사망했고, 권위주의 시대를 견뎌야 할 필요가 없어졌고, 타이완 자체가 지배적인 현실에서 살고 있는 청년의 수가 증가했고, 시민들이 자신의 정치적 정체성을 정의하는 방식에 중국의 정책이 영향을 미쳤기 때문이다.[8]

마지막으로, 정치적 분열의 잠재적인 사회적 원천은 2010년대에 정치적으로 중요해졌는데, 그것은 바로 세대이다. 젊은이들은 자신의 생활수준이 부모

---

*   허라오인(河老人)은 푸라오(福佬), 허뤄(河洛), 허라오(鶴佬) 등으로 불리기도 하며, 허라오인들 스스로는 자신을 허라오인이라고 부른다. _옮긴이 주

가 성취한 것만큼 높지 않을 것이라고 믿을 만한 충분한 이유가 있었다. 그들은 또한 독립을 더 선호했고 자신의 이익을 증진하기 위해 기존 정치 체제를 통해 일할 의지를 갖고 있지 않았다.

기본 가치관의 획일성

타이완은 또한 여러 가지 기본 문제에 대한 가치관에서도 놀라울 정도로 획일적이다. 실제로 두 개의 서로 다른 비정치적 설문조사가 보여주듯이, 그 태도가 본질적으로 하나로 수렴된다. 2012년 '세계가치관조사World Values Survey: WVS'와 2013년 '타이완사회변화조사Taiwan Social Change Survey: TSCS'의 가장 최근 결과는 여러 질문에 대한 답이 집합을 이루는 것으로 나타났다.[9] 세계가치관조사에 따르면, 응답자의 98.6%가 가족이 '삶에서 중요하다'(매우 중요하거나 다소 중요하다)고 했다. 이 결과는 매우 높은 수치일 뿐만 아니라 경제 발전에도 불구하고 사회생활의 핵심 관계가 가족에서 발견된다는 점에서 타이완이 여전히 매우 유교적인 사회임을 시사한다. 이와 유사한 정도로 대다수의 응답자(90.3%)가 친구가 중요하다고 생각했다는 점에서 타이완은 현대적이고 유교적인 것처럼 보인다. 대인관계에 대한 자신감을 보면 67.5%가 타인이 자신에게 공평할 것이라고 어느 정도 믿는 경향이 있었고, 나머지는 다른 사람들이 혜택을 받을 것이라고 생각하는 경향이 있었다.

설문에 응한 사람들의 90.1%는 노동을 중요시했는데, 이는 수십 년에 걸친 빈곤, 개발 및 가족 가치관에 의해 형성된 사고방식이다. 하지만 84.3%는 또한 여가가 바람직하다고 생각했는데, 이것은 타이완의 경제적 성공과 현대성을 반영한 것이다. 대다수의 사람은 열심히 일하면 더 나은 삶을 살 수 있다고 믿었다.

이 두 조사 모두 '개별 기관 대 결정론'의 문제를 다루었다. 세계가치관조사는 응답자에게 자신의 기관에 대해 1에서 10까지의 척도로 평가하도록 요청했는데, 1은 자신의 운명을 통제할 수 없는 것으로 정의되었고 10은 절대적인 자유 선택이 있는 것으로 정의되었다. 평균 응답은 7.48이었고 응답자의 79.6%가 6.0 이상의 평점으로 자유 선택 척도에 자신을 넣었다. 한편 타이완사회변화조사는 근면과 '노력'이 운명의 영향을 상쇄할 수 있는지에 대해 질문했다. 대부분의 응답자는 그럴 수 있다는 데 분명히 동의했다. 문제가 다소 다르게 제기되었을 때(운명과 타협하고 행동으로 꿈을 실현할 수 있는지)에는 응답이 덜 단정적이었다. 26.3%가 분명히 동의했고, 39.9%가 동의하지 않았으며, 39.2%가 중간이었다. 하지만 전반적으로 이러한 답변은 현대화가 타이완에 상당한 영향을 미쳤음을 보여준다. 왜냐하면 중국의 전통 종교인 불교와 다른 종교는 개인이 자신의 운명을 받아들여야 하고 운명에 맞서 싸워서는 안 된다는 대안적인 견해를 취하기 때문이다.

타이완사회변화조사에서 타이완인들은 또한 일반적으로 삶과 특히 자신의 상황에 대해 상당히 긍정적인 관점을 제시했다.

- 미래가 '기회로 가득 차 있다는 것은 사실인가 아닌가'라는 질문에 15.98%만이 '사실이 아니다'라고 응답했다.
- '인생에 새로운 계획을 세울 시간이 충분한가'라는 질문에는 18.49%만이 분명히 동의하지 않았다.
- 개인의 행복에 대해 세계가치관조사 응답자의 89.9%가 전반적으로 '매우 행복하다' 또는 '다소 행복하다'라고 응답했다.
- '당신의 삶 전체'에 대한 만족도를 묻는 설문에서는 만족도가 다소 낮았지만 여전히 '만족한다'는 응답이 80.93%였고, '만족하지 않는다'는 응답은 18.14%에 불과했다.

- 건강에 대해서는 73.26%가 현재 건강상태에 대해 '만족한다'고 응답했다 ('만족하지 않는다'는 응답은 26.45%).
- 사회적 관계에 대해서는 92.92%가 친구 관계에 대해 '만족한다'고 응답한 반면, '만족하지 않는다'는 응답은 5.41%에 불과했다.
- 직무만족도는 압도적으로 긍정적이지 않아 현재의 본업에 '만족한다'는 응답은 56.54%, '만족하지 않는다'는 응답은 10.72%였다('취업하지 않는다' 는 응답은 32.65%).

세계가치관조사가 조사한 응답자의 70.4%는 실직 가능성을 걱정했다. 자녀에게 좋은 교육을 제공하지 못한다는 점에 대해 걱정하는 사람은 더 많았는데 (73.0%), 이것은 유교의 기본 가치관과 현대 경제에서의 완성의 조건이 수렴되어야 한다는 것을 다시 한번 시사한다.

적어도 개인 차원에서 봤을 때 타이완이 문화적인 동아시아에서 가장 높은 행복도 순위를 기록하는 데에는 그럴 만한 이유가 있다. 광범위한 기반에서 사람들은 자신의 삶에 만족한다. 그들은 가족과 친구의 중요성을 인식한다. 그들은 열심히 일하는 것이 개인의 성공을 위해 중요하다는 것을 인정하지만, 외부의 힘에도 불구하고 자신의 노력으로 미래를 개척할 수 있다는 자신감을 지니고 있다. 실직과 같은 불안이 있을 때, 그들은 합리적이다. 더욱이 이러한 기본적인 가치관에 관한 한, 타이완은 전통과 현대가 성공적으로 융합된 중국 사회이다.

제도 및 쟁점

모든 현대 사회는 사회적, 경제적, 그리고 정치적 삶을 유지하기 위해 제도에 의존한다. 하지만 그러한 사회의 시민들이 반드시 자신들의 모든 제도를 높이 평가하지는 않는다. 동시에, 그들은 일반적으로 다른 것보다 특정한 정책 쟁점에 높은 우선순위를 둔다. 타이완에서 여론조사를 실시한 결과 이 규칙에도 예외가 없는 것으로 나타났다.

제도

세계가치관조사의 조사결과에 따르면, 타이완 국민들이 국내의 여러 기관에 대해 느끼는 신뢰도는 매우 다양하다. 은행과 환경단체에 대한 신뢰도는 70~80%에 달했다. 공무원, 종교단체, 경찰 등에는 60~70%의 지지율을 보였다. 군대는 50~60%의 신뢰도를 기록했다. 법원은 40~50%였고, 언론과 입법부는 20~30%를 차지했다. 기관이 경쟁적인 정치와 밀접할수록 국민들이 느끼는 신뢰도가 떨어진다는 얘기이다.

정치에 관한 모든 것이 분열을 일으키는 것은 아니다. 설문 응답자들은 자신을 추상적으로 민주주의와 강하게 연관 지었다. 2014년 여름과 가을에 타이완에서 실시된 아시아바로미터조사Asian Barometer Survey: ABS에서는 조사 대상자의 88%가 민주주의가 여전히 최고의 정부 형태라는 생각에 압도적으로 동의하는 것으로 나타났다. 타이완의 민주주의 체제가 실질적으로 어떻게 운영되는지에 대해서는 (제13장에서 자세히 논의하는 것처럼) 긍정적인 견해가 덜하다. 하지만 사람들의 기본적인 사회적 태도와 더불어 민주주의에 대한 믿음은 가장 광범위하게 '가치 합의'가 이루어지고 있는 영역 중 하나이다.

쟁점

여론조사는 또한 유권자들이 가장 중요하다고 생각하는 쟁점에 대한 분별을 제공하며, 경제가 확실한 선두주자임을 입증한다. 2017년 말에 타이완선거·민주화조사는 응답자들에게 정치 지도자들이 다룰 수 있는 가장 높은 우선순위와 두 번째로 높은 우선순위를 물었다. 경제개발을 1위로 꼽은 사람은 응답자의 46.5%였고, 2위로 꼽은 사람은 22.4%였다. 즉, 타이완 대중의 3분의 2 이상이 "문제는 경제야, 이 멍청아it's the economy, stupid*"라는 것에 동의하고 있는 것이다. 다음으로 가장 중요한 두 가지 쟁점은 양안관계와 교육정책이었다. 중국과의 관계를 탐색하는 것이 33.2%로 1순위였고, 2순위는 31.5%로 교육이 가장 중요하다고 생각했다. 물론 교육정책과 양안관계의 일부 측면이 경제발전에 영향을 미치기 때문에 이 세 가지는 모두 서로 얽혀 있다.

경제에 우선순위를 둔 것은 그저 막연한 정서라기보다 미래에 대한 국민들의 불안감이 반영된 것이었다. 타이완사회변화조사는 응답자들에게 향후 5년 동안 생활수준이 더 나아질 것으로 예상하는지 아니면 더 나빠질 것으로 예상하는지 물었고, 응답자들은 거의 비슷하게 다음과 같은 세 가지 그룹으로 나뉘었다. 즉, 30.7%는 생활수준이 나아질 것이라고 응답했고, 30%는 거의 비슷할 것이라고 응답했으며, 31%는 더 나빠질 것이라고 보았다.

경제와 연계된 필수 사항은 여러 가지로 종속적이지만 여전히 중요한 질문들이다. 첫째는 세계화가 타이완 경제에 좋은가 나쁜가 하는 것이다. 타이완사회변화조사는 응답자들에게 '사람·재화·자본의 이동성이 타이완 경제에 좋은지 나쁜지'에 대한 견해를 1에서 6까지의 척도 가운데 표시해 줄 것을 요청했다. 이러한 유형의 이동성은 55.3%에 의해 분명히 양호한 것으로 간주되었다. 응답자 중 9.6%만이 분명히 나쁘다고 생각했고, 25.1%는 중간에 있었다. 이러한 유형의 이동성이 취업 기회에 좋은지 묻는 설문에서는 응답자의 40.7%가

---

* 1992년 미국 대통령 선거에서 민주당의 빌 클린턴 후보 진영이 내걸었던 선거 운동 문구이다. _옮긴이 주

명백하게 좋다고 했으며, 31.6%는 중간, 19.4%는 분명히 나쁘다고 답했다.

둘째 질문은 경제 성장을 촉진하는 것과 더 큰 평등을 촉진하는 것 사이의 긴장과 관련 있다. 타이완사회변화조사는 만약 사람들의 수입이 더 평등하다면 대부분의 사람들이 덜 열심히 일할 것인지에 대해 질문함으로써 이를 조사했다. 조사 대상자 중 37.3%가 그 말에 동의한 반면, 56.4%는 동의하지 않았다. 특히 성장이 둔화됨에 따라 평등을 높인다고 해서 열심히 일하는 것의 가치가 바뀌지는 않을 것이다.

둘째 질문과 관련된 셋째 쟁점은 정부가 현재 사회복지 혜택을 충분히 제공하고 있는지 여부이다. 모든 선진국에서는 성장과 복지 사이에 절충점이 있으며, 타이완이 민주주의로 전환한 결과 중 하나는 40년간의 성장 이후 대중이 더 많은 복지 혜택을 요구하는 압력을 가하게 되었다는 것이다.[10] 정치 체제는 이러한 압력을 상당 부분 수용했지만, 타이완사회변화조사에 따르면 여론조사에 참여한 사람들 중 대다수가 더 많은 것을 할 수 있다고 믿었다. 단지 10.6%만 현재의 혜택이 너무 많다고 믿었고, 25.4%는 혜택이 충분하다고 생각했으며, 58.9%는 현재의 정책이 불충분하다고 말했다.

이를 확인하기 위해 세계가치관조사는 12개의 서로 다른 항목을 조합해 응답자들에게 물질주의에서 탈물질주의까지의 척도로 각각의 항목이 어디에 속하는지 물었다. 오직 19.1%의 항목만 탈물질주의적인 측면에서 평가되었고, 70%는 더 물질주의적인 측면에서 평가되었다. 하지만 이 질문이 순위를 매기는 것과 반대로 두 개의 상반된 우선순위 사이에서 선택으로 제기되었을 때에는 물질주의가 반드시 맨 위에 나오지는 않았다. 환경보호와 경제성장 중 하나를 선택하라는 질문에 응답자의 61%가 환경보호가 더 중요하다고 답했다. 보다 탈물질주의적인 이 결과는 사람들이 때때로 갈등을 겪는다는 것을 암시한다.

타이완선거·민주화조사는 다른 방식으로 물질주의와 탈물질주의 사이의 유사한 긴장을 발견했다. 비록 경제는 조사 대상자들에게 최우선 과제였지만, 일부 유권자들은 다른 문제에 우선순위를 두었다. 연금 개혁은 1위 또는 2위로 평가되었다. 응답자의 23.3%는 연금 개혁(아마도 당시에는 뜨거운 정치적 쟁점이 아니었기 때문에)을 가장 중요한 문제로 보았고, 17.0%는 사법 개혁을 가장 중요하게 여겼으며, 8.6%는 과거 인권유린(국민당이 과거 자신이 가한 탄압에 대해 일정한 형태의 책임을 지도록 하는 것)을 가장 중요하게 여겼다. 반면 에너지정책, 식품안전, 사회복지, 결혼평등의 문제를 높은 우선순위로 꼽은 응답자는 1.0% 미만이었다. 하지만 실제의 정치 활동에서는 이러한 우선순위가 일반 여론조사에서 그들이 해야 한다고 생각하는 것보다 훨씬 더 많은 관심을 받고 있다. 이런 과제들에 대해 활동적이고 목소리를 내는 시민사회 단체들의 네트워크는 사람들이 일반적으로 믿는 것과 상관없이 성공적으로 이러한 탈물질주의 이슈들을 정치적 의제에 올려놓았다.

중국 문제에 대해서는 다소 극명한 이견이 존재한다. 하지만 그럼에도 불구하고, 다음과 같은 두 가지 강력한 공감대가 존재한다. 첫째, 타이완에 있는 대부분의 사람은 타이완에 대해 동질감을 느끼고 있다. 일관되게 약 90%가 자신을 타이완인이라고 여기거나 또는 타이완인과 중국인 둘 다라고 본다. 자신을 오직 중국인이라고 여기는 사람은 10% 미만이다. 둘째, 대다수의 사람이 영원히 또는 장기간에 걸쳐 (아마도 동일한 것에 해당할 수 있는) 현상유지를 하는 것을 선호한다. 즉, 확고한 다수가 독립과 통일에 대해 모두 반대한다는 것이다.

청년 요인

필자는 이 장 초반부에서 타이완이 분열될 정도로 사회적·정치적 분열을 조성하는 가장 유력한 요소가 세대라는 가능성을 제기했다. 그 추측은 그럴듯하다. 2008년 이후 다양한 사회운동에 나선 이들은 바로 청년이었는데, 이는 2014년 초 해바라기운동에서 절정에 달했다. 이러한 운동은 결혼평등, 역사적 보존, 재산권, 원자력, 노동권, 원주민 권리, 이주 배우자, 징집된 병사에 대한 처우, 카지노 도박, 언론 기관의 소유 형태, 중국과의 관계 등 다양한 문제에 초점을 맞추었다. 이런 움직임 중 다수는 양안과 아무런 관련이 없지만, 양안 서비스 무역에 관한 협정 초안에 반대하기 위해 시작된 해바라기운동은 분명히 양안과 관련이 있었다. 시위자들은 중국과의 경제적 통합이 너무 가까워지고 있으며, 그것이 타이완의 정치적 합병으로 이어질 것이라고 믿었다.[11]

이러한 사회운동은 단지 새로운 이슈를 정치적 의제로 삼고자 했던 것이 아니다. 이들 사회운동은 또한 활동가들이 타이완 민주주의의 확립된 기관들, 특히 정당 밖에서 자신의 목표를 홍보하기로 한 결정을 반영했다. 디지털 미디어는 대규모 동원을 촉진했고 전통적인 미디어는 시민 활동의 노출을 증가시켰다.[12] 타이완의 입법원을 점령한 해바라기운동은 기존 기관들에 대한 거부감을 물리적으로 표현했다. 흡사 직접민주주의가 대의민주주의를 대체하는 것처럼 보였다. 국립타이완대학의 사회학자 허밍수(何明修)가 말하는 바와 같이, "타이완의 고학력자이지만 경제적으로 불안정한 청년들은 반란을 일으키며 시민사회의 선두에 서왔다."[13] 이는 결코 양자택일의 문제가 아니다. 해바라기운동이 끝난 이후, 그 지도자들 및 참가자들은 정당과 선거정치에 몸을 던졌다. 하지만 현 상태와 정당의 성과에 불만을 품은 사람들은 기존의 제도 외에 정치적 행동을 하기 위한 대안을 갖고 있다.

2016년 타이완의 유력 경제지인 ≪천하잡지(天下雜誌)≫는 연례적으로 수행하는 국가 실태에 관한 설문조사를 통해 세대 분열의 존재를 논증했다. 해당 조사 결과는 "타이완 여론이 분열되는 시점은 '39세'이다. 39세 이하에서는 거의 70%가 결혼평등을 찬성하는 반면, 40세 이상에서는 50% 미만이 찬성한다"라고 요약되었다. 아울러 "양안관계의 통일 또는 독립 문제에 대해서는 (독립에 찬성하는) 39세의 비율이 오랫동안의 합의점이었던 현상유지보다 훨씬 높았다"라고 밝혔다. 여론조사에서 분열이 없는 유일한 이슈는 경제성장의 중요성이었다.[14] 이와 비슷하게 2016년 선거 즈음에는 타이완의 청년들의 추세가 톈란두(天然獨)*(자연스럽게 독립을 지향한다)라는 것이 점점 더 일반적인 생각이 되었다. 이것이 사실이라면, 이러한 방향으로의 추세는 중국이 통일을 이루는 데 직면할 어려움을 증가시킬 것이기 때문에 중국에 걱정거리가 될 것이다.

중국 정책이나 동성 결혼 같은 정치적 이슈는 차치하고라도, 타이완의 청년 세대들은 현상유지와 그것을 관리하는 정치인들에게 분개할 만한 매우 중요한 이유가 있다. 2013년부터 2018년까지 20~24세 타이완 청년의 평균 실업률은 12~14%인 반면, 이들보다 열 살 이상 나이가 많은 연령대의 실업률은 3~4%였다.[15] 이로 인한 한 가지 부작용은 청년들이 학업을 계속하거나 직장을 구하기 위해 타이완을 떠나는 경향이 증가하고 있다는 것이었다. 이러한 두뇌 유출은 고용주에게는 인재의 손실을 의미했지만, 일부 타이완 거주자가 기회가 더 나은 중국으로 유입되는 것은 세뇌에 대한 두려움을 야기했다. 남아 있는 사람들의 낮은 급여는 문제를 가중시켜서, 편하고 저렴한 집을 찾을 수 없게 되었고 결혼하고 아이를 갖는 것이 힘들어졌다. 삶의 질에 대한 이러한 우려는 여러 정치적 우려와 결합되어 사회적 행동을 유발할 것으로 보인다. 전술한 허밍수는 "이러한 청년운동은 부모 세대가 누렸던 급속한 경제 성장과 상류층으로의 이동성이 청년들에게서는 거부당하면서 청년 운동가들 사이의 상대적 박탈감에 의해 추진되었다"라고 말했다. 그는 이러한 '깊은 사회적 뿌리'가 무역과 같은 특정 정책 문제보다 더 많은 영향을 미쳤다고 간주한다.[16]

하지만 ≪천하잡지≫의 조사 또한 흥미롭다. 왜냐하면 10년 전에 데이비드

---

* 쯔란두(自然獨)라고 일컬어지기도 한다. 이것과 반대되는 용어로는 톈란퉁(天然統, 자연스럽게 통일을 지향한다) 또는 당란퉁(當然統, 당연히 통일을 지향한다)이 있다. _옮긴이 주

슨대학Davidson College의 정치학자 셸리 리거Shelley Rigger는 자신이 발표한 논문에서 타이완의 청년 세대가 실제로 독립 문제 또는 이와 유사한 문제에서 그들의 연장자보다 온건하다고 주장했기 때문이다. 구체적으로는 1985년 전후부터 정치적으로 자각하게 된 타이완인들이 일본의 식민 지배 시기와 국민당 통치 시기에 정치적으로 자각한 사람들보다 중국에 대해 더 실용적이었다. 타이완 기업들이 본토에서 처음으로 무역과 투자를 할 수 있게 된 것은 1985년 직후로, 민주주의를 향한 전환의 첫 단계가 취해질 무렵이었다.[17] 그것은 톈란두의 추세가 리거가 발견한 더 큰 실용주의를 부정한다는 것을 의미할까? 리거는 이후 분석을 통해 "그렇지 않다"라고 대답한다. 리거는 천수이볜 정부의 기간(2000~2008년) 동안 정치적 연령대에 도달한 정치 세대가 타이완과 중국 사이에서 심리적으로 선택을 해야 한다고 느끼지 않았기 때문에 자연스럽게 자신들의 출생지와 동일시된다는 것을 알게 되었다. 하지만 자연스럽게 그들은 중국을 포용하려는 경향이 그들의 연장자보다 더 강하다. 왜냐하면 중국에는 좋은 고용 기회가 존재하기 때문이다.[18]

노인들과 비교해 청년들의 태도에 대한 보다 일반적인 여론조사는 청년들의 감정이 나이 또는 '자연스럽게 독립을 지향한다'는 설명이 시사하는 것보다 더 복잡하다는 것을 암시한다. 세계가치관조사에 의해 측정된 기본 가치관에 대한 질문에서는 연령대에 따라 가족에 대한 중요성에 차이가 전혀 없었다. 친구, 직장, 여가 시간도 모든 응답자에게 매우 중요했지만 50세 이상의 응답자들은 마지막 세 가지에 대해 그다지 강하게 느끼지 않았다. 이는 아마도 수명주기life cycle에서 서로 다른 단계에 있기 때문일 것이다. 또한 자신의 운명을 통제할 수 있는지 여부에 대한 태도에도 거의 차이가 없었다. 타이완사회변화조사가 인간의 힘과 관련해 던진 질문에서도 연령대에 따른 응답에는 비슷하게 차이가 없었다. 행운 또는 운명보다 근면과 노력이 더 중요하다고 믿는 반면, 운명과의 타협 능력에 대해서는 양면성이 더 컸다.

세계가치관조사는 물질주의적 가치와 탈물질주의적 가치 중 연관되는 성향에서 연령대별로 약간의 차이가 나타나는 것을 발견했다.[19]

- 30세 미만은 65.5%가 물질주의적 성향을 보였고, 34.9%는 탈물질주의적 성향을 보였다.
- 30~49세 중에 81.6%가 물질주의적 가치관 성향을 보인 반면, 15.9%는 그 반대였다.
- 50대 이상에서는 물질주의적 가치를 강조한 비율이 74.2%였고, 탈물질주의적 가치를 강조한 비율이 13.4%였다.

따라서 타이완인의 대다수는 물질주의를 지향하는 경향이 있지만 29세 미만의 3분의 1은 탈물질주의적 경향을 보다 많이 가지고 있다. 탈물질주의자가 가장 적은 응답자는 30~49세의 사람들이었다.

시사문제에 대한 2017년 12월 타이완선거·민주화조사의 결과에 따르면 전반적으로 중요한 세대 차이(여기에서는 연령 집단 간에 10% 이상의 차이로 정의된다)는 나타나지 않는다. 실제로 격차가 나타나는 것은 60세 이상과 다른 모든 사람 사이, 또는 30~39세 집단과 기타 연령 그룹 사이인 경우가 많다. 더 고르게 나뉜 60세 이상을 제외하고 대부분의 응답자 연령 그룹의 약 3분의 2는 집권 이후 차이잉원의 성과에 불만을 표시했다. 그들은, 가장 나이가 많은 연령 집단 ― 여전히 불만족스럽지만 조금은 덜한 ― 을 제외하고는, 양안관계에 대한 그녀의 성과에 대해 2 대 1 이상의 차이로 불만을 표시했다. 경제발전에서도 비슷한 결과가 나왔다. 차이잉원 총통의 리더십을 0에서 10까지의 척도로 평가하도록 요청했을 때 중도적 위치(4에서 6까지)는 각 연령대에서 대다수 또는 다수였지만, 중간 위치의 크기는 점진적으로 감소했다. 구체적으로 보면 22~29세 집단에서는 60.2%였으나 50~59세 집단에서는 41%로 낮아졌다(가장 나이가 많은 집단에서는 조금 더 긍정적이다). 39~39세 집단에서는 9.6%만이 차이잉원 총통에 대해 높이 평가했다.

하지만 일부 정책 문제에 대해서는 기본적인 획일성이 존재했다. 대부분의 연령 집단의 50~60%는 경제발전이 타이완의 최우선 과제라고 생각했다(가장 나이 많은 그룹에서는 그 수치가 약 45%였다). 3개의 더 젊은 연령대의 집단은 교육이 가장 중요하다고 생각한 반면, 가장 나이가 많은 3개의 집단은 양안관계가 중요하다고 여겼다. 하지만 최고와 최저의 차이는 교육의 경우 12%에 불과했고, 양안관계는 10% 미만이었다.

그렇다면 다른 사회적 분열이 태도에 유사한 영향을 미치는 것일까? 한 가지 가능한 요인은 교육이다. 하지만 기본 가치관에 관해서는 지각할 수 있는 차이점이 없다. 예를 들어, '당신의 노력은 운명을 보상할 수 있다'는 의견에 대학교육 이상의 응답자는 36.8%, 고졸 학력 이상의 응답자는 47.1%가 동의했다. 각 그룹에서 동의하지 않은 비율은 10% 미만이었다. 정체성, 중국과의 분쟁 해결 방안 같은 정치적인 문제에서는 이견이 더 컸다. 이에 대해서는 이 책의 제8장부터 제10장까지에서 다룰 것이다.

결론

하나의 사회로서의 타이완은 정치 체제 내의 격렬한 갈등이 시사하는 것보다 더욱 동질적이다. 즉, 인종적·계급적·종교적 차이가 무시되거나 존재하지 않는 것처럼 보인다. 사람들은 기본적인 인간 가치에 대해 눈을 마주보고 있으며, 그들이 믿는 것은 삶에 만족할 수 있는 이유가 된다. 그들의 사회는 현대적이면서 동시에 유교적이다. 시민들은 강력한 경제를 촉진하는 것이 타이완에 압도적으로 중요하다는 것을 이해한다. 정치인들이 많은 관심을 갖는 일부 문제는 일반 개인에게는 우선순위가 낮다. 사람들은, 이 책의 제13장에서 자세히 설명하는 것처럼, 자신의 정치 체제에 대해 양면성을 가질 만한 이유가 있지만, 일반적으로 민주주의의 가치에 대해서는 의심의 여지가 없다. 청년들은 어떤 측면에서 상당히 별개의 종족이지만 미디어가 때때로 암시하는 것보다는 훨씬 덜 그러하다. 그리고 타이완과 중국의 관계에 관한 핵심 질문에 대해서는 '우리는 스스로를 타이완인으로 여기고 있으며 현상유지를 선호한다'라는 광범위한 합의가 존재한다.

제3장

타이완의 정부 예산

타이완의 정치 체제가 긴박한 이슈를 어떻게 다루는지에 대한 논의를 시작하면서 정부 예산을 다루는 것은 다소 이상해 보일 수도 있다. 과연 무엇이 더 지루할까? 하지만 정부의 예산은 정책 우선순위에서의 순서를 반영한다. 카네기국제평화재단의 전 이사장 제시카 터크먼 매슈스Jessica Tuchman Mathews는 "(정부의) 예산은 국가의 핵심적인 정치적 선택들, 즉 △시민들이 얼마나 많은 정부를 원하는지, △그 정부를 위한 우선순위는 무엇인지, 그리고 △얼마나 큰 부채를 떠안고 물려주기로 선택했는지 등을 구체화한다"[1]라고 지적했다. 어떤 해이든 정치 체제는 어떤 활동에는 재원을 더 많이 할당하고, 다른 활동에는 재원을 덜 할당하며, 또 다른 활동에는 재원을 전혀 할당하지 않을 것이다. 시간이 지나면서 정책의 우선순위가 변화함에 따라 일부 예산 부문에는 더 많은 자금이 책정되는 반면, 다른 예산 부문에는 더 적은 자금이 책정될 수 있다.

물론 정부가 얼마를 쓰느냐 하는 것은 애초에 가용한 재원의 기능이고, 이는 또한 행정 역량과 정치적 선택의 기능이기도 하다. 개도국에서는 행정 역량이 부족한 경우가 많아 정책 선택의 경계가 제약될 수 있다. 선진국들은 보통 추출 능력extractive capacity이 높은 국가의 정부에 의해 통치되기 때문에, 그들의 세입 규모는 신중한 선택을 반영한다. 민주주의 국가이기도 한 선진국들은 얼마나 많은 재원을 추출하고 그 재원을 어떻게 사용할 것인가에 대해 상반된 견해를 주장하는 대중들의 의사를 정치적으로 분명하게 보여주고 있다. 따라서 선진국 경제의 세입과 지출 양쪽 모두에서 예산 과정은 정부가 스스로 정하는 우선순위의 순서를 규정한다.

세입은 정부가 달성하고자 하는 모든 과업에 자금을 지원하고 직면한 과제를 해결하기에는 충분하지 않다. 하지만 체제의 유형에 따라 세입 및 지출 우선순위가 설정되는 방식이 결정된다. 타이완에서는 국민당이 엄격한 권위주의로 통치하던 첫 20년 동안에는 장제스가 이 과정을 지배했다. 처음에 '본토 탈환*'이라는 장제스의 환상에 불과한 목표에 사용하기 위해 예산의 대부분을 군대에 할당했다. 그 이후에도 국가안보는 중요한 우선순위로 남아 있기는 했지만, 장제스는 결국 경제발전을 통한 타이완의 건설에 더 높은 우선순위를 두었다. 그의 아들 장징궈는 후계자로 지목되어 이러한 개발 우선순위를 유지했다. 이에 따라 예산 할당이 변경되었을 뿐만 아니라 경제 관련 국가기관의 권한도 커지고 기술관료적 성격을 띠게 되었다. 그럼에도 불구하고 '예산을 둘러싼 정치'는 소규모의 의사결정그룹에서 발생했다.

타이완이 민주주의로 이행하면서 예산 절차와 예산이 지원하는 정책 우선순위가 변화되었다. 입법원 의원**(이하 입법위원)들은 유권자들의 선호도를 전달하는 것에 더 큰 목소리를 냈다. 가장 분명한 변화는 사회복지 관련 지출의 증가와 군사 지출의 감소로, 이는 새로운 민주주의 국가에서 상당히 흔하게

---

* 일반적으로 '반공대륙'(反攻大陸)이라고 불렸으며, 구체적인 방책으로는 국광계획(國光計劃, Project National Glory: PNG) 등이 있었다. _옮긴이 주
** 정식 명칭은 '입법위원(立法委員)'이다. _옮긴이 주

나타나는 변화이다.[2] 입법위원들은 또한 지역에 더 많은 대학을 설립해야 한다고 주장했는데, 이는 종종 기술학교를 대학으로 전환시키는 방식으로 이루어졌다. 기업들은 예산 정책에 대해 침묵하지 않았다. 그들은 세계경제에서 경쟁력을 유지하기 위해서는 세금을 더 낮추어야 한다고 주장했다. 이 모든 것은 놀라운 일이 아니다. 민주주의 체제에서 대중은 어느 정도 정부 지출에 사용할 수 있는 재원의 수준과 다양한 우선순위에 대한 예산 재원의 할당을 형성한다. 다소 놀라운 점은 타이완의 정치인들이 자신의 선호도를 전달하는 과정이다.

이 장에서는 타이완 '정부 예산'의 구조, 정부 지출 및 재원 추출의 추세, 예산이 구성되는 과정, 그리고 예산을 둘러싼 선택의 정치적 함의에 대해 설명한다.

예산 구조와 할당

우선 타이완 중앙정부가 공공지출의 70%를 차지하고 있다. 나머지는 다양한 하위 관할권에서 발생한다. 즉, 6개의 직할시(直轄市)*, 13개의 현(縣)**, 3개의 현급시(縣級市)***, 약 200개의 현급(縣級) 이하의 현할시(縣轄市), 향(鄉), 진(鎮) 등이 있다. 하지만 지역 수준에서도 센터는 보조금 및 기타 메커니즘을 통해 재원을 이전함으로써 지배적이다.[3] 따라서 예산 편성이 나타내는 정치적

---

*   타이베이시(台北市), 신베이시(新北市), 타오위안시(桃園市), 타이중시(台中市), 타이난시 (台南市), 가오슝시(高雄市)를 지칭한다. _옮긴이 주

**   이란현(宜蘭縣), 신주현(新竹縣), 먀오리현(苗栗縣), 창화현(彰化縣), 난터우현(南投縣), 윈린현(雲林縣), 자이현(嘉義縣), 핑둥현(屏東縣), 화롄현(花蓮縣), 타이둥현(台東縣), 펑후현(澎湖縣)을 지칭한다. _옮긴이 주

*** 지룽시(基隆市), 신주시(新竹市), 자이시(嘉義市)를 지칭한다. _옮긴이 주

표 3-1 | 타이완의 예산 지출

주요 부문	하위 부문
일반 행정	국무, 행정원, 입법원, 사법원, 고시원, 감찰원, 행정, 경찰, 외무, 재정, 화교
국방	국방
교육, 과학, 문화	교육, 과학, 문화
경제개발	농업, 산업, 통신 및 기타
사회복지	사회보험(연금 기타 등등), 공공 지원, 노인복지 지원, 고용서비스, 공중위생
공동체 개발, 환경보호	환경보호
은퇴, 조문	은퇴 및 조문: 지급 및 서비스
부채 상환	이자 상환, 원금 상환 서비스
보조금 및 기타	특별한 경우에 대한 보조금, 예산 균형, 기타 항목 및 보조 예비 자금

자료: "The General Budget Proposal of Central Government: Summary Table for Annual Expenditures by Functions, FY 2019," Directorate-General of Budget, Accounting, and Statistics, Republic of China (Taiwan).

선택을 이해하고자 한다면, 지출을 수행하는 정부 수준을 구분하는 것보다는 전체 정부 지출을 고려하는 것이 더 유익하다.[4] 타이완의 정부 예산을 구축하는 과정은 경쟁적인 정책 우선순위에 대해 일부 사항을 밝혀주고 있다.

정부 예산의 지출은 〈표 3-1〉에 제시한 것처럼 9개의 주요 부문과 33개의 하위 부문으로 나뉜다. 대부분의 부문은 간단하지만 일부 하위 부문은 다른 부문보다 더 중요하다. 교육은 교육, 과학 및 문화 부문의 약 3분의 2를 구성한다. 경제발전을 위한 자금의 약 3분의 2는 농업과 운송을 위한 것이다. 연금과 같은 사회보험 프로그램에 대한 지출은 사회복지 지출의 70%를 구성하며, 나머지는 도움이 필요한 사람들을 위한 복지 서비스가 차지한다.[5] 환경보호는 지역사회 개발 및 환경보호 부문에서 책정된 모든 돈을 소비한다.

〈표 3-2〉는 2001년, 그리고 2006년부터 2019년까지 14년간의 총지출 대비 부문별 비중을 부문별 평균 비중 및 고저 비중과 함께 보여준다. 〈표 3-2〉는 다양한 부문에서 예산 파이가 상당히 안정적으로 분할되어 있음을 보여준다. 교육, 경제개발 및 사회복지는 예산의 거의 절반을 소비하며 모두 핵심적인 사회

표 3-2 | 타이완 정부 예산의 연도별·부문별 점유율
단위: %

연도	일반 행정	국방	교육, 과학, 문화	경제개발	사회복지	환경	은퇴, 조문	부채 상환	기타
2001	14.7	11.0	19.2	17.1	17.7	4.9	7.8	7.6	1
2006	15.7	10.7	22.0	15.5	16.8	4.0	8.9	6.3	1
2007	15.1	11.2	21.7	16.8	16.4	3.8	8.8	6.1	1
2008	15.1	11.3	21.3	18.6	15.8	3.5	8.7	5.8	1
2009	13.5	11.2	21.9	22.7	14.6	3.5	7.7	4.9	1
2010	14.4	11.2	21.7	20.3	16.3	3.5	7.9	4.7	1
2011	14.5	11.1	22.7	18.2	17.2	3.4	8.2	4.7	1
2012	14.6	11.4	22.4	15.2	20.3	3.2	8.2	4.7	1
2013	14.4	11.1	22.6	14.9	20.3	4.0	7.9	4.9	1
2014	14.5	11.1	23.5	15.2	19.7	3.2	8.1	4.8	1
2015	14.6	11.6	24.2	13.4	20.2	3.1	8.3	4.6	1
2016	14.1	11.5	24.4	14.5	20.1	3.4	7.6	4.4	1
2017	13.8	11.1	25.1	14.0	20.5	4.5	7.2	3.9	1
2018	14.1	10.8	23.7	15.9	20.7	3.8	6.7	3.7	1
2019	14.3	11.0	24.1	16.0	20.3	3.6	6.6	3.6	0.5
평균	14.5	11.2	22.7	16.6	18.5	3.7	7.9	5.0	1.0
최저	13.5	10.7	19.2	13.4	14.6	3.1	7.2	3.9	1.0
최고	15.7	11.6	25.1	22.7	20.7	4.5	8.9	7.6	1.0

자료: *Statistical Yearbook of the Republic of China*, Directorate-General Budget, Accounting and Statistics, Republic of China(Taiwan)(September 2019), table 91(https://eng.star.gov.tw/public/data/dgbas03/bs2/yearbook_eng/Yearbook2019.pdf).

적 우선순위를 반영하고 있다. 일부 부문에서는 점유율이 13년 동안 상대적으로 거의 변하지 않았다. 가장 변함이 없는 것은 국방비로, 전체 예산의 평균 11.2%를 차지했으며 평균과의 편차는 0.5%를 넘지 않았다.

하지만 세 가지 부문은 최소한 일시적인 증가를 보였는데, 이러한 선택이 이루어진 이유에 대해서는 정보에 입각해 다음과 같이 추측할 수 있다. 우선, 2008년에서 2010년 사이의 경제발전 증대는 글로벌 금융 위기 이후 타이완 경제를 부양하기 위한 일시적인 예산 부양책이었음이 무엇보다도 분명하다. 위

기가 진정되자 점유율은 하락했다.

둘째, 사회복지에 대한 지출은 증가세를 지속했다. 2009년 14.6%에서 2014년 19.7%, 2018년 20.7%로 14년 만에 가장 높은 점유율을 기록했다. 증가는 사회보험의 하위 부문에서 거의 완전히 발생했다. 실제로 이 부문에서 지출된 금액은 2007년 1357억 위안(圓)*에서 2017년 3454억 위안으로 10년 만에 거의 세 배 증가했다. 이것은 타이완 인구의 고령화에서 비롯된 것이다. 65세 이상의 인구가 2007년부터 2018년까지의 기간 동안 46.1% 증가함으로써 타이완의 다양한 연금 지급액이 증가했다.[6] 다른 국가의 연금 프로그램과 마찬가지로, 타이완의 연금 프로그램도 지불해야 하는 만큼의 금액이 불입되는 것은 아니다.[7] 건강보험도 마찬가지이다. 타이완은 대중에게 좋은 보살핌을 제공하는 것으로 높은 점수를 받은 단일 지불 시스템을 보유하고 있지만 자금은 충분하지 않다. 2019년 국민건강보험 시스템의 지출은 수입보다 약 550억 위안 더 많았다. 2020년에는 해당 시스템이 1년 이내에 파산할 수도 있다는 공개적인 경고가 나왔다.[8]

셋째, 구체적이고 증가하는 사회적 요구에 부응해 교육, 과학 및 문화에 대한 지출이 크게 증가했다. 교육 부문의 지출은 이미 다른 어떤 부문보다 높은데, 이는 부분적으로 중앙정부 예산의 15%와 지방정부 예산의 35%를 교육, 과학 및 문화에 지출해야 한다는 헌법상의 규정 때문이다.[9] 이런 것들은 모두 함께 헌법에 지정된 유일한 예산 부문이다. 실제로 교육, 과학 및 문화 분야의 지출은 2014년 이전에는 전체 정부 지출의 23% 미만을 차지했지만 그 해 이후 이러한 부문에 대한 지출이 증가하기 시작했다. 교육은 마잉주 정부가 유치원 교

---

* NTD(New Taiwan dollar)를 지칭하며 신타이비(新台幣)라고 불리기도 한다. 이 책에서 표기하는 위안 표시는 특별한 설명이 없으면 모두 NTD를 가리키며, 또한 달러 표시는 특별한 설명이 없으면 모두 미국달러(USD)를 가리킨다. _옮긴이 주

육을 확대하기로 계획적으로 결정한 결과 가장 많이 상승한 하위 부문이었다.[10] 그 결과 유치원의 수는 2012~2013학년도에 두 배 이상 늘어났으며, 유치원 교사의 수는 세 배가 늘어났다.[11] 이처럼 정부의 역할이 확대된 이유로는 결혼 및 출산율의 감소와 주거비의 상승을 들 수 있다. 보다 강력한 유치원 부문의 존재는 여성이 결혼해 아이를 낳고 직장으로 복귀할 수 있는 기회를 제공할 인센티브를 창출할 수 있을 것으로 기대되었다. 그것은 또한 장기적으로 자녀 교육과 타이완 경제의 경쟁력에도 기여할 수 있을 것이다.

한편 중국(중화인민공화국)이 이 기간 동안 꾸준히 군사력을 획득하고 있었기 때문에, 타이완 국방 부문의 예산 비중이 변하지 않고 있는 것은 일종의 수수께끼이다. 한 가지 이유는 유치원 교육과 연금에 대한 지출이 증가해 예산의 다른 모든 부문을 압축했기 때문일 수 있다. 그럼에도 불구하고, 타이완의 증가하는 취약성은 심각한 정책적 관심사였다. 더욱이 낮고 정체된 국방비는 21세기 첫 10년 동안 타이베이 정부가 스스로를 보호하기 위해 너무 적은 돈을 쓴다고 불평해 온 미국 국방부 관리들에게 큰 좌절의 원인이었다. 미국 국방부 관리들은 왜 정책 입안자들이 증가하는 위험에 대응하기 위해 재원을 이동시키지 않느냐고 묻는다(제9장에서 이 수수께끼에 대해 다시 언급할 것이다).

전반적으로 정부 지출의 추세는 비교적 완만했다. 2007년부터 2017년까지 지출은 전체적으로 5009억 5300만 위안이 증가했다. 이는 12년 동안 21.4% 증가한 것으로, 1년에 약 1.75% 증가한 수치이다. 이 기간 초기에는 총액이 2007년 2조 9228억 위안에서 2009년 2조 6710억 위안으로 감소했는데, 이것이 글로벌 금융 위기 때문이었음에는 의심의 여지가 없다. 지출은 2016년까지 일반적인 수준에 머물렀다. 사회보험과 교육의 증가로 인해 약 100억 위안이 증가해 2019년에는 전체 정부 지출이 2조 9128억 위안에 이르렀다.

타이완의 예산 선택에 대한 설명

이러한 지출 패턴을 어떻게 설명해야 할 것인가? 부분적으로, 그것은 대중이 원하는 바이다. 2019년 12월 타이완 선거 및 민주화 연구에 따르면 조사대상자 중 38.7%가 차이잉원 총통의 최우선 과제가 경제발전이어야 한다고 생각했으며 20.9%는 양안관계를 선호했다. 그 밖에 유의미한 항목으로는 교육(12.1%)이 유일하다.[12] 질 좋은 교육이 경쟁력을 강화하고 중국과의 비즈니스 관계가 성장에 영향을 미치기 때문에 이 세 부문은 서로 영향을 미친다. 사회복지 지출은 20년 이상 강력한 지지를 받아왔으며 인구가 고령화되면서 자동적으로 증가하고 있다. 그래서 교육, 경제, 그리고 사회복지가 정부 지출의 50% 이상을 소비하고 있다는 것은 놀라운 일이 아니다. 만일 유권자들이 이러한 재원 배분에 불만을 갖는다면, 그들은 다른 예산 배분을 제안하는 정당으로 자신들의 지지를 옮길 수 있다. 하지만 급진적인 재할당은 타이완 선거운동에서 제안된 적이 없다.

여론의 합의는 차치하고, 타이완의 예산 정치를 이해하는 데는 다른 요소들이 작용하고 있다. 하나는 예산 절차 그 자체이다. 또 다른 하나는 정부에 더 많은 재원을 제공하는 것에 대한 사회적 혐오이다.

예산 편성 과정

중앙정부의 예산 편성 과정을 관장하는 것은 행정원의 두 기관이다. 우선 재정부는 다음 회계연도(달력연도*이기도 하다)에 사용할 수 있는 전체 수입을 추

---

* 달력연도(Calendar Year)는 1월 1일부터 12월 31일까지의 기간을 뜻하며, 회계연도(Fiscal Year)는 세입과 세출을 구분하기 위해 일정한 간격으로 설정하는 것을 뜻한다. _옮긴이 주

정한다. 그리고 기능 면에서 미국 관리예산실Office of Management and Budget: OMB 과 유사한 주계총처(主計總處)가 중앙 수준에서 각 부처 수준 기관에 대한 지출 한도를 설정한다. 각 기관은 기본적으로 제로베이스부터 시작해야 하지만 일 반적으로 전년도 지출을 참조해 보다 자세한 예산을 준비한다. 모든 기관의 예 산 제안이 중앙 예산 초안에 통합되면 행정원장은 프로그램 및 예산위원회의 연례 회의를 소집해 초안을 검토한다. 어떤 기관이 주계총처가 규정한 한도를 위반하려 한다면 이 시점에서 요청을 정당화해야 한다. 내부적으로 승인을 거 쳐 8월 말 이전에 행정원은 총예산의 제안 초안을 입법원에 송부한다. 따라서 지금까지 이러한 프로세스는 행정원 내에서 수행되는 기술관료적이고 하향식 접근 방식을 취했다. 타이완의 총통은 공공 및 민간 호소를 통해 예산변수를 구성할 수 있지만 이러한 개입조차도 지출 부문 간에 잘 확립된 시장 점유율을 분할하는 데 제한된 영향을 미칠 뿐이다.[13]

게다가 예산 편성에도 오랜 편견이 있다. 국립타이완대학의 정부 예산 분야 전문가인 쑤차이쭈(蘇彩足) 교수는 "주계총처는 각 부처의 예산 배분이 대중의 요구에 부합하고 효율성과 효과성, 공정성의 원칙을 준수하는지에 초점을 맞 추기보다는 총지출과 재정적자의 수준을 통제하는 데 더 많이 몰두하고 있다" 라고 논평했다.[14] 이러한 '검소함 편향'을 부추기는 요인은 지출이 수입을 초과 할 수 있는 정도에 대한 법적 제한이다. 따라서 검소함 편향은 GDP 대비 부채 비율의 상한선 ― 2017년에 35.7%로 상당히 관리 가능한 것으로 추정된 ― 뿐만 아 니라 적자재정으로도 충당된다.[15]

일단 행정원이 예산 초안을 입법원에 보내면 그 과정은 더욱 정치적인 것이 되지만, 단지 일정한 정도에서만 그러하다. 쑤차이쭈는 "입법자들은 전문성을 발휘하는 것보다 예산 승인 과정에서 홍보를 하는 데 더욱 중점을 둔다"[16]라고 언급했다. 그 한 가지 이유는 입법위원들은 국가 우선순위에 영향을 미치는 예 산 사용에 대한 권한이 없으므로 예산을 사용하는 데서 실제로 상당히 제약을 받고 있기 때문이다. 중화민국 헌법 제70조는 "입법원은 행정원이 제출한 예산안에서 지출의 증액을 제안할 수 없다"[17]라고 규정하고 있다. 따라서 특정 항목을 줄이거나 제거하는 것만 가능하다. 하지만 입법위원들은 행정부[행정원_옮긴이]에 메시지를 보내기 위해 자신들이 좋아하지 않는 프로그램에 대한 지출을 삭감하는 데 권한을 거의 사용하지 않는다. 입법원에 제출된 전체 중앙정부 예산 규모와 2007년부터 2017년까지 제정된 예산 규모를 비교해 보면 1% 안팎의 근소한 차이밖에 나지 않는다.[18] 만약 입법위원들이 자신들에게 제출되는 예산 제안에 영향을 미치려면, 주기적인 감독 과정에서 대정부 질문과 집행 기관의 개별 로비를 통해 자신의 지출 선호도를 홍보해야 한다.[19]

예산 과정에 어느 정도의 유연성을 제공하는 메커니즘은 존재한다. 같은 프로그램 내에서는 한 예산 계정에 있는 자금의 20%까지를 다른 계정으로 이관할 수 있다. 정부는 또한 만일의 사태에 대비해 예비비를 유지하고 있으며, 행정원은 예상하지 못한 수요를 충족시키기 위해 정규 예산의 약 5%에 해당하는 추가 예산 또는 특별 예산을 제안할 수 있다. 예산법은 국가의 주요 경제행사 또는 재난, 주기적인 정치행사 등에 대처하기 위한 목적으로, 또는 대규모 전쟁 등 국방 비상사태 발생 시에 국방시설 및 기타 안보를 위한 목적으로 특별 예산을 편성하는 것은 정당하다고 명시하고 있다. 예를 들면, 2009년 8월에는 타이완을 강타한 대형 태풍에 대응하기 위한 특별 예산이 통과되었다. 미국으로부터 주요 무기를 구매하는 것은 통상적으로 2019년 11월에 통과된 제트 항공기와 같은 특별 예산을 통해 충당된다.[20] 2020년 7월에는 코로나19의 대유행으로 피해를 입은 경제 분야를 지원하기 위한 특별 예산이 제안되었다.[21]

간단히 말해, 타이완 정부의 예산 구성 방법은 재원 배분 방식에 대한 대중의 선호도가 미치는 영향을 제한하고 있다. 예산 편성 전반에 걸쳐 가용 재원을 초과하는 지출을 재정리하는 데 대한 내재적 편견이 존재하는 것이다. 행정부는 개별 부처와 입법원이 변경할 수 있는 재량권을 줄이는 엄격한 매개 변수를 설정한다. 헌법상 입법위원들은 하나의 지출 우선에서 다른 것으로 예산을 옮길 수 있는 권한이 없다. 부처 공무원이나 입법위원, 심지어 총통도 우선순위를 바꾸기를 원한다면 주계총처가 지출 한도를 정하기 이전에 우선순위를 바꿔야 한다. 이에 따라 정부 각 부처의 다양한 행위자는 '시장 점유율'을 확대하는 것보다 보존하는 데 더 관심이 많다.

세입

　정부 지출이 완만한 속도로 증가한 근본적인 이유는 가용 재원이 상대적으로 감소하기 때문이다. 2008년부터 2018년까지 타이완의 GDP는 약 3분의 1이 증가한 반면, GDP에서 차지하는 세입은 평균 12.1%로 안정세를 유지했다(〈표 3-3〉 참조). GDP 대비 지출은 17.9%에서 16.0%[22]로 감소했다. 즉, 예산과 관련된 핵심적인 정치적 선택은 나가는 돈을 어떻게 배분하느냐가 아니라 얼마나 많은 돈을 가져가느냐 하는 것이다. 대중에게 가장 큰 영향을 미치는 것이 바로 이 부분이다.

　언뜻 보기에 세입이 너무 낮은 수준이라 당혹스럽다. 타이완은 상대적으로 꽤 부유한 나라이다. 미국 CIA의 『CIA 월드 팩트북』에 따르면 2017년 구매력 평가 기준으로 타이완의 GDP는 세계 22위였다. 또한 1인당 GDP는 28위였으며, 국민총저축은 17위였다.[23] 타이완 국가발전위원회가 집계한 통계에 따르면, 2017년 기준 상위 20% 가구의 개인소득은 40.4%, 2분위는 23.2%였다. 즉, 가구의 거의 40%가 개인소득의 거의 3분의 2를 차지했다. 가장 높은 5분위의 점유율은 가장 낮은 점유율의 6배였다. 크레디트 스위스 연구소Research Institute of Credit Suisse가 발행한 2018년 『글로벌 자산 데이터북Global Wealth Databook』에 따르면, 타이완 성인의 상위 10%는 타이완 부(富)의 59.8%를 소유하고 있으며, 상위 20%는 74.2%, 상위 40%는 89%를 소유하고 있다.[24]

표 3-3 | GDP에서 세입이 차지하는 비중   단위: 100만 위안

연도	GDP	세입	점유율
2006	12,640,803	1,556,652	12.3%
2007	13,407,062	1,685,875	12.6%
2008	13,150,950	1,710,617	13.0%
2009	12,961,650	1,483,518	11.4%
2010	14,119,213	1,565,827	11.1%
2011	14,312,200	1,703,989	11.9%
2012	14,686,917	1,733,359	11.8%
2013	15,230,739	1,768,817	11.6%
2014	16,111,867	1,917,609	11.9%
2015	16,770,671	2,076,623	12.4%
2016	17,176,300	2,165,797	12.6%
2017	17,501,181	2,187,690	12.5%
2018	17,793,139	2,229,208	12.5%
2008~2018년 평균	15,066,360	2,378,581	12.1%

자료: *Taiwan Statistical Data Book, 2019* [Taipei: National Development Council, Republic of China (Taiwan), 2018], table 3-1, "Gross Domestic Product and Gross National Income," and table 9-2a, "Net Government Revenues of All Levels by Source"(https://eng.stat.gov.tw/public/data/dgbas03/bs2/yearbook_eng/Yearbook2019.pdf), p.51, p.177.

하지만 다른 국가에 비해 타이완 정부가 사용할 수 있는 전체 재원의 수준은 현저히 낮다. 미국 CIA의 『CIA 월드 팩트북』에서 측정한 이러한 재원은 세수보다 높기는 하지만 세금이 가장 중요한 구성 요소이다. 타이완의 2017년 수치는 GDP의 16%로, 전 세계적으로 184위를 차지했다. 동아시아 및 태평양 지역의 다른 선진국들은 GDP에서 재원이 차지하는 비율이 뉴질랜드가 36.8%, 호주가 35.5%, 일본이 35.1%, 홍콩과 한국이 23.2%였다. 싱가포르만 15.7%로 타이완의 비율과 비슷했다(미국은 17%였다).[25] 이러한 낮은 비율은 타이완의 경제 경쟁력과 민간 소비에 기여할 수 있다. 하지만 재정부는 더 많은 세입을 얻을 수 있다면서, "현재 타이완의 경제발전 수준과 국민소득을 고려할 때 지금의 조세부담 수준은 합리적이라고 할 수 있으며 향후 추가 과세의 가능성이 있

표 3-4 | **주요 부문별 세입(2013년 및 2019년)**　　　　　　　　　　　단위: 100만 위안

부문	2013년	2019년
관세	97,009	116,500
소득	743,290	948,000
유산 및 증여	23,728	12,537
비즈니스	327,971	239,829
상품	207,153	190,056

주: 2013년은 실제 수치이고, 2019년은 추정치임.
자료: *Taiwan Statistical Data Book, 2019* [Taipei: National Development Council, Republic of China (Taiwan), 2019], p.182.

다"[26]라고 솔직하게 말했다.

　따라서 타이완 사회의 부와 정부가 정부 서비스를 인수하기 위해 시민과 기업에 제공하도록 요구하는 부 사이에는 모순이 존재한다. 세금이 전체 정부 세입의 79.5%를 차지하기 때문에 정부 재원을 늘리려면 세금을 더 많이 내야 할 것이다(나머지 대부분은 공기업의 잉여금과 각종 수수료에서 나온다).[27] 2018년에 실시된 사회복지 정책과 조세 관계에 대한 연구에 따르면, "타이완 복지 제도의 궤적은 사실 국가의 과세 능력에 의해 결정된다. 민주적 경쟁은 확장에 대한 인센티브를 제공하지만 공공복지 제공, 이러한 정책의 설계 및 구현은 필연적으로 국가가 조세정책을 통해 필요한 세입을 올릴 능력을 보유하고 있는지 여부에 달려 있다"[28]라는 사실이 발견되었다. 이러한 세입 제약에 직면해 마잉주 정부 및 차이잉원 정부는 소득세, 유산 및 증여세를 포함한 세금 시스템을 개혁하기 시작했다(다양한 유형의 세금에 대해서는 〈표 3-4〉 참조).[29]

　타이완에는 두 가지 유형의 소득세가 있다. 첫째 유형은 영리 기업에 대한 세금으로, 사업을 직접 운영해 얻은 소득에 대해 부과된다. 둘째 유형은 개인 소득세로, 전문 활동 및 투자 배당금을 포함한 기타 모든 소득에 과세된다. 각 유형은 징수된 총 소득세의 약 절반에 해당한다.

표 3-5 | 타이완의 소득세 구분(2020년)

구분	최고 금액	세율
1~540,000위안	16,364달러	5%
540,001~1,210,000위안	36,667달러	12%
1,210,001~2,420,000위안	43,030달러	20%
2,420,001~4,530,000위안	137,272달러	30%
4,535,001~10,310,000위안	137,272달러	40%
10,310,001위안 이상		45%

자료: "Taiwan, Individual: Taxes on Personal Income," *Worldwide Tax Summaries*, PwC(https://tax summaries.pwc.com/taiwan/individual/taxes-on-personal-income).

마잉주 정부와 차이잉원 정부는 두 가지 유형의 소득세를 개혁했다. 2010년에는 마잉주 정부 기간 동안 영리기업이 세금을 내지 않아도 되는 소득 기준을 5만 위안에서 12만 위안으로 인상하고, 세율을 25%에서 17%로 낮추었다(나중에는 20%로 다시 인상했다). 또한 기업이 총과세소득에 대해 납부하는 세액은 "12만 위안을 초과하는 과세 소득 금액의 절반"을 초과할 수 없다고 규정했다(현행 세율에 대해서는 〈표 3-5〉 참조).[30]

마잉주 정부는 또한 미국과 유사한 구성을 지닌 개인소득세를 개혁해, 누진세 범위를 포함해 납세자가 자신의 책임을 줄일 수 있는 여러 가지 방법을 도입했다. 천수이볜 이전의 정부에는 다섯 가지의 세율이 있었는데, 그중에서 가장 낮은 세율은 6%, 가장 높은 세율은 40%였다. 2014년에 마잉주 정부는 재정의 지속가능성과 공정성을 달성한다고 명시된 목적을 위해 대대적인 개혁을 단행했다.[31] 개혁은 여섯 번째 구분을 추가하고 구분 비율을 5%, 12%, 20%, 30%, 40% 및 45%로 설정했다. 최고 세율은 1000만 위안(약 30만 달러) 이상의 소득에 대해 부과해 시스템을 보다 진보적으로 만들었다. 세입에서 소득세가 차지하는 비중은 2010년대 전반기에 약 30%에서 후반기에는 36%로 증가했다.

하지만 2018년 2월에 당시 민진당이 장악했던 차이잉원 총통의 행정부와 입법부는 마잉주 정부에 의해 이루어진 개혁 중의 일부를 뒤집었다. 명시된 목표는 국제적인 조세 추세에 부합하는 경쟁력 있고 공정하며 합리적인 시스템을 구축한다는 것이었다. 개인 표준 공제액이 30% 증가하고 취학 연령 아동에 대한 특별 공제액이 아동 1인당 2만 5000위안에서 12만 위안으로 인상되었다(이는 물론 출생률을 높이기 위한 것이었다). 마잉주 정부의 시스템에서는 가장 높은 계층이 제거되어 최고 한계 세율을 다시 40%로 설정했다. 세금 등급만 기준으로 했을 때 2018년 개혁은 시스템을 덜 진보적으로 만들었다. 공제를 제외하고 마잉주 정부의 시스템에서는 소득 1200만 위안인 사람은 405만 4900위안의 세금을 내야 했다. 민진당이 주도한 개혁에 의해 해당 동일인은 397만 400위안을 내거나 또는 8만 4500위안을 덜 납입해도 되었다. 결과적으로 한 추정에 따르면, 공제를 고려할 경우 고소득 개인의 유효 세율은 약 30~33%이다.[32]

타이완의 재산세 및 증여세는 1990년대 중반 이후 본질적으로 변경되지 않았으며 세계화와 금융 상품의 혁신을 따라가지 못했다. 마잉주 정부는 2009년에 재산세 및 증여세에 대한 대대적인 개편에 착수했다. 최고가 50%인 누진세율이 적용되는 열 가지 과세구간이 기존의 단일세율 10%로 변경되었으며 공제 및 면제가 더 높아졌다. 그러다가 2017년 차이잉원 총통이 집권한 이후에 보다 진보적인 제도가 도입되었다. 구체적으로 5000만 위안 미만의 재산에는 10%, 5000만~1억 위안 이하의 재산에는 15%, 1억 위안 이상의 재산에는 20%의 세율이 적용되었다.

마잉주 정부 및 차이잉원 정부의 다양한 세입 개혁이 장기적으로 어떤 영향을 미칠지는 두고 봐야 한다. 여러 주요 부문에 대한 2013년의 실제 세입을 2019년의 추정치와 비교하는 것은 그다지 고무적이지 않다. 2019년 예상 소득세 수입은 1047억 위안이었다. 이는 2013년 징수액보다 많았지만 사업세 환급액이 8810만 위안 감소해 부분적으로 상쇄되었다. 더욱이 전체 세입은 매우 점진적으로 증가해(2017년 2.25조 위안) 세출(2017년 2.77조 위안)에 크게 미치지

못했다.[33]

따라서 타이완은 이른바 '토마 피케티 문제'라고 할 수 있는 것, 즉 다양한 유형의 자산에 서로 다른 세율로 과세하는 결과의 좋은 사례이다.[34] 다양한 종류의 투자에 대한 소득보다 높은 세율로 임금과 급여에 과세하는 타이완 및 기타 선진국의 현상은 부와 소득의 불평등을 증가시킨다(또한 이러한 현상은 규범적인 관점에서 볼 때 불공평하다). 부자에게 납세 의무와 관련해 특권을 부여하는 것은 경제발전과 인간복지에 기여하는 사회 서비스를 제공하고 외부 위협에 대한 보안을 강화하기 위해 정부가 교육 및 기반 시설과 같은 공공재를 창출하는 데 사용할 수 있는 재원을 제한한다. 타이완의 자산에 대한 크레디트 스위스 연구소의 데이터는 일반적으로 총 세입의 2.3%만 기여하는 유산세estate tax 를 인상하는 것이 국가가 재원을 확대하는 한 가지 방법이 될 것임을 시사한다. 그렇지 않을 경우, 타이완의 장기적인 성장에서 가장 많은 혜택을 받은 사람들이 혜택 중 일부를 사회에 돌려주지 않고 대부분의 부를 후손에게 물려줄 것이다. 따라서 최근 개혁의 대상이 아니었던 토지세, 재산세, 양도소득세 등도 개정 대상이 될 수 있다.

확실히 부에 세금을 부과하면 탈세에 대한 인센티브가 생기며 토지 및 자본 이득세를 인상하면 재산 및 주식시장이 흔들릴 수 있다. 정치적으로 조세 개혁은 착수하기에 가장 어려운 프로젝트 중 하나이다. 하지만 그러한 위험과 어려움이 기술적으로 현명하고 정치적으로 실행 가능한 일련의 변화를 설계해야 할 필요성을 부정하지는 않는다. 행동하지 않는 것은 그 자체의 비용을 수반한다. 기본적으로 예산 개혁은 개혁이 필요하다는 정치 행위자들 사이의 광범위한 합의를 요구할 것이다.

연금 개혁의 정치

연금 개혁과 관련해서는 이런 식의 공감대 형성이 이루어지지 않았다. 연기금이 부실해지고 있다는 것이 분명했기에, 이것은 타이완 정부에게 새로운 프로젝트가 아니었다. 차이잉원의 첫 번째 임기에 개혁이 이루어졌는데, 그 과정은 복잡하고 다소 조잡했다. 이 개혁에는 기술관료와 정치 지도자들뿐만 아니라 시민사회 조직과 개혁으로부터 영향을 받는 연금 수령자들도 참여했다. 후자는 공격적인 시위를 벌였는데, 이들은 정부 제안이 법으로 제정되는 것을 막지는 못했지만 논쟁에서 '네가 이기면 내가 진다'라는 차원을 도입했다.

타이완의 연금 시스템은 세분화되어 있어 직업군에 따라 프로그램이 서로 다르다. 독재 기간 동안 국민당 정권은 체제의 핵심 부문인 군인, 공무원, 교사에 대한 연금을 제정했다. 이들 프로그램의 주요 특징은 정부가 연 18%의 이자를 보장하는 저축예금 제도였다. 민주화 전환이 이루어진 이후에야 다른 계층의 근로자를 위한 사회보험 프로그램을 수립하고 최대한 시스템을 통합해야 한다는 대중으로부터의 압력이 생기기 시작했다.[35] 농민과 노동자는 보호를 받았지만 군인, 공무원, 교사에게 주어지는 것과 같은 관대한 조건은 아니었다. 정치인, 시민사회 단체 및 상호 경쟁하는 정부기관이 충돌해 최소 공통분모의 발전을 이루었다. 국립타이완대학 국가발전연구소의 스스쥔(施世駿)은 마잉주 정부 초기의 상황에 대해 요약하며 "사회복지 관련 협회들과 학자들의 끊임없는 노력으로 사회정의와 세대 간의 연대에 대한 적절한 아이디어가 특정한 정치적 수준에 이르렀고, 다양한 제도 설계의 장점과 단점에 대한 합의가 이루어졌다. 그럼에도 불구하고 …… 그들은 다른 (경쟁적인) 아이디어 및 이해관계와 경쟁할 만큼 충분한 정치적 추진력을 얻지는 못다"[36]라고 논했다.

연금 개혁이 실패한 한 가지 이유는 각 프로그램 수혜자들의 이해관계가 점점 더 확고해졌기 때문이다. 또 다른 이유는 연금제도를 옹호함으로써 정치적 이익을 얻으려는 거대 양당 간의 경쟁 때문이었다. 이에 대해 스스쿽은 "민진당은 더 많은 지지를 모을 수 있는 장을 찾으려 했지만 국민당이 게임에 참여하면서 역효과를 냈고 점차적으로 국민연금 보험 제도의 계획과 공표에 앞장섰다. 민진당은 상대방을 압도하기 위해 특정 단체에 대한 노인수당 문제로 방향을 틀었지만 이것은 국민당의 반발을 더욱 촉발시켰다"라고 분석했다.[37] 실제로 기층을 향해 벌어졌던 이 경주는 타이완에서 시행되는 모든 사회복지 프로그램의 디자인을 관통하는 공통의 맥락이 되어왔다. 한편 스테판 해거드Stephan Haggard와 로버트 코프먼Robert Kaufman은 "타이완에서 변화가 일어난 것은 하층민 정당들이 더 많은 혜택을 요구했기 때문이 아니라 보수당들이 노동자에게 매력적일 수 있는 프로그램 대신 중산층에 호소하는 건강관리와 연금 같은 프로그램을 선제적으로 추진했기 때문이다"[38]라고 결론을 내렸다.

마잉주 정부는 퇴역 군인, 공무원, 교사들을 위한 연금 제도를 개혁하기 위해 과감한 노력을 기울였다. 광범위한 공개 협의를 거친 이후, 장이화(江宜樺) 총리*는 앞으로 최소 30년 동안 이 프로그램을 유지할 것이라고 말했지만, 공무원과 노동 단체의 격렬한 반대로 인해 포기해야만 했다.[39]

차이잉원이 취임할 무렵에는 기득권 세력의 반대에도 불구하고 더 이상 공공부문 연금의 재정난을 무시할 수 없었다. 2015년 말 퇴직 공무원에게 연금을 지급하기 위해 '숨겨진 부채'는 8조 2000억 위안(2480억 달러)인 것으로 추정되었는데, 2018년 정부 세입은 863억 달러에 해당했다.[40] 퇴역 군인, 공무원, 교사는 민간 출신의 연금 수급자보다 더 나은 대우를 받았고, 자신의 연금을 정부가 갚아야 할 구속력 있는 의무로 간주했다. 하지만 차이잉원 정부의 개혁에 반대하는 사람들은 정치적 야당의 일반적인 수단을 넘어섰다. 주로 평화적인

---

* '총리'에 해당하는 공식 명칭은 '중화민국 행정원 원장(中華民國行政院院長, President of the Executive Yuan/Premier of the Republic of China)'이다. _옮긴이 주

시위가 벌어졌지만 일부는 시위대와 경찰 간의 폭력으로 번졌다. 2014년 해바라기운동 조직원들이 그랬던 것처럼 시위대는 여러 차례 입법원 건물을 습격하려 했다. 시위 지도자 중 일부가 중국(중화인민공화국)에 동조하고 있다는 믿을 만한 주장도 있었다.[41]

결국 민진당이 장악한 의회는 3개 제도(2017년 공무원 및 교사 연금제도, 2018년 군인 연금제도)에 대한 개혁을 통과시켰다. 반대자들은 헌법재판소*에 소송을 제기했지만 재판관[대법관_옮긴이]들은 시스템의 기본 설계를 지지했고 단지 몇 가지 조항에 대해서만 트집을 잡았다.[42] 하지만 이 결과가 도출되기까지의 논쟁의 과정은 실체를 둘러싼 갈등을 악화시켰다. 이는 일반적으로 현상유지가 불가능하고 공정성이 세대 간 의무와 편익의 재조정을 요구한다는 것이 명백한 경우에도 그러했다. 이는 결국 타이완의 정치 체제가 훨씬 더 어려운 정책 문제를 적절히 해결할 수 있을지에 대한 의구심을 불러일으켰다.

결론

타이완의 정치 지도자들이 세입과 세출에 대해 내리는 선택은 그들의 경쟁적인 우선순위에 대해 많은 것을 말해준다. 경제 건설에 대한 세출이 일정한 반면 교육과 사회복지에 대한 세출은 늘어나고 있는데, 그 이유는 이것이 정책적으로 타당하기 때문이기도 하지만 국민들이 세금을 교육과 사회복지에 쓰기를 원하기 때문이기도 하다. 하지만 중국의 지속적인 전력 증강에도 불구하고 타이완의 국방비 지출은 고정적인 상태를 유지하고 있다.

타이완 시스템은 적자 지출에 대한 편견과 다음 세대에게 너무 큰 부담을 떠

---

*   타이완 사법원(司法院)의 대법관이 헌법재판소의 역할을 담당하고 있다. _옮긴이 주

넘기는 것에 대한 편견을 갖고 있는데, 이것은 풍요로운 삶을 이루는 데서 상당한 장애물이 되고 있다. 그러므로 정부가 명백히 부상하고 있는 정책적 요구를 충족시키려면 사회로부터 세입의 형태로, 지불할 재원이 있는 사람들로부터 더 많은 것을 추출해야 한다. 하지만 타이완이 상대적으로 부유한 사회임에도 불구하고, 시민들과 기업들은 세금을 더 많이 내는 것을 꺼리며 세금 정책이 부동산과 주식시장을 훼손하는 것을 원하지 않는다. 정치인들은 세금 제도를 조정하려는 의지를 보이고 있다. 그러나 변화는 상황이 요구하는 것보다 더 점진적으로 일어나고 있는 것처럼 보인다. 한정된 재원과 촉박한 요구는 더 중요한 선택이 필요하다고 지시하지만, 타협안을 만들어 대중에게 판매하려는 정치적 의지는 강하지 않다. 선택을 미루는 것은 그 자체로 하나의 선택이지, 더 넓은 공공의 이익을 위한 선택이 아니다. 더욱이 성장과 과세 수준 사이에 균형이 존재하고 있지만, 그 균형이 제로섬일 필요는 없다. ≪타이베이 타임스Taipei Times≫의 한 기고자가 언급한 바와 같이, "(책임 있는 정부의) 과제 중 하나는 공정한 조세 제도가 경제성장을 방해하지 않는다는 것을 사회에 이해시키는 것이다. 공정한 조세 제도는 대중에게 더 적절한 공공 서비스를 제공할 수 있다. 더 나은 인프라를 구축하고 환경을 개선하며 오염을 줄일 수 있다."[43]

타이완의 경제

　타이완은 동아시아 민주화의 대명사가 되기 이전에는 수출주도 성장의 대명사로 불렸다. 국민당 지도부가 국민의 생활수준을 개선하는 것이 안정과 당의 지속적인 통치를 보장하는 최선의 방법임을 깨닫게 된 1960년대부터는 경제가 타이완 사회의 밸러스트*였다. 도약 국면의 산업화는 타이완 가정에 소득 상승을 가져왔다. 그들은 자신들의 아들과 딸에게 공장에서 일하도록 했고 상업기업을 설립하도록 했으며 해외에서 선진 학위를 따도록 했다. 그 결과 경제적 번영의 물결이 솟아오르고 확산되어 불과 몇십 년 만에 이 섬을 가난한 농업 사회에서 활기찬 중산층 사회로 변화시켰다.

　학자들은 이러한 초기의 성공에 대한 공로를 인정받을 자격이 정부 정책에 있는지 아니면 민간 기업에 있는지에 대해 논쟁한다. 몇몇 사람은 타이완을 정부가 중요한 역할을 한 동아시아 발전 국가의 사례로 든다. 미래 경제 성장에

---

*　배의 균형을 유지하기 어려울 때 균형을 잡기 위해 배의 바닥에 싣는 중량물을 뜻한다. _옮긴이 주

가장 적합한 분야를 선정하고, 그에 따라 자본을 할당하고, 적절한 공공 인프라와 인적 자본을 보장했다는 것이다.[1] 다른 사람들은 정부의 정책에도 불구하고, 빠른 성장을 자극한 것은 민간 기업가들이었다고 주장한다. 민간 기업가들은 미국을 비롯한 선진국 주요 유통업체로부터 해당 국가의 소비자들이 원하는 제품이 무엇인지에 대한 수요 신호를 듣고 구매자의 가격과 품질 사양에 맞춰 제품을 생산했다. 성공한 기업은 완제품에 필요한 모든 부품을 내부적으로 생산하는 것이 아니라 리드 기업이 필요로 하는 것을 공급하는 중소기업의 네트워크를 만들었다. 서구의 대형 소매업체들이 이전에 인기 있었던 제품에 대한 수요가 감소하고 있다는 신호를 보내자, 타이완 기업가와 네트워크는 민첩하게 해당 제품을 포기하고 다른 곳으로 이동하면서 항상 경쟁 곡선보다 한 발 앞서 나갔다.[2]

하지만 1980년대에 이르러서는 성장이 둔화되었다. 타이완의 국내 임금이 상승하고 있었고 레이건 행정부는 타이완이 대미 수출품을 비싸게 만들도록 자국 통화 가치를 올릴 것을 요구했다. 타이완에게는 다행스럽게도, 중국(중화인민공화국) 스스로 수출주도 성장으로 전환했는데, 이것이 타이완의 기업들에게 새로운 생명력을 부여했다. 중국은 자국의 성장을 자극하기 위해 외부로부터 자본력과 기술력, 경영 능력을 받아들여야 했다. 많은 타이완 기업은 저비용의 숙련된 노동력을 가진 중국이 광범위한 제품을 최종 조립할 수 있는 가장 경제적인 곳이라고 결론지었고, 따라서 중국은 타이완 대외투자의 주요 목적지가 되었다. 이 투자의 일부는 세계 수출을 위한 상품을 조립 및 생산하는 플랫폼을 만드는 데 사용되었다. 투자의 다른 일부는 중국 기업들이 동일한 품질 수준에서 만들 수 없는 내수용 제품들을 생산하는 데 사용되었다.

투자에 이어 양안 무역이 이루어졌다. 중국에서 조립되는 제품의 부품은 타이완에서 들어오는 경우가 많았기 때문에 중국은 타이완의 최대 수출 시장이 되었다. 중국은 2018년 타이완 전체 수출의 37%를 차지했는데, 이는 2009년

42%에 비해 소폭 감소하는 데 그친 수치였다.[3] 타이완 해외 투자의 약 70%는 대중국 투자이며, 약 10만 개의 타이완 기업이 중국에 진출했다. 2016년에 타이완을 떠나 해외에서 일하는 타이완 시민의 약 50%가 본토에서 일하고 있었다.[4]

중국 대륙으로 이주한 것은 대기업들뿐만이 아니었다. 1990년대 이후에도 타이완 대기업들은 소규모 납품업체와 하청업체들로 이루어진 방대한 네트워크에 의존해 기존에 하던 방식으로 생산을 계속 조직했다. 신발과 장난감은 계약 제조 형태로 작업했다. 이런 방식은 노트북 컴퓨터와 휴대 전화에도 통할 것이다. 중국 내 벤처기업이 수익을 낼 수 있도록 타이완 대기업과 그들의 네트워크는 모두 중국으로 이동했다.

이러한 생산 방식의 복잡성이 증가함에 따라, 생산 클러스터의 핵심 기업은 생산 공정을 함께 연결하는 글로벌 공급망 또는 가치사슬을 관리하는 데 능숙해져야 했다. 각 네트워크가 효율적으로 작동하기 위해, 그리고 그룹이 전달하고 급여를 지급하고 수익을 낼 수 있는 팀으로 작동하기 위해서는 이것이 필요했다. 이들 공급망 중 일부는 미국에서 타이완, 홍콩, 한국, 일본을 거쳐 중국으로 갔다가 미국으로 돌아갔다.

세관 당국이 제품의 원산지를 지정하는 오래된 방식은 타이완 기업의 성과를 흐리게 한다. 미국 세관의 경우, 제품의 원산지는 해당 품목이 최종 형태로 '실질적 변형'을 거친 곳으로 간주된다. 타이완 기업이 공급망을 관리하는 제품은 최종 조립이 중국에 있는 타이완 자회사에서 이루어졌다는 이유만으로 '메이드 인 차이나'라는 꼬리표가 붙을 수 있다. 노트북 컴퓨터는 중국 제품으로 분류될 수 있지만, 그것의 부품과 요소는 출처가 여러 군데일 것이다. 더구나 생산은 여러 나라에서 일어나되 중국이 마지막 단계였을 것이다.

양안 경제 관계가 먼저 열리고 그 후 깊어지면서 타이완의 학자, 정치인 및 시민들은 중국과의 이와 같은 광범위한 관계가 좋은 것인지에 대해 점점 더 많은 논쟁을 벌이게 되었다. 통상적으로 하나의 무역 상대국, 특히 자국보다 훨씬 큰 무역 상대국에 너무 많이 의존하는 경제는 자국의 행동의 자유를 제약할 위험이 있다. 게다가 중국은 일반적인 무역 상대가 아니다. 리덩후이, 천수이볜 정부 시절의 정부 정책은 중국 대륙에 대한 투자를 통제하는 데 제한적인 성공을 거두었다. 이유는 경제적인 것뿐만이 아니었다. 타이완을 중국에 편입하는 것이 장기적인 목표인 중국 지도자들은 기업 상호의존성을 정치적 합병의 디딤돌로 보았다. 양안 경제관계를 정상화하고 제도화하는 데 실질적인 진전이 있었던 것은 타이완의 마잉주 정부 시기였다.[5] 하지만 타이완의 일부 사람들이 번영을 위해 그러한 정치적 야망을 가진 중국에 의존하는 것의 위험성에 대해 보다 강력하게 경고하기 시작한 것도 그 시기였다.

타이완은 저임금 노동력을 통한 성장의 도약 단계를 넘어선 지 오래이다. 한때 젊었던 사회가 이제 고령화되고 있다. 경쟁력을 유지하는 것은 과거보다 오늘날 훨씬 더 어렵다. 중국이 제공하는 혜택을 누리며 동시에 정치적 요구를 비껴가는 것은 점점 더 어려워지고 있다. 이러한 경쟁적인 우선순위를 관리하는 것은 정치 지도자들에게 벅찬 일이 되었다.

현대적인 경제

타이완이 현대적이고 번영하며 생산적인 사회가 된 것은 좋은 정부 정책, 기회주의적 기업가의 집단, 많은 노력, 그리고 미국으로부터의 보호를 통해서였다. 타이완의 현대성을 보여주는 여러 지표가 조사되었지만, 타이완의 발전 속도는 그만큼 인상적이었다. 1960년에 현재 달러로 환산한 타이완의 1인당 국민소득은 156달러에 불과했다. 1970년에는 371달러, 1980년에는 2139달러, 1990년에는 7672달러까지 올랐다. 타이완의 개방과 고도성장은 타이완이 '중진국 함정'을 피할 수 있도록 보장했다. 2017년까지 1인당 국민소득*은 2만 1310달러였다.[6] 구매력 평가를 기준으로 조정한 2017년 수치는 5만 500달러였다.[7] 유엔개발계획(UNDP)의 2017년 인간개발지수(HDI)는 0.907이었다. 20개국만이 타이완보다 더 높은 점수를 받았다.[8]

또한 타이완은 세계경제포럼World Economic Forum: WEF의 연간 경쟁력 순위에서도 높은 점수를 받았다. 이 포럼은 경쟁력에 대해 '생산요소를 보다 효율적으로 사용할 수 있는 경제의 특성과 품질'이라고 정의한다. 생산성 향상은 장기적인 경제 성장을 결정하는 가장 중요한 요인이다. 이를 바탕으로 2019년 10월 발표된 조사에서 타이완은 전 세계 12위를 차지했는데, 이는 이전 평가보다 한 단계 높은 수치였다. 종합점수는 100점 만점에 80.2점이었다.[9] 아시아 태평양에 있는 타이완의 이웃 국가들 중 8개국은 상위 30위 안에 들었다. 이들 경제국중 두 도시와 일본은 타이완보다 높은 점수를 받았다. 싱가포르 (1위, 84.8점), 홍콩 (3위, 83.1점), 일본(6위, 82.3점)이었다. 타이완보다 낮은 점수를 받은 국가는 한국(13위, 79.6점), 호주(16위, 78.7점), 뉴질랜드(19위, 76.7점), 말레이시아(27위, 74.6점), 중국(28위, 73.9점) 등 5개국이었다.

세계경제포럼은 경쟁력을 측정하기 위해 12가지 요소(또는 '기둥')를 사용한다. 타이완은 거시경제 안정성에 관한 한 세계 1위이며, 혁신 능력 4위, 금융 시스템 6위, 정보통신 기술 채택 11위, 제품 시장 14위, 노동 시장 15위, 시장 규모 19위, 비즈니스 역동성 20위를 차지하고 있다. 특히 세계경제포럼의 평가에서 타이완의 혁신 순위가 갖는 의미는 컸다. 이 보고서는 "기술 채택과 혁신 촉진 모두에서 더 잘할 수 있는 많은 범위가 (전 세계적으로) 존재한다. 독일, 미국, 스위스, 타이완 등 네 개 경제국만이 혁신 능력의 기둥에서 80점 이

---

* 행정원 주계총처의 최근 통계에 따르면, 2020년 1인당 국민소득(GDP)은 2만 8383달러를 기록했으며, 2021년 1인당 국민소득은 3만 3004달러로 추정되었다. _옮긴이 주

표 4-1 | 타이완 기업이 생산하는 특정 제품이 전 세계에서 차지하는 비율(2018년)　　단위: %

제품	비율
마더보드	84.8
케이블 CPE*	83.2
골프 클럽 헤드	81.5
노트북 컴퓨터	78.7
IC 파운드리**	75.6
무선 근거리 통신망	68.1
디지털 CPE*	66.1
IC 패키징 및 테스팅**	55.8
데스크톱 컴퓨터	51.1
기능성 직물	51.1
개인용 내비게이션 장치**	47.9
모바일 장치 광학 렌즈	46.4
구리 피복 라미네이트	43.4
서버	35.4
하이엔드 자전거**	33.4

* 고객 댁내 장비(customer premise equipment)를 뜻함.
** 이들 제품은 타이완 내륙에서 생산됨.
자료: *Taiwan Statistical Data Book, 2019* [Taipei: National Development Council, Republic of China (Taiwan), 2019], introductory "Abstract of Key Economic and Social Statistics," table 4-a, "Products of which Taiwan Was among the World's Th ree Largest Producers in 2018, Including Off shore Production," p.12; and table 4-b, "Products of which Taiwan Was among the World's Three Largest Producers in 2018," p.12; and "Excluding Off shore Production," p.13.

상을 받았다"라고 분석한다.[10] 나머지 기둥에서는 타이완이 21위에서 30위 사이였다.

　경제적 성공의 또 다른 척도는 전 세계 총 생산량의 3분의 1 이상을 차지하는 타이완 기업의 제품 수이다. 이들 제품은 〈표 4-1〉에 나열되어 있다. 나열된 제품 중 실제로 타이완 자체에서 생산되는 제품은 네 개뿐이며, 그마저도 전체 생산 중 일부는 여전히 해외에서 이루어지고 있다. 중국 본토가 가장 큰 해외 사이트이지만 타이완 기업들은 다른 시장에서도 활발히 활동하고 있다. 국내와 해외의 구분은 타이완 기업의 지역적 및 세계적 범위와 세계화된 경제에서 공급망 관리에 능숙해야 한다는 것을 강조한다.

수도 타이베이의 주요 거리를 걷다 보면 타이완의 물질적 번영을 보여주는 분명한 증거를 볼 수 있다. 거리에는 일본, 서유럽, 미국의 고급 차량을 포함해 다양한 제조사와 모델의 차들이 있다. 교통은 질서정연하고 버스 전용 차선은 교통체증을 줄여준다. 내가 대학원생으로 타이베이에 살았던 1970년대 중반과 달리 대중교통은 잘 작동한다. 세계적인 건축 추세를 반영하는 고급 숙박시설을 갖춘 고층 빌딩과 다양한 종류의 비즈니스 기업체는 주요 도로에서 흔히 볼 수 있다. 고급 매장을 보유한 5성급 호텔들이 있고 많은 매장에서 여성 패션, 신부용품, 란제리, 보석류, 남성 맞춤복, 신발 등을 판매한다. 또한 은행과 금융을 위한 서비스 회사도 갖추어져 있다. 금융, 부동산, 무역, 의료 및 치과, 체육관, 스파, 사진작가 스튜디오, 어학원, 편의점, 그리고 음식 서비스가 널리 퍼져 있다. 타이베이에는 음식과 음료를 중심으로 사회적 교제를 조직하는 것을 좋아하는 문화에 부응해 다양한 형태와 규모의 식당, 커피숍, 차숍이 즐비하다.

복합적인 불균형

하지만 타이베이시 시내를 거닐면 모두가 호화로운 생활을 하는 것은 아님을 알 수 있다. 주요 도로에서도 하층민의 차량인 시끄러운 오토바이 행렬이 조용한 고급차와 공존한다. 주요 도로와 멀지 않은 곳에 있는 이 지역들은 다른 모습을 하고 있다. 건축양식은 20세기 중반과 그 이전으로 거슬러 올라간다. 건물들은 몇 개 층에 불과하며 순전히 기능적이다. 거리와 같은 높이에는 상점이 있고 위쪽에는 상대적으로 작은 아파트가 있으며, 위층은 외팔보 형태로 보도를 덮고 있어 우천 시 비를 막는 기능을 한다. 대부분의 상점은 하층민을 대상으로 하며, 철물, 문구류 및 예술 제품, 인쇄, 값싼 유리, 차, 약품, 사원 예배에 사용되는 종교용품, 소규모 식료품 등 전통적인 제품을 전문적으로 거래한다. 이러한 상점은 주로 가족기업에다 규모가 작은 편이다. 아침이면 신선한 과일과 야채, 날고기 등 일상생활에 필요한 물건들을 파는 시장이 여기저기서 나타난다. 근처에는 가족의 병을 낫게 해달라거나, 곧 있을 시험에서 점수를 잘 받게 해달라거나, 가정의 문제를 해결해 달라고 전통적인 신들에게 기원하는 사원이 있을 것이다.

타이베이와 같은 도시는 상류층과 하류층이 엄격하게 구분되어 있지 않다. '자영' 음식점과 멋진 드레스숍은 주요 상업지역뿐만 아니라 더 전통적인 동네에서도 찾아볼 수 있다. 고급과 저가 사이의 전환은 부동산 가격 및 소비자와 외국인 관광객의 근접성에 의해 정의되며 보다 점진적으로 진행된다. 그렇지만 거리를 조금만 걸어도 모든 사람이 경제적 번영의 혜택을 누리는 것은 아니라는 사실을 알 수 있으며, 시내 중심에서 멀어지면 21세기의 풍요는 그 빛을 바래게 된다.

실제로 타이완은 여러 가지 상황이 겹치고 상호작용해서 강화되는 불균형으로 특징지어지는 사회이다. 이러한 불균형은 본질적으로 사회경제적이며, 경제 성장 둔화에 의해 야기되고 악화된다. 국민소득 증가율은 1997년 7.7%에서 2007년 3.8%, 2017년 1.6%로 매년 감소하고 있다.[11] 글로벌 금융 위기 이후의 잠깐의 반등을 제외하면, 타이완의 경제성장률, 국내 고정 자본 형성, 민간 소비, 상품 및 서비스 수출은 모두 기본적으로 제자리걸음이었다.[12] 타이완은 인구통계학, 소득과 생활수준, 기업 규모, 정보기술이 지배하는 산업 구조 등에서 불균형을 보이고 있다.

인구통계학적 이동

2018년 4월 세계보건기구(WHO) 기준에 따르면 타이완은 더 이상 고령화 사회가 아닌 고령 사회이다. 65세 이상 인구의 비율이 14%를 넘었다.[13] 2018년 섬의 총 인구는 약 2355만 명으로 추정되어 정점을 찍었고 2030년대부터 감소하기 시작할 것이다. 이와 동시에 태어나는 아이들의 수도 감소했다. 2020년 인구 증가율은 0.11%, 출생률은 1000명당 8명에 불과했다.[14] 고령 집단의 규모가 증가하고 노동 인구가 증가함에 따라 노인을 돌보는 비용이 증가할 것이고 이는 젊은 직장인들에게 부담이 될 것이다.[15]

인구 구성의 변화는 상당히 급진적일 것이다. 65세 이상의 인구 비율은 1998년 8.3%, 2016년 13.1%였으나 2035년 25.7%, 2050년 34.1%로 증가할 가능성이 높다.[16] 타이완의 노동인구는 매우 가파른 상대적 감소 상태에 있다. 2014년 74.1%에서 2020년 71.5%, 2035년 61.8%, 2044년 57.3%로 나타났다.[17] 결과적으로 줄어드는 노동연령 인구에 의존하는, 부양해야 할 아이와 노인이 상당히 더 많아질 것이다. 정부는 노인의 은퇴와 건강관리를 위해 청년 취업자에 대한 세금을 늘리거나 노인들에게 주어지는 혜택을 줄이거나 또는 둘 다 해야 할 것이다. 어떤 조치도 정치적으로 인기가 없을 것이다. 나아가 인구에서 청년층이 차지하는 비중이 작을수록 노동수요가 높은 일자리에 대한 유자격자의 지원이 낮아질 것이고, 군 복무를 할 청년도 적어질 것이다.

이것은 그 어떤 단기적인 개선에도 상당히 면역성을 갖고 있는 구조적 문제이다. 어머니가 직장으로 복귀할 수 있도록 더 많은 공공 보육 시설에 자금을 지원하는 등 정부가 취할 수 있는 조치가 있다. 하지만 그러한 조치는 노인을 위한 사회 프로그램 비용을 충당할 만큼 충분히 많은 젊은이 집단을 만들기에는 불충분할 수 있다. 출생자 수를 늘리려면 청년들이 현재보다 더 빠른 속도로 결혼을 해야 한다. 2017~2018년에 20~40세 사이의 타이완 시민은 440만 명

이 결혼을 하지 않았는데, 이는 해당 연령 집단의 64.5%를 차지한다.[18]

소득과 부

최근 수십 년 동안 경제적 불평등이 심화되고 생활비가 높아지는 추세가 나타났다. 소득의 균등분포를 0으로 하고 최대 불평등을 1로 나타낸 지니계수로 측정한 타이완의 수준은 그리 나쁘지 않아 보인다. 1980년에는 0.278에 머물렀고 2017년에는 0.337이었다.[19] 하지만 상위 20% 가구의 소득이 하위 20% 가구보다 몇 배 더 많은가를 추적하는 또 다른 척도는 더욱 많은 것을 시사한다. 1981년 타이완의 상위 20%의 가처분 소득은 하위 20%의 4.18배였다. 이 비율은 이후 1991년 4.97배, 2017년 6.07배로 증가했다.[20] 이러한 측정들은 왜곡될 수 있으며, 타이완의 경우 아마도 불평등의 정확한 정도를 과소평가했을 것이다. 하지만 그 추세는 분명하다.[21]

한 사회의 부의 분배는 측정하기 어렵기로 악명 높다. 왜냐하면 세금 회피와 같은 이유가 있다면, 부를 숨기고 위장할 수 있는 방법은 무수히 많기 때문이다. 타이완 정부는 국부의 총계 및 국민 1인당 통계만 제공하고 있을 뿐 분배의 지표는 제공하지 않는다. 크레디트 스위스 연구소가 발간한 2017년 『글로벌 자산 보고서Global Wealth Report』에 따르면, 타이완은 순자산이 100만 달러를 넘는 사람이 38만 1000명이었다(한편 중국은 190만 명이었다). 그 결과 타이완은 2016년에 백만장자가 5만 8000명 늘어났고 세계 13위에 올랐다. 크레디트 스위스 연구소는 "타이완은 평균 재산이 높고 부의 불평등이 완만하다"라고 판단했다. 해당 보고서에 따르면, 성인 1인당 평균 재산은 18만 8080달러로 '아시아-태평양 지역' 국가들 대부분의 경제보다 양호하며 서유럽의 경제수준에 더 가깝다. 그리고 전체 자산 가운데 66%가 금융자산이었다.[22] 2020년 10월 중순 현재 전 세계 500대 억만장자 중 세 명이 타이완에 거주하고 있다. 그들은 폭스콘FoxConn의 궈타이밍(郭台銘), 식품 부문의 차이옌밍(蔡衍明), 기술 부문의 린바이리(林百里)*이다.[23]

하지만 특정 유형의 부를 살펴본 다른 증거들은 부의 편차가 상당히 크다는 것을 추리적으로 확인시켜 준다. 2017년 4월 타이완 주계총처의 수장**은 국부에 관해 보고하면서, 2014년부터 2015년까지 국부가 증가한 것은 "주로 부동산 가치와 금융자산이 증가했기 때문"이라고 지적했다.[24] 이는 크레디트 스위스 연구소의 판단과 유사하지만 이미 재산과 금융자산의 형태로 부를 보유하고 있는 사람들만을 대상으로 한다. 애초에 그런 유형의 부를 축적하지 않은 사람들은 자산가격 상승으로 혜택을 받지 못했다.

2018년 내정부(內政部)는 타이완 가계가 소득의 평균 37.58%를 주택담보대출에 지출해 적정액인 30%를 상회한다고 발표했지만, 타이베이에서는 그 수치가 61.52%였다. 2017년 마스터카드 조사에 따르면 타이완의 부모 중 79%가 자녀 교육을 위해 저축하고, 평균적으로 가계 수입의 17.27%를 저축한다.[25] 이는 타이완 가정이 부를 창출하고 자녀들의 미래에 투자하기 위해 수입의 많은 부분을 쓰는 반면, 끌어 모을 재산은 부족하다는 것을 의미한다. 마지막으로 2018년 1111잡뱅크1111 Job Bank가 실시한 조사에 따르면, 30대의 거의 53%가 빚을 많이 지고 있으며 대출 상환을 위해 급여의 41.8%를 지불해야 하는 것으로 나타났다. 이는 순자산이 마이너스라는 것을 의미한다.[26] 중산층 청년들의 재정목표가 내 집 마련이라면 전망은 상당히 어둡다. 2016년 타이베이의 소득 대비 집값 비율은 15.5였고, 타이완 전체의 소득 대비 집값 비율은 9.3이었다.[27]

---

* 광다그룹(廣達集團)의 창시자 겸 최고경영자(CEO)이다. _옮긴이 주
** 주쩌민(朱澤民, Chu Tzer-ming)을 지칭하며, 공식 명칭은 '주계총처 주계장(主計長)'이다. _옮긴이 주

회사 규모

타이완의 업계는 기업 규모가 편중되어 있다. 타이완 전체 기업의 97% 이상을 차지하는 140만 개 이상의 중소기업이 경제를 장악하고 있다. 나머지 3%의 회사는 다양한 제조와 서비스 분야에서 사업을 하고 있는 대기업이다. 대기업은 중소기업을 도급 업무를 수행하는 클러스터로 모집한다.[28] 중소기업은 활동, 자본금이나 매출액, 보유 직원 수 등에 따라 두 가지로 나뉜다. 첫째 부문의 기업은 제조업에 종사하는 경향이 있으며 직원이 100명 미만일 경우 중소기업으로 간주된다. 둘째 부문의 기업은 서비스 부문에서 더 흔하게 발견되며 직원이 200명 이상인 경우에만 규모가 큰 것으로 간주된다.[29] 하지만 소수의 직원만 고용하는 소규모 기업(종종 순수한 '가족 운영' 형태)도 많다.

산업 구조

정보기술 제조업이 타이완의 경제를 지배하고 있다. 1980년대에 타이완 회사들은 저기술 제품에서 하이테크 제품에 이르기까지 다양한 제품을 생산했다. 하지만 다른 국가들이 저가 시장을 필연적으로 따라잡을 것이므로 타이완은 더 제한된 종류의 제품을 주도해야 할 것이다. 실제로 오늘날 정보기술 제조업은 타이완 성장의 절반을 창출하고 있다.[30] 나머지 절반인 상품과 서비스가 다른 모든 것을 구성한다. 정보기술 기업은 타이완 전체 제조업 인력의 22%를 고용하고 있으며, 반도체와 전자부품까지 포함하면 타이완 전체 수출의 35% 정도를 차지하고 있다.[31] 세계경제포럼이 타이완 경제를 세계에서 13번째로 경쟁력 있는 경제로 선정하고 혁신 부문에서 4위로 평가한 것은 타이완이 정보기술 산업에 과도한 비중을 부여하고 나머지 경제에 대해서는 관심이 부족하다는 것을 시사할 가능성이 크다.

하지만 타이완의 정보기술 분야는 소프트웨어보다 하드웨어를 지속적으로 강조해 왔다. 초기에는 전자제품과 정보 기술에서 미래를 본 타이완과 다른 모든 경제국이 하드웨어로 시작하는 것이 타당했다. 하지만 다른 나라들과 달리, 타이완은 하드웨어 작업을 계속 잘했고 소프트웨어로의 이전을 꺼렸는데 이는 심각한 결과를 초래했다. 마이크로소프트 타이완 임원인 로언 캉Roan Kang의 말처럼 기술 임원들은 "보거나 만질 수 없는 어떤 것이 실제로 상당한 가치를 지닌 아름다운 디자인의 하드웨어보다 더 가치 있다고 생각하는 것은 크고 어려운 변화이다. 그 결과 정부는 기술에 대해 다소 하드웨어적인 접근법을 채택하게 되었다." 따라서 이러한 경영진은 잠재적인 보상에 초점을 두지 않고 소프트웨어와 관련된 재무 위험에 더 집중했다.[32]

하지만 미국 정보기술 산업이 입증했듯 소프트웨어 개발과 하드웨어·소프트웨어 통합으로 인한 보상은 상당할 수 있다. 몰리 라이너Molly Reiner는 ≪타이완 비즈니스 토픽스Taiwan Business Topics≫에 다음과 같이 썼다. "소프트웨어 및 서비스 부문은 정보기술 제조업보다 더 큰 경제 성장과 더 많은 화이트칼라 일자리를 창출한다. 또한 소프트웨어 투자는 하드웨어 투자를 최대한 활용할 수 있도록 지원한다." 마이크로소프트 타이완의 또 다른 임원인 빈센트 스Vincent Shih*는 "소프트웨어와 서비스에 대한 투자는 하드웨어를 구입하는 것보다 훨씬 더 높은 GDP 효과를 창출할 것이다. …… 소프트웨어와 서비스를 구매할 경우 서비스를 수행할 인력이 필요하며, 그 돈은 여기[중국 및 다른 곳이 아닌 타이완]에 머물 것이다. 실업률에 도움을 주고 싶다면 소프트웨어와 서비스에 더 많은 투자를 해야 한다." 그럼에도 불구하고 타이완 정부는 소프트웨어가 아닌 하드웨어 부문에 오랫동안 재원을 제공해 왔다.

이러한 불균형은 정부와 민간 주도로 변화하기 시작하고 있다. 2017년 출범

---

* 한자명은 스리청(施立成)이다. _옮긴이 주

한 차이잉원 정부가 내세운 5+2 주요 혁신산업 정책의 7개 분야별 이니셔티브 중 하나는 다음과 같다. 스타트업 창업을 사물인터넷(IoT) 기술과 연계해 혁신 가치 생태계에 타이완을 띄우는 것을 목적으로 삼고 있는 '아시아 실리콘밸리 개발계획Asia Silicon Valley Development Plan'에는, 국가발전위원회 궁밍신(龔明鑫) 사무차장에 따르면, 스타트업 육성에 대한 자금 지원, 시대에 뒤떨어진 성장 저해 법령 개정, 인재 공급 확대 등이 필요하다는 인식이 깔려 있다. 총 110억 위안에 달하는 네 개의 펀드가 자금 격차를 해소하기 위해 고려되고 있다. 인재를 키우기 위해 국외 파견 직원들에 대한 규정을 자유화할 필요가 있다. 타이베이 미국상공회의소Taipei American Chamber of Commerce*의 2020년판 백서 White Paper는 "우선적인 관심이 필요한 분야 중 하나는 보다 국제화된 인력을 양성하는 방법이다. 즉, 타이완인들이 보다 국제화된 사고방식을 개발할 수 있도록 도와주는 동시에 다른 국가의 더 많은 인재를 환영하는 것이다"[33]라고 밝혔다.

적어도 수사적으로는 1997년 애플과 마이크로소프트가 맺은 동맹과 유사하게 타이완이 하드웨어와 소프트웨어의 통합을 지향해야 한다는 인식이 있다. 타이완 공업기술연구소 산업경제지식센터(ITRI/IEK)** 쑤멍쭝(蘇孟宗) 센터장은 "우리가 타이완 산업을 위해 표방하는 것은 하드웨어 전용 사업에서 하드웨어-소프트웨어 통합으로의 전환"이라고 말했다. "타이완은 소프트웨어만 할 수는 없다." 예를 들어 사물인터넷은 첨단 하드웨어 장치, 이를 지원하는 소프트웨어, 관련 데이터를 보관하는 클라우드 서비스가 긴밀하게 연동되어야 한다. 타이완은 이러한 변화를 일으킬 수 있는 잠재력을 가지고 있으며 숨겨진

---

* 정식 명칭은 American Chamber of Commerce in Taiwan(AmCham Taiwan; 台灣美國商會)이며 1951년 타이베이시에 설립되었다. _옮긴이 주
** 전체 명칭은 Industrial Technology Research Institute/Industrial Economics and Knowledge Center이다. _옮긴이 주

리소스가 이미 제공되고 있을 수 있다. 소프트웨어 전문가들은 이미 알려진 하드웨어 중심 기업에서 일하고 있다. 아시아 실리콘밸리가 손쉬운 길을 택해 소프트웨어보다 하드웨어를 강조하거나 이 둘의 통합을 강조했다면 유감스러울 것이다.[34]

소프트웨어 측면의 진정한 진전은 민간 부문의 이니셔티브에서 나오는 것으로 보인다. 대표적인 예로 2010년에 설립된 앱웍스AppWorks 가속기가 있다. 이 회사는 미국에서 교육을 받은 타이완인 린즈천(林之晨)이 설립한 것이다. 2019년 여름 현재 앱웍스는 1억 7000만 달러의 벤처 캐피털 펀드와 38억 6000만 달러의 연간 수익을 올렸다. 타이완의 일부 투자자들이 자금을 제공하기 전에 개념이 잘 입증될 때까지 기다리는 것과 달리, 앱웍스는 위험을 더 편안하게 받아들이고 시드머니와 시리즈A(초기 단계) 자원을 앞당길 준비가 되어 있다. 앞서 언급한 네 개 펀드는 앱웍스 등 조직의 성공이 확실해지자 조성된 펀드이다.[35]

소프트웨어 창의성의 가장 인상적인 예는 코로나19 위기가 도래했을 당시 나왔는데, 이 기간 동안 타이완의 대응으로 확진자 및 사망자 수가 제한되었다. 예를 들어 유람선에서 감염된 승객들이 도착했을 때 타이완에서는 디지털 부처, 기업가 및 개방 정부 운동이 다양한 미디어의 증상에 대한 보고서를 공유하고 검증했으며, 그 정보를 지역사회 내에서 만들어진 소프트웨어 어플리케이션과 결합해 많은 개인의 움직임을 감염자의 지리적 발병률과 일치시키기 위한 플랫폼을 만들었다. 봉쇄는 물리적으로 발생한 것이 아니라 가상으로 발생했다. 또 다른 소프트웨어 애플리케이션은 사재기를 줄이는 방식으로 마스크 배포를 용이하게 했다.[36]

하지만 이윤을 창출하는 플랫폼을 만들고 구축하는 것과 관련해 벤처 자본 및 사모펀드가 부족한 것은 타이완 시장의 규모와 마찬가지로 심각한 한계로 남아 있다. 지역적으로나 세계적으로 규모를 키울 수 있는 소프트웨어 제품만 이익이 될 것이고, 스타트업은 아마도 중국이 타이완을 앞서고 있을 것이다.[37]

타이완 정부는 해외에 자금을 보관해 온 타이완 기업들이 본국으로 송금할 수 있도록 유인책을 마련하는 데도 지지부진했다. 그런 조치를 취했다면 타이완 스타트업에 투자할 수 있는 자본 규모가 크게 늘어났을 것이다. 끝으로 정부의 사업 규제는 디지털 시대를 따라잡는 것을 더디게 했다. 2017년 기준으로 사업자등록을 신청하기 위한 정부서식에는 전자상거래에 대한 분류가 제공되지 않는다. 스타트업 지원자들이 양식에 많은 제품을 나열하자 관료들이 반대했다. 핀테크는 2015년 전자결제법안 통과에도 불구하고 제3자 결제 회사가 자본금으로 1650만 달러를 보유해야 했기 때문에 더디게 도약했다. 교통법 시행을 담당한 정부기관은 우버Uber가 이 법을 위반했다고 판단해 미등록 운전자에게 강력한 벌금을 부과했다. 마지막으로, 타이완에서 일하는 외국인 인재와 관련된 규칙은 낡아빠져서 더 많은 노동력을 확보할 수 있는 잠재력을 감소시키고 지식 교류와 혁신을 방해한다.[38]

사모펀드 금융의 낮은 수준은 정보기술 플랫폼에만 적용되는 것이 아니라 성장을 보다 일반적으로 제약한다. 미국-타이완 비즈니스협의회U.S.-Taiwan Business Council*의 보고서는 국제 민간 자본 기업들이 직면하는 장애물을 강조한다. 즉, 투자 검토의 투명성 및 예측 가능성이 부족하고, 외부투자가 금지되거나 제한되는 부문의 '네거티브 목록'이 있고, 다층적이고 깊이 있는 자본 시장이 부족하고, 사모펀드 기반의 취득과 관련된 과세세칙이 부재하다는 것이다. 해당 보고서는 국제 민간 지분 기업과 지역 이해관계자 모두에게 투명성을 제고하고 민간 지분 혜택을 극대화하기 위해 지역 인재를 양성하고 타이완의 자본 시장을 육성할 것을 옹호한다.[39] 차이잉원은 금융서비스 산업에 대한 규제를 완화해야 할 필요성을 인식했다. 그녀는 "국제금융기관이 역외은행을 설립할 수 있도록 규정을 완화해 국내 기업에 대한 투자를 촉진할 것"이라면서

---

* 한자어로는 美台商業協會로 표기하며, 1972년에 미국 시카고에서 창립되었다. _옮긴이 주

"더 많은 국제기관과 자본을 타이완으로 유치해 타이완을 자산관리센터로 자리매김시킬 것"이라고 다짐했다.[40]

타이완은 트럼프 행정부가 시작한 미중 양국 간의 무역전쟁으로 인해 환영을 받기도 했지만 예상치 못한 활기 또한 얻었다. 미국이 일부 중국산 제품에 대해 관세를 인상하고 이를 더 적용하겠다고 으름장을 놓자 중국에 진출한 타이완 기업의 비용이 상승했고 이로 인해 타이완으로 이전하는 데 대한 혜택도 덩달아 많아졌다. 그리고 타이완 기업 중 다수가 그러했다. 2019년 6월 현재 경제부는 84개 기업으로부터 자사의 운영을 '타이완으로 복귀'하겠다는 요청을 받았다. 투자의 가치는 약 140억 달러였으며, 예상 신규 일자리의 수는 3만 9000개 이상이었다. 정보기술 기업들은 미중 양국 간의 긴장 상태가 조성되자 타산을 맞춰 가장 적극적으로 대응했다. 타이완 정부는 이전을 용이하게 하기 위해 신속하게 움직였다.[41]

하지만 공급망 이전이 장기적으로 타이완 경제에 계속 도움이 될지는 미지수이다. 타이완 무역진흥기관의 전직 관리인 류스중(劉世忠)은 "세계가 포스트 코로나19 시대로 접어들면 불확실성이 더 커지게 될 것"이라고 논하면서, "각국이 언제 어떻게 경제 동력을 회복할지는 불확실하다. 미중 갈등이 지속되면서 세계 질서에 그림자가 드리워졌다. 미국과 중국 사이의 잠재적인 경제적 '디커플링decoupling'(탈동조화) 속에서 국가들이 전략적 자치를 추구하는 것은 점점 더 어려워지고 있다"[42]라고 주의를 당부했다. 한편 은퇴한 영국 외교관 출신의 마이클 라일리Michael Reilly 변호사는 이러한 추세를 가속화하고 유지하기 위해 타이완 정책 입안자들이 취할 수 있는 조치들이 있다고 조언한다. 즉, 통관 등 간단한 것에 대한 규제 부담을 줄여야 하고, 더 많은 브랜드화를 강조함으로써 타이완의 기업들이 대량 저수익 모델에서 벗어나도록 설득해야 하고, 세금 및 기타 인센티브를 사용해 자동화에 대한 더 많은 투자를 장려해야 하고, 재능 있는 직원들이 타이완에 머물도록 유도하기 위해 타이완 회사에 더 높은 급여

를 지불하도록 촉구해야 한다는 것이다.[43]

생산, 소득과 부, 기업 규모, 산업에 관한 불균형 외에도 집중적인 분석이 필요한 이슈가 두 가지 있는데, 바로 외부 시장 접근과 고용이다.

시장

규모가 작은 국가는 다른 나라들의 시장에 잘 접근해야만 세계화된 세계에서 살아남고 번영할 수 있다. 중국 대륙의 경제처럼 내수에만 의존할 수는 없다. 실제로 2017년 타이완의 총 무역 규모는 공식 환율 기준으로 계산하면 국민총생산(GNP)의 약 1.25배였다.[44] 하지만 무역국가가 다른 나라들의 시장에 접근하려면 상호 간에 자국의 시장을 개방해야 한다. 역사적으로 미국은 타이완이 경제성장을 달성할 수 있도록 타이완에 폭넓은 시장 접근권을 제공해 주었음에도 불구하고 정치적·전략적 이유로 타이완이 무역 자유화를 연기하는 것을 허용했다. 예를 들어, 타이완은 개발도상국(이하 개도국) 제품에 대한 관세를 낮춘 미국의 일반특혜관세 혜택을 받았다. 타이완은 또한 중국이 수출주도 성장 정책으로 전환하는 바람에 운이 좋았다. 그럼에도 불구하고, 타이완은 궁극적으로 국제무역의 점진적인 자유화 추세에 동참해야 했고 이에 수반되는 상호주의 협상에 복종해야 했다. 더욱이 생산의 세계화 — 특정 제품의 다양한 생산 단계를 서로 다른 생산 단계에 배분하는 것 — 는 거의 무역 자유화를 필요로 했다. 여러 나라에서 부품과 설비를 조달한 다음 다른 나라에서 제품을 조립하는 회사는 사업상 국경을 넘나들기 위해 낮은 관세와 신속한 통관 처리가 필요했다. 세계화된 기업들은 그들의 사업을 가능하게 하기 위해 구속력 있는 협정을 체결하도록 정부에 압력을 가했다.[45]

1980년대 후반부터 타이완은 무역자유화의 요구에 대처하는 데서 다음과 같은 두 가지 주요한 도전에 직면했다. 그중 하나는 시장개방에 대한 무역 상대국의 요구에 부응해야 하는 것이었다. 바로 그 시기에 타이완에서는 민주화로 인해 국내 경제의 구성원이 자신의 이익을 수호하고 때로는 보호주의 정책을 유지할 수 있는 권한이 더욱 커지고 있었다. 다른 하나는 WTO 등 무역자유화의 제도적 표현에 타이완이 참여하는 것을 중국이 막으려 했던 것으로, 여기에는 정치적 이유가 있었다. 중국은 타이완이 이러한 경제 클럽에 가입하면 타이완의 독립된 지위가 높아지고 중국 경제에 대한 비즈니스 의존도가 줄어든다고 생각했다. 하지만 새롭고 보다 자유로운 협정에서 타이완 생산자를 배제하는 것은 타이완 생산자를 경쟁에서 불리하게 만든다.

글로벌 시장 및 동아시아 시장 개척

1990년대에 자유화 물결은 그 범위가 전 세계적이었다. 이는 '관세 및 무역에 관한 일반 협정(GATT)' 내의 다자간 무역 협상인 우루과이 라운드에 의해 달성되었으며, 이는 세계무역기구(WTO)의 창설로 이어졌다. 1993년에 체결된 이 협정은 계약 상대국 간의 관세를 인하하고 일부 국경 내 문제를 해결했다. GATT는 세계적인 협정이었기 때문에 지역적 협정 또는 양자적 협정처럼 시장의 힘에 반해 무역과 투자의 흐름을 왜곡하지는 않았다. 중국이 아직 WTO의 회원국이 아니어서 WTO의 합의 규칙을 사용해 타이완의 진입을 차단할 수 없었기 때문에 타이완은 WTO에 가입할 가능성이 높았다.

하지만 1997년 미국의 클린턴 행정부가 중국의 가입에 대해 진지하게 협상하도록 압력을 가하기 위해 타이완의 가입을 가속화하기로 결정하지 않았다면 타이완은 WTO에 가입하지 않았을 것이다. 이 레버리지 전술 뒤에는, 중국이 좋은 진전을 이루지 못하는 동안 타이완이 모든 주요 무역 파트너들의 우려를 충족했다면 미국이 베이징보다 먼저 타이완의 가입을 추진할 것이라는 가정이 깔려 있었다. 이 경우 전술은 통했고, 타이완은 '타이완, 펑후, 진먼, 마쭈의 분리관세영토The Separate Customs Territory of Taiwan, Penghu, Jinmen, and Mazu*'라는 명칭하에 중국이 가입한 직후 WTO에 가입했다.

우루과이 라운드는 관세를 줄임으로써 보다 자유로운 무역을 촉진했다. 2001년에 시작된 도하 라운드는 더 많은 자유화를 제안했지만 주요 당사국 간의 이해충돌로 교착상태에 빠졌다. 하지만 생산의 세계화는 멈추지 않았고, 특히 선진 제조업에서는 효율성을 높이기 위해 관세와 비관세 장벽을 줄이거나 철폐할 필요도 없었다. 따라서 자유화는 전 지구적 기준보다 낮은 기준에서 촉진되었다. 1996년 12월, 정보기술 산업을 전문으로 하는 국가들이 WTO의 보호 아래 모여 광범위한 제품에 대한 관세를 철폐하는 다자간 정보기술 협정을 체결했다.[46] 타이완에 대한 정보기술 분야의 중요성을 감안할 때 2001년 5월에 체결된 협정에 서명하는 것이 필수적이었다. 다행히 중국은 4개월 전에 협정에 동의했음에도 불구하고 타이완의 진입을 막지 못했다.[47] 해당 협정은 2015년에 개정되고 확대되었다.

동아시아 내에서는 우루과이 라운드가 끝났음에도 불구하고 지역 내 무역의 복잡성으로 인해 국가들이 어느 정도 자유무역을 향해 움직이기 시작했다. 동남아시아국가연합, 즉 아세안(ASEAN)의 국가들은 1992년에 자유무역협정Free Trade Agreement(이하 FTA)을 향한 관련 작업을 시작했다. 일본, 중국, 그리고 한국은 2002년에 3자 FTA를 추진하기로 결정했다. 아세안과 일본, 중국, 한국은 점차 아세안 플러스 3을 통해 협력의 폭을 확대하고 심화시켰다. 하지만 아시아 국가들 중 가장 야심찬 노력과 다른 FTA 프로젝트의 정점은 '역내포괄

---

* The Separate Customs Territory of Taiwan, Penghu, Kinmen and Matsu라고 표기하기도 하며, 한자어로는 '台灣, 澎湖, 金門及馬祖個別關稅領域'이다. 또한 약칭은 台澎金馬個別關稅領域이다. _옮긴이 주

적경제동반자협정Regional Comprehensive Economic Partnership'(이하 RCEP)이었다. 이 협정은 2012년 출범한 아세안 10개국과 이미 아세안과 FTA를 체결한 국가(중국, 일본, 한국, 인도, 호주, 뉴질랜드)로 한정된다.[48]

정치가 없는 세계에서 타이완은 주변 국가들과의 양자 간 FTA, 아세안과의 FTA, 그리고 RCEP 가입을 위한 자연스러운 후보가 될 것이었다. 하지만 중국은 타이완이 중국의 일부라는 이유로 사실상 이러한 역내 단체 가입과 제3국과의 양자간 FTA를 저지할 권리를 주장함으로써 정치를 실행에 옮겼다. 중국 외교관들은 타이완과의 자유무역 관련 협정을 거부하도록 다른 나라들을 압박했다. 중국을 제외하고 타이완이 FTA나 경제협력 협정을 맺은 나라는 파나마, 과테말라, 엘살바도르, 온두라스, 파라과이, 싱가포르, 뉴질랜드, 에스와티니(옛 스와질란드)뿐이다.[49] 싱가포르와 뉴질랜드는 언급된 다른 나라들과 달리 타이완과 FTA가 체결된 시점에 중국과 외교 관계를 맺었기 때문에 눈에 띈다. 마잉주는 그의 재임 기간 동안 이러한 FTA에 대한 중국의 지지와 관용을 확보할 수 있었는데, 이는 아마도 중국이 타이완과의 경제 관계 개선과 형식화에 대해 보다 완화된 접근법을 채택했기 때문이 아니라, 중국이 더 긴밀한 양안관계에 대한 마잉주의 약속을 신뢰했기 때문일 것이다. 사실 타이베이는 마잉주 정부의 다른 FTA 체결 후보국이었던 필리핀, 인도와는 협상이 잘 진전되지 않았다. 타이완은 또한 2014년 일본과 양자 투자협정을 체결했는데, 이는 일본이 중국의 분노를 견뎌낼 용의가 있었기 때문이다.

그 사이 무역 자유화와 자유로운 무역이 지속되면서 정보기술 분야에 속하지 않는 타이완 기업들은 갈수록 불리해지게 되었다. 싱가포르는 24개국과 FTA(타이완과의 FTA를 포함해)를 체결하고 있다. 이 책을 집필하고 있는 현재의 시점에서 아시아 각국의 FTA 체결 현황을 살펴보면 말레이시아 24개국, 한국 18개국, 일본 17개국, 중국 15개국, 호주 13개국, 뉴질랜드와 베트남 12개국, 필리핀 10개국, 인도네시아는 8개국이다. 이 협정들이 모두 많은 양의 무역을 포함하고 있는 것은 아니다. 또한 민감한 장벽이 반드시 제거된 것도 아닌데, 특히 농업에서 그러하다. 또한 이러한 국가들 중 일부는 타이완의 경쟁국이 아니다. 하지만 그중에 몇몇은 타이완의 경쟁국이다. 여러 제품 분야에서 타이완과 경쟁하는 한국은 미국, 유럽연합(EU), 중국, 일본, 인도, 베트남, 호주 및 뉴질랜드와 FTA 협정을 체결하고 있다.

중국이 이미 하고 있는 것을 넘어 타이완이 양자 및 다자 경제그룹에 참여하는 것을 차단하는 데 성공하더라도 이러한 주변화가 타이완 기업에 적용되지 않는다는 점에 주목할 필요가 있다. RCEP가 현실화되면 회원국에 대한 관세는 낮아지지만 타이완에서 수출되는 상품에 대한 관세는 유지된다. 이로부터 영향을 받는 타이완 기업이 그 손실을 메울 수 있는 한 가지 방법은 관세 장벽 뒤에 있는 해당 국가들 중의 한 곳으로 사업을 이전하는 것이다. 실제로 타이완 기업은 이미 베트남, 캄보디아 및 기타 지역에서 강력한 입지를 구축하고 있다. 그렇게 하면 기업의 문제는 해결할 수 있지만 타이완 자체에서의 일자리가 상실될 가능성이 매우 높아진다.

중국과의 FTA

타이완에서는 RCEP 및 기타 시장개방 노력의 맥락에서 중국과의 경제 관계를 자유화해야 한다는 요구가 커지고 있다. 중국 본토는 타이베이의 주요 수출입 무역 파트너였기 때문에 경제 관계를 자유화하는 것은 매우 합리적이었다. 중국과의 자유무역이 미치는 경제적 영향은 파나마나 파라과이 같은 국가와의 소규모 경제에서 발생하는 영향보다 훨씬 더 클 것이다. 게다가 많은 타이완 기업이 사업의 일부를 본토로 옮겼다는 사실은 적어도 양안 무역의 비중 가운데 일부가 산업 내 무역 또는 기업 내 무역이 되었음을 의미한다. 더구나 FTA는 다음과 같은 두 가지 목적을 갖고 있다. 하나는 각 경제의 시장을 다른 국가의 제품과 서비스에 개방하는 것이고, 다른 하나는 더 이상 경쟁력이 없는 부문을 축소하고 미래의 물결이 될 부문을 활성화하기 위해 각 경제의 구조적 조정을 자극하는 것이다.

양안 경제 관계를 자유화하는 데서의 첫째 과제는 양안 사업을 수행하는 데 존재하는 많은 장애물을 제거하는 것이었다. 예를 들어, 타이완은 오래전에 중국과의 직항 노선을 금지했기 때문에 중국과 왕래하는 타이완 기업의 경영진은 중간에 홍콩이나 마카오를 경유해야 했다. 그렇게 하면 2시간짜리 여정이 하루 종일 걸릴 수도 있다. 2008년 대선 당시 마잉주는 중국과의 경제 관계 정상화를 내세웠다. 그는 타이완이 모든 계란을 중국 시장에 내놓아서는 안 되며 또한 교역 파트너를 다양화해야 한다는 점을 이해하고 있었지만, 그의 첫 임기 동안 중국에 강조점을 두었다.[50] 제도적 의사소통 채널이 재개되고 확장되었으며, 양측(타이완과 중국)은 본토 관광객, 우편 서비스, 해상 운송, 항공 운송, 식품 안전, 금융 협력, 공동 투자 및 산업 표준에 관한 협상을 진행했다.[51]

하지만 이러한 문제가 양측 경제 간의 관계를 근본적으로 바꾸지는 못했다. 더 야심찬 것은 사실상 중국과 FTA를 체결하려는 마잉주의 노력이었다. 그 결과 경제협력기본협정Economic Cooperation Framework Agreement(이하 ECFA)이 2010년 6월에 체결되었다. ECFA 프로세스의 첫째 단계는 '조기 수확'에 대한 암묵적인 합의였으며, 이로써 본토에서 특정 타이완 제품에 대한 관세가 신속하게 인하되었다. 예상된 이후 단계는 상품 무역과 서비스 무역을 자유화하고 투자를 보호하고 분쟁을 해결하기 위한 메커니즘을 구축하는 협정을 체결하는 것이었다.

하지만 마잉주 정부는 2013년 6월 서비스 무역에 관한 협정에 서명하고 승인을 위해 입법원에 보냈을 때 정치적인 소동에 부딪쳤다. 민진당은 협정에 대한 검토를 늦추었고 2014년 2월 청년 활동가들이 입법원 의사당을 점거했다. 그들은 서비스 협정이나 다른 유사한 양안 간의 협정을 진행하기 전에 입법원에서 보다 긴밀한 입법 및 공공 감독을 실시한다는 데 동의할 때까지 의사당을 떠나지 않았다. 양안 간의 상호 의존을 심화하려는 마잉주의 이니셔티브는 무역 자유화의 정치에 기반을 두고 있었다. 2020년 말 현재, 양안 간의 협정을 감시하기 위한 법안은 여전히 계류 중이다.

ECFA가 진행되다가 교착상태에 빠지자 마잉주 총통은 중국과의 경제 관계를 정상화하려는 자신의 계획과 다른 무역 상대국과의 경제 자유화 — 특히 다른 무역 상대국들이 자신들 사이의 무역을 자유화함에 따라 — 를 지속할 필요성 사이에서 균형을 맞추려고 했다. 예를 들어, 2012년 발효된 미국과 한국 사이의 FTA로 인해 미국에서 한국 기업과 직접 경쟁하고 있던 타이완 기업은 동일한 제품군의 시장에서 불리해졌다. 왜냐하면 타이완 기업은 여전히 기존의 관세를 지불해야 했지만 한국 기업들은 그렇지 않았기 때문이다. 하지만 베이징은 타이완이 싱가포르 및 뉴질랜드와 FTA를 체결하고 일본과 투자협정을 체결한 것을 용인할 수 없었으며, 매우 정치적인 이유로도 봉쇄 모드를 취했다. 중국은 타이완의 양자 및 다자간 무역 및 투자 협정에 대한 추가적인 접근성을 활용해 타이완 정부가 본토와 섬의 법적·정치적 관계를 정의하는 데 더욱 많이 양보하도록 압력을 가함으로써 통일에 한 걸음 더 다가갈 수 있기를 원했다.[52]

TPP의 잃어버린 기회

타이완이 추진하던 '중국과의 무역 자유화'가 주춤하고 양자간 FTA 성과가 한계에 부딪히면서 새로운 기회가 출현했다. 그것은 다자간의 환태평양경제동반자협정Trans-Pacific Partnership(이하 TPP)이었다. 일부 선진국을 포함한 12개국은 상품과 서비스의 자유무역을 창출할 뿐만 아니라 불균형한 경기장을 만드는 막후 문제도 해결할 경제 구조를 만들었다. 따라서 TPP는 RCEP의 경쟁자가 될 예정이었다. TPP에서는 국유기업, 정부보조금, 원산지 규정 등이 다루어졌다.

TPP는 2005년에 브루나이, 칠레, 뉴질랜드, 싱가포르 간의 협정으로 시작되었다. 2008년 미국이 이 노력에 동참했고 일본은 2012년에 가입하기로 동의했다. 다양한 수준의 국가들이 서로 힘겹게 협상을 거친 후 이 협정은 2016년 1월에 서명되었다.

일본과 미국의 큰 경제가 지배하는 TPP는 국제경제 시스템의 혁명을 예고했다. TPP 회원국이 하는 일은 RCEP보다 더 광범위했는데, 이는 협정에 가입하지 않은 국가에 대해 강력한 유인책을 제공하고 외부에 남아 있기를 거부하는 강력한 유인책을 생성할 수 있었다. 한국 ― 미국과의 FTA가 본질적으로 TPP가 된 것의 양자 버전이었던 ― 이 포함될 가능성은 그러한 유인책과 저해요소를 더욱 증가시켰다. 게다가 관세와 무관한 TPP 협정의 일부는 경제 내 구조조정을 자극할 수 있었다.

타이완은 2016년 TPP에 서명한 12개 국가 중 하나는 아니었지만 2차 진입을 시도하려는 경제적·정치적 이유를 이해하자 이에 강한 관심을 표명했다. 자격에 관한 TPP의 규칙은 타이완에 유리하게 작용했다. 이 협정은 1990년부터 타이완이 회원국이었던 아시아-태평양경제협력체Asia-Pacific Economic Cooperation: APEC의 모든 나라에 열려 있었다. 이는 타이완이 RCEP에 가입하기 위해서는 먼저 아세안과 FTA를 체결해야 한다는 규정과 대조되는 것이었다. 또한 중국은 TPP의 창시자 중 하나가 아니므로 타이완의 회원 가입 신청을 내부에서 차단할 수 없었다. 하지만 중국은 중국 경제에 의존하는 소규모 회원들에게 정치적·경제적 압박을 가할 수 있었다. 내가 보기에 타이완은 다음 두 가지 조건하에서만 TPP에 가입할 수 있었다. 첫째는 TPP 규칙이 광범위한 국내 경제 개혁을 요구하더라도 중국이 경제적으로 외부에 남아 있을 여유가 없을 정도로 블록이 강력해야 했다. 둘째는 미국과 일본은 타이완과의 협상을 진행해 중국에 압력을 가하는 한편 다른 회원국들이 중국의 저항에도 불구하고 타이완을 인정하도록 설득하기 위해 열심히 로비할 준비가 되어 있어야 했다. 사실상 이것은 타이완이 WTO에 가입한 시나리오를 재현하는 것이었다.[53] 타이완이 TPP 가입 승인을 받았더라도 입법부(입법원)와 대중이 합의에 따른 정책 원칙을 수용했을 것이라는 보장은 없었다. 하지만 TPP에 대한 합의를 도출하는 것은 중국과의 양자 간 무역 자유화와 관련된 협정을 도출하는 것보다 훨씬 덜 분열적이었을 것이다.

물론 타이완이 진출하기 위해서는 셋째 조건이 존재했다. 그것은 미국이 실제로 협정 자체를 승인해야 한다는 것이었다. 하지만 도널드 트럼프는 미국을 TPP에서 탈퇴시키겠다는 공약을 내세웠고 2017년 취임 직후 이를 실천했다.[54] 따라서 타이완은 다자간 무역협정에 대한 트럼프의 뿌리 깊은 반대로 인해 '부수적인 피해'를 입게 되었다.

다른 선택지들

일본은 미국 없이 TPP를 존속시키기 위해 앞장섰고, 이에 따라 2018년 3월 포괄적·점진적 환태평양경제동반자협정Comprehensive and Progressive Trans- Pacific Partnership(이하 CPTPP)이 체결되었다. 모든 서명국에서 비준이 완료되면, 이 협정은 북미자유무역협정North American Free Trade Agreement: NAFTA과 유럽 단일시장의 경제에 이어 세 번째로 큰 FTA가 될 것이다. 물론 타이완은 나중에 CPTPP에 대한 가입을 요청할 수 있지만, 그러려면 일본과 근본적인 몇 가지 양자 문제를 해결해야 한다. 그것이 포함되지 않을 경우 타이완은 경제 차원에서 향후 역내 무역과 관련된 규칙 작성에 참여할 수 없고 중국 경제에만 의존해야 한다는 압박이 가중될 것으로 보인다. 정보기술 협정의 혜택을 받지 못하는 타이완 기업들은 CPTPP의 자유무역 장벽 내에서 사업체를 이전하고 국내에서의 고용 기회를 줄일 더 큰 동기를 갖게 될 것이다.

RCEP에 대해서는 회원 규정과 그룹 내 중국의 정치적 영향력을 감안할 때 타이완의 가입 가능성이 희박해 보인다. 차이잉원 정부가 신남향정책(新南向政策)을 시작한 것은 이러한 현실에 부응하기 위한 것으로, 이 정책은 주변 지역에서 더 많은 나라들과 새로운 관계를 맺는 것을 목표로 하고 있다. 아세안 10개국, 남아시아 6개국, 호주, 뉴질랜드가 목표였다. 이 정책은 경제적으로 강조되었고, 타이완 기업들로 하여금 이러한 국가들의 경제를 자사의 사업 계획에 포함시키고 경제 협력을 증진시키고 분쟁을 해결하기 위한 대화를 촉진하도록 장려했다. 그러나 마찬가지로 중요한 것은, 문화, 의료 및 보건, 교육, 사람 간의 유대, 청소년 교류 분야에서의 상호작용과 연결을 확대하고 이러한 프로그램을 수행하기 위한 타이완 내의 역량을 창출하는 것이었다. ≪더 디플로맷The Diplomat≫의 선임 편집자 프라산스 파라메스와란Prashanth Parameswaran은 타이완과 대상국 간 관광, 교육, 무역, 투자 증진에 높은 점수를 주었으며, 2017년 타이완과 필리핀 사이에 체결된 양자 투자 협정을 강조했다. 하지만 그는 이 프로그램이 타이완 내 노동자들에게 일자리를 빼앗기는 데 대한 우려를 불러일으켰다고 지적했다. 또한 타이완 정부 내의 조정 및 자원 조달의 개선을 요구했다. 게다가 일부 대상 국가의 정부는 중국을 소외시킬까 봐 너무 많이 참여하는 것을 꺼렸다.[55]

차이잉원 정부는 중국 다음으로 가장 큰 무역 상대인 일본 및 미국과 FTA 협상을 시작하려는 희망으로 남쪽과 서쪽뿐만 아니라 북쪽과 동쪽도 주시했다. 다만 국내 정치에서의 장애물이 앞길을 가로막고 있었다. 일본의 경우 2011년 3월 후쿠시마 원자력발전소의 참사로 가장 큰 피해를 입은 혼슈 북부 현(縣)의 식품이 이슈였다. 식품이 안전하다는 과학적 증거가 제시되었지만, 타이완의 식품 안전 관련 단체들은 위험 부담이 없는 정책을 실시해야 한다고 주장했다. 국민당은 민진당이 장악한 입법부를 이용해 정책 문제에 대한 국민투표 실시 요건을 완화하기 위해 행동했다. 국민당은 2018년 11월에 열린 '핵 오염 지역으로부터의 식료품'(식품 자체가 오염되었는지 여부가 아니라 핵 재앙의 영향을 받은 지역으로부터 온 것인지 여부에 따른)의 수입에 반대하는 국민투표를 승인 받았다. 차이잉원 정부는 FTA 협상을 시작하기 위해 후쿠시마 식량 문제의 폐기를 희망했지만, 국민투표법의 조건에 따르면 그렇게 하기 위해서는 적어도 2년은 기다려야 했다. 다시 정치가 정책 프로세스를 가로막았다(미국과 관련해서는 제14장 참조).

따라서 다른 경제에 대한 시장 접근과 관련해 타이완은 여러 가지 제약에 직면해 있다. 즉, 다른 경제들 사이의 철저한 장벽 제거, 국내의 보호무역주의 및 기타 이익, 정치적 동기에 따른 중국의 배제, 미국의 협상 전략 등이 제약으로 작용하고 있다. 타이완이 자유무역을 기반으로 하는 정보기술 협정의 회원국이라는 것은, 정보기술 협정이 정보기술 산업에서 지배적인 위치를 강화함에도 불구하고, 특히 다행스러운 일이다. 정보기술 협정이 없었다면 타이완은 지금보다 훨씬 더 많은 문제에 직면했을 것이다. 하지만 그럼에도 불구하고 의문이 남는다. 보호무역주의의 혜택을 받는 국내 이익의 저항 가능성을 감안할 때, 합의가 입법원을 통과할 수 있을지 확실하지 않은데도 타이완 정부는 미국 및 일본과의 FTA 협상을 시작하는 데 필요한 양보를 해야 할까? 타이완 정부는 해바라기운동과 같은 새로운 불안을 야기할 위험성이 있더라도 외부 경제적 행동의 자유를 높이기 위해 베이징에 정치적으로 민감한 양보를 해야 할까? 양안관계의 미래가 타이완 정치에서 가장 중요한 문제임에도 불구하고 타이완 정부는 중국과의 무역 협상을 관장하는 법안의 통과를 추구하고 ECFA 의제로 복귀해야 할까? 이러한 각 선택지는 외부 장애물과 내부 저항에 직면해 있다.

고용

빌 클린턴은 1992년 대선 캠페인에서 좋은 일자리와 좋은 임금이 필요하다고 강조하면서, 오늘날의 경쟁적이고 세계화된 세계에서 모든 선진국이 직면한 핵심 과제를 지적했다. 젊은 사람들을 고용하고 그들에게 좋은 급여를 지급하는 것은 특히 어려운 일이다. 부모는 자녀가 자신이 누린 것보다 더 나은 생활수준을 영유하기를 원하고, 자녀는 자신이 적어도 부모만큼 부유해질 것이라고 가정한다. 하지만 그것은 경제가 가족이 부를 창출할 수 있는 적절한 종류의 일자리와 기회를 창출하는 경우에만 가능하다. 더욱이 가족에게 좋은 것은 사회 전체에 좋은 것이다. 경제학자들은 대규모 중산층의 존재와 그들이 향유하는 광범위한 번영이 광범위한 경제 성장에 필요하다는 것을 보여주었다. 중산층이 줄어들면 불평등이 심화되고 수요가 억제되고 성장이 둔화된다.[56] 초부자(超富者, ultrarich)들은 렉서스 자동차와 구찌 가방을 너무 많이 구매할 것이다. 하지만 세계화는 경제 간의 경쟁을 심화시킨다. 기업은 급여 인상을 늦추고 정부는 기업과 부유층에 대한 세금을 줄임으로써 이에 대응한다. 정부가 자주 충분히 하지 않는 것은 기술 향상을 위한 자원을 늘리는 것이다 — 이것은 기술 변화에 대응하고 좋은 임금을 유지하기 위한 최선의 방법이다 —.

타이완은 특히 고용과 관련해 많은 선진 경제가 처한 곤경의 한 예일 뿐이다. 출산율이 낮으면 일자리와 임금 둘 다에서 젊은 집단 구성원을 위한 구매자 시장이 보장될 것이라고 생각할 수도 있다. 하지만 그렇지 않다. 2017년 전체 고용률은 3.8%였지만 15~19세 실업률은 8.8%, 24~24세 실업률은 12.4%였다. 대학 교육을 받은 사람들이 그렇지 않은 사람들보다 상황이 더 나빴다. 타이완의 신규 대졸자의 급여는 월 3만 위안 미만(2020년 10월 기준 약 1050달러)인 반면, 홍콩은 타이완의 거의 두 배, 싱가포르는 2.5배이다. 그 차이의 일부는 홍콩과 싱가포르의 생활비가 타이완보다 더 높다는 것으로 설명되지만 여전히 격차가 있다. 더 의미 있는 비교는 중국과의 비교로, 중국 신규 대졸자의 평균 초봉을 타이완 통화로 환산하면 3만 7000위안이다. 생활비를 고려한 구매력 평가 기준으로 측정한 중국의 1인당 GDP는 타이완의 3분의 1 수준이다.

따라서 급여는 중국이 타이완보다 훨씬 더 많다. 약 500개의 타이완 기업을 대상으로 한 연구에서 직원들의 급여 인상률은 20년 전의 절반 수준이었다(지금은 3~4%인 반면 20년 전에는 8%였다).[57] 중국에서는 급여 인상 속도가 타이완의 약 두 배이다.[58]

타이완에서 낮은 급여가 형성된 주요 이유는 경제성장률이 1997년에서 2007년 사이에 38% 하락하고 2007년에서 2017년 사이에 63% 하락했기 때문이다.[59] 투자 수준도 낮아져 일자리 기회가 줄어들었다. 총 투자는 2007년 이전에는 GDP의 약 30%였으나 2017년에는 약 21%로 떨어졌다. 기업은 2~3%의 이윤을 얻기 위해 고군분투하고 있으며, 이는 직원에게 지급할 수 있는 금액을 제한했다.[60] 치열한 글로벌 경쟁은 타이완의 기업 리더들 사이에 불안감과 보수주의를 낳았다. 그들은 직원들의 기본급을 올리기보다는 경기가 좋은 해에 보너스로 보상하는 경향이 있다.[61] 경제학자들은 많은 타이완 기업이 글로벌 경쟁에 직면해 산업을 업그레이드하고 가치를 추가하기 위해 브랜딩과 같은 다른 방법을 찾는 데 실패했다고 언급했다. 아울러 타이완 행정원 국가발전위원회의 추쥔룽(邱俊榮) 부주임위원(차관)은 "간단히 말해 우리에게는 새로운 산업이 없다"라고 인정했다.[62]

완만한 성장과 관련된 다른 요인들도 급여 수준에 영향을 미쳤다. 첫째 요인은 생산성과 급여 증가 간의 연관성이 줄어든 것이다. 타이완경제연구소의 연구원 자오원헝(趙文衡)의 연구에 따르면, 1991년에서 2001년 사이에 작업 시간당 총 이윤이 66% 증가했으며 평균 급여는 56% 증가했다. 그 이후와 2016년까지 생산성은 이전과 같은 속도로 증가했지만 급여는 16%만 인상되었다. 소유자는 회사의 이윤 중 더 적은 양을 근로자에게 할당했다. 이는 제조업, 서비스업(대부분의 직원이 일하는 곳), 매우 생산적인 정보기술 부문 전반에 걸쳐 해당되었다.[63]

타이완의 급여가 낮은 둘째 이유는 여전히 많은 타이완 기업들이 고속 성장

시대에 잘 어울리던 생산 모델에 의존해 서구 및 일본 기업과 계약 체결을 한 다음 그런 회사의 브랜드로 제품을 판매하고 있기 때문이다. 그들의 모델은 주문자상표 생산방식original equipment manufacturing: OEM과 제조업자 설계 생산방식original design manufacturing: ODM이다. 하지만 이러한 접근 방식은 낮은 이윤을 산출하고 기업가가 가능한 모든 곳에서 비용을 절감하도록 권장한다. 이런 회사들의 경영진은 더 높은 급여를 생산성 향상을 위해 직원에게 투자하는 것으로 간주하지 않는다.[64] 이러한 거부감을 강화하는 것은 회사에 직원 개발이 아닌 자본 장비에 투자할 인센티브를 제공하는 정부 정책이다.[65]

셋째 이유는 회사 규모와 급여 증가 간의 명백한 역상관관계와 관련이 있다. 10인 미만 기업(대다수 기업)의 월 평균 급여는 3만 위안 미만이었다. 직원이 100명 이상인 경우 4만 위안 이상이다. 대형 상장 기업의 급여는 소규모 비상장 기업보다 평균 54% 더 높다.[66] 여기에는 기업 문화가 작동한다. 작은 회사는 가족 기업으로, 오너가 친척을 후계자로 선택하고 가족 이외의 경영자를 훈련시키는 데 자원을 사용하지 않는 경향이 있다.[67]

넷째 이유는 정부가 요구하는 노동보험 연금 지급과 건강보험료 부담으로 인해 증가하는 인건비를 상쇄하고자 고용주들이 급여를 동결하고 있기 때문이다. 그 결과 기업들은 시간제 및 임시직 근로자에 더 많이 의존하게 되었으며, 국가발전위원회에 따르면 비정규직이 2018년 노동력의 7.11%를 차지했다.[68]

경제의 이러한 특징이 급여를 억제하는 경향이 있는 경우, 구직자가 노동 시장에 제공하는 기술과 고용주가 필요로 하는 인재 간에 불일치가 발생한다. 2018년 기준 제인 리카즈Jane Rickards는 《타이완 비즈니스 토픽스》에서 "고용주들은 공석을 채울 적임자를 찾을 수 없다고 자주 불평하지만, 구직자들은 열심히 공부한 이후에도 충분한 제안을 받지 못한다고 불평한다"[69]라고 설명했다. 주요 원인은 직업·기술 교육이 아닌 대학에 중점을 둔 고등교육 방식이다. 타이완에는 막강한 직업학교와 기술학교가 있었고, 졸업생들은 자신이 근무하는 회사의 성공에 기여했다. 하지만 선출된 정치인들은 그런 학교들 중에 많은 수를 2류 대학 및 3류 대학으로 전환함으로써 유권자들에게 그들이 속한 지역에 혜택을 주고 있음을 입증했다. 이로 인해 교육과 훈련의 전반적인 질이 악화되었고 대졸자의 공급이 수요를 초과했다. 국가발전위원회는 타이완에 있는 126개 대학의 졸업생 및 대학원생 수가 20년 전의 거의 두 배인 것으로 추정하고 있다.[70] 하지만 경제자문회사 옥스퍼드 이코노믹스Oxford Economics는 선진국과 개도국이 포함된 46개국의 상황을 평가한 결과 타이완이 가장 커다란 '인재 적자'를 보였다면서 2021년에 인재의 수요와 공급이 불일치했다고 지적했다.[71] 수요가 공급을 초과하는 한 가지 예외는 인재에 대한 글로벌 경쟁이 치열한 엔지니어링 분야이다.[72]

이러한 불일치는 대학과 기술학교 간 커리큘럼 차이보다 더 복잡한데, 대규모 온라인 공개강좌를 통해 기술 지원 학습은 완화되기 시작했다.[73] 하지만 이러한 격차는 업무 특성의 진화와 교육 기관의 적응 실패에서 기인한 것이기도 하다. 대체로 타이완 구직자들은 공장이나 건설현장에서 노동집약적인 일을 하는 데에는 관심이 없다. 왜냐하면 자신들의 자격이 초과되기 때문이다. 따라서 타이완 경제의 기본값은 사무직이며, 과학적·경제적 업무에 초점을 맞추든 사람과 관련된 업무에 초점을 맞추든 간에 최소한 어느 정도의 전문 훈련이 필요하다. 이공계를 배치할 경우에도 졸업생들이 항상 직업 요건을 충족할 수 있는 것은 아니다.[74]

사무직도 자동화되거나 더 저렴한 노동 시장으로 이전될 수 있기 때문에 미래의 업무를 식별하는 것은 더 세분화되어야 한다. 2013년 MIT의 연구에서는 필요한 기술 유형과 일상적인 작업 여부에 따라 작업 부문을 다섯 가지로 분석했다. 이 다섯 가지 유형의 작업은 일상적 매뉴얼, 일상적 인지, 비일상적 매뉴얼, 비일상적 분석, 비일상적 대인 관계였다. 이 연구에 따르면 1960년에서 2009년 사이에 미국에서는 마지막 두 가지, 즉 비일상적 분석과 비일상적 대인 관계에서만 일자리 증가가 발생했다. 2017년 매킨지McKinsey에 의해 수행된 연구에 따르면, 특정 유형의 직업 ─ 인력을 관리 및 개발하는 일, 계획적·의사 결정적·창의적인 업무, 이해관계자와 접촉하는 일 ─ 은 자동화 가능성이 가장 낮다. 하지만 타이베이 주재 미국 상공회의소에서 실시한 연례 비즈니스 환경 조사에 따르면 타이완 직원들에게 부족한 부분이 바로 이러한 영역이었다. 윌리엄 지조William Zyzo는 ≪타이완 비즈니스 토픽스≫에서 이를 요약하면서 "수년 동안의 조사 결과에서 일관되게 나타나는 것은, 타이완의 인력 자원에게는 비일상적 분석 및 비일상적 대인관계 업무를 수행하는 데 가장 필요한 능력 ─ 여기에는 창의성과 혁신, 주도권 발휘, 국제 수준에서 경쟁할 수 있는 능력이 포함된다 ─ 이 부족하다는 것이다"[75]라고 논했다.

퇴장, 목소리, 또는 충성심?

'퇴장exit', '목소리voice', 그리고 '충성심loyalty'은 경제학자인 앨버트 허시먼Albert Hirschman이 불만족스러운 상황에 대한 개인이나 집단의 반응을 연구하기 위해 개발한 세 가지 분석 부문이다. 여기서 불만족스러운 상황이란 불량한 제품일 수도 있고, 인기 없는 정치 정권일 수도 있고, 타이완의 경우 매력적이고 봉급이 높은 일자리가 별로 없기 때문에 청년들이 직면하는 제한된 삶의 기회일 수도 있다.[76] 이 경우에 충성심은 어떤 사람이 자격은 넘치는데 결혼해서 가정을 꾸리고 집을 살 수 있을 만큼의 충분한 돈을 벌지 못하는 직업을 유지하는 것과 같다. 그것은 행복이나 자기 성취가 없는 미래를 의미한다. 타이완 사람들이 지닌 유교적 가치관에 대한 경향을 고려할 때, 미혼이고 자녀가 없는 청년은 특히 문제가 되는 상황에 직면할 수 있다.

이러한 맥락에서 퇴장은 더 나은 일자리 기회를 이용하기 위해 다른 곳으로 이동하는 것을 의미한다. 타이완 기업이 다른 나라의 관세 장벽 뒤에서 사업장을 옮길 수 있는 것처럼 구직자도 자리를 이동할 수 있다. 중국, 홍콩, 싱가포르, 일본, 또는 미국과 같은 더 매력적인 직업이 있는 곳으로 옮겨갈 수 있는 것이다. ≪비즈니스 위클리≫는 타이완의 20세에서 35세 사이의 사람들을 대상으로 취업 계획에 대해 조사한 결과, 62%가 해외에서 일자리를 구할 계획을 갖고 있는 것으로 나타났다. 그 집단의 89%는 다른 곳에서 일하는 주된 이유로 낮은 급여를 꼽았다. 중국의 경쟁적인 취업 시장은 현지인과 외부인 모두의 월급을 인상했기 때문에 타이완에서 온 구직자들은 타이완에서 하는 것과 동일한 일을 하면서 훨씬 더 많은 돈을 벌 수 있다. 2015년 정부 통계에 따르면, 약 70만 명의 타이완인이 해외에서 일했으며 그들 중 약 60%가 중국에서 일했다. 하지만 비공식적인 추정치는 수년 동안 이러한 공식 수치를 초과해 왔으며, 해외에서 일하는 타이완인들의 범위는 100만~200만 명에 육박할 것으로 추정된다. 또한 사람들은 10년 전보다 더 젊은 나이에 해외에서 일할 의향이 있는 것으로 나타났다.[77]

이러한 두뇌 유출은 타이완의 인재 풀에 상당한 영향을 미치고 있다. 2014년 ≪천하잡지≫ 설문조사에 따르면, 해외에서 일하는 대부분의 사람들은 전문직 종사자(60.2%) 또는 최고 경영자 및 연구원(25.5%)인데, 이는 이들이 기술 수준이 가장 높은 사람들임을 의미한다. 해외로 떠나는 것에 대한 저항은 거의 없었던 것 같다. 타이완에서 일하는 전문가 중 76%는 부분적으로는 직업에 따라 해외 파견을 수락할 의향이 있었다. 또한 재배치는 영구적일 수 있었다. 이미 해외에 있는 타이완의 전문가들 중 65%는 낮은 임금 수준 때문에 타이완으로의 복귀를 고려하지 않고 있다고 밝혔다.[78] 따라서 타이완에서 좋은 임금을 받을 수 있는 우수한 일자리가 부족하다는 것은 타이완이 가장 훌륭하고 밝은 것을 잃고 있음을 의미한다.

중국 정부는 시장의 힘이 지시하는 것 이상으로 타이완 탈출을 확대하려고 시도했는데, 여기에는 정치적 목적도 작용했다. 2018년 초에 중국 정부는 타이완 사회의 다양한 부문(기업 임원, 기업가, 전문직 종사자, 문화 노동자, 청년 성인, 학생)에 대해 본토 사람들에게 적용하는 것과 동일한 대우를 제공하는 '31개 조치'* 정책을 발표했다. 예를 들어, 중국에 첨단 기술 회사를 설립한 타이완 기업 간부에게는 15%의 법인 소득세만 부과된다. 전문가용 라이선스가 자유화되었다.[79] 이러한 이니셔티브는 분명 몇 년 동안 종잡을 수 없이 개발되었지만 차이잉원이 타이완의 총통으로 선출된 지 2년 후에 마침내 완성되었다. 또한 2019년 11월 베이징은 이를 정책적으로 보완하는 차원에서 '26개 추가 조치'** 를 제시했다. 하지만 사업과 관련된 조치는 인건비 상승과 환경보호 조치의 강화로 인해 타이완 기업의 상황이 악화되고 나서 오랜 시간이 지난 후에 나왔다.[80] 조치의 실행 여부는 중국의 지방정부에 달려 있는데, 이들 정부는 해당 지역의 이익을 희생시키면서 타이완인에게 특별한 대우를 제공하는 것을 꺼려 할 수도 있다.[81] 하지만 2018년 초에 '31개 조치'가 시작되었을 때 타이완의 즉각적인 반응은 상당히 긍정적이었다. 2018년 3월 타이완민의기금회Taiwan Public Opinion Foundation: TPOF가 실시한 여론조사에 따르면 조사 대상자의 31%가 이 조치를 환영한다고 밝혔다. 20세에서 24세 사이의 젊은이들과 대졸자들은 더욱 강력한 지지를 나타내, 이들로부터 각각 40%와 38%의 지지를 받았다.[82]

이러한 경제적 인센티브의 정치적 목적은 차이잉원 정부와 타이완 정치의 주요 지지층 사이를 정치적으로 이간질하는 것이었다. 한쪽의 지지층은 재계

---

* 2018년 2월 28일 중국 국무원 타이완사무판공실(台灣事務辦公室) 등이 주도해 공표한 「양안의 경제 문화 교류 협력을 촉진하기 위한 약간의 조치에 관하여(關於促進兩岸經濟文化交流合作的若干措施)」, 일명 「31개 후이타이 조치(31條惠台措施)」를 지칭한다. _옮긴이 주
** 2018년 11월 4일 공표한 「양안의 경제 문화 교류 협력을 더욱 촉진하기 위한 약간의 조치에 관하여(關於進一步促進兩岸經濟文化交流合作的若干措施)」, 일명 「대(對)타이완 26개 조치(對台26項措施)」를 지칭한다. _옮긴이 주

로, 이들은 전통적으로 국민당을 지지해 왔지만 민진당은 재계가 자신들을 지지하지는 않더라도 최소한 정치적 중립을 지키기를 원했다. 또 다른 지지층은 청년들로, 이들은 2016년 선거에서 차이잉원 전 총통과 민진당을 강하게 지지했고 점점 더 반중·반통일의 흐름이 커지고 있었다. 통일 목표를 진전시키기 위해, 베이징은 청년들에게 친중까지는 아니더라도 최소한 중립적인 입장을 취하도록 권장할 필요가 있었다. 이런 작전은 레닌주의 '통일전선' 전략을 직접적으로 보여주는 것으로, 이는 중국공산당이 타이완과 같은 문제에 대해 원하는 종류의 통제를 갖지 못하는 상황에 대처하기 위한 것이다. 이 전략은 우군, 중립군, 적군을 구분한 후, 정책의 목표를 우군의 지지는 유지하고 중립군은 친구로 만들며 적군은 수를 줄이고 격리하는 것으로 삼았다. '31개 조치' 정책은 중국 정부가 본토인들의 타이완행을 단념시키는 것에서 타이완인들의 중국행을 유도하는 쪽으로 정책을 전환한 것과도 일치했다. 차이잉원 정부는 이러한 노력의 배후에 있는 정치적 동기에 강하게 반대했고, 대륙위원회는 자체적인 대응책을 마련했으며 주기적으로 장려책이 거의 없거나 또는 효과가 전혀 없다는 증거를 제시했다.[83]

전술한 허시먼의 틀에서 '목소리'는 경제적 현상에 대한 항의를 의미한다. 노동조합은 목소리를 내는 대리인이 될 수 있지만 타이완에서는 그렇지 않다. 타이완의 노조원 비율은 7.3%에 불과해 싱가포르(19.7%), 일본(17.3%), 한국(10.2%)보다 낮다. 고용주들이 임시직과 시간제 근로자들을 더 많이 활용함에 따라 노조원 수가 감소했다.[84]

타이완에서 발생한 목소리의 사례는 2014년 3월과 4월 일어난 해바라기운동이 가장 생생하다. 이 운동은 국민당이 주도하는 입법부에서 적절한 조항별 검토 없이 양안 간의 서비스 무역협정을 통과시킨 것에 항의하는 활동가들이 발동하면서 촉발되었다. 민진당과 운동가들이 서비스 무역협정에 반대하는 구체적인 이유는, 그 협정은 과정이 투명하지 못하고 분배 혜택이 협소하며 정치적으로 파멸에 이르는 길이기 때문이다. 하지만 해바라기운동 참가자들의 인터뷰를 바탕으로, 튀빙겐대학교University of Tübingen의 안드레 베커쇼프André Beckershoff 교수는 청년들이 삶의 기회에 대해 깊은 환멸을 느낀 것이 이 운동에 참여하게 된 동기라고 강조하면서 다음과 같이 분석했다.

> 대학생이 졸업 후 기대할 수 있는 월 700달러 정도의 수입을 의미하는 이른바 '2만 2000위안 세대'는 마잉주 총통으로부터 '10년의 황금기'를 약속받았지만, 오히려 치솟는 집값으로 인해 부모와 함께 살 수밖에 없었고, 졸업 후 취직에 어려움을 겪었으며, 경찰의 출동을 동반한 이웃의 도시와 농촌 재개발에 대해 걱정하게 되었다. 특히 타이베이에서는 집값과 생활비가 상승하면서 젊은이들이 …… 결혼이나 육아에 대한 계획을 연기할 수밖에 없었다. (한 설문조사에서) 어떤 응답자는 약속된 황금기에 대한 학생들의 환멸을 다음과 같이 요약했다. "열심히 일해도 보상이 보장되지 않는다."[85]

해바라기운동이 중요한 것은 마잉주 정부의 본토 포용 정책을 완전히 끝냈기 때문이 아니라 무역과 관련된 타이완 정치의 변혁을 반영했기 때문이다. 이 시위를 끝내기 위해서는 양안 간의 무역 협상과 승인 절차를 다루는 법안이 제정되어야 한다는 데 대해 의견이 일치했다. 하지만 2020년 말에도 해당 법안은 여전히 통과되지 않았다. 게다가 이와 같은 지연사태는 해당 법안이 결코 통과되지 않을 것이며, 무역과 관련된 새로운 정치에서 친기업적인 변화가 없다면 비록 원래의 경제적 근거가 설득력이 있더라도 결코 중국과 경제적 협정이 체결되지 않을 것임을 시사한다.

이중경제

타이완의 경제는 고대 그리스 연극에서 사용된 희극과 비극의 가면을 떠올리게 한다. 일반적으로 타이완 경제가 웃는 데는 이유가 있다. 타이완의 기업들은 특정 부문에서 이익을 내고 세계 시장에서 상당한 점유율을 차지한다. 세계경제포럼의 경쟁력지수 등은 타이완에 높은 순위를 부여하고 있다. 시장 펀더멘털이 우수하고 기업가 정신도 강하다. 또한 국민은 교육을 잘 받았다. 생활수준이 상대적으로 낮아 타이완의 위안(NTD)이 홍콩달러(HKD)보다 더 가치가 높다. 그리고 생활환경이 쾌적하다.

반면에 타이완 경제가 눈살을 찌푸리는 데에도 이유가 있다. 국내 성장률, 투자, 임금, 출산율이 모두 낮거나 제자리걸음이다. 공급망 붕괴, 전 세계 수요 위축과 함께 코로나19의 대유행은 타이완의 성장을 둔화시켰다. 타이완 정부는 2020년 5월, 2020년 GDP 성장률 전망치를 3개월 전 전망치인 2.37%에서 1.67%로 대폭 하향 조정했다.[86] 세계경제포럼에서 유리한 순위를 차지하고 경쟁에서 뒤처지지 않는 일부 기업의 역량이 입증되었음에도 불구하고, 타이완은 현재에 안주해 전략적인 새로운 분야에 진출하는 데 실패했다는 느낌도 받는다. 타이완이 세계적인 하드웨어 제조에 걸맞은 소프트웨어 부문을 창출하지 못하는 것은 아마도 가장 심각하게 놓치고 있는 기회일 것이다. 동시에 타이완 경제는 분배보다 성장에서 훨씬 더 좋은 성과를 거두어왔다. 소득, 재산, 주거 접근성의 불평등이 커지고 있다. 많은 이들이 중국 등에서 취업을 선택하고 있을 정도로 잘 훈련된 많은 청년들의 재능은 활용도가 낮다. 타이완에 남아 있는 사람들이 부모보다 낮은 삶의 수준을 견디는 것은 국내 수요가 낮은 경제, 그리고 정당성을 상실한 정치 체제 양쪽 모두에 문제가 있다고 할 수 있다.

타이완이 이중경제를 갖고 있음을 보여주는 사례를 들어보자.[87] 한편으로는 경제의 절반, 수출의 35%를 차지하는 정보기술 부문은 생산성이 매우 높으며 상대적으로 높은 급여를 지급한다. 또한 타이완은 정보 기술 협정에 참여함으로써 이익을 얻고 있다. 정보기술 부문에는 특수 자전거와 같은 제품을 생산하는 고급 제조 분야의 다른 특정 회사와 퉁이기업지주회사(統一企業股份有限公司) 및 딘타이펑(鼎泰豐) 레스토랑 체인 같은 강력한 브랜드를 구축한 회사가 합류했다. 그리고 경제의 나머지 부분은 성장과 임금 정체로 고통 받고 있으며, 제품을 수출하는 기업의 경우 타이완의 지역별 무역 자유화 배제와 미국과의 FTA 부재에 대처해야 한다. 국가발전위원회는 다양한 부문에 대한 노동생산성 지수의 변화를 측정한다. 2008년부터 2018년까지 정보기술 제품 지수는 약 50포인트 상승했다. 의류, 식품, 고무 제품 등의 업종은 큰 폭으로 하락했다.[88] 타이베이 주재 미국 상공회의소는 친환경 에너지, 바이오 의약품 및 인공지능 같은 주요 부문뿐만 아니라 전통적 제조 및 정부 서비스를 포함한 서비스 부문에서도 광범위하고 지속적인 혁신을 요구함으로써 이러한 격차를 지적했다.[89]

앞으로는 정보기술 분야도 역풍을 맞을 수밖에 없다. 카네기국제평화재단의 부회장 에반 파이겐바움Evan Feigenbaum은 타이완의 미래 경제의 혁신에 대해 다음과 같은 다섯 가지 '급격한 도전'을 언급했다. 첫째는 과학, 기술, 공학, 수학에 강한 인재들을 확보해야 한다는 것이다. 둘째는 섬의 상대적으로 작은 경제를 고려할 때 혁신의 산물을 확장하는 제약을 극복해야 한다는 것이다. 셋째는 하드웨어에 중점을 둔 타이완의 정보기술 혁신 생태계를 소프트웨어와 하드웨어·소프트웨어 통합의 발전을 촉진하는 혁신 생태계로 전환해야 하는 것이다. 넷째는 중국 등 다른 시장의 기술 공급망 대신 타이완 자체의 기술 공급망 부가가치를 높여야 한다는 것이다. 마지막으로 다섯째는 정부는 경쟁력을 높이기 위해 정부의 기술과 교육정책을 수정해야 한다는 것이다.[90]

타이완이 국제 경제 체제에서 소외되면서 타이완의 발전 단계적 기능인 이러한 국내 문제의 영향이 악화되었다. 중국의 압력으로 인해 타이완 정부가 국가나 지역 그룹과 FTA나 다른 시장 자유화 협정을 체결할 수 없다면, 타이완 기업들은 다른 나라의 기업과 경쟁하는 데서 불이익을 겪을 것이다. 이 회사들은 생산 공장을 관세 장벽 뒤로 옮길 수 있는 선택권을 가질 수 있지만, 그렇게 되면 타이완 직원을 더 적게 고용하는 결과를 초래할 것이다. 주변화로부터 벗어나 있는 부문은 정보기술 분야뿐이다.

비록 관세 및 비관세 장벽이 타이완 경제의 일부(특히 농업)를 보호하고 있지만, 무역 상대국과 경제 자유화를 단행하는 타이완의 능력을 제한시킨 주된 책임은 중국에 있다. 중국 외교관들은 타이완과 FTA를 체결하는 것이 '하나의 중국' 원칙에 위배된다고 주장할 가능성이 크지만, 이는 결국 명명(命名)의 문제로 귀결된다. 마잉주 정부는 싱가포르, 뉴질랜드와 FTA를 협상할 때 국가 지위와 관련된 주장을 함축하지 않는 용어를 기꺼이 사용했다. 실제로 벌어지고 있는 일은 누가 처분권을 가지고 있는가 하는 문제이다. 마잉주 총통 시절에도 베이징은 타이베이가 이러한 협정을 이행하기 위한 허가를 얻고자 한다는 인상을 심어주고 싶어 했다. 게다가 타이완이 다른 시장에 접근하는 것을 상대적으로 제한하는 것은 타이완 기업들이 수익성을 위해 중국에 의존하는 더 큰 인센티브를 창출한다. 베이징은 타이완을 경제적으로 본토에 더 의존하게 만드는 것이 베이징이 옹호하는 '융합을 통한 발전' 프로세스를 앞당길 것이라고 여긴다.

중국은 국제적 방해주의보다 훨씬 더 큰 도전을 제기하고 있다. 세계경제포럼의 경쟁력 순위와 점수에서 중국은 15위에 불과하고 타이완과는 6점 차이가 난다. 타이완의 회사들은 부분적으로 중국 회사보다 앞선 기술 덕분에 경쟁력을 유지하고 있다. 하지만 중국은 기술적으로 타이완을 따라잡고 있다. 중국 회사들은 '기술 사다리'를 오르기 위해 오랫동안 노력하고 있으며, 심지어 관련 공급망에서 타이완 회사가 누렸던 자리를 차지하려고 시도하고 있다. 중국 정부는 자국 기업의 국내 생산 기여도를 높이겠다는 일반적인 바람을 내비쳤다.

'중국 제조 2025'로 알려진 이 정책은 타이완 기업들 사이에서 자신들이 밀려날 것이라는 우려를 불러일으켰다. 하지만 2019년 2월 타이완 대륙위원회는 "'중국 제조 2025' 계획은 이미 국제적인 경계심을 유발하고 있고 (중국의) 경기 둔화로 타이완 기업이 중국에서 가지는 매력이 떨어지고 있어 중국 본토가 타이완을 경제적으로 흡수하려는 목표를 달성하기가 매우 어려워지고 있다"[91]라고 공표했다.

　　이러한 국내외 제약은 타이완에 복잡한 딜레마를 안겨준다. 이 딜레마로 인해 우선순위가 상충되는데, 이는 하나의 문제에 대한 가능하거나 바람직한 해결책이 다른 문제를 해결하는 것을 더 어렵게 만들고 다음과 같이 고려해야 할 관련 질문을 제기한다는 것을 의미한다.

- 기존의 제약에도 불구하고, 특히 타이완선거·민주화조사에서 설문에 응한 사람들 중 약 절반이 경제 발전이 정부가 해결해야 할 가장 중요한 문제라고 말하는 점을 고려할 때, 빈혈 수준의 경제성장을 높이기 위해 무엇을 할 수 있는가?[92]
- 타이완의 정책 입안자들은 경제적 혜택의 분배를 개선하고 결과적으로 타이완의 청년들이 그들의 부모 세대가 성취한 것과 같은 생활수준을 달성하게 할 수 있는가?
- 만약 출산율을 높이는 것이 필수적이라면, 결국 보육의 확대, 양질의 주택에 대한 접근성 향상, 그리고 청년들의 임금 인상을 수반하는 정부 지출의 증가는 성장에 대한 전망을 저해하고 탈세를 조장할 것인가?
- 중국에 대한 더 큰 경제 통합이 불가피하다면 정치적으로 양극화된 타이완은 어떻게 정치로부터 경제를 고립시키고 통일을 피할 수 있겠는가? ECFA 절차를 재개하고 서비스와 상품 무역에 관한 협정을 끝내는 것이 정책적으로 타당하다면, 정부는 이를 체결하고 비준할 정치적 지지를 어

떻게 확보할 수 있을 것인가?

- 중국이 자유화 조치를 검토하기 전에 민진당 정부에 정치적 전제조건을 설정한다면, 그리고 타이완의 향후 성장이 이러한 조치를 실행하는 데 달려 있다면, 성장을 위해 지금까지 취해온 정치적 입장을 희생해야 하는가, 아니면 당의 통합을 유지하기 위해 성장과 선거 기회를 희생해야 하는가?
- 마찬가지로 민진당 정부는 아세안과의 FTA를 확보하기 위해 이러한 정치적 전제조건들을 기꺼이 수용해서 RCEP에 가입해야 하는가?
- 타이완이 다른 시장에서 타이완 상품과 서비스에 대해 더 유리한 대우를 받기 위해 자국 경제에 대한 접근을 자유화해야 한다면, 특히 자유화 비용이 상당히 즉각적일 것이기 때문에 결과적으로 고통 받는 국내 그룹을 보상하기 위해 무엇을 해야 할 것인가? 타이완 경제에 대한 구조적 조정으로 얻은 이익은 시간이 지남에 따라 확보되는 것인가?

타이완이 처한 곤경으로부터 탈출구를 찾는 것은 쉽지 않다. 마잉주 정부 및 차이잉원 정부는 이러한 상충하는 문제에 대해 서로 다른 접근 방식을 시도했다. 마잉주 총통은 중국과의 경제 관계를 개선하고 자유화하는 것을 일차적으로 강조했지만, 그러한 프로젝트는 적어도 해바라기운동을 지지하는 사람들에게서 정치적 지지를 잃으면서 추진력을 잃었다. 중국이 가하는 제약 속에서 차이잉원은 국내에서의 자조self-help와 다른 주요 무역 상대국에 대한 지원을 강조했으나 결과는 미미했다. 연임했던 마잉주 총통과 첫 번째 임기 중의 차이잉원 총통은 모두 타이완의 두 가지 경제 간의 격차를 좁히지 못했다. 그것은 차이잉원 총통의 두 번째 임기에서 최우선 과제가 될 것이다.

제5장

타이완의 에너지 정책

에너지 정책은 타이완의 각 선택지가 심각한 단점을 가지고 있는 문제 중 하나이다. 세계에서 22번째로 큰 선진국인 타이완은 많은 에너지를 사용한다. 2016년에는 사용한 전기의 양이 약 2374억kW/h에 달해 세계에서 16번째로 큰 전력 소비국이었다.[1] 기업을 운영하려면 에너지를 풍부하고 꾸준히 공급해야 한다. 타이완의 정보기술 분야 공장의 경우 반도체와 스위치를 만드는 민감한 기계에 전력이 순간적으로만 중단되더라도 복구하는 데 시간과 비용이 든다. 타이완의 많은 자동차, 트럭 및 오토바이에는 연료가 필요하다. 타이완 주민들은 이제 에어컨이 설치된 편안함을 선호하는 중산층 생활양식을 즐기고 있다. 이는 커다란 변화이다. 1975년 내가 아내와 함께 수도 타이베이에 살았을 당시 힐튼호텔은 더위와 습기를 피할 수 있는 몇 안 되는 시원한 곳 중 하나였다. 타이완 사람들은 또한 생산 비용을 반영하는 전기 요금에 반대한다. 마지막으로 일부 에너지원은 다른 에너지원보다 나쁘다. 사람들은 기후변화의 위험을 해결해야 할 필요성을 이해하고 있지만, 타이완은 여전히 온실가스의 주요 배출원인 석탄과 석유에 주로 의존하고 있다. 전반적으로 타이완은 2004

년 이후 대기에 연간 거의 300억 미터톤[metric ton, 1미터톤=1000kg_옮긴이]의 탄소를 추가했다.[2] 원자력은 안전 위험을 내포하고 있다. 타이완의 지도자, 기업 및 소비자가 이러한 상충하는 목표를 조화시키는 에너지 정책을 공식화하고 합의할 수 있는지는 분명하지 않다.

타이완이 이러한 종류의 딜레마에 직면한 유일한 경제는 아니지만, 타이완은 독일, 프랑스, 일본, 이탈리아, 영국보다 1인당 GDP가 훨씬 적음에도 불구하고 1인당 에너지를 더 많이 사용한다. 1인당 GDP가 타이완보다 50% 이상 높은 일본과 같은 나라에서는 국민 한 사람이 타이완의 국민 한 사람보다 더 많은 에너지를 사용할 것이라고, 즉 경제가 더 활발할수록 더 많은 에너지를 사용할 것이라고 예상하기 쉽다. 하지만 타이완의 1인당 에너지 소비량은 4.7미터톤의 석유에 해당하는 반면, 일본은 강력한 절약 프로그램을 통해 3.4미터톤에 불과하다.[3]

이러한 에너지 수요를 어떻게 가장 잘 충족시킬 것인가 하는 것은 오랫동안 어려운 과제였다. 우선, 타이완은 석탄, 석유, 천연가스(LNG)의 토착 공급원이 없기 때문에 완전히 외부 공급에 의존해 왔다. 석유는 사우디아라비아, 오만, 쿠웨이트, 이라크, 아랍에미리트, 앙골라, 카타르, 말레이시아, 미국, 인도네시아에서 수입되며, 석탄은 호주, 인도네시아, 러시아, 캐나다, 남아프리카에서 수입된다.[4] 이러한 투입물의 대부분은 먼 거리에 걸쳐 선적되며, 그 가격은 세계시장의 변덕에 따라 달라진다. 타이완은 섬이기 때문에, 예를 들어 홍콩이 중국(중화인민공화국)의 광둥성에서 하는 것처럼, 지역 송전망에 접속하지도 않고 이웃 국가로부터 전기를 구입하지도 않는다.[5] 게다가 석탄, 석유, 천연가스, 원자력, 수력, 풍력 및 태양열과 같은 각각의 이용 가능한 에너지원은 장점과 단점이 있다. 예를 들어 석탄과 석유는 상대적으로 효율적인 에너지원이지만 기후변화를 촉진하는 온실가스를 생산한다. 천연가스는 화석연료이며, 천연가스의 주요 성분인 메탄은 연소하기 전에 대기로 방출될 경우 특히 강력한 온실가스가 된다. 태양과 바람은 각각 서로 다른 단점을 가지고 있다.

타이완 정치 체제의 변화는 에너지 안보에 대한 정책 결정 여부와 방법에 큰 영향을 미쳤다. 타이완의 권위주의 통치 기간 동안에는 에너지원의 최적 혼합을 설정하는 것이 주로 기술 전문가들로 구성된 타이완 경제 지도부에 의해 결정되었다. 1986년 타이완이 민주적 전환을 시작한 이래, 의사결정의 장이 확장되었다.[6] 기술관료 외에도 정치권별로 상대적인 비용과 편익을 다르게 평가한다. 이 모든 요소로 인해 에너지의 정치는 치열해질 수 있다.

하지만 여론조사에 따르면 에너지는 대중이 상대적으로 높은 우선순위를 두는 문제가 아니다. 2017년 말 타이완선거·민주화조사는 응답자들에게 10개 이상의 정책 이슈 중 어떤 것이 차이잉원 총통의 최우선 정책 과제여야 하는지 물었다. 단지 0.1%만이 에너지라고 답했다[7](그 결과는 다소 오해를 불러일으킬 수 있다. 전기 요금을 더 많이 지불해야 한다면 대중이 그렇게 수동적이지 않을 수도 있었을 것이기 때문이다).

더욱 놀라운 것은 대중들이 타이완의 에너지 혼합에 대해 상당히 부정확한 인식을 가지고 있는 것으로 보인다는 것이다. 2018년 가을에 위험사회·정책연구센터Risk Society and Policy Research Center가 실시한 설문조사에 따르면 응답자들은 원자력이 전력 공급의 43.6%를 차지하는 것으로 생각했는데, 실제로는 최대 8%였다. 응답자들은 석탄의 비율이 32%이고 천연가스가 거의 3%라고 믿었다. 하지만 석탄의 수치는 14%로 매우 낮았고, 천연가스의 수치는 실제 점유율의 5분의 1이었다. 분명히 반핵운동은 자신의 대의를 위해 여론을 형성(또는 왜곡)하는 데서 탁월한 역할을 해냈다.[8] 2018년 12월 원자력을 풍력, 태양열, 화력으로 대체하는 차이잉원 정부의 정책을 어떻게 생각하느냐는 질문에 대해서는 응답자의 44.8%가 찬성했고, 42.8%가 반대했다.[9]

대중의 우선순위 의식과 기본적인 정보 부족에 대한 여론조사 결과에도 불구하고, 에너지는 정당, 시민사회단체, 권력의 거대 산업 소비자, 그리고 정부

관료들에게 중요한 문제이다. 게다가 관료주의와 '인민 권력' 사이의 상호작용은 정책에 큰 변동을 가져왔고 자원 낭비를 초래했다. 원자력의 정치는 단순히 어려운 정책 문제를 극심한 갈등을 특징으로 하는 거의 해결 불가능한 문제로 변화시켰다. 원자력은 발전의 혼합에 그렇게 크게 기여하지 않기 때문에 이것은 다소 이상하다. 이러한 갈등은 타이완의 민주화의 산물이며, 우선순위가 상충되어 왔고 극심한 좌절감으로 가득 차 있다. 에너지 안보 문제에 대한 답을 찾으려면 정치 체제에서 나와야 할 것이다. 하지만 정치 행위자들은 자신이 좋아하지 않는 정책에 대해 거부권을 가지고 있음에도 불구하고, 공공의 이익을 보장하기 위해 '충분히 좋은' 타협을 이끌어내려는 의지가 부족하다.

기초 데이터

타이완 정부가 외부 에너지원에 대한 의존도를 줄이기 위해 민간 원자력을 에너지 믹스에 추가하기로 결정한 것은 1970년대 초였다. 최근에는 태양광과 풍력발전을 위한 캠페인이 시작되었다. 하지만 화석연료는 여전히 타이완의 에너지 믹스를 지배하고 있다. 2002년부터 2018년까지, 석유는 타이완 전체 에너지원의 약 50%를 맴돌았고, 석탄은 약 30%를 유지했고, 천연가스는 7.0%에서 15.2%로 두 배 증가했고, 원자력은 10.3%에서 4.4%로 감소했다(〈표 5-1〉 참조). 동시에 에너지 소비는, 〈표 5-2〉에서 알 수 있듯이, 안정적인 상태를 유지하고 있다. 산업은 단연코 가장 큰 부문별 소비처이다. 교통수단이 그 절반 정도이고, 서비스업과 주거 부문이 각각 교통수단의 절반을 차지한다.

석탄과 LNG는 2018년 발전소에서 사용된 주요 연료로, 석탄 47.6%, 천연가스 33.5%이다. 원자력은 전력의 10.0%를 차지했고, 모든 재생에너지는 4.6%를 차지했다. 4.6% 중에 수력발전이 3분의 1을 약간 넘으며, 태양광이 21.7%,

표 5-1 | 에너지 공급원 비율(2002~2018년)

표 5-1 | 에너지 공급원 비율(2002~2018년)   단위: %

연도	석탄	석유	천연가스	바이오매스	수력	원자력	태양광 및 풍력
2002	30.9	50.4	7.0	1.2	0.2	10.3	0.1
2007	30.1	52.4	7.8	1.2	0.3	8.2	0.1
2012	30.0	47.8	12.1	1.3	0.4	8.3	0.2
2018	29.4	48.3	15.2	1.1	0.3	5.4	0.3

자료: "Statistical Charts: Energy Supply (by Energy Form) and Total Domestic Consumption (by Sector)," *Energy Statistical Annual Reports*, Bureau of Energy, Ministry of Economic Affairs, Taiwan (July 29, 2020).

표 5-2 | 부문별 에너지 소비 비율(2002~2018년)   단위: %

연도	에너지	산업	교통	농업	서비스	주거	비에너지 사용
2002	7.8	34.2	18.9	1.6	7.2	8.6	21.6
2007	7.2	33.6	16.3	0.8	7.3	7.9	27.6
2012	7.3	33.7	16.1	0.8	7.1	7.7	27.9
2018	8.4	31.0	15.4	0.8	6.8	7.5	29.7

주: 비에너지 사용은 플라스틱 및 기타 석유화학 제품의 공급 원료로 석유와 비료용 천연가스 등을 사용하는 것을 의미함.
자료: "Statistical Charts: Energy Supply (by Energy Form) and Total Domestic Consumption (by Sector)," *Energy Statistical Annual Reports*, Bureau of Energy, Ministry of Economic Affairs, Taiwan (July 29, 2020).

풍력이 13.3%를 차지했다.[10] 1인당 에너지 소비량은 석유로 환산했을 때 2003 년 3199리터에서 2011년 3495리터, 2018년 3702리터로, 2003년에서 2018년 사이에 소폭 증가했다. 1인당 소비 전력량은 2002년 8482kW/h에서 2017년 1 만 1097kW/h로 증가했다.[11]

각 에너지원에는 고려해야 할 다양한 장단점이 있다. 첫째는 가격 문제로, 소비자가 각 에너지 유형에 얼마를 지불하는가 하는 것이다. 〈표 5-3〉은 차이 잉원 집권 3개월 동안의 현저한 차이를 보여준다.

언뜻 보기에 태양광은 가장 값비싼 전기 에너지원임이 분명하며 가장 저렴

표 5-3 | 타이파워의 전기 연료 가격(2016년 8월)   단위: 위안

에너지 유형	시간당 kW 비용
원자력	1.11
석탄	1.89
수력	1.55
풍력	2.26
액화 천연가스	2.68
태양광	6.17

주: 풍력에 대한 수치는 풍력에서 구입한 전력비용임. 일부 단위는 '자체 소유'이며, 둘의 평균은 1.76위안임.
자료: Timothy Ferry, "Taiwan's 'Energiewende': Developing Renewable Energy," *Taiwan Business Topics* (October2016), p.18. 요금은 타이파워의 데이터를 기반으로 한 것임.

한 에너지원인 원자력 비용의 5배 이상이다. 석탄은 비교적 저렴한 가격으로 타이완 전력의 거의 절반을 생산한다. 석탄보다 42% 더 비싼 액화 천연가스는 또 다른 3분의 1을 차지한다. 가장 저렴한 자원인 원자력은 10% 미만을 차지한다. 하지만 이러한 가치는 정부가 시장 가격을 설정하는 방식과 기존 시설을 둘러싼 경제성을 모두 반영한다. 새로운 발전 용량에서 발생하는 전기의 기본적인 상대 비용은 현재 가격 구조와 반드시 동일하지 않다. 예를 들어, 새로운 시설에서 나오는 전기의 경우 태양광의 실제 가격은 원자력 가격보다 낮을 가능성이 크다.[12]

에너지원을 차별화할 때 고려해야 할 둘째 요소는 에너지 밀도 또는 에너지원 단위당 사용 가능한 에너지의 양인데, 이는 무게나 부피 및 이를 생산하는 데 필요한 토지 면적으로 측정된다. 석탄과 석유는 밀도가 높고 상대적으로 쉽게 운송할 수 있기 때문에 현대 에너지 경제의 원동력이었다. 천연가스는 에너지 밀도가 상대적으로 높지만 장거리 운송을 하려면 액화한 다음 도착한 후에 재기화re-gasify해야 한다. 풍력과 태양광의 밀도는 상대적으로 낮다. 주로 이러한 자원을 활용하려면 넓은 지역이 필요하기 때문이다. 또한 송전 그리드는 발

전 사이트에 구축되어야 한다. 각 재생 가능 자원을 활용하는 데 필요한 자본 투자는 처음에는 높게 시작하지만 태양 전지판과 같은 구성 요소의 비용이 낮아지면서 감소한다.[13]

셋째 요인은 간헐성의 정도이다. 전력을 생산하는 방법이 항상 작동할 수는 없다. 가장 안정적인 발전소라도 정기적인 유지 보수를 위해 가동을 중단해야 한다. 잘못된 설계와 인적 오류 때문에 사고가 발생하기 마련이다. 일반적으로 공급 원료가 충분하다고 가정할 때 석탄, 석유, 천연가스 및 원자력을 사용하는 발전소는 예측 가능한 높은 수준에서 작동할 수 있다. 이 네 가지 자원이 타이완의 기본 부하를 구성한다. 수력, 태양광 및 풍력의 전력 흐름은 간헐적이다. 각각은 궁극적으로 날씨에 달려 있으며 불리한 날씨에 사용하기 위해 전기를 저장하는 완전히 효과적인 방법은 아직 존재하지 않고 있다. 타이완은 면적이 작아 풍력과 태양광 설비의 수도 제한적이다. 따라서 수력과 두 개의 재생에너지는 타이완의 기저부하에 포함되지 않는다. 현재로서는 유용한 잉여물이지만 지속적으로 신뢰할 수 있는 것은 아니다.

우수한 에너지 정책은 기본 공급량 이상으로 여유분을 유지하는 것이다. 하지만 최근에 타이완의 가용 비축량이 매우 낮은 수준으로 떨어진 경우가 있었다. 예를 들어, 전력 소비는 2016년 봄에 운영 예비량의 2% 미만이었고 이듬해 4월에도 비슷하게 마감되었다.[14] 그런 다음 2017년 8월 15일에 광범위한 정전이 타이완 전역에서 600만 개 이상의 기업과 가정에 영향을 미쳤다. 가스를 이용한 화력발전소의 운영자 실수로 정전이 발생했지만 저장량이 적어 정전이 더 악화되었다.[15] 이러한 중단은 발전 용량이 소비를 따라가지 못한다는 근본적인 사실을 보여준다. 2007년부터 2017년까지 전력 시스템의 총 설치 용량은 8.4% 증가한 반면 소비는 16.1% 증가했다.[16]

다른 나라들과 마찬가지로, 타이완의 에너지 정책은 경제 활동과 대중의 중산층 생활에 적합한 에너지 공급을 보장하는 것을 목표로 하고 있다. 정전이나 절전을 초래하는 에너지의 단기적인 부족만큼 대중의 분노를 불러일으키는 사건은 거의 없을 것이다. 동시에, 시민사회 단체들은 정부가 환경 보호에 더 높은 우선순위를 두도록 촉구하고 있다. 타이완은 예일대학교의 '환경보호 성과 순위'에서 23위를 차지해 동아시아 국가 중 일본 다음으로 순위가 높았지만, 여전히 타이완 섬의 일부 지역, 특히 중심 도시인 타이중(台中)에서는 유해한 대기 오염을 일으키는 중요한 산업 분야를 보유하고 있다.[17] 분쟁의 작은 예로, 2020년 여름 타이중시 시정부와 전력회사 타이파워Taipower는 석탄 발전기를 재가동하기로 한 타이중시의 결정을 놓고 충돌했다. 전력회사의 우선순위는 수요가 많은 여름철에 충분한 전기를 공급하는 것이었다. 정부는 대기 오염을 제한하기를 원했고 타이파워의 운영 재개에 대해 벌금을 부과했다.[18]

또한 타이완은 중국의 외교적 방해로 인해 유엔기후변화협약United Nations Framework Convention on Climate Change: UNFCCC 협상에서 배제되었음에도 불구하고 장기간 화석연료를 사용함으로써 발생하고 있는 기후변화를 늦추는 책임을 받아들였다. 대중은 기후변화가 일어나고 있고 기후변화가 우려된다는 것을 분명히 이해하고 있다. 타이완영속능원연구기금회(台灣永續能源硏究基金會)*가 실시한 2018년 설문조사에서 응답자의 93%가 기후변화를 인정했고 70%가 이를 우려했다.[19] 2015년 6월 타이완 입법부(입법원)는 2050년까지 2005년 수준의 온실가스 배출량을 절반으로 줄이겠다는 목표를 자발적이고 일방적으로 설정한 '온실가스 감축 및 관리법'을 승인함으로써 기후변화에 대처하는 것의 중요성을 인식했다.[20]

이를 위해서는 석탄과 석유 사용을 줄여야 한다(주로 메탄으로 구성된 천연가스도 화석연료이지만 천연가스는 연소되었을 때 환경에 미치는 영향이 훨씬 적다). 하지만 이는 다른 전원(電源)이 증가해야 한다는 것을 의미한다. 풍력, 태양광

---

* 영어 명칭은 Taiwan Institute for Sustainable Energy(TAISE)이다. _옮긴이 주

및 수력은 온실가스를 생성하지 않지만 이들 에너지원은 항상 사용할 수 있는 것이 아니다. 중앙연구원의 학자들은 주요 연구를 통해 2015년 법안이 좋은 출발이었으며 완전히 시행되어야 한다는 점을 인정했다. 하지만 그들은 정부와 사회가 훨씬 더 많은 일을 하도록 압력을 가했다. "정부는 에너지 개혁을 계획할 때 원자력을 비롯한 다양한 발전원의 장단점을 신중하게 평가하면서 잠재적인 사회경제적 문제에 주목해야 한다. …… 에너지 보존을 촉진하고 에너지 효율성을 높이고 전기 요금 인상 또는 탄소세 부과를 고려하기 위해 더 열심히 노력해야 한다."[21]

다음은 원자력이다. 발전용 원자로는 온실가스를 생성하지는 않지만 오염을 방지하기 위해 저장해야 하는 고방사성 사용 후 핵연료를 생성한다. 원자력 발전소는 또한 2011년 후쿠시마 원전 사고와 같은 대형 재앙의 위험을 안고 있다. 일본과 마찬가지로 타이완도 지각판과 그에 수반되는 단층의 교차점에 있다. 1999년 가을 이후 타이완에서는 규모 7.0 이상의 지진이 세 번, 6.0에서 7.0 사이의 지진이 일곱 번 발생했다. 1999년 9월에는 타이완 전체에서 지진으로 2415명이 사망했다. 원자력발전소에서 큰 사고가 발생한 적은 없지만, 당연하게도 원자력에 의존하는 데 대한 타당성은 여전히 오랜 논쟁의 대상이자 광범위한 대중의 지지를 받는 에너지 정책을 수립하는 데 있어 정치적 장애물이 되어왔다.

타이완의 반핵운동

원자력이 타이완에서 전력을 거의 공급하지 않는 이유는 정치 때문이다. 원자로에서는 핵분열성 물질의 통제된 연소가 열을 발생시키고, 이 열은 전기를 생산하기 위해 발전기를 돌리는 엄청난 양의 증기를 만들어낸다. 에너지 안보의 관점에서만 보면 1960년대 후반 타이완이 수입 화석연료에 대한 의존도를 줄이고 에너지 믹스에서 원자력이 차지하는 비중을 획기적으로 확대한 것은 타당했다. 1970년대의 석유 위기는 이렇게 하는 데서 명분을 추가했다. 전환 당시 타이완은 여전히 권위주의적인 정치 체제를 갖추고 있었기 때문에, 특히 에너지와 같이 기술적으로 복잡한 문제에 대해서는 기술관료들이 정책 결정 과정을 지배했다. 대중은 그 문제에 대해 발언할 수 없었다.

당시 타이완의 핵 선택지에 대해 반대한 것은 외부, 즉 미국이었다. 워싱턴 은 국민당 정권이 민간 원자력 프로그램을 결정한 것과 거의 같은 시기에 핵무 기 프로그램을 착수하기로 결정했다는 사실을 우려했고 나중에 이를 확인했 다. 타이완은 1964년 중국이 최초로 핵무기를 실험한 것을 계기로 핵무기 프로 그램을 추진했다. 두 프로그램 사이의 연결 고리는 민간 원자로가 생산하는 사 용 후 핵연료였다. 민간 전력이 생성되면 사용 후 핵연료 부산물을 재처리해 어떤 종류의 핵무기에서 연쇄 반응을 일으키는 플루토늄을 얻을 수 있다. 나머 지 방사성 폐기물에서 플루토늄을 분리하는 데는 재처리 기술이 필요한데, 타 이완은 그 기술을 획득했다. 미국은 1978년 타이완의 핵무기 프로그램을 중단 하려 했지만 그 프로그램은 은밀하게 계속되었다. 워싱턴은 1986년에 프로그 램의 기만을 발견하고 프로그램을 강제 종료시켰다.[22]

공교롭게도 1986년에 타이완 정치 체제의 자유화도 시작되었다. 시민들은 자신의 의견을 표명하기 시작했고 지금까지 기술관료와 보안위원의 범위였던 문제에 대해 그룹을 조직하기 시작했다. 타이완의 급속한 경제발전이 실제로 대지, 물, 공기를 오염시켰기 때문에 이들은 환경 파괴를 명백한 목표로 삼았다. 환경 파괴는 또한 타이완의 경제성장 모델이었던 일본에서 이미 명백히 밝혀진 바와 같이, 공중 보건에 해를 끼치는 것으로 판명될 것이었다. 무방비 상태의 서 민 편에 서서 환경 파괴에 맞서 조직하고 시위할 만큼 용감한 사람들은 도덕성 을 가지고 있었다. 첫 번째 대규모 시위는 1986년과 1987년에 전통적인 해안 마을인 루강(鹿港)에서 발생했다. 루강의 주민들은 듀퐁사Dupont Corporation의 이산화티타늄 공장 건설에 반대했다.[23]

타이완의 반핵운동은 이와 같은 시기에 그리고 옛 소련의 체르노빌 원자력발전소 사고 시기에 발생했다.[24] 1980년대 중반까지 세 개의 원자력발전소가 이미 가동 중이었다. 섬의 북쪽 끝에는 진산(金山)과 궈성(國聖)이 있고 남쪽에는 마안산(馬鞍山)이 있다. 각 발전소에는 두 개의 원자로가 있었다. 이 운동은 주로 NPP-4라고 하는 네 번째 공장 건설을 중단하는 데 중점을 두었다. NPP-4는 타이완 북부의 현재 신베이시(新北市)인 궁랴오(貢寮) 마을에 위치할 예정이었다. 동해안 란위(蘭嶼)섬에 핵폐기물을 처분하자는 제안도 이와 관련된 문제였다. 반핵운동의 선구자들은 정부 정책에 도전할 과학적 지식을 갖춘 교수와 지식인이었다. 1987년 7월 계엄령이 해제되면서 그들의 정치적 활동은 위험을 덜었고 그해 가을 타이완환경보호연맹Taiwan Environmental Protection Union: TEPU이 결성되어 원자력 확대에 반대하는 다양한 공적 활동을 펼쳤다.

하지만 초기 반핵운동의 가장 큰 원동력은 민진당이 타이완의 제1야당으로 부상하고 '녹색'(민진당의 당기와 같은 색) 의제를 채택한 것이다. 타이완환경보호연맹은 민진당 소속 입법위원, 의견을 공유하는 국민당 소속 입법위원, 궁랴오 주민들과 동맹을 맺었다. 물론 민진당은 정권을 잡기 전까지 이 정책 제안을 실행에 옮길 수 없었지만, 반핵운동 연합은 이 정당과 함께 그 목표를 달성할 가능성이 확실히 높아졌다. 1990년대 후반 민진당의 지도자로 떠오른 천수이볜이 2000년 대선에서 승리했을 때 사람들은 이것이 NPP-4 건설의 종언이 될 것이라고 믿었다.

하지만 이러한 전망은 시기상조였다. 천수이볜 정부는 2000년 10월 NPP-4를 종료하라는 명령 초안을 작성했지만 이를 추진하는 데에는 실패했다. 이것은 여전히 입법원에서 다수를 차지하는 핵을 지지하는 국민당에게 민진당을 정치적으로 수세로 모는 기회를 주었다. 이 문제는 궁극적으로 대법관회의에 회부되었는데, 대법관회의는 2001년 2월 행정부에 반대하는 판결을 내리고 NPP-4 건설 재개를 허용했다. 충분하고 안정적인 에너지 공급에 의존하는 경제계는 이 판결을 반겼으며, 민진당의 일부는 이 결과를 통해 업계가 민진당이 반기업적이라는 인식을 수정할 수 있기를 희망했다.[25] 반대로 반핵운동가들은 배신감을 느꼈고 그들의 운동은 분열되었다. 타이완환경보호연맹은 NPP-4에 대한 천수이볜 정부의 철회에도 불구하고 민진당 및 천수이볜 정부와 계속 협력했다. 2000년에는 녹색공민행동연맹(綠色公民行動聯盟)이 설립되었는데, 이 단체는 곧 반핵운동의 선두주자가 되었다. 녹색공민행동연맹은 민진당과 국민당 모두에 반대했으며 시위를 통해 반대를 드러냈다.

천수이볜 정부는 핵 문제를 다루는 데서 또 다른 요인이던 민진당의 원로 린이슝(林義雄)*을 고려해야 했다. 린이슝은 민진당의 성자와도 같은 인물로 추앙되었는데, 1980년 초 그가 정치범으로 억울하게 투옥된 동안 당시 국민당 정권의 요원들이 범인이었을 것임에도 불구하고 여전히 설명되지 않은 상황에서 그의 아내[유아메이(游阿妹)_옮긴이]와 두 딸[린량쥔(林亮均), 린팅쥔(林亭均)_옮긴이]이 잔인하게 살해**되었기 때문이다. 린이슝이 자신의 정치적 신념에 대한 대가로 치른 엄청난 개인적 희생 때문에 그는 당 내부와 대중들로부터 존경을 받았다. 린이슝이 마침내 자유를 되찾은 이후에 채택한 정책 이슈는 타이완의 원자력 의존 종식이었는데, 그는 그것이 경제에 어떤 영향을 미칠지는 거의 신경 쓰지 않았다. 반핵과 재계의 이익 사이에서 균형을 이루어야 했던 민진당에

---

* 1941년 타이완 이란현 우제향(五結鄕)에서 출생했다. 국립타이완대학 법학과를 졸업하고 변호사가 되었으며 미국 하버드대학교 대학원에서 유학을 하기도 했다. 1977년부터 1981년까지 타이완성의회(台灣省議會) 의원을 지냈으며, 1998년부터 2000년까지 민진당 주석을 맡았다. _옮긴이 주

** '린이슝 일가 살인 사건'이라고도 불리는 이 사건의 공식 명칭은 '임택 혈안(林宅血案)'이며, 1980년 2월 20일에 발생했다. 당시 아홉 살이었던 장녀 린환쥔(林奐均)은 중상을 입기는 했으나 목숨은 건졌다. _옮긴이 주

게 린이슝의 도덕적 권위, 그리고 심지어 그가 대중적이고 반핵적인 캠페인을 이끌 수 있다는 가능성은 민진당 지도자들을 불안하게 만들었다.

천수이볜 정부가 타이완 정치에서 핵 문제의 심각성을 줄이고 민진당의 옛 운동권 진영들을 소외시켰다면, 2008년 국민당이 집권하면서는 상황이 역전되었다. 우선, 마잉주 정부의 상대적인 보수주의는 사회운동을 활성화시켰고, 여러 이슈에 걸쳐 언론을 장악하는 행동주의를 펼쳤으며, 추종자들을 동원하기 위해 소셜 미디어를 점점 더 많이 이용했다. 둘째로, 2011년 3월 후쿠시마 원자력발전소 참사는 지진 지역에 위치한 원자로 근처에 사는 것이 위험하다고 주장하는 사람들의 입장을 유리하게 했다(후쿠시마 참사는 지진지대 자체의 문제가 아니라 독특한 설계 결함에 의한 것이었지만 말이다). 그것이 검은 백조 중 가장 검은 백조*였을지도 모른다는 것은 문제가 되지 않았다. 셋째, 2014년 3월 중국과의 서비스 무역협정을 강제로 철회시킨 해바라기운동의 성공은 사회운동이 주요 정책 이슈에서 기술관료들과 정치인들을 물리칠 수 있는 능력을 가지고 있음을 보여주었다.

국민당과 민진당 지도부는 곧 반핵 운동에 더 대응해야 한다는 것을 깨달았다. 점차적으로 집회와 시위에 동원될 수 있는 섬 주변의 단체들은 2019년까지 100개 이상의 더 나은 네트워크를 형성할 것이며, 전국폐핵행동플랫폼National Nuclear Abolition Action Platform: NNAAP이 그 중심 역할을 할 것이었다.[26] 원자력발전소 관할 지역의 시장 및 치안판사들은 자신들의 당선을 좌우할 주민들의 반발에 대해 걱정해야 했다. 2012년 민진당의 총통 후보로서 차이잉원은 NPP-4의 건설이 완료된 후 원자력발전소의 가동을 반대하고 세 개의 다른 발전소의 폐로 지연을 거부함으로써 반핵 운동과 당의 동맹을 회복하려 했다. 하지만 핵

---

* 검은 백조(Black Swan)란 도저히 일어날 것 같지 않지만 만약 발생할 경우 시장에 엄청난 충격을 몰고 오는 사건을 뜻한다. _옮긴이 주

활동가들은 그다지 감명 받지 못했다.

그러자 국민당은 민진당을 공격하려 했다. 2013년 2월, 장이화 총리는 NPP-4의 운명을 해결하기 위해 국민투표를 실시할 것을 제안했다. 이것은 다소 놀라운 일이었다. 민진당이 전통적으로 입법 활동보다 국민투표를 통한 공공정책 결정에 더 큰 비중을 두고자 하는 정당이었기 때문이다. 아마도 민진당은 이 문제를 대중에게 알리는 데 국민당을 동참시킬 수 있었을 것이다. 하지만 유권자의 심의를 위해 국민투표를 재가하고 승인하는 기준을 놓고 국민당은 이미 국민투표법에 명시된 제한적 한계를 고수하려 하고 민진당은 이를 완화하려는 등 양당의 의원총회에서는 끝없는 논쟁이 벌어졌다. 결국 그 제안은 무산되었다.

해바라기운동이 끝난 지 얼마 지나지 않아 린이슝은 NPP-4 건설에 반대하는 단식 투쟁을 벌임으로써 대중 시위의 부활을 이용하려고 했다. 이것은 빠르게 섬 전체의 시위를 자극했고, 4월 27일 마잉주 정부는 첫 번째 NPP-4 원자로가 안전 시험을 통과하면 봉인될 것이라고 발표했다. 2호기 건설은 국민투표가 재가동을 승인하지 않는 한 중단될 것이었다.

외부 사건과 국내 정치 역학으로 인해 원자력이 종말의 길에 오른 것처럼 보이지만, 그렇게 되면 적절한 에너지 공급을 보장하기 위해 정부와 대중이 이용할 수 있는 선택지가 심각하게 제약될 것이다. 정책 입안자들은 증가하는 전력 수요와 경제성장을 유지하는 관심 사이의 격차를 어떻게 줄일 수 있을 것인가? 이것은 기후변화를 악화시키는 화석연료의 사용을 줄이겠다고 약속한 반면 재생 가능한 에너지원은 계속 개발되지 않고 있는 지금과 같은 상황에서 더욱 어려운 일일 것이다.

차이잉원의 에너지 정책

2016년 5월 차이잉원이 취임한 이후 그녀는 민진당의 반핵 의제에 맞춰 타이완의 전반적인 에너지 믹스를 급진적으로 재정비하겠다는 정부의 야심찬 의도를 발표했다. 2025년까지, 타이완 에너지원의 50%는 천연가스에서 충당할 것이고, 20%는 주로 풍력과 태양광 같은 재생에너지에서 충당할 것이며, 석탄과 석유는 80%에서 30%로 떨어질 것이라고 그녀는 말했다. 원자력은 그 혼합에서 완전히 사라질 것이었다. 기존 원전 3기는 가장 빠른 시기에 해체되고, 4기는 가동되지 않은 채 폐기되어, 타이완은 핵 없는 섬으로 나아갈 것이었다.[27] 정치적으로 이 제안은 반핵운동 및 친재생에너지 운동에는 매력적이었지만 에너지 공급과 수요 간의 격차가 너무 좁아지는 것을 우려한 사회 부문에는 매력적이지 않았다. 하지만 큰 문제는 이 제안이 기술적·정치적 장애에도 불구하고 실행될 수 있는가 하는 것이었다.

차이잉원 총통이 재생에너지 사용을 늘리기 위해 노력한 첫 지도자는 아니었다. 2009년 마잉주 정부는 '재생에너지 개발법'의 통과를 추진해 에너지 연구개발에 자금을 지원했다. 2012년에는 지붕에 100만 개의 태양광 전지를 설치하고 1000개의 풍력 터빈을 세우겠다는 목표를 세웠다. 경제부 에너지국은 2008년부터 2014년 사이에 재생에너지 부문의 가치가 195% 성장했고, 연간 수익이 4884억 위안(150억 달러 이상)으로 증가했으며, 거의 7만 개의 일자리 기회가 창출되었다고 보고했다.[28] 게다가 대중은 재생에너지에 대한 지지를 보여주고 있었다. 타이완 지속가능에너지연구소의 여론조사는 응답자의 49%가 재생에너지를 강하게 지지했고 37%가 재생에너지를 지지했다고 밝혔다.[29] 이 기세에 고무된 차이잉원 총통은 당의 반핵 목표를 진전시키려 했다.

태양광 발전

타이완은 태양광 발전 부문을 확대하기 위한 이상적인 후보로 보인다. 남회귀선을 지나며, 열대성 기후이기 때문이다. 섬 북부에 있는 타이완 타오위안(桃園)국제공항의 평균 기온은 1월 18도, 4월 25도, 7월 33도, 10월 30.5도이다.[30] 타이완은 또한 전기 생산에 필요한 태양 전지, 태양열 웨이퍼 및 태양광 모듈을 생산하기 위해 자체 공장에 의존할 수 있다. 더욱이 투자자들은 타이완의 태양광 붐으로부터 이익을 얻을 수 있는 기회를 인식하고 그에 따라 자금을 투입할 준비가 되어 있다.[31] 2016년 가을, 차이잉원 총통은 타이완의 태양광 인프라의 설치 용량을 2025년까지 20기가와트로 확장한다는 목표를 설정했다. 이는 당시 설치된 태양광 발전 용량 962메가와트보다 20배 이상 증가한 것이다.[32]

하지만 이 야심찬 목표를 달성하려면 몇 가지 큰 장애물을 극복해야 한다. 우선 타이완의 날씨는 생각만큼 태양광 발전에 우호적이지 않다. 타이베이 주재 미국 상공회의소가 발간하는 잡지인 《타이완 비즈니스 토픽스》는 "자주 내리는 비와 타이완의 흐린 날 때문에 섬의 태양 에너지 시설은 평균적으로 용량의 14%만 가동된다. 이는 미국이 남서부의 광범위한 지역에서는 뛰어난 햇빛을 누릴 수 있어 그 용량이 거의 30%에 달하는 것과 비교된다"라고 보고했다.[33] 따라서 타이완의 덜 맑은 날씨는 실제로 사용 가능한 전기의 양을 줄인다. 타이완의 재생에너지는 2016년 설치 용량의 8%를 구성했지만 소비 전력에서는 3%만 제공했다. 태양광 발전은 간헐적으로 생성되기 때문에 소비자가 항상 의존할 수 있는 에너지 '기본 부하'의 일부가 될 수 없다.

둘째, 태양광과 관련해 타이완은 이미 아주 손쉬운 기회를 선택했다. 2016년 기준으로 타이완 전체에 설치된 태양광 전지는 대부분 농장 건물, 공장 및 정부 건물에 설치되었다. 타이완의 남부 시골 지역에는 설치된 모든 태양광 전지가 헛간 옥상에 있다. 이 장치는 상대적으로 작고 용량이 각각 500킬로와트 미만인 경우가 많다. 소규모 유닛은 대형 지상 구조물에 비해 두 가지 장점이 있다. 소규모 유닛의 소유주는 더 큰 단위보다 더 적은 규제에 직면하고 상대적으로 더 많은 돈을 벌 수 있다. 2017년에 소규모 장치 소유자에게 지불된 '발전차액지원제도Feed-in-tariff'(이하 FiT)* 지원금은 kW/h당 6.02위안인 반면, 대형 장치 소유자에게는 kW/h당 4.35위안이 지불되었다.[34]

셋째, 타이완은 토지가 부족해 태양 에너지를 확장하는 것이 쉽지 않다. 3만 6197km²에 해당하는 타이완 면적의 3분의 1만 이론적으로 이용 가능하다. 나머지 땅은 지진과 태풍으로 인해 산사태가 일어나기 쉬운 가파른 산이기 때문이다. 하지만 3분의 1에 해당하는 지역에서 2300만 명의 타이완 인구 대부분이 생활하고 일하며 농사를 짓는다. 타이완은 세계에서 열여섯 번째로 인구 밀도가 높기 때문에 대규모 설치는 농촌 지역에 집중되는 경향이 있다. 20기가와트의 태양 에너지 용량을 설치하려면 2만~2만 5000헥타르의 땅이 필요할 것이다. 이는 타이완의 총 경작지 80만 헥타르의 거의 3%에 해당한다.[35]

농촌 지역의 지붕에 소형 태양광 발전 장치를 더 많이 설치할 가능성이 낮아짐에 따라, 목표를 달성하려면 설치된 용량을 급격하게 확장하는 새로운 방법을 찾는 것이 태양광 발전에서 매우 중요하다. 한 가지 방법은 그 프로그램을 비농촌 지역으로 확장하는 것이다. 전략 자문회사 사이프레스 리버 어드바이저스Cypress River Advisors의 에너지 및 기후 정책 분석가이자 친환경 기술에 관해 여러 정부에 조언을 해왔던 프랭크 히로시 링Frank Hiroshi Ling은 타이완의 각 도시 지역에 공동체 규모의 '마이크로 그리드'를 설치하자고 제안한다. 이는 주거, 산업, 교육 및 기타 구조물의 지붕을 사용해 '국가 전력망과 독립적으로 전

---

* 태양광, 풍력, 바이오 등 신재생에너지를 이용해서 발전된 전력을 높은 기준가격으로 구매하는 제도를 뜻한다. _옮긴이 주

력을 생성, 전송 및 분배'하는 것이다. 링 교수는 가오슝에 있는 금속산업연구개발센터의 한 학자의 추정치를 인용해, 도시 주거 요구량의 3분의 1은 옥상 태양광 장치를 설치하면 충족될 수 있다고 밝혔다.[36] 하지만 이것이 가능하려면, 정부는 태양열 발전을 용이하게 하기 위해 건축 법규를 개정하고 비주거용 구조물을 업그레이드해야 할 것이다.

미사용 부지에 지상 탑재 시스템을 설치하는 것도 하나의 대안이다. 유감스럽게도 토지 부족과 정부 규제로 인해 낮은 비용으로 전력을 생산할 수 있음에도 불구하고 대규모 지상 장착형 태양열 설비를 방해할 수 있다. 타이완에는 이미 지상 장착형 태양광이 존재하지만 거의 대부분 500kW 이하의 비교적 작은 규모이다. 이는 500kW 이상의 발전사업에 대해서는 발전소로 정의해 더 엄격한 규제를 적용하는 규정 때문이다.[37] 더 큰 장치를 설치하려는 개발자들에게는 허가를 받기 전에 해결해야 할 장애물이 있는데, 바로 정부의 관료주의 및 다양한 이해 관계자들과의 조정이다. 개발자가 반드시 거쳐야 할 기관으로는 에너지국, 농업위원회, 환경보호청 및 환경영향평가위원회 등이 있다. 또한 국영기업인 타이파워가 송전망 연결을 허가해야 한다.[38]

농업 분야는 특히 문제가 많다. 농업위원회는 태양광 발전을 위해 더 이상 경작할 수 없는 농경지 803헥타르를 배정하고 1200헥타르를 추가로 개방하는 방안을 검토 중이다. 하지만 이 땅은 정부 소유가 아니다. 이 땅은 수백 명의 소규모 토지 소유자들의 재산이므로 개발업자들은 토지를 사용하려면 이들과 협상해야 한다. 타이완의 에너지 회사 시노그리너지Sinogreenergy는 700여 명의 집주인이 약 100메가와트의 태양광 발전을 생산할 수 있는 충분한 임대 계약을 맺는 데 방해가 된다고 추정한다. 타이완 농촌의 중요한 정치 행위자이자 농업위원회와 연계된 지역의 마을 촌장 및 농업 협회들이 확신을 가져야 한다. 많은 협회가 태양광 발전에 반대하고 있다. 원주민이 많은 지역에서는 개발업자도 원주민 협의회와 협상을 해야 하는데, 그들이 항상 호응하는 것은 아니다.

따라서 개인 농부들이 1헥타르의 땅을 임대해 연간 35만 위안을 받을 수 있다고 합리적으로 예상할 수 있음에도 불구하고, 태양 에너지를 확장하는 데에는 많은 장애물이 있다.[39] 중앙정부가 상당한 규모의 지대 추구에 참여하기 위해 재생에너지 개발에 부여한 우선순위를 지역 이익이 이용하고 있다고 결론을 내리는 데에는 너무 많은 냉소가 필요하지 않다.

농지를 관할하는 농업위원회 규제도 문제이다. 규제는 '농업 이용이 농경지 이용의 핵심 가치'[40]라는 원칙의 문구로 시작한다. 이 위원회는 농경지는 반드시 영농에 사용해야 하며, 재생에너지 생산을 위한 토지 이용은 이차적인 것이라고 주장한다. 따라서 태양 전지판은 농경지의 70% 이하를 덮을 수 있으며 그 후 20년 동안만 사용할 수 있다. 그 이후 토지는 농경지로 복구해야 한다. 게다가 농업위원회는 농부들이 재배하는 것을 규제한다. 이 위원회의 한 대표는 농민들이 "농업생산을 설명하도록 계획을 세워야 한다"라며 이를 어긴 농민들은 관할 농업국에 의해 농사 허가가 취소될 위험이 있다고 밝혔다. 농업위원회는 100여 개의 농가가 농업 생산을 전면 중단했거나 제출한 계획을 지키지 않았다는 이유로 태양광발전 허가를 취소했다.[41] 이 위원회는 2020년 7월 지정된 농업·수산업 지역의 태양광 농장을 금지하고 농지에 건설되는 모든 태양광 농장의 규정을 좁히면서 규제를 더욱 강화했다. 면적이 농업위원회가 승인한 2헥타르를 초과한 태양광 농장은 지방정부가 아니라 농업위원회의 승인을 받도록 요구되었다. 이러한 조치는 산업계 대표들로부터 격렬한 항의를 불러일으켰는데, 그들은 농업위원회가 재생에너지에 대한 의존도를 증가시키는 차이잉원 정부의 정책을 축소하고 있다고 비난했다.[42]

창의적 기업가들은 불가능한 일을 시도하는 방법을 찾으려 애쓰고 있다. 태양전지 제조사인 빅선에너지Big Sun Energy는 하늘을 가로지르는 태양의 경로를 따라 더 많은 햇빛을 모으기 위해 하루 종일 회전하는 5미터 높이의 태양 추적기를 개발했다. 이 회사는 또한 타이완 윈린현에서 커피를 재배하고 있는데 태양광 패널은 커피 식물이 선호하는 그늘을 제공할 수 있다.[43] 하지만 새로운 농업위원회 규칙은 빅선에너지의 혁신을 제약할 수 있다. 농업계획 승인을 받기 위해 농부들은 자신이 기르고자 하는 농작물의 성공에 대한 기록을 보여줄 필요가 있다. 빅선에너지의 설립자이자 CEO인 뤄자칭(羅家慶)은 이러한 딜레마에 주목한다. "태양광과 농장 작물을 통합하려면 다른 작물로 실험해야 할 수도 있지만, 이 규칙은 잠재적으로 농부들이 그러한 실험을 하는 것을 막을 것이다."[44]

마지막으로 발전을 저해하는 환경단체의 역할이 있다. 농업위원회가 태양열 발전을 위해 이용할 수 있게 한 땅의 일부는 소금으로 인해 너무 오염되어 농사를 지을 수 없었다. 하지만 환경론자들은 이 지역이 저어새를 포함한 희귀한 철새들에게 이상적인 서식지인 염전 습지라고 주장하며 태양 에너지를 개발하기 위해 이 땅을 사용하는 것에 반대하고 있다.[45]

따라서 총통의 우선순위인 타이완의 에너지 믹스에서 태양광 발전의 비중을 높이는 것은 여러 가지 장애물에 직면해 있다. 어떤 장애물은 섬의 크기, 지리, 기후에서 유래한다. 하지만 다른 장애물은 정치 체제의 결과이다. 즉, 다양한 크기의 태양열 설비를 규제하는 정부 규칙, 농업위원회의 편협주의와 규제, 지역 이해관계자들의 저항(또는 탐욕), 그리고 환경 단체들의 반대이다. 상대적으로 좁은 정치적 이해관계가 에너지 안전 보장에 대한 광범위한 대중적 이해관계를 대체한다.

풍력발전

타이완 서해안에 대형 풍력발전소를 짓는 것은 원자력에 의존하지 않고 에너지 안보를 보장하겠다는 차이잉원 정부의 정책 계획에서 중요한 부분이다. 행정부는 물 위로 150미터 솟아 있고 물 아래로 50미터 기지에 서 있는 돛대에 거대한 터빈을 가진 풍차를 타이완의 해안가에 세우기를 희망하고 있다. 각 터빈은 최대 9메가와트의 전력을 생산할 수 있다.[46] 행정부는 2027년까지 3기가와트, 2030년까지 총 4기가와트의 해상 풍력발전을 건설한다는 목표를 세웠다.

이것은 명시된 시간 내에 달성 가능한 목표가 아닐 수도 있다. 하지만 정부의 전반적인 목표와 녹색 에너지 프로젝트를 위해 제공하고 있는 자금은 긍정적인 분위기를 조성한다. 이미 그 기술을 증명한 유럽 국가들은 이러한 풍차를 건설하기 위한 터빈과 다른 부품들의 원천이 될 것이다. 타이완 자체에는 강철, 칼날용 탄소 섬유, 전자 제품, 선박 등 일부 보조 요구 사항을 충족할 수 있는 능력이 있다.[47] 국내 금융 기관들은 이러한 대형 프로젝트에 대한 투자를 유보하고 있는 데 반해 외국인 투자자들은 열광적인데, 이는 부분적으로 타이완의 해상 풍력발전의 FiT 지원금이 세계 기준에 비해 높기 때문이다(처음 10년간은 kW/h당 0.23달러이다). 또한 타이완 서해안 지역은 바람이 많이 부는 곳이라서 풍력 에너지를 만들기에 이상적이다. 실제로 일부 서방 관측통은 타이완의 계획이 그다지 큰 야망이 아니라고 믿고 있다. 그들은 타이완에는 10기가와트의 전력에 대한 잠재력이 있으며 타이완은 초기 목표를 지금보다 더 높게 설정해야 한다고 믿는다.[48]

하지만 타이완에서 풍력 부문을 증가시키는 것은 다음과 같은 여러 가지 난관에 직면해 있다.

- 풍력은 자본원가가 높으며 장비의 건설과 설치를 위해 우선 적재된다(따라서 FiT 지원금의 인센티브가 높다).
- 타이완 해협의 바람 패턴에 대한 기본적인 정보와 풍력발전소를 관리하는 규정이 이제야 개발되고 있다. 강한 바람과 높은 파도를 지닌 태풍은 구조물의 존속에 가장 큰 위협이 되므로 풍력 에너지를 성공적으로 확보하기 전에 바람의 패턴을 더 잘 이해해야 한다.
- 물 위의 풍차를 지지하기 위해 강철 모노파일을 해저에 고정하는 것이 때

때로 어렵다. 게다가 풍력발전소에 이상적일 수 있는 일부 연안 지역은 현재 최대 해저 깊이가 50미터 이상이다.

• 생산되는 전기는 송전망에 연결되어야 하지만, 보통 섬의 송전망에서 가장 좁은 촉수는 풍력발전소가 많은 양의 전기를 생산하는 해안에서 끝난다.

• 환경단체들은 해저 더미를 운전할 때 발생하는 소음이 심각한 멸종위기종인 타이완 혹등 돌고래의 청력을 손상시킨다고 주장한다.[49]

2020년 타이완 민용항공국(CAPA)은 독일 기업의 자회사인 WPD 타이완 에너지WPD Taiwan Energy와 WPD AG가 타이완 북부 타오위안 해역에서 활동하는 계획에 반대했다. 이 기관은 풍력발전소가 타오위안국제공항 ― 코로나19가 발생하기 이전에는 연간 5000만 명에 가까운 '승객 방문'을 기록한 ― 을 드나드는 상업용 항공기의 안전에 영향을 미칠 수 있다고 경고했다. 안전성 평가를 할 수 있도록 허용했지만 2020년 9월 현재 양 당사자가 만족할 만큼 문제가 해결되지 않아 최종 결정은 에너지국에 달려 있다.[50]

2018년 하반기에 차이잉원 정부는 풍력발전 목표에 대한 정치적 도전에 직면했다. 이러한 도전은 국민당에서 시작되었고 개발자들이 미래에 받게 될 FiT 지원금 수준에 초점을 맞추어졌다.

이 투쟁이 시작된 것은 2018년 7월 일단의 입법위원이 풍력발전에 일차적인 책임이 있는 선룽진(沈榮津) 경제부 부장(장관)을 감찰원에 고발하면서부터이다. 헌법에 따르면, 감찰원은 감시자 또는 옴부즈맨 역할을 하며, 제도적으로 행정원과 동등하다. 경제부는 행정원 산하이며 헌법기관이다. 비록 감찰원의 임무는 완전히 합법적이지만, 그러한 임무는 야당 정치인들이 정부정책을 비판하고 견제할 여지를 제공한다.

국민당 의원들은 풍력발전 프로그램을 시행하는 데 공금을 낭비한 혐의로 선룽진 부장을 고발했다. 2018년 12월 7일, 감찰원은 이 부처의 계획이 부적절하고, FiT 지원금이 너무 높고, 향후 공공 재정 부담을 초래할 위험이 있고, 새로운 풍력발전 용량을 만드는 데 걸리는 기간이 너무 짧다는 보고서를 발표했다. 감찰원은 경제부에 결정을 재검토할 것을 요구했다.[51]

한편, 아마도 감찰원의 보고서를 예상해, 국방부는 11월 29일 개발자들이 향후 20년 동안 받게 될 FiT 지원금을 12.7% 줄이는 계획을 발표했다. 이로 인해 개발자들은 예상 투자에 대한 장기적 수익이 충분한지 여부에 대해 일시적으로 의문을 제기하고 설정한 비율에 대해 경제부와 장기간 논의했다. 이 발표로 개발자들은 해외 여섯 개 프로젝트에 대해 창화현 현정부(縣政府)로부터 승인을 얻으려 했지만 새로운 FiT가 시작되기 전에 해결해야 하는 또 다른 장애물이 있었다. 11월 29일 지방 선거에서 민진당 행정관이 해임되었고 새로운 국민당 행정관이 차이잉원 정부에 호의적이지 않았기 때문에 그러한 노력은 아무 소용이 없었다. FiT 요율 자체에 대해 경제부는 결국 5.71%로 인하하기로 합의했다. 한 현지 관측통은 "외국 기업이 투자를 하려면 안정적인 정치 환경과 에너지 정책이 필수이다. 반면 해상풍력발전사업에는 에너지 정책에 대한 정치적 결단력이 결여되어 있다. 더 나쁜 것은 국민당과 민진당의 추악한 정치적 갈등이 외국 기업의 눈앞에서 벌어지고 있다는 점이다"라고 했다.[52]

비용을 책정하는 FiT 시스템이 재생 가능 산업에 대한 투자를 유치하는 가장 좋은 메커니즘인지 여부는 타이완에서 제기되지 않은 질문이자 따라서 당연히 대답된 적 없는 질문이다. 카네기국제평화재단의 에반 파이겐바움은 "타이완이 20년 동안 해온 FiT는 단순히 정부나 타이완의 전력 소비자가 지불해야 하는 비용을 제한한다. …… 이러한 비용은 타이완이 그리드에 재생 가능한 전력의 기본 부하를 더 많이 추가함에 따라 경제적 성과에 상당한 영향을 미칠 것이다"라고 밝혔다.[53] 많은 국가가 전환한 대안은 경매와 같은 시장 기반 메커니즘이다. 가격 변동을 허용하면 비용이 절감되고 태양광이 더욱 매력적인 투자 대상이 될 가능성이 높다.

천연가스

천연가스는 석유, 석탄, 원자력의 대안으로 타이완에 좋은 선택이다. 글로벌 공급이 풍부하고 가격이 합리적이다. 하지만 몇 가지 고려해야 할 요소가 있다. 메탄은 연소되기 전에는 강력한 온실가스이므로 전송 라인이 새서 가스가 누출될 경우 천연가스 시설이 석탄이나 석유보다 기후에 더 나쁜 영향을 미칠 수 있다. 또한 천연가스의 글로벌 가격이 주요 정책 가정인 현재의 낮은 수준을 유지할 것이라는 확신도 없다. 또한 타이완에서 천연가스 사용을 확대하려는 계획은 환경 보호에 대한 정치적 저항을 조장했다.[54]

그럼에도 불구하고 차이잉원 정부는 타이완의 에너지 믹스에서 천연가스를 확대하는 것이 원자력에 의존하지 않고 에너지 안보 목표를 달성하는 데 필요하다고 보고 있다. 천연가스의 유일한 수입업체이자 국영 기업인 타이완전력회사Taiwan Power Company는 이 목표를 달성하기 위해 가스화력발전소의 용량을 확장해야 한다. 타이완전력회사는 타이완의 천연가스 전력 용량을 2025년까지 24.0기가와트로 늘리기를 희망하고 있다. 이 기간 동안 폐기될 발전소를 고려하면 2025년까지 13.5기가와트의 용량을 건설해야 한다.

이 야심찬 프로그램의 걸림돌은 타이완이 카타르, 호주, 미국 및 기타 공급업체의 재기화 액화 천연가스를 저장할 수 있는 충분한 용량을 확보하는 것이다. 현재 타이완은 연간 약 1000만 톤의 천연가스를 저장할 수 있는 공간을 보유하고 있으며, 이러한 공간은 타이완 남부의 가오슝 시설과 중부의 타이중 시설로 나뉜다. 차이잉원 정부의 목표를 달성하기 위해 타이완전력회사는 이 용량을 연간 800만 톤에서 1000만 톤까지 늘려야 한다. 저장용량을 늘리기 위해 LNG 인수터미널을 건설할 계획이다. 타이완 북부 타오위안의 관탕(觀塘)에서는 타이완 최대 규모의 다탄(大潭)가스화력발전소에 훨씬 더 안정적인 공급을 제공할 것이다.[55]

하지만 관탕은 약 7500년 전에 산호초를 형성한 고유종의 산호와 조류가 서식하는 지역으로, 이 중 일부는 섬의 어업 부문에 공급되는 여러 해양 종의 서식지이다. 타오위안 지역의 장기적인 산업화와 그로 인한 오염 물질은 이미 산호초를 손상시켰다. 관탕에 발전소를 건설하는 것이 산호초에 추가 손상을 줄 수 있다는 가능성은 농업위원회의 연구 조사와 타이완 환경보호국의 환경영향평가위원회의 광범위한 심의를 촉발했다. 정보에 입각한 관찰자에 따르면 위원회 위원들은 "(LNG 수입을 확대해야 하기 때문에) 정부로부터 많은 압력을 받았지만 환경 단체에 대처하는 방법을 몰랐다. 그들의 탈출구는 법적으로 우려되는 것을 찾는 것이었고 그것이 바로 산호초였다."[56] 2017년 10월 환경영향평가위원회는 관탕 프로젝트가 추가 연구를 위해 연기되었다고 판결했다.

하지만 1년 후 환경영향평가위원회는 판결을 번복하고 터미널 부지 건설을 승인했다. 위원회의 정부 위원들은 모두 찬성표를 던졌고, 다른 위원들은 기권하거나 투표에 불참했다. 한 비평가는 "이 투표는 분명히 정부 대표자들에 의해 추진되었으며, 열렬한 지지를 받았다고 할 수 없다"라고 비판했다. 그는 또한 "민진당이 환경 친화적인 이미지를 버리고 녹색 조국에 대한 생각에 작별을 고했다"라고 주장했다.[57] 정부가 신베이시의 석탄화력발전소 재가동 계획을 동시에 취소함으로써 이 결정에 반대하는 사람들을 달래려고 했으나 이러한 노력은 실패했다.[58] 시민사회 활동가들은 정부가 정책 전반에 걸쳐 필수적이라고 간주한 정부의 계획을 막을 수는 없었다. 하지만 그들은 정책 절차를 늦추었고 행정부에 평가 비용을 부과했다.

전반적으로 차이잉원 총통은 첫 임기 동안 목표를 달성하기 위해 꾸준히 전진했다.[59] 여전히 각 부문에는 어려움이 남아 있었고, 민진당의 원자력 정책은 2020년 대선에서 공격을 받았다.[60] 하지만 차이잉원 총통의 재선으로 정부가 원자력에서 재생에너지로 계속 옮겨갈 수 있을 것이다. 앞으로 추진할 에너지 혼합이 적절한 공급을 보장할지 여부는 두고 볼 일이다.

공급 측면과 수요 측면의 조정

에너지 수요와 공급 간의 격차를 줄이는 한 가지 방법이 효율성을 높이는 것이라는 데에는 당사자들 간에 합의되어 있다. 예를 들어, 마잉주는 2008년 집권했을 때 지속 가능한 에너지 정책을 위한 프레임워크를 제정했다. 여기에는 산업 업그레이드, 에너지 감사, 공교육, 필수 규정 및 표준에 대한 보조금 같은 조치가 포함되었다. 그 결과, 에너지 집약도(일정량의 GDP를 생성하는 데 필요한 에너지 양을 나타내는 척도)는 향후 6년 동안 매년 2.46%씩 감소할 것이다. 민진당은 이러한 노력을 계속했으며 타이완이 장기적인 제조업에서 서비스업으로 전환하면서 에너지 집약도도 낮아졌다.[61]

하지만 본질적으로 보다 기술관료적인 이러한 공급 측 조치가 미치는 영향은 타이파워가 에너지에 대해 부과할 수 있는 가격을 시장이 정하도록 함으로써 수요 측에서 달성할 수 있는 영향보다 훨씬 적다. 하지만 그러한 개혁은 매우 정치적이다. 타이완 소비자들은 자신들이 전기에 대해 kW/h당 평균 지불하는 금액이 선진국에 비해 상당히 낮다는 사실을 모를 수 있다. 2015년 기준 타이파워에 따르면 타이완에서는 전력 평균 가격이 kW/h당 0.09달러였다. 에너지가 풍부한 미국의 경우 전력 평균 가격이 뉴잉글랜드는 거의 0.20달러이고 남부는 대략 0.11달러이다. 일본의 평균 가격은 0.22달러이다. 한국의 평균 가격은 약 0.06달러이지만, 이는 한국에서는 원자력이 에너지 믹스에서 타이완보다 훨씬 더 많은 부분을 차지하기 때문이다. 저렴하고 보조금을 받는 에너지는 타이완을 경제적으로 더 경쟁력 있게 만드는 데 도움이 되지만 이는 복지의 한 형태이기도 하다. 그 결과 타이파워는 항상 손실을 입은 채 운영되며 재생 가능 에너지에 대한 높은 FiT가 악화될 수밖에 없는 상황이다. 손실은 궁극적으로 납세자가 부담한다.[62]

마잉주가 재선에 성공하고 나서 3개월 후인 2012년 4월, 정부는 가정용 전기요금을 평균 16.9%, 상업요금을 30%, 산업요금을 35% 인상하겠다고 발표했다. 연료에 대해서도 유사한 증가가 계획되었다. 이것은 전기 판매 가격을 생산 비용에 더 잘 맞추는 좋은 공공정책일 수 있다. 하지만 정치적 영향은 상당히 부정적이었다. 일반 대중의 분노 속에 야당과 시민단체의 공개적인 항의가 이어졌다. 마잉주는 곧 인상을 단계적으로 줄이고 가구의 경우 총액을 6.8%로 줄이고 다른 소비자의 경우 그에 상응하는 폭으로 하락함으로써 계획을 철회했다.[63] 가격이 다시 인상되기까지는 2년이 더 걸렸는데 그때는 3%만 인상되었다. 2025년의 kW/h당 예상 가격은 여전히 낮은 0.11달러였다.[64]

직접민주주의와 비핵화 정책

차이잉원 총통이 취임한 지 3년도 채 되지 않아 타이완의 비핵화 목표를 선언하자 타이완의 친핵세력은 에너지 정책과 관련해 자신의 무덤을 팠다. 2018년 11월 24일 지방선거 날, 에너지 정책에 관한 국민투표가 세 번 치러졌다. 이 중 두 가지는 석탄과 석유 에너지에 대한 의존도를 낮추기 위한 것으로, 하나는 화력발전소의 전력 생산을 연간 1%씩 줄이는 것, 다른 하나는 석탄화력발전소 또는 발전기 장치의 건설을 중단하는 것이었다. 전자는 79.0%, 후자는 76.4%로 통과되었다. 화석연료 사용을 줄이면 기후에 도움이 되지만 에너지 믹스에서 타이완의 원자력 수요가 간접적으로 증가할 수 있다.

정부 정책에 대한 직접적인 공격은 에너지와 관련한 3차 국민투표, 즉 "전기법 제95조 제1항 '원전을 2025년까지 전면 중단한다'는 것에 찬성하는가?"라는 투표에서 나왔다. 이 제안은 60%의 과반수를 확보했는데, 이 법안의 통과는 다른 두 법안보다 즉각적이고 심오한 영향을 미쳤다.[65] 나머지 두 법안은 정책에 대한 의견을 반영하는 것이었지만 이 법안은 거의 즉시 법률 조항을 폐지했다.

국민투표법은 "시행 후 2년 이내에 입법부에서 동일한 법률을 제정할 수 없다"라고 명시하고 있어 2년 동안 동일한 문제에 대해서는 새로운 국민투표를 제안할 수 없었다.[66] 이러한 제한에도 불구하고 이 법안은 행정부가 결과와 관련해 어느 정도 조치를 취해야 하는지에 대한 법적 근거가 명확하지 않으며, 준수 여부를 판단할 집행 기관도 없다.[67]

이 결과에는 이중의 아이러니가 있었다. 우선, 2003년 타이완의 민주주의에서 국민투표를 추진하고 국민투표법을 통과시킨 것은 민진당의 지도자들이었다는 것이다(제13장 참조). 그런 다음 2017년 12월에 민진당이 통제하는 입법부는 국민투표를 투표에 부친 후 통과시키는 법 조항을 자유화했다. 국민투표를 승인하는 데 필요한 서명의 수는 유권자의 5.0%에서 1.5%로 감소했다. 국민투표를 통과하기 위해서는 원래 찬성투표 수가 적격 유권자의 50%여야 했지만 승인 비율이 전체 유권자의 25%로 떨어졌는데, 이는 2018년 투표에서 임계값이 삭제된 것이었다. 둘째, 국민당이 국민투표를 이용해 좌절시킨 것은 민진당의 대표적인 비핵 문제였다는 것이다.

경제부는 국민투표 결과에 따라 에너지 정책을 개혁하겠다고 약속했는데, 이는 타이완 정부가 '핵 없는 국가'라는 광범위한 목표를 유지하고 있기 때문이었다. 2018년 12월 6일, 입법원은 전기법 제95조를 폐지하는 안을 승인했다.[68] 하지만 두 달 후, 경제부는 2025년까지 원자력 폐지와 이전에 지정한 에너지 혼합(천연가스 50%, 재생에너지 30%, 석유와 석탄 20%)으로의 전환을 제안하는 '최신의' 에너지 정책을 발표했다. 국민당 의원들은 풍력발전을 위한 새로운 FiT를 개발하기로 결정한 지 하루 만에 경제부의 발표가 나왔다고 언급하며 반감을 표시했다.[69]

한편, 활동가 그룹은 2018년 11월에 통과된 세 가지 법안과는 기술적으로 다르지만 새로운 방식으로 화석연료 대 핵 논쟁을 실질적으로 지지하는 새롭고 경쟁적인 국민 투표 제안을 개발했다. 그중 하나의 제안은 '원전유언비어종

결자(核能流言終結者)'라는 조직이 추진하는 것으로, 4차 원전을 완공하고 상업 가동을 재개하는 것이었다. 국립타이완대학 교수가 제안한 또 다른 내용은 프로젝트를 폐지하고 여러 대체 목적 중 하나로 부지를 사용하는 것이었다. 셋째 제안은 전국폐핵행동플랫폼이 제시한 것으로, 원자력발전소의 건설, 확장, 구축을 금지하고 고준위 방사성 폐기물 저장소가 건설되어 운영될 때까지 기존 발전소의 규정된 수명 연장을 금지하는 것이었다.[70]

2018년 국민투표가 실시된 날로부터 1주일 후에 타이완 중앙연구원 정치학 연구소의 부연구원인 미국의 정치학자 네이선 배토Nathan Batto는 국민투표를 공공정책 수립에 사용하는 것에 대해 다음과 같이 신랄하게 논평했다.

> 그렇다면 타이완의 에너지 정책은 도대체 무엇일까? 요약하자면, 유권자들은 석탄을 원하지 않는다. 그들은 확실히 핵을 원하지 않는다. 또는 어쩌면 원할지도 모른다. 그들은 이웃에 어떤 발전소가 있는 것을 원하지 않으며, 이웃에서 생산한 전기를 다른 곳으로 보내는 것도 원하지 않는다. 그들은 낮은 가격을 원하고, 안정적인 전기 공급을 절대적으로 요구한다. 그 모든 요구를 동시에 만족시키기 쉬워야 한다. 나는 우리가 이 모든 문제를 해결하기 위해 국민투표를 사용하게 되어 기쁘다.[71]

결론

타이완의 에너지 정책이 지향하는 목표 — 재생에너지 의존도를 높이고, 원전을 완전히 제거하며, 석탄과 석유 의존도를 줄이는 — 는 매우 야심차다. 그러한 목표를 달성하기 위한 계획이 수립되었다.[72] 하지만 원자력발전에 관한 2018년 국민투표 결과는 수년 동안 타이완을 괴롭혀온 에너지 정책에 대한 만성적이지만 변화하고 있는 정치적 교착상태를 다시 한 번 보여준다. 따라서 타이완이 필요로 하는 것은, 모순된 선택지의 비용과 편익에 대한 명확하고 객관적인 감각으로 에너지 믹스를 선택한 다음 그 선택을 고수하고 잘 이행할 수 있는 정치 체제이다. 그러한 선택에 반영될 수 있는 편견이 무엇이든 간에(예를 들어 원자력에 대한 찬성 또는 반대), 정부와 사회는 선택이 수반하는 손실 위험과 그러한 위험을 완화하기 위해 취할 수 있는 조치를 알고 있을 것이다. 하지만 그러한 종류의 합리적인 선택은 아마도 가능하지 않을 것이다. 왜냐하면 정책과 정치 논쟁의 다양한 경쟁자들이 각자 자기 잇속만 챙기는 비용편익 분석을 하고 있고, 권력의 순환이 아마도 최종 결정을 불가능하게 만들 것이기 때문이다.

하지만 최종 결정을 회피하는 것은 결정을 내리는 것이다. 결정하지 않기로 결정한 요인들은 명확하다. 원전을 예전 수준으로 복원하는 것은 불가능한데, 국민당조차도 이를 받아들인 것으로 보인다. 차이잉원 정부의 의도대로 수입 천연가스가 타이완의 전력 공급에서 50%가 될 수 있을지는 미지수이다. 글로벌 물가가 크게 오르면 목표 달성이 좌절될 수 있다. 재생에너지의 이점이 알려지기까지는 시간이 걸릴 것이며, 이점이 알려진다고 해도 재생에너지가 타이완 전력의 기본 부하에 포함될 수는 없다. 정치 지도자들은 소비자들의 에너지 가격을 실제 가치로 조정함으로써 대중의 분노를 사지 않으려 하는 것이 분명해 보인다. 이 모든 현실이 지속되는 한, 기본적으로 충분한 공급을 보장하는 유일한 방법은 정부와 공공이 원하지 않는다고 이야기하는 일, 즉 환경을 등한시하고 많은 양의 석탄과 석유를 계속 태우는 일을 하는 것이다.

제6장

타이완의 과거에 대한 정치

옛 소련에는 이런 농담이 있었다. "미래는 확실하다. 불확실한 것은 과거일 뿐이다."[1] 과거에 대한 정치적 논쟁 및 역사 자체에 대한 사실과 관련된 정치적 논쟁은 정치 체제와 상관없이 전 세계적으로 공통적이다. 예를 들어, 미국에서는 오늘날까지 시민들이 노예 제도의 유산에 대해 토론하고 있으며, 미국 정치인들은 미국 대통령 로널드 레이건이 있어야 할 곳이 어디인지에 대해 논쟁을 벌이고 있다. 과거에 대한 평결은 정당성의 균형을 변화시킬 수 있으며, 따라서 오늘날의 정치세력 사이의 권력을 변화시킬 수 있다. 이 논쟁은 전체주의 또는 권위주의 통치에서 민주주의로 이행한 정치 체제에서 특히 많이 발생한다. 라틴아메리카, 남아프리카 공화국, 동유럽 및 아시아에서는 과거 억압의 희생자들이 과거에 권력을 지녔던 사람에게 책임을 묻고자 하는 반면, 학대자 자신은 일반적으로 과거를 제쳐두고 앞으로 나아가는 것을 선호한다.

타이완은 이러한 현상의 한 사례이며, 정치적 역사에 대한 그들만의 주장을 가지고 있다. 민주화가 시작되기 전 국민당의 통치는 전반적으로 — 특히 경제를 성장시키는 데 있어 — 비교적 긍정적이었지만 단지 몇몇 불행한 남용으로 인해 망쳐진 것이었을까? 아니면 국민당은 타이완 국민 대다수를 조직적으로 억압하면서 핵심 고비에서 자신의 운명에 대한 발언권을 부정한 본질적으로 가혹한 권위주의 정권이었을까? 첫째 관점에서 볼 때, 국민당은 권위주의적인 과거를 버리고 민주정치에서 신뢰할 수 있는 권력의 경쟁자가 되었다. 후자의 렌즈는 국민당 탄압의 희생자들을 대변한다고 주장하는 야당인 민진당을 정당화한다. 아니면 일부 학자들의 주장처럼 타이완은 청나라, 일본 제국주의자, 그리고 중화민국을 포함한 외부 강대국에 의한 몇 번의 식민 통치의 대상이었을까? 이 셋째 렌즈를 통해 본다면, 민족 자결의 행위가 요구된다.[2]

타이완의 정치권은 과거의 사실에 대해 논쟁하는 것을 뛰어넘어, 오늘날의 국민당이 정치권력을 독점했을 당시의 행동에 대해 얼마나 많은 책임을 져야 하는지에 대해서도 이견을 보이고 있다. 역사적 기록과 책임의 정도를 정의하는 것은 모두 과도기적 정의의 문제이다. 국민당 지도부는 해명과 속죄의 필요성을 반드시 거부하지는 않았지만, 이를 수행하는 다양한 방법에 대해서는 민진당과 의견이 다르다. 끝으로, 이 사안이 정치 체제 전반에 어떤 의미를 지니는가에 대한 의문이 제기된다. 과거에 대한 논쟁은 궁극적으로 미래의 화해를 촉진함으로써 사회를 강화하는 공동의 판단으로 귀결될 것인가? 아니면 분열 및 분열이 초래하는 정치적 약점이 타이완의 일부 사람들이 가장 큰 위험으로 간주하는 중국의 영향력만 강화시킬 것인가?

과도기적 정의에 대한 문제

2004년 유엔 사무국은 『분쟁 및 분쟁 이후 사회에서의 법의 지배와 과도기적 정의The Rule of Law and Transitional Justice in Conflict and Post Conflict Societies』라는 제목의 보고서를 발행했다. 이 보고서는 과도기적 정의를 "책임을 보장하고 정의에 이바지하며 화해를 달성하기 위해 과거 대규모 학대의 유산을 받아들이려는 사회의 시도와 관련된 전체 범위의 프로세스 및 메커니즘"[3]이라고 정의했다. 국립타이완대학 법률학원(法律學院)의 황자오위안(黃昭元) 교수는 성공적인 이행기의 정의와 관련된 '전체 범위의 프로세스 및 메커니즘'에 대한 유용한 목록을 개발했다. 그는 진상규명, 피해자 배상, 가해자 책임, 제도적 개혁의 부문으로 분류한다.[4] 하지만 이러한 활동이 반드시 상호 강화되는 것은 아니다. 타이완 중앙연구원 사회학연구소의 우나이더(吳乃德)는 과도기적 정의를 보장하기 위해 민주주의 정부와 사회가 선택한 단계에 내재된 갈등을 강조한다. "과도기적 정의라는 어려운 문제는 한편으로는 윤리 원칙과 도덕적 가치로 인해, 다른 한편으로는 민주적 통합 및 인종 화합 같은 정치적 목표의 빈번한 충돌로 인해 더욱 복잡해진다."[5] 이와 유사하게 미국평화연구소US Institute of Peace 의 과도기적 정의에 관한 주요 프로젝트를 이끈 닐 크리츠Neil Kritz는, 한편으로는 구체제와의 '분명한 단절을 보여주는 것'과 다른 한편으로는 민주주의 원칙과 법치의 준수 사이의 긴장을 강조한다.[6]

타이완은 두 가지 측면에서 과도기적 정의 연구의 예외적인 사례를 제시한다. 첫째, 권위주의 체제에서 민주주의 체제로의 변화는 협상된 전환으로, 집권 국민당은 이러한 과정이 완료된 후 몇 년 동안 자신의 자리를 지키면서 새로운 민주주의를 주도했다. 따라서 적어도 한동안은 과도기적 정의의 속도와 범위를 통제할 수 있었다. 실제로 그것은 피해자들에게 배상금을 제공하는 한편, 진상을 규명하거나 가해자들에게 책임을 부과하는 비교적 쉬운 조치를 취했다. 이러한 문제는 민진당의 천수이볜 정부(2000~2008년) 및 차이잉원 정부(2016년~현재)의 정치적 의제로 되돌아갈 것이다. 둘째, 많은 새로운 민주주의 국가와 달리 타이완은 중국(중화인민공화국)이라는 심각한 적을 직면해야 했다. 민족의 단합이 타이완 운영의 중요한 자원이라면, 해협 건너편에서 다가오는 위협에 대해 타이완에서 과도기적 정의가 시행되는 것은 통합을 촉진하거나 분열을 악화시킬 수 있는 능력 때문에 고려해야 할 중요한 측면이다. 그렇다면 아마도 과도기적 정의의 범위는 과거의 남용뿐만 아니라 미래의 다가오는 위험에 대한 기능이기도 해야 할 것이다.

정의 그리고 민주주의 거부

국민당의 타이완 장악은 잔혹했고 타이완을 장악한 이후에 부과한 체제는 시민적·정치적 권리 행사를 엄격히 제한하고 통제를 보장하기 위해 법치주의를 전복시킨 일당제 국가였다. 선거는 지방 차원에서 치러졌지만 국민의 의지를 반영하기보다는 국민당의 통제를 용이하게 하는 데 더 많이 기여했다. 더 높은 수준의 정치 체제에서는 1969년 이후 입법원에서 제한된 수의 의석을 보충한 것을 제외하고는 대중적인 선거가 치러지지 않았다.

1945년 말 일본으로부터 섬을 넘겨받은 중화민국 관리와 군인들은 경제 실정, 부패, 질병, 약탈을 포함한 중국 본토의 많은 문제들을 가져왔다. 얼마 지나지 않아 그들이 타이완 원주민들을 학대하면서 섬 전체의 반란이 촉발되었다. 1947년 2월 27일 담배주류공사 요원과 경찰이 허가를 받지 않고 담배를 판매하는 현지 여성을 단속하는 과정에서 사건이 발생했다. 이 충돌로 한 명이 사망하자, 분노로 인한 격렬한 시위가 다음날 발생했다. 그 결과 발생한 충돌은 '2·28 사건'으로 알려져 왔다. 국민당 간부들이 타이완 현지인들과 협상하며 시간을 보내는 동안 장제스 장군은 반란을 진압하고 통제권을 되찾기 위해 비밀리에 군대를 보냈다. 반란은 무차별적인 폭력을 사용해 신속하고 잔인하게 진압되었다. 많은 타이완 가정이 이 혼란으로 친척이나 친구를 잃었고, 이는 타이완 사회와 정치에 큰 영향을 남겼다. 오늘날까지도 일부 타이완인은 이를 아직 갚지 않은 '피의 빛'으로 간주하고 있다.[7]

사건 당시 중국 본토에서는 장제스의 군대와 중국공산당의 지도자 마오쩌 둥의 군대 사이에 내전이 진행 중이었다. 중화민국은 점차 중국공산당에게 밀 렸고, 1948년 말에는 중국 본토에 대한 국민당의 통치가 끝날 날이 다가왔음 이 분명해졌다. 이러한 맥락에서 정권은 자신이 통제했던 지역의 정치 활동을 해산시키기 위해 행동했다. 1948년 4월, 국민대회(國民大會)*는 중화민국 헌 법에 중국공산당 반란 기간 동안 유효한 임시 조항을 추가했다. 이 법안은 시 행될 경우 타이완을 포함한 중국의 민주주의 체제를 보장할 수 있는 헌법 조항 을 중단시켰다. 예를 들어, 헌법 제2장에는 정치적 권리와 자유에 대한 철저한 목록이 있었다. 제3장과 제6장은 선거로 구성된 국민대회와 입법부를 약속했 다. 제12장은 선거, 소환, 진취성, 국민투표의 메커니즘을 확립했다. 임시 조 항은 이 모든 것을 제쳐두었고, 1991년까지 이 권리들은 회복되지 않았다. 또 한 1948년 12월에는 대부분의 본토에, 1949년 5월 20일에는 타이완에 계엄령 (계엄법 또는 비상통치)이 내려졌다. 국가안보에 위협이 된다고 판단되는 개인 은 군사법원의 재판을 받게 되어 정치적 반대를 범죄로 규정했다.[8]

1949년 말 패배한 국민당 정부와 군대가 타이완으로 이주한 후, 국민당의 여 러 보안 기관은 자신들의 정권에 대한 위협 — 그것이 공산주의자이든, 타이완 독 립의 주창자이든, 정권에 대한 다른 반대자이든 간에 — 을 뿌리 뽑기 시작했다. 이 것은 백색 테러White Terror로, 타당한 이유 없이 사람들을 체포하고, 다른 사람 들에 대한 자백과 고발을 이끌어내기 위해 죄수들을 고문하고, 정당한 절차 없 이 재판을 수행하고, 유죄 판결을 받은 범죄자들에게 잔인한 처벌을 가하는 데 경찰국가의 도구가 사용되었다.[9] 1950년대 초에는 이 사건의 희생자가 모두

---

* 중화민국의 정부 기구 중 하나로, 우리나라의 국회에 해당한다. 2005년 6월 7일 입법원의 헌 법 수정안 결의에 따라 국민대회는 헌법상 명목상으로 존재하되 양안 통일 전까지 소집하지 않도록 해서 중앙정부기구에서 사실상 제외되었다. _옮긴이 주

타이완인은 아니었다. 실제로 이 기간 동안, 본토인이 인구의 15%에 불과했음에도, 희생자의 40%가 본토인이었다.[10]

이러한 탄압의 근거는 중화민국이 여전히 마오쩌둥의 '공산당 도적단'과 전쟁 중이며, 국민당 정권의 반대자는 마오쩌둥의 동지이거나 무의식적인 동맹자라는 것이었다. 따라서 장제스의 환상에 불과한 목표인 본토 회복은 시민권과 정치적 권리를 보호하는 것보다 우선시되었다. 중화민국은 '전체 중국'의 정부를 자처했고, 따라서 입법원과 국민대회는 중국 전역의 구를 대표했다. 본토가 중국공산당의 통제하에 있었기 때문에 선거는 중단되어야만 했다.

정권의 독단적인 국가권력 행사는 시간이 흐를수록 완화되었다. 우나이더는 알려진 백색 테러가 1949년부터 1960년까지 76.4%, 1960년대에 13.3%, 1970년대에 9.1% 발생했으므로 대부분 처음 10년간 발생했다고 분석했다.[11] 오스틴에 있는 텍사스대학교의 정치학 부교수 시나 그레이튼스Sheena Greitens 는 『독재자들과 그들의 비밀경찰Dictators and Their Secret Police』에서 각기 다른 시기에 타이완, 한국, 필리핀에서 행해진 국가폭력을 탐구하고 각각의 차이를 설명하고자 한다. 타이완의 경우, 국가 폭력을 측정하는 그녀의 척도는 정치 범죄로 인해 선고된 개인의 수와 정치 범죄에 대한 사형수의 수이다. 각각의 부문에서, 그 수치는 1949년부터 1950년대 중반까지 높았고, 그리고 나서 상당히 급격히 떨어졌다. 1949년부터 1950년까지 정치범죄로 600여 명이 선고받았고, 1951년부터 1960년까지는 300여 명(연간 약 30여 명)이 선고받는데, 1981년부터 1987년까지는 1년에 10여 명 미만이 형량을 선고받았으며, 그 이후에는 계엄이 종식되었다. 사형 집행의 경우 1950년에는 150~200명, 1951년에는 150명, 1952년에는 200명, 1954년과 1955년에는 100명, 1956년에는 50명, 1958년부터 1972년까지는 10명 또는 그 이하였다.[12]

그레이튼스는 이들 수치가 감소한 것을 두 가지 요인 때문이라고 본다. 하나는 정권의 다양한 안보 조직이 통합되어, 조직 간 활동을 더 잘 조정하게 되었고 조직 사이의 경쟁을 줄이는 것이 용이해졌기 때문이다. 다른 하나는 타이완 사회에 더 잘 침투하기 위해 조직적으로 노력했기 때문인데, 이를 위해 한편으로는 타이완 원주민들을 군사 및 보안 기관에 채용했고 다른 한편으로는 시민들의 활동에 대한 감시를 크게 강화했다. 후자의 전술은 반체제 활동을 조기에 경고했고, 그들의 싹을 잘라낼 수 있는 기회를 제공했으며, 또한 그러한 활동을 애초에 저지했다.[13]

1980년대 초의 타이완 정치 체제에 대해 쓴 에드윈 윈클러Edwin Winckler는 타이완이 '강성 권위주의'에서 '연성 권위주의'로의 전환을 시작했다고 주장한다.[14] 정치적으로 이러한 변화는 1970년경 정권이 타이완인을 본토인이 지배하는 체제로 받아들이면서 시작되었다(그런 개인 중 한 명이 미래의 리덩후이 총통이었다). 충성도 높은 소수의 고위층 타이완인이 국민당 중앙상임위원회 위원이 되었다. 입법원과 국민대회에서는 타이완의 인구 증가를 고려해 타이완을 대표하는 의석수를 늘렸고, 이러한 의석을 위한 캠페인은 민감한 정치적 문제에 대한 신중한 토론의 장이 되었다. 타이완 정부는 1971년 말 발발한 댜오위다오[釣漁島,* 일본명: 센카쿠 열도(尖閣列島)]에 관한 일련의 시위를 정치 개혁의 필요성으로 초점이 옮겨갈 때까지 묵인했다.[15] 국민당 중앙본부는 현급 선거를 정권 성과의 바로미터로 사용했다.

그럼에도 불구하고 시민의 자유와 정치적 권리에 관한 한 타이완은 여전히 험난한 곳이었다. 1979년 새해 첫날 미국이 중국과 수교하기 위해 타이완과 수교를 단절한 후 당와이(黨外, 국민당 외부 세력) 야당 정치인들은 새로운 반체제 정치 활동을 시작했다. 남부 항구 도시 가오슝에서 대규모 시위가 정부 요원 도발자들에 의해 조작된 후 폭력적으로 변할 때까지 이것은 용인되었다. 새로운 반체제 정치 활동은 보안 기관이 야당 지도자들을 구금하는 데 필요한 구실

---

* 타이완에서는 댜오위타이(釣魚台)라고 표기한다. _옮긴이 주

을 제공했으며, 야당 지도자들 중 일부는 미국 정부가 개입할 때까지 보안 기관이 처형할 계획이었다.

국민당의 탄압 대상 중 일부는 감옥에 갇히는 것보다 더 끔찍한 경험을 했다. 제5장에서는 1980년 2월 28일 어머니와 두 딸이 살해된 린이슝 사건에 대해 기술한 바 있다. 해당 범죄조직은 보안 기관의 지시에 따라 행동하는 조직폭력배들의 소행일 가능성이 높다. 1981년 7월 초에는 또 다른 초법적 살인 사건이 발생했다. 가족 방문차 귀국한 미국 카네기멜론대학교의 통계학 교수 천원청(陳文成)이 국립타이완대학 운동장에서 숨진 채 발견된 것이다. 얼마 지나지 않아 밝혀진 바에 따르면, 타이완 주둔군 사령부가 그를 불러 조사했고, 그가 몇 층을 추락한 후 사망했으며, 미국 내 국민당 정권 스파이가 그가 타이완 주민 회의에 참석하는 것을 감시했다고 한다. 린이슝과 천원청 사건 모두 미해결 상태로 남아 있다. 1984년 10월에는 중국계 미국인 작가 헨리 류Henry Liu*가 데일리시티에 있는 자택에서 살해당했다. 범인은 국민당 고위 정치인에 대한 헨리 류의 비판적인 글을 막으려는 타이완 보안 기관의 요원이라는 것이 곧 밝혀졌다. 이 사건이 폭로되자 타이베이 정부는 큰 당혹감에 휩싸였다. 타이완에서 정치적 정통성을 강요하는 처사와 미국 땅에서 그런 짓을 하는 행위는 완전히 다른 일이었다.[16] 민주화에 대한 희망이 커지던 1987년 초, 미국 국무부 연례 인권 보고서의 타이완 부분은 다음과 같은 직설적인 진술로 시작했다. "타이완의 정치는 국민당이 장악하고 있다. …… 본질적으로 일당의 권위주의적 시스템이다." 비록 초기의 최악의 권력 남용이 끝나고 정치적 자유화가 약속되어 있었지만, 반대 의견을 억제하기 위해 적법 절차를 보장하기보다 국가 안보를 우선시하는 제도는 그대로였다.[17]

---

* 본명은 류이량(劉宜良)이며, 필명은 장난(江南)이다. _옮긴이 주

타이완 민주체제의 과도기적 정의

1947년 2·28 사건에 대한 당-국가의 대응 및 수십 년간의 백색 테러를 관통하는 당-국가의 행동에서부터 천원청의 죽음에 이르기까지, 과도기적 정의를 실천하는 데에는 많은 문제가 있었다. 실천이 얼마나 제대로 될 것인지는 또 다른 문제였다. 초기의 부정적인 징후는 '국가보안법' 제9조였다. 이 법은 장징귀 총통이 1987년 7월 1일 해제한 계엄령을 대체하기 위해 통과되었다. 제9조는 계엄령 시절 군사법원이 내린 판결을 무조건 확정하고 항고권을 금지했다. 이는 군사법원에서 유죄를 선고받은 사람들이 완전히 재활하지 못하도록 만들었다.[18]

타이완의 민주화 역시 과도기적 정의의 문제가 높은 비중을 차지할 것임을 보장하지는 않았다. 국민당은 선거에서 성공적으로 경쟁할 수 있는 능력을 강화했는데, 이 선거에서는 과거의 학대에 대한 책임을 완전히 수용하는 것을 계속 회피하면서 경제적 번영에 성공하는 것과 같은 이슈를 강조했다. 1988년 장징귀의 사망으로 뒤를 이은 리덩후이 정부는 과도기적 정의를 시작했다. 하지만 이 프로젝트는 희생자들에게 보상금을 지불하고 박물관과 기념관을 설립하고 공식적인 사과를 하는 데 그쳤다. 이후 민진당의 천수이볜 정부는 1947년 2·28 사건에 책임이 있는 관리들을 지목했다. 이러한 학대의 피해자들은 피해 사실을 인정받고 합법적 재활 치료를 받기 시작했지만 여전히 가해자에 대해 손을 댈 수는 없었다.

게다가, 황자오위안이 분명히 밝힌 바와 같이, 2010년대 중반에는 일반적으로 과도기적 정의와 관련된 많은 조치들이 시작되지 않았다.

- 진실규명위원회가 설립되지 않았다.
- 리덩후이는 1947년 2·28 사건에 대한 정식 보고를 허가했지만, 백색 테러

에 대한 보고는 하지 않았다.

- 정부 파일에 대한 접근이 제한적으로 유지되었다.
- 회수를 위한 법적 항소가 기각되었다.
- 사적인 회고록과 문서들이 파괴되었다.
- 몰수된 재산이 반환되지 않았다(전복에 대한 판결은 항상 재산 압류를 수반한다).[19]
- 학대 가해자는 '국가보안법'의 공소시효에 의해 법적 책임으로부터 보호받았으며, 그에 대한 손해배상 청구가 기각되었다.
- 독재 정권하에서 근무했던 현직 관리들의 퇴출을 허가하는 정화법이 없었다.[20]

황자오위안이 언급할 수 있었던 또 다른 과도기적 정의 조치는 '환수'였는데, 이는 환수가 2015년부터 시작된 타이완의 과도기적 정의 노력에서 가장 큰 비중을 차지할 것이기 때문이었다. 환수는 부당 행위를 한 가해자로부터 그의 행동으로 인한 결실을 압수하는 것이었다.[21]

차이잉원은 2016년 대선에 출마할 당시 과도기적 정의를 주요 문제로 삼았다. 2015년 12월 2일 토론회에서 그녀는 "나는 과도기적 정의를 이루고 싶다. 역사적 기록물을 정리해서 공개해 진실을 밝히고 희생자들의 고통을 달래고 싶다"라고 말했다. 그런 다음 그녀는 국민당이 소유한 자산 ─ 민진당이 "부당하게 취득했다"고 주장하는 ─ 에 대한 문제를 제기하고 환수를 옹호했다.[22] 1945년 이후, 당-국가 및 그와 관련된 개인은 가령 식민지 기간 동안 일본 기업들이 소유한 재산과 같은 광범위한 기존 재산에 대한 소유권을 획득했다. 국민당 정권은 계엄령하에서 전복 혐의로 유죄 판결을 받은 개인이 소유한 자산을 나중에 압수했다. 이러한 축적된 자원으로 텔레비전 방송국 같은 새로운 기업을 설립했고, 자산을 관리하기 위한 투자 회사를 만들었다.

그 결과, 국민당은 오랫동안 세계에서 가장 부유한 정당이었다. 하지만 민진당의 압력으로 국민당은 자신들의 자산이 정치적 부채가 되었다는 것을 깨닫고 자산을 처분하기 시작했으며, 일부 재산은 정부에 반환하고 일부 사업은 정리했다. 자체 성명에 따르면, 국민당의 자산 가치는 2000년 600억 위안(약 18억 9000만 달러) 이상에서 2015년 말에는 75% 감소한 166억 위안(약 5200만 달러)로 줄어들었다.[23] 또한 국민당은 직원들에게 약속한 후한 퇴직연금 등 상당한 부채를 지고 있었다.[24] 하지만 민진당은 이 자산과 국민당으로 유입된 수입이 선거 운동 기간 동안 구조적으로 유리하게 작용한다고 주장했다. 차이잉원 총통은 선거 토론회에서 "우리는 부적절하게 획득한 정당 자산도 추적할 것이다. 우리는 민주주의와 공정한 경쟁을 심화시키기 위해 정당 수입의 원천을 선언할 필요성을 규정할 것이며 정당이 이윤을 추구하는 기업에 투자하는 것을 금지할 것이다"라고 밝혔다.[25]

차이잉원 총통이 2016년 승리하고 민진당이 입법원 다수당 획득에 성공한 것은 오래된 잘못을 바로잡고 정치적 경쟁의 장을 평정할 수 있는 전례 없는 기회를 만들었다. 당의 몇몇 사람들은 마음이 조급했다. 그들의 우선순위 중 하나는 권위주의 정권의 상징과 남용, 특히 장제스의 동상과 흉상을 제거하는 것이었다. 하지만 차이잉원 총통은 취임사에서 경제정책에 중점을 두었다. "새로운 민주체제가 앞으로 나아가기 위해서는 먼저 과거를 함께 마주할 방법을 찾아야 한다. 과도기적 정의의 목표는 진정한 사회적 화해를 추구해서 모든 타이완 사람들이 그 시대의 실수를 마음에 새길 수 있도록 하는 것이다." 그녀는 '가장 진실하고 신중한 태도로' 운영될 진실화해위원회를 총통실 내에 설치하겠다고 약속했다. 3년 이내에 사실 기록을 수립한 후 조사 보고서를 발표하고 '후속 작업'을 실시할 것이었다. 차이잉원 총통은 "우리는 진실을 밝히고 상처를 치유하며 책임을 명확히 할 것이다. 이제부터 역사는 타이완을 더 이상 갈라놓지 않을 것이다. 대신에 타이완을 앞으로 나아가게 할 것이다"라고 말했다.[26]

이를 위해 입법원 법사위는 2016년 6월 말 포괄적 과도기법률안을 보고했다.

하지만 입법원의 민진당 간부회의는 국민당의 자산에 우선순위를 두기를 원했고,[27] 2016년 7월에 부당당산처리위원회(不當黨産處理委員會)를 설립하는 법안을 통과시켰다.[28] 이 법은 정당과 소속 정당 모두에 적용되었는데, 부당 이득 자산에 대해서는 "정당의 성격이나 민주주의·법치 원칙에 반하는 방식으로 정당에 의해 취득한 것"[29]으로 정의했다. 국민당은 이 법안에 완강히 반대하지 않았는데, 이는 대부분의 재산을 자선단체에 기부할 의사가 있었기 때문이다. 다만 '합법적으로 취득한 사무공간과 인건비를 충당할 자금'을 반환하는 것은 꺼렸다. 또한 이 법이 합헌인지에 대해서도 대법관회의의 해석을 구했다(대법관회의는 2020년 8월까지 판결을 내리지 않았다).[30]

변호사이자 민진당의 충실한 일꾼인 구리슝(顧立雄)이 이끄는 부당당산처리위원회는 국민당의 부분적인 수용을 받아들이지 않을 것이 분명해졌다. 위원회의 접근 방식은 국민당이 압수한 것으로 추정되는 모든 자산을 정부에 반환하는 것이었다. 2016년 9월 21일 부당당산처리위원회는 국민당의 직접 보유 자산에 대한 동결 명령을 내렸고, 이에 따라 당은 급여와 연금 지급에 대해 위원회의 승인을 받아야 했다. 또한 부당당산처리위원회는 국민당 계열사에 많은 관심을 기울였다. 중앙투자공사(中央投資公司), 신위타이(欣裕台)주식회사(투자회사이기도 하다), 중국청년구국단, 부녀연합회가 여기에 속한다. 각각은 권위주의 기간 동안 당-국가에 의해 만들어졌지만 2016년까지 그들은 국민당과 더 먼 관계를 가졌다. 그럼에도 불구하고 그들은 정밀 조사를 받았고 국민당 출신이라는 증거가 자산 동결의 근거로 사용되었다. 국민당은 자산 동결 해제를 위해 행정법원에 소송을 제기하며 반발했다.

법원은 일반적으로 각 소송 후에 국민당의 손을 들어주었지만, 부당당산처리위원회는 법원의 명령을 무시하고 은행에 자산 동결을 해제하라는 통보를 거부한 것으로 보인다.[31] 부당당산처리위원회는 또한 국민당의 싱크탱크인 국가정책연구기금회를 비롯한 17개의 다른 자산도 압수했다. 그것은 자산을 '부당하게 획득했다'는 어떤 증거 때문이 아니라, 1940년대 후반에 일본으로부터 압수한 자산에 대해 정부에 보상하기 위해 8억 6500만 위안의 기금을 조성한 다음 부적절한 약정을 통해 이 돈이 1957년에서 1961년 사이에 국민당으로 이전했기 때문이었다. 그렇게 원래의 자산은 개인 소유가 되었다.[32] 국민당은 다시 소송을 제기했고 행정법원은 금지명령을 내렸다. 2020년 3월 현재, 부당당산처리위원회가 압수한 돈(한 보고서에 따르면 760억 위안)은 대부분 여전히 법원에 묶여 있다.[33]

국민당은, 자신들이 민진당의 숙적이라는 전제하에, 부당당산처리위원회가 자신들의 자산을 고갈시키려는 노력을 자신들을 파괴하려는 그다지 교묘하지 않은 노력으로 간주했다. 이러한 사건들의 과정에서 국민당 지지자들은 부당당산처리위원회가 법치주의를 위험에 빠뜨렸다고 주장했다. ≪연합보(聯合報)≫의 한 사설은 다음과 같이 주장했다. "(부당당산처리위원회가) 운영을 시작한 이후, 부당당산처리위원회는 자신이 법 위에 있다고 가정해 왔다. 해당 위원회는 적법한 절차와 정의를 완전히 무시한 채 행동해 왔다. …… 더 놀라운 것은 입증의 책임, 유죄 추정, 묵비권 등 정당한 절차를 무시하고 원하는 것은 무엇이든 할 수 있다는 (위원회의) 태도이다."[34] 마잉주 전 총통은 부당당산처리위원회에 대해 "정부의 행정부와 입법부, 사법부의 권한을 포함하고 있기 때문에 위헌이다. (그 법령은) 또한 '무죄 추정', '소급입법 금지', '단일 사건 관련 입법 금지', '이중처벌 금지' 같은 법률의 기본 교리도 위반한다"라고 비난했다.[35]

민진당 진영에서는 저널리스트 진헝웨이(金恆煒)가 2016년 11월 ≪타이베이 타임스≫에 글을 기고해 법원이 국민당의 손을 들어줄 것을 미리 예견할 수 있었다고 주장했다.

부당당산처리위원회는 국민당의 은행계좌를 동결시킨 뒤 타이베이 고등행정법원에 가처분 신청을 냈다. 법원은, 많은 사람들이 법적 분쟁의 세부사항조차 알지 못한 상태에서도 예측했듯이, 국민당의 손을 들어주었다. 부당당산처리위원회는 이 판결에 대해 항소할 가능성이 높지만, 승소할 가능성은 희박하다. 국민당은 사실상 법원을 소유하고 있다. 국민당은 거의 70년 동안 타이완을 괴롭혀왔다. 그 기간 동안 광적인 당은 모든 미덕을 버리고 권력에 굶주린 괴물처럼 자신들의 길을 만들기 위해 모든 것을 집어삼키는 데 최선을 다했다. 국민당은 군인, 공무원, 공립학교 교사, 정보 요원들을 흡수했고, 법원과 많은 시민 단체에 대한 통제권을 얻었다.[36]

진헝웨이가 판단하기에 결정적인 요인은 법의 지배가 아니라 기관에 대한 권력이었다. 민진당 소속 관비링(管碧玲) 입법위원도 이에 동의했다. 그는 "법원이 누적된 사건에 대한 판단을 미루면서 공익성을 무시한 것은 용납할 수 없다"라고 비난했다. 그는 부당당산처리위원회가 대법관회의에 대해 '더욱 강경한 입장'을 취할 것을 제안했다.[37]

하지만 진헝웨이와 관비링이 틀렸다는 것이 증명되었다. 2020년 8월, 대법관회의는 법률의 주요 조항에 대해 부당당산처리위원회의 손을 들어주었다. 무엇보다 판결문은 이 법의 제정이 헌법에 위배되지 않으며, 헌법상 '권력분립'을 위반한 것도 아니고 당사자들이 적법한 운영을 위해 기탁하는 자금을 박탈한 것도 아니라고 적시했다. 이제 사법부가 정치적으로 편향되어 있다고 주장하고 나선 것은 국민당이었다. 국민당은 성명을 공표해 "민진당의 인준을 받은 대법관들이 합헌이라는 해석에 이르렀다는 사실에 대해 국민당은 놀라지 않는다"라고 지적하면서, 아울러 부당당산처리위원회가 "민진당의 산하기관이 되었다"[38]라고 덧붙였다.

국민당의 자산을 차지하기 위한 부당당산처리위원회의 캠페인은 몇 가지 모순을 보여주었다. 첫째는 국민당이 비교적 손쉬운 대상이기는 했지만, 어느 정도까지는 스스로를 보호하기 위해 일반 법체계를 활용할 수 있었다는 점이다. 결국 부당당산처리위원회가 요구했던 것보다 훨씬 적은 금액을 박탈할 수밖에 없다면 이는 부분적으로 부당당산처리위원회가 초법적인 방식으로 행동했기 때문일 것이다. 어쩌면 검찰과의 협조가 더 좋은 결과를 낳았을지도 모른다. 둘째로 아이러니한 점은, 정부는 몰수를 통해 혜택을 받을 수 있지만 국민당 재산권 남용의 피해자인 민간인은 재산을 돌려받지 못한다는 점이다. 정부가 원래 소유주까지 추적할 수 있는 재산을 소유 또는 점유한 경우에만 환수가 가능해진다. 하지만 대부분의 경우 시간이 너무 많이 흘러 문서가 희박하다.[39] 셋째 아이러니는 2018년 11월 지방선거에서 국민당이 사실상 대승을 거두었다는 점이다. 자신들이 더 이상 경쟁력이 없다는 국민당 측의 우려와 평탄한 운동장에서 경기를 할 수 있다는 민진당 측의 기대에도 불구하고, 국민당은 압류된 자산에서 발생한 수익 손실을 극복했다. 이 선거에서 국민당이 승리한 주된 이유는 차이잉원 정부가 과도기적 정의를 포함한 어려운 문제들을 다루지 못한 것에 대한 대중의 불만 때문이었다. 국민당 자체도 한동안 성공적으로 첫 모금에 착수해 좋은 효과를 거두었다.[40]

정의로 돌아가기: 범위와 합법성의 문제

차이잉원 정부는 국민당 자산 문제를 우선시하면서 2017년 중반까지도 과도기적 정의라는 핵심 문제로 복귀하지 않았다. 하지만 차이잉원 정부가 그 일을 완전히 무시한 것은 아니었다. 2016년 6월 국가발전위원회 산하의 국가기록원*은 정부기관들에게 관련 파일을 분류해 이관할 것을 요청했고, 2017년 2

---

*   공식 명칭은 당안관리국(檔案管理局, National Archives Administration)이다. _옮긴이 주

월까지 행정원은 해당 문서에 대한 요청을 승인했다.[41] 그 달 말 조치를 요구하는 시민 단체들의 항의에 직면하자 차이잉원 총통은 1947년 2·28 사건과 관련된 모든 문서의 기밀 해제를 발표했고, 거의 100만 건의 문서가 국가기록원으로 이관될 것이라고 말했다.[42] 그녀는 공식 연설에서 권위주의 시대의 학대를 폭로하겠다는 목표를 재확인하고 책임 소재에 대한 문제에 신중할 것을 약속했다.[43] 하지만 운동가들은 이러한 입장에 불만을 품고 5월경에는 교착상태에 빠진 과도법률법안의 협상을 재개하고 법안을 통과시키기 위해 입법원장 쑤자취안(蘇嘉全)*에게 로비했다.[44]

그 법안은 마침내 2017년 12월 5일에 통과되었다. 이 법은 아홉 명으로 구성된 과도기정의위원회[促進轉型正義委員會]를 설립하고 다음과 같은 네 가지 임무를 부여하는 것에 대해 승인했다. 즉, 정치 기록물을 더 많이 이용할 수 있게 하고, 권위주의적 상징물을 제거하고, 사법적 부정을 바로잡고, 권위주의 시대의 역사에 대한 보고서를 작성하도록 한 것이다. 해당 기간은 일제강점기가 명목상 끝난 1945년 8월 15일부터 타이완 정부가 통제하는 중국 본토 앞바다의 섬들에 대한 계엄령이 해제된 1992년 11월 6일까지이다. 과도기정의위원회는 2018년 4월 초 당와이운동(黨外運動)**과 민진당의 존경받는 원로인 황황슝(黃煌雄)의 지도 아래 구성되었다. 하지만 법안이 통과된 지 불과 며칠 후, 법안 지지자들은 의무사항 중 처음 세 가지의 상대적 우선순위에 대해 논쟁을 벌이기 시작했다.[45]

'계엄시기 타이완 정치박해피해자 보호협회[臺灣戒嚴時期政治受難者關懷協會]'의 영예이사장 차이콴위(蔡寬裕)***에게 최우선 과제는 "아직 어둠 속에 감춰

---

* 2016년 2월 1일부터 2020년 1월 31일까지 입법원장을 역임했다. _옮긴이 주
** 타이완에서 비(非)국민당 인사들이 정당을 만들기 위해 벌인 민주화운동으로 민진당 창당의 모태가 된 운동을 지칭한다. _옮긴이 주
*** 본명은 좡콴위(莊寬裕)이며, 1933년 타이베이시에서 출생했다. _옮긴이 주

진 탄압의 역사를 밝히는 것"이었다. "가장 중요한 것은 우리의 정치적 희생자들이 우리의 말년에 유죄 판결이 뒤집히기를 매우 희망한다는 것이다."[46]

≪타이베이 타임스≫의 평론가 진형웨이에게는 '권위주의적 상징', 특히 정치적 의미로 붙여진 거리 이름과 아울러 타이완 및 관련 섬에 1083개나 있는 장제스의 동상 및 기념비를 제거하는 것이 최우선 과제였다. 그는 이 과업에서 정부의 의지가 약한 데 대해 반발했다. 진형웨이는 정부가 이런 작업을 하는 데 비용이 너무 많이 든다거나 사람들이 자신이 자란 거리 이름이 바뀌는 것을 원하지 않는다는 등의 이유로 아무런 조치를 취하지 않는 것에 대해 이의를 제기했다. 대신 그는 "민진당이 움찔할 것인가, 말과 행동을 달리할 것인가, 아니면 이것을 마무리 지을 용기가 있는가 하는 것이 쟁점"이라고 말했다. "권위주의적 정당국가는 더 이상 존재하지 않으며 남아 있는 것은 상징뿐이다. 국가가 이러한 상징을 없앨 수 없다면 그러한 상징이 대표하는 권위주의는 어떻게 없앨 수 있단 말인가?"[47]

과도기적 정의를 지지하는 사람들은 가해자에게 책임을 묻는 임무에 대해 즉각 방어적인 태도를 취했으며, 복수가 노력을 이끄는 동기가 아니라고 설명해야 했다.[48] 2017년 12월 14일 자 ≪자유시보(自由時報)≫ 사설은 다음과 같이 안심시키는 동시에 경고했다. "타이완은 복수의 투쟁이 아닌 진실과 화해의 길을 선택했다. 그런 선택을 한 타이완인들은 가능한 한 많은 진실을 밝혀야 한다. 이전의 당-국가의 부하들이 햇빛을 받아 민주시민이 되어야만 타이완의 화해가 가능하다. 화해 속도가 빨라져야만 역사가 남긴 상처에서 꽃이 피어날 것이다."[49] 국립신주교육대학(國立新竹教育大學)에서 은퇴한 교수인 장궈차이(張國財)는 가해자를 다루는 데 필요한 최소한의 요건은 유죄 인정을 요구하는 것이라고 주장했다. 그는 다음과 같이 썼다.

독일의 과도기적 정의는 국민들 사이에서 잘못을 인정하고 유죄를 인

정하는 것으로 뒷받침되기 때문에 효과가 있었다. 즉, 독일 국민성은 수치
심과 치욕의 개념을 이해한다. 이러한 특성이 결여된 국가(타이완)에서 억
압받고 노예가 된 사람들은 땅에 내동댕이쳐져도 어떻게 맞서 싸워야 할
지 모르고 침묵을 지키고 있다.[50]

앞서 언급한 바와 같이, 가해자들을 처벌하는 데 가장 큰 장애물은 '국가보
안법' 제9조 조항으로, 이 조항은 계엄령하에서 군사법원이 내린 판결을 지지
했고 특별한 경우를 제외하고는 어떠한 항소권도 금지했다.[51] 과도기정의위원
회를 설립한 법안의 작성자들은 자신이 부당하게 유죄 판결을 받았다고 믿는
사람들로부터 항소를 듣고 해당 평결을 조사해서 합당한 이유가 있을 경우 평
결을 취소할 수 있는 권한을 과도기정의위원회에 부여함으로써 해당 조항을
우회하려고 했다. 과도기정의위원회는 또한 인권 침해 가해자에게 유죄를 선
고하고 신원이 확인될 경우 형량을 부과할 수 있는 권한을 가졌다. 하지만 과
도기정의위원회는 범죄에 대한 정의('자유와 민주주의의 가치나 헌법 질서를 거스
르는' 행위의 수행)가 너무 모호하지 않은지, 과도기정의위원회가 조사와 사법
기능을 수행하기 위해 따라야 할 과정이 완전히 발달했는지, 수사할 범죄에 대
해 공소시효가 적용되는지, 어떤 종류의 처벌을 부과할 수 있는지에 대한 의문
만 제기했다.[52] 마잉주 전 총통은 이 법안이 무죄 추정, 소급입법 금지 같은 법
치주의의 기본 원칙에 위배된다고 주장하면서 다시 무게를 실었다.[53]

당연하게도 국민당은 그 절차에 참석하라는 과도기정의위원회의 요청을 거
절했다. 홍멍카이(洪孟楷) 국민당 대변인은 "과도기정의위원회는 스스로를 헌
법 위에 있다고 여기는 거대한 괴물이 될 것이다. 우리는 대법관회의의 정당성
에 대한 헌법적 해석을 모색하기 위해 할 수 있는 모든 일을 다 하고 있다. 대법
관회의가 판결을 내리기 전까지 국민당은 과도기정의위원회의 어떤 행동도 지
지하지 않을 것이다"라고 단언했다.[54]

실용적인 접근과 중대한 실수

과도기정의위원회는 2018년 5월 21일 일단 업무를 시작하면서 가해자 처리 등 어려운 업무는 다루지 않기로 했다. 대신 덜 논쟁적인 것에 초점을 맞추었다. 첫째, 과도기정의위원회는 과도기적 정의 사업과 관련된 문서의 수집을 다루었다. 법무부 조사국과 타이완 주둔군 사령부의 파일을 보관하고 있는 군 조직을 포함한 대부분의 기관이 기밀 해제에 협력했다. 이러한 노력의 결과로 거의 1만 명에 달하는 권위주의 시대의 피해자들에 관한 법정 파일의 온라인 데이터베이스가 만들어졌다. 이 검색 가능한 데이터베이스는 개인의 수에서뿐만 아니라 희생자들의 재판에 관여한 군 장교들의 이름이 포함된 점에서도 주목할 만하다.[55] 하지만 기밀 해제를 거부하는 저항 세력이 있었다. 국민당은 2018년 8월 과도기정의위원회로부터 2·28 사건과 백색 테러에 대한 정치적 기록물을 한 달 안에 처리하라는 명령을 받았으나 제한된 인력으로 업무를 수행하기에는 시간이 너무 촉박하다는 이유로 명령에 반대했다.[56]

더 심각한 것은 1979년 12월 일어난 가오슝 사건 및 그에 따른 체포, 린이슝 모녀 살해, 천원청 사망 등 비교적 최근의 21개 정치 사건에 대한 파일에는 접근하기가 어려웠다는 것이다. 이들 사건과 관련된 파일을 각각 보유한 국가안보국, 국방부, 법무부 수사국, 경찰청 등은 "영구적으로 기밀이 유지되었다"라고 주장했다. 결국 린이슝 모녀 살인사건에 관한 서류는 넘겨졌고 정부출연 역사학회는 천원청 사건과 관련된 자료를 출판할 것이라고 발표했다. 2019년 12월 가오슝 사건과 관련된 일부 정보 보고서는 기밀 해제되었지만 대중에게 공개되지는 않았다. 2020년 5월, 천원청을 도청한 일에 대한 보고는 일반에 공개되었지만, 더 많은 것이 밝혀져야 한다.[57]

과도기정의위원회는 백색 테러 기간 동안 수감된 많은 사람들의 유죄 판결을 취소하기 위해 자신의 권한을 사용했다. 2018년 10월에 1차로 약 1270건이 취소되었으며, 2018년 12월에 1505건, 2019년 5월에는 2006건이 취소되었다. 최종적으로 무혐의 처분을 받은 인물 중에는 1960년 언론 비판에 대한 정권의 관용을 넘어선 진보적인 인물이자 출판인인 레이전(雷震)과 관련자들이 포함되어 있었다. 또한 가오슝 사건 이후 수감된 인물로 ≪메이리다오(美麗島)≫ 잡지와 관련된 뤼수롄(呂秀蓮), 천쥐(陳菊), 야오자원(姚嘉文), 황신제(黃信介), 그리고 스밍더(施明德)가 무혐의 처분되었다. 이 4781건은 이미 정부로부터 금전적 보상을 받긴 했지만 면죄부를 받지는 못한 1만 3000명의 백색 테러 죄수 중 3분의 1을 약간 넘는 수치이다.[58]

하지만 1차 무죄가 발표되기도 전에 행정원 대륙위원회에서 근무한 변호사 장톈친(張天欽) 부위원장의 행동으로 인해 '과도기적 정의 프로젝트'의 정당성은 심각한 타격을 받았다.[59] 이 사건은 허우유이(侯友宜)*라는 남자와 관련이 있다. 허우유이는 대부분의 경력을 경찰에서 보냈지만 최근에는 신타이베이시의 부시장을 역임했으며 2018년에는 11월 지방선거에서 국민당의 시장 후보였다. 그해 8월 말, 장톈친 부위원장은 과도기정의위원회 내부회의에서 허우유이가 "과도기적 정의의 최악의 사례"라며 허우유이에 대한 여론을 조작하는 데 허우유이의 사건이 이용되지 않은 것이 유감이라고 말했다. 특히 장톈친은 참석자들에게 허우유이에 대한 과도기정의위원회의 정화법 초안을 정치적 마일리지로 사용할 방법을 생각해 보라고 요청했다. 장톈친은 또한 과도기정의위원회를 명나라 시대의 비밀경찰이자 첩보기관이었던 '동창(東廠)**에 비

---

* 1957년 타이완 자이현 푸쯔시(朴子市)에서 출생했으며, 타이완 내정부(內政部) 경정서(警政署) 서장, 중앙경찰대학 교장, 신베이시 부시장 등을 역임했다. 2023년 5월 17일, 허우유이 신베이시 시장이 2024년에 실시되는 타이완 총통선거의 국민당 후보로 옹립되었다. 2023년 5월 22일, 그는 '타이완 독립'에 반대하며 또한 '일국양제'에 대해서도 반대한다는 의견을 표명했다. _옮긴이 주

** 전체 명칭은 '동집사창(東緝事廠)'이며, 명나라 성조(成祖) 주체(朱棣)가 영락(永樂) 18년 (1420년) 베이징 동안문(東安門) 북쪽에 설치한 기구로, 반역죄를 다스리는 특무기관이자 비

유했다. 장텐친에게는 불행한 일이었지만, 과도기정의위원회 연구원이 장텐친의 발언 녹음본을 언론에 유출해 문제가 되었다. 차이잉원 정부를 비판하는 사람들이 '과도기적 정의 프로젝트'가 정치적 보복에 해당한다는 증거를 필요로 했다면 장텐친이 그 증거를 제공한 셈이었다.[60]

과도기정의위원회의 황황슝 위원장은 여러 차례 공식 사과를 했으며, 장텐친이 사임한 직후 그도 사임했다. 2018년 말 국민당 의원들은 과도기정의위원회를 설립하는 법을 폐지할 것을 제안했다. 민진당이 입법원의 다수당이라서 그러한 시도가 실패하자, 국민당은 1월 초에 과도기정의위원회의 자금을 삭감하려고 시도했다. 이 역시 실패했지만, 이러한 노력은 2020년 총선에서 국민당이 과반수를 되찾을 경우 어떻게 할 것인지에 대한 전보가 되었다.[61]

2020년 2월 2·28 사건 73주년을 맞았을 때 과도기정의위원회는 백색 테러 시대의 사건 기록들을 인터넷에 공개하며 중대한 이정표를 세웠다. 여기에는 사건에 연루된 공무원들의 이름이 적혀 있었다.[62] 하지만 이는 부분적인 진전일 뿐이었다. 차이잉원 총통은 2·28 사건 기념식에서 자신이 타이완 국가안전국에 과도기정의위원회가 요청한 정치 파일을 한 달 안에 기밀 해제할 것을 지시했다고 밝혔다.[63]

평가

원칙적으로 과도기적 정의 프로젝트를 진행한다면 타이완 사회와 민주주의가 강화될 수 있다. 타이완인, 본토인을 막론하고 타이완의 많은 사람들은 독단적인 국가 권력의 행사로 인해 고통을 받았다. 그들은 부당하게 고발되고 유

밀경찰이었다. _옮긴이 주

죄 판결을 받고 수감되고 재산을 박탈당했으며, 때로는 부당하게 살해당하기도 했다. 인생이 엉망이 되었다. 이론적으로는 국가가 객관적인 조사에 근거해 이러한 잘못을 권위적으로 바로잡고 학대에 대해 사과하고 사건파일을 열고 어느 정도 보상을 해주는 것이 적절해 보인다. 부당한 취급을 받은 개인을 도덕적으로 회복시키는 것은 사회적·정치적 화해를 촉진할 수 있다.

넓은 개념에서 보면, 과도기적 정의에 대한 민진당의 접근법은 라틴아메리카와 동유럽의 과거 권위주의 국가에서 추구했던 과도기적 정의 의제로부터 많은 요소들을 채택했다. 하지만 이러한 사례들 중 많은 수가 광범위한 정권 교체regime change의 사례였는데, 정권 교체의 요소 가운데 하나는 이전 여당을 제거하는 것이었다. 타이완은 정권 전환regime transformation이었다는 점에서 상황이 달랐다. 타이완에서 과거의 부정에 책임이 있는 여당인 국민당은 민주주의로의 이행, 시민적·정치적 권리 회복, 법치 회복, 그리고 약간의 과도기적 정의의 조치를 개시할 용의가 있는 정당이기도 했다.[64] 국민당은 여전히 존재했고, 주기적인 선거 승리에 반영된 바와 같이 여전히 대중의 지지를 받고 있었다.

정권 교체와 정권 전환의 기본적인 차이 때문에 민진당은 타이완의 상황에 적합한 방식으로 과도기적 정의를 수행하는 방법을 신중하게 교정했을 것이다. 하지만 2016년 선거 승리에 고무된 탓에, 그 프로젝트를 맡은 당원들은 잠재적인 장애물을 무시하고 앞으로 나아갔다.

그들의 첫 실수는 과도기적 정의를 지지하는 대중의 힘을 과대평가한 것이었다. 2017년 말 타이완 선거와 민주화 조사에서, 단지 1.9%의 사람들만 과도기적 정의가 차이잉원이 해결해야 할 최우선순위라고 했다. 3.5%만 둘째로 높은 우선순위라고 생각했다. 연령에 따라 응답의 편차가 적었고 교육 면에서는 편차가 조금 더 컸다. 하지만 결론은 인구의 6% 미만이 과도기적 정의가 높은 우선순위라고 생각한다는 것이다. 과도기적 정의를 가장 중요한 이슈 1순위 또는 2순위로 꼽은 응답자의 연령을 살펴보면 다음과 같다.

- 20~29세: 6.2%
- 30~39세: 4.0%
- 40~49세: 3.7%
- 50~59세: 6.9%
- 60세 이상: 6.7%

따라서 가장 젊은 세대와 가장 나이 많은 두 세대의 다소 큰 그룹은 다른 연령 집단보다 과도기적 정의를 최우선 과제로 평가하는 경향이 있었다. 교육 수준을 통제한 결과, 초등 또는 기술 대학 교육을 받은 사람들 중 3.2% 미만이 과도기적 정의를 첫째 또는 둘째로 중요한 문제라고 생각했다. 반면 중학교, 고등학교, 또는 대학 교육을 받은 사람들 중에서는 5.4~6.9%가 그렇게 믿었다.

이렇게 지지가 미미한 이유는 무엇일까? 하나는 일반 대중 사이에서 경제 성장, 중국과의 관계, 그리고 교육이 가장 중요하게 여겨지기 때문이다. 다른 하나는 대부분의 학대가 오늘날 많은 타이완 사람들이 태어나기도 전인 오래 전에 일어났고, 이러한 시간의 흐름이 과도기적 정의에 대한 추진력을 약화시켰을 가능성이 높다. 셋째, 오늘날의 국민당은 1950년대와 1960년대의 가혹한 당-국가가 아니며, 부강한 사회를 건설한 공로를 대중으로부터 인정받고 있기 때문이다.

이러한 역사적 현실은 과도기적 정의를 수행하려고 노력하는 동시에 과거를 현대 정치 싸움의 무기로 사용하려는 민진당 당원들에게 불리하게 작용한다. 그들에게 더 좋은 시절은 1990년대였을 것이다. 그때는 과거에 대한 기억이 더 강했고 그 기억은 더 많은 수의 희생자에게서 의인화되었다. 하지만 국민당은 10년 동안 권력을 잡았고 과도기적 정의의 속도와 범위를 통제할 수 있었다. 이 때문에 활동가들은 2016년의 승리를 통해 — 이는 특히 국민당이 가장 약했던 시기이기도 했다 — 대의를 발전시키기를 원했다. 그럼에도 불구하고, 이것은 적극적인 소수자가 대다수의 사람이 우선순위로 보지 않는 명분을 추구한 사례였다. 적극적인 소수자가 정치를 주도하는 경우가 많지만, 타이완의 과도기적 정의와 같은 문제에 대해서는 광범위하고 적극적인 다수의 지지를 받는 것이 좋았을 것이다.

둘째, 민진당 내에서 우선순위에 대한 차이가 있었다. 민진당 주석이자 총통이던 차이잉원은 과도기적 정의를 달성하기 위한 수단으로 사회적 화해와 진실 추구를 강조하는 보다 제한적인 접근법을 택한 것으로 보인다(그 문제에 대해 그녀는 "우리는 진실을 밝히고 상처를 치유하며 책임을 명확히 할 것이다"[65]라고 선언했다). 하지만 입법원에서 열린 민진당 의원총회는 더 야심찼다. 민진당 의원총회는 국민당 자산부터 시작해서 국민당과 연계된 단체까지 치고 나갔다. 이 법안은 2017년 말까지 포괄적인 과도기적 사법 조치에 대한 법안을 통과시키지 못했다.[66] 우선순위에 대한 갈등은 진보 성향의 언론 ≪자유시보≫가 차이잉원 총통의 첫 임기에 대해 다음과 같이 내린 판단의 핵심이었다. "피해자의 친족의 관점에서 그들이 요구하는 절차적 정의의 세 단계, 즉 진실, 정의, 화해 중에서 여전히 진실 규명에 멈춰 있다."[67]

셋째, 과도기적 정의를 옹호하는 사람들은 민진당의 진정한 목적이 마녀사냥이 아닌 정치적 화해라는 것을 대중과 국민당에게 납득시키기 위한 노력의 일환으로 더 잘 행동하기 위해 노력할 수 있었다. 차이잉원 총통은 그런 방향으로 기울고 있는 것처럼 보였지만, 당내에서는 먼저 국민당 자산을 공략하려는 욕구가 강했다. 엄밀히 말하면, 이 문제는 과도기적 정의에 대한 것이 아니라 정치적 경쟁을 위한 공정한 경쟁의 장을 보장하는 것에 대한 것이었다. 선거 참패 이후 국민당의 입지가 약했던 점을 감안할 때, 국민당 당원들이 민진당의 목표가 실제로 국민당을 파괴하는 것이라고 생각한 것도 무리가 아니었다.

더욱이 부당당산처리위원회에 주어진 책임은 선거에서 경쟁한 국민당뿐만 아니라 그렇지 않은 국민당의 산하기관까지 해결하는 것이었다. 실제로 민진당은 최근 선거에서 국민당 자산이 기울어진 운동장을 만들었다는 데 대해 입증된 것보다 더 확고하게 믿었다.

민진당은 또한 국민당의 존립 자체가 위태롭다는 우려를 불러일으킨 후에는 민진당의 재산 탈취 움직임에 대한 국민당의 반격을 예상했어야 했다. 입법원이 기존 시스템 외에 부여한 수사권과 사법권을 감안할 때, 국민당은 부당당산처리위원회의 조치에 법적 이의를 제기할 수밖에 없었다. 2020년 8월 대법관회의 판결은 부당당산처리위원회에 새로운 생명을 부여했지만, 그 과정에서 많은 시간을 허비했다.

민진당이 과도기적 정의를 수행하는 방식에서 드러난 이러한 결함은 대부분 전술의 영역이었다. 하지만 전략적인 실수도 있었다. 민진당은 정치를 더욱 분열시키는 방식으로 활동을 전개했다. 과도기적 정의의 핵심 목표 중 하나인 화해는 사회를 분열시키는 간극을 메워야지 심화시켜서는 안 된다. 타이완처럼 분열의 비용이 높을 때는 더욱 그렇다. 타이완의 미래에 대한 중국의 야망은 실존적인 도전이며, 그 도전에 대응하기 위해서는 대중과 정당들 간의 광범위한 통합이 필요하다. 국민당과 민진당은 이러한 통합을 이루기 위해 서로 중도에서 만나야 했다. 국민당은 중국이 위협적인 존재라는 것을 더 분명하게 인식해야 했고(이 주제에 대해서는 이후의 장들에서 더 자세히 다룰 것이다), 민진당은 국민당이 과도기적 정의가 실현되는 방식을 두려워한다는 것을 인식해야 했다.

중국이 전혀 위협이 되지 않는다고 말하는 것은 중국이 타이완의 미래를 형성하고 제약하려는 방식을 무시하는 것이다. 민진당 진영의 일부 사람들이 그러하는 것처럼, 국민당을 역사적 피고석에 앉혀놓고 국민당이 오늘날 중국의 통일전략의 도구라고 주장하는 것은 지나치다. 고의가 아니라고 할지라도 타이완 내에서 이러한 깊은 분열이 일어나는 것은 중국 정부의 이익에만 도움이 될 뿐이다. 전 국민당 간부였던 후원치는 최근 "국민들이 민진당을 지지하든 싫어하든 상관없이, 2350만 명의 타이완인은 모두 한 배를 타고 있다. 이들은 공유된 공동체를 형성하고 있으며, 이들이 먼저 국내에서 싸움을 멈출 수 있을 때에만 외부의 위협에 대처할 수 있을 것이다"[68]라고 말했다. 분단된 타이완은 취약한 타이완이다.

제7장

타이완을 향한 베이징의 야망

고령화 사회이며 천연 자원이 거의 없는 성숙한 경제와 복잡한 정치 및 역사를 지닌 타이완은 국내 정책에서 심각한 딜레마에 직면해 있다. 이와 동일한 특성을 지닌 다른 국가들 역시 경쟁 우선순위를 조정하는 데 어려움을 겪을 것이다. 하지만 타이완은 거의 독특한 사례이다. 베이징에 있는 중국(중화인민공화국) 정부는 타이완과 그 국민들을 위한 야망을 갖고 있으며, 만약 이 야망이 달성된다면 타이완의 법적 성격과 생활 방식의 많은 부분을 근본적으로 변화시킬 것이다.[1] 그렇게 되면 타이완은 주권 국가를 자처하는 정치적 실체에서 중국의 하나의 행정 단위가 될 것이며, 현재보다 덜 민주적인 시스템을 갖추게 될 것이다. 따라서 중국 요인China factor은 타이완의 정책 과제를 더욱 악화시키는 완전히 새로운 수준의 복잡성을 생성한다. 사실, 중국은 1980년대부터 타이완 기업들에게 기회의 장소였다. 한편, 인민해방군은 1990년대 후반부터 고도화된 군사 장비를 확보해 왔으며, 2010년대에는 제도 개혁을 단행했다. 개혁이 성공하면 베이징은 타이완을 상대로 싸워 승리할 수 있는 능력이 향상될 것이다. 인민해방군의 확장된 개발 능력은 결코 사용되지 않을 수 있지만, 그들의 존재는 타이완의 지도자와 대중이 중국의 정치적 야망을 다루는 방식을 바꾸고 있다.

통일을 해야 하는 이유

중국공산당은 1949년 10월 중화인민공화국 정권을 수립하면서 타이완 해방을 목표로 선언했다. 한 가지 동기는 청나라(1644~1911년) 시대에 존재했던 중국의 경계를 새로운 체제로 복원하는 것이었는데, 이는 티베트와 신장에도 영향을 미쳤다. 또한 베이징은 지난 20년 동안 전투를 벌이다가 타이완으로 후퇴한 라이벌 중화민국 정권을 패배시키기를 원했다. 중국은 타이완 국민과 국제 공동체가 타이완을 중국의 주권 영토의 일부로 받아들이기를 원했으며, 타이완을 중국의 정치 및 행정 시스템에 통합하려 했다.[2] 마지막으로 이 야망 뒤에는 거의 300년이나 된 전략적 논리가 있었다.[3] 17세기 중반에 만주족은 명나라를 물리치고 청나라를 건국했다. 그리고 이들은 시간이 지남에 따라 현재 중국 본토로 간주되는 핵심 지역을 장악했다. 그 후 이들은 타이완으로 관심을 돌렸다. 그때까지만 해도 타이완은 중국 영토로 취급되지 않았으며 패배한 명나라 충성파들이 퇴각한 곳이다. 1683년에 청군은 저항하는 정권을 끝내고 섬의 요충지를 장악했다.

청나라 조정에서는 새로운 소유지를 어떻게 할 것인가에 대한 논쟁이 이어졌다. 일부 관리들은 이 변경 지역의 통제권을 유지하는 것이 가치 있기보다 문제가 될 것이라고 주장했다. 시랑(施琅) 장군이 지휘하던 다른 관리들은 당시 서양인들이 포르모사Formosa(타이완을 지칭하는 포르투갈어 명칭)라고 불렀던 것을 유지하기 위한 전략적 주장을 제시했다. 그들은 타이완을 통제하면 중국 본토의 방어막으로 활용할 수 있다고 주장했다. 게다가 타이완을 점령하면 중국에 잠재적인 위협이 될 수 있는 외국인들의 점령을 더 쉽게 막을 수 있다고 주장했다. 시랑 장군의 논리는 황제를 확신시켰고, 타이완은 타이완 해협 건너편에 있는 푸젠성의 현(縣)이 되었다. 이후 푸젠성과 광둥성에서 한족이 홍수처럼 유입되어 토착민들은 이들에게 동화되거나 또는 산속에 갇혔다. 타이완의 내부 반란을 끝내기 위해 시작된 활동은 결국 중국 제국을 확장하는 것으로 바뀌었다. 1887년에 일본과 프랑스가 타이완을 점령하겠다고 위협하자 타이완은 중국의 본격적인 성(省)이 되었다. 그러다가 1895년에 일본은 중국을 군사적으로 물리친 후 승리의 대가로 타이완을 요구했다. 청나라 조정은 그 섬을 일본에 양도했고 시랑의 악몽은 현실이 되었다.

제2차 세계대전이 한창이던 1940년대 초로 거슬러 올라가보자. 1911년 청나라가 멸망한 뒤 그 뒤를 이은 중화민국 정부는 그때까지 타이완이 일본의 식민지임을 인정했다. 하지만 미국이 일본과의 전쟁에 참여한 이후, 일본에 대한 중국의 승리와 잃어버린 영토 회복에 대한 희망이 커졌다. 1928년 이후 중화민국의 지도자였던 장제스 총통은 시랑 장군의 전략적 개념을 되살려 타이완과 만주 3성이 중국의 외곽 요새 역할을 할 수 있도록 했다. 프랭클린 루스벨트 Franklin Roosevelt는 타이완을 중화민국에 반환해야 할 또 다른 전략적인 이유가 있었기 때문에 1942년 말경 타이완의 중국 주권 반환을 지원하기로 결정했으며, 이 결정은 1년 후 카이로 회의에서 비준되었다.[4] 1945년 가을, 제2차 세계대전이 끝난 이후 중화민국의 민간인과 군 병력은 일본으로부터 타이완의 통제를 인수받았다. 여기에는 국제적으로 연합국이 일본과 평화 조약을 협상할 것이라는, 무엇보다도 일본이 타이완과 그 부속 도서에 대한 주권을 포기하고 이를 통일된 중국으로 이양할 것이라는 가정이 작동했다.

하지만 장제스가 이끄는 중화민국 정부와 마오쩌둥이 이끄는 중국공산당 군대 사이의 내전은 그러한 가정을 무산시켰다. 중국공산당은 중국 본토에 대한 군사적 통제권을 획득하고 중화인민공화국 정부를 수립했으며, 중화민국 정부와 패배한 군대는 타이완으로 후퇴했다. 이제 스스로 '중국 정부'임을 자처하는 두 개의 정당이 존재하게 되었다. 마오쩌둥이 내전에서 라이벌인 장제스를 물리치고 중화민국 정권을 종식시키며 국제적으로 중국 단독정부의 지도자로 인정받으려면, 국민당 정권이 평화적으로 항복하게 하거나 인민해방군에게 무력으로 물리치도록 지시해야 하는 상황이었다. 마오쩌둥은 1950년까지 타이완에 대한 군사 작전을 준비했지만, 김일성의 한국 침공과 미국의 한국전쟁 개입으로 인해 베이징은 타이완에 대한 군사 작전을 연기할 수밖에 없었다.

한국전쟁은 또 다른 중요한 결과를 가져왔다. 1950년 6월 27일, 김일성이 남한을 침략한 지 이틀 후, 트루먼 행정부는 미국 공군 및 해군에게 조선인민군(북한군)의 침략에 대해 방어하라는 명령을 발표했다. 이 발표는 "포르모사(타이완)의 향후 지위에 대한 결정은 태평양 지역의 안보 회복, 일본과의 평화 정착, 또는 유엔의 검토를 기다려야 한다"라고 선언했다.[5] 이전에 미국은 타이완이 중국의 일부라는 입장을 취했었다. 그런데 트루먼은 타이완의 법적 지위가 미정이라고 말함으로써 사실상 미국의 개입이 중국의 내정에 대한 간섭이 아니라 국제 평화와 안보의 문제라고 말한 것이다.[6] 베이징 정부와 타이베이 정부 모두 이 입장을 단호히 거부했다. 실제로 베이징 정부와 타이베이 정부가 합의한 몇 안 되는 사항 중 하나는 타이완이 중국에 이미 반환되었다는 것이다.

한국전쟁은 중국을 제약하는 데서 또 다른 영향을 미쳤다. 한국전쟁은 공산주의 봉쇄라는 국가안보 전략에 대한 미국의 지원을 강화했던 것이다. 실질적인 측면에서 이는 미군의 지원 증가로 이어졌고, 타이완이 공격을 받으면 방어하겠다고 약속한 1954년 미국-중화민국 상호방위조약으로 절정에 이르렀다.[7] 따라서 초기에 중화인민공화국에는 통일을 추구해야 할 세 가지 이유가 있었다. 첫째, 국민당 정권을 격퇴하기 위해, 둘째, 타이완이 합법 정부인 중국의 주권 영토 안에 있다는 주장을 강화하기 위해, 셋째, 중국공산당의 내정에 대한 미국의 간섭으로 간주되는 것을 종식시키기 위해서였다.

시간이 지남에 따라 베이징은 통일의 정당성에 대한 명분을 두 가지 더 주장했다. 첫째는 타이완의 지속적인 분리가 강대국으로 재건하려는 중국의 야심을 제약했다는 점이다. 중국의 시진핑(習近平) 주석은 2019년 1월 2일 타이완 정책에 관한 권위 있는 연설에서 이 주제에 대해 "타이완 문제는 약한 중국과 혼란에 빠진 국가의 결과"라고 말했다.[8] 시진핑 주석은 타이완 문제를 해결하고 완전한 통일을 하는 것은 "흔들리지 않는 역사적 과업이다. …… 주요한 역사적 경향은 우리 조국이 강건해지고 있고 조국의 부흥을 향해 나아가고 있으며 양안 통일의 방향으로 나아가고 있다는 것이다. 그 어떤 외부의 힘[즉, 미국]도 그것을 막을 수 없다"[9]라고 말했다. 통일과 중화민족의 위대한 부흥을 달성한다는 시진핑의 핵심 정책 사이의 연관성은 타이완 문제의 중요성을 높였다.

통일을 정당화하는 둘째 명분은 중국의 더 큰 대전략을 위한 타이완의 지리적 중요성에 대한 논의가 증가함에 따라 발생했다. 베이징에 있는 민간 싱크탱크인 반구즈쿠(盤古智庫)의 중국 학자 후보(胡波)는 모든 부상하는 세력은 먼저 자신의 고향 지역에서 우월성을 확립해야 한다고 주장한다. 중국에 있어 이것은 가까운 바다, 즉 일본에서 류큐(琉球), 타이완, 필리핀을 거쳐 호주까지 이어지는 제1열도선 내부의 바다를 지배하는 것을 의미한다. 후보의 관점에 따르면, 중국에서 타이완을 통일하는 것은 해양 강국이 되려는 중국의 열망에 필수적이다. "중국이 타이완의 미래를 결정할 수 없다면 해양권에 대한 중국의 원대한 야망은 결국 하나의 거대한 비눗방울에 불과하다."

보다 즉각적으로 후보는 타이완을 통제하는 데에는 방어적인 이유가 있다고 본다. 그는 시랑과 장제스의 견해를 반영해 "중국의 관점에서 타이완은 여전히 중국 본토 해안의 자연 보호벽[屏障]이다. 타이완은 해상 교통로sea lanes of communication: SLOC를 보호하기 위한 이상적인 지점이다. 타이완은 해군이 열도선 봉쇄를 해제하고 태평양과 인도양으로 범위를 확장하는 열쇠이다. 전략적으로 대단히 중요하다." 하지만 후보가 생각하는 가장 큰 위험은 외부의 위협이다. "일단 타이완이 적의 수중에 넘어가면 중국의 강력한 해군 건설 전망이 점점 어두워질 것이다." 여기에서 후보가 암시하는 상대는 물론 미국이다. 시랑의 정신이 계속해서 살아 있는 것이다.[10]

통일 방법: 일국양제

통일이라는 선언적 목표를 먼저 설정하고 유지한 이후 베이징 정부가 직면한 다음 과제는 통일을 달성하는 방법이다. 군사력을 동원할 것인가, 아니면 평화적으로 설득할 것인가? 무력을 선택한다면, 특히 미국이 타이완을 방어할 가능성 또는 확실성을 감안할 때 인민해방군이 실제로 필요한 능력을 갖추고 있는가? 설득을 선호한다면, 상호 간에 받아들일 수 있는 합의의 근거가 있는가? 중국은 합의 가능성을 높이기 위해 타이완에 어떤 인센티브를 제공할 수 있는가? 베이징은 양안 분쟁을 얼마나 시급하게 해결해야 하며 지연은 용납할 수 없는 위험을 수반하는가? 이러한 질문에 대한 중국의 대답은 이후 타이완의 생존을 위한 계산을 형성하게 될 것이다.

마오쩌둥 정권은 국내 변혁에 초점을 맞추었기 때문에 중국(중화인민공화국)의 통일 목표를 추구할 때 유연성과 인내심을 가져야 했다. 1949년 이후에는 타이완을 점령하는 데 필요한 군사력이 부족했는데, 특히 미국이 중화민국 정권을 보호한다는 것이 명백해진 후 더욱 그러했다. 1970년대 들어서는 중화민국과 중국공산당의 냉전이 팽배했기 때문에 협상을 통한 평화적 분쟁 해결은 문제가 되지 않았다. 중국은 주기적으로 '평화적 해방'을 제안하며 타이베이의 의중을 떠보았지만, 아무 소용이 없었다. 가장 유력한 이유는 1949년 2월 중국공산당이 베이징을 인수할 때 '평화적 해방'이라는 용어를 사용했기 때문인데, 당시 중국공산당은 당국이 항복할 때까지 도시를 차단하고 굶주리게 했다.[11]

타이완으로서는 매력적인 선례가 아니다.

1970년대에 일어난 중요한 발전은 양안 분쟁을 변화시켰다. 우선, 중국(중화인민공화국)은 점차적으로 중화민국의 국제적 위상을 떨어뜨렸다. 1971년에 베이징은 유엔에서 타이베이를 대신해 중국을 대표하는 정부가 되었다. 그 후 중국은 세계 대부분의 나라와 외교 관계를 수립했는데, 그중 일부는 이전에 중화민국과 공식적인 관계를 맺고 있었던 나라였다. 가장 중요한 나라는 미국으로, 미국은 1979년 외교 관계를 타이베이에서 베이징으로 전환하면서 미국-중화민국 상호방위조약을 종료했다. 타이완 방어에 나서겠다는 막연한 미국의 약속이 남아 있었지만, 성격상 합법적이기보다는 정치적인 것이었다. 마침내 중국은 세계은행, 국제통화기금(IMF), 유엔 전문기구 같은 많은 국제기구에서 점차 중화민국을 대체했다. 1980년대 초까지 타이완은 국제사회에서 미미한 존재였다.

둘째, 1978년 말에 중국은 경제정책을 근본적으로 변화시켜 대외투자를 개방하고 수출주도 성장 전략으로 전환했다. 타이완 기업들은 곧 자본, 기술, 경영을 본토로 이전하고 본토에 있는 많은 사람을 고용함으로써 본토의 성장을 촉진하는 데 깊이 관여했다. 이러한 회사들 중 일부는 애플, 델 같은 회사들의 글로벌 공급망을 관리하는 역할을 했다. 이로써 중국공산당이 집권한 이후 처음으로 타이완과 중국은 융합의 기초가 될 수 있는 이해관계가 겹쳤다. 중국 지도자들은 경제적 상호의존이 부분적으로 타이완 내에 긍정적인 관계를 지지하는 층을 만듦으로써 정치적 통일로 이어지기를 희망했다.

셋째, 중국 지도자들은 국제사회에 대한 타이완의 문호는 대거 폐쇄하고 타이완 기업에 대한 문호는 개방하면서, 자신들의 통일 목표를 위해 타이완 지도자들을 직접 겨냥해 로비하기 시작했다. 베이징은 통일이 어떻게 일어날지 설명하기 위해 더 이상 (폭력의 의미가 함축된) 해방 또는 평화적 해방이라는 용어를 사용하지 않았다. 그 대신에 '평화적 통일'이라는 새로운 용어를 채택했다.

여기에는 중국 정부의 조건에 따라 타이완의 지도자들을 설득해 양안 분열의 종식을 받아들이게 할 수 있을 것이라는 자신감이 내재되어 있었다.

이를 위해, 중국은 해당 용어가 무엇인지 정의했다. 중국은 한편으로는 중앙정부와 타이완, 홍콩 사이에, 다른 한편으로는 중앙정부와 마카오 사이에 통일 이후의 관계에 대한 청사진을 점진적으로 구체화했다.[12] 이것은 '일국양제(一國兩制)'의 기초가 되었다. 그런데 양제(兩制)가 의미하는 '두 체제'는 정치적인 것이 아니라 경제적인 것이었다. 즉, 사회주의와 자본주의였다.

1990년 홍콩 기본법은 '일국양제'에 대한 가장 상세한 청사진을 제공했다. 홍콩과 타이완은 법적 지위가 달랐지만, 홍콩은 영국의 식민지였고 중화민국은 경쟁하고 있는 '중국 정부'였기 때문에 중화인민공화국은 여전히 두 영토에 일국양제를 적용했다. 일부 합리적인 추측을 보충하면, 홍콩의 사례는 일국양제가 타이완에 어떻게 적용될 것인지에 대해 많은 것을 보여준다.

- 타이완은 중국(중화인민공화국)의 특별행정구역이 될 것이다. 그 결과 중화민국 국기는 사라지고 중국(중화인민공화국) 국기가 섬 상공에 휘날리게 될 것이다.
- 정치적·행정적으로, 타이완 특별행정구역은 베이징의 중앙정부에 종속될 것이다.
- 타이완과 펑후군도가 중국의 주권 영토가 아니라는 일부 주민들의 주장은 부정될 것이다.
- 베이징의 중화인민공화국 정부는 타이베이의 외교와 국방 문제를 통제할 것이다. 무엇보다도 베이징은 타이완과 미국 간 관계의 범위와 성격을 좌우할 것이다. 특히 베이징은 타이완이 더 이상 미국의 대중국 세력을 투영하기 위한 플랫폼이 아니라는 것을 확실히 할 것이다.
- 베이징은 이러한 모든 변화에도 불구하고 타이완에서의 경제 및 사회생

활은 이전과 같이 계속될 것이라고 주장했다.

- 베이징의 중화인민공화국 정부는 '높은 수준의 자치'의 원칙에 따라 타이완의 개인들에게 섬의 내정을 관리하는 권한을 위임할 것이다.
- 이 원안에 따르면, 타이완은 시민권과 정치적 권리, 법치, 독립적인 법체계에 대한 중요한 보호를 누릴 것이라고 추측할 수 있다. 하지만 그때에도 타이완의 정치 지도자들과 정치 세력은 타이완의 독립을 옹호하는 것이 허용되지 않을 것이고, 무엇이 그러한 옹호인지를 결정할 권리는 중국이 보유할 것이다. 더욱이 타이완의 선거 제도는 타이완 독립 주창자가 최고 행정직을 차지할 수 없고 일국양제에 반대하는 정당은 입법부의 과반수를 확보할 수 없는 방식으로 설계될 것이다.

명확하게 말하자면, 이것은 베이징이 홍콩에 일국양제 방안을 적용한 방식과 타이완에 적용할 일국양제의 의미에 대한 베이징의 공식적이지만 일반적인 진술을 바탕으로 한 일련의 추론이다. 중국 관계자들은 일국양제가 홍콩보다 타이완에 더 유리할 것이라는 신호를 수시로 보냈지만, 그 방법을 구체적으로 밝힌 적은 없다. 특히 불확실한 점은 타이완 군대가 계속 존재할지 여부와 그들의 임무가 무엇인가 하는 것이다. 또한 베이징이 타이완에 인민해방군을 주둔시킬지 여부도 불확실하다.[13] 하지만 베이징이 2019년 홍콩 시위에 대해 국가안보를 보호한다는 명분으로 정치적 행동에 대한 통제를 강화하는 것으로 대응한 것은 중국이 일국양제에 따라 타이완에 부여할 어떠한 시민적·정치적 권리도 1997년 홍콩이 중국에 반환될 당시보다 덜 관대할 것임을 시사한다.

'중국공산당 특색을 지닌 자치'라는 이 모델은 중국공산당 지도자들에게는 타이완과의 근본적인 분쟁을 끝내기 위한 그럴듯하면서도 최적의 공식처럼 보였다. 그들은 1980년대에 시작된 경제적 상호의존의 이익과 타이완 주민의 대다수가 중국계라는 사실이 결합되면 타이완이 '라이벌 정부'라는 주장을 포기하기에 충분한 물질적·심리적 동기를 창출할 것이라고 믿었다. 중국공산당 지도자들은 홍콩에 일국양제를 적용할 당시 자신들이 기대했던 성공이 타이완 해협 전역에서 긍정적인 시범 효과를 가져다줄 것으로 기대했다. 또한 중국공산당 지도부는 타이완의 국민당이 마지못해 자발적으로 통일을 받아들이기를 희망했다.

사실 국민당 지도자들은 이념, 역사, 자부심을 이유로 일국양제 방식의 통일에 저항했다. 하지만 베이징은 그 지도자들이 중국 본토 출신이고 강한 중국 민족정체성을 가지고 있다는 사실로부터 자신감을 가질 수 있었다. 1990년대에는 국민당의 목표 또한 통일이었다. 하지만 일국양제와는 매우 다른 방안이었다. 게다가 일국양제가 공식화되었을 당시 국민당은 타이완 주민들에 대한 강력하고 권위적인 통제를 유지했다. 그리고 국민당 지도자들은 자신들의 선택에 따라 거래를 끊을 수 있는 자유를 갖게 될 것이고 새로운 협정을 이행할 수 있는 힘을 갖게 될 것이었다. 요컨대 베이징 지도자들은 이 전략을 실행하는 데 시간이 걸리고 자신들이 원하는 것을 얻기 위해 타이베이에 일정 정도 압력을 가해야 할 수도 있다는 것을 이해했다. 하지만 그들은 세력 균형이 계속해서 자신들에게 유리하게 변화함에 따라 설득이 효과가 있을 것이고 타이완의 지도자들도 변화하는 형세를 인식하고 정착할 것이라고 추정했다. 중국 속담에 따르면 "오이가 익으면 꼭지가 저절로 떨어지는" 법이었다.*

하지만 오이는 중국을 향해 떨어지지 않았다. 지난 40년의 대부분 동안 다윗은 골리앗을 압도했다. 여러 국제적 요인이 타이완에 유리하게 작용했다. 한 가지 중요한 요인은 레이건 행정부와 그 후계자들이 타이완의 안보를 위한 미국의 지원을 회복한 것이다. 소련의 붕괴는 중국이 글로벌 차원에서 갖는 전략

---

* 과숙체락(瓜熟蒂落)을 지칭하는 것으로, '조건이 무르익으면 일은 쉽게 이루어진다'라는 뜻이다. _옮긴이 주

적 중요성을 약화시켰고, 따라서 워싱턴은 타이완과 같이 베이징이 민감하다고 주장하는 문제에 대해 이전처럼 신중하게 처리할 필요가 없었다. 소비에트 연방의 종말은 또한 타이완이 이용하려고 했던 첨단 무기에 대한 구매자 시장을 창출했다.

하지만 중국이 통일 목표를 향해 거의 또는 전혀 진전을 보지 못한 가장 중요한 이유는 1980년대 후반부터 1990년대 초반까지 타이완이 강력한 권위주의 체제에서 완전한 민주주의로 전환했기 때문이다. 이것은 타이완이 무엇이었는지에 대해, 그리고 중국과 국제 시스템의 관계에 대해 새로운 행위자들과 새로운 아이디어들을 위한 문을 열어주었다. 이는 사실상 타이완 국민들에게 타이완의 미래를 놓고 베이징과 타이베이 간에 열리는 그 어떠한 협상 테이블에도 앉을 수 있는 자리를 마련해 주었다. 타이완 내에서는 중국과의 관계를 둘러싼 논쟁이 치열했고, 중국 문제는 타이완 정치에서 오랫동안 가장 두드러진 이슈였다.[14] 하지만 타이완 사람들은 베이징의 조건에 따라 통일하는 것에 반대하는 데 동의한다. 2019년 3월 국립정치대학 선거연구센터가 실시한 여론조사에 따르면, 응답자의 79.0%가 일국양제 방안을 거부했고 10.4%만이 이를 받아들였다.[15] 중국이 설득과 협상을 통해 목표를 달성할 기회는 낮은 수준으로 떨어졌고 그런 상태에 머물렀다.

베이징 입장에서는 타이완의 민주화가 또 다른 결과를 낳았다. 1994년 무렵부터 10년 이상 중국은 리덩후이 총통과 천수이볜 총통이 독립국가로서의 타이완을 건설하려는 의도를 갖고 있다고 우려했다. 이러한 두려움이 정당화되든 아니든 간에, 베이징은 자국의 이익과 통일 목표가 도전을 받고 있다고 믿었다. 그 결과, 베이징은 자신들의 용어로 설득을 통해 통일을 촉진하는 것을 일시적으로 미루고 타이완 독립에 반대하는 입장을 취했다.[16] 베이징은 또한 차이잉원 총통에 대해서도 같은 입장을 취했다.

중국의 공포

베이징은 실제로 일부 타이완 지도자들이, 1776년 7월 4일 공식적으로 독립을 선언한 미국처럼, 타이완을 위한 순간을 계획하는 간단한 시나리오보다 더 광범위한 공포를 가지고 있다. 베이징은 오랫동안 타이완 지도자들이 근본적으로 도발적인 단일 행동을 취하지는 않을 것이라고 믿어왔다.

베이징이 타이완 독립을 두려워하는 데는 사실 어느 정도 역사적 근거가 있다. 1949년 이후 일본에는 타이완 공화국Republic of Taiwan을 표방하는 작은 타이완 단체가 있었고, 1960년대 미국에서도 비슷한 노력이 시작되었다.[17] 베이징의 입장에서 더욱 심각한 것은 민주주의 및 타이완 독립운동 활동가 펑밍민(彭明敏)이 1964년 타이베이에서 '타이완 독립선언문'을 발표하려고 시도한 것이었다. 비록 펑밍민이 자신의 행동으로 투옥되었고 그 이후에 가택 연금에 처해졌지만, 후에 타이완을 탈출해 미국으로 건너가고 그곳에서 회고록『자유의 맛: 펑밍민 회고록(自由的滋味: 彭明敏回憶錄)』*을 출판해 독립의 대의를 홍보하려고 노력했다.[18] 그 이후 타이완이 민주주의로 이행하고 있을 때 야당인 민진당은 타이완 공화국을 수립하는 것을 목표로 삼았다(이 목표는 대중의 지지를 거의 받지 못했으며 점차 약화되었다).

베이징은 타이완의 독립이 얼마나 심각한 위협이 된다고 믿고 있는가? 언뜻 보기에는 베이징의 평가가 지나치게 경각심을 갖는 것처럼 보인다. 다음 장에서 자세히 설명하겠지만, 여론조사에 따르면 타이완에서는 이 선택지에 대한 지지가 상대적으로 낮다. 게다가 대중이 지지한다고 하더라도 그것을 실현시키기 위한 헌법상의 절차는 어렵다. 하지만 베이징이 독립으로의 이동을 두려워하는 것에 대해 몇 가지 그럴듯한 설명이 있다.

---

* 彭明敏,『自由的滋味: 彭明敏回憶錄』(台灣出版社, 1984). _옮긴이 주

첫째, 중국 지도자들은 타이완의 선거 결과에 대해 민의를 다소 정확하게 표현하는 것이 아니라 민의가 실제로 존재하지 않는 정책에 대한 대중의 지지를 이끌어낼 수 있는 선동적인 정치인들의 능력을 보여주는 증거로 여기고 있다. 선동적인 정치인들은 여론조사가 말하는 것과 현상유지에 대한 오랜 대중의 선호도를 뛰어넘어 성공적으로 대중의 정서를 이용해 독립 프로젝트에 대한 열정을 불러일으킬 수 있을 것이다.

둘째, 중화인민공화국 시스템은 어떤 행동이 독립을 위한 탐구를 구성하는지 매우 광범위하게 정의하는 경향이 있다. 1990년대 중반 리덩후이가 전개한 국제 공간에서의 타이완의 입지 확대를 위한 캠페인은 독립을 하려는 의도에서 기인한 것으로 여겨졌다. 사실 그는 통일이라는 목표와 자신의 입장을 계속해서 공식적으로 연관 지었다(그 목표가 베이징의 목표와 상충되는 조건임에도 불구하고 말이다).

셋째, 베이징은 과정의 측면에서 리덩후이, 천수이볜, 차이잉원 등이 채택한 전략이 점진적으로 은밀하게 움직여 독립을 달성하고 기정사실화할 것이고 베이징은 대응하기가 더 어려울 것이라고 여겼다. 이러한 평가에 기초해, 중국의 정책 입안자들은 독립을 위한 은밀한 움직임의 증거를 구성하는 타이완 조치들의 목록을 확인했다. 교과서 내 타이완 특화 내용 확대, 타이완 문화 홍보 및 중국 문화 축소, 일부 기관 명칭에서 '중국China'을 '타이완Taiwan'으로 바꾼 것 등이 그것이다. 리덩후이, 천수이볜, 차이잉원 모두 타이완이 이미 독립된 주권국가이기 때문에 독립을 선언할 필요가 없다는 공식을 사용해 왔다. 이것은, 제11장에서 설명하는 바와 같이, 법적으로 복잡하지만 또한 현상유지에 대한 고수를 정당화하려는 국내 정치적 목적의 역할을 하기도 한다. 베이징에서는 의심의 여지없이 이 방안이 분리주의 목표를 진전시키기 위해 사용되는 수사적인 속임수로 간주된다. 베이징에 가장 불안한 조치는 2008년 총통 선거 당시 유권자들에게 '타이완'이라는 이름으로 유엔 가입을 원하는지 묻는 국민투표를 실시하려는 천수이볜의 노력이었다. 국민투표는 실패했지만, 통과되었다면 중국은 이것을 타이완이 독립된 국가라는 공식적인 주장으로 해석할 수 있었다. 보다 최근에는 차이잉원 정부가 법적 독립에 해당하도록 중화민국 헌법을 변경하는 데 점진적으로 더 가까워질 것이라는 중국의 우려가 증가하고 있다.[19]

베이징이 밝힌 공포와 민진당 내 정치적 현실 사이에는 불일치가 존재한다. 확실히 민진당 강경파는 타이완 독립을 가장 큰 목소리로 요구하고 있다. 하지만 행동에 관한 한, 민진당은 최근 몇 년 동안 더욱 자제해 왔다. 예를 들어 2018년 타이완 정치 시즌에 민진당 내 친독립파는 국제적으로 합의된 '차이니즈 타이베이Chinese Taipei'*가 아닌 '타이완'이라는 이름으로 올림픽에 참가하는 데 대한 국민투표를 실시하자고 제안했다. 차이잉원 총통은 국민투표를 지지하지 않았으며, 그녀는 투표를 며칠 앞두고 열린 집회에 참석하지 않음으로써 지지자들을 크게 화나게 했다. 게다가 민진당 소속 치안판사와 시장들의 정치적 성공은 부분적으로 그들의 관할지역과 본토 간의 경제적 유대를 유지하는 능력에 달려 있다.

민진당 주류가 독립은 선택사항이 아니라는 것을 인정하고 있지만 중국 지도부로서는 이러한 현실을 받아들일 여유가 없다는 것이 나의 개인적인 견해이다. 이를 받아들이는 것은 민진당을 합법화하고 중국이 민진당과 공존할 수 있는 방법을 창의적으로 찾도록 요구하는 것이며, 이는 다시 통일의 기회를 더욱 줄이고 영구적인 사실상의 분리의 결과를 낳을 것이다. 그러므로 중국은 민진당을 악마화해야 하고 의도적으로 민진당이 가고자 하는 것보다 더 높은 공존의 기준을 세워야 한다. 더욱이 중국공산당이 원하는 것보다 통제력을 덜 행사하는 타이완과 같은 상황에서, 중국공산당은 자당(自黨)의 이익에 저항하는 적들을 방해하고 억제하고 고립시키기 위해 목표를 공유하는 내부 세력과 동

---

* 한자어로는 '중화 타이베이(中華台北)'라고 표기한다. _옮긴이 주

맹을 맺으려고 한다. 악마화하고 반대할 적을 갖는 것은 이러한 레닌주의 통일 전선 전략에서 필수적인 요소이다.

타이완을 독립의 길로 이끌 수도 있는 중화민국 헌법의 변화를 걱정하는 중국(중화인민공화국)은 개정 절차가 독립에 내재된 장애물임을 인식해야 한다. 중화민국 영토를 포함한 모든 주제에 대한 수정안을 통과시키려면 입법원의 4분의 3 이상이 찬성해야 하며, 국민투표에서 자격을 갖춘 유권자의 과반수가 찬성해야 한다. 사실상 타이완이 개헌을 하려면 제안된 개헌안이 가치가 있다는 폭넓은 국민적 합의가 필요하다. 따라서 타이완의 헌법은 중국 지도자들이 두려워하는 것을 차단하고 있다. 이와 동시에 타이완의 헌법은 또한 중국 지도자들이 가장 원하는 것, 즉 중국의 조건에 따른 통일을 불가능하게 만든다.

중국(중화인민공화국) 정부는 타이완 독립에 대해 맹비난하는 만큼 '두 개의 중국', 즉 중화인민공화국과 중화민국에도 반대한다. 결국 국제 체제에서 중화민국의 존재감을 줄이는 것이 1949년부터 베이징의 목표였다. 다시 말하지만, 베이징은 '두 개의 중국' 또는 영구적인 분리에 대해 우려할 만한 이유가 있다. 타이베이는 1970년대까지 국제 체제에 머물기 위해 투쟁했고, 1990년대부터 국제 공간을 확장하기 위해 노력해 왔다. 중국 관리들은 미국이 1950년대 후반과 1960년대 초반에 '두 개의 중국' 정책을 추진했던 것을 기억하고 있다.[20] 더욱이 오늘날까지 중화민국은 특히 본토 출신 당원들 사이에서 국민당의 신조로 남아 있다.[21]

마잉주 기회

중국은 2008년 마잉주의 승리로 인해 '설득을 통한 통일'에 대한 전망이 밝아졌다.[22] 리덩후이와 천수이벤에 대해 좌절하고 독립에 반대해야 할 필요성이 인식된 이후, 이것은 베이징이 통일을 촉진하는 정책으로 되돌아가 궁극적인 목표를 향한 진보를 재개할 마법의 순간으로 보였다. 마잉주는 본토인[*]이고 기질은 중국 민족주의자이다. 1990년대 초에 타이완 행정원 대륙위원회의 관리[**]로서 그는 양안관계를 촉진하기 위한 초기 노력에 참여했었다. 비록 그는 타이완의 성공을 단언했지만, 통일을 배제하지 않을 것이었다. 2005년에 그의 당(국민당)은 점차적으로 양안관계를 발전시키고 중국공산당이 '평화적 발전'이라고 부르는 개념을 통해 최종 상태의 문제를 연기하는 방법에 대해 중국공산당과 합의에 도달했다. 중국에게 마잉주의 승리는 민진당 집권하의 정부에 저항하는 효과가 있었고 민진당을 정치적 망각으로 제한시켰다는 것을 의미했다.

마잉주 총통은 1992년 '하나의 중국'에 대한 양측의 약속을 명시한 모호한 방안인 '92공식(九二共識)'을 받아들였고 양안관계의 정상화, 확대 및 제도화 과정을 추진했다. 하지만 마잉주 총통은 이 방안을 재정립해 자신에게 '하나의 중국'은 중국(중화인민공화국)이 1949년에 존재하지 않게 되었다고 주장하는 '중화민국'을 의미한다고 말했다. 그럼에도 불구하고, 그는 자신의 의도가 베이징의 근본적인 이익에 도전하지 않는다면서 중국 정부를 안심시키기 위해 노력했다. 그의 원대한 전략은 무력을 통해 타이완 문제를 해결하는 방안을 저지하는 긍정적인 관계에서 베이징의 지분을 늘리는 것이었다. 베이징은 타이베이와 협력함으로써 양국 정부가 쉬운 문제에서 벗어나 어려운 문제를 다루고 경제 분야에서 정치 분야로 발전할 수 있다고 믿을 만한 이유가 있었다. 더 넓은 국제 공간을 원하는 타이완의 요구에 대해 중국은 세계보건기구(WHO) 등

---

[*]   마잉주는 1950년 7월 13일 홍콩에서 태어났으며, 부친 마허링(馬鶴凌)은 후난성(湖南省) 샹탄현(湘潭縣) 출신이다. _옮긴이 주
[**] 행정원 대륙위원회 부주임위원 겸 대변인이었다. _옮긴이 주

엄선된 국제 정부 기구의 회의에 타이완이 참여하는 것을 막지 않았고, 타이완이 뉴질랜드, 싱가포르와 양자 간 경제협정을 협상하는 것을 방해하지도 않았다. 그러나 이들 지역에 있는 베이징의 시설은 여전히 제한적이었고, 결론은 여전히 까다로웠다. 본질적으로 중국의 메시지는 "우리가 당신의 국제 공간에 더 관대해지길 원한다면, 당신은 타이완의 법적 정체성을 더 잘 정의하기 위한 정치대화에 동의할 필요가 있다"는 것이었다.[23]

하지만 마잉주는 국내 의견을 존중할 수밖에 없었는데, 여론은 정치적인 대화로 나아가는 것을 반대했다. 개념상의 장애물도 있었다. 즉, 베이징이 주장하는 중화민국에 대한 마잉주의 강한 믿음은 무효라는 것이다. 주권국가인 중화민국을 마잉주 출발점으로 삼는 상황에서는 베이징이 선호하는 일국양제의 종점 — 즉, '타이완은 중국에 종속되어 있던 곳이었다'는 것 — 으로 양측이 도달할 수 있는 방법이 없었다. 이러한 상황에서 정부와 정부 간의 정치대화를 시도하는 것은 시기상조였다. 베이징은 이 점에 대해 적어도 두 번이나 마잉주를 압박했고 그는 두 번 다 거절했다. 이것과 마잉주가 '중국'을 중화민국으로 명확하게 정의한 것은 영구적인 분리와 '두 개의 중국'이라는 결과에 대한 중화인민공화국의 우려를 심화시켰다. 마잉주 정부도 통일의 길을 걷기를 거부한다면 그 목표를 달성할 희망은 어디 있겠는가?

베이징으로서는 설상가상으로 타이완의 정치 체제가 변하고 있었다. 정치는 더 이상 정당의 경쟁과 상호작용에 국한되지 않았다. 포스트모던 정서와 소셜 미디어에 의해 동원된 다양한 대의명분을 촉진하기 위해 새로운 사회 및 정치 세력이 나타났다. 해바라기운동은 이 중 가장 큰 결과였으며, 이는 마잉주의 양안 업무를 중단시켰다. 또한 2016년 선거에서 차이잉원과 민진당은 지방정부와 중앙정부를 휩쓸어 국민당이 영구적으로 소수정당이 된 것처럼 보이게 했다. 베이징이 10년 이상 인내심을 품어온 것이 물거품이 되어버린 것처럼 보였다.

설득을 통한 통일이라는 시진핑의 비전

2019년 1월 2일, 시진핑은 타이완 정책에 대한 연설을 했는데 이는 2012년 가을에 그가 집권한 이후로 가장 중요한 연설이었다.[24] 그 행사는 중국 전국인민대표대회(국회에 해당*) 상무위원회가 '타이완 동포'에게 해방정책에서 평화통일 정책으로의 전환을 알리는 메시지**를 보낸 지 40주년을 맞는 기념식이었다. 이것은 1979년 미국이 중화민국과의 외교 관계를 종료하고 중화인민공화국과 수교한 날과 동일한 날에 이루어졌다. 해당 연설과 관련해 적어도 일부 관찰자들이 놀란 점은, 민진당 정부가 여전히 집권하고 있음에도 불구하고 시진핑이 설득이라는 방식을 재확인했다는 것이다.

영어 번역본으로 3600여 단어를 넘긴 시진핑 주석의 연설은 통일이 타이완에 이익이 된다는 주장을 타이완에 전하면서 타이완 문제에 대한 중국의 교리적 견해를 제시했다. 그 연설은 기본 원칙을 제시했고, 정책 문제를 틀에 넣었으며, 정책 문제를 해결하기 위한 목적과 수단을 명시했다. 이 텍스트는 관료적 조정 과정의 산물이었을 가능성이 높지만 여전히 시진핑 주석의 흔적이 남아 있었다. 그것은 권위 있는 발언이었는데, 부분적으로는 중국의 최고지도자인 시진핑이 전달했기 때문이고, 다른 한편으로는 2018년 3월 중국의 시진핑 주석이 주석 임기*** 제한 철폐를 설계했기 때문이다. 따라서 그의 발언은 오랫동안 정책 도그마policy dogma로 남을 수 있었다.

연설의 첫 부분은 과거 회상이었다. 시진핑 주석은 아편전쟁 이후 중국이 외국으로부터 받은 피해에 대한 중국의 광범위한 이야기에 타이완의 역사를 집

---

* 상대적인 관점에서 형태상 국회에 해당한다는 의미이다. _옮긴이 주
** 「타이완 동포에게 알리는 글(告台灣同胞書)」을 지칭한다. _옮긴이 주
*** 중국(중화인민공화국) 국가주석의 임기를 지칭한다. _옮긴이 주

어넣었다. 그는 1949년 이후 해협 양안의 분단을 '중국 내전의 지속과 외부 세력의 간섭(즉, 미국)'으로 인한 '장기적인 정치적 대결'이라고 정의했다. 그러고 나서 국제적으로나 타이완에 대해서나 중국의 후속 정책이 거둔 성공을 간략하게 설명했다. 시진핑은 베이징이 "'두 개의 중국', '하나의 중국, 하나의 타이완', '타이완 독립'을 만들려는 다양한 시도를 단호히 좌절시켰다"라고 강조했다. 또한 "타이완은 중국의 일부였고, 이 해협 양안은 '하나의 중국'에 속해 있다"는 원칙을 되풀이했다. 언급했듯이 그는 또한 중국의 부흥을 타이완과의 통일과 연결시켰다.

물론 과거에 대한 중국 정부의 이야기와 미래에 대한 낙관주의는 정체성에 대한 딜레마를 포함한 몇몇 불편한 사실을 얼버무렸다. 시진핑 주석은 "해협 양쪽에 있는 동포들은 모두 중국인이다. 피는 물보다 진하다. …… 서로 돕는다는 것은 자연스러운 감정이다. 해협 양안의 사람들 사이에는 국가적 정체성이 있다. 그 누구도 그리고 어떤 외부 세력도 그것을 바꿀 수 없다"라고 주장했다. 하지만 타이완에 대한 여론조사는 소수의 대중만 자신을 중국인으로만 여긴다는 것을 일관되게 드러내고 있다. 미래를 내다본 시진핑은 통일이라는 하나의 목표를 확인했다. 공산주의 수사학에서 흔히 볼 수 있듯이, 그는 이 결과("주요한 역사적 경향")가 역사적 필연성의 문제라고 주장했다. 필요한 것은 '타이완 동포들'이 그 불가피한 점을 받아들이고 베이징과 협력해 통일을 이끌어내는 것뿐이었다.

이를 위해 시진핑 주석은 다섯 가지 의제를 제시했다. 우선 첫째 부분에서는 중화민족의 부흥과 타이완 통일 간의 연결고리와 함께 통일 이후 그 원대한 목표에 타이완이 기여할 수 있는 공헌에 대해 다시 짚었다. 따라서 타이완 문제는 중국 민족주의의 틀에 갇혀 있었다. 민족 통일은 해협 양쪽의 '번창하고 아름다운 삶'을 위한 전제였다. 하지만 시진핑 주석은 타이완 사람들에게 국가임무의 함축된 의미를 되새기라고 조언하면서 "타이완 동포들은 모두 중국의 구성원이다. 그들은 중국인임을 자랑스러워해야 한다. 그들은 국가의 부흥에서 타이완이 차지하는 위상과 역할에 대해 진지하게 생각해야 한다"라고 말했다. 물론, 타이완의 많은 사람들은 자신들의 국가정체성을 어떻게 정의해야 하는지에 대한 시진핑 주석의 견해를 문제 삼을 것이다. 타이완 민족주의는 1990년대부터 발전해 왔지만 여전히 하나의 정치세력이다.

타이완 문제의 넓은 맥락을 분명히 한 시진핑 주석은 행동 계획의 둘째 부분이자 가장 중요한 부분인 통일을 가져오는 방법에 대해 자신의 의견을 언급했다. 시진핑에게 '최선의 방법'(즉, '유일한 방법')은 일국양제였다. 그는 이러한 접근법이 타이완의 현실과 우려를 충분히 고려했다고 재차 강조하면서 일국양제에 대한 '타이완 계획'을 요구했다. 그가 "체제의 차이는 분리주의를 위한 변명은 고사하고 통일의 장애물도 되지 않는다"라고 주장했을 때, 타이완이 민주주의 국가라는 사실을 암시한 것인지도 모른다. 그것이 사실일 수도 있지만, 시진핑 주석은 근본적인 의미를 간과했다. 만약 베이징과 타이베이가 통일에 대한 상세한 합의에 도달한다면, 이것은 타이완의 민주주의 기관들로부터 승인을 받아야 할 것이고 아마도 대다수의 지지를 필요로 하는 헌법 개정을 통해 승인되어야 할 것이다. 타이완의 체제가 시진핑 주석의 이론에서는 통일의 장애물이 아닐지도 모르지만, 타이완의 실천에서는 확실히 통일의 장애물이다.

일국양제가 타이완의 '이익과 감정'을 충분히 고려할 것이라는 시진핑 주석의 보증에는 또 다른 함정이 존재한다. 시진핑은 "국가주권, 안보, 그리고 발전 이익을 보장한다는 전제 아래, 타이완 동포들의 사회 제도와 생활 방식은 평화적 통일 이후 완전히 존중될 것이며, 타이완 동포들의 사유재산, 종교적 신념, 그리고 합법적인 권리와 이익도 완전히 보장될 것이다"[25]라고 말했다. 하지만 이러한 입장은 사실 타이완의 정치 기관들과 군부의 보존을 포함시켰던 중국의 과거 약속으로부터 후퇴한 것이다. 그런 사항들이 여기서 누락된 것은 확실히 우연은 아니었다. 또한 '국가주권의 보장'이라는 전제조건은 타이완 사람들의 권리를 제한하는 데 사용될 수 있으며, 베이징은 전제조건을 위반했는지 여부를 판단할 수 있는 권한을 자신에게 남겨두고자 할 것이다. 게다가 타이완 동포들의 권리와 이익을 언급하는 데 사용된 형용사인 '합법적'이라는 말은 아마도 일종의 독약이라고 할 수 있다. 베이징이 무엇이 합법적인지 여부를 결정할 것이기 때문이다. 그렇기에 일국양제 방안이 홍콩에서 비교적 잘 먹혔을 때인 2014년까지 베이징은 정치 체제가 부분적으로만 민주적으로 작동하도록 설계함으로써 자신들이 두려워하는 정치인과 정당에 상당한 정치력을 부여하지 않았다는 불편한 진실이 존재한다.[26] 만약 이런 것들이 일국양제와 관련된 '타이완 계획'의 요소라면, 타이완의 의견에 반하는 것임이 확실하다.

시진핑 주석은 양측이 통일에 대한 합의를 어떻게 모색해야 하는지에 대해 폭넓게 논의했다. 그는 우선 "양안의 동포들은 한 가족이다"라는 비유를 다시 한 번 되풀이했다. 또한 "가족 문제는 …… 가족끼리 의논해야 한다"라고 말했다(물론 화목한 가정이라는 가정하에 말이다). 아울러 그는 평등한 협의와 공동 토론을 약속했는데, 이는 협상 당사자의 지위를 언급하는 것이 아니라 각 대표단이 서로 마주 앉는 토론 형식을 언급하는 오래된 방식이다. 하지만 그는 타이완에서 누가 토론에 참여할 수 있는지에 대한 조건을 설정했다. "타이완의 어떤 정당이나 단체도 우리와 교류하는 데 지장이 없다"라고 말하면서도 '하나의 중국 원칙'을 이러한 교류의 근간으로 주장하는 것은, 민진당 및 그와 관련된 모든 단체를 배제하는 것이다. '다양한 정당과 각계의 추천을 받은' '대표 개인'을 양쪽에 두고 '양안관계에 대해 광범위하고 심층적인 민주적 협의'를 할 것을 제안하되 "'92공식'을 고수하고 '타이완 독립'을 반대하는 공통의 정치적 기반에 대해서만 제안하는 것도 같은 결과를 낳는다.

따라서 시진핑 주석이 제안한 과정은 아마도 타이완의 관점에서 볼 때 출발점이 아니었을 것이다. 그는 중화인민공화국 정부와 중화민국 정부의 관료들이 조만간 양안 간의 이견을 해결하기 위해 노력하는 당사자가 될 것이라고는 전혀 시사하지 않았으며, 중화민국의 견해를 중화인민공화국의 견해와 대등한 것으로 인정하지 않았다. 기존에 약속했던 것보다 더 적은 수의 기존 타이완 체제 요소가 통일 이후에 보존될 것이라는 것은, 베이징이 언급되지 않은 기관들에 대한 통제권도 행사하려 할 것임을 암시했다.

이것은 시진핑 주석의 셋째 논점, 즉 "'하나의 중국 원칙'을 고수하고 평화통일의 전망을 보호해야 할 필요성"에 대한 지지를 제공한다. 그런 점에서 시진핑은 '타이완 국민들에게 희망을 거는' 정책 원칙을 부활시켰는데, 이는 아마도 민진당보다 더 유연해질 타이완 국민을 의미할 것이다.[27] 하지만 이 부분은 타이완 독립의 징후에 대한 경고였다. 그는 "타이완 독립은 역사의 역류이며 파멸로 가는 길"이라고 말했다. 또한 "모든 타이완 주민은 자신의 정치적·사회적·직업적 배경이 어떠하든 간에 '타이완 독립'이 타이완에 엄청난 재앙을 가져올 뿐이라는 것을 분명히 이해해야 하며, 따라서 '타이완 독립' 세력에 의한 분열을 단호히 반대하고 평화통일의 밝은 전망을 공동으로 모색해야 한다. 우리는 어떠한 형태의 '타이완 독립' 분리주의 활동에도 여지를 남기지 않을 것이다"라고 경고했다. 베이징은 민진당이 법률상의 독립을 목표로 추구하는 것으로 판단하고 있기 때문에, 시진핑은 사실상 타이완 시민들에게 중국(중화인민공화국)의 목표를 달성하기 위해 차이잉원 정부와 민진당에 반대할 것을 요청하고 있었다. 시진핑 주석은 또 "극소수의 '타이완 독립' 분리주의자들의 존재와 활동은 '중국은 중국인과 싸우지 않을 것'이라는 원칙에도 불구하고 중국의 타이완에 대한 무력 사용을 정당화할 것"이라고 경고했다.

시진핑의 넷째 논점은 '양안 융합발전'을 심화하고 통일의 기반을 공고히 하는 것이다. 이는 후진타오(胡錦濤)가 중국의 최고 지도자였던 시기에 발전된 '평화발전' 개념이 진화한 것이다. 그 용어는 통일에 대한 논의에 앞서 양안관계가 점진적으로 개선되는 것을 의미한다. 베이징에 있어 마잉주 집권기는 경제 및 사회 문제에 중점을 둔 평화로운 발전의 시기였다. 2017년 차이잉원 당선에 대한 대응으로 '융합발전integrated development' 개념이 도입되었다. 이 용어의 중국어 버전은 종합발전(綜合發展)이며, '융합integration을 통한 발전' 또는 '통합fusion을 통한 발전'으로도 번역될 수 있다. 이것은 민진당의 정치 체제를 통제했음에도 불구하고 타이완 국민과 본토 국민은 사회적·경제적 상호작용을 통해 더욱 긴밀하게 성장할 수 있다는 아이디어이다. 특히 시진핑은 인프라, 에너지, 산업 표준, 교육, 의료 등의 분야에서 공동 시장을 만들고 협력을 강화할 것을 촉구했다.

시진핑의 다섯째 요점도 이와 유사해서 '마음과 마음의 긴밀한 유대'를 육성하는 데서 문화가 차지하는 중요성을 강조했다. 그는 양안에 있는 사람들이 같은 출신이고 언어와 인종을 공유하기 때문에 "사랑하는 사람들 사이에는 풀지 못할 인식의 매듭이 없다. 끈기 있게 서로의 마음과 뜻을 더욱 굳건히 하겠다"라고 말했다.

출신, 언어 등을 공유하는 것이 정치적 통합을 위한 충분한 근거가 되는지 여부는 여기서 중요한 문제이다. 미국, 캐나다, 호주, 뉴질랜드의 역사는 분명히 그렇지 않다고 시사한다. 더 중요한 것은 중국공산당 정치 담론의 강력한 추세인 '중국인의 정치적 연대'의 윤곽을 정의하기 위한 시진핑의 인종적 기반이다. 시진핑이 말하는 중국인은 한족이다. 이러한 인종적 기반은 중국이 실제로 다민족국가라는 현실을 간과하고 인간이 일반적으로 동시에 여러 정치적 정체성을 갖고 있다는 사실을 무시한다. 베이징의 타이완 정책에서 특히 중요한 것은, 타이완 사람들의 정치적 정체성은 대부분 민족적 인종에 기반한 것이 아니라 타이완의 정치 체제와 가치에 더 기반한다는 것이다.[28] 신장 위구르 자치구 관련 중국정책 전문가인 미국 조지타운대학교의 제임스 밀워드James Millward는 "오늘날 중국공산당은 개별 문화의 독특함을 찬양하기보다 '범중국적 정체성'의 일종인 중화(中華)라는 단일 부문을 점점 더 장려하고 있다. 모든 것을 포함한다고 가정하지만 중화의 풍습과 특성은 사실상 한족의 풍습과 특성과 동일하다"[29]라고 언급했다.

전반적으로 시진핑의 연설은 당혹스럽다. 통일에 대한 그의 모든 낙관론, 타이완 독립에 대한 경계심, 한족 민족주의에 대한 호소, 그리고 일국양제를 논의할 때 민진당 정부를 우회하려는 명백한 의도는 그의 발언이 오늘날 타이완의 실제 상황에 대해서는 말하지 않고 있음을 나타낸다. 그가 대답하지 않은 질문은 차이잉원과 민진당이 2016년 총통선거 및 입법위원선거에서 어떻게 모두 승리를 거두었는가 하는 것이다. 더 나아가 중국의 정책, 특히 타이완의 독립에 반대하는 중국의 정책이 잘 작동했다면 어떻게 2020년 총통선거와 입법위원선거에서 차이잉원과 민진당이 다시 승리를 할 수 있었겠는가?

또한 시진핑 주석과 그의 정부가 통일 이후 타이완이 어떤 모습일지에 대해 제시한 세부항목이 거의 없다는 점도 곤혹스럽다. 항목의 목록은 시간이 지남에 따라 변경되었다. 그 내용은 미미하고 형식적이다(예를 들어 "타이완 동포들의 합법적인 권리와 이익"). 타이완 버전의 일국양제 방안과 관련해 좀 더 상세한 청사진을 제시하려면, 홍콩 반환 이후 홍콩을 위해 설립된 시스템을 참조해야 할 것인데, 정치 체제에 관한 한 이는 기존의 완전한 민주주의 체제에서 후퇴하는 것을 의미한다. 중국(중화인민공화국) 관계자들이 타이완 버전은 다를 것이라고 말하는 것은 좋은 일이지만, 방법과 세부사항을 자세히 설명하는 것은 그들의 의무이다. 타이완의 현 상태를 바꾸기를 원하는 것은 그들이다. 따라서 그들은 타이완 국민들에게 헌법 개정에 대해 충분히 폭넓은 지지를 얻을 수 있는 방법으로 이 주장을 펴야 한다. 물론, 베이징이 홍콩에 반민주적 '국가보안법'을 부과한 것과 그것이 시민적·정치적 권리에 미치는 영향은 타이완을 위해 명확하게 해야 할 설득의 기준을 높인다.

게다가 베이징이 통일에 대한 논의에 착수한다면, 현재의 교착 상태를 벗어나 더 많은 일상적인 문제에 대해 진전된 움직임을 재개할 계획은 무엇일까? 베이징은 마치 2016년 5월 총통 취임식 날부터 이러한 교착 상태가 시작되기라도 한 것처럼 지금까지의 교착 상태에 대한 책임을 차이잉원에게 부당하게 전가해 왔다. 하지만 이러한 어려움은 실제로 마잉주 총통의 재임 기간 동안 시작되었다. 베이징의 예비 정치회담 요청을 거절한 것도 마잉주였다. 입법부의 민진당 의원총회와 해바라기운동이 양안 서비스 협정에 대한 합의를 저지한 것은 마잉주의 재임 기간 중이었다. 의심의 여지없이 시진핑 주석과 그의 동료들은 총통선거 및 입법위원선거에서 비민진당 계통이 선출되는 것에 희망을 걸고 있었지만, 그것이 타이완 정치에서 지속적인 분열이 있었음을 부정하지는 못할 것이다. 마잉주 집권 2기의 정치는, 만약 새로운 국민당 집행부가 양안관계에 대한 중요한 움직임을 재개하려고 한다면, 반드시 민진당의 동의가 있어야 한다는 것을 보여주었다.

또한 일국양제가 가장 널리 적용되었던 홍콩에서 발생한 사건들은 그러한 방안이 타이완에 최선의 선택이라는 시진핑 주석의 메시지를 약화시켰다. 첫째, 2013년부터 2015년까지 홍콩의 선거 시스템을 개혁하고 보다 민주적으로 만들려는 노력이 실패했다. 이는 중국 지도자들에게만 책임이 있는 것이 아니었다. 홍콩의 민주화 운동가들도 자신들의 대의를 훼손시켰다. 홍콩의 운동가들이 몇 주일 동안 도시의 세 개 주요 도로를 점거하는 과정에서 발생한 우산운동은 베이징에서 정치적 통제력을 상실하고 있다는 두려움을 불러일으켰다. 하지만 선거 개혁이 일단락되자 베이징은 원래 부여했던 정치적 자유를 조금씩 갉아먹기 시작했다.[30]

시진핑 주석의 2019년 연설 목적이 이른바 '타이완 독립세력'의 지도자로 추정되는 차이잉원을 약화시키기 위한 것이었다면 그 연설은 오히려 역효과를 낳았다. 비록 92공식이 일국양제에 대한 어떤 논의도 하기 전에 실제로 관계를 잘 지배했음에도 불구하고, 차이잉원 총통은 92공식, 일국양제, 그리고 통일을 능숙하게 결합했다.[31] 차이잉원은 시진핑 주석이 일국양제에 중점을 둔 것에 겁을 먹은 타이완 언론의 도움을 받아 베이징이 타이완에 가하는 위험에 대해 반복적으로 경고했다. 그녀는 또한 자신의 정적들을 수세에 몰아넣었다. 그리고 국민당은 대중에게 자신들이 중화인민공화국의 이익이 아닌 타이완의 이익을 염두에 두고 있다는 것을 확신시키기 위해 일국양제에 대한 반대를 반복할 수밖에 없었다. 이 에피소드의 결과로, 차이잉원은 여론조사에서 지지율이 상승하기 시작했고 2020년 선거에서 자신의 입지를 강화했다.

그 이후 2019년 하반기에 홍콩에서는 시진핑 정부에 의해 제안된 범죄인 인도법 초안에 반대하는 대규모 시위, 때로는 폭력적인 시위가 일어났다. 이로 인해 차이잉원 총통은 일국양제가 홍콩에서 분명히 작동하지 않았기 때문에 타이완에는 적용되지 않는다고 주장하게 되었고, 이는 선거 지원을 동원하는 또 다른 방법을 제공했다. 2019년 늦여름에 총통 선거전은 사실상 끝났다. 2020년 6월 중국 전국인민대표대회가 홍콩에 부과한 '국가보안법'에 의해 베이징이 당초 계획했던 것과는 정반대로 홍콩의 일국양제에 대한 부정적인 현시 효과가 훨씬 더 강하게 드러났으며, 이는 정치적 자유를 더욱 제한했다.[32] 홍콩의 정치 체제는 타이완의 정치 체제와 완전히 달라졌다.

타이완 문제에 대한 시진핑 주석의 혼란스러운 해설에 대한 가장 그럴듯한 설명은 그의 연설이 전부는 아니더라도 대부분 본토에 있는 국내 청중을 대상으로 한 것이었다는 것이다. 차이잉원 총통이 당선되었고 그녀가 미국과의 관계를 개선할 수 있었다는 사실 등에 의해 중국공산당 정권의 일부 구성원이 타이완의 동향에 불만을 품고 있다는 증거가 있다. 중국의 뤄위안(羅援) 전 인민해방군 사령관은 타이완과 타이완-미국 관계의 흐름이 중국의 이익에 위험을 초래하고 있다고 주기적으로 경고한다. 그는 "이러한 모든 영향이 하나의 중국의 이익에 심각한 영향을 미쳤다"라면서 "따라서 중국인민해방군은 법과 질서를 유지하고 '타이완 독립세력'을 저지하기 위해 강력한 방법을 사용해야 한다"[33]라고 주장했다.

이런 반대에 직면한 시진핑 주석이 설득한 대상은 타이완 국민이 아니라 자신의 정권 내 비판세력이었다. 그는 타이완 독립에 대해 경계하고 통일을 이끌어낼 계획을 가지고 있다고 확신시킴과 동시에 그들에게 과거 정책에 대한 열광적이고 민족주의적인 방어를 제공해 주었다. 이것은 여전히 오래된 정책이 성공하지 못했거나 실패했다는 현실, 그리고 2020년에 차이잉원 총통이 재선될 가능성이 높다는 현실을 덮으려는 위장이었다.

베이징의 전략적 인내: 데드라인이 있는가

시진핑 주석이 타이완 통일과 '중화민족의 위대한 부흥'의 연계를 거듭 언급하면서 일각에서는 후자의 2049년 목표가 전자의 기한이기도 하다는 유추를 내놓고 있다. 중국의 한 젊은 학자가 나에게 시사했던 것처럼, "데드라인이 아닌 가운데 데드라인이 있다." 일부 중국 지도자들은 실제로 2049년이 통일의 시한이라고 생각할 수도 있지만, 시진핑의 연설을 읽어보면 그가 암시적으로 보일 수 있는 것을 명시하지 않으려고 조심하고 있다는 것을 알 수 있다. 이것은 완벽하게 말이 된다. 단지 명시되지 않은 데드라인이 있다는 것을 암시하는 것은 타이완 지도자들에게 어느 정도 압력을 가하고 의사결정에 불확실성을 야기한다. 통일을 위한 구체적이고 공개적인 목표 날짜를 설정하지 않으면 '조국의 품' 밖에 있는 타이완에게 지정된 시간이 도래할 경우 잠재적 위협에 따라 행동해야 하는 위험을 피할 수 있다.

장기적으로 보면 시진핑의 연설은 "양안 두 측의 오랜 정치적 차이는 양안 관계를 안정적으로 진행시키지 못하는 주요 원인이다. 이것이 대대로 계승되어서는 안 된다"는 생각을 되살렸다. 해당 성명서가 시사하는 바는 문제가 해결되지 않은 기간이 길수록 중국(중화인민공화국)이 받아들일 수 없는 또 다른 결과인 평화적 분리가 발생할 가능성이 더 높다는 것이다. 그런 관점에서 볼 때, 통일을 향한 의미 있는 움직임 없이 시간이 흐를수록 통일의 목표를 달성할 수 있을지에 대한 의구심이 커지고 사실상의 평화적 분리가 일어날 가능성이 더 커질 것이라는 두려움이 생길 것이다. 홍콩이 2047년에 가까워지고 일국양제 아래에서의 50년 기간이 끝나갈수록, 베이징의 더 많은 정책 입안자들은 타이완의 특성에 대한 전략적 인내를 더 이상 유지할 필요가 없다고 느끼게 될 것이다.

마감 시한에 대해 생각하기보다는, 중국 지도자들이 자신들의 목표를 성취하기 위한 문이 열리고 있다고 인식하는지, 닫히고 있다고 인식하는지, 아니면 여전히 멈춰 있다고 인식하는지 여부를 결정하려고 노력하는 것이 더 타당하다. 분명한 것은 문이 닫히고 있다고 판단한다면, 예를 들어 타이완의 지도자들이 법률상의 독립처럼 보이는 것을 향해 나아가기 위한 적극적인 프로그램의 형태를 취한다고 판단한다면, 이에 대한 조치를 요구할 것이라는 점이다. 베이징이 만일 장기적인 흐름이 통일에 유리하고, 문이 열려 있으며, 오이가 마침내 꼭지에서 떨어질 것이라고 믿는다면 인내는 정당하다. 하지만 통일 전망에 대한 중국의 신뢰도는 타이완의 총통선거와 입법위원선거 및 정치권의 개편에 따라 변화하고 있다. 그러한 신뢰는 리덩후이 및 천수이벤 정권 때 쇠퇴하다가 마잉주의 당선으로 상승했으며, 2016년 민진당이 집권하면서 다시 쇠퇴했다.[34]

중국은 천수이벤의 두 임기 동안 살아남았기 때문에 적어도 차이잉원 총통의 한 임기에서 살아남을 수 있다고 믿었을 것이다. 시진핑 주석이 2019년 1월 연설에서 밝힌 다섯 가지 논점은 통일의 문이 닫히지 않을 수 있으며 인내가 정당하고 필요하다는 것을 베이징이 믿고 있음을 시사한다. 시진핑 주석의 발언은 통일 목표와 일국양제 방안은 명확하게 제시하고 있지만 위기감이나 문제 해결의 절박성을 시사하지는 않는다.

결론

1979년 이후 중국의 타이완 정책은 본질적으로 다음과 같은 특징을 가지고 있다.

- 타이완이 중국의 궁극적인 목표를 받아들이도록 설득하는 데 걸리는 시간에 관한 주목할 만한 인내심.
- 타이완이 양안관계에서 얻는 이익, 주로 경제적 이익이 타이완으로 하여금 중국의 조건을 수용하도록 유도하기에 충분할 것이라는 거의 순진한 낙관론.
- 타이완의 국제적 역할과 법적 정체성의 정의(예를 들어 타이완 독립 등)에 관해 타이완이 넘지 않을 수 있는 경계를 집행하는 데서의 확고함.
- 타이완의 중국 정책에 대한 워싱턴의 영향을 과장하면서 타이완을 지지하는 미국의 동기에 대한 깊은 의심.
- 타이완에 대한 정서가 바뀌고 있는 가운데서도 근본적인 분쟁의 협상 타결조건(일국양제)에 대한 지속적인 경직성.

하지만 1980년대 초 중국이 통일에 대한 '일국양제' 방안을 발표한 이후, 한편에는 중국의 야망이 있고 다른 한편에는 근본적인 양안 분쟁을 해결하려는 중국의 조건에 대한 타이완 정부 및 대중의 반대가 있어 이 사이에 타협할 수 없는 갈등이 존재했다. 1980년대에는 국민당 정권의 반공사상이 교착의 원인이었다. 하지만 1990년대 초에 타이완이 민주화된 이후, 그 장애물은 일국양제에 대한 대중의 반대였다. 여기에는 일국양제가 타이완의 경쟁적인 민주주의 체제에 미칠 수 있는 결과 및 알려진 현상을 알 수 없는 미래와 교환하는 데 대한 꺼림칙함이 포함된다.

누군가는 일국양제 방안이 만들어진 이후 타이완에서 많은 것이 변화해 온 것, 수십 년의 권위주의 기간 동안 아무 발언권이 없었던 타이완의 시민들이 오랫동안 양안 정책에 대해 강한 발언권을 갖는 것을 보면서, 중국(중화인민공화국) 정부가 타이완의 민감성에 더 잘 적응할 수 있도록 제안을 바꾸는 것을 고려할 것이라고 생각할지도 모른다. 아메리칸대학교American University의 저명한 상주 학자 무티아 알라가파Muthiah Alagappa는 현재 상황에서 베이징은 접근 방식을 근본적으로 바꿔야 한다고 주장한다. "베이징이 타이완 분쟁을 평화적으로 해결하기 위해서는 민족nation, 국가state 건설, 아울러 주권sovereign에 대한 생각도 재고해야 한다. 중국은 하나 이상의 민족과 국가가 있을 수 있다는 것을 받아들여야 한다. 이를 통해 베이징은 타이완을 문화적 친밀감을 공유하는 별개의 민족이자 주권국가로 받아들일 수 있게 될 것이다."[35]

하지만 변화하는 환경에 적응하는 것, 특히 타이완의 민주화에 적응하는 것은 베이징이 꺼려하는 일 가운데 하나이다. 실제로 시진핑 주석은 적어도 국내 정치를 위해 원래 제안에 대한 노력을 배가했다. 하지만 시대에 뒤떨어진 개념을 이처럼 고수하는 것은, 비록 약간의 고집이 작용하기는 하지만, 순전히 고집에서 비롯된 것은 아니다. 부분적으로 그것은 권력과 그 실천에 대한 사고방식에서 비롯된다. 베이징은 본토와 타이완, 그리고 미국과 중국의 상대적 힘의 균형이 변화하기만 하면, 일국양제가 타이완의 이익에 부합한다고 타이완 정치 지도자들과 국민을 설득하는 데 필요한 양보를 하지 않고도 베이징이 야심을 펼칠 수 있는 상황이 조성될 것으로 보고 있다. 타이완의 한 중국 전문가는 "중국이 점점 더 강력해지고 있기 때문에 양안관계의 발전을 위한 규칙을 정하게 될 것이다"라고 나에게 말했다.[36] 베이징이 지닌 힘에 대한 평가가 이처럼 변화하는 것이 지닌 함의는, 설득이 타이완 목표를 달성하기 위해 지배적인 방식일 필요가 없으며 이는 결국 타이완의 안전을 보장하는 타이베이의 임무를 복잡하게 만든다는 것이다.

하지만 이러한 새로운 관점은 중국이 타이완의 일국양제 반대를 종식시킬 수 있는 충분한 영향력을 행사할 수 있는 방법에 대해 의문을 제기한다. 과거에 중국의 지도자들은 평화통일이냐 전쟁이냐의 양자택일의 관점에서 생각했다. 그들은 '두 개의 주먹'을 구사하는 타이완 정책에 대해 말했다. 예를 들어 2000년 5월 연설에서, 당시 첸치천(錢其琛) 중국 부총리는 "덩샤오핑(鄧小平) 동지는 우리가 타이완 문제를 해결하기 위해 '두 개의 주먹'을 사용해야 하며, 두 가지 방법 중 어느 것도 배제하지 말아야 한다고 말하곤 했다. 우리는 이 문제를 평화적으로 해결하기 위해 오른손으로 최대한의 노력을 기울일 것이다. (하지만) 이것이 효과가 없을 경우 왼손, 즉 군사력도 사용할 것이다"[37]라고 말했다.* 하지만 베이징이 한편으로는 전쟁에 나서고 다른 한편으로는 타이완 국민을 수용하는 데 드는 비용을 고려할 때, 현재의 환경은 설득과 전쟁 사이의 선택권인 '제3의 주먹'이라는 가능성을 만들어내는가? 나는 제12장에서 이 질문으로 다시 돌아갈 것이다.**

---

* 타이완 문제에 대한 덩샤오핑의 인식과 기본 구상, 그리고 타이완을 둘러싼 덩샤오핑과 장징궈 총통 간의 정치적 투쟁에 대해서는 다음을 참조하라. 롼밍(阮銘), 『덩샤오핑 제국 30년』, 이용빈 옮김(한울엠플러스, 2016), 169~184쪽. 롼밍은 2004년부터 2006년까지 타이완(중화민국) 총통부의 국책고문을 역임한 바 있다. _옮긴이 주

** 2022년 10월 개최된 중국공산당 제20차 당대회에서 시진핑은 중국공산당 총서기에 선출되어 3기 연임을 실현했다. 중국공산당 제20차 당대회에서 이루어진 정치보고에서 시진핑 총서기는 향후의 타이완 정책과 관련해 평화적 통일을 쟁취하기 위해 최대의 성의와 노력을 기울이겠지만 "결코 무력 사용을 포기하는 일은 없다"라고 공표했다. 그러면서 "타이완 문제를 해결하는 것은 중국인 자신의 일이며, 중국인이 결정해야 한다"라고 강조하고, 아울러 "조국의 완전한 통일은 반드시 실현하지 않으면 안 되며, 반드시 실현할 수 있다"라고 천명했다. _옮긴이 주

제8장

타이완의 안보 추구

수사학적으로 베이징은 타이완에 대해 이중적 접근 방식[덩샤오핑의 '두 개의 주먹']을 채택했다. 2019년 1월 연설에서 시진핑은 타이완 사람들에게 본토와 타이완이 공유하는 모든 것과 통일이 최선의 결과라고 믿었던 모든 이유를 제시했다. 시진핑은 타이완 사람들에게 타이완의 기업들이 '본토에서 (경제)발전의 기회를 공유할 수 있었다'는 것을 상기시켰다. 하지만 시진핑 주석은 독립에 강경한 입장을 취했고 무력 사용도 배제하지 않았다. 그는 양안 분쟁 해결 시한을 정하지는 않았지만, 중국(중화인민공화국)의 인내심이 무한하지 않다는 점을 분명히 했다. 하지만 통일이라는 베이징의 궁극적인 목표에서는, 통일의 기본 조건인 일국양제[1]와 마찬가지로 이러한 정책적 이중성이 부재했다. 이러한 기본 조건은 근본적이고 변하지 않는 것이었다.

목적의 경직성과 수단의 유연성이 결합되면 타이완에 심각한 딜레마를 만든다. 부드러운 주먹으로부터 이익을 얻고 베이징의 접근 방식인 강한 주먹의 피해를 피할 수 있는 방법은 무엇일까? 중국의 화해와 대립의 위험을 어떻게 계산하고 관리해야 할까? 요컨대, 중국의 '두 개의 주먹' 정책이 지닌 한 가지 목적이 타이완의 지도자와 시민들을 영구적인 불안정 상태에 빠지게 하는 것임이 분명하다면 어떻게 안보를 극대화할 수 있을까?

개념으로서의 안보

이 장에서는 타이완의 안보, 사용 가능한 대응 선택지 및 대중의 관점을 다룬다. 하지만 안보는 인민해방군의 공격을 억제하는 능력 및 억제에 실패할 경우 효과적인 방어를 할 수 있는 능력 이상의 것을 포함한다. 타이완의 안보는 또한 미국의 지원 유지 및 중화인민공화국의 공격이 발생할 경우 개입하겠다는 미국의 암시적인 약속에 달려 있다. 타이완의 안보는 긴장을 줄이고 협력을 강화하기 위해 외교에 의존하기도 했다. 타이완은 또한 경제, 외교, 군사, 정보('프로파간다'라고도 한다)와 같은 영역에서 비폭력 도구를 통한 중국의 강압에 대처해야 한다. 하지만 조정과 화해는 안보를 강화할 수도 있다.

안보에 대한 개념이 국제관계 연구에서 중요한 만큼, 그것은 현저하게 정의되지 않은 개념이다. '안보 딜레마'라는 아이디어는 방어적 현실주의 학파의 핵심이지만, 이를 사용하는 학자(나도 포함된다)는 딜레마가 존재하는 안보 문제보다 딜레마 자체에 훨씬 더 관심이 있다.[2]

물론 예외도 있다. 미국 매사추세츠공과대학교MIT의 정치학자 배리 포젠Barry Posen은 다음과 같은 한 가지 정의를 내렸다. "안보는 전통적으로 주권, 안전, 영토의 완전성, 그리고 권력 지위의 보존을 포함했다. 마지막은 처음 세 가지에 필요한 수단이다."[3] 1950년대 초에 아놀드 울퍼스Arnold Wolfers는 안보를 "획득된 가치에 대한 위협의 부재"[4]라고 정의했다. 본질주의적 정의에 기초하자면, 질문은 특정한 국가와 국민들이 그 손실 또는 손실 가능성이 심각한 위험을 구성할 정도로 가치 있다고 여기는 것은 무엇인가 하는 것이다. 여기에는 군사적 위협 부재, 정치적·사회적 자기 결정권 보존, 최적의 경제 복지, 자연 재해로부터의 보호, 두려움으로부터의 자유 등 많은 가능성이 있다.[5]

그러므로 안보와 안보의 구성 요소는 상황에 매우 많이 의존한다. 캐나다의 안보는 파키스탄과 매우 다르다. 타이완에 있어 주요 불안 요소는 중국과 그들의 독특한 공동 역사로부터 비롯된 위협이다. 중국 정부는 타이완이 국제 체제에서 대표하는 중국의 주권 영토 가운데 일부라고 주장한다. 중국은 일국양제라는 공식을 바탕으로 한 '평화통일'을 통해 양안 분쟁을 종식시키겠다는 조건을 내걸었다. 베이징이 마음대로 한다면, 타이완은 지금 국민들이 익숙한 현실에서 근본적으로 변화할 것이다. 결국 타이완의 불안은 실존적이다.

안보에 대한 울퍼스의 본질주의적 정의로부터 추론할 수 있는 또 다른 근본적인 논점은 다음과 같다. 즉, 국가가 안전을 위해 충분히 가치 있는 것을 결정하는 방식과 그것을 결정하기 위해 필요한 단계는 종종 경쟁이 심하고 정치적인 과정일 수 있다는 것이다. 그것은 오늘날 타이완에서 확실히 사실이며, 몇 가지 다른 접근법이 시행되고 있다. 장제스와 장징궈가 타이완을 위해 국가안보의 핵심 결정을 내렸던 권위주의 시대에는 달랐다. 장제스의 접근에 대한 유일한 심각한 반대는 야당이 아니라 미국이었다. 하지만 타이완이 민주화되자 타이완이 무엇을 소중히 여겨야 하는지, 그것을 어떻게 안전하게 지켜야 하는지에 대한 논쟁이 활짝 열렸다.

더욱이 불안한 국가의 지도자와 시민들이 적의 의도를 평가하는 것은 매우 주관적인 일이다. 결국 얼마나 많은 안보가 충분한지 어떻게 알 수 있는가? 현실적인 계산을 보장할 수는 없다. 실제 가능성은 과도한 편집증에서부터 극단적인 순진함에 이르기까지 다양하다. 또한 안보를 미국 같은 외부세력에 의존하는 타이완 같은 나라의 경우 워싱턴에 얼마나 의존해야 하는지도 평가할 필요가 있다. 안보를 타국에 의존하는 대가는 버림을 받고 함정에 빠질 것이라는 두려움이며, 이는 또 다시 편집증과 순진함 모두 가능하다.

베이징의 야망에 대처하는 타이완의 전략

타이완에 대한 중국의 야심은 변함이 없는데다가 중국의 경제력과 군사력은 점차 비대해져서 타이완의 지도자와 대중이 갖는 불안의 그림자를 어둡게 하고 있다. 물질적 힘은 힘의 균형이 베이징에 유리하도록 옮겨간 가장 분명한 방법이다. 그리고 물질적 힘은 군사력과 경제력을 동시에 가질 수 있다. 군사적으로, 인민해방군은 1990년대 말에 군사력을 증강하고 향상시키기 위해 꾸준하고 체계적인 캠페인을 시작했다. 이 캠페인의 요소에는 무기 플랫폼(공중, 지상 및 지하), 장거리 정밀 타격 무기, 감시, 정찰, 정보 및 통신의 통합 시스템, 그리고 진정한 통합군으로서 싸울 수 있는 능력이 포함되어 있다. 능력이 의도를 좌우하는 것은 아니지만, 만일 중국이 타이완을 공격하고 미국의 개입을 차단할 필요가 있다고 결정했다면 전력 증강이 시작되었을 때보다 지금 더 능력이 있다는 데에는 의문의 여지가 없다.

이와 동시에 본토 경제는 1990년대 초부터 시장으로서 그리고 상품 생산과 조립을 위한 플랫폼으로서 타이완의 번영에 중요한 역할을 해왔다(제4장 참조). 10년 이상 동안 타이완 총 수출의 약 40%가 중국으로 넘어갔다.[6] 섬의 많은 주민들(전부는 아니지만)은 본토가 제공한 사업 기회 때문에 상대적으로 부유해졌다. 베이징이 정치적 양보를 얻어내기 위해 그 상호의존성을 활용하려는 지점이 있는가? 베이징은 이미 증가하는 재원을 이용해 타이완과 여전히 외교 관계를 맺고 있는 국가들이 중국으로 지원을 전환하도록 유도하고 있다.

물질적인 힘 외에, 심리적인 차원도 있다. 타이완 국민들이 통일 반대를 지속할 수 있는 능력에 대한 자신감을 잃을수록, 베이징이 통일을 이끌어내기는 더욱 쉬워질 것이다. 2020년 선거 운동 기간 동안 사람들은 망궈간(芒果乾, 말린 망고)을 언급했다. 그 용어는 다가오는 국가 붕괴에 대한 불안감이나 두려움을 나타내는 왕궈간(亡國感, 나라가 망한 느낌)의 동음이의어였다. 일부 시민들은 국민당이 다시 집권하면 국가적 절망이 커질 뿐일 것이라고 믿었다.[7] 다른 시민들은 민진당이 계속해서 통치하면 그런 일이 일어날 것이라고 생각했다.

그렇다면 타이완의 지도자들이 경제와 안보의 의무에 균형을 맞추면서 여전히 대중의 지지와 신뢰를 유지할 수 있는 방법은 무엇일까? 정확한 통일 시한이 없다고 해도 중국의 무제한적인 인내심을 전제로 할 수는 없다. 타이완의 일부 사람들은 시진핑이 2019년 1월 연설에서 한 말, 즉 "양안 두 측의 오랜 정치적 차이가 … 대대로 계승되어서는 안 된다"[8]는 것이 진심이라고 믿고 있을 것이다. 중국 지도자들은 설득에 대한 의존도에 비해 '두 개의 주먹' 정책에서 '강경'을 더 강조하는 능력에 대해 과신하고 있을 수 있다. 그들은 타이완의 민주주의 체제가 지닌 역동성을 충분히 고려하지 않을 수도 있다. 하지만 여론조사에 따르면 타이완 국민 절반 가까이가 통일이 될 가능성이 높다고 생각하므로 타이완의 지도자들은 미래에 대해 안주할 수 없다.[9] 타이완 지도자들은 자신들의 선택에 대해 신중히 생각할 필요가 있다. 각각의 비용과 이익, 최선의 선택(또는 최악의 선택)에 대한 합의 도출의 어려움, 그리고 불가능의 위험을 고려해야 한다. 타이완은 아마도 단순히 반대하는 것을 거부하고 자신들이 가진 것을 방어하는 방법에 대해 더 많이 생각해야 할 것이다. 어떻게 하면 불안감을 줄일 수 있을지에 대한 내부 논쟁이 벌어지는 것은 놀랄 일이 아니다. 중국에 어떻게 대처하는가는 타이완 정치에서 가장 중요한 문제였으며 지금도 여전히 그렇다.[10]

분석적 사고

1999년 당시 오하이오주립대학교 교수였던 랜달 슈웰러Randall Schweller는 국가가 부상하는 강대국에 의해 야기된 불안정에 대응할 수 있는 방법에 대한 목록을 이론적으로 도출했다.[11] 대응 선택지를 생성한 변수는 적의 근본적인 의도(더 수정주의적이든 덜 수정주의적이든 간에)와 상대방이 위험을 회피하는지 또는 수용하는지 여부였다.

- 수정주의적이면서 위험을 감수하는 강대국에 대한 표적국가의 현명한 대응은 예방전쟁이다. 분쟁이 불가피하다는 믿음이 있는 경우 방어자는 힘의 균형이 더 유리할 때 행동해야 한다.
- 적이 수정주의자이고 위험을 회피하는 경우 방어자에 대한 합리적인 대응은 억제와 균형의 조합이다.
- 제한된 목표만 가지고 있지만(즉, 수정주의자가 아니지만) 위험을 수용하는 적에 대한 적절한 대응은 억제와 균형 또는 힘을 통한 참여이다.
- 마지막으로, 수정주의자가 아니면서 위험을 회피하는 적의 경우 방어자는 참여하는 것, 적을 기존 명령에 구속하는 것, 또는 이 두 가지를 혼합하는 것 중에서 선택할 수 있다.[12] 회유는 참여의 한 형태이다.

국가가 강력한 적의 도전에 이론으로 대응할지 여부는 두 가지 가정을 전제로 한다. 첫째는 방어자가 적의 의도와 위험에 대한 접근 방식을 정확하게 평가해야 한다는 것이다. 아돌프 히틀러Adolf Hitler에 대한 네빌 체임벌린Neville Chamberlain의 평가는 두 가지 면에서 모두 틀렸고, 이는 그의 유화 정책의 실패로 이어졌다.[13] 9·11 테러 이후 미국은 이라크의 사담 후세인Saddam Hussein이 자국의 이익에 끼친 위협을 과장했고, 따라서 막대한 대가를 치르고 예방 전쟁을 감행했다.

둘째 가정은 방어하는 국가가 제기된 위험에 대해 명확하게 이해했더라도 상황이 지시하는 대로 대응할 능력과 의지가 있는지 여부이다. 폴란드는 1939년 가을에 자신들의 군사 능력이 부족하기 때문에 나치에 반대하며 균형을 되찾고자 하는 그룹에 참여하려는 시도가 소용없다는 것을 발견했다. 슈웰러가 고려하지 않은 요소는 시간에 대한 적의 접근 방식이다. 즉, 방어자에 대한 목표를 달성하기 위한 문이 열려 있는지 닫혀 있는지 여부이다. 이 요소는 위험에 대한 공격자의 접근 방식과 관련이 있지만 분석적으로는 다르다.[14]

또한 안보 여부 판단의 주관성은 의사결정자로 하여금 안보가 어느 정도 충분한지를 결정하기 어렵게 만든다. 의사결정자들의 판단은 지나친 두려움이나 비현실적인 희망과 같은 편견의 대상이 될 수 있다. 더욱이 비록 지도자들이 불안정에 대한 자신들의 관리가 충분히 훌륭하다고 믿더라도 그들은 자신들의 신뢰를 공유하도록 정치인과 시민들을 설득할 수 없을지도 모른다.[15]

대립되는 타이완의 견해

이 모든 것이 타이완에 의미하는 바는 무엇인가? 몇 가지 예시적인 견해가 식별될 수 있다. 그중 세 가지는 소수를 나타내는데, 두 가지는 주요 블록과 관련이 있다. 타이완의 정치적 색상 스펙트럼에 비추어 볼 때, 주요 블록과 관련된 두 가지 견해 중 하나는 국민당 강경파 세력과 일치하고, 나머지 한 가지 견해는 각각 국민당 온건파, 민진당 온건파, 민진당 강경파 세력과 일치한다.

소수 의견

첫째의 소수 관점은 국민당 강경파의 관점인데, 첫째로 논의할 국민당 강경파의 관점은 1993년 당시 리덩후이 총통의 정책 방향에 불만을 품은 국민당 보수파 의원들이 창당한 신당(新黨)에서 나온다. 신당은 베이징의 의도가 타이완의 이익을 위협한다고 보지 않으며 통일을 기꺼이 받아들일 용의가 있다. 2019

년 8월, 위무밍(郁慕明)* 신당 주석은 베이징을 수용하는 데 큰 도움이 되는 평화적 통일을 요구했다. 그는 통일 이후 중국에 대해 중화인민공화국과 중화민국이 본질적으로 '하나의 국가, 두 개의 정부'를 공유하는 독립체로 구상했다. 양측은 상대방의 경제 및 정치 체제를 존중할 것이다. 타이완은 여전히 다당제 경쟁을 할 것이지만, 타이완의 독립과 정치 세력은 허용되지 않을 것이다. 타이완 대표들은 유엔 주재 중국(중화인민공화국) 대표단에 포함될 것이다. 양측은 기술적으로 여전히 존재하는 적대 상태를 종식시킬 것이다. 타이완의 군대는 감축될 것이고, 미국의 무기 획득은 중단될 것이다.[16]

위무밍의 제안은 시진핑이 일국양제에 대한 타이완 특유의 접근을 요구한 것에 대한 반응으로 의도되었을 수 있다. 그도 중화민국을 포기할 마음은 없었다. 하지만 이 계획을 유화 정책이라고 부르는 것이 타당할 것이다.[17] 타이완의 많은 사람들은 아마도 그것을 항복이라고 부를 것이다. 그런 이유로 신당은 낮은 수준의 정치적 지지만 받고 있다.

또 다른 국민당 강경파 차원의 제안은 국립타이완대학의 장야중(張亞中) 교수로부터 나왔는데, 장야중은 양안이 불신과 긴장을 어떻게 줄일 수 있을지에 대해 수년간 생각해 왔다. 그는 2010년대 초에 합의문 초안을 준비하기까지 했다. 타이완의 법적 지위와 관련해, 그의 초안은 '하나의 완전한 중국, 두 개의 헌법 질서'라고 불릴 수 있는 것을 요구했다. 이것은 한편으로는 베이징과 타이완이 주권 영토의 일부라는 베이징의 주장과 다른 한편으로는 타이완이 주권 실체라는 타이완의 주장 사이에 바늘을 꿰는 하나의 방법이다. 이러한 타협을 바탕으로 양국은 협력 확대(타이완이 국제기구에 참여하는 것을 포함해)와 상호

---

* 2003년 6월 1일부터 2020년 2월 21일까지 신당 주석을 역임했으며, 2020년 2월 21일부터 2021년 4월 19일까지 신당의 영예주석을 맡았다. 한편 2020년 2월 21일에 우청뎬(吳成典)이 신당의 신임 주석으로 취임했다. _옮긴이 주

군사적 긴장 완화를 위해 최대한 협력할 것이다. 후자의 문제에 대한 그의 생각은 양측이 상대방에 대해 무력을 사용하지 않거나 위협하지 않겠다고 약속한다는 것인데, 이는 베이징이 타이완에 대해 결코 하지 않으려 하는 일이다.[18] 장야중 교수의 출발 가정은 베이징이 양측의 법적 정체성('두 개의 헌법 질서')에 대한 개념적 동등성을 수용할 수 있을 만큼 충분히 유화적이라는 것이었다. 위 무밍의 제안과 마찬가지로 장야중의 제안도 타이완 여론에서 거의 주목을 받지 못했다.

하지만 타이완의 거대 정당들과 대중이 어떤 형태로든 타협하는 것에 대해 거부감을 가지고 있다고 해도, 이것은 완전히 무시할 수 있는 접근법이 아니다. 통일에 대한 완전한 거부가 더 이상 실현 가능하지 않은 가상의 상황을 상상할 수 있다. 중국의 군사력은 타이완을 크게 앞지르고 있고, 타이완의 번영은 여전히 중국에 크게 의존하고 있으며, 베이징의 지도자들은 점점 더 조급해지고 위험을 감수하게 된다. 이러한 시점에서 타이완 국민들은 군사적 충돌의 중대한 위험을 감수할 것인가? 아니면 냉철한 현실주의에 입각해 평화를 유지하는 최선의 조건으로 베이징과의 근본적인 분쟁을 해결하기 위해, 협상을 모색할 것인가? 그러한 시나리오는 가능성이 매우 낮을 수 있지만, 그것이 시사하는 바를 무시할 이유는 없다.

둘째의 소수 관점은 '타이완 공화국'의 원래 지지자인 민진당 강경파의 관점이다. 독립은 여전히 그들의 목표이며, 베이징과 워싱턴의 관점에서 보자면 그들은 수정주의자이다. 베이징에 있어 타이완 공화국은 타이완이 중국이라고 불리는 국가의 일부라는 입장과 근본적으로 모순될 것이다. 워싱턴으로서는 타이완의 독립이 지역의 평화와 안보에 대한 오랜 관심과 반대될 것이다. 하지만 민진당 강경파가 보기에 수정주의적인 것은 중국(중화인민공화국)이고 적으로 남아 있는 것은 국민당이다. 민진당 강경파에게 자신들이 선호하는 타이완을 확보하는 가장 좋은 방법은 가급적이면 국민투표를 통해 타이완을 선언하는 것이다. 미국의 정치학자 네이선 바토는 "오늘날에도 독립 원리주의자들은 중국으로부터의 위협을 놀라울 정도로 무시하며 미국을 적극적으로 신뢰한다"[19]라고 말했다. 간단히 말해서, 그들은 수정주의적인 목표와 위험을 감수하려는 위험한 의지에 의해 추진되는 일종의 정치적 선제공격을 제안한다.

다수 의견

이는 마잉주와 차이잉원 및 그 정부가 대표하는 두 가지 지배적인 안보 접근 방식을 남겼다. 둘 다 타이완에 대한 베이징의 궁극적인 목표가 통일이라는 것을 이해했고, 베이징이 주장하는 일국양제 공식에 반대했다. 마잉주와 차이잉원은 모두 타이완에 대한 베이징의 목표가 수정주의라는 것을 어느 정도 알고 있었다. 두 사람 모두 대중의 반통일 정서가 강하다는 것을 이해했다. 각자는 베이징이 군사 공격을 수행하는 데 드는 비용을 증가시키기 위해 군사력이 필요하다는 것을 이해했다. 둘 다 군사력을 창출하기 위해 거의 같은 수준의 예산을 썼다. 두 사람 모두 인민해방군의 능력이 타이완이 따라잡을 수 없는 수준으로 성장했으며 중국 지도자들이 정치적 목표를 달성하기 위해 군사적 수단을 사용할 수 있다는 점을 이해했다. 하지만 마잉주와 차이잉원은 중국의 의도가 제기한 위험에 대처하기 위해 서로 다른 반응을 혼합해 배치했다.

마잉주는 베이징이 상호의존의 그물을 파괴하는 데 드는 비용이 지나치게 높다고 간주하기를 희망하면서, 베이징을 참여시키고 경제적·사회적·제도적 연결망을 만드는 데 더 중점을 두었다. 마잉주에게 베이징을 안심시키는 것은 베이징을 참여시키는 데서 중요한 부분이었고, 이를 위해 그는 베이징이 최소 참여로 설정한 92공식을 기꺼이 수락했다. 이것은 초기 양안 상호작용을 촉진하기 위해 1990년대 초에 개발된 '하나의 중국'에 대한 모호한 공식을 기반으로 한다. 마잉주는 또한 임기 동안 독립을 정책 선택지로 둔다고 맹세했다. 이러한 점에 대한 자신의 견해를 말하면서 마잉주는 자신이 통제할 수 없는 정당에 뱌오타이(表態), 즉 입장을 표명하도록 요구하는 베이징의 전술에 순응했다.[20] 그는 타이완이 어떻게 베이징을 안심시키는지에 따라 베이징의 행동을 좋게 만들거나 나쁘게 만들 수 있다고 믿었고, 베이징이 자신의 재임 중 온건함을 보여준 것은 그 맹세 때문이라고 여겼다(다르게 말하면, 마잉주는 타이완 지도자들이 수정주의적 의도를 가지고 있다는 인상 — 마잉주가 생각하기에 민진당은 이런 인상을 풍겨왔었다 — 을 피함으로써 중국이 현 상태에 적응하도록 더 잘 독려할 수 있다고 믿었다). 하지만 국내 정치적인 이유로 그는 조건만 맞으면 언젠가는 통일이 가능할 것이라고 생각하면서 통일을 예고하기도 했다. 단기적으로는 통일을 배제하지 않는 것이 안심할 수 있는 요소였다. 마잉주는 퇴임 이후 "타이완은 베이징과 중국 본토 인민이 궁극적으로 타이완과의 통일이 절대 불가능하다고 느끼게 해서는 안 된다"라고 말했다.[21] 우리는 마잉주의 접근 방식을 '자신감 있는 관여'라고 부를 수 있을 것이다.

하지만 마잉주 총통의 안심 사례는 몇 가지 요점을 간과하고 있다. 첫째, 그는 베이징이 92공식의 공식화를 '하나의 중국, 서로 다른 해석'으로 수용했다고 선언했으며 중화민국은 하나의 중국에 대한 자신의 해석이라고 명시했다. 하지만 베이징은 '서로 다른 해석' 공식에 동의한 적이 없으며 중화민국이 존재하지 않는다는 견해를 견지하고 있다. 2020년 1월 마잉주가 베이징이 '하나의 중국'만 말하고 '서로 다른 해석'을 삭제함으로써 합의의 의미를 '왜곡'했다고 공개적으로 말했을 때, 그는 더 강경한 입장을 인정하는 것처럼 보였다.[22] 둘째, 중국을 안심시키는 마잉주의 방식이 시사하는 바는 92공식은 정치적 문제를 포함해 양안관계의 모든 측면에 사용될 수 있다는 것이다. 하지만 베이징의 경우 92공식은 정치적 대화를 통해 타이완의 법적 지위를 보다 구체적으로 정의하기 전에 경제, 사회 및 문화 관계만을 다루기 위한 프레임워크로 특별히 설계되었다.

사실상, 마잉주 총통은 자신과 자신의 당을 위해 상자 같은 것을 만들었다. 그의 두 번째 임기의 전반을 통해 92공식은 그의 정부가 정치적인 문제보다 해결하기 더 쉬운 경제 및 문화 문제를 다루는 데 수용 가능한 근거임이 증명되었다. 중국 지도자들은 '서로 다른 해석'에 대한 마잉주의 수사적인 손재주를 기꺼이 용인했다. 이것은 그들이 마잉주의 의견에 동의해서가 아니라 그의 의도를 믿었기 때문이다. 하지만 마잉주 총통의 첫 임기 동안에도 베이징은 정치적 대화를 추진하기 시작했다. 92공식은 아마도 충분한 근거가 되지 못했을 것이다. 타이완 여론이 그러한 회담을 할 준비가 되어 있지 않다고 이해한 마잉주 총통이 이 요청을 거절했기 때문에 그 제안은 시험되지 않았다.

차이잉원, 92공식, 그리고 현상유지

2016년 1월 총통선거에서 민진당의 차이잉원 주석은 총통에 당선되기 위해, 천수이벤이 당선되고 몇 년 후에 그랬던 것처럼, 이데올로기 중심의 문제아가 될 생각이 없다는 것에 대해 타이완 유권자, 미국, 그리고 중국을 안심시켜야 했다. 하지만 그녀의 확신은 마잉주 총통을 모방하지 않았다. 그녀는 92공식을 공개적으로 수용하지 않았다. 대신 그녀는 자신이 현상유지를 바꾸지 않을 것이라는 모호한 말을 끊임없이 반복했다. 그녀는 때때로 그것이 무엇을 의미하는지 힌트를 주었다. 그녀는 2015년 6월 미국의 수도 워싱턴에 위치해 있는 전략국제문제연구소Center for Strategic and International Studies: CSIS에서 행한 연설에서 "그러므로 총통으로 당선되면 나는 타이완 국민과 기존 중화민국 헌법 질서의 뜻에 따라 양안관계의 평화적이고 안정적인 발전을 추진하겠다"[23]라고 말했다.

하지만 베이징은 더 많은 것을 원했다. 베이징은 차이잉원 총통이나 민진당이 타이완에 대한 중국의 이익에 도전하지 않을 것이라고 믿지 않았다. 그래서 베이징은 그녀에게 중화인민공화국이 명시적인 방법으로 공식화하고 그렇게 할 것이라는 확신을 제공하도록 요구했다. 구체적으로, 중국 당국은 차이잉원 총통이 마잉주 총통 재임 기간 동안 일어났던 중국 본토와의 경제적·정치적 교류를 계속하기를 원한다면 스스로 뱌오타이(表態)해야 한다고 하면서 두 가지 전제 조건을 설정했다. 첫째 전제조건은 중국이 마잉주 총통에게 제시한 것과 동일했다. 즉, 92공식을 준수하는 것이었다. 둘째 전제조건은 92공식의 '핵심 의미'라고 부르는 것과 타이완이 베이징의 주권 영토의 일부라는 중국의 '하나의 중국 원칙'을 차이잉원이 받아들이라는 것이었다. 차이잉원 총통에게는 중국의 요구를 거절할 최소한 두 가지 이유가 있었다. 우선, 베이징이 주장한 두 가지 논점은 그녀의 당내, 특히 민진당 강경파와 논쟁적이었다. 그들이 가장 반대하는 것은 타이완이 중국 주권 영토의 일부라는 중국(중화인민공화국)의 입장이었다. 베이징의 요구대로 이를 명시적으로 받아들였더라면, 그녀가 권력을 얻고 통치하는 데 필요한 민진당 내 요소들을 소외시켰을 것이다. 둘째로, 민진당은 상호작용 초기에 중국의 원칙('하나의 중국 원칙' 등)을 받아들이는 것을 오랫동안 경계해 왔는데, 그렇게 하면 이후의 협상에서 제약을 받을 수 있기 때문이었다.[24] 동시에, 그녀는 만약 베이징이 그녀의 정부와 공존할 가능성이 있다면 그녀가 어느 정도의 확신을 주어야 한다는 것 ― 물론 정치적으로 자신을 훼손하지 않고서 ― 을 인지했다.

차이잉원 총통은 중국이 원하는 명시적인 방식으로 요구 사항을 충족시키지 않은 채 중국의 전제조건 요소를 다루기 위해 자신의 취임사를 사용했다. 92공식에 대해, 그녀는 1992년 11월 타이완 해협을 가로지르는 타이완의 해협교류기금회(海峽交流基金會)와 중국의 해협양안관계협회(海峽兩岸關係協會)가 도달한 다양한 '상호이해와 구동존이(求同存異)'의 정신'을 인용했다. 그녀는

---

* 공통점을 구하되 차이점은 그대로 둔다는 뜻으로, 중국인들이 즐겨 쓰는 협상 전술이다. _옮

1992년 이래로 "해협을 가로지르는 20년 이상의 상호작용과 협상은 양측이 공동으로 소중히 여기고 유지해야 할 결과를 가능하게 하고 축적해 왔다"[25]라고 인정했다.

그녀는 92공식의 '핵심 의미'에 대해 자신은 "하나의 중국 문서로 이해되는 중화민국 헌법에 따라 대통령으로 선출"되었으며 따라서 "중화민국의 주권과 영토를 수호할 책임"을 진다고 말했다. 또한 "새 정부는 중화민국 헌법, 타이완 및 본토 인민 관계에 관한 법률 및 기타 관련 법률에 따라 양안 업무를 수행할 것"이라고 약속했다. 두 '지역'에 대한 언급은 동일한 국가의 일부임을 암시하는 것으로 간주될 수 있다.[26]

차이잉원 총통은 베이징의 우려를 누그러뜨리기 위해 공개 성명만 한 것이 아니었다. 선거를 치르기 훨씬 전에 그녀는 중국 시스템에 도달했다고 믿는 채널을 가지고 있었다. 그녀가 이 채널을 통해 받은 메시지는 베이징의 공식 성명보다 온건했다.[27] 그녀의 취임 당시, 타이완 관리들은 그녀의 연설이 관계를 좋게 시작하기에 충분했고 따라서 신뢰를 쌓는 과정이 뒤따를 것이라고 믿었다. 더군다나 어떤 상황에서는 이런 식의 상호 수용과 신뢰 구축이 문제를 해결할 수 있는 좋은 방법이라고 중국 관계자들은 이해하고 있다. 예를 들어, 중국 외교부의 베테랑인 푸잉(傅瑩)은 북한과 워싱턴에(특히 워싱턴에) "당사국들은 현재 상태에서 충족시킬 수 없는 요구를 함으로써 스스로를 함정에 빠트리는 것을 피하도록 자문을 잘 받아야 한다"라고 조언했다. 중국 속담에서 말하듯이, "3척이나 되는 얼음이 하루아침의 추위 때문에 언 것은 아니다."* 푸잉은 "북한의 분쟁을 해결하기 위해서는 선의, 인내, 끈기가 필요하다"[28]라고 조언했다.

옮긴이 주

* 동삼척비일일지한(凍三尺非一日之寒)을 일컫는다. _옮긴이 주

하지만 차이잉원에 관한 한 중국 지도자들은 그녀가 속한 당의 일부 사람들의 견해를 고려할 때 그녀가 수용할 수 없는 요구를 했다. 아마도 그녀에게 보내는 그들의 온건하고 사적인 메시지는 진심이 아니었을 것이다. 아마도 그들은 법적 독립이 그녀의 근본적이고 불변의 목표라는 생각에 너무 얽매여 있었을 것이다. 아마도 그들은 자신들이 권력 우위를 가지고 있기 때문에 조절이 필요하지 않다고 믿었을 것이다. 또한 내 추측에 따르면, 베이징은 차이잉원 총통과 공존하기를 원하지 않고 그녀를 적으로 묘사하는 것이 타이완 측에서 받아들일 수 있는 행동의 경계를 규정하는 데 도움이 될 것이라고 결정했을 것이다. 이유의 조합이 무엇이든, 중국 지도자들은 그녀가 준수할 수 없다고 확신할 수 있을 만큼 충분히 높은 기준, 즉 뱌오타이(表態)를 설정했다. 결과적으로 차이잉원 총통은 중국 지도자들을 안심시키려 했지만, 그녀와 그녀의 정부는 베이징에 대해 더 많은 위험회피 접근법을 채택했으며 베이징과의 균형을 위해 미국 관계에 더욱 의존했다.

당연히 마잉주는 92공식의 가치를 무시한 것에 대해 차이잉원을 비판했다. 마잉주는 2008년에 자신이 이 공식을 수용함으로써 양안관계를 리덩후이와 천수이볜 시절의 위험에서 긴장 없는 안정으로 전환시켰다고 주장했다. 그는 "분쟁의 순간이 평화의 길로 바뀌었다"라고 말했다. 차이잉원 총통이 중국의 전제조건을 충족시키기를 거부하자 마잉주는 갑자기 "평화롭고 번영하는 양안관계를 냉랭한 평화로, 나중에는 냉랭한 대립으로 전환시켰다"라고 주장했다.[29] 2020년 8월 해협의 긴장이 일시적으로 높아지자 마잉주 총통은 차이잉원 총통이 92공식의 수용을 거부하고 미국과 중국의 반중 정책에 너무 긴밀히 협력했기 때문에 전쟁이 일어날 가능성이 높아지고 있다고 경고했다. 차이잉원 총통은 마잉주의 주장을 재빨리 부인했다.[30]

하지만 차이잉원 총통의 안보정책에 대한 접근 방식은 마잉주 총통과 근본적으로 다르지 않았다. 비록 그녀는 본토 경제에 경제적으로 의존하는 것의 정치적 위험을 이해했지만, 또한 중국 경제에 대한 지속적인 접근이 타이완 경제 성장의 원동력으로 남아 있다는 것도 잘 알고 있었다. 그녀의 정부는 양안 경제 관계를 제약하지 않고 '신남향정책'(제4장 참조) 같은 계획을 통해 타이완의 경제 공간을 확장하려고 했다. 그녀는 자신의 의도에 대해 베이징을 안심시키려 했으나 베이징은 그녀의 의도를 받아들이지 않기로 결정했다. 그래서 그녀는 자신의 중국 정책에 경제와 정치 사이의 분리를 만들었다.

더욱이 그녀의 첫 임기가 진행됨에 따라 중국의 의향에 대한 차이잉원 총통의 견해는 진화했다. 그녀의 주요 연설은 이 궤적을 도표로 보여준다. 차이잉원 총통은 2016년 5월 20일 취임사를 통해 중국이 마잉주 시대의 양안관계를 지속하기 위해 제시한 전제 조건을 언급했다. 그녀는 또한 해협 양측의 지도자들이 "역사의 짐을 내려놓고 양측 인민의 이익을 위해 긍정적인 대화에 참여해야 한다"라고 말했다.[31] 2017년 중화민국 건국 기념일(매년 10월 10일) 연설에서 그녀는 자신이 "최대의 선의"를 행사했으며 "양안관계의 평화롭고 안정적인 발전을 보호"하기 위해 노력했다고 주장했다. 하지만 그녀는 또한 군사력을 강화하고 타이완의 "자유, 민주주의 및 생활 방식"을 보호하고 "타이완 인민이 스스로 미래를 결정할 권리"를 보호해야 할 필요성을 강조했다.[32]

2018년 건국 기념일 연설에서 그녀는 중국의 지역적 야망, 양안 안정에 대한 도전, 타이완에 대한 '일방적 외교 공세 및 군사적 강압'에 대한 새로운 우려를 표명했다. 동시에 차이잉원은 베이징과 타이완 대중을 안심시키기 위해 그녀의 정부가 "대립을 고조시키기 위해 성급하게 행동하지도 않을 것이고 굴복하지도 않을 것"이라고 약속했다. 그녀는 다음과 같이 말했다. "대립을 일으키지 않을 것이며 …… 국민의 뜻에서 벗어나 타이완의 주권을 희생하지도 않을 것이다."[33] 2020년 선거를 3개월 앞둔 2019년 건국 기념일 연설에서 그녀는 다시 한 번 수사를 강화했다. "중국은 아직도 타이완에 '일국양제'를 부과하려고 위협하고 있다. …… 총통으로서 국가주권을 수호하는 것은 도발이 아니라 나의 근본적인 책임이다."[34]

요컨대 차이잉원 총통은 자신의 임기가 길어질수록 중국을 타이완이 경계해야 하는 수정주의 세력으로 묘사하는 수사를 더 많이 사용했다. 그리고 그녀는 경계를 늦추지 않는 방법은 미국과 더욱 긴밀하게 협력하는 것이라고 느꼈다. 중화인민공화국을 안심시키려는 그녀의 시도는 중화인민공화국에 대항해 더 많은 균형을 잡는 것으로 바뀌었지만, 그녀는 충분히 자제력을 발휘했고, 이는 베이징으로 하여금 자신들이 그녀가 베이징의 근본적인 이익에 도전하는 것을 저지했다고 합리적으로 결론 내릴 수 있게 만들었다.[35]

미국 요인과 타이완의 안보

중국의 목표에 비추어 타이완이 안보를 어떻게 강화해야 하는지에 대한 의견 차이와 무관하게, 마잉주와 차이잉원은 정당과 함께 미국의 지원이 핵심 요소라는 것을 오랫동안 이해해 왔다. 2018년 7월 CNN과의 인터뷰에서 타이완의 우자오셰(吳釗燮) 외교부장은 이렇게 말했다. "만약 중국이 미국의 지원을 받지 못하는 타이완의 취약성을 간파한다면, 중국은 타이완을 장악할 수 있는 시나리오에 착수하고자 할 것이다."[36]

실제로 타이완은 1950년 6월 한국전쟁 발발 이후 안보를 미국에 의존해 왔지만 그 의존도는 시간이 지나면서 달라졌다. 1954년부터 1980년까지 미국-중화민국 상호방위조약은 타이완이 공격을 받을 경우 섬을 방어할 것이라는 약속을 공식화했다. 1970년대와 1980년대 초반에 닉슨 행정부와 카터 행정부가 점차적으로 중화민국과의 외교 관계를 끝내기 위해 움직이면서, 타이베이는 미국이 한 약속의 신뢰성을 점점 더 우려하게 되었다. 미국은 1979년 새해 첫날에 중화인민공화국과 공식적으로 외교 관계를 수립했다. 그 후 타이베이는 점차 자신감을 되찾았다. 미국 의회는 그해 말 '타이완관계법'을 통과시켰다. 레이건 행정부 때부터 워싱턴은 정책 성명과 행동('무기 판매' 등)을 통해 타이완의 안보를 강화하기 위해 노력했다.

타이완의 민주화는 타이완의 지도자들과 정치인들에게 이전에는 가질 수 없었던 어느 정도의 주체성을 부여하면서 미국 관계를 변화시켰다. 타이완의 정치세력은 이제 타이완의 독립을 옹호하거나 최소한 양안관계에서 일어나는 너무 빠른 움직임에 반대할 자유가 생겼다. 리덩후이는 1996년 타이완의 정체성 증대를 이용해 재선에 성공했고, 천수이볜은 민진당의 초대 총통으로 독립을 주창했다. 베이징은 리덩후이와 천수이볜이 분리주의자인 것을 우려했고, 클린턴 행정부 및 부시 행정부는 평화와 안정에 대한 미국의 이익을 보호하기 위해 이들을 제지하려 했다.

이와는 대조적으로 2008년 이후 마잉주 정부와 차이잉원 정부는 각각 워싱턴이 갈등을 유발할 수 있다고 생각할 이유를 거의 또는 전혀 주지 않았다. 양안관계의 정치와 타이완 민족주의에 관해서는 각자 절제된 태도로 행동했다. 각각의 접근 방식은 장기적으로 볼 때 대중의 현상유지 감정을 반영했다. 이러한 완화에 대한 대가로 오바마 행정부와 트럼프 행정부는 베이징이 치러야 할 비용을 인상하기 위해 미국과 타이완 군대 간의 안보 관계를 강화했다.

중국에 대한 타이완 대중의 견해

타이완 사람들은 중화인민공화국에 대한 타이완의 안보를 어떻게 평가하고 있으며, 안보 불안에 어떻게 대처해야 할까? 타이완에서 실시된 다양한 설문조사의 결과는 타이완의 민주주의 체제하에서 시민들이 이 문제의 다양한 측면에 대해 어떻게 느끼는지를 나타낸다. 종합하면 현실주의, 공포, 희망, 실용주

의가 혼합되어 있음을 시사한다.[37]

양안관계의 속도

첫째 문제는 타이완의 대중이 양안 교류의 속도에 대해 어떻게 느끼는가 하는 것이다. 너무 느린가, 너무 빠른가, 아니면 적절한가?[38] 1990년대부터 국립 정치대학 선거조사센터는 이 문제를 제기하는 대륙위원회를 대신해 정기적인 여론조사를 실시해 왔다. 〈그림 8-1〉은 2009년 4월부터 2020년 3월까지의 결과를 보여준다. 우선 몇 가지 포인트가 눈에 띈다.

양안 간 발전 속도가 딱 알맞다고 믿었던 비율은 마잉주 정부 기간 동안 36~48% 사이로 진동했으며, 2014년 초 해바라기운동이 일어난 시기에만 유일하게 저조한 기간이 연장되었다. 이어 2017년 1월(차이잉원 총통이 당선된 지 1년 되는 시기)에는 31.3%까지 떨어졌으나 2019년 두 차례 조사에서 40%대 초반으로 올라섰다. 2020년 3월 이 수치는 45.1%였다.

속도가 너무 빠르다고 믿는 비율은 2009년 33% 안팎이었다가 해바라기운동을 전후해 약 36%로 높아졌다. 그러나 이후 꾸준히 하락해 차이잉원 총통이 선출된 지 1년 만에 6.7%까지 떨어졌다. 2020년 3월까지 양안 간 속도가 빠르다고 생각하는 사람들의 점유율은 12.9%였다.

반대로 양안관계가 너무 느리게 발전하고 있다고 생각한 비율은 차이잉원 총통이 당선될 때까지 20.0% 이하로 유지되다가 2017년 6월 45.0%까지 올랐다가 2020년 3월 26.6%로 떨어졌다.

2016년 차이잉원 총통이 당선된 이후 설문조사에 참여한 사람들 중 평균 73.6%는 양안관계가 적절한 속도로 또는 너무 느리게 발전하고 있다고 생각했다. 이 조합은 여론조사에 따라 다양했지만, 일반적으로 사람들은 차이잉원의 첫 2년 동안 그리고 마지막 2년 동안은 그 속도가 너무 느렸다고 생각했다. 이

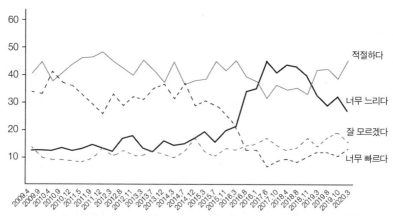

그림 8.1 | 양안 교류의 속도(2009~2020년)　　　　　　　　　　　　　　단위: %

적절하다

너무 느리다

잘 모르겠다

너무 빠르다

주: 중화민국(타이완) 대륙위원회가 1년에 다섯 차례 조사를 실시함. 중국의 적대감에 관한 타이완 대중의 태도를 다루는 조사는 연간 세 차례 실시함.
자료: Public's View on Current Cross-Strait Relations," Mainland Affairs Council, Republic of China (Taiwan)(www.mac.gov.tw/en/Content_List.aspx?n=433E0B702064D807).

것은 사람들이 본토와의 경제적 참여를 얼마나 지지했는지를 암시한다.

양안 교류의 주제는 매우 일반적이며, 제기된 질문은 응답자들이 속도에 대해 어떤 측면을 염두에 두고 있는지 조사하지 않았다. 확실한 추측은 응답자들이 주로 경제적 관계에 대해 생각하고 있었다는 것이다. 왜냐하면 경제적 관계가 그들의 개인적인 상황에 영향을 미칠 가능성이 가장 높기 때문이다. 속도가 너무 빠르거나 너무 느리다고 생각하면서 불만족스러워하는 경우도 있었지만, 현재의 현상을 수용하는 것이 주류였다.

타이완에 대한 중국의 적대감

1990년대 이후 선거연구센터는 또한 대중은 베이징이 타이완 국민과 타이완 정부 모두에 대해 얼마나 우호적이라고 생각하는지와 관련해 여론조사를

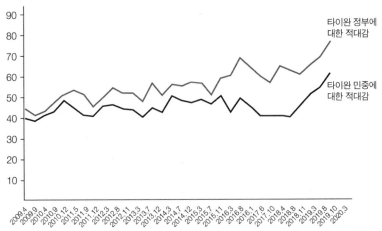

그림 8.2 | **타이완에 대한 베이징의 적대감(2009~2020년)**　　　　　　　　　　단위: %

주: 중화민국(타이완) 대륙위원회가 1년에 다섯 차례 조사를 실시함. 중국의 적대감에 관한 타이완 대중의 태도
를 다루는 조사는 연간 세 차례 실시함.
자료: Public's View on Current Cross-Strait Relations," Mainland Affairs Council, Republic of China
(Taiwan)(www.mac.gov.tw/en/Content_List.aspx?n=433E0B702064 D807).

실시했다.[39] 2009년 이후의 이러한 조사에 대한 결과는 〈그림 8-2〉와 같다. 타
이완에 대한 중국의 불친절과 관련해서는 몇 가지 핵심 사항이 두드러진다.

대중은 일관되게 중국이 타이완 정부보다 '타이완 사람들'에게 더 우호적이
라고 믿고 있다. 정부에 대한 불친절한 태도와 민중에 대한 불친절한 태도의 격
차는 마잉주 시대에는 대체로 10% 미만으로 크지 않았다. 차이잉원이 총통이
당선된 후 이 비율은 일반적으로 약 20%, 2018년 여름에는 최고 24.1%로 확대
되었다. 2016년 8월에는 60% 이상이 베이징이 타이완 정부에 비우호적이라고
믿었고, 2020년 3월에는 그 수치가 76.6%로 급증했다. 2019년 8월 51.4%,
2020년 3월 61.5%를 제외하고는 전체 10년 동안 40%에서 50% 사이였다.[40]

따라서 타이완 국민의 상당수는 베이징 정권이 자국 정부에 우호적이지 않
다고 믿고 있다. 왜 응답자들이 2020년 초에 전반적으로 더 높은 수준의 중국

적대감을 인식했는지는 명확하지 않다. 의심의 여지없는 한 가지 이유는 차이 잉원의 재선에 대한 베이징의 반응 때문이었다. 또 다른 이유는 2019년 홍콩에서 발생한 사건 때문일 수도 있고, 2020년 코로나19 발생 이후 타이베이 정부가 본토에 거주하던 기업 임원 등을 귀국시키는 데 어려움을 겪었기 때문일 수도 있다.

중화인민공화국의 야망에 대한 대처

이 두 여론조사가 일반적인 만큼 이들 조사는 타이완의 딜레마를 강조하고 있다. 본토와의 교류는 만족스러운 수준이지만 베이징 정부는 특히 차이잉원 정부에 대해 우호적이지 않은 태도를 보였다. 그렇다면 무엇을 해야 할까? 한 가지 해답은 더 장기적인 미래에 대한 사람들의 현재 선호도에 있다. 1990년대부터 선거연구센터는 응답자들에게 통일, 독립, 현상유지 중 어떤 결과를 선호하는지 그리고 어떤 기간을 선호하는지에 대해 물은 뒤 일련의 선택지에서 선택하도록 요구하는 여론조사를 실시해 왔다. 〈그림 8-3〉은 1994년부터 2019년까지의 추세를 나타낸다.[41] 다음은 차이잉원 총통이 취임한 지 18개월이 지난 2017년 12월 조사 대상자들의 선택지와 점유율을 나타낸 것이다.

- 최대한 신속하게 통일(2.2%)
- 최대한 신속하게 독립(5.0%)
- 현상유지를 하면서 통일을 향해 나아간다(10.3%)
- 현상유지를 하면서 독립을 향해 나아간다(17.0%)
- 현상유지를 하면서 나중에 결정한다(33.2%)
- 끝없는 현상유지(25.1%)

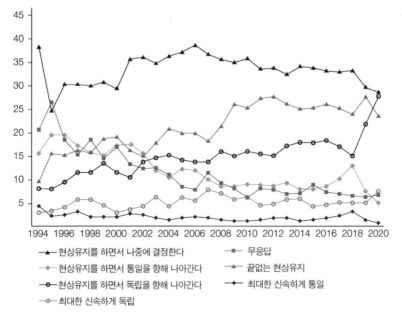

그림 8.3 | 타이완의 통일, 독립, 현상유지에 관한 태도(1994~2020년)　　　　　단위: %

- ▲— 현상유지를 하면서 나중에 결정한다　　　━■━ 무응답
- ◆— 현상유지를 하면서 통일을 향해 나아간다　━▲━ 끝없는 현상유지
- ◎— 현상유지를 하면서 독립을 향해 나아간다　━◆━ 최대한 신속하게 통일
- ◎— 최대한 신속하게 독립

자료: "Changes in the Unification-Independence Stances of Taiwanese as Tracked in Surveys by Election StudyCenter, NCCU(1994~2020)," Election Study Center, National Chengchi University(www.researchgate.net/figure/Changes-in-the-Unification-Independence-Stances-ofTaiwanese-as-Tracked-in-Surveys-by_fig3_327048040).

　　이 설문조사는 용어가 정의되지 않았다는 점에서 상당한 단점이 있다. '현상유지'라는 용어는 특히 모호하다. 타이완이나 중국에서는 다른 공식이 논의되지 않기 때문에 그럴듯하게 보이지만, 통일을 찬성하는 사람들이 지금 또는 나중에 이 용어를 일국양제에 따른 통일을 의미한다고 해석하는지도 불분명하다. 최소한 이 여론조사는 사람들이 거의 8 대 1의 차이로 통일을 싫어한다는 것을 나타낸다. 현재 또는 이후의 통일에 대한 대략 10%의 지지율은 시간에 상관없이 일관되게 있어왔다. 지난 10년간 이 비율이 15%에 도달한 것은 2018년뿐이었다.[42]

하지만 2009년 이후 안정적으로 유지되고 있는 이러한 의견 분포가 주는 메시지는 현상유지에 찬성하고 통일에 반대하는 광범위한 합의가 존재한다는 것이다. 안보는 한편으로는 베이징에 항복하는 것과 다른 한편으로는 전쟁을 일으키지 않는 것 사이의 경로를 계획함으로써 가장 잘 달성될 수 있는 것으로 보인다. 실제로 위험을 회피하는 자세는 완벽하다. 왜 타이완 사람들은 불확실하고 아마도 위험한 미래를 위해 자신들이 지금 가지고 있는 것 — 심지어 자신들이 가진 것은 문제와 해결되지 않은 딜레마를 가지고 있는데도 — 을 거래해야 하는가?

베이징은 그간 희망적인 전망을 가져왔는데, 이는 조사 대상자들 중 당장이든 이후이든 법적 독립을 선호하는 자들의 비율이 비교적 낮다는 것이다. 2017년 12월 여론조사에서는 이 수치가 22.2%에 불과했다. 중국으로서 더 걱정스러운 것은 2020년 6월 반복된 이 조사의 결과였다. 당장 또는 이후에 독립을 찬성하는 사람들의 비율은 36.1%로 증가했고, 28.7%는 현상유지를 하면서 독립을 향해 나아가는 것을 선호했다. 일부 현상유지에 찬성하는 비율은 51.3%로 감소했고, 당장 또는 이후에 통일에 찬성하는 비율은 10% 이하로 떨어졌다. 이러한 변화가 2019년 여름부터 중국이 홍콩에 가한 정책에 대한 일시적인 반응일 수도 있지만, 이러한 추세는 확실히 지켜볼 가치가 있다.

〈표 8-1〉은 서로 다른 양안 결과에 대한 관점을 분류하지만 세대, 학력, 직업 유형을 통제한 것이다. 현상유지에 대한 지지는 통제된 변수에 상관없이 일반적으로 강력하다. 유일한 분명한 예외는 젊은이들의 독립관이다. 응답자의 35.4%는 20~29세이고 42.4%의 학생들은 당장 또는 이후에 독립을 선호한다. 또한 대학 이상의 학력을 가진 사람들 중 26.9%가 독립을 원했다. 이는 2014년 해바라기운동 이후 흔히 볼 수 있는 청년층이 톈란두, 즉 자연스러운 독립을 주창했다는 관측과 일치한다. 그들이 나이가 들어도 그 견해를 유지할지는 해결되지 않은 문제이다.

표 8-1 | 양안 결과에 대한 타이완의 연령별, 학력별, 직업별 태도(2017년)　　　　　　단위: %

		통일*	독립*	현상유지**
	표본	13.9	19.4	59.8
연령	20~29세	8.6	35.4	53.2
	30~39세	12.8	23.1	62.2
	40~49세	17.0	14.5	66.0
	50~59세	17.8	10.2	64.8
	60세 이상	13.3	17.5	53.4
학력	초등학교 이하	8.9	15.6	46.3
	중학교	13.8	10.3	72.3
	고등학교	13.1	17.7	64.2
	기술대학	18.0	16.3	63.9
	대학교 이상	14.7	26.9	55.8
직업	사무직	11.6	24.6	60.3
	노무직	8.2	22.1	61.8
	학생	5.1	42.4	48.9
	퇴직자	16.5	16.5	58.2

*는 현재 또는 이후에, **는 무한정 또는 영원히
자료: "Telephone and Mobile Phone Survey of the Presidential Satisfaction, Twenty Second Wave,"
Taiwan's Election and Democratization Survey(December 2017)(http://teds.nccu.edu.tw/main.php).

　　2002년부터 타이완국가안보조사Taiwan National Security Survey: TNSS가 후원한 여론조사에서 대중의 불안감과 이를 관리하는 방법을 더 자세히 측정한 결과는 일반적으로 위험 회피적 접근 방식을 증폭시킨다. 몇 가지 질문에 대한 답변은 타이완 사람들이 타이완의 전략적 상황을 어떻게 보는지에 대한 흥미로운 정보를 제공한다.[43]

　　경제 성장은 양안 정치 관계의 기능으로 간주된다. 2017년 여론조사에서 조사 대상자의 69.1%는 양안 정치 관계가 악화되면 타이완의 경제 상황이 더 나빠질 것이라고 답했으며 20.1%는 영향이 없을 것으로 예상했고 1.5%는 개선될 것으로 예상했다.

동시에 본토 경제에 대한 과도한 의존은 타이완을 취약한 위치에 놓이게 할 수 있다. 2017년 여론조사에서 50%가 약간 넘는 사람들이 타이완이 본토 경제에 경제적으로 너무 의존하면 중국은 이러한 의존도를 이용해 정치적 양보를 이끌어낼 것이라고 믿었다. 35%는 이에 동의하지 않았다. 이러한 잠재적인 취약성에도 불구하고 53.3%는 타이완이 본토와 경제적 유대를 강화해야 한다고 생각했으며 21.6%는 그러한 유대를 축소해야 한다고 생각했다.

중국의 정치 체제와 경제 수준은 통일에 대한 응답자의 태도에 영향을 주었지만 그 정도는 미미했다. 응답자 중 58.3%는 양측의 정치적·사회적·경제적 격차가 여전히 크다면 통일에 반대한다고 답했고, 24.5%는 격차가 크더라도 찬성한다고 답했다. 두 체제가 수렴되면 찬성한다는 응답은 33.1%로 증가하는 데 그쳤고, 여전히 52.7%는 통일에 반대했다.[44]

2016년에 설문조사에 참여한 사람들은 양안 세력의 균형과 인민해방군의 군사적 위협에 대처하는 방법에 대해 현실적이었다. 응답자 중 66.8%는 협상에 의존하는 보다 온건한 정책을 선호했고 22.4%만이 군사력 증강을 지지했다. 두 가지 조합을 선호한 비율은 4% 미만이었다.

가장 놀라운 것은 2017년 설문조사에서 응답자에게 통일 가능성을 묻는 질문에 대한 답변이었다. 설문조사는 0부터 10까지의 척도를 사용했는데, 28.1%는 중간지점인 5를 선택해 통일 확률이 반반이라고 답했다. 32.2%는 확률이 50% 미만이라고 생각했다. 29.3%는 50% 이상이라고 생각했다. 척도의 평균 점수는 4.73으로 절반의 확률보다 약간 낮다.[45] 달리 말하면, 응답자의 3분의 1만이 장기적으로 통일을 피할 수 있다고 확신했다.

타이베이와 베이징 간의 대화와 협상과 관련해 타이베이에 대해 가장 뜨겁게 논의되는 질문은 타이베이의 지도자가 92공식을 중국과의 상호작용을 위한 기반으로 받아들여야 하는지 여부였다. 마잉주와 차이잉원 총통은 이 문제에 대해 서로 다른 입장을 취했다. 마잉주는 2008년에 총통이 되었을 때 합의를 명시적으로 수락했지만 차이잉원은 2016년에 수락하지 않았다. 대중의 견해는 마잉주의 접근 방식을 선호하는 것 같았다. 2012년 마잉주 총통의 임기 중반에 실시된 타이완선거·민주화조사에서는 응답자에게 92공식을 사용하는 것에 대해 질문했다. 그 문제에 대해 견해를 가진 사람들은 그 문제를 거부하고 싶어 하는 사람들보다 2 대 1 차이로 92공식을 받아들이는 것을 선호했다. 4년 후 차이잉원이 총통이 되었을 당시 사람들의 생각은 여전히 상대적으로 거의 변화가 없었다. 의견이 가진 응답자의 59.8%는 여전히 92공식의 사용을 지지했다.[46]

전체적인 결과의 이면에는 세대차이가 작용하고 있었다. 2012년 여론조사에서는 세대 그룹이 주요 열외자가 아니었지만, 2016년 여론조사는 특정 연령그룹 간의 차이를 보여주었다. 명확한 견해를 가진 사람들의 경우, 39세 이상의 응답자는 약 5 대 3의 차이로 여전히 92공식을 사용하는 것에 찬성했다. 30세에서 39세 사이에서는 과반수(53.4%)만이 여전히 92공식을 승인했다. 하지만 22~29세 집단의 54.1%는 92공식은 거부되어야 한다고 했다.[47] 이러한 변화가 가능한 이유는 중국에 대한 경제적 의존도를 우려하는 목소리가 커졌기 때문이다.

92공식을 사용하는 데 대한 지지가 여전히 상당히 강력함에도 불구하고 이러한 결과는 베이징과 건설적인 대화가 가능하다는 사람들의 희망을 과장할 수 있다. 이 여론조사는 92공식을 정의하지 않았지만 응답자가 스스로 정의하도록 했다. 타이완에서 92공식의 일반적인 정의는 마잉주가 사용한 것, 즉 '각측이 자체 해석을 채택하는 하나의 중국'이라는 정의였다. 많은 응답자가 같은 의미를 채택했을 것이다. 하지만 그것은 중국이 수용한 정의가 아니다. 따라서 92공식에 대한 대중의 지지는 사람들이 생각하는 것보다 타이완의 안보에 덜 기여할 수 있다.

오랫동안 있어온 양안 안보를 강화하기 위한 또 다른 아이디어는 양측이 일종의 평화 협정에 도달하는 것이다. 그 아이디어의 한 가지 버전은 중국이 무력을 사용하지 않겠다고 약속하고, 타이완이 독립을 추구하지 않는다는 데 동의하는 것이다. 타이완에 대한 여론조사에서는 이러한 유형의 평화 협정을 지지하는 것으로 나타났다. 78.1%가 이 아이디어를 승인한 반면 16.7%가 반대했다.[48] 그러한 공식이 상호 수용 가능한지는 알 수 없지만, 그 공식은 베이징이 하는 일은 타이베이가 하는 일 및 그 반대의 일과 함수관계에 있다는 전제를 기반으로 한다. 이 협정의 문제는 인민해방군은 타이완이 의도 변경을 약속했는지 여부와 관계없이 타이완의 비상사태와 관련된 전반적인 능력을 계속 증가시킬 것이라는 점이다. 세부 사항을 본 타이완의 대중이 실제로 평화 협정을 지지할지 여부 또한 관련이 있다.[49]

결론

타이완의 지도자들은 중국이 제기한 안보 문제에 대처하는 방법에 대해 의견이 엇갈리고 있다. 한쪽에는 조정, 안심 및 참여에 중점을 두는 '국민당 진영'이 있다. 다른 한쪽에는 베이징의 전제조건을 받아들이지 않고 경제와 정치를 분리하고, 독립에 관한 중국의 최저선에 대해 자제력을 발휘하며, 타이완에 대한 베이징의 세력 균형을 미국에 의존하는 '민진당 진영'의 더 거리감 있는 자세가 있다.

각 진영의 접근 방식에는 단점이 있다. 마잉주는 베이징을 수용하고 안심시키는 대가로 중국 본토가 타이완 정부가 국제기구에 더 많이 참여하는 것과 FTA를 협상하는 것을 막지 않기를 바랐다. 하지만 중국 당국은 마잉주가 두 경기장을 모두 뛸 수 있도록 허용한 것을 유감으로 생각했다. 마잉주가 더 나아가기를 원한다면 베이징의 관점에서 타이완의 법적 지위를 더 잘 규정하기 위한 정치적 대화를 시작해야 할 것이라고 중국은 주장했다. 차이잉원은 만약 자신이 중국이 원하는 방식으로 뱌오타이하는 것을 거절한다면 타이완에 대한 어떠한 대가도 감수해야 할 것이라고 예상했을 것이다. 베이징은 천수이볜 정권 시절에 실행했던 것과 같은 정책, 즉 양측 간의 제도적 소통 메커니즘을 중단하고, 타이베이와 외교 관계를 맺은 한두 국가가 베이징으로 지원을 전환하도록 하며, 민진당의 국내 라이벌에 정치적 지원을 제공하는 식의 정책을 따를지도 모른다. 차이잉원의 당선에 대한 중국의 반응은 훨씬 더 강력했다(제12장 참조).

마잉주 정부와 차이잉원 정부가 타이완의 안보를 지키기 위해 추구해 온 다른 방법들은 중국의 타이완 정책이 지닌 근원에 대한 의문과 관련이 있다. 간단히 말해, 베이징은 두려움에 의해 움직이는가 아니면 탐욕에 의해 움직이는가?[50] 만약 두려움이 동기라면, 타이완이 할 수 있는 현명한 반응은 중국의 불안을 진정시키기 위한 확신을 제공하는 것이다. 다른 한편으로 베이징이 탐욕에 의해 동기부여된다면, 타이완이 할 수 있는 최선의 선택은 억지력이며, 여기에는 미국이 주요 공헌을 하고 있다. 탐욕이 베이징의 동기라면 안심은 식욕을 돋울 뿐이다. 타이베이가 중국의 공포에 대응하기 위해 억지력을 사용하는 것은 그러한 두려움을 심화시킬 뿐이다.[51]

중국 정책의 진화는 두려움에서 탐욕으로 이행했음을 나타낸다. 1994년경부터 2008년경까지 중국 지도자들은 두려움에 의해 더 동기부여된 것으로 보이며, 1994년 이후의 리덩후이 정책과 2002년 이후의 천수이볜 정책에는 어느 정도 탐욕이 포함되어 있다. 베이징은 자신의 증가하는 힘에 대한 자신감으로 가득 차서 덜 두려워하고 욕심을 더 부렸기 때문에 마잉주 정부는 안심을 강조했다. 하지만 마잉주 정부는 안심에만 의존하지 않았다. 마잉주 총통은 베이징의 정치회담 요구를 거부했는데, 회담 요구는 분명 중국의 탐욕을 보여주는 하나의 예이다. 반대로 차이잉원은 억지력에만 의존하지 않았다. 그녀는 자신의 당선 전과 후에 베이징을 안심시키기 위해 노력했다. 문제는 두 접근법 사이의 상대적 균형이다. 차이잉원이 당선되자, 베이징은 처음에는 두려운 듯 행동했다. 예를 들어 베이징은 차이잉원이 그녀가 응할 수 없다는 것을 알 법한 방식으로 자신을 선언해야 한다고 주장했다. 하지만 그 이후 베이징의 행동은 두려움보다는 탐욕과 더 일치했다. 2020년 타이완에서 일시적으로 독립 추구의 심리가 높아진 것은 베이징의 공포가 다시 촉발될 수 있음을 시사하는 것일 수 있다. 하지만 홍콩에서 가해진 가혹한 정치적 자유 탄압 같은 중국의 정책 자체가 타이완의 정서가 변화한 원인으로 밝혀진다면, 베이징은 스스로 책임을 져야 할 것이다.

제9장

타이완의 군사방어

타이완에 대한 중국(중화인민공화국)의 목표는 명확하다. 즉, '일국양제' 모델 아래에서 타이완의 분리된 존재를 종식시키고 타이완을 중국에 편입시키는 것이다. 중국은 전쟁 없이 이러한 목적을 달성하기를 원하지만, 타이완 지도자들이 완전한 독립으로 가는 것을 단념시키기 위해서는 무력 위협이 필요하다고 믿고 무력 사용의 포기를 거부했다. 이에 따라 '중국 지도자들은 인민해방군을 현대화함으로써 두려워하는 것(타이완의 독립)을 억제할 수 있을 뿐만 아니라 자신들이 원하는 것을 강요할 수 있는 능력(통일)을 갖게 된다고 판단하는 지점이 있는가?'라는 의문이 제기된다. 물론 능력이 의도를 좌우하지는 않지만, 능력이 부족하면 과거에도 그랬듯이 의도에 제약이 생긴다. 타이완이 어떻게 중국의 야망에 대처하느냐, 다시 말해 중국의 야망을 배제하느냐 자극하느냐가 하나의 변수가 될 것이다. 타이완의 안보에 대한 미국의 약속도 마찬가지이다. 하지만 중국 지도자들이 타이완으로 하여금 통일을 받아들이도록 강요하기 위해 군사적 수단을 사용할 수 있는 것에 가까워지고 있는 것은 현실이다. 물론 타이완은 최소한 제안된 조건에서는 베이징의 목표에 강하게 반대하고 있다.

문제는 타이완이 두려움을 억제할 수 있는지 여부이다.

중국의 군사력

인민해방군이 체계적인 현대화에 착수한 것은 이제 20년이 넘었다. 20년이 지난 지금, 미국 국방정보국Defense Intelligence Agency: DIA의 2019년 중국 군사력에 대한 보고서는 인민해방군이 중국 해안 너머에서 전쟁을 수행할 수 있도록 하는 군사 수단을 확장하는 방법에 대한 명확한 그림을 그렸다. 해당 보고서의 기본적인 결론은 "인민해방군의 지상, 공군, 해군, 미사일 병력은 평시 및 지역 분쟁 발생 시 전력을 공급할 수 있게 되었다"는 것이다. 이러한 확대는 1990년대 후반에 시작되었는데, 베이징은 옳든 그르든 간에 리덩후이가 독립을 향해 나아가고 있으며 그를 막을 최선의 방법은 인민해방군을 현대화하는 것이라고 결론지었다. 실제로 미국 국방정보국의 이 보고서는 "타이완 본토와의 통일을 궁극적으로 강요하고 타이완의 독립을 선언하려는 어떠한 시도도 저지하고자 하는 베이징의 오랜 관심이 중국의 군사 현대화에서 주요한 동인으로 작용했다"[1]라고 주장한다.

군사 현대화는 더 멀리 그리고 더 길게 항해할 수 있는 더 큰 화력, 동중국해에서 초계하는 첨단 잠수함, 공군을 위한 더 발전된 장비, 더 길고 더 정확한 미사일을 만들어냈다. 장거리 폭격기, 수송기, 항공모함 등 전력을 더 투사할 수 있는 장비들은 현재 개발 중이다. 타이완 주변의 공중과 해역에서 훈련의 속도를 높임으로써 인민해방군은 장비를 능력으로 전환시키고 있다.

또한 네트워크 통신이 전쟁에서 점점 더 중대해지는 시대에 중요하게 여겨지는 인민해방군의 사이버 전쟁 능력은 정보 수집 및 처리 능력을 향상시키고 충돌 초기에 정보 우위를 확보하며, 타이완의 방어를 교란하고 재래식 능력의 효율성을 더욱 증폭시킨다.[2] 타이완의 취약성은 중국 정보기관이 타이완의 국방 비밀을 절취하는 데 성공하면서 악화되었다. 학자인 피터 매티스Peter Mattis[*]는 "타이완의 가장 민감한 국가안보 기관과 사회에 침투하려는 베이징의 끈질기고 때로는 유익한 노력에도 불구하고 타이완의 지도자들은 방첩을 위한 더 강력한 법적 기반을 추진하지 못했다"라고 말했다. 문제는 법적인 것일 뿐만 아니라 정치적인 것이기도 하다. 매티스는 "국민당과 민진당은 베이징이 타이완의 미래를 결정하는 것을 허용하지 않는다는 공통된 이해에도 불구하고 공통점을 찾기 위해 고군분투하기 때문에 문제가 악화된다"[3]라고 논했다.

인민해방군 장비 또는 '하드웨어'의 현대화만큼 중요한 것은 해당 기관 또는 '소프트웨어'의 변환이다. 여기에는 △해군, 공군 및 미사일 전력에 비해 지상군이 갖는 우위 감소, △최대한 안보 문제를 해결하기 위해 가장 잘 조직되도록 군대를 모으는 전구(戰區) 사령부의 창설, △다양한 군의 운영을 통합하는 지속가능한 합동 전투를 개발하기 위한 전례 없는 노력, △명령과 통제의 현대화 등이 포함된다.[4] 이 모든 것이 타이완과의 전쟁에서 중요할 것이다. 또한 2020년에 인민해방군은 타이완에 대한 군사작전 수행과 관련된 보다 적극적인 훈련 프로그램에 착수했다.[5]

이러한 개혁이 성공적으로 시행된다면 타이완의 취약성이 심화될 것이다. 지금까지 타이완의 숨겨진 장점 중 하나는 인민해방군은 해상 봉쇄나 상륙 작전 같은 어려운 작전을 수행하기 위해 합동으로 싸우는 방법을 알지 못한다는 것이었다. 하지만 이는 바뀔 수 있으며 타이완은 인민해방군이 실패할 것이라고 가정할 수 없다. 타이완 국방부는 2017년에 발간한 『4년 주기 국방 총검토

---

[*] 미국 중앙정보국(CIA)에서 분석원으로 재직한 바 있다. 주요 저서로 *Analyzing the Chinese Military: A Review Essay and Resource Guide on the People's Liberation Army* (CreateSpace Independent Publishing Platform, 2015) 등이 있다. _옮긴이 주

보고서(四年期國防總檢討報告)』에서 인민해방군이 강화되는 방식에 대해 다음과 같이 현실적으로 평가했다. "중국 본토는 계속해서 군사 현대화에 막대한 투자를 하고 있고, 군사력 전환과 전역 지휘 체계의 개편을 적극적으로 추진하고 있으며, 점차적으로 제2열도선 서쪽의 전력 투사 능력을 확보하고 있어 지역 안보 환경에 불확실성이 추가되고 있다."[6]

베이징의 무력 사용 레드라인

중국의 지도자들은 타이완에 대한 자신들의 근본적인 정책이 '평화적 통일'이라고 선언한다. 동시에, 그들은 무력 사용을 결코 포기한 적이 없다. 베이징은 타이완 문제를 국내 문제로 간주하고 있다. 무력은 분쟁 해결에 대한 수용 가능한 반응이다. 엄밀히 말하면 1940년대에 본토에서 마오쩌둥과 타이완의 장제스 세력 사이에 존재했던 적대 상태는 여전히 존재한다. 중국의 관점에서 가장 심각한 것은 '독립군'이 타이완에 존재한다는 점이다. 만약 이들 군대가 독립 목표를 성공적으로 진전시켰다면, 베이징은 이 움직임을 전쟁의 명분으로 간주할 것이다.

중국 정부는 지난 20년 동안 두 번이나 '평화적 통일'을 포기하고 이를 진압하기 위해 타이완에 대한 군사작전을 펼칠 수 있는 상황을 위압적으로 제시했다. 첫 번째는 2000년 2월에 천수이볜을 권력으로 이끈 선거 한 달을 앞두고 발행된 국무원 신문판공실(新聞辦公室)의 「타이완 백서」*이며, 두 번째는 2005년 공포된 '반분열국가법(反分裂國家法)'이다.[7] 「타이완 백서」와 '반분열국가

---

*   中華人民共和國國務院台灣事務辦公室·國務院新聞辦公室, 『一個中國的原則與台灣問題』(2000)를 지칭한다. _옮긴이 주

표 9-1 | **중국의 무력 사용 레드라인**

	2000년 「타이완 백서」	2005년 '반분열국가법'
조건 ①	"어떤 이름으로든 중국으로부터 타이완의 분리를 초래하는 중대한 사건이 일어난다" 또는	"'타이완 독립' 분리주의 세력이 어떤 이름이나 수단으로든 행동해 타이완의 중국 분리 사실을 야기해야 한다" 또는
조건 ②	"타이완이 외국의 침략을 받고 점령당한 다"* 또는	"타이완의 중국 분리를 수반하는(또는 초래하는) 중대한 사건이 일어나야 한다" 또는
조건 ③	"타이완 당국이 협상을 통한 양안 통일의 평화적 해결을 거부한다"	"평화통일의 가능성이 완전히 사라져야 한다"
후속조치 위협	그러면 "중국 정부는 중국의 주권과 영토 보전을 수호하고 위대한 통일의 대의를 실현하기 위해 무력 사용을 포함해 가능한 모든 과감한 조치를 취할 수밖에 없다."	그러면 "국가는 중국의 주권과 영토 보전을 보호하기 위해 비평화적 수단 및 기타 필요한 조치를 취해야 한다."

* 이 공식은 1978년까지 타이완과 미국 간 안보 관계에 대한 중국의 설명을 따름.
자료: "The One-China Principle and the Taiwan Issue," *Taiwan White Paper*, Taiwan Affairs Office and Information Office of the State Council, Embassy of the People's Republic of China in the United States(February 21, 2000); "Anti-Secession Law(Full Text)," Embassy of the People's Republic of China in the United States(March 15, 2005).

법'의 주요 조항은 〈표 9-1〉에 제시되어 있다.

평화적이지 않은 수단을 사용하도록 촉발할 조건을 명시하는 '반분열국가법'의 방식은 지나치게 모호하다. 이 조건들은 2000년 「타이완 백서」에 명시된 조건들보다 더 일반적이며, 그마저도 명확한 그림은 아니었다. 「타이완 백서」보다 더 권위적인 2005년 '반분열국가법'의 인용은 그 조건들의 위험성을 보여준다.

• 조건 ①: "타이완의 중국 분리 사실." 이 표현에서 알 수 있듯이 분리가 독립선언 이외의 형태를 취할 수 있다면 베이징은 타이완이 취하지 말아야 할 행동을 얼마나 정확하게 정의할 수 있을까?
• 조건 ②: "타이완의 중국 분리를 수반하는 중대한 사건이 일어나야 한다." 베이징은 미국과 타이완의 합동훈련이 이 조건에 부합한다고 판단할 수

있는가? 워싱턴과 타이베이는 그러한 훈련이 이러한 판단으로 이어지지 않을 것이라고 가정할 수 있는가?

- 조건 ③: "평화통일의 가능성이 완전히 사라져야 한다." 만약 타이완 지도자들이 중국이 제시하는 조건을 받아들일 수 없고 대중이 그런 대화를 반대했다는 이유로 타이베이 정부가 — 심지어 베이징에 편향된 정부라 할지라도 — 통일 협상을 타결하려 하지 않거나 시작조차 하지 않는다면 베이징은 이 조건이 충족되었다고 판단할 것인가?

이러한 레드라인을 모호하게 언급하는 것은 중국 관점에서 타당하다. 만약 레드라인을 그어야 한다면, 다소 흐리게 긋는 것이 억지력을 강화할 수 있다. 너무 정확한 선은 위험을 감수하는 적에게 선을 넘지 않고 바로 선까지 올라갈 수 있는 면허증으로 읽힐 것이다. 이는 천수이볜이 2000~2008년의 총통 재임 기간 동안 취했던 방식으로, 베이징에 딜레마를 안겨주었다. 베이징은 천수이볜이 중국 정책의 한계를 시험하고 있었기 때문에 선제적으로 행동했어야만 했을까? 전쟁의 위험이 너무 컸기 때문에 수용적으로 선을 더 뒤로 당겼어야 했을까? 용납할 수 없는 것을 명확히 밝히고 그 명확한 선을 집행하는 데 모든 위험을 감수할 준비를 했어야 했을까? 지금까지 베이징은 일종의 전략적 모호성으로 작용하기 위해 법의 모호성에 의존해 왔다.

정의상의 모호성 외에도, 타이베이의 행동을 제한하려는 '반분열국가법'의 방법에는 다음과 같은 세 가지 문제가 있다. 우선 첫째, 무력 사용 조건의 충족 여부는 중국 정부, 즉 오직 중화인민공화국이 결정할 수 있다. 베이징이 중국으로부터의 분리 또는 평화통일을 위한 가능성의 완전한 소진을 어떻게 규정할지는 타이베이 또는 워싱턴이 이를 어떻게 규정할지와 매우 다르다.

둘째, 중국의 분석기관 및 정책기관, 최고지도자들이 최악의 상황을 정권의 근본적인 이익에 도전할 수 있는 상황으로 해석하려는 경향은 그들이 민감하게 느끼는 타이완 또는 미국의 이니셔티브의 경계를 넘는 특성을 과장할 가능성을 더 높인다. 예를 들어 베이징은 타이완의 '민진당 진영 정부'가 본토와의 관계를 경시하는 방식으로 교본을 수정하면, 그것이 독립의 토대를 마련하는 데 도움이 된다고 주장한다. 중국의 학자들은 국민투표와 독립 방향으로의 사법적 해석이 그 기반을 넓힐 수 있다고 주장해 왔다.[8] 게다가 중국 지도자들은 미국-타이완 간의 긴밀한 안보 관계를 타이완 독립군 강화의 증거로 해석하고 있다. 베이징은 '민진당 진영 정부'의 행동을 해석하는 쪽이 될 것이고, 전제조건에 맞지 않는 '민진당 진영 정부'와 대화하기를 거부하고 있기 때문에 타이베이의 의도에 대한 중국의 오산도 배제할 수 없다.

셋째, 결국 중국의 고위 지도자들이 어떤 상황이든 간에 타이완이 일정한 선을 넘었다고 판단한다면, '반분열국가법'의 모호한 언어나 타이완에 대한 현실 둘 다 문제가 되지는 않을 것이다. 하지만 '반분열국가법'의 레드라인은 최소한 2005년에 이 법이 제정되었을 당시 의사결정자들이 가장 우려했던 바를 드러내고 있다.

전쟁 시나리오

만약 중국 지도자들이 전쟁이 유일한 선택이라고 결정한다면, 인민해방군의 발전하는 능력은 타이완이 항복하거나 베이징의 조건에 따라 협상하도록 강요하는 데 어떻게 사용될 수 있을까? 미국 국방장관실(OSD)의 연례 보고서는 인민해방군 지도부가 인민해방군에 개별적으로 또는 조합해서 수행할 것을 명령할 수 있는 다음과 같은 네 가지 다른 군사 선택지를 상정하고 있다.[9]

첫째 선택지는 항공 및 해상을 봉쇄하는 것이다. 인민해방군의 문서에 따르면, 그것은 더 큰 규모의 미사일 공격에서 시작한 다음, 주요 수입품에 대한 타이완의 접근을 차단할 뿐만 아니라 항공 및 해상 교통을 봉쇄하는 것으로 이동할 것이다. 필요하다면, 인민해방군의 해군과 공군은 다양한 전자 및 정보전 작전을 통해 타이완을 제압하기 위해 필요한 기간 동안 봉쇄를 계속할 것이다. 둘째 선택지는 인민해방군 부대가 '다양한 파괴적·징벌적·치명적' 군사행동을 수행하는 제한전쟁을 하는 것이다. 이는 아마도 "타이완 당국의 효율성 또는 합법성을 약화시키거나 인식을 형성하기 위한 공개적이고 은밀한 경제 및 정치 정보 작전과 연계되어 있을 것이다." 여기에는 정부에 대한 대중의 신뢰를 떨어뜨리기 위해 주요 인프라에 대한 사이버 공격을 감행하는 것이 포함될 수 있다. 셋째 선택지는 공중 및 미사일 작전이다. 이는 "타이완의 방위를 약화시키거나, 타이완의 지도력을 무력화시키거나, 타이완 국민들의 결의를 깨기 위해" 공중방어 시스템을 공격할 것이다.

넷째 선택지이자 가장 어려운 작전은 타이완 상륙 작전이다. 이 선택지에 대해 가장 자주 논의되는 시나리오는 "항공 물류, 해군 지원, 전자전을 위한 조정된 연동 군사 활동에 의존하는 복잡한 작전을 구상한다"는 것이다. 해안 방어선이 무너지고 교두보가 설정되면 군대와 물자는 타이완의 북쪽과 남쪽 끝에 있는 지정된 장소에 상륙한 다음 공격을 진행하고 주요 목표물을 점령한다.

이러한 각 시나리오에서 인민해방군은 사이버 무기 사용을 포함한 정보 작전을 수행해 타이완 통신을 방해하고 주요 기반 시설을 불능화시킬 가능성이 높다. 미국 국방장관실의 보고서에 따르면, 인민해방군의 문서는 "사이버, 전자 및 심리전으로 구성된 [정보 작전은] 정보 우위를 달성하는 데 필수적이며 더 강력한 적에 대항하기 위한 효과적인 수단으로 식별하고 있다"라고 논하고 있다. 해당 보고서는 인민해방군이 사이버 무기를 사용해 물류, 통신 및 상업 활동을 공격하고 무력 충돌에서 다른 기능의 효율성을 높일 수 있다고 경고했다.

인민해방군이 현대 장비를 능력으로 전환하고 타이완이 독립을 향한 명백한 움직임을 보이지 않는다고 가정하더라도 중국 지도자가 위의 선택지 중 하나 이상을 수행할 전망은 어떠할까? 대답의 한 부분은 오늘날 인민해방군이 상륙 작전을 수행할 수 있는지에 대한 평가가 될 것이다. 침략하지 않는 선택지는 물질적 또는 심리적 측면에서 모두 피해를 주기 때문에, 이 선택지는 타이완 정부가 평화를 제기하는 데 충분하지 않을 수 있다. 성공적인 침략만이 승리를 보장할 수 있다. 이에 대해 미국 국방장관실 보고서는 회의적인 시각을 보이며 "대규모 상륙 작전은 가장 복잡하고 어려운 군사 작전 중 하나이다. …… 타이완을 침공하려는 시도는 중국 군대에 부담을 주고 외국의 개입을 불러일으킬 가능성이 있다. 이러한 스트레스는 중국의 전투력 소모, 복잡한 도시 전쟁 및 반란과 결합되어 타이완에 대한 상륙작전을 중대한 정치적·군사적 위험으로 만들 것이다"[10]라고 논한다.

하지만 해당 보고서는 인민해방군이 상륙 작전을 수행하기 어려운 이유를 개략적으로 설명하고 있지만, 나머지 세 가지 시나리오에 대해서는 어떠한 자격도 명시하지 않고 있는데, 이는 미국 국방장관실이 이미 인민해방군이 이 작전을 성공적으로 수행할 수 있다고 믿고 있음을 의미한다. 타이완 국방부는 이러한 취약점에 대해 언급하고 비관적인 결론을 내렸다. 즉, 타이완 국방부는 인민해방군이 타이완 자체를 봉쇄할 수 있고, 타이완이 장악하고 있는 푸젠성 연안의 작은 섬들을 점령할 수 있고, 단거리·중거리 탄도미사일과 순항미사일로 타이완 전체를 타격할 수 있고, 사이버 공격 능력을 발휘해 타이완 군대의 감시·정찰 및 지휘통제 시스템을 교란할 수 있다고 판단을 내린다.[11]

하지만 더 큰 안보 맥락은 여전히 중요하며 미국 국방장관실의 보고서는 인민해방군의 정치적 목적을 고려해 인민해방군의 선택지를 판단하고 있다. 해당 보고서에 따르면, "중국은 **타이완과의 장기적인 통일이 가능하고 분쟁의 비용이 이익보다 크다고 믿는 한** 군사력 사용을 연기할 준비가 되어 있는 것으로 보인다." 즉, 중국 지도자들이 통일의 문이 확실히 닫히고 있다고 판단할 때까지 그들은 필연적인 전쟁을 수행할 필요가 없다. 게다가 그들은 "정치적 진보의 여건을 유지하고 타이완이 독립을 향해 나아가는 것을 막기 위해서는 믿을 만한 무력 위협이 필수적이다"[12]라는 자신감을 가질 수 있다. 타이완 대중의 견해는 이런 판단에 대한 확증을 제공하는 것으로 보인다.

전쟁의 리스크와 이득에 대한 중국(중화인민공화국)의 평가에서 한 가지 핵심 요소는 미국의 개입이다. 나는 오랫동안 타이완 방어에 대한 미국의 선언적 정책이 모호함에도 불구하고 중국 지도자들은 미국이 타이완을 구하기 위해 행동할 것이라고 신중하게 생각한다고 믿어왔다. 따라서 중국 지도자들은 미국의 개입을 가능한 한 어렵게 만들기 위해 상당한 자원을 투입했다.[13] 미국 국방정보국의 보고서에는 인민해방군의 진행 상황이 다음과 같이 나열되어 있다.

> (2019년 현재의 시점에서) 중국은 방공과 장거리 타격 같은 주요 전쟁 분야에서의 많은 격차를 해소해 지역 군사 활동에서 제3자 세력에 대항할 수 있도록 지원하고 있다. 중국은 잠수함, 주요 지상 전투원, 미사일 초계기, 해상 타격기, 새롭고 정교한 대함 순항미사일과 지대공 미사일을 사용하는 육상 기반 시스템을 포함한 광범위한 고급 플랫폼을 구축하거나 획득했다. 중국은 또한 적 항공모함을 공격하기 위해 특별히 고안된 시스템인 세계 최초의 도로 이동형 대함 탄도미사일을 개발했다.[14]

또한 인민해방군의 사이버 능력 및 우주 통제력counterspace capabilities*도 미국의 개입에 대응하는 데 적절할 것이다.[15]

2015년에 미국의 랜드연구소RAND Corporation는 타이완 분쟁과 관련된 미국과 인민해방군의 역량을 평가하는 성적표를 개발했다. 랜드연구소는 2003~2017년 사이에 발생할 인민해방군에 대한 미군 전력의 우위 변화를 미국의 우위 정

---

* '반우주 능력'으로 표기하기도 한다. _옮긴이 주

도에 따라 순위를 매기면서 예측했다. 미국은 2003년에 미군의 중국 공군기지에 대한 공격, 미국의 대수상전antisurface warfare: ASUW, 그리고 중국과의 사이버전 등에서 큰 우위를 점했지만 2017년에는 약간의 우위를 점했을 뿐이다. 미국은 동아시아의 미국 공군기지에 대한 인민해방군의 공격에서 2003년에는 큰 우위를 점했지만, 2017년에는 불리해졌다. 공중 우위 및 인민해방군의 우주 통제력과 관련해 미국은 2003년에는 우위에 있었지만, 2017년에는 대략적으로 동등해졌다. 인민해방군의 대수상전에 대해서는 2003년에는 미국이 유리했지만 2017년에는 미국이 불리해졌다. 중국 영공을 뚫을 수 있는 미국의 능력은 전체 기간에 걸쳐 우세했다. 그리고 미국은 우주 통제력에서 2003년에는 불리했지만 2017년에는 동등해졌다.

이러한 진화는 미국의 능력과 인지된 의도가 인민해방군을 얼마나 잘 억지할 것인지에, 베이징이 기꺼이 실행하려는 위험성에, 억지가 실패할 경우 충돌의 성격에 영향을 미칠 것이다. 타이완이 스스로를 방어하도록 돕기 위한 미국의 모든 노력은 인민해방군의 능력이 향상됨에 따라 비용과 시간이 더 많이 소요될 것이다. 미국의 개입이 군사적으로 성공하더라도 중국, 미국, 타이완에 대한 정치적·경제적 후과(後果)는 여전히 상당할 것이다.[16] 이러한 현실로 인해 타이완과 미국의 일각에서는 인민해방군이 타이완에 대한 기습 공격을 시작하고 미군이 개입을 위해 동원을 개시(민간 당국이 그러한 대응을 명령했다는 가정하에)하기 전에 승리를 달성하는 능력을 가질 수 있다고 경고했다.[17]

타이완의 국방과제

따라서 타이완은 중국 지도자들이 주요 군사 작전을 펼치는 위험을 감수하지 않도록 억지력을 강화하기 위해 무엇을 해야 하는가? 여러 행정부의 미국 정책 입안자들은 타이완이 그러한 결과를 달성하기 위해 해결해야 하는 최소한 두 가지 문제 영역인 국방 지출과 국방 전략을 지적했다.

타이완의 국방 지출

타이완의 민주화는 새로운 범위의 정책 문제에 대한 토론을 허용하고 중국을 의심하고 베이징의 조건에 따른 통일에 반대하는 광범위한 사회적 합의를 구체화했다. 하지만 이러한 정치적 변혁은 또한 방어 능력을 약화시켰다. 의료와 같은 사회적 혜택에 대한 대중의 요구는 군비를 줄여서 충당되었다. 야당은 정부가 제안한 값비싼 계획을 저지하기 위해 입법부에서 자신들의 권한을 사용할 수 있었고, 일반 정치인은 군사 문제에 대한 지식도, 지출 증가를 지원할 정치적 인센티브도 가지고 있지 않다(타이완의 방위산업이 누리는 정치적 영향력은 미국의 방위산업이 누리는 정치적 영향력보다 적다). 일부 민진당 소속 입법위원들은 독재정권 시절 군의 부정적인 역할을 회상하며 국가를 지키겠다는 의지에 의문을 제기한다. 청년들은 일반적으로 반(反)군사적이다.[18] 타이완 국방부는 부정적인 정치적 환경을 잘 알고 있다. 타이완 국방부의 보고에 따르면 "많은 동포들은 해협의 양측이 여전히 군사적 적으로 남아 있고 전쟁의 위험이 여전히 존재한다는 사실을 점차 인식하지 못하고 있다. 일부는 확대되는 군사력 격차와 중국 본토의 위협 증가를 무시해 국방 문제에 대한 지원을 약화시켰다."[19]

타이완이 군비에 얼마를 지출하는지 평가하는 일반적인 지표는 GDP에서 차지하는 방위비이다. 이것은 당시 트럼프 대통령이 미국의 북대서양조약기구(NATO) 동맹국들이 방위비를 적게 투입한다고 판단했던 근거이다. 타이완의 몇몇 행정부는 국방비를 GDP의 2%를 넘는 수준으로 올리려고 애썼다. 하지만 지출은 위협의 정도에 근거해야지, 왜곡 효과를 발생시킬 수 있는 전체 경제에서의 인위적인 비중에 근거해서는 안 된다. 경제가 하강하는데 국방비가 그대로 유지된다면 국방비는 능력상의 변화 없이 GDP 대비 비율로 증가할 것이다. 제시카 터크먼 매슈스는 미국 국방예산을 논할 때 GDP를 분모로 삼는 것은 "적합성의 유효한 척도는 연방 재량예산 중 일부인 국방비 지출"이라고 오해될 소지가 있다고 지적한 바 있다.[20]

정부 지출 중 국방비가 더 나은 지표인데, 이는 정부 관계자들과 정치인들이 자원 할당과 관련해 내리는 선택을 반영하기 때문이다. 세입과 차입으로 인한 한정된 자원을 감안할 때 교육이나 사회복지에 지출되는 돈은 국방에 사용할 수 없는 자금이며, 그 반대도 마찬가지이다. 〈표 9-2〉는 마잉주 정부가 예산을 편성한 첫해인 2009년부터 2019년까지 타이완의 총 정부 예산 중 타이완의 수호를 위해 사용된 금액을 보여준다. 이 표는 국방비 예산이 2018년 10.85%부터 2015년 11.52% 사이에서 다양하다는 것을 보여준다. 평균은 11.14%로, 마잉주 정부는 차이잉원 정부가 편성하고 승인한 세 번의 예산(2017년 10.96%, 2018년 10.85%, 2019년 11.04%) 이상의 금액을 더 잘 유지했다.

타이완 정부의 성과를 평가하는 데서 백분율 지표보다 더 의미 있는 것은 지출된 절대 금액이다. 이 기간의 평균 지출 금액은 301조 4290억 위안이었다. 2015년 이전에 그 수치를 초과한 것은 2012년 단 한 번이었다. 그 이후 총액은 304조 위안에서 315조 위안까지 다양해졌다. 2009~2019년 동안 타이완의 연평균 인플레이션율은 0.91%였다. 그래서 실제 국방비가 감소했던 해에는 실질 가치가 훨씬 더 많이 감소했고, 연간 수치가 시사하는 것만큼 실질적으로는 지출 증가폭이 크지 않았다. 사실상 타이완의 국방비는 인민해방군의 능력이 계속 성장하는 기간 동안 본질적으로 정체되어 왔다. 차이잉원 정부는 2019년 예산에서 국방비를 늘릴 수 있었는데, 이때 최종 지출액은 326조 위안이었다. 2020년에는 341조 위안을 제안했고 325조 위안을 배정받았다. 2021년에는 352.3조 위안을 요청했다.[21] 이 수치는 중앙정부 예산(전체 예산이 아닌)에서 전

표 9-2 | 타이완의 정부 지출 중 국방비 점유율(2009~2018년)　　　　　　　단위: 10억 위안

연도	총 정부 지출	국방비	정부 지출 중 국방비 점유율
2009	2,670,898	297,746	11.15%
2010	2,566,804	286,929	11.18%
2011	2,612,947	288,889	11.06%
2012	2,677,984	303,903	11.35%
2013	2,665,241	292,646	10.98%
2014	2,645,712	291,418	11.01%
2015	2,645,189	304,636	11.52%
2016	2,745,305	314,847	11.47%
2017	2,778,361	304,632	10.96%
2018	2,844,538	308,571	10.85%
2019	2,911,645	321,506	11.04%
평균	2,705,875	301,429	11.14%

자료: *Taiwan Statistical Data Book, 2019* [Taipei: National Development Council, Republic of China (Taiwan), 2019], table 9-3a, "Net Government Expenditures of All Levels by Administrative Affair".

체의 17%를 차지하는데, 이전에는 16% 이하였다.

타이완의 국방부는 정규 예산 외에 미국으로부터 주로 구매하는 무기 시스템에 대한 특별 예산도 요구했다. 따라서 2019년 11월에 입법원은 F-16 C/D 블록 70 전투기 66대를 7년 동안 구매하기 위한 2470억 위안 규모의 예산을 통과시켰다.[22] 다만 주기적인 특별예산을 편성하더라도 인민해방군 능력의 현대화가 타이완을 크게 취약하게 만들고 있는 상황에서 국방비 규모가 소폭 증가하고 있다는 게 핵심이다.*

다음으로 국방비가 어떤 용도로 쓰이느냐의 문제가 있다. 장비와 준비태세

---

* 한편 타이완의 2022년도 전체 국방비(국방예산) 규모는 4700여 억 위안 규모로 사상 최고치를 기록했다. 또한 2021년 9월 16일에 타이완 행정원은 향후 5년간 2400억 위안 규모의 예산을 배정하는 '해군·공군 전력 제고 계획을 위한 조달 특별 조례(海空戰力提升計畫採購特別條例)' 초안을 입법원에 전달하고 심의를 맡겼다. _옮긴이 주

는 차치하고라도, 실제로 타이완 국방예산 내에서는 자원 분배의 불균형이 발생하고 있다. 이는 2009년 타이완의 정치 지도자들이 징집제에서 모병제로 이행하기로 결정했기 때문이다. 하지만 직업군인 체제로 원활하게 진행하기 위한 예산 증액에 대한 지원은 거의 없었다. 따라서 유일한 탈출구는 현역 병사의 규모를 2019년에 허가된 18만 8000명에서 향후 17만 5000명으로 줄이는 것이었다. 이 7%의 병력 감축이 인민해방군의 성장에 비추어 군사적으로 타당한지 여부는 다루어지지 않은 질문이다. 엎친 데 덮친 격으로 국방부가 보유한 인력을 위한 재원은 지원병을 유치하기에 부족했다. 미국 국방부에 따르면, 그 핵심은 "예상치 못한 전환 비용의 규모 때문에 타이완은 단기적인 훈련과 준비에서뿐만 아니라 해외 및 국산구입 프로그램에서도 자금을 전용해야 했다."[23]

하지만 모병제하에서 지원병에 대한 인건비 지출을 증가시키면 실제로 군사 능력이 창출될까? 2013년에는 의무 훈련 기간이 4개월로 단축되어 전투 준비가 된 군인을 만들기에는 턱없이 부족했다. 수행되는 훈련은 군사 기술 교육이 아니라 바쁜 업무를 수반한다는 불만이 제기되었다. ≪타이페이 타임스≫는 사설을 통해 "(4개월간의 훈련이) 어떻게 동기부여되고 어떻게 효과적인 예비군을 만들 수 있을까? 그것은 시간과 돈의 낭비였으며, 타이완의 자유와 생활 방식을 수호해야 한다는 목적이 명백해야 할 때 그 노력의 무의미함을 가중시키는 데만 기여했다"[24]라고 불만을 제기했다.

국방을 위해 할당된 예산 자원은 경쟁적인 우선순위 간의 균형을 맞추기 위해 고안된 일련의 정치적 선택의 결과이다. 그러한 우선 과제에는 고령화 인구의 요구를 충족시키고 청년들의 교육 수요에 자금을 지원하는 것이 포함되는데, 이 두 가지 모두 이해할 수 있는 우려 사항이다.[25] 하지만 국방은 또 다른 우선순위이다. 이와 동시에 정부는 한정된 자원을 놓고 경쟁하는 모든 우선순위를 적절히 해결하는 데 필요한 세입을 과세를 통해 제공하는 것에 대한 국민들의 일반적인 거부감을 수용했다. 타이완 군대의 예산 파이가 차지하는 비중이 상대적으로 낮은 가장 큰 이유는 파이가 너무 작기 때문이다. 중국으로부터의 위험이 증가함에도 불구하고, 타이완 대중은 그 위험에 대응하기 위해 더 많은 세금을 제공하는 것을 꺼리고 있다.

타이완의 국방 전략

둘째 문제 영역은 타이완 군대가 최적의 방어 전략을 채택했는지 여부를 다룬다. 즉, 인민해방군의 증가하는 군사력 투사 능력과 현재 사용 가능한 제한된 예산 자원으로 인해 생성된 새로운 위협 환경을 고려하는 것이다. 타이완의 오랜 국방 전략은 타이완 해협을 전장으로 가정해서 인민해방군에 대한 공중 및 해상 전투를 구상했다.[26] 이것은 소모전에서 '결판이 날 때까지 수상작전 그룹, 전투기 또는 탱크의 대칭적인 전투'를 벌이는 것을 수반했다.[27] 역사적으로 이것은 타이완의 장비가 인민해방군보다 기술적으로 앞서 있었기 때문에 그리고 타이완이 자연적인 방어벽을 가지고 있기 때문에 의미가 있었다. 하지만 인민해방군의 현대화는 그 질적 격차를 좁히거나 제거했으며 타이완의 취약성을 높이는 새로운 격차를 자체적으로 만들어내고 있다. 이에 따라 소모전 전략은 더 이상 타이완에게 유리하게 작용하지 않는다.

타이완은 고급 플랫폼을 생산할 수 있는 자체 능력이 없기 때문에 미국의 첨단 장비에 의존해 능력의 균형을 회복할 수 있다고 가정한다. 하지만 워싱턴이 타이완 해협을 가로질러 존재하는 중국의 적, 즉 타이완을 효과적으로 무장시켜 중국의 분노를 진압한다고 하더라도 미국 플랫폼은 비싸다. 소모전 전략에 맞게 필요한 수만큼 플랫폼을 확보하는 것은 타이완의 제한된 예산 범위를 벗어난다. 더욱이 미국 플랫폼은 공격에 대한 위력을 투사하는 데 좋다. 타이완이 필요로 하는 것은 거대하고 공격적인 적을 효과적으로 방어할 수 있는 능력이다. 타이완 공군은 또한 인민해방군 미사일과 폭격기에 의한 비행장 폭격,

그리고 타이완 해협을 뒤덮는 인민해방군의 점점 더 정교해지는 방공망에 더욱 취약해지고 있다.

타이완 국방부는 자국 군대와 인민해방군의 격차가 커지는 것을 보완하기 위해 몇 가지 조치 ― 예비전력 구축, 합동작전 개선, 장교 및 하사관의 역량 강화, 예비군 강화 등 ― 를 취했다. 하지만 미국 국방장관실의 보고서에 따르면, "이러한 개선 사항은 타이완의 감소하는 수비 우위를 부분적으로만 해결한다"[28]라고 평가되었다.

또한 타이완의 국방 계획은 부인할 수 없는 현실을 고려해야 한다. 즉, 미국 지도자들이 군대를 사용하기로 결정하더라도 타이완에 대한 중국의 부당한 공격에 대응하기 위해 미군이 즉시 개입할 수는 없다. 이 점에서 지리(태평양의 엄청난 크기)는 '중국의 친구이자 미국의 적'이다. 실무진의 예비 작업은 최소 몇 개월이 소요된다. 그렇기 때문에 워싱턴은 타이완 국방부가 그 기간 동안 버티는 데 필요한 능력을 획득하도록 권장하기 위해 과거 몇 년간 노력해 왔다.

이 같은 전략적 인내의 필요성이 정체방위구상Overall Defense Concept: ODC*이 출현하게 된 기원이었다. 정체방위구상은 중국이 강력한 곳에서 중국에 대응하기보다 타이완을 점령하기 위한 전투에서 인민해방군의 취약성을 이용하려는 전략이다. 이 전략은 타이완 해협 전체에서 인민해방군과 싸우는 대신 타이완 해협 쪽으로 약 100km 떨어져 있는 타이완 서부 해안에 '외부 방어선'을 긋는 것이다. 이 외부 연안에서, 타이완은 접근하는 침략군 중 적어도 일부를 파괴할 수 있는 대함 순항미사일(타이완에서 자체 생산한)을 장착한 기뢰와 대형 수상함을 배치할 것이다. 방어의 둘째 단계는 육지에서 40마일 뻗어 있는 해변

---

* 정체방위구상(ODC)의 구체적인 내용에 대해서는 다음을 참조하라. Lee Hsi-min and Eric Lee, "Taiwan's Overall Defense Concept, Explained: The concept's developer explains the asymmetric approach to Taiwan's defense," *The Diplomat*(November 3, 2020). _옮긴이 주

평지에서 일어날 것이다. 다시 말하지만 일련의 기뢰, 신속공격용 보트 및 해안 발사 순항미사일은 침공해 오는 적군을 약화시킬 것이다. 그러한 전쟁 활동을 위해 타이완이 필요로 하는 무기는 단거리 및 방어용 무기이며 그 대부분은 자체적으로 생산할 수 있다. 지뢰와 미사일은 봉쇄에 대응하는 데에도 유용할 것이다. 이와 관련해 타이완은 2019년 M1A2 에이브럼스 탱크 108대(약 60억 위안)를 구매하기로 결정했는데, 이 결정은 비용을 고려해 볼 때 상륙 공격에 대한 방어에 가장 많이 사용되는 해안 방어를 강화하는 효율적인 방법으로 보이지는 않는다.

따라서 정체방위구상은 다음과 같은 두 가지 목적을 갖고 있다. 즉, ① 베이징이 위험이 너무 크다고 결론지을 정도로 인민해방군이 침공하거나 봉쇄하는 난이도를 높이는 것, ② 타이완의 방어를 완성하기 위해 인민해방군의 반개입 능력을 제압하는 등의 전술을 통해 (미국의 전면적인 개입 결정이 내려졌다고 가정했을 때) 미군이 무력에 개입할 수 있는 시간을 벌어주는 것이다.

2019년 10월 미국 국방부의 데이비드 헬비David Helvey 제1부차관보(인도-태평양 안보 담당)는 방위산업 관련 회의에서 이 전략에 대한 미국 정부의 지지를 전달했다. 그는 에이브럼스 탱크와 F-16 전투기 판매 승인을 언급하며 타이완이 "구형 전력 구조의 선별된 요소들을 다시 자본화할" 필요가 있음을 인정했다. 그는 전투기가 평시에 억지력을 강화할 것이라고 언급했다. 하지만 헬비는 또한 전반적인 국방 개념을 확립하고 타이완이 "비대칭 전쟁, 병력 보호, 연안 전투에 능숙한 전투력 보유"[29]를 확실히 할 필요가 있다고 말했다. 그는 충분한 자원을 최적으로 투입해야 한다고 강조했다. 아울러 그는 "열악해진 전자기 환경과 미사일 및 공중 공격을 받는 환경 아래에서 운용할 수 있는 광범위하고 기동적이며 분산적인 힘(많은 수의 작은 것들)이 필요하다. 이러한 것에는 이동식 해안 방어 순항 미사일, 단거리 방공 미사일, 해군 기뢰, 소형 고속 공격기, 이동식 대포, 첨단 감시 자산이 포함된다"[30]라고 주의를 환기시켰다.

같은 회의에서 당시 타이완 국방부의 군비부부장(軍備副部長)이었던 장관췬(張冠群)* 장군이 연설을 했다. 그는 정체방위구상과 타이완의 자연적인 완충 지대를 활용할 필요성에 대해 헬비가 강조했던 것을 반복했다. 아울러 그는 "우리는 혁신적이고 비대칭적인 개념을 채택해 이동 중이며, 찾기 어렵고 민첩하고 저렴하고 많고 생존 가능하고 작전상 효과적인 시스템에 투자를 집중해야 한다"[31]라고 말했다. 장관췬은 타이완의 전력 증강을 ① 재래식 부문, ② 비대칭 부문, ③ 전력 보호 부문으로 구분했다. 정체방위구상에 대한 장관췬의 지지에도 불구하고 미국 국방부는 타이완의 육군, 해군 및 공군이 탱크, F-35 및 자체 생산 잠수함 같은 고급 재래식 능력을 획득하는 데 관심이 너무 많으며 이러한 시스템에 드는 비용이 비대칭적 능력을 구축하는 것과 관련된 인력, 준비 및 교육을 위한 자금을 밀어낼 것이라고 — 미국이 제공하는 플랫폼의 비용이 몇 년에 걸쳐 분산된다고 할지라도 — 우려했다.

2020년에 개최된 동일한 방위산업 관련 회의에서 헬비는 이러한 우선순위를 반복해서 말하면서 다음과 같은 몇 가지 요소를 추가했다. 첫째, 무기와 관련해 그는 '고이동성 연안 방어 순항미사일'을 특별히 강조하면서 미국은 "타이완이 외국산과 자국산 모두를 최대한 많이 매입하도록 권장했다"라고 밝혔다. 둘째, 그동안 방치되었던 예비군을 강화하는 것의 중요성을 강조했다. 아울러 헬비는 예비군 훈련이 군사적 목적뿐만 아니라 정치적 목적에도 도움이 될 것이라고 언급했다. 다시 말해 예비군 훈련은 "타이완 사람들의 창의성, 지략, 독창성 및 애국심이 어떻게 촉매 작용을 일으켜 타이완과 타이완의 발상 자체가 싸울 만한 가치가 있는 것이라는 신호를 보낼 수 있는지를 보여줄 것"[32]이라고 했다.

기본적으로 국방 전략에 대한 논쟁은 여러 제도적 약점을 반영한다. 첫째는

---

* 현재 중화민국 총통부 전략고문으로 재직 중이다. _옮긴이 주

민군 관계의 불균형이다.* 1949년 전후에 국가안보가 가장 중요한 정책 문제였을 때 군대는 국민당 정권에서 지배적인 역할을 했다. 1979년 이후에도 중국의 위협이 다소 감소하고 예산이 감소했음에도 불구하고, 군은 국방 전략을 정의하기 위해, 더 정확하게는 전략을 위협에서 도출하기보다 조달 선호도의 함수로 취급하기 위해 실질적인 자율성을 계속 유지했다. 게다가 장징궈가 서거한 이후 타이완의 총통들은 국가안보에 대한 전문 지식이 없었기 때문에 전략 문제는 군대에 맡길 수밖에 없었다.

둘째 약점은 정책 수립 과정이 일반적으로 미국에서처럼 통합되어 있지 않다는 것이다. 군대는 국가안보에 대한 독점을 유지하려고 했기 때문에 국방과 군사전략에 대한 견해를 국가안보의 더 넓은 틀 내에서 혼합하는 것이 항상 어려웠다. 카네기국제윤리위원회의 연구원이자 미국 공군 장교 출신의 필립 카루소Philip Caruso는 "이러한 비대칭 방어의 필요성은 분명하지만 국방부를 개혁하고 대중의 지지를 얻는 현재의 정치적 전망은 약하다. 국방부는 완강히 저항하는 제도적 입장을 취했다. 국방부의 접근 방식에 대한 비판은 큰 변화로 이어지지 않았다. 그 이유 중 하나는 이러한 변경은 전략과 구조가 이미 최적이라는 국방부의 주장을 반박할 공개 토론을 필요로 하기 때문이다."[33] 결과적으로 미국은 때때로 국가안보에 대한 타이완의 심의에서 대단히 큰 역할을 했다.

---

* 타이완 민군 관계의 기본적인 흐름에 대해서는 다음을 참조하라. Gabriel Sheffer and Oren Barak, *Israel's Security Network: A Theoretical and Comparative Perspective*(Cambridge University Press, 2013), pp.135~138. _옮긴이 주

국방 문제에 대한 여론조사

명백히 타이완의 정치 지도자들 및 군사 지도자들은 인민해방군이 제기하는 위협에 적합한 국방 전략을 시행하고 자금을 마련하는 데서 갈 길이 멀다. 전략과 자원을 제대로 확보하는 것은 어려운 일이기도 하지만 또한 필수적이기도 하다. 차선의 성과는 타이완의 취약성을 증가시킬 뿐이다. 충분한 재원을 확보하는 한 가지 요소는 이러한 우선순위에 대해 대중으로부터 지지를 얻는 것이 될 것이다. 전쟁과 평화 문제에 대해 타이완 국민이 어떻게 생각하는지 가장 잘 알 수 있는 자료는 미국 듀크대학교의 에머슨 니우Emerson Niou가 타이완 국립정치대학 선거연구센터와 공동으로 실시하고 있는 타이완국가안보조사이다.[34]

상당히 기본적인 수준에서 보면, 대중의 시각에는 모순이 있다. 하나는 인식된 의지와 능력 간의 차이이다. 한편으로는 본토로부터 공격을 받을 경우, 상황 여하에 상관없이 타이완 국민이 '저항할 것'이라는 의견이 다수였다. 2016년에 조사된 사람들 중에는 62.7%가 그 말에 동의했다. 이 비율은 2017년(차이잉원이 총통으로 취임한 첫 해)에 52%로 떨어졌다가 2019년에 61.6%로 반등했다. 다른 한편으로 꽤 놀랍기도 한 것은 타이완 대중이 '섬 방어(타이완 방어)'에서 타이완 군대가 가진 기량 또는 능력에 대해 심각한 의구심을 갖고 있다는 점이다. 그런 견해를 가진 비율은 2016년에 81.5%, 2017년에 77.5%, 그리고 2019년에 69.6%였다. 여기서 모순되는 것 중 하나는, 타이완 군대가 취약할 때 훈련을 잘 받고 보급이 제대로 이루어지고 있는 현대화된 군대[인민해방군_옮긴이]에 어떻게 저항할 수 있는지가 명확하지 않다는 것이다.

그리고 장기적인 성과로 원하는 것과 기대하는 것 사이에는 차이가 있다. 대다수의 응답자는 베이징의 궁극적인 정치적 목표인 통일에 강하게 반대하고 있다. 2017년 12월 조사 대상자 중 2.2%만이 당장의 결과를 원했고, 10.3%는 향후 일정치 않은 시점에서의 결과를 원했다. 하지만 2017년 타이완국가안보조사의 응답자들은 자신들이 반대하는 결과를 회피하는 것에 대해 심각한 의구심을 가졌다. 그들은 언젠가 통일이 일어날 가능성이 거의 반반이라고 지적했다.

좀 더 세밀한 국방 문제로 넘어가면 현실적인 경계감이 느껴진다. 조사 대상자 중 상당수는 독립이 양안관계에서의 '제3의 길'이라고 이해했다. 일반적으로 2017년에는 응답자의 49.4%가 '독립·통일 문제'가 전쟁으로 이어질 수 있다고 보았고, 2019년에는 50.5%가 이에 동의했다. 두 가지 특별한 발견은 독립을 둘러싼 정서와 전쟁의 위협을 보여준다. 타이완이 독립을 선언하고 베이징은 타이완을 공격하지 않는 시나리오를 제시했는데, 그 시나리오를 선택한 비율이 2011년에는 조사 대상자의 80%에 달했고 2016년, 2017년, 2019년 조사에서는 평균 63.4%가 독립을 선택할 것으로 보였다. 하지만 독립을 선언할 경우 전쟁이 촉발되는 시나리오에서는 2016년 조사에 참여한 독립 반대자의 비율이 57.1%로 증가했고, 30.9%만이 독립을 지지했다. 그다음 해의 비율도 2 대 1이었다. 2017년에는 59.1% 대 26.3%, 2019년에는 60.3% 대 29.8%였다. 게다가 응답자의 거의 절반, 즉 2017년에는 41.3%, 2019년에는 49.9%가 독립이 전쟁으로 이어질 것이라는 것에 동의했다.

이 핵심적이며 전략적인 질문에 대한 타이완 주류의 표어는 단연 자제이다. 타이완의 대중은 이상적으로는 '독립된 타이완'을 선호하겠지만 사람들은 자신들이 이상적인 세계에 살고 있지 않다는 것을 알고 있다. 사실 약 30%는 그것이 전쟁을 의미한다고 하더라도 여전히 독립을 원할 것인데, 아마도 그들은 베이징의 위협이 엄포일 뿐이라고 믿고 있기 때문일 것이다. 하지만 응답자 중 적어도 절반은 베이징이 허세를 부리는 것이 아니며 독립은 중국에 분명한 레드라인이고 전쟁의 도화선이 될 것이라고 믿고 있다.

타이완국가안보조사에서 제시된 질문들이 베이징에 의해 명시된 레드라인의 모호성을 완전히 포착하지 못하고 있다는 것은 주목할 필요가 있다. 셋째 조건, 즉 '평화통일의 가능성이 완전히 사라진다면'은 타이완 지도자들이 독립을 선언해서가 아니라 협상을 통해 기본적인 양안 분쟁을 해결할 의사가 없기 때문에 베이징이 비평화적인 수단을 사용할 수 있다는 것을 암시한다. 마잉주가 그랬던 것처럼 타이완이 정치대화조차 거부한다고 해서 베이징에 관한 한 무력 사용을 정당화할 수 있을까? 이러한 애매모호함을 고려할 때, 타이완 국민들은 아마도 지금까지 그래왔던 것보다 더욱 신중해야 할 것이다.

타이완 국민들 또한 미국이 양안 분쟁에 개입할 것인지 여부가 전쟁이 어떻게 시작될 것인지, 특히 타이완이 전쟁을 유발했는지 여부에 대한 일종의 함수라는 것을 이해하게 되었다. 2011년과 2019년 조사에서 타이완국가안보조사에 대한 응답자 중 5분의 3은 타이완이 현상유지(독립선언을 하지 않는 것으로 정의)를 한 상태에서 중국이 공격한다면 미국이 개입할 것이라고 믿었다. 다만 타이완 독립선언이 중국의 공격을 촉발할 경우에는 미국의 조치에 대한 신뢰감을 나타내는 비율이 2016년 47.7%, 2018년 40.5%, 2019년 48.5%로 낮아졌다. 타이완이 현상유지를 추구하는 시나리오에서도 미국의 의도를 의심하거나(24%), 무응답(14.5%)하는 비율이 40%에 달했다. 하지만 71.9%의 응답자들은 미국이 개입할 것이라고 믿는 반면 28.1%는 개입하지 않을 것이라고 답했다.

응답자들의 타이완 군대에 대한 신뢰 부족, 베이징의 무력 사용에 대한 모호성, 미국의 개입에 대한 의구심, 그리고 개입과 관련해 증가하는 어려움으로 볼 때, 억지력을 강화하기 위한 방법으로 전쟁에 대항해 군사력 강화를 강력하게 지지할 것이라고 예상할 수 있다. 하지만 타이완국가안보조사에 따르면, 군비 증강에 찬성하는 응답자는 22.4%에 그친 반면 66.8%는 '좀 더 온건한 정책'의 채택을 선호했으며 3.7%는 이 두 가지를 모두 원하고 있었다. 타이완 국방부가 2017년에 발간한 『4년 주기 국방 총검토보고서』에서 국민의 '국방의식'이 부족하다는 것을 강조했을 때, 그들은 그 발언이 어떤 의미를 갖고 있는지 알고 있었다. 하지만 타이완의 방어, 국방 전략과 관련된 분열, 국방 예산의 제약에 대한 타이완 대중의 의구심은 '적의 손'[중국의 '두 개의 주먹'_옮긴이]을 강하게 만들 뿐이다.*

---

* 한편 타이완 국방부가 2021년에 발간한 『4년 주기 국방 총검토보고서』에서는 국민의 국방 의식을 제고하기 위해 전민 국방교육(全民國防敎育)을 추진하는 것을 강조하고 있다. _옮긴이 주

제10장

타이완의 정치방어: 민족정체성

험난한 안보환경에 직면한 타이완이 어떻게 대응할 것인지에 대해서는 의견이 분분하다. 수용, 안심, 거리두기 및 균형의 적절한 조합은 무엇일까? 중국(중화인민공화국)과의 군사력 불균형이 심화되는 상황에서 미국의 확고한 방위공약을 가정하더라도 타이완 군대는 어떻게 미군이 개입할 수 있을 때까지 인민해방군의 공격을 적절히 억제하고 전투를 계속할 것인가? 타이완의 지도자들이 군대를 강화하기 위해 더 많은 세금을 내야 할 필요성을 대중에게 납득시킬 수 있을까? 그들은 억지가 실패할 경우 군대의 방어강화 능력에 대한 대중의 의심을 진정시킬 수 있는가? 이러한 질문들 중 어느 것도 이런 상황에서 대답하기 쉽지 않지만 타이완의 안보 증강을 위해 진지하게 다루어야 한다. 중국의 군사력 사용을 저지하기 위한 국방 전략을 개발함에 있어 강해지고 있는 인민해방군에 도전하는 것이 아니라, 약점을 이용해 비대칭적으로 맞서는 것이 타이완 군부의 최근 경향이다.

1990년대 초 타이완이 민주주의 체제로 전환하고 있을 때, 타이완의 민간 지도자들과 대중들은 베이징의 통일 목표에 도전하기 위한 비대칭적이고 정치적인 접근법이 있는지에 대해 토론하고 논의했다. 그 방향을 택하는 것은 어느 정도 일리가 있다. 양안 분쟁은 근본적으로 정치적인 성격을 띠고 있다. 비록 무시할 수 없는 군사적 차원을 가지고 있지만, 타이완 역시 정치적 방어선을 구축하기 위해 노력해 왔다. 민족 및 국가로서의 타이완의 정체성에 초점이 맞춰져 많은 의문이 제기되고 있다. 그 섬의 사람들은 중국인인가, 타이완인인가? 둘 다 합쳐진 것인가? 타이완 국가가 있는가? 그 섬의 국제적·법적 지위는 어떻게 되는가? 중국과의 법적·정치적 관계는 무엇인가? 무엇이어야 하는가? 타이완은 국가인가? 그것은 중화민국이라고 불리는, 중화인민공화국과 동등한 '중국 국가Chinese state'인가? 아니면 그냥 타이완인가?

베이징의 관점에서 이러한 질문에 대한 답은 단 하나뿐이다. 세계에는 하나의 중국 국가가 있으며, 모든 국가가 그런 것은 아니지만, 대부분의 국가는 중국 정부가 국제사회에서 중국의 유일한 법적 대표자라는 것을 인정하고 있다. 베이징의 견해로는 1949년에 중화민국 정부는 존재하지 않았고, 타이완 당국이 통제하는 영토인 타이완과 그 부속 도서들은 중국이 보유한 주권 영토의 일부이다. 이 섬들의 주민들은 중국 국가의 구성원이다. 양안 분쟁은 오랜 정치적 대립의 결과이지, 주권과 민족성을 둘러싼 논쟁이 아니다. 마지막으로, 양안 간의 차이를 조정하는 유일한 근거는 '1국가 2체제', 즉 '일국양제' 방안이다.

타이완 사람들은 이러한 중국의 주장 중 일부를 즉각 거부한다. 어떤 사람들은 그러한 주장 모두를 거부한다. 많은 다른 이슈가 논쟁의 대상이다. 국민당과 민진당 사이의 분열과 장기적인 양안 경쟁이라는 이 섬의 정치적 역사를 고려할 때 그것은 놀랄 일이 아니다. 바로 그 의견 불일치는 애초에 정치적 방어를 고안하는 것의 효용성을 제한한다. 정체성과 법적 지위에 대한 내부 분열은 섬이 외부적으로 행동할 수 있는 능력을 제한했다. 종종 한 계파의 원칙적인 입장은 다른 계파의 무모한 도발이다.

이러한 정치적 방어들은, 대중의 폭넓은 지지를 받는 것 외에도, 분명하고 실질적으로 신뢰할 수 있어야 한다. 하지만 타이완 국민과 정당들이 이러한 근본적인 문제에 동의할 수 없는 이유는 역사와 양안 불신 때문만이 아니다. 개념의 복잡성은 또한 타이완이 무엇인지에 대한 공통된 이해를 이끌어내는 것을 더 어렵게 만든다. 타이완 국민들은 대부분 정치학자나 변호사가 아니므로 분석가들조차 항상 구별하지 못하는 개념을 혼동하는 것에 대해 용서받을 수 있다. 문제를 더욱 복잡하게 만드는 것은, 이러한 문제들 중 일부(특히 민족정체성)에 대해서는 타이완에 대한 좋은 데이터가 존재하지만 다른 문제에 대해서는 정보가 더 적다는 것이다. 하지만 타이완은 이제까지 해왔던 것처럼 일국양제를 근거로 통일을 하자는 중국의 요구에 대처하는 데서 더 이상 실질적인 모호함을 감수할 여유가 없다.

분명한 것은 민족과 국가 문제에 대한 새로운 공식이 베이징에 대한 효과적인 방어책이 되려면, 새로운 공식에 대한 공감대를 형성하지 못하는 것이 불안을 감소시키기보다 오히려 심화시킬 수 있다는 것이다. 따라서 민족정체성과 국가정체성에 대한 질문이 어떻게 논의되었는지를 깊이 있게 탐색하고 그러한 문제에 대한 대중의 견해를 최대한 수렴하는 것이 유용하다.

기본 개념

이 장에서는 민족정체성 문제를 다룬다. 그리고 제11장에서는 국가정체성 문제를 조사한다. 우리는 개념적·역사적 배경에 대한 논의에서 시작해 권위주의 시대가 이후의 태도를 형성한 방식을 설명하고 민주주의 시대 동안 이루어진 타이완 정체성의 진화를 검토한다. 그 개념은 정체성, 민족, 국가, 주권, 그리고 국가와 민족의 융합이다.

정체성

정체성은 개인 또는 집단이 자신이 누구인지, 다른 사람들이 자신들을 어떻게 정의하는지를 지정하는 한 가지 방법이다. 정체성은 사회적 존재의 다양한 측면과 사람들이 채우는 사회적 역할을 나타낸다. 결과적으로 한 개인은 여러 정체성을 가지고 있다. 리처드 부시라고 불리는 나는 백인 남성이다. 고령자이고 남편이고 아버지이고 할아버지이고 상류층의 구성원이다. 박사학위 보유자이고 중국 전문가이고 미국 시민이고 참전용사이고 등록된 민주당원이고 납세자이고 무신론자이다. 내 연령 집단과 같이 내가 변경할 수 없는 일부 정체성은 속성을 나타내는 것이다. 그 밖의 정체성 - 예를 들어 나는 박사학위를 보유하고 있는 중국 전문가이다 - 은 나의 선택과 노력에 의한 결과이다.

여기서 중요한 점은 각 개인의 다양한 정체성이 어떤 면에서는 상호 양립할 수 있고 다른 면에서는 상충한다는 것이다. 어떤 사람은 다양한 정체성을 관리하고 그러한 정체성 사이에서 어느 정도 균형을 유지할 수 있다. 어떤 사람은 그렇지 않다.

또한 개인은 자신의 상대적 중요성에 대한 인식에 따라 자신의 정체성에 순위를 매길 것이다. 매일 그리고 시간이 지남에 따라 시간을 보내는 방법은 그 순위의 함수가 될 것이다. 게다가 사람들은 상황의 변화에 따라 순위를 바꾸고 그에 따라 행동할 것이다. 예를 들어 사회학자 윌리엄 스키너G. William Skinner는 20세기 이전에는 다양한 중국 방언과 중국 출신지에 기반을 둔 조직의 집합체였던 태국에 있는 중국인 공동체가 일치하는 조직과 공통된 중국인 정체성을 강조하기 위해 어떻게 진화했는지를 탐구했다. 이 공동체는 불리한 태국 정부 정책으로부터 자신들을 방어하기 위해 더 큰 이념적·제도적 연합을 만들었다.[1] 또 다른 예로는 정당 간의 경쟁이 있다. 나는 내가 속한 정당인 민주당이 어떤 정책과 후보들을 홍보해야 하는지에 대해 동료 민주당원들과 의견이 다를 수 있지만, 적어도 정당별로 나뉜 이슈에 대해서는 공화당에 대항해 결속을 강화할 가능성이 높다.

현대 세계를 만드는 과정에서 두드러진 발전은 다른 유형에 비해 국가정체 성에 우선순위를 두는 것이었다. 처음에는 유럽과 북미에서, 그다음에는 라틴 아메리카, 아시아, 중동, 아프리카에서 사람들은 무엇보다도 자신을 특정 국가 영토와 정치 단위, 즉 민족에 묶인 것으로 보도록 권장되었다.

민족

민족nation과 관련해 학자들은 본질주의essentialism(원초주의primordialism라고 도 한다)와 도구주의라는 두 가지 관점을 핵심적으로 채택했다. 본질주의는 더 오랜 역사를 가지고 있으며 민족정체성이 "사람이 태어날 때의 사회적 존재에 대해 "어떤 '주어진' 집단 충성도를 결정하는"[2] 자연스러운 과정에서 형성된다 고 주장한다. 이러한 '주어진' 속성에는 언어, 종교, 문화, 인종 및 역사가 포함 될 수 있다. 따라서 베이징의 지도자들은 중국 인민과 타이완 인민의 공통된 인종성을 민족 통일의 기초로 강조한다.

도구적 접근 방식은 다르다. 이 접근법은 베네딕트 앤더슨Benedict Anderson의 생각에 기초해, 민족을 "일련의 민족적 서술과 상징에 기초한 상상의 정치공동 체"[3]라고 본다. 즉, 민족은 (사회과학 전문 용어를 사용하는) 사회 건설의 산물이 며, 더 구체적으로는 정치적 투쟁이다. 민족을 자처하는 집단은 이념적 우월성 을 놓고 경쟁자들과 경쟁해야 한다. 영국과 프랑스의 식민지 유산을 가진 캐나 다는 한때 "한 국가의 품 안에서 싸우는 두 민족"[4]으로 묘사되었다. 이러한 투 쟁의 승자는 "정치공동체 내의 차이를 제거하고 그 차이를 공통의 패권적 질서 인 기호, 상징, 가치로 대체하는 효과"[5]를 갖는 과정에서 다른 모든 사람에게 민 족에 대한 자신만의 정의를 강요한다.

예를 들어, 영국이라는 국가는 잉글랜드가 웨일스와 스코틀랜드의 분리된 정체성을 억압하고 그 국민들을 브리튼 사람으로 변모시킨 결과 탄생했다.[6] 또 다른 예로, 중국의 민족정체성이 출현하고 형성된 것은 일련의 정치적 투쟁 – 19세기 서구의 침략에 대항한 투쟁, 19세기 후반과 20세기 초반의 청나라(만주) 왕조에 대항한 투쟁, 1930년대와 1940년대에 일본 침략자와 점령자에 대항한 투쟁, 한국전 쟁에서 미국에 대항한 투쟁, 1920년대부터 현재까지 국민당과 중국공산당 사이의 투쟁 – 을 통해서였다.[7]

국가

국가state라는 개념이 나타내는 바는 여러 가지이다. 국가는 정의된 영역 내에서 통치하는 국가의 중앙 정치 기관을 나타낼 수 있다. 또한 국제사회의 완전하고 합법적인 구성원이라는 국가의 지위를 나타낼 수도 있다. 따라서 유엔 헌장은 유엔의 회원 자격이 "이 헌장에 포함된 의무를 수락하고 기구의 판단에 따라 이러한 의무를 수행할 능력과 의지가 있는 평화를 사랑하는 국가"[8]에 열려 있다고 한다.

프랜시스 후쿠야마Frances Fukuyama는 국가를 통치기관으로 특징짓는 데서 독일의 사회학자 막스 베버Max Weber를 인용해 국가를 "특정 영토 내에서 합법적인 무력 사용의 독점권을 성공적으로 주장하는 인간 공동체"라고 정의한다. 후쿠야마는 계속해서 "국가성의 본질은, 다시 말해서, **집행**이다. 즉, 사람들로 하여금 국가의 법을 따르도록 강요하기 위해 유니폼과 총을 가진 누군가를 보내는 궁극적인 능력이다"[9]라고 말한다. 더 나아가 세금 징수원이 법이 요구하는 세금을 징수하는 능력, 규제기관의 공무원이 규제 기관으로 하여금 규칙이 요구하는 바를 수행하도록 하는 능력이 국가성의 본질이다.

국가, 특히 현대 국가는 일단 설립되면 다양한 업무를 수행하기 위한 기관을 건설한다. 그러한 업무의 예로는 외부 및 내부 안보, 정부 재정, 법치주의, 재산권의 확립과 집행, 청년들의 교육, 공무원의 채용, 경제 및 사회생활의 규제와 같은 공공재 제공, 부패를 통해 국가를 훼손하는 사회 집단의 능력 제한 등이 있다. 각 국가는 수행할 작업과 무시할 작업을 선택한다. 잘 되는 일도 있고 잘 되지 않는 일도 있다. 더욱이 서유럽의 역사에 대한 찰스 틸리Charles Tilley의 통찰력 — "전쟁이 국가를 만들었고 국가가 전쟁을 만들었다" — 은 국가 과제 수행에 순서가 있을 수 있음을 암시한다. 예를 들어, 먼저 내부 및 외부 안보를 달성한 다음 경제 개발, 법치, 책임 등으로 넘어가는 것이다.[10] 마지막으로 후쿠야마는 국가의 범위와 힘을 유용하게 구분한다.[11] 범위는 국가가 수행하는 업무를 나타내며, 힘은 자신이 수행하기로 선택한 작업을 구현하고 시행할 수 있는 능력을 지적한다.[12]

주권

국가의 개념과 연관된 것은 주권의 개념으로, 국가의 다른 차원과 아주 유사하다. 스티븐 크래스너Stephen Krasner는 주권의 세 가지 요소를 다음과 같이 상정하고 있다. 우선 첫째 요소는 국내 주권으로, 이것은 '주권 구조와 그 구조의 실제 능력'을 가리킨다. 즉, 국내 기관으로서의 국가와 동일한 문제를 다룬다. 둘째 요소는 국제법적 주권으로, 이것은 "국제기구의 회원 자격 같은 권리와 특권을 인정받은 법률적으로 독립된 영토 실체, … 다른 국가 및 단체와 계약이나 조약을 체결할 수 있는 능력 등"을 가리킨다. 그러한 주권의식은 국가들을 국제 시스템의 완전한 회원국으로 지칭한다. 셋째 요소는 크래스너가 '베스트팔렌/바텔적 주권Westphalian/Vattelian sovereignty'이라고 부르는 것으로, 이는 "각 국은 자신의 영토 내에서 자신의 권한 구조를 결정할 권리가 있으며, 이는 국가들이 서로의 내정에 개입하는 것을 피해야 한다는 것을 의미한다."[13] 이와 유사한 정의는 "국가가 외부 권위에 복종하지 않고 권한을 행사할 수 있는 근본적인 권한"[14]이라는 특정한 의미에서 주권과 독립성을 동일시한다.

국가와 민족

민족과 국가는 함께 결합하지만 다른 방식과 다른 상황에서 이중 개념을 형성한다. 이 조합의 일반적인 용어는 민족-국가이다. 두 단어의 순서는 민족이 국가보다 앞서서 국가와 일치함을 나타낸다. 어떤 경우에는 민족이 실제로 국가를 낳는다. 이러한 관점에서 현대사는 상상의 공동체라는 의미에서 민족들이 어떻게 자신과 일치하는 국가를 생성, 장악 또는 수용했는지에 대한 이야기이다. 따라서 유대 민족, 특히 시온주의 세력은 19세기에 민족에 국가가 필요하다고 결정했다. 모든 유대인이 동의한 것은 아니지만 20세기부터 시온주의자들은 유대인 조국과 이스라엘 국가를 위한 캠페인을 벌였다.

하지만 국가가 이 민족 대 국가 템플릿에 반드시 또는 정확하게 들어맞지는 않는다. 19세기 유럽에서는 이탈리아 국가와 독일 국가가 언어와 문화를 통해 이미 상상되어 왔다. 하지만 통일된 이탈리아를 만들기 위해서는 피에몬테주의 주도권이 필요했고, 통일된 독일을 만들기 위해서는 오토 폰 비스마르크Otto von Bismark가 이끄는 프로이센의 끊임없는 노력이 필요했다. 제1차 세계대전 이후, 우드로 윌슨은 과거 옛 제국의 일부였던 중부 유럽 및 동유럽의 민족 공동체들을 위한 국가들을 설립하기 위해 1919년 베르사유 조약을 이용하고자 했다.

게다가 일본 전문가인 브라이언 맥베이Brian McVeigh가 언급했던 "특정한 문화(민족)와 경계된 국가(정치)가 일치해야 한다"는 생각은, 강력한 생각이긴 하지만, 사실 신화이다.[15] 실제로 현대사의 상당 부분에서는 국가와 민족의 불완전한 정렬이 목격되었다. 베르사유는 독일인들을 체코슬로바키아에 할당했고, 그리하여 1938년 아돌프 히틀러Adolf Hitler에게 전쟁 직전의 구실을 제공했다. 제2차 세계대전 이후 탈식민지로 출현한 많은 나라들은 다양한 인종 집단으로 이루어진 집합체였는데, 이것은 때때로 내전으로 이어지거나 분할된 기간의 인도처럼 대규모 폭력의 사례로 이어졌다. 시온주의자들은 유대인들을 위한 국가를 확보했지만, 그 영토에 거주하던 팔레스타인 무슬림들은 곧 이스라엘을 희생시켜 자신들만의 민족-국가를 세우기를 열망했다.

또한 미국처럼 국가가 민족을 선행하는 경우도 있다. 하버드대학교의 미국 역사학자 질 레포레Jill Lepore는 1787년 필라델피아에서 만들어진 것은 국가였으며, 연방 국가였다고 주장했다. 미국인이라는 민족은 아직 존재하지 않았는데, 부분적으로는 사람들의 민족적 배경이 다양해서 공통의 조상이 부족했기 때문이고, 그리고 적어도 남북전쟁 전까지는 자신들이 살고 있는 버지니아, 조지아 같은 하위 국가를 자신들의 '나라'로 간주했기 때문이다. 레포레는 "미국은 민족이 되기 전 국가였다"라고 썼다. 이것은 수십 년이 소요된 과정이었다.[16] 국가기관들은 후에 미국인들의 민족주의를 강화하는 역할을 했다. 미국에 소속감을 심어준 국가의 기둥 중 하나는 학교 시스템이었다. 정당들은 또한 공통의 정체성을 심어주기 위해 민주주의 체제에 참여하도록 서로 다른 인종 배경을 가진 이민자들의 연속적인 물결을 통합했다.

싱가포르는 또 다른 예이다. 싱가포르는 1965년 말레이시아에서 축출된 후 강력한 단일 국가로 남았지만, 통치하는 인구는 중국인, 말레이인, 인도인 등으로 구성되어 있다. 국가는 교육제도와 주택정책, 국민서비스, 집권여당 인민행동당 등을 활용해 민족적 기반이 아닌 시민적 기반 위에 국민의식을 구축했다.[17] 마지막으로 중국 자체가 그 예이다. 어떤 사람은, 비록 중국 민족주의가 20세기 초반 정치적으로 의식화된 사람들 사이에서 번성하기 시작해 국민당과 중국공산당 모두를 활성화시켰지만 중국공산당이 중국 민족주의를 엘리트층을 넘어 '국유화'할 수 있었던 것은 중국 설립 이후였다고 주장할 것이다.

타이완에의 적용

이 개념들은 모두 관련이 있지만, 분석적으로 적용될 때에는 구별되어야 한다. 특히 타이완에서 그러한데, 타이완이 지닌 모호성과 분석적 혼란은 타이완 사람들이 타이완에 대해 어떻게 생각하고 있는지, 그리고 타이완이 중국과 어떻게 관련되어 있는지에 영향을 미치기 때문이다.

유감스럽게도 중국어에서는 민족nation과 국가state에 대한 논의가 거의 틀림없이 혼란스러워질 것이다. 현재 중영사전에 한자어 '國'은 영어로 'country, state, nation'으로 번역된다. '國家', '邦', '邦國'도 마찬가지이다.[18] 이와 같은 중국어 단어를 상식적으로 이해하면 이 단어들은 모두 같은 것을 가리킨다. 하지만 사회과학자에게는 country와 state만 동일하며, nation은 다소 다르다. 또한 중국어에서 '民族'이라는 단어는 'people,' 'nation', 'nationality', 'ethnic community'를 의미한다. '民族國家'는 'nation state'로 번역된다.[19] 그리고 양안에서는 복잡한 개념을 4~8자로 구성된 표현으로 나타내는 경향이 있다. 예를 들면 '一個中國 各自表述' 또는 '一中各表'[하나의 중국, 서로 다른 해석]이 그런 경우이다. 언어의 복잡성을 더욱 가중시키는 것은 타이완 사람들 사이에서는 中國이라는 단어를 중국과 동일시하는 것이 상당히 일반적인 경향이라는 것이다.

타이완, 민족, 그리고 국가

1895년 일본의 타이완 식민지 지배가 시작되기 전, 타이완에는 네 개의 주요 사회 집단이 있었다. 첫째는 한족이 아닌 집단으로, 수천 년 전 섬에 조상이 있었고 각각 고유의 정체성과 영토를 지닌 토착 부족으로 이루어져 있었다. 다른 세 개의 집단은 17세기에 타이완에 도착하기 시작한 한족이었다. 그 집단을 구별하는 것은 그들이 온 중국 남부의 세 곳이다. 푸젠성의 취안저우(泉州), 장저우(漳州), 광둥성 동부의 커자(客家) 지역이다.[20] 여러 해 동안 이 네 개의 집단 사이에는 서로 다른 조합으로 분열된 사회적 갈등이 있었다. 마침내 1945년 일본의 통치가 끝나고 1949년 국민당 정권이 무너질 때까지 약 200만 명의 화교가 타이완에 정착했다. 그들은 중국 전역에서 왔고 국민당이 장악하고 있는 중화민국과 관련이 있었다. 그들은 1945년에 이미 타이완에 살고 있던 약 600만 명의 사람들과 합류했다. 오랜 기간 거주한 사람들은 '타이완 원주민'[본성인(本省人)]으로 분류되었고, 최근의 이민자들은 본토인[외성인(外省人)]으로 불렸다. 1949년 이후 수십 년 동안, 본토인과 타이완인의 구별은 민족을 정의할 때 집단 내부와 집단 외부를 설명하는 데서 가장 중요한 요소가 되었다.[21]

중화민국 국가의 진화

1949년 국민당 정권은 타이완으로 망명한 후 일련의 과제를 순차적으로 수행했다.[22] 첫째는 한국전쟁 및 미국과의 방위 관계 강화의 결과로 달성된 외부 방어를 보장하는 것이었는데, 이로 인해 중국은 타이완을 침공할 생각을 포기하게 되었다. 둘째 우선순위는 국민당의 기본 역량을 회복하는 것이었다. 국민당의 심각한 쇠퇴는 국민당 군대가 타이완을 점령하고 타이완 국민들을 소외시키는 야만적이고 폭력적인 방식으로 나타났다. 장제스는 그의 아들 장징궈에게 부패와 공산주의 침투 등 국가 기관의 많은 조직적 문제를 해결할 것을 지시했다.[23] 국민당 정권은 일찌감치 토지개혁과 지방선거를 통해 사회를 변혁하고 일제에 의해 시작된 보편적 초등교육을 지속하기 위해 노력했다. 하지만 장제스에 관한 한, 이러한 개혁은 '본토 수복'이라는 환상의 목표를 달성하기 위한 수단이었다. 경제정책은 군대 건설에 도움이 되는 수입 대체를 강조했고,

정부 예산의 많은 부분은 여전히 군대에 사용되었다. 국방력 강화에는 국민당이 여전히 전쟁 중이라는 이유로 내부의 정치적 반대를 억압하는 것이 포함되었다.

1960년대에는 중화민국 국가의 범위와 역량을 증가시키는 우선순위에 상당한 변화가 있었다. 중화민국 정권은 경제 전략을 수입 대체에서 수출주도 성장으로 전환했다. 그렇게 한 근거는 국민당이 타이완의 생활을 개선함으로써 중국공산당과 가장 잘 경쟁할 수 있을 것으로 보았기 때문이다. 국민당은 발전국가developmental state를 지향하기 위해 직원을 배치하고 경제 기술주의를 창조했으며, 중화민국 고시원(考試院)을 설치해 보다 재능 있고 전문적인 공무원을 양성했다.[24] 본토 수복은 명시된 목표로 남아 있었지만, 국가안보 기관은 점차 본토 공격을 준비하는 것에서 본토 공격으로부터 타이완을 방어하는 것으로 임무를 전환했다. 정치적으로 장징궈는 성공적이고 충성스러운 타이완인을 중화민국 체제로 통합함으로써 여전히 권위주의적인 통치의 기반을 넓혔다.[25] 선거는 이제 지역사회에 침투하는 데 사용되었을 뿐만 아니라 정권의 성과를 모니터링하고 협력을 촉진하는 데에도 사용되었다. 선거는 또한 정치적 경쟁의 습관, 야당의 출현, 더 나은 민주주의에 대한 요구를 조장했다.[26] 하지만 정치 참여를 위한 제도와 국가권력의 자의적 행사를 견제하는 제도는 기껏해야 제한적이었다.

국민당 정권은 한 가지 문제에서만큼은 변하지 않았다. 국제적으로 '중국'이라고 인정받은 국가 정부는 단 하나뿐이며, 그 정부는 바로 중화민국이라는 경직된 견해였다. 1949년부터 베이징 정부는 중화인민공화국이 중국의 유일한 정부라고 주장했다. 다른 나라와 외교 관계를 맺을 때, 다른 나라 정부들은 중화인민공화국과 중화민국 중 하나를 선택해야 했다. 베이징 주재 대사관 및 타이베이 주재 대사관과의 이중 승인은 선택사항이 아니었다. 하지만 국제법에는 그러한 제로섬적 접근법에 대한 정당성이 없었다. 실제로 1950년대 후반과

1960년대 초에 미국 외교관들은 유엔에서 중화인민공화국과 중화민국이 모두 중국을 대표하도록 하는 법적 근거를 만들었다. 그들은 그러한 접근법이 타이베이의 이익에 부합한다고 설득하려 했지만 소용이 없었다.[27]

중화민국 국가와 타이완 국민

이 장의 목적상, 권위주의 기간 동안 중화민국 정부의 가장 중요한 계획은 타이완인을 훌륭한 중국 민족주의자로 전환시키려는 노력이었다. 제2차 세계대전이 끝나고 불과 몇 주일 뒤인 1945년 가을 국민당 정권이 타이완을 장악했을 때, 타이완 국민들의 중국 국가에 대한 충성심을 의심할 이유가 없어 보였다. 토슨대학교의 스티븐 필립스Steven Phillips는 다음과 같이 썼다. "대부분의 타이완인들은 국민당 정부하에서 통일을 열렬히 지지했다. 국민당의 공식 사투리인 만다린 중국어를 배우기 위한 열풍이 섬을 휩쓸었다. 쑨원(孫文)의 정치사상을 받아들인 것은 장제스의 국민당 정권하에서 중국에 대한 충성심과 미래에 대한 자신감의 중요한 상징이 되었다."[28] 타이완 국민들 사이에서는 중화민국이 본토의 성들이 누리는 것보다 더 큰 자치권을 이 '모범적인 성'에 부여해 줄 것이라는 희망도 있었다.

하지만 국민당 통치의 현실은 타이완을 동화시키는 것이 쉬울 것이라는 기대를 빠르게 무너뜨렸다. 국민당이 타이완 국민들에게 가했던 학대, 그 학대가 야기한 정의를 향한 욕망, 심지어 복수심은 주목을 받아왔다(제6장 참조). 또한 국민당 지도부는 불만을 품은 타이완인들의 정치적 반대에 대해 걱정했을 뿐만 아니라 새로운 시민이 진정한 중국인인지도 의심했다. 일본은 1895년부터 1945년까지 타이완을 통치하면서 사회경제적 발전을 도모했고 타이완인들을 일본 제국에 어느 정도 통합시켰다. 하지만, 국민당에게는 결정적이게도, 바로 그 일본 제국이 중국에 대한 군사적 침략을 감행해 중국 동부 대부분의 지역을 잔인하게 점령했다. 중국의 부역자들은 일본의 지배자들을 도왔다. 한편 타이완에서는 많은 젊은이들이 일본 제국 육군에 징집되었다. 그러므로 국민당 내부의 적지 않은 관리들이 1945년부터 자신들이 통치한 타이완의 충성심에 의문을 제기하는 것은 놀랄 일이 아니다.

그 결과, 중화민국 정부의 한 가지 목표는 반세기 동안의 분단 이후 타이완 국민의 마음속에 중국에 대한 강한 정체성을 심어주는 것이었다(워릭대학교의 크리스토퍼 휴즈Christopher Hughes가 지적했듯이, 이러한 노력의 부차적인 목적은 1940년대에 본토에서 온 사람들 사이에 존재했던 지역적 차이를 없애는 것이었지만, 타이완인과 본토인의 차이는 정치적으로 여전히 가장 두드러지게 남아 있었다).[29] 타이완인의 의식을 쇄신하기 위한 국민당 운동은 선전과 교육 시스템을 통해 먼저 일어났다. 비록 만다린어와 대부분의 타이완 원주민 방언은 서로 의사소통을 할 수 없었음에도 불구하고, 만다린 중국어[또는 국어(國語)]는 학교에서 교육용 언어가 되었다. 학생들이 학교에서 배운 역사는 타이완 역사가 아닌 중국 역사였다. 지리는 타이완 지리가 아닌 중국 본토의 지리였다. 쑨원의 삼민주의는 이념적 테두리 안에서 논의될 수 있는 유일한 정치 프로그램이었다. 또한 타이완 청년들의 의무 병역제는 본토의 장교와 부사관에게 중화민국과 국민당 정권에 충성해야 하는 징집병의 필요성을 일깨워주는 기회였다.

하지만 하나의 통합된 사회를 만들기 위한 노력은 없었다. 예를 들어, 임시 수도 타이베이는 본토와 타이완의 거주 지역으로 나뉘었고, 교육적·직업적으로 상당한 분리가 이루어졌다.[30] 일반 시민들은 공산주의나 타이완 독립 정서로 의심되는 사람들을 체포하는 임무를 맡은 보안국이 자신의 공공 행동을 지속적으로 감시했다는 것을 기억해야 했다.[31] 민족정체성을 육성하는 것은 확실히 국가 대 민족의 역동성이 작용하는 하향식 정권 주도의 사업이었다.

국민당 정권이 타이완들에게 중국 민족주의를 공격적으로 시행한 흔적은 오늘날까지 남아 있으며, 사람들은 정치적 시간왜곡 속에 살고 있다. 중화민국의 애국가는 사실 국민당의 당가(黨歌)이다.가사의 첫 소절은 '삼민주의는 우리 당의 목표이다(三民主義, 吾黨所從)'이다. 국장(國章)은 국민당의 상징이다. 타이완의 100위안짜리 지폐에는 쑨원이, 200위안짜리 지폐에는 장제스가 그려져 있다. 1949년 이후 여러 해 동안, 연도는 서양 달력을 따르는 것이 아니라 중화민국 건국 때부터 계산된 것으로 표시되었다. 이러한 계산법에서 첫째 해는 1912년으로, 중화민국이 건국된 해이다. 이에 따라 1975년은 민국(民國) 64년에 해당되었다.

중추절과 같이 중국의 전통 문화에서 유래되지 않은 국경일은 국민당 및 그 시대와 연결되어 있다. 1월 1일은 1912년에 중화민국이 설립된 날이다. 식목일은 3월 12일인데, 이 날은 국민당의 설립자 쑨원이 1925년에 사망한 날이다. 국군의 날은 9월 3일로, 일본이 제2차 세계대전이 끝난 후 태평양 동맹국에 항복한 날을 기념한다. 중화민국 국경일은 10월 10일로, 1911년 청나라에 대항한 반란이 시작된 것을 기념하는 날이다. 10월 25일은 광복절로, 일본의 통치 이후 타이완이 중국에 반환된 것을 기념하기 위해 국민당 정권에 의해 제정되었다. 11월 12일은 쑨원의 생일이다. 제헌절은 중화민국 헌법의 채택을 기념하는 날이다(우연히도 크리스마스 날이다). 타이완인들의 경험을 진정으로 말해주는 유일한 공휴일은 1995년 제정된 2월 28일 평화기념일이다. 이 날은 1947년 국민당의 권력 남용에 대한 대규모 저항이 일어나 타이완인들을 광범위하고 무차별적으로 살해했던 사건의 시작을 알리는 날이다.

심지어 거리 이름도 중국 본토와 국민당을 떠올리게 한다. 1945년 11월, 중화민국은 일본식 또는 중국식 도로명 사용을 중지하고 국민당 및 중국 본토와 밀접한 관련이 있는 이름들을 채택할 것을 명령했다. 따라서 타이완의 모든 마을에는 쑨원을 가리키는 중산로(中山路)와 장제스를 가리키는 중정로(中正路)가 있다. 쑨원이 제창한 삼민주의의 이름을 딴 거리[민성로(民生路) 등]도 있다. 게다가 1950년대 초까지 많은 타이베이 거리는 타이완 해협을 가로지르는 장소들의 이름을 따서 명명되었고, 도시의 각 사분면에 있는 이름은 중국 지도상의 적절한 사분면에 있는 장소를 따라 지어졌다.[32] 국가의 정치적 메시지는 분명했다. 우리는 중국의 일부라는 것이다.

하지만 타이완 대중을 보수적인 중국 정체성으로 사회화하려는 캠페인은 대체로 실패했다. 앨런 워치맨Alan Wachman은 중화민국 국가가 시행한 초기 정책의 효과를 다음과 같이 요약했다. 그들은 "사회 통합이라는 당의 목표를 훼손하는 방식으로 본토인과 타이완인 간의 구별을 직간접적으로 강화했다. 이러한 제도화된 구별 방식은 타이완 정체성의 출현과 유지에 기여했다. …… 확실히 국민당은 타이완인을 강제 동화시켜야 하는 집단으로 인식함으로써 타이완 독립운동의 씨앗이 된 타이완인의 고유성을 무심코 키웠다." 그것은 또한 나중에 통일에 대한 광범위한 반대를 조장할 것이었다.[33]

이 타이완 국가정체성의 지하 건설이 섬 주민들에게 얼마나 널리 퍼져 있었고 얼마나 깊었는지는 알려져 있지 않다. 확실히 일부 사람들은 중국인의 정체성을 강요하려는 억압적인 정권의 손아귀를 경험한 후 스스로를 타이완인으로 여기기로 선택했다. 다른 사람들은 올바른 국가정체성에 대한 정권의 정의를 공공연하게 수용하는 것은, 적어도 개인의 안전이 증가하는 한, 가족을 보호하고 국가의 경제적 안녕을 증진하기 위해 지불해야 하는 합리적인 대가라고 결론지었다. 알려진 바에 따르면, 민주화로 인해 사람들은 이전에는 두려움 때문에 숨겨왔던 생각을 드러낼 수 있게 되었다.

국립정치대학의 선거조사센터가 국가정체성에 대해 실시한 초기 설문조사는 국민당 정책의 제한된 영향에 대한 몇 가지 증거를 제공한다. 1992년 실시된 입법원 선거는 선거조사센터의 첫 번째 정체성 투표였을 뿐만 아니라 타이완에서 처음으로 대중을 기반으로 한 것이었다. 그 해에 응답자의 25.5%만이 자신이 중국인이라고 답했다. 이들 중 많은 사람은 아마도 1940년대 후반에 타이완에 온 본토인이었을 것인데, 이들은 인구의 약 15%였다. 나머지 46.4%는 자신이 중국인이자 타이완인이라고 답했고, 과감하게 타이완인이라고 답한 비율은 17.6%에 불과했다. 5년 뒤 자신이 중국인이라고 응답한 비율은 5.3%로 줄어들었으며, 타이완인이라고 응답한 비율은 34%로 늘었다. '둘 다'라고 응답한 비율은 41.4%로 떨어졌다. 분명하게도, 국민당의 중국화 캠페인은 실패했고 이전의 국가 대 민족 노력에도 불구하고 탄력 있는 타이완인의 정체성이 나타났다.

적어도 타이완인과 중국인이라는 의식이 자연스럽게 자라나면서 일부 정치 지도자들은 선거 운동과 정책 수립에 있어 타이완인 의식을 사용했다. 그리하여 1994년에 리덩후이는 "타이완인으로 태어난 슬픔"에 대해 말했고, 천수이볜은 스스로를 "타이완의 아들"[34]이라고 불렀다. 민족의 단결을 위해 이 둘 사이의 차이를 잠재우기 위한 노력도 있었다. 가장 흥미로운 주제는 처음에는 독립을 지지한 민진당의 고위 지도자 펑밍민이 개발하고 나중에는 리덩후이가 개발한 것이었다. 이것은 에르네스트 르낭Ernest Renan의 『민족이란 무엇인가?What is a Nation?』에 의지했다. 민족은 민족성이나 언어로 정의되는 것이 아니라 '운명공동체'라는 사람들의 강한 신념으로 정의된다. 리덩후이는 '살아 있는 공동체'[生命共同體, 리덩후이의 번역으로는 gemeinschaft(게마인샤프트)]라는 개념에 의지했다.[35] 리덩후이는 1998년에 마잉주를 "신타이완인(新台灣人)"으로 칭하기도 했다. 중화인민공화국의 행동 또한 정체성의 새로운 균형에 영향을 미쳤다. 타이완의 안보에 대한 중화인민공화국의 위협(인민해방군 훈련 등)이나 타이완 시민들의 존엄성에 대한 모욕(중화민국과 외교 관계를 맺은 국가를 중화인민공화국으로 전환하도록 유도하는 것 등)은, 인지된 위협 또는 감행된 모욕이 정당했는지 여부와 관계없이, 타이완은 중국(중화인민공화국)과 다르다는 믿음을 강화시켰다.[36] 2008년 이후 본토 관광객들이 타이완에 쇄도하기 시작하면서 섬사람들은 방문객들이 시끄럽고 때로는 촌스럽다는 것을 금세 목격했다. 해협 양안은 서로 다른 사회였다.[37]

오늘날의 정체성

정체성에 대한 타이완 국립정치대학 선거연구센터의 조사는 "우리 사회에는 자신을 타이완인이라고 하는 사람도 있고, 중국인이라고 하는 사람도 있고, 둘 다라고 하는 사람도 있다"라면서 "당신은 타이완인인가, 중국인인가, 아니면 둘 다인가?"라는 질문을 던졌다. 〈그림 10-1〉은 이에 대한 응답을 보여준다. 타이완인으로서의 정체성이 점차 높아지는 것이 주된 추세이다. 다만 중국인으로서의 정체성이 낮은 수준으로 추락하고 둘 모두를 주장하는 중간 정도의 변화가 있다. 2009년까지 정체성의 안정적인 균형이 나타났다. 중국인 정체성의 점유율은 5% 미만으로 고착되었다. 타이완인 정체성은 50~60%로 가장 많았다. '타이완인과 중국인 둘 다'의 부문은 30~40%로 다양했다. 이 두 응답은 합쳐서 약 90%의 일관된 점유율을 구성했다(이러한 정체성 진화 과정에서 본토인과 타이완인 사이의 오래된 구별은 정치적 성향을 잃었다).[38]

연령, 학력, 직업에 따른 차이도 눈여겨볼 대목이다. 〈표 10-1〉은 2017년 타이완선거·민주화조사에서 도출된 이러한 부문에 대한 조사 결과를 제시한다. 40세 미만의 응답자들은 '오직 타이완인' 부문에 가장 많이 연관되었고, 60세 이상의 응답자들이 그 뒤를 이었다. 50대 응답자들도 대부분 타이완인이라고 밝혔지만, 그 비율은 더 낮았다. '중국인과 타이완인 둘 다'라고 밝힌 40대의 점유율은 타이완인이라고만 밝힌 점유율을 웃돌았다. 중국인으로만 식별되는 것은 전반적으로 낮았는데, 특히 30세 미만의 사람들 중에서 두드러졌다.[39]

교육과 관련해서는 초등학교를 졸업하지 않은 이들이 타이완인으로만 가장 강하게 확인되었고(69.1%), 전문대 출신이 가장 적었다(46.7%). 일반적으로 교육을 많이 받은 사람일수록 '이중 정체성'을 선택할 가능성이 높았다. 자신이 중국인이라고 답한 사람은 5% 미만이었다.

직업의 경우 학생들이 명백한 특이점이었다. 설문조사에 참여한 대학생들

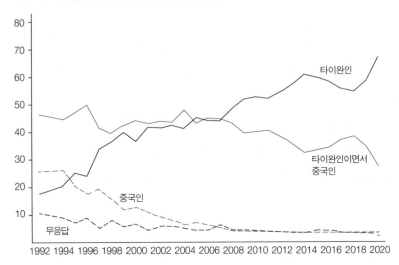

그림 10.1 | **타이완에서의 타이완인/중국인 정체성(1992~2020년)**   단위: %

타이완인

타이완인이면서
중국인

중국인

무응답

자료: Election Study Center, National Chengchi University(https://esc.nccu.edu.tw/course/news.php?
Sn=166).

중 72.9%가 자신을 타이완인으로만 여겼는데, 이는 화이트칼라 49.9%, 블루
칼라 56.8%, 은퇴자 53.5%와 비교된다. 단지 27.1%의 학생들만 자신을 타이
완인과 중국인이라고 정의했지만, 다른 그룹들에서는 37~42%가 '이중 정체성'
을 선택했다. 학생 응답자 중 자신이 단지 중국인이라고 답한 사람은 없었으
며, 은퇴자 중 6.3%는 자신이 중국인이라고 응답했다. 블루칼라 노동자는 그
비율이 5% 미만이었다.

데이비드슨대학의 셸리 리거Shelly Rigger는 세대 분석에 더 큰 정밀도를 제공
한다. 그녀는 타이완 원주민들이 정치의식을 갖게 된 이후의 경험과 그 결과로
형성된 견해를 바탕으로 정치 세대를 차별화한다. 1세대와 2세대는 각각 일본
제국과 권위주의 시대에 정치 시대를 맞았다. 3세대와 4세대가 정치 시대를 맞
은 것은 1980년대 중반부터였는데, 당시에는 중국과의 경제적 교류 및 민주적

표 10-1 | 연령, 학력, 직업에 따른 정체성의 차이   단위: %

		오직 타이완인	중국인과 타이완인 둘 다	오직 중국인
연령	20~29세	70.0	27.1	1.0
	30~39세	65.9	30.1	1.2
	40~49세	44.2	48.8	2.9
	50~59세	48.1	40.6	5.0
	60세 이상	56.3	32.4	5.2
학력	초등학교 이하	69.1	18.5	3.9
	중등학교	58.2	34.2	1.9
	고등학교 또는 직업학교	55.9	36.9	3.2
	기술대학	46.7	45.4	4.8
	대학교 이상	56.6	46.9	3.2
직업	사무직	49.9	42.0	4.1
	노무직	56.8	38.0	2.1
	학생	72.9	27.1	0.0
	퇴직자	53.5	37.0	6.3

자료: "Taiwan Telephone and Mobile Phone Interview Survey of Presidential Satisfaction—The Twenty-Second Wave," Taiwan's Election and Democratization Study, National Chengchi University, survey conducted December 2017(http://teds.nccu.edu.tw/main.php).

이행이 시작되었다. 5세대는 1982년 이후 태어나 국민당과 민진당으로부터 권력이 처음 이양된 이후인 21세기 초에 성년이 되었다. 리거는 2세대와 5세대 사이에 나타나는 뚜렷한 대조를 보여준다.

권위주의적인 타이완에서 성인이 된 타이완인은 타이완과 동일시하거나 중국과 동일시하는 것 중 하나를 선택해야 했다. '5세대'는 그런 선택을 한 적이 없다. 그들에게 타이완인과 동일시하는 것은 자연스러운 일이다. 하지만 중국과의 관계도 마찬가지이다. 2세인 그들의 조부모에게 '중국' — 해협 건너편의 중국보다 타이완 안의 중국(민주화 이전의 국민당 정권) — 은 혼란과 후회, 희망과 굴욕, 분노와 공포의 가마솥이었다. '5세대'에게 중국은 고

향인 타이완이라는 안전한 플랫폼에서 자유롭게 탐색할 수 있는 기회와 위험을 모두 제공하는 가까운 국가에 불과하다.[40]

정치 1세대는 2세대가 지닌 반국민당 및 반중화인민공화국 견해를 공유한다. 3세대와 4세대는 '5세대'가 보여주는 중국 본토에 대한 실용주의를 공유한다.

하지만 몇 가지 이유로 이 수치로 해석될 수 있는 양에는 제한이 있다. 우선 설문에 사용된 기본 용어가 정의되지 않았으며, 응답자가 스스로 질문에 대해 해석하도록 했다. 특히 모호한 부문은 '타이완인과 중국인 둘 다'이다. 이 말은 민족적으로는 중국인이지만 다른 모든 면에서는 타이완인임을 의미할 수 있다. 또는 민족적·사회적·문화적으로는 중국인이지만 정치에 관해서는 타이완인임을 의미할 수도 있다. 아니면 거주에서는 타이완인이지만 그 외의 모든 면에서는 중국인임을 의미할 수도 있다. 또한 타이완인과 중국인에 대한 용어(문자 그대로 '타이완인' 및 '중국인')는 타이완과 중화인민공화국을 동등하게 분류하지만 정의되지 않은 상태로 놔둔다는 것에 주목해야 한다. 이것은 지리적 실체를 나타내는가 아니면 정치적 실체를 나타내는가?[41] 또한 질문의 선택 목록에서 타이완인을 첫째로 배치함으로써 결과를 편향시킬지도 모른다. 타이완의 많은 사람들이 중국인이라는 단어를 중국(중화인민공화국) 및 그 체제와 관련된 모든 것과 연관시키는 것 역시 사실일지 모른다. 하지만 중국과 중국인은 한 국가나 다른 국가에 대한 언급 없이 문화적으로 이해될 수 있다. 이러한 정의상의 문제는 선거조사센터의 여론조사에서 정확히 무엇을 측정하고 있는지 모호하게 한다.

애매한 점을 종합하면 '오직 타이완인'과 '타이완인과 중국인 둘 다'의 수치는 상황에 따라 다소 차이가 있다. '오직 타이완인'의 비율은 2014년 마잉주 총통의 대(對)베이징 경제포용 정책에 대한 비난 여론이 최고조에 달했을 때 68.6%로 정점을 찍었다가 차이잉원 총통이 취임하고 베이징이 타이완 정부를 응징하고 압박하는 여러 조치를 취하면서 떨어졌다. 이 시점에서 '둘 다'의 점유율은 다소 상승했고 '오직 타이완인'의 점유율은 그에 상응해 하락했다. 다만 의미심장한 점은 '오직 타이완인'과 '둘 다'의 점유율 조합이 2009년 이후 90%대 초반에서 안정적으로 유지되고 있다는 점이다.

응답자들이 이러한 부문을 어떻게 보았는지에 대한 더 미묘한 감각을 얻기 위해, 미국 하버드대학교의 정치학자 앨라스테어 이언 존스턴Alastair Iain Johnston과 다트머스대학의 교수 인리차오(尹麗喬)는 다른 방법론을 사용했다. 이들은 타이완의 인터넷 신문 ≪메이리다오 뎬쯔바오(美麗島電子報)≫(일반적으로 ≪포르모사Formosa≫로 번역된다. 이하 ≪포르모사≫)의 조사 플랫폼을 이용해 응답자들에게 세 가지 선택지에 걸쳐 10점을 할당해 줄 것을 요청했다. 10점을 모두 타이완인 정체성에 배점하는 것은 전적으로 타이완인임을 의미하고, 10점을 모두 중국인 정체성에 배점하는 것은 그 반대를 의미한다.

응답자의 약 53%는 타이완인과 중국인 정체성 모두에 점수를 할당했다. 이는 최근 몇 년 동안의 선거조사센터 조사에서 같은 부문보다 약 20포인트 높은 수치이다. 이 53% 중 약 50%는 자신을 타이완인과 중국인으로 동일시했다(두 정체성에 각각 5점 할당). 설문에 응한 사람들 중 약 47%만이 자신을 전적으로 타이완인이라고 밝혔다. 최근 선거조사센터 여론조사 결과보다 10포인트 가량 낮은 수치이다. 두 국적을 모두 가진 사람들의 경우 타이완인 정체성에 할당된 평균 점수는 6점 정도였고, 중국인 정체성에 할당된 평균 점수는 4점 정도였다. 2.3%만이 중국인 부문에 10점을 할당했다.

요컨대, 중국인이자 타이완인이라는 느낌은 특히 '오직 타이완인' 부문과 관련해 선거조사센터 여론조사 결과가 시사하는 것보다 더 강할 수 있다. 하지만 ≪포르모사≫의 여론조사에서는 용어를 정의하는 것이 응답자에게 달려 있으므로 응답이 의미하는 바에 대한 불확실성이 발생한다. 더욱이 이 접근 방식은

표 10-2 | 타이완 문화는 중화 문화와 동일한가

	2013	2014	2017	2018
똑같다/동일하다	45.1	41.5	53.1	53.0
동일하지 않다	45.4	36.9	39.5	40.7
무응답	9.6	11.9	7.4	6.2

자료: Zheng Sufen(鄭夙芬), "Jiexi 'Taiwanren/Zhongguoren' renting de chixu yubianyi(解析'台灣人/中國人'認同的持續與變遷)"[Analyzing continuity and change in "Taiwanese/Chinese" identity], paper presented at the "Symposium on Taiwan's Democratization and Free Elections"('台灣民主參與的理論建構與實踐暨選舉研究中心三十週年'國際學術研討) at the Election Study Center of National Chengchi University, Taipei, Taiwan(May 25, 2019).

한 번만 적용되었으므로 시간이 지남에 따라 진화하는 느낌을 얻을 수 없다.[42]

2010년대에 행해진 세 차례의 설문조사를 통해 '중국인다움Chineseness'과 '타이완인다움Taiwaneseness'의 문화적·민족적 차원에 대한 견해를 조사했다. 첫 번째는 2013년, 2014년, 2017년 및 2018년에 수행된 설문조사로, 국립정치대학 선거연구센터의 정쑤펀(鄭夙芬)이 주도했으며, 타이완 문화는 중화 문화와 동일한가에 대한 것이었다. 응답은 〈표 10-2〉에 요약되어 있다.[43]

설문에 응한 사람들 중 약 절반은 두 문화가 같다고 생각했다. 게다가 두 문화의 정체성에 대한 견해와 집권 정당의 정책 사이에는 중간 정도의 역상관관계가 있다. 즉, 베이징이 반대했던 차이잉원 정부 때는 두 문화의 동일성에 대한 비율이 더 낮았고, 중국을 사로잡은 마잉주 정부 말기에는 그 비율이 더 높았다.

타이완에서 정체성의 문화적·민족적 차원을 조사한 두 번째 설문조사는 2013년에는 타이완 선거 및 민주화 연구에 의해 수행되었다. 강제로 선택하도록 하는 대신 중국과 타이완 문화에 대해 다양한 답을 제시하는 질문을 던졌다. 응답자 중 두 문화가 완전히 같다는 응답은 5.3%였으며, 거의 같다는 응답이 47.6%, 반반이라는 응답이 3.4%, 약간만 같다는 응답이 26%, 모든 유사성을 전혀 부정한 응답이 11.7%였다.[44]

세 번째 조사는 상하이쟈오통대학(上海交通大學)의 중양(钟杨)이 구상했으며, 2014년 타이완지표조사에 의해 실시되었다. '혈통과 문화'라는 관점에서 '중국 민족Chinese nation'에 가입하는 것에 다소 다른 초점을 두고 있었다. '중국 민족'의 의미로 사용되는 용어는 '중화민족(中華民族)'인데, 중화(中華)는 문화적으로 중국을 지칭하며, 민족(民族)은 '인민people'과 '인종적 공동체ethnic community'라고도 번역될 수 있다. 여론조사에서 타이완인의 53.8%가 자신이 중화민족의 일원이라고 답했으며, 3.2%는 중국인이라고 응답했고, 25.2%는 양쪽 모두라고 응답했으며, 11.0%는 어느 쪽도 아니라고 응답했다. 중양은 처음의 세 가지 부문을 종합하면서, "타이완 사람들의 대다수는 중국 민족 문화의 정체성을 거부하지 않는다"[45]라고 결론짓는다.

반면에 본질주의나 원시적 요소를 강조하는 헌신적인 타이완 민족주의자들은 동시대 타이완 원주민들이 17세기경부터 중국의 정착민들과 결혼해 살았던 원주민들의 유전자를 자신들의 DNA에 포함하고 있다는 증거를 지적한다. 이들에게 타이완인은 중국인과 민족적으로 다른 존재이기 때문에 독립된 국가를 구현하고 있다(하지만 그 원주민 부족의 후손들 중 일부는 자신들의 유전적 유산을 정치적으로 이용하는 것에 반대한다).[46]

따라서 정쑤편과 타이완 선거 및 민주화 연구의 여론조사에서, 소수 또는 분명한 다수는 중국 문화와 타이완 문화가 동일하거나 상당히 유사하다고 믿었다. 중양의 조사는 응답자 중 80%가 자신을 중국 민족 및 문화와 연관시킨다는 것을 보여주었다. 이 세 여론조사는 모두 '이중 정체성'의 더 큰 강점에 대한 존스턴과 인리차오의 전술한 조사 결과와 일치한다. 타이완과의 독점적인 동일성의 강도는 질문이 어떻게 제기되는지, 응답자가 '타이완인', '중국인', 그리고 '타이완과 중국인 둘 다'라는 용어를 어떻게 해석하는지에 따라 크게 달라진다.

타이완에 대한 정치적 정체성의 정확한 윤곽은, 논쟁적이기까지 한 것은 아니더라도, 적어도 혼란스럽다. 대다수의 대중이 최소한 부분적으로나마 타이완과 동일시하고 있다는 것은 베이징의 통일 목표를 막고 중국의 일부 대타이완 정책에 대한 분노를 조성하는 방패막이 될 수 있다. 하지만 중국인이라는 개인적인 감각을 가진 상당한 몫은 독립에 대한 장벽을 만든다. 타이완 사람들이 무엇에 반대하는지는 분명하지만 그들이 무엇을 지지하는지는 확실하지 않다. '이중 정체성'이 기본 입장인 것 같지만 본질적으로 애매모호하다. 그 애매함을 줄이는 것이 가능할까? 일반적인 여론조사 질문 외에 타이완인이 된다는 것이 무엇을 의미하는지를 정의하는 또 다른 근거가 있는가? 더 확실한 것은 타이완 사람이 누구인지에 대한 더 공통적이고 공유된 감각을 생성하는 것은 그들의 지도자들이 중국(중화인민공화국)이 제기하는 과제를 더 잘 해결하는 데 도움이 될 것이라는 점이다.

국가적 서사와 상징

타이완은 사회의 과거, 현재, 미래에 대한 경쟁적인 서사를 가지고 있다. 베네딕트 앤더슨이 상상한 것처럼, 타이완이 강력하고 효과적인 정치 공동체가 되려면 타이완 국민들은 지배적이고 널리 공유되는 이야기를 서로 나누는가? 적어도 외부인에게는 그 질문에 대한 답이 '그렇지 않다'인 것 같다. 타이완과 타이완 사람들이 얼마나 중국 역사와 문화의 일부인지에 대해서는 논쟁이 있다. 타이완 민족주의자들은 독특한 민족성이 있다고 주장한다. 반면 그들의 반대자들은 타이완 사람들과 그들의 문화는 기껏해야 중국 민족의 지역적 변형, 특히 푸젠성 남부와 광둥성 동부라고 주장한다. 타이완의 민속문화는 타이완의 특성을 가진 중국 문화로 해석되어야 하는가, 아니면 중국의 특징을 가진 타이완 문화로 해석되어야 하는가?[47] 타이완에서 볼 수 있는 민속 종교는 타이완 종교인가, 아니면 중국 종교인가?[48]

민주화 이후 학교 교육과정에서도 비슷한 차이가 나타났다. 리덩후이의 재임 기간과 그 이후 민진당 정권 동안, 교과서는 타이완에 더 많은 중점을 두고 중국 본토에 대한 초점을 줄이기 위해 개정되었다. 마잉주 총통 시절에는 중국풍으로 회귀하는 움직임이 있었다.[49] 각 정치권은 서로의 교과서 변경에 반대한다. 예를 들어 차이잉원 정부에 의해 개발된 고등학교 역사 교과 과정은 타이완은 제2차 세계대전 이후 법적으로 중국에 반환되지 않았으며, 따라서 타이완의 지위는 '결정되지 않았다'는 관점을 포함시킴으로써 국민당의 분노를 샀다. 이는 국민당의 전통적인 견해와 반대되는 것이다.[50]

이 예에서 알 수 있듯이 타이완의 역사와 관련된 질문에 대한 답은 역사학자의 정치적 견해를 어느 정도 반영하는 경우가 많다. 그 스펙트럼의 한쪽 끝에는 마르크스주의자이자 타이완 민족주의자인 스밍(史明)*이 있다. 그는 성인이 된 다음 오랫동안 일본에 살면서 보다 타이완의 관점에서 17세기부터의 타이완의 역사를 연구하고 회상하는 데 전념했다.[51] 스밍의 말을 빌리자면, 타이완 국민들은 주로 '한족 혼혈'이었고, 소수 혼혈 말레이 폴리네시아 원주민도 섞여 있었다.

스밍이 볼 때 타이완 민족을 구축한 것은 △네덜란드, △정성공(鄭成功)이 이끌었던 명나라 충성파, △청나라, △일본 제국, 그리고 △장제스의 국민당 등 연이은 외부 영주의 식민 지배 아래 살았던 경험이었다. 이 지배 기간은 외국 체제에 의한 지배와 외부 경제 세력에 의한 계급 착취로 특징지어졌다. 타이완인은 400년 동안 식민주의에 대항해 투쟁했으며 그 결과 "타이완 사회의 독특한 경제적·사회적·심리적 특성을 발전시켰다"라고 스밍은 썼다.[52]

마찬가지로 민진당과 더 넓은 민진당 진영에서는 타이완의 역사를 희생자의 하나로 간주하는 경향이 있다. '타이완인의 비애'라는 이 주제는 타이완에서

---

* 　본명은 린차오후이(林朝暉)이며 이후 스차오후이(施朝暉)로 개명했다. _옮긴이 주

가장 친타이완적인 사람들의 견해를 반영하는 신문인 《타이페이 타임스》의 지면에도 자주 등장한다. 이 신문의 사설 중 두 군데에서 발췌한 다음과 같은 내용은 과거에 대한 그들의 이해를 예시한다.

> (장제스는) 그런 이후 타이완을 점령하고 타이완을 중국 영토에 편입시켰다. 그렇게 함으로써 그는 타이완인의 의지를 완전히 무시하고, 이 지역의 국가들이 차례로 독립을 수립한 것과 같이 전쟁 후 자신의 국가를 선택할 권리를 박탈했다. …… 장제스는 타이완을 독재자로 통치했으며 '중화권' 태도를 기반으로 했다. …… 그 결과 타이완은 오늘날까지 중국의 위협에 노출된 채 정규국가로서의 정상적인 지위를 얻지 못하고 있다. 장제스는 타이완의 수호자가 아니었다. 그는 모든 타이완인에게 재앙을 가져오는 죄를 범했다.[53]

> 제2차 세계대전이 종식된 이후, (국민당에 의해) 타이완에 부과된 중국 중심 정책은 타이완의 사회 발전에서 타이완 요소를 제거하는 결과를 낳았다. 문화든 예술이든 패션이든 간에 타이완인은 무시당했고 중국인은 칭찬을 받았다. 중화주의(中華主義, Sino-centrism)는 초등학교 때부터 교육 시스템에 통합되어 역사, 지리 및 언어와 같은 과목에 만연했다. 모든 학생의 뇌에 중국 칩이 이식된 것과 같았다. 민족, 역사, 지리 및 기타 타이완 정체성의 측면은 경멸되고 소외되었다.[54]

타이완인이 외부인에 의한 지배의 희생자였다는 주장이 갖는 함의는 타이완인들은 자신들의 국가를 거부당했다는 것이다.

국민당 측의 전통적인 견해는 타이완 사람들은 더 큰 중국 국가의 일부라는 것이다. 렌잔(連戰)* 전(前) 부총통은 2005년 5월 베이징대학에서 연설할 때

"타이완 동포 2300만 명, 본토 동포 13억 명"(즉, 같은 민족)이라고 언급했다. 그에게 있어 타이완해협의 양측을 갈라놓은 것은 '내전적 사고civil war thinking'와 그 사고가 만들어낸 유산이었다. 그는 양측이 "인민의 복지 …… 그리고 상호 선의와 신뢰를 바탕으로 **민족**의 미래에 대한 이익"[55]을 추구하기 위해 일할 것을 촉구했다. 국립타이완대학의 장야중 교수도 무엇이 양안 분단의 근원인지 그리고 무엇이 양안 분단의 근원이 아닌지에 대해 비슷한 견해를 갖고 있다. 그는 "양측은 분리된 정치 통치의 현실을 보고 있지만 동시에 중국 인민의 일부이자 대표라는 데 동의한다"라고 썼다. 즉, 양측의 분리는 거버넌스의 하나일 뿐이며, 민족주의적 관점에서 볼 때 동일한 '가족'의 일부라는 것이다.[56] 다수의 타이완 사람들 ― 본토에 있는 중국 사람들과의 동일한 민족성을 인정하는 사람들을 포함해 ― 은 자신들이 같은 국가 또는 '가족'의 일부라는 생각을 받아들이지 않을 것이다.

타이완 정치인들은 이러한 상호 배타적인 서술 중 하나 또는 다른 하나를 채택할 여유가 없다. 그렇게 하는 것은 반대되는 것을 믿는 사람들을 멀어지게 할 것이다. 대신, 일부는 타이완 사람들이 어디에 있었고 어디로 가고 있는지에 대한 보다 포괄적인 이해를 공식화하고 전파하려고 했다. 그러려면 회의론자들의 마음을 사로잡아야 했다.

천수이볜은 일반적으로 자신의 강점이었던 타이완 민족주의의 균형을 유지하거나 확산시키려고 시도했다. 2004년 5월 두 번째 취임사에서 그는 이민사회로서의 타이완을 주제로 삼았다.

---

* 1936년 중국 산시성(陝西省) 시안시(西安市)에서 출생했으며 국립타이완대학 정치학과를 졸업하고 미국 시카고대학교에서 석사학위와 박사학위를 취득했다. 그 이후 타이완(중화민국) 교통부 부장, 행정원 부원장(부총리), 외교부 부장, 타이완성 성정부 주석, 행정원장(총리), 부총통, 중국국민당 주석, 중국국민당 명예주석 등을 역임했다. _옮긴이 주

우리 이전의 세대가 타이완에서 안전한 피난처를 찾기 위해 '검은 수로' (타이완 해협)를 건너거나 큰 바다를 건너온 것은 수백 년 전의 일입니다. 그들이 언제 도착했든지 간에, 그리고 조상의 혈통과 모국어와 상관없이, 그리고 서로 다른 희망과 꿈에도 불구하고, 모두가 우리의 조상입니다. 모두 이곳에 정착해 공동의 운명에 직면했습니다. 그들이 토착민이든, '새로운 정착민'(한족)이든, 국외 거주자이든, 외국인 노동자이든, 타이완의 뜨거운 태양 아래서 일하는 이주 노동자이든 간에 모두 이 땅에 독특하게 공헌했으며 각자는 '새로운 타이완New Taiwan'이라고 알려진 우리 가족의 필수 불가결한 구성원이 되었습니다. 서로 다른 역사와 독특한 문화 때문에 민족 집단은 당연히 다양한 견해와 가치를 보유합니다. 우리는 이러한 고유한 차이점을 인식하고 더 많은 관용과 이해로 서로를 포용해야 합니다.[57]

천수이볜이 이민자들의 나라로서의 중국을 주제로 한 것은 설득력을 얻지 못했는데, 이는 부분적으로는 상호 관용을 만드는 것이 장기적인 과정이었기 때문이고, 부분적으로는 그의 후속 행동이 그가 호소하고 있는 본토인들의 '이해'를 장려하는 데 전혀 도움이 되지 않았기 때문이다. 마잉주가 2008년에 총통이 되었을 때, 그는 다른 도전에 직면했다. 마잉주는 그의 가족이 중국 본토 출신이고 그가 홍콩에서 태어났다는 사실에도 불구하고 국민당 바깥의 사람들에게 자신은 외부인이 아니라면서 안심시켰다. 적어도 수사적으로 그는 첫 취임 연설에서 자신의 개인적인 성공과 패배한 중화민국의 부활에 타이완이 공헌했음을 인정하는 좋은 주장을 펼쳤다.

타이완은 저의 출생지는 아니지만 제가 자란 곳이자 가족의 안식처입니다. 전후 이주민post-war immigrant을 받아들이고 키워준 (타이완) 사회에 영원히 감사드립니다. 저는 진심으로 타이완을 지키고 단호하게 나아갈 것입니다. …… 중화민국은 타이완에서 다시 태어났습니다. …… 아시아에서 가장 먼저 태어난 이 민주공화국은 38년이라는 짧은 시간을 중국 본토에서 보냈지만, 거의 60년을 타이완에서 보냈습니다. 지난 60년간 중화민국과 타이완의 운명은 긴밀하게 얽혀 있었습니다. 이 둘은 좋은 시절과 나쁜 시절을 함께 겪었습니다. 민주화를 향한 들쭉날쭉한 길목에서 중화민국은 장족의 발전을 이루었습니다. 쑨원 박사의 입헌민주주의의 꿈은 중국 본토에서 실현되지 못했지만, 오늘날 타이완에서 뿌리를 내리고 꽃을 피우며 열매를 맺고 있습니다.[58]

마잉주 총통은 또한 롄잔이 그랬던 것처럼 해협 양안의 사람들이 모두 중국의 일부라고 명시적으로 언급하지 않았다. 대신에 그는 양안 사람들의 '중국 공통의 민족 유산'에 대해 말했고, 그들이 '공통적인 혈통, 역사, 문화'를 공유하고 있다고 언급했다.[59]

마잉주 총통보다 한 세대 어린 장치천(江啟臣)은 2020년 3월 국민당 주석에 취임해 마잉주 총통과 비슷한 개인적 서사를 표현했다. 하지만 그는 타이완을 둘러싼 애매모호함을 충분히 이용했다. 그는 자신이 타이완인이자 중국인이라고 하면서 "저는 타이완에서 태어나고 자랐습니다. 그러므로 저는 타이완인입니다. 혈통, 문화, 역사의 관점에서, 저는 또한 중국인입니다. 중화민국 헌법을 근거로 저는 중화민국 국민입니다"[60]라고 단언했다.

2016년 차이잉원이 총통이 되었을 때, 그녀는 민족이나 역사적 배경 문제에 연연하지 않았다. 2016년과 2020년 취임사에서 그녀는 '타이완 국민Taiwanese people' 또는 '타이완의 국민people of Taiwan'에 대해 말했지만, 용어를 정치화하지는 않았다. 그녀는 자신의 정부가 타이완은 중국의 일부라고 제안했던 중화민국 헌법과 법률에 의해 인도될 것이라고 맹세했다(제8장 참조). 하지만 차이잉원은 정체성과 통합의 문제에 대한 새로운 접근법을 채택했고, 그것은 타이완의 민주적인 시스템과 몇몇이 '시민적 민족주의civic nationalism'라고 부르는 것을 강조하는 것이었다.[61] 정체성에 대한 이러한 접근은 2020년 6월 '코펜하겐 민주주의 정상회의Copenhagen Democracy Summit'에서 강연한 내용에서 가장 명확하게 밝혀졌다. 2020년 총통선거에서 차이잉원은 "타이완 국민은 민주주의를 공통분모로 선택했다. 민주주의는 우리의 DNA 안에 있다. 그것이 우리를 타이완인으로 만드는 것이다. 민족 정체성이 반드시 민족적·종교적·사회적 배경에서 오는 것은 아니다. 민족 정체성은 믿음과 민주주의 시스템 자체에 대한 애착에 기초할 수 있다. …… 타이완은 이 현상의 중요한 예들 중 하나이다"[62]라고 천명했다.

마잉주는 또한 타이완 민주주의 체제의 중요성을 강조했다. 그는 두 번째 취임 연설에서 다음과 같이 말했다.

> 우리는 가족이고 타이완은 우리 모두의 고향입니다. 여야 간에 어떤 정치적 이견이 있더라도 우리는 여전히 한 가족이라고 굳게 믿고 있습니다. 지난 몇 년간 여야 간에 많은 어려움이 있었음에도 불구하고, 저는 우리가 민주주의에 대한 공통의 의지를 가지고 있다고 믿습니다. 이러한 기반 위에서 우리는 분명히 합의를 모색할 수 있고 문제 해결을 위해 협력할 수 있습니다.

민주주의를 타이완의 정치적 정체성의 주요한 기반으로 취급하는 것은 확실히 그럴듯하다. 이 시스템은 화교 세계에서 자부심의 원천이며 다른 민주주의 국가들이 타이완을 지지하는 이유이다. 타이완 대중이 베이징의 조건에 따른 통일을 강력히 반대하고 있다는 것, 그리고 중대한 정치적·법적 변화를 가져오기 위해서는 헌법 절차를 따라야 한다는 사실은 타이완의 지도자들이 양안관계를 수행하는 데 있어 실질적인 제한을 만들고 있다. 타이완 인민은 지도자를 선출하고 중국 인민은 지도자를 선출하지 않는다는 것이 타이완의 협상 입장을 정당화하지는 않는다. 타이완의 민주주의 체제에는 모호함이 없지만 타이완인, 중국인, 그리고 '이중 정체성'에 대한 초점은 정의와 측정의 문제로 인해 어려움을 겪는다.

하지만 타이완이 자신의 정체성을 정치 체제에 두는 것 역시 한계가 있다. 차이잉원과 마잉주는 실질적인 정책 문제에 대해 매우 다른 입장을 취한다. 그것은 이해할 만하다. 왜냐하면 민주주의는 정치적 정당성을 향유하는 정치적 결과를 촉진하기를 바라지만 실제로 갈등을 조장하는 시스템이며, 그러한 결과를 공식화하는 지도자는 국민에 의해 선택되기 때문이다. 하지만 대중적으로 선출된 정부가 효과적인 정부가 될 것이라는 보장, 그리고 선거, 입법부, 사법부의 정당화 규범과 절차 자체가 정치적 투쟁의 대상이 되지 않을 것이라는 보장은 없다. 지도자들이 마잉주와 차이잉원이 했던 것처럼 원칙적으로 민주주의의 중요성에 동의한다고 하더라도, 그것이 그 지도자들이 정책의 기본에 동의한다는 것을 의미하지는 않으며, 아무리 유익하더라도 그들은 동의하지 않을 것이다.[63]

정체성, 역사적 내러티브, 정치적 상징에 대한 불일치는 모두 타이완이 무엇인지에 대한, 그리고 타이완이 정치적 정체성의 시금석이 되어야 하는 정도에 대한 지속적인 갈등을 증명한다. 1990년대 초반부터 타이완의 '상상의 공동체' 콘텐츠가 화제가 되었지만, 아직 확정되지 않았다. 이러한 불일치는 하나의 지배적인 국가적 서사를 구성하는 데 장애물이 된다. 이 충돌을 무시하려면 두 가지 선택지가 있는 것 같다. 하나의 선택은 확실한 승자가 될 때까지 두 정치 진영이 타이완 내에서 투쟁을 계속하는 것이다. 양측은 민족 문제로 분열된 것을 강조하고 서로에 대한 지배권을 확립하려고 시도할 것이다. 민진당의 많은 사람들은 계속해서 피해자라고 주장할 것이고 국민당과 중국 사이의 공통점에 초점을 맞추면서 국민당이 중국의 '더러운 일'을 하고 있다고 비난하기까지 할 것이다. 국민당은 민진당의 의도된 분리주의 목표와 타이완 사회의 중국적 내용을 부정함으로써 입게 될 피해에 대해 경고할 것이다. 다른 선택은 번영하는 사회와 민주주의 시스템을 구축하는 공동의 성공과 더불어 중국이 제기하는 도전에 대한 공통의 이해와 같은 공통점을 두 진영이 강조하는 것이다. 전자는 평소와 같은 정치가 될 것이다. 한편 후자는 수렴에 대한 약속이 필요할 것이다.

제11장

타이완의 정치방어: 국가

타이완의 국내 제도가 권위주의 체제에서 완전한 민주주의 체제로 발전하고 국가정체성에 대한 견해가 논의되면서, 타이완의 정치 체제 내에서 그리고 타이베이와 중국(중화인민공화국) 정권 사이에서 타이완의 법적 지위를 놓고 평행선을 달리는 투쟁이 존재했다. 그것은 복잡한 과정이었는데, 나의 책 『매듭 풀기Untying the Knot』[1]에서 2004년까지의 매우 세부적인 사항에 대해 자세히 설명한 바 있다. 관련된 문제가 간단하지 않고 '타이완'에 대한 정의가 빠르게 정치화되고 있기 때문에 복잡하다. 베이징과 타이베이의 주요 차이점은, 타이완이 자신의 국제적 역할을 명확히 하는 데서, 그리고 본토와의 정치적 문제에 관한 협상에서 주권적 실체(또는 국가)인지 여부였다. 주권적 실체라는 타이베이의 주장을 베이징이 어떻게 해석하는가도 역시 하나의 요인이었다. 타이완 내에서의 문제는, 민진당이 '상상의 타이완 공동체'를 위한 국가를 건설하기 위해 법적 독립을 옹호할 것인지 아니면 국민당에 더 가깝게 맞추는 보다 유연한 입장을 취할 것인지였다.

중국의 자체 통일 제안은 이 문제의 중요성을 증가시켰다. 처음부터 타이베이 정부는 베이징이 타이완을 홍콩 및 마카오와 함께 '일국양제' 방안의 대상으로 묶는 방식을 거부했다. 타이완의 관점에서 보면 홍콩과 마카오는 식민지이지, 주권국이 아니었다. 중화민국(타이완 정부의 공식 명칭)은 1912년부터 존재해 왔으며, 제2차 세계대전 당시 일본에 대항하는 동맹이자 유엔의 창립 멤버였다. 하지만 일국양제 아래에서 타이완은 단지 중국의 특별행정구에 불과할 것이다. 타이완은 자치권을 갖게 될 것이고 베이징이 일반 지방을 통치하는 것처럼 통치받지는 않을 것이다. 하지만 자치권은 주권과 같지 않았다. 베이징의 지도자들에 관한 한, 중화인민공화국은 중앙정부가 유일한 주권자인 단일국가였다. 지방, 자치구, 특별행정구 등 모든 하위 단위가 소유한 권한은 중앙에서 위임받은 것이었다.

국민당 정부 및 민진당 정부의 타이완 관리들은 정확히 같은 방식은 아니지만 타이완의 주권을 일관되게 강조한다. 중화민국 관리들이 자주 언급하는 공식은, 기존 번역에 따르면 '중화민국/타이완은 하나의 주권이 독립된 민주국가이다(中華民國台灣是一個主權獨立的民主國家)'라는 것이다. 2008년 9월, 마잉주 총통은 멕시코 기자에게 타이완과 베이징의 분쟁은 주권을 둘러싼 문제이지만 지금은 이를 해결하려고 할 때가 아니라고 말했다.[2] 베이징은 타이완의 이런 견해에 반대한다. 예를 들어 시진핑 주석은 2019년 1월에 양안관계에 진전이 없는 것에 대해 1940년대 후반 내전의 결과인 "양안 사이에 오래 지속된 정치적 차이"를 비난했다.[3] 그 함축적인 의미는 주권에 대한 이견은 비난의 대상이 아니라는 것이었다. 최대한 양안관계를 개선하려 했던 마잉주 자신이 '분쟁은 정치적 차이에 관한 것'이라는 중국의 견해에 직접적으로 이의를 제기했다는 것은 놀라운 일이다. 이는 정당에 관계없이 타이완에 대한 주권이 중요하다는 것을 극명하게 부각시킨다.

'독립된 주권국가'라는 문구에 대해서는 다소 세밀한 설명이 필요하다. 적어도 국민당 대변인들에 의해 사용되는 이 공식은 중화민국이나 타이완이 중국과 정치적·법적 연관성이 없는 독립국가라고 주장하지 않는다. 좀 더 정확한 해석은 "중화민국은 독립적으로 주권이 파생된 국가이다"라는 것이다. 여기서의 생각은 중화민국은 어떤 보다 고위의 당국에도 종속되지 않으며, 확실히 중국(중화인민공화국)에도 종속되지 않는다는 것이다. 이는 스티븐 크래스너가 말하는 '베스트팔렌/바텔적 주권'(제10장 참조)과 비슷한 의미이다.[4] 더구나 이것은 최근의 공식이 아니다. (적어도 필자가 발견한 바에 따르면) 이것은 장제스가 유엔을 탈퇴할 것을 강요받았을 당시에 발표한 성명서에서 처음 사용되었다(장제스는 분명 독립을 지지하지 않았다).[5] 사실 이 발언은 타이완 국민들이 불만을 제기할 권리가 있는 주제인데, 타이완이 국제사회에 참여하는 것을 제한하는 데 이의를 제기하기 위해 가장 정기적으로 공표된다.

하지만 이 방안은 외적인 목적뿐만 아니라 내부적인 정치적 목적에도 기여한다. 1990년대 중반에 민진당이 타이완의 제1야당으로 부상했을 때, 그 당은 법적 독립의 목표와 관련이 있었다. 리덩후이 총통하의 국민당은 민진당과 그 목적에 대한 대중의 지지를 희석시킬 필요가 있다고 보았다. 그래서 그들은 이 방안에 입각해서 중화민국은 이미 독립된 주권국이었기 때문에 독립을 선언할 필요가 없다고 주장했다. 그 이후 민진당의 온건파는 진정한 독립을 위해 더 많은 일을 한다는 민진당 강경파의 요구를 꺾기 위해 이 방안의 버전을 사용할 수 있었다. 베이징이 이 방안을 크게 문제 삼은 적이 없기 때문에, 베이징은 진행되고 있는 정치적 게임을 이해하고 있었던 것으로 보인다.

타이완 대중은 중화민국 또는 타이완이 주권 국가라는 주장을 확실히 지지한다. 타이완국가안보조사는 응답자들에게 '타이완은 중화민국이라는 독립주권국이므로 독립을 선언할 필요가 없다'는 견해에 동의하는지 물었다. 〈표 11-1〉에 요약된 세 가지 다른 설문조사에서, 응답자의 60% 이상이 이 제안에 어느 정도 동의했다.[6] 하지만 그들이 이 제안을 얼마나 잘 이해했는지는 확실하지 않다.

표 11-1 | 타이완은 독립 주권국이므로 독립을 선언할 필요가 없는가　　　　　　단위: %

	2016	2017	2019
특히 동의하지 않음	11.6	9.0	8.6
동의하지 않음	15.7	13.4	12.8
동의함	37.3	38.5	38.9
특히 동의함	28.5	28.5	30.9

자료: "Taiwan National Security Survey," Program in Asian Security Studies, Duke University(https://sites.duke.edu/pass/taiwan-national-security-survey).

하지만 타이완은 국제적 역할을 하는 데서 자신들이 주권국이었다고 주장하기에는 분명 불리한 측면이 있어왔다. 중화인민공화국은 오랫동안 타이완이 국제기구의 일원으로서 또는 다른 나라들과 외교 관계를 수립함으로써 국제 체제에 공식적으로 참여하는 것을 제한하기 위한 캠페인을 벌여왔다. 중화민국은 유엔의 창립멤버였고 1950년대에 세계 대부분의 현존하는 국가들과 외교 관계를 맺었다. 하지만 1960년대에 들어 아프리카 식민지가 독립하고 베이징을 '중국' 정부로 인정하는 경향이 나타나면서 중화인민공화국의 지배력은 바뀌었다. 1971년 10월, 중화인민공화국이 중화민국을 대신해 유엔에서 '중국'을 대표하게 되었고, 당시 대부분의 국가는 베이징과 외교 관계를 수립했다. 또 다른 계기는 1979년에 미국 ― 1949년 이후 중화민국과 관계를 유지하고 유엔에서 중화민국이 위치를 지키는 데 도움을 주었던 ― 이 타이베이와의 관계를 끝내고 베이징과 관계를 수립하면서 베이징을 '중국'의 유일한 합법적 정부로 인정한 것이었다. 몇몇 예외를 제외하고, 타이완은 자신이 속해 있던 국제 정부 기구들로부터 떠날 수밖에 없었다. 2020년 가을 현재, 타이베이는 단 14개국 및 바티칸과만 외교 관계를 맺고 있다.*

---

*　　2021년 12월 니카라과가, 2023년 3월 온두라스가 타이완과 단교하고 중화인민공화국과 외교

타이완이 국제적 목적에서 또는 양안 간의 목적에서 주권적 실체였는가 하는 문제는, 타이베이 정부와 베이징 정부가 아무런 상호작용 없이 40년 이상의 시간을 보낸 후 그들의 경제 관계의 기반을 더욱 마련하기 시작한 1990년대 초에 더욱 두드러졌다. 그 준비 과정에서 타이베이는 1991년 2월에 발표된 국가통일지침과 1992년 8월 국가통일위원회에서 통과된 결의안 형식으로 입장을 표명했다. 이 지침은 중국 본토와 타이완은 중국의 일부이며 통일은 모든 중국인의 책임이라는 원칙을 지지했다. 또한 통일은 인민의 복지, 중국 문화, 민주주의, 인권, 그리고 법치를 증진시켜야 했다. 또한 중화민국은 국제적인 역할을 가져야 했다. 결의안은 '중국'은 중화민국을 의미하고, 중화민국의 주권은 여전히 중국 전역을 포함하고 있으며, 관할권(관할권과 통치권을 행사하는 지역)은 타이완 및 그 부속 섬들만 포함하고 있다고 주장했다. 이 지침에 따르면 중국은 '두 개의 정치적 실체를 가진 분단국가'였다(여기에는 두 실체가 법적으로 동등하다는 의미가 내포되어 있다). 사실상 리덩후이 정부는 '하나의 국가, 두 개의 주권 정부'라는 입장을 내세우고 있었는데, 이는 베이징의 '일국양제'와는 대조적인 것이었다.

베이징은 타이완의 입장을 즉각 거부했다. 베이징은 '두 개의 중국'이 있다는 생각에 반대하고 일국양제 방안을 재확인했다. 그럼에도 불구하고 두 정부는 명백히 두 정부의 대리인인 준공식적인 조직, 즉 타이완의 해협교류기금회와 중국의 해협양안관계협회를 창설했다. 1992년 말에 그들은 실질적인 문제들을 다루기 위해 그들 사이에 대화를 시작하기에 충분한 이해를 형성할 수 있었다. 92공식으로 알려진 이 합의는 '하나의 중국'과 통일에 대해 긍정적으로 말했지만 타이완이 통일된 '중국' 내에서 어떻게 어울릴지에 대한 합의는 결코

관계를 수립함으로써 타이완과 외교 관계를 수립한 국가의 수는 2016년 5월 차이잉원 정권이 발족했던 당초의 22개국에서 12개국(바티칸 제외)으로 감소했다. _옮긴이 주

반영하지 않은, 평행선을 달리는 일련의 일반적인 성명이다. 92공식에 따라 해협교류기금회의 수장 구전푸(辜振甫)와 해협양안관계협회의 수장 왕다오한(汪道涵)은 1993년 싱가포르에서 만날 수 있었다. 그들은 약간의 합의에 도달했고 더 이상의 진전이 가능하다는 낙관론을 만들어냈다. 하지만 이 장의 목적을 위한 핵심은 92공식을 만들 때 양측이 타이완의 법적·정치적 지위에 대한 문제를 해결하는 데 합의하지 못했다는 것이다.

한편, 민진당은 타이완의 위상 및 중국(중화인민공화국)에 관한 정책에 대해 자신의 입장을 밝히려고 했다. 1991년 12월 총선을 앞두고, 당은 사실상 '타이완 민족-국가'를 요구하는 결의안을 채택했다.[7]

> 타이완의 실제 주권에 따라 타이완 사회의 현실에 맞는 법과 정치 체제를 구축하고 국제법의 원칙에 따라 국제사회로 복귀하기 위해서는 독립국가를 수립하고 새로운 헌법을 공포해야 한다. …… 인민주권의 원칙에 입각해 주권적·자주적·자치적인 '타이완 공화국'의 수립은 타이완의 모든 주민이 국민투표를 통해 수행해야 한다.[8]

즉, 타이완의 영토는 중국의 일부가 아니며, 타이완의 정부는 중국의 정부가 아니라는 것이다.

대신, 민진당은 새로운 주권국가인 '타이완 공화국'을 만들 것을 제안했다. 민진당은 1949년 이후 국민당이 타이완을 통치하면서 중국적 국가정체성을 확립하려 했던 과정을 되돌리고자 했다. 1991년 민진당은 기존에 존재했지만 억압된 타이완의 국가라고 믿었던 것에 바탕을 둔 새로운 국가의 창설을 요구했다(국민투표를 통해 이 국가를 만들 것을 요구한 것은 억압된 국가를 해방시키기 위한 메커니즘이었다). 부분적으로 이 제안은 타이완 여론의 주류를 훨씬 벗어난 것이어서 민진당은 1991년 말 국민대회 선거에서 심각한 패배를 맛보았다. 따라서 그 이후 적어도 10년 동안 이는 민진당의 정치 브랜드인 '타이완 독립' 요소를 약화시켰다.

하지만 리덩후이는 다음과 같은 몇 가지 압박에 맞서 싸워야 했다. 첫째, 민진당은 중국에 대한 리덩후이의 정책을 비판하고, 유엔을 포함한 국제기구로 복귀하기 위한 보다 적극적인 접근을 지지했다. 둘째, 리덩후이 자신도 베이징의 타이완 정책에 점점 더 반대했다. 왜냐하면 이 정책은 중화민국을 주권국가로 취급하지 않았고 타이완이 요구한 중화인민공화국의 무력 사용 포기를 포함하지 않았기 때문이다. 그는 특히 베이징이 타이완의 국제적 역할을 반대하고 나서는 데 대해 반기를 들었다.[9] 셋째, 1993년 리덩후이는 여전히 자신을 지지해 줄 민진당 내 온건파와 국민당 내 온건파를 필요로 했는데, 이는 1994년 총통 직선제를 승인하는 헌법 개정을 통해 이루어졌다. 마침내 리덩후이는 1996년 3월에 치러질 첫 민선 총통선거에 출마할 준비를 하기 시작했다.

이러한 압력에 대응해, 리덩후이는 국민당의 권위주의적 정권하에서 타이완인들이 겪은 고통에 동조했는데, 이는 떠오르는 타이완 내러티브 요소 중 하나였다. 그는 '타이완인임의 비애'에 대해 말했고, 타이완의 국제적 역할에 대한 베이징의 금지령에 이의를 제기하려 했다. 유엔에 재가입하는 것은 국민당 정부의 정책 목표가 되었다. 왜냐하면 유엔에 재가입하는 것이 줄곧 민진당의 최우선 과제였기 때문이다. 리덩후이는 또한 '골프 외교'를 펼쳐 동남아시아의 여러 나라를 돌아다니면서 지도자들과 경기를 가졌다. 선거가 다가오면서 리덩후이의 최우선 과제는 미국을 방문해 자신의 모교인 코넬대학교에서 연설을 하는 것이 되었다. 그는 우호적인 미국 의회의 의원들이 클린턴 행정부에 압력을 행사하도록 함으로써 이를 실현시켰다. 이 전략은 효과적이었고, 1995년 6월에 코넬대학교를 방문했다. 리덩후이는 사실상 베이징을 향해 "타이완의 주권을 인정하지 않는다면, 따라서 타이완이 국제 체제에서 자리를 차지할 권리를 인정하지 않는다면, 나는 당신들의 반대에도 불구하고 자리를 잡을 것이다"

라고 말했다.

중국은 리덩후이 총통의 여행 외교를 최악의 상황으로 이해하고 그가 타이완 독립을 조장했다고 비난했으며, 이는 양안관계 및 미국-타이완 관계의 침체를 촉발시켰다. 총통선거가 치러질 무렵 인민해방군은 타이완 국민들을 겁주기 위해 타이완 근처에서 여러 발의 미사일을 발사하는 등 무력시위를 벌였다. 워싱턴은 리덩후이 총통이 미국의 '하나의 중국' 정책을 과소평가하고 양안 간의 평화와 안정을 훼손시킨 것에 대해 불만스러워했다. 타이완 유권자들은 큰 표차로 리덩후이 총통의 재선을 확정지었다. 리덩후이 총통은 취임사에서 무엇보다도 "우리는 독립을 선언할 필요는 없다"라고 말하며 한 발 물러섰다. 이에 따라 위기는 가라앉았고, 양안 대화가 다시 정상 궤도에 오른 것처럼 보였다. 구전푸와 왕다오한은 1998년 10월에 중국에서 만났고, 왕다오한이 1999년 가을에 타이완을 방문하기로 합의했다.

타이완의 주권을 주장하는 요소로서의 영토

리덩후이는 왕다오한의 방문을 통해 정치적 문제가 심도 있게 논의될 것으로 예상했다. 이로 인해 타이베이가 자신의 법적 지위를 더 잘 규정해야 할 필요가 생겼다. 베이징은 그 주제에 대해 명확한 견해를 가지고 있었고, 타이완은 그 견해를 받아들일 수 없었다. 그래서 리덩후이 총통은 애매모호한 견해를 가질 여유가 없었다. 그는 몇 차례 공식 석상에서 타이완은 확실한 국제적 지위가 부족하다고 말한 바 있었다. 1998년 6월, 리덩후이는 "양측이 국제법에 대해 논의해야 한다. 그렇게 함으로써 우리는 또한 주권, 즉 국가 지위에 대해 이야기하게 될 것이다"[10]라고 밝혔다. 그는 이 문제를 연구하고 권고할 전문가 팀을 만들었는데, 그중의 한 명이 차이잉원이었다. 리덩후이 총통에게 제출된 보고서에는 왕다오한에게 제시해야 할 주요 정책 원칙과 헌법 개정안을 포함한 후속 조치에 대한 일련의 권고 사항이 포함되어 있었다. 리덩후이 총통은 고위 관리들에 의해 검토될 이 법안을 승인했다.

그 이후 1999년 7월 9일에 리덩후이 총통은 독일의 국제방송 도이체 벨레 Deutsche Welle의 기자가 제기한 질문에 답하기 위해 경솔하게 행동하며 성명서 초안의 일부를 사용했다.[11] 이 책의 목적상, 그 성명서에서 중요한 것은 중화민국의 법적 지위와 영토에 관한 내용이었다. 그 주요 부분은 다음과 같다.

> 중화인민공화국이 수립된 이후, 중국공산당은 중화민국의 관할하에 있는 타이완, 펑후군도, 진먼다오, 마쭈다오를 통치한 적이 없다. 1991년 중화민국은 헌법 제10조를 개정해 … 유효지역을 타이완으로 축소하고, 중화인민공화국이 중국 본토에서 가진 통치권의 합법성을 인정하고, 직접적이고 대중적인 기반하에 총통 선거와 국민대회, 입법원을 선거를 실시한다. 그 결과, 이렇게 건설된 (타이완의) 국가기관들은 타이완 국민들만을 대표한다. 이 나라의 통치의 정당성은 국민의 권한에서 비롯되며, 본토 국민과는 전혀 관련이 없다. 1991년 헌법 개정 이후, 양안관계는 두 국가 사이의 관계였다. 적어도 '특수한 국가 대 국가의 관계'이지, '하나의 중국' 아래에서의 내부 관계 유형 — 예를 들면, 합법적 정부와 변절자 집단 또는 중앙정부와 지방정부 같은 — 이 아니다. …… 중화민국은 1912년 이래로 독립 주권국이었다.[12]

이 성명은 간혹 용어가 혼용되기도 하지만, 두 가지 점이 눈에 띤다. 첫째는 리덩후이가 타이완에 대한 중화민국 정부의 관할권과 본토에 대한 중화인민공화국 정부의 관할권을 구분하기 위해 고심했다는 점이다(주권과 관할권은 별개의 개념임을 상기하라). 하지만 이것은 새로운 주장이 아니었고, 중화민국이 독립 주권 국가라는 그의 나중의 주장도 아니었다. 새로운 것은 그가 선거가 치러지는 영토(타이완과 그 부속 섬들)와 중화민국 정부의 강화된 합법성 사이의 연결고리를 그려낸 것이었다. 리덩후이의 추정에 따르면, 선거와 관련된 개정안이 양안관계를 '특수한 국가 대 국가의 관계'로 변형시킨 것은 그러한 연계를 통해 이루어졌다.

그렇게 마지막에 논리가 비약된 근거는 무엇인가? 필자의 추측에 따르면, 그것은 '1933년 몬테비데오 협약'에 명시된 국가 지위를 위한 네 가지 요건, 즉 영속적인 인구, 정해진 영토, 정부, 그리고 다른 국가와 관계를 맺을 수 있는 능력에서 비롯되었다. 이 네 가지 중에서 타이완의 국가 지위와 관련한 주장이 가장 약한 것은 타이완의 영토 범위에 대한 정의였다. 국민당 정권에 대한 전통적인 견해는 본토와 타이완이 모두 중화민국의 주권 영토라는 것이었다. 하지만 중화민국은 1949년 이후 타이완을 통치하고 있었다. 중화인민공화국과 중화민국의 완전히 분리된 관할권에 대한 리덩후이의 강조와 중화민국 정부가 타이완에서만 치러진 선거로부터 정당성을 끌어냈다는 주장은 사실상 리덩후이가 중화민국의 주권을 재정립하고 있음을 시사한다.[13] 달리 말해, 주권이 선거에서 투표함으로써 국민으로부터 파생된다면, 국민이 투표하는 곳이 국가의 영토를 규정한다는 것이다(리덩후이 총통이 선거를 강조하는 것은 국가 형성의 국민주권적 토대를 내포한다는 점에 유의해야 한다).[14]

리덩후이 총통이 중화민국의 주권을 재정립하려 했다는 사실은 나중에 분명해졌다. 21세기의 첫 10년 동안, 리덩후이 총통의 전문가 팀이 리덩후이의 성명서에 나타난 원칙을 보완하기 위해 제안한 명칭, 법률, 헌법에서의 수정에 대한 정보가 드러났는데, 여기에는 '하나의 중국' 관련 문서로 간주되는 통일 지침의 개정과 궁극적인 폐지, '하나의 중국' 프레임을 가정하거나 암시하는 다양한 공식(예를 들면, '하나의 중국, 서로 다른 해석', '하나의 중국은 중화민국이다' 등)의 사용 중단 등이 포함되었다. 제안된 변경 사항 중 가장 중요한 것은 중화민국의 영토 범위에 관한 1946년 중화민국 헌법 제4조에 관한 것이었다. 그 조항은 실제로 국토가 무엇인지 지리적으로 명시하고 있지는 않지만, 해당 조항 후반부의 요지는 중국 본토를 포함한다는 것이었다. 그런데 수정안 초안에는 "중화민국의 영토는 이 헌법에 의해 실질적으로 통치되는 지역, 즉 타이완, 펑후군도, 진먼다오, 마쭈다오로 구성된다"[15]라고 쓰여 있었다. 만약 이 법안이 통과되었다면, 본토가 중화민국 영토에서 제외되었을 것이다.

하지만 이러한 변화는 일어나지 않았다. 왜냐하면 리덩후이 총통의 깜짝 발언이 중국과 미국의 강한 부정적인 반응을 불러일으켰고 타이완과 양국 간의 관계가 악화되었기 때문이다. 특히 개정안은 국민대회에 상정되지 않았다. 보다 광범위하게는 '특수한 국가 대 국가 관계'라는 공식을 뒷받침하는 주장이 국제사회에서 어떻게 흡입력을 얻을 수 있는지 알기 어렵다. 중화인민공화국은 1999년 이전 국민당의 전통적인 견해이기도 한 카이로 선언과 포츠담 선언을 통해 타이완 영토에 대한 주권(또는 소유권)이 사실상 '중국이라는 국가 the state China'로 이전되었다고 일관되게 주장해 왔다. 베이징의 장기적인 목표는 중화민국 정부와 정치적 주장을 끝내고 타이완을 중화인민공화국 체제에 통합하는 것이었다. 타이완이 '국가 대 국가의 관계'라는 공식에 따라 행동하고 현재 타이완이 배제된 국제 정부 기구의 회원 자격을 추구한다면, 중화인민공화국은 이러한 조직에서 확고히 자리 잡은 위치를 이용해 중화민국도 타이완도 국가가 아니라는 확고한 입장을 방어하고 타이베이의 노력을 차단할 것이다. 미국의 법적 입장은 타이완의 법적 지위가 베이징과 타이베이 간의 협상을 통해 해결되어야 한다는 것이다(사실상 이것은 미정이다). 클린턴 행정부가 리덩후이 총통의 발언에 대해 부정적인 반응을 보인 것은 리덩후이가 사전에 워싱턴과 협의하지 않았고 이것이 양안 갈등으로 이어질 수 있다는 우려 때문이었다.

리덩후이는 타이완의 주권을 주장하기 위한 방법으로 영토 문제를 처음 거론한 사람이 아니었다. 민진당과 더 넓은 민진당 진영의 많은 사람들은 제2차 세계대전 이후 타이완의 혼란스러운 법적 대우에 초점을 맞추고 있다. 그들은 한국전쟁이 발발한 직후 트루먼 행정부가 타이완은 중국의 일부라는 이전의 입장을 포기하고, "타이완의 미래 지위의 결정은 태평양 안보 회복, 일본과의 평화 정착, 또는 유엔의 검토를 기다려야 한다"[16]라고 발표한 사실을 지적한다. 그들은 또한 미국의 지시로 일본이 제2차 세계대전 이후 타결한 평화조약에 의해 일본이 타이완에 대한 주권을 포기했지만 누구에게 주권이 이전될지는 말하지 않은 것에 주목했다.[17] 이러한 출발점에 근거해, 일부 타이완 민족주의자들은 타이완이 중국 영토의 일부라는 중화인민공화국 정부의 입장과 국민당의 전통적인 주장, 즉 '타이완은 중국 주권 영토의 일부이다'라는 주장은 근거가 없으며 타이완 사람들이 자신들의 국가를 설립할 수 있도록 허용해야 한다고 주장한다. 일각에서는 미국이 일본에 대한 점령국이었기 때문에 다른 어떤 국가보다 타이완의 주권국으로서의 주장이 강하다는 의견도 내놓고 있다. 타이완의 국가 지위를 얻기 위한 이러한 접근법은 다음 두 가지 근본적인 장애물에 부딪히기 때문에 창의적인 만큼이나 비현실적이다.[18] 첫째, 이러한 사건을 베이징의 동의가 없는 상태에서 처리할 수 있는 국제재판소가 없다는 것이다(그것은 불가능한 일이다). 둘째, 오랜 법적 위치를 고려할 때 워싱턴이 그러한 새로운 주장을 지지할 가능성은 매우 낮다는 것이다.

리덩후이의 영토 문제와 관련된 투쟁 이야기에는 또 하나의 내막이 있었다. 2000년 4월 24일, 천수이볜이 총통으로 선출된 지 약 1개월 후에, 그리고 그의 취임 26일 전에, 국민대회는 헌법 개정안을 통과시켰고, 무엇보다도 국토를 바꾸기 위한 세부 절차를 만들었다. 1946년 헌법은 단지 그러한 변화는 국민대회의 결의에 따라 이루어져야 한다고만 규정했다. 2000년 개정안은 다음과 같은 보다 구체적인 내용을 제공하고 입법원을 과정에 추가했다. 첫째, 입법원은 안건을 통과시키려면 재적의원 4분의 3이 출석한 가운데 재석의원 4분의 3의 동의를 받아야 했다. 둘째, 영토 변경이 통과되려면 재적의원 3분의 2가 출석한 가운데 재석의원 4분의 3이 찬성해야 했다. 정치적으로, 두 정당 사이의 증가하는 동등성을 고려할 때, 입법원과 국민대회에서 국민당 의원과 민진당 의원 모두의 지지가 없다면 그러한 조치는 통과될 수 없었을 것이다.[19] 이 개정의 최종적인 효과는 영토의 변화가 일어날 가능성이 매우 낮다는 것이었다.

리덩후이 이후 총통들의 타이완 법적 지위에 대한 행보

리덩후이 정부가 양안관계에 대한 성명을 공식화하는 동안, 민진당은 2000년 대선을 준비하고 있었다. 민진당이 승리하려면 두 가지 일이 일어나야 했다. 첫째는 국민당이 리덩후이의 후계자가 될 사람을 놓고 분열해야 했다.[20] 국민당은 친절하게도 그 의무를 다했다. 리덩후이는 롄잔 부통령을 후보로 내세우길 원했지만 후계자 자리를 놓고 경쟁을 벌였던 쑹추위(宋楚瑜)*가 출마를 고집했던 것이다. 결국 롄잔과 쑹추위는 국민당의 표를 갈라 40%에 조금 못 미치는 득표율로 민진당의 천수이볜 후보가 집권했다. 국민당이 통합되었다면 민진당은 집권하지 못했을 것이다.

민진당 승리를 위한 또 다른 요구 사항은 민진당이 양안관계에 대한 자신의 입장을 조정해야 한다는 것이었다. 1999년 5월 8일에는 당내 격렬한 논쟁의 대상이 된 '타이완의 미래에 대한 결의'가 발표되었다.[21] 해당 결의안은 민진당이 과거 법적 독립을 옹호함으로써 야기된 선거 취약성을 줄이는 데 도움이 되었다. 적어도 미국 정부가 당시 주목하지 못한 것은 2000년 선거를 위한 민진당

---

* 1942년 중국 후난성(湖南省) 샹탄현(湘潭縣)에서 출생했으며, 타이완 국립정치대학 외교학과를 졸업하고 미국 캘리포니아주립대학교 버클리분교(UCB)에서 석사학위를, 조지타운대학교에서 박사학위를 취득했다. 그 이후 중국국민당 비서장, 타이완성 성정부 주석, 타이완성 성장을 지냈으며, 2000년 3월 31일 이후 친민당(親民黨) 주석을 맡고 있다. _옮긴이 주

강령에서 안심할 수 없는 발언이었다. 그 원문 내용을 해석해 보면 "타이완 주권 현실에 맞게 토지와 인민에 대한 타이완의 주권 범위를 재정의해야 한다"[22]는 것이다. 요컨대, 민진당은 1999년 7월 성명 이후 리덩후이 총통이 계획했던 바를 자신들의 목표로 분명히 선언했던 것이다(민진당 선언의 영어 버전에서는 sovereignty(주권)이 아닌 배포된 대로 jurisdiction(관할권)이라는 용어를 사용했다).

천수이볜이 당선되자, 그는 타이완 국민, 베이징, 미국을 안심시키기 위해 더욱 노력했다. 취임 연설에서 그는 베이징이 무력을 사용할 의도가 없는 한 재임 기간 동안 다섯 가지 조치를 취하지 않을 것임을 밝혔다. 즉, 독립을 선언하지 않고, 국가 이름(중화민국)을 바꾸지 않고, 리덩후이 총통의 양국론 공식을 헌법에 포함시키려 하지 않고, 현재 상황을 바꿀 독립이나 통일에 대한 국민투표를 추진하지 않고, 통일 지침이나 협의회를 폐지하려 하지 않을 것이라고 밝혔다(하지만 천수이볜은 중국 영토를 변경하려는 시도에 대해서는 미리 맹세하지 않았다). 천수이볜은 이러한 보장이 국민당과 중국(중화인민공화국)의 협력을 이끌어낼 수 있기를 희망했지만 소용이 없었다. 그는 2004년 재선에 성공하기 위한 최선의 방법은 당의 독립지향 기반에서 뛰는 것이라고 결론 내렸다. 그는 미국이 민감한 사안에 대한 협의를 기대한다는 것을 알았기 때문에, 자신의 도발적인 행보 이후 미국의 반발에 부딪히더라도 장기적으로 자신이 더 나은 위치에 서게 될 것이라고 믿고 워싱턴에 알리지 않는 길을 택했다.

따라서 몇 년 동안 천수이볜은 타이완이 어떻게 되어야 하는지에 대해 민진당을 초기 시절로 되돌리는 다음과 같은 성명을 발표하고 관련 조치를 취했다.

- 2002년 8월, 해협 양쪽에 하나의 국가가 있다고 선언했다.
- 2003년 5월, 국내 정책 문제 및 타이완의 세계보건기구(WHO) 참여(이 문제는 주권을 수반한다)에 대한 국민투표를 요구했다.
- 2003년 9월, 무엇보다도 타이완을 정상적인 국가로 만드는 새로운 헌법

을 요구했다.

- 2003년 10월, 하나의 중국 원칙과 타이완의 주권은 상호 모순된다고 말했다.
- 2006년 1월, 사실상 국가통일위원회를 해산시켰다.
- 2007년 가을, 2008년 3월 총통선거 때 국민투표를 실시해 타이완이 타이완이라는 이름으로 유엔에 가입할 것을 촉구했는데, 이는 사실상 타이완이 국제적으로 새로운 국가라고 주장하는 것이었다.

따라서 민진당 내에서 비교적 온건파로 출발한 천수이볜은 자신의 발언과 행동을 통해 자신의 당을 모든 면에서 중국과 정치적으로 단절된 타이완 국민 국가의 이념과 다시 연관시켰다.

결국 국민투표는 부결되었고, 국민당 총통 후보인 마잉주는 58.4%의 득표로 민진당 경쟁자인 셰창팅(謝長廷)*을 물리쳤다. 이 결과가 천수이볜의 중화인민공화국 정책에 대한 유권자들의 판단을 반영한다는 점에서, 유권자들은 분명 천수이볜을 부정했다. 마잉주 총통이 당선될 당시 여론조사에서 자신이 '오직 타이완인'이라고 밝힌 비율은 48.4%에 불과했다. '중국인과 타이완인 둘 다'라고 응답한 비율은 45.1%를 차지했다('오직 중국인'이라는 응답은 4%).

천수이볜이 집권하는 동안 국민당과 민진당은 치열한 경쟁에도 불구하고 2005년 6월 헌법 개정 절차와 영토 변경에 협력했다. 그들은 국민대회의 모든 역할을 완전히 종료시켰는데, 2000년 수정 당시 기준으로는 입법원의 승인을 받은 변경 사항을 비준할 수 있는 권한을 아직 유지하고 있다(이후 국민대회는 그 기능이 중단되었다). 더욱이 2005년 개정안은 절차를 보다 민주적으로 만들었다. 특히 헌법 수정안이 통과되려면 이제 입법원에서 재적의원의 4분의 3이

---

* 2016년 6월 9일 '타이베이 주(駐)일본 경제문화대표처' 대표에 취임했다. _옮긴이 주

출석한 가운데 재석의원의 4분의 3이 찬성해야 했고, 국민투표에서 적격 유권자의 과반수가 찬성해야 했다. 동일한 메커니즘이 국가 영토를 변경하는 모든 과정에 적용되었다.[23] 이러한 새로운 절차는 헌법 및 영토를 변경할 때에는 매우 광범위한 대중의 합의가 필요하다는 것을 보장했다. 이는 결과적으로 국민당이 타이완과 중국 본토 간의 법적 관계에 대한 근본적인 입장을 변경하지 않는 한 중화민국의 영토가 변경되지 않는다는 것을 보장해, 1999년에 영토를 변경하려는 리덩후이의 희망을 좌절시킬 것이었다.

마잉주 총통의 임기

타이완의 법적 지위에 대해 마잉주는 리덩후이가 양국론을 발표하기 이전의 통설로 되돌아갔다. 즉, 타이완과 본토는 두 개의 국가가 아닌 하나의 중국의 '두 개의 지역'이라는 것이다.[24] 그는 양측 중 어느 쪽도 상대방 정부가 관할권을 갖고 있다는 사실을 부인하지 않았고 상대방의 주권을 인정하지도 않았다고 말했다. 양안관계에 대한 그의 가드레일은 "독립도, 통일도, 전쟁도 없다"였다. 그는 '하나의 중국'을 의미하는 92공식을 적어도 경제 및 사회 영역에서 정상적이고 협력적인 양안관계의 기초로 받아들였다. 하지만 그는 92공식을 어떻게 해석했는지에 대해 매우 명확했다. 2012년 5월 두 번째 취임사에서 그는 다음과 같이 말했다.

> 우리가 '하나의 중국'이라고 말한다면 그것은 당연히 중화민국입니다. 우리 헌법에 따르면 중화민국의 주권 영토는 타이완과 본토를 포함합니다. 현재 중화민국 정부는 타이완, 평후군도, 진먼다오, 마쭈다오에서만 통치할 수 있는 권한을 가지고 있습니다. 다시 말해, 지난 20년 동안 타이완 해협의 양측은 '하나의 중화민국, 두 개의 지역'으로 정의되어 왔습니다. 지

난 세 명의 총통의 정부 내내 이런 위상에는 변함이 없었습니다.[25]

마잉주 총통은 또한 타이완의 민주주의 체제가 지닌 근본적인 건전성을 확인했다. 그는 타이완의 국제 공간을 우회하는 것이 아니라 베이징과 상의해 확장하기를 희망했다.

마잉주 총통은 이후 '하나의 중국'에 대해 '서로 다른 해석'을 강조한 이유를 밝혔다. 2020년 7월, 그는 92공식이 "중국(중화인민공화국)이 중화민국의 존재를 인정하도록 만드는 목표를 달성하는 가장 완곡한 방법"[26]이라고 말했다. 베이징이 92공식에 대한 마잉주의 프레임과 마잉주의 '하나의 중국'에 대한 해석을 받아들이지 않은 이유는 그의 숨겨진 의제를 인식했기 때문일 것이다. 마잉주 총통의 생각을 반영하는 가장 짧은 공식은 아마도 '하나의 중국 국가, 두 개의 주권 정부'일 것이다.

마잉주 총통이 해협 양안이 '하나의 중국'의 영토임을 재확인한 것은 타이완 국민이 공감한 믿음은 아닌 것으로 보인다. 이전 장에서 인용한 정쑤펀 국립정치대학 선거연구센터의 조사는 응답자들에게 중국(즉, 중화인민공화국)과 타이완을 동일한 국가(國家, country, nation, 또는 state)로 생각하는지 아니면 서로 다른 국가로 생각하는지 물었다.[27] 네 차례에 걸쳐 이루어진 설문조사에 대한 응답 내용은 〈표 11-2〉에서 확인할 수 있다.

구체적으로 영토에 관한 문제는 제기되지 않지만, 중화인민공화국과 타이완이 같은 국가라면 타이완과 본토 모두 같은 국가에 속한다는 것을 시사한다. 만약 중화인민공화국과 타이완이 다른 국가라면 타이완은 중국의 일부가 아니다.

마잉주 총통은 국적 문제에 대해 흥미로운 입장을 취했다. 그는 타이완의 경제적·정치적 성과를 분명히 칭송했다. 마잉주는 "중화민국은 타이완에서 다시 태어났다"라고 말했다. 하지만 그는 또한 "국민들은 타이완의 핵심 가치인 자

표 11-2 | 중국과 타이완은 동일한 국가인가, 아니면 다른 국가인가　　　　　　　단위: %

	2013	2014	2017	2018
동일한 국가이다	20.3	18.9	23.6	22.7
다른 국가이다	68.1	70.3	66.5	67.5
무응답	11.6	10.8	9.9	9.9

자료: Zheng Sufen(鄭夙芬), "Jiexi 'Taiwanren/Zhongguoren' renting de chixu yubianyi(解析'台灣人/中國人'認同的持續與變遷)"[Analyzing continuity and change in "Taiwanese/Chinese" identity], paper presented at the "Symposium on Taiwan's Democratization and Free Elections"('台灣民主參與的理論建構與實踐暨選擧硏究中心三十週年'國際學術硏討) at the Election Study Center of National Chengchi University, Taipei, Taiwan(May 25, 2019).

비, 정의, 근면, 정직, 근면성을 재발견했다"라고 말했다.[28] 이 가치들은 공교롭게도 전통적인 유교적 가치관이었다. 그는 베이징과 타이베이에 "우리의 공통된 중국 유산"을 바탕으로 국제사회에 기여하자고 요청했다. 의심의 여지없이, 마잉주 총통은 자신을 애국적인 중국인으로 여긴다. 하지만 마잉주 총통은 국가 및 민족과 관련된 문제에 대해 중요하고 돌파적인 조치를 취하는 대신, 현상을 통합하고 개선하는 것을 선택했다. 그는 수사적으로 중국과 타이완 국민 모두를 안심시킬 수 있는 충분한 말을 하려고 했다. 하지만 베이징이 양안관계의 기초로서 92공식을 넘어 정치적 대화를 시작하기 위해 여러 차례 시도했을 때, 마잉주 총통은 정치적·실질적 이유로 거절했다. 마잉주는 타이완 국민은 자신이 정치적인 회담에 참여하는 것을 꺼린다는 것, 그리고 1990년대 초 이후 타이완 지도자들이 타이완의 법적 지위를 정의하는 데 직면했던 어려움은 지속되고 있다는 것을 이해했던 것처럼 보인다. 마잉주 총통이 퇴임할 당시 여론조사 응답자의 54.3%는 자신이 '오직 타이완인'이라고 답했으며, '오직 중국인'이라고 응답한 비율은 3.6%에 불과했고, 38.5%는 '타이완인과 중국인 둘 다'에 속한다고 답했다.

차이잉원 총통의 임기

앞서 언급했듯이, 차이잉원은 2016년 총선을 전후해 자신의 의도에 대해 베이징을 안심시키려 노력했고, 베이징은 그녀가 원칙적인 특정 문제에 대해 명시적으로 선언해야 한다고 주장했다. 특히 타이완의 지위를 규정하는 것과 관련된 문제 중 하나는 타이완의 지리적 실체가 중국의 주권 영토의 일부였다는 중화인민공화국의 입장이다. 마잉주 총통 치하에서의 양안관계가 지속되려면 차이잉원 총통이 공개적으로 타이완이 중국의 일부라는 사실을 밝혀야 한다고 베이징은 주장했다. 하지만 만약 그녀가 그렇게 했다면, 아마도 민진당은 분열되었을 것이다. 차이잉원 총통은 취임사에서 중화민국 헌법 및 타이완과 본토 간의 관계를 규율하는 법률에 따라 양안관계를 수행할 것을 약속함으로써 이 문제를 언급했다. 베이징은 중화민국 헌법 및 타이완과 본토 간의 관계를 규율하는 법률 둘 다의 요구사항을 충족한 것으로 받아들일 수 있었지만 그렇게 하지 않기로 선택했다.

일단 집권한 차이잉원 총통은 양안관계에 대한 기본 접근 방식을 주의와 절제로 특징지었다. 그녀는 당(민진당)의 근본주의 세력을 수용하기 위해 수행되는 일부 프로젝트 — 예를 들면, 과도기적 정의와 관련된 프로젝트 — 를 허용했다. 중국 본토 관측통들은 이것이 차이잉원 총통의 진정한 의도가 법적 독립이라는 것을 증명한다고 주장했지만 혐의는 설득력이 없었다. 민진당의 일부는 민족성에 대한 보다 원초적인 접근을 반영해 언어와 문화의 변화를 추진했지만, 그다지 주목받지 못했다.[29] 국가와 민족 문제를 포함한 정책의 기본에 대해 그녀는 베이징의 입장에 노골적으로 도전하지 않았다. 그녀의 절제에 대한 증거는, 자신을 '타이완 독립을 위한 노동자'라고 인정한 라이칭더(賴清德)*가 총리

---

* 1959년 타이완성 타이베이현 완리향[萬里鄕, 현재의 신베이시 완리구(萬里區)]에서 출생했

에서 물러난 직후 2020년 총선을 위한 민진당 총통 후보에 도전했던 것이다. 하지만 라이칭더는 그 경쟁에서 졌다.

결론

이 장의 주제와 이전 장의 주제는 타이완 지도자와 대중이 자신을 어떻게 식별하는가, 그리고 그들은 타이완의 안보를 강화하고 중국(중화인민공화국)의 야심에 맞서는 방법으로 타이완 민족과 국가의 본질을 어떻게 정의하는가 하는 것이다. 무엇이 타이완이고 무엇이 타이완이 아닌지에 대한 베이징의 명확하고 일관되며 이기적인 정의를 감안할 때, 타이완은 타이완에 대한 똑같이 명확하고 일관된 이해를 필요로 한다.

여론조사에 따르면 타이완 사람들은, 타이완의 안보 환경과 그 취약성에 어떻게 대처해야 하는지에 대해 광범위한 공감대를 공유한 것처럼, 민족과 국가에 관한 문제에 대해서도 공감대를 형성하고 있다. 이전 네 개의 장의 결과를 요약하면 타이완 대중의 대다수는 다음과 같은 경향을 보인다.

- 타이완과의 강한 동질감, 하지만 명확하지 않은 방식으로 중국의 정체성과 결합된 감각
- 통일과 독립 둘 다에 반대, 그리고 정의되지 않은 현상유지에 대한 선호 (큰 차이로)

다. 국립타이완대학 및 국립성공대학(國立成功大學, National Cheng Kung University)의 학원(醫學院)을 졸업하고 미국 하버드대학교에서 석사학위를 취득했다. 그 이후 국민대회 대표, 입법위원, 타이난시 시장, 행정원장(총리)을 역임했고, 2020년 5월 20일 부총통에 취임했으며, 2023년 1월 18일 민진당 주석(2024년 5월 20일 임기 만료 예정)에 취임했다. _옮긴이 주

- 타이완의 번영은 중화인민공화국과의 무역과 투자에 달려 있으며 이는 정치적 관계와 분리될 수 없음을 이해, 그리고 이러한 경제적 상호의존성이 베이징이 정치적 문제에 압력을 가할 수 있는 여지를 제공한다는 점을 이해
- 양안관계가 지금까지보다 더 빠르게 발전할 수 있다는 믿음
- 중화인민공화국의 친밀감이나 적대감의 정도는 민진당과 국민당 중 어느 정당이 집권하느냐에 달려 있다는 인식
- 독립 선언은 미국이 타이완의 편에 개입하지 않는 전쟁과 충돌로 이어질 것이라는 인식
- 만약 타이완이 현상유지를 하고 있는 상태에서 인민해방군의 공격을 받는다면 미국이 아마도 방어에 나설 것이라는 믿음
- 타이완을 방어할 수 있는 타이완 군대의 능력에 대한 심각한 의심
- 베이징을 다루는 데서 타이완 지도자들의 온건한 접근 방식을 선호, 베이징의 레드라인에 대해 자제하고 군사보다 외교에 더 의존하는 것을 선호
- 타이완은 주권국가이며 중화인민공화국과는 다른 나라라는 믿음

그러나 이러한 판단의 근거가 되는 여론조사와 관련한 방법론적인 질문들 때문에 언뜻 보이는 것보다 실제로는 정체성에 대한 이견이 더 크다. 구체적으로, 누군가가 자신이 타이완인이자 중국인이라고, 또는 '이중 정체성'을 가지고 있다고 말하는 것은 무엇을 의미하는가? 그 '이중 정체성'의 어떤 부분이 정치 및 타이완과 중국(중화인민공화국)의 관계를 지배하는가? 사람들이 타이완에만 동질감을 느끼는 것은 아마도 중국의 통일 목표와 중국의 공격적인 행동에 대한 타이완인들의 반응을 반영하는 것일 것이다. 하지만 베이징에 대한 긍정적인 정책을 공식화하려면 아마도 이중 정체성에 대한 보다 명확한 정의가 필요할 것이다.

국가의 문제에 대해서는 명확성이 훨씬 더 부족하다. 여론조사에 따르면 민진당을 포함한 상당수의 사람들은, 성명 뒤에 있는 국제법을 반드시 이해하지는 못하더라도, 중화민국 또는 타이완이 중화민국이라고 불리는 독립 주권 국가라는 생각에 동의하는 것으로 나타났다. 국민당과 민진당의 많은 사람들은 타이완이 중국의 주권영토의 일부인지에 대해 다소 근본적인 의견 차이를 보이고 있다. 대다수의 대중은 해협의 양측이 '같은 국가'의 일부라는 생각에 동의하지 않는다는 점에서 민진당에 동의하지만, 이는 법적 문제보다 두 정치 체제의 본질에 대한 상식적인 견해를 반영할 수 있다. 최근 두 명의 타이완 총통이 국내 여론에 어긋나지 않고 베이징이나 워싱턴의 거센 반발을 일으키지 않는 정책을 택한 것은 분명 좋은 일이다. 하지만 그것은, 모호한 현상유지에 대한 약속만큼이나 안심할 수는 있지만, 중국이 제기하는 정책 뒤에 도사리고 있는 타이완의 법적 성격에 대한 요구에 타이완이 어떻게 대처해야 하는지, 그리고 그러한 접근 방식 뒤에 광범위한 대중의 지지를 어떻게 동원해야 하는지에 대해서는 구체적으로 나타내지 않는다.

리덩후이의 '양국론'은 차치하고라도, 타이완 지도자들이 국가에 대한 상반된 견해를 조화시키기 위해 한 것은 '중화민국'과 '타이완'이라는 단어를 다른 방식으로 조합한 구두 공식이 전부이다. 리덩후이 총통 자신은 타이완에서 중화민국에 대해 말했다. 1999년 타이완의 미래에 대한 민진당의 결의안에는 "타이완은 중화민국이라는 주권 독립국이다"[30]라고 명시되어 있다. 2008년 취임사에서 마잉주는 "중화민국은 타이완에서 다시 태어났다"[31]라고 말했다. 차이잉원 정부는 처음에는 '중화민국, 타이완'을 사용하다가 '중화민국(타이완)'으로 바꾸었다. 민진당 강경파 성향의 ≪타이베이 타임스≫는 사설에서 이 용어들의 순서에 반대하며 '타이완(중화민국)'을 사용해야 할 때라고 말했다. 해당 신문은 "타이완과 중화민국의 순서를 바꾸는 것은 사소한 변화이지만, 국가가 국제적인 시야를 얻는 데 큰 영향을 미칠 것이며 정부의 모든 노력을 기울일 가치가 있는 일이다"[32]라고 논했다.

달리 말하면, 타이완 국민들은 민족과 국가에 대해 광범위하지만 다소 모호하고 때로는 상충되는 견해를 가지고 있어 반대 입장 ─ 즉, 중국(중화인민공화국)의 통일을 위한 일국양제 방안 ─ 을 방어하는 데 효과적이었다. 하지만 그러한 견해는 타이완이 현실적으로 추구해야 할 것이 무엇인지를 명확히 하는 데는 그리 유용하지 않다. 타이완 국민들은 자신들의 강한 정체성을 바탕으로 사실상의 독립을 완전한 독립으로 바꾸는 것을 기뻐하겠지만, 이는 애당초 가능성이 없는 일이다. 왜냐하면 타이베이가 일국양제 방안을 거부하는 것처럼 중화인민공화국도 이 결과를 강력하게 거부할 것이기 때문이다. 베이징은 역사상 가장 수용적인 타이완 지도자가 될 가능성이 매우 높은 마잉주를 정치적 대화에 참여하게 해서 통일에 도움이 되는 방식으로 타이완의 법적 정체성을 명확히 하려고 했다. 마잉주 총통은 이러한 제안을 올바르게 일축했지만, 이러한 제안이 발생했다는 것은 적어도 '중국 의제' 중 이 부분이 사라지지 않을 것이라는 경고 신호로 받아들여야 할 것이다. 타이완 지도자들은 수사적 장치를 사용해서 민족과 국가를 정의하는 데 그쳐서는 안 되며, 필요할 때 협상 위치를 강화하기 위해 해당 용어의 심층적인 내용을 명확히 해야 한다. 그들은 또한 이러한 복잡한 문제에 대해 타이완 대중을 교육해야 한다. 민족과 국가에 대한 새로운 사고가 중국의 정치적 야망을 방어하는 수단으로 효과적이기 위해서는 그 내용에 대한 더 큰 합의가 필요할 것이다.

제12장

중화인민공화국의 비대칭 공격

1980년대 초에 나는 중국(중화인민공화국) 사람들이 당시 정부의 타이완 정책을 어떻게 보는지에 대한 일화를 들었다. 이 시기는 카터 행정부가 타이베이와의 외교 관계를 단절하고 미국-중화민국 상호방위조약을 파기한 후, 레이건 행정부가 타이완 군대에 대한 미국 무기판매에 제한을 두는 것으로 보이는 중국과의 공동성명에 동의한 시기였다. 또한 베이징이 통일을 위한 하나의 국가, 두 개의 체제(일국양제) 공식을 홍보하기 시작한 때이기도 하다. 베이징에서는 타이완이 곧 패배를 인정할 것이라는 납득할 만한 희망이 있었다. 하지만 그런 일은 일어나지 않았다. 타이완의 장징궈 총통은 일국양제 방안을 즉각 거부했고, 미국의 레이건 행정부는 외교 관계가 없음에도 불구하고 타이완의 안보를 강화하기 위한 조치를 취하고 있었다.

이러한 맥락에서 당시 중국의 최고지도자였던 덩샤오핑의 연설을 듣기 위해 베이징에 많은 관리들이 모였다. 내 기억으로 그 연설은 타이완에 대한 것이 아니라 중국 국내 문제에 관한 것이었다. 덩샤오핑이 발언을 마치고 청중들의 몇 가지 찬성 발언을 한 후 뒤에서 "타이완 쩐머양?(台灣怎麼樣?)" — 문자적으로는 "타이완은 어떻게 되나요?" — 이라는 소리가 울려 퍼졌다. 하지만 그 근본적인 뜻은 "왜 우리는 통일을 향해 아무런 진전을 이루지 못하고 있는가?"라는 것이었다.

그것은 거의 40년이 지난 오늘날에도 여전히 제기될 수 있는 질문이자, 아마도 지금도 제기되는 질문일 것이다. 인내심 있는 설득은 통일을 이끌어내지 못했다. 실제로 통일이라는 목표를 성취하는 것은 1980년대 초반 또는 1990년대보다 더 멀어졌다. 타이완의 민주화는 타이완 지도자들이 더 이상 최종 결정을 내릴 수 있는 힘을 갖지 못하고 있다는 것을 의미했는데, 바로 국민들이 그렇게 만들었다. 타이완의 정체성 및 타이완 국가의 정의(섬의 비대칭 방어)에 대한 활발한 논의는 베이징의 통일 호소 — 타이완 해협 양쪽의 사람들은 중국인이며 일국양제에 내포된 인센티브는 타이완이 중국의 특별행정구역이 되는 것을 정당화하기에 충분하다는 — 에 대한 근거를 효과적으로 반박했다. 중국 지도부가 마잉주가 당선될 것으로 본 낙관론은 2016년 해바라기운동의 성공 및 차이잉원과 민진당의 확실한 승리 이후 비관론으로 바뀌었다. 그들은 반복적으로 타이완 정책을 국내 청중에게 정당화해야 했다. 실제로 2019년 1월 2일에 시진핑이 했던 장황한 연설은 "타이완 쩐머양?"이라는 매우 짧은 질문에 대한 또 다른 대답이었다.

베이징의 타이완 선택지

타이완의 안보 — 군사적, 정치적 등 — 강화 노력과 민진당의 지속적인 선거 승리 능력은 베이징에게 심각한 난관을 초래한다. 간단히 말하자면, 베이징은 통일에 강하게 반대하는 타이완을 수용하는 것과 비용이 많이 드는 전쟁 중 하나를 선택해야 하는가?

타이완을 수용하는 것은 불가능하다. 통일을 정권의 주요 목표로 내세웠던 중국 지도자들이 타이완을 있는 그대로 받아들이고 목표를 포기할 가능성은 낮다. 가정해서 말하자면, 베이징은 '일국양제' 슬로건을 유지하면서도 내용을 근본적으로 변경해 타이완 대중에게 더 매력적으로 보이도록 만들 수 있다. 하지만 그러한 방향으로 움직이고 있다는 징후는 없다. 이러한 변화는 정권이 국내적으로 타이완 통일에 대해 제기한 기대를 무너뜨릴 것이며, 홍콩과 마카오에서도 동일한 대우를 요구하게 될 가능성이 크다. 한편, 통일을 강제하기 위한 전쟁은 불확실성으로 가득 차 있다. 1979년 베트남과의 전쟁 이후 대규모 군사 작전을 수행하지 않은 인민해방군이 얼마나 잘 싸울 것인가? 타이완 군대는 초기 방어를 얼마나 잘 해낼 것인가? 미국의 개입은 어떠한 영향을 미칠 것인가? 타이완을 차지하기 위한 전쟁이 동아시아 다른 국가들의 마음에 공포를 불러일으키고 중국공산당의 국내 통치를 복잡하게 만들 것인가? 이처럼 불확실성은 사소하지 않다.

2020년 1월 차이잉원의 재선 이후 몇 개월 동안 전쟁 가능성이 높아진 것 같았다. '타이완 독립세력'의 활동에 강력하게 대응할 필요가 있다는 매파적 수사 hawkish rhetoric도 있었는데, 그러한 활동이 실제로 일어나고 있고 법적 독립이 차이잉원의 목표였다는 객관적이고 신뢰할 수 있는 증거는 없는 상태였다. 인민해방군 공군의 전투기는 좀 더 여유로운 시대에 확립된 관행과 달리 타이완 해협의 중심선을 넘는 빈도가 증가했다.[1] 2020년 9월 인민해방군 공군은 이틀 동안 2회에 걸쳐 타이완의 방공식별구역에 침입했으며 그 어느 때보다 많은 전투기가 투입되었다. 최소한 이러한 비행을 통해 인민해방군 공군은 타이완 공군이 실제 충돌에서 어떻게 대응할 수 있는지 테스트할 수 있었다.[2]

일부 미국의 해설가들은 전쟁 경고에 동조했지만, 탄탄한 실적을 지닌 분석가들은 전면전의 가능성은 낮다고 주장했다. 타이완에 기반을 둔 학자인 마이클 콜J. Michael Cole은 "군사 행동의 위험은 심각하지만, 다소 먼 곳에 머물러 있다"라고 주장한다.[3] 미국의 국방학자 이언 이스턴Ian Easton은 공격이 임박했다는 중국의 선전과 달리 "중국은 아마도 이렇게 급진적이고 위험성 높은 방식으로 타이완을 공격하지 않을 것"이라는 의견에 동의한다.[4] 미국 메릴랜드대학교의 스콧 캐스트너Scott L. Kastner 교수는 "최근 타이완해협 동향은 2008년 이전에 분석가들이 가장 우려했던 양안 충돌 가능성 — 수정주의자 타이완이 중국의 레드라인을 넘음으로써 군사적 대응을 촉발할 것이라는 — 을 줄이고 있다"라고 말했다.[5] 마지막으로 미국 전략국제문제연구소의 보니 글레이저Bonnie Glaser와 매슈 퍼나이올Matthew Funaiole은 베이징에서 매파들이 내세운 전쟁의 정당성 — 독립을 향한 차이잉원의 움직임이 임박했다는 — 은 상상만 해도 끔찍하다고 주장한다. 그들의 견해에 따르면, "베이징은 이미 타이베이가 법적으로 독립을 선언하는 것을 효과적으로 저지했다."[6]

하지만 중국이 통일 목표를 진전시키기 위한 충분한 지도력과 대중의 의견을 형성할 수 있는 능력이 없음에도 불구하고, 그리고 타이완 방어에 대한 미국의 지지를 약화시키는 데 실패했음에도 불구하고, 베이징은 수용과 전쟁에 대한 대안을 가지고 있다. 베이징은 차이잉원 주석의 첫 번째 임기 초부터 시행해 온 비대칭적 선택지를 가지고 있다. 그것은 내가 '비폭력적 강압coercion without violence'이라고 부르는 것이다. 즉, 베이징은 자신의 힘을 이용해 베이징의 전제 조건을 충족시키지 못한 차이잉원 정부에 대해 처벌·압박·소외의 조치를 취하고, 타이완 사회의 각 부문을 중국의 이익으로 끌어들이려 시도하며, 타이완의 민주주의 체제를 간섭하는 것이다. 이러한 비대칭적 접근법은 전쟁보다 위험이 적고 시간이 흐르면 수용 가능한 비용으로 원하는 결과를 초래할 수 있다.

이 접근법은 또한 타이완의 군대와 영토뿐만 아니라 타이완 일반 대중의 자신감까지 목표로 한다. 미국 마이애미대학교의 정치학자 준 투펠 드레이어June Teufel Dreyer는 이 접근법을 타이완이 강제로 항복할 때까지 중국의 압력에 의

해 압박을 받는 '아나콘다 전략'*이라고 적절히 표현했다.[7]

타이완 관리들은 베이징의 전략을 분명히 이해했다. 2019년 11월 타이완의 옌더파(嚴德發)** 국방부장은 인민해방군이 지난 몇 년간 약 2000대의 정찰기와 전투기를 타이완 해협의 상공에 보냈으며 매년 항공모함이 타이완 해협을 통과하도록 했다고 입법원에 보고했다.[8] 이것은 무력의 사용이 아니라 오히려 무력의 과시였다. 이는 타이완을 물리적으로 공격하려는 것이 아니라 중국 지도부가 명령을 내리면 인민해방군이 공격을 개시할 수 있는 능력이 있음을 상기시켜 대중의 신뢰를 떨어뜨리려는 의도였다. 예를 들어, 2020년 9월 14일, 중국은 타이완 상공으로 로켓을 발사했다. 이것은 군사훈련의 일부가 아니었으며 인공위성을 발사하는 것이 목적이었다. 타이완 상공으로 로켓을 발사한 데에는 기술적인 이유가 있을 수 있지만, 타이완 정책을 담당하는 중국 지도자들은 이 행동이 타이완 대중을 심리적으로 불안하게 만들었다 해도 개의치 않았을 것이다.[9] 무력의 과시 및 다른 형태의 위협과 조작은, 적대적이지만 비폭력적인 행동에 직면했을 때 사람들이 견딜 수 있는 능력을 시험하며 저항이 소용없다는 정서를 조성할 수 있다. 이것은 기원전 5세기 전략가 손자(孫子)의 전략으로, "싸우지 않고 적을 굴복시킨다"[10]는 것이다. 이것은 타이완 군대가 공격을 더 잘 저지하기 위해 전쟁을 준비할 필요가 없다는 것을 의미하지 않는다. 그들은 서양의 전략적 사고에서 파라벨룸para bellum 패러다임 — "평화를 원한다면 전쟁을 준비하라" — 을 공유하고 있는 것이다.[11] 중국 공군이 타이완 근처에

---

* 아나콘다 계획(Anaconda plan)이라고도 불리며, 미국 남북전쟁의 초기에 북군이 남군을 압살하기 위해 입안했던 대전략이다. 남부의 모든 연안을 봉쇄하고 미시시피강까지 북부의 해군이 거슬러 올라가 남부를 동서로 양분하는 작전이었다. 봉쇄라는 것 자체가 수동적인 전략이기 때문에, 보다 공격적인 전략을 원한 일파에서 아나콘다가 먹이를 조여서 죽이는 것 같다는 의미로 이런 별명을 붙였다. _옮긴이 주

** 2018년 2월 26일부터 2021년 2월 23일까지 국방부장을 맡았으며, 그 후임 국방부장에는 추궈정(邱國正)이 발탁되었다. _옮긴이 주

서 수행하는 공격적인 순찰과 섬의 영공을 보호하기 위한 타이완 공군 전투기의 발 빠른 대응이 결합하면 우연한 충돌로 이어질 수 있으며, 그런 뒤에는 충돌이 확산될 것이다. 2020년 7월에 타이완의 우자오셰 외교부장은 군사 충돌의 리스크가 "위험하게 증가하고 있다"[12]라고 경고했다. 하지만 타이완의 지도자들과 많은 대중은 자신들이 이미 다른 종류의 전쟁을 벌이고 있다는 것을 이해하고 있으며, 베이징은 아마도 총을 쏘지 않고 정치적 목적을 달성하기를 바라고 있을 것이다.

사실, 이전에 언급된 전쟁 시나리오 중 일부는 중요한 심리적 목적을 가지고 있다. 그 시나리오 중 하나는 해상봉쇄이다. 다른 하나는 타이완의 요충지에 대한 공중 폭격이다. 또 다른 하나는 푸젠성 해안 및 마쭈다오의 해안에서 타이완이 통제하고 있는 작은 섬들을 점령하는 것이다. 하지만 이들 각각은 미국의 군사 개입을 초래할 위험이 있는 동적 요소를 지니고 있는데, 이는 여전히 중국에 심각한 취약점으로 남아 있다. 폭력 없는 강요는 그런 위험을 줄여준다. 따라서 베이징이 취할 수 있는 방법은 타이완에 대한 충분한 강압을 만들어 타이완의 왕궈간(亡國感, 나라가 망한 느낌)을 심화시키되, 미국의 전투 참여 결정을 촉발할 수 있는 폭력은 피하는 것이다.[13]

중국(중화인민공화국)의 통치자들은 전쟁과 정치 투쟁에서 영향력 행사가 지닌 가치를 오랫동안 이해해 왔다. 보고된 바에 따르면, 중국의 학자들은 '인지 영역 작전Cognitive Domain Operations'이라는 용어로 영향력 작전의 개념적 기반을 심화하려고 했다. 학자 니콜라스 뷰챔프-무스타파가Nicholas Beauchamp-Mustafaga* 는 이 개념에 대해 "'제뇌권mind superiority(制腦權)'**은 심리적 전쟁을 사용해 적

---

* 미국 랜드연구소(RAND Corporation) 소속 연구원이다. _옮긴이 주
** 제뇌권에 대한 기본적인 내용에 대해서는 다음을 참조하라. 曾華鋒·石海明, 『制腦權 : 全球媒體時代的戰爭法則與國家安全戰略』(解放军出版社, 2014). _옮긴이 주

의 인지적 사고와 의사 결정을 형성하거나 통제하기까지 한다. …… 인지 영역 작전은 전쟁 작전의 다음 전선을 나타낸다"[14]라고 요약했다.

'비폭력적 강압'에 대한 베이징의 선호를 확인하면서 당시 타이완 국가안전국 천원판(陳文凡) 부국장은 2019년 10월 미국 워싱턴에서 개최된 제임스타운 재단Jamestown Foundation이 후원하는 회의에서 타이완에 대한 정치적 견해를 왜곡하고자 하는 중국 행동의 신뢰할 만한 목록을 발표하며 "중국공산당의 타이완 정책은 …… 인민해방군의 군사 강압, 타이완의 외부 고립, 침투 및 전복, 통일 전선 상호작용, 사이버 활동 및 허위 정보 유포를 지시한다. 인지적 관점에서 이러한 모든 활동이 타이완의 사고방식을 형성하기 위한 선전 프레임워크에서 통합된다"[15]라고 말했다. 천원판의 해당 보고에 따르면 베이징은 2018년과 2020년 타이완 총선에 영향을 미치기 위해 "친중(親中) 정당에 대한 자금 지원, 본토 배우자 단체, 원주민 토크쇼 진행자 및 웹사이트 작가에 대한 지원"을 통해 부서 간 태스크포스(TF)를 구성했다. 인민해방군의 전략지원군은 선전과 사이버 활동을 조정하고, 중국의 각 성(省) 및 도시의 타이완사무판공실(台灣事務辦公室)*은 중국공산당 통일전선공작부와 함께 '인지전(認知戰)'을 수행해 타이완 여론을 형성했다. 친중 성향의 전통적인 미디어는 소셜 미디어와 함께 정치적 논쟁의 조건을 편향시키기 위해 악용될 것이었다. 아울러 정권은 "구성원을 분류하고 쟁점을 설계하고 조작을 평가하고 그에 따라 전략을 수정하기 위해 중국의 자체 정보기술 회사와 협력했다. …… 이러한 활동은 타이완의 대응능력에 도전하는 중국공산당의 '인지전'에서의 새로운 방식을 구성했다. 그 목표는 '유혈사태 없는 타이완 합병'이다."[16]

---

* 중국(중화인민공화국) 국무원 산하의 조직이며, 중국공산당 중앙 산하의 경우에는 타이완공작판공실(台灣工作辦公室)이라고 불린다. _옮긴이 주

타이완의 자신감에 대한 다각적인 공격

2016년 대선에서 차이잉원이 승리하고 이와 동시에 민진당이 입법원에서 다수당으로 등장하면서 베이징이 새 정부와 타이완 주민들에 대한 '비폭력적 강압'으로 전환할 것이 거의 확실해졌다. 그렇지 않으면 그들은 본토의 수동성을 수용으로, 심지어 유화책으로 인식할 것이었다. 따라서 베이징은 타이완의 자신감을 약화시키기 위해 경제, 외교, 시민 사회, 사이버 전쟁, 소셜 미디어, 군사력 과시 같은 다각적인 도구를 사용했다. 차이잉원 총통은 이러한 움직임 중 일부는 보상하거나 방어할 수 있었지만 나머지는 그렇게 할 수 없었다. 이 캠페인의 가장 주목할 만한 ― 그리고 가장 덜 주목받은 ― 측면은 베이징이 천수이볜의 두 임기 동안보다 차이잉원 정부의 첫 해에 훨씬 더 많은 처벌을 가하기로 선택했다는 것이다. 하지만 객관적으로 첸수이볜은 베이징의 이익에 도전하는 데 더 도발적으로 행동했다.

기관 간 연락 중단

2008년 5월 마잉주가 집권한 지 얼마 되지 않아 타이완의 해협교류기금회와 중국의 해협양안관계협회는 제도적 차원에서 양안 교류를 담당하는 반(半)공식적인 단체로 정기적인 접촉을 시작했다. 두 그룹은 각각의 두 정부를 대신해 주로 경제를 비롯한 다양한 주제에 대해 23개의 합의에 도달했다.[17] 2014년 2월에 양국 정부에서 상호 간의 정책을 책임지고 있는 타이완 대륙위원회와 중국 국무원 타이완사무판공실의 국장들이 처음으로 만났다. 2015년 11월에 마잉주는 싱가포르에서 시진핑을 만났다. 양측의 지도자들이 마지막으로 만난 것은 1940년대였다. 이러한 반공식적·공식적 상호작용의 명시된 근거는 마잉주가 92공식을 고수하겠다고 선언한 것이었다. 2016년 총통선거 이전에도 베이징은 차이잉원이 타이완과 중국의 법적 관계에 관한 전제조건과 또 다른 전제조건을 준수하기로 약속하는 경우에만 이러한 제도적 접촉이 계속될 것이라고 말했다. 차이잉원이 베이징의 언어를 채택하기보다 자신의 함축된 방식으로 이러한 문제를 해결하기로 선택한 이후, 타이완의 대륙위원회와 중국의 타이완사무판공실은 말할 것도 없고 타이완의 해협교류기금회와 중국의 해협양안관계협회 간의 상호작용도 중단되었다. 중국은 2016년 6월에 기관 간의 연락을 중단한다고 선언했다.

외교적 공습

마잉주 정부 말기에도 22개국이 여전히 중화민국을 '중국'의 정부로 인정하고 외교 관계를 유지했다. 이들 중 거의 모두가 아프리카, 라틴아메리카, 카리브해, 남태평양에 있었다. 마잉주는 중국(중화인민공화국) 지도자들과 함께 베이징과 타이베이 어느 쪽도 상대방의 외교 파트너를 훔치지 않을 것이라는 점을 이해했고, 이로써 타이완은 외교 파트너를 유지할 수 있었다. 차이잉원이 총통으로 선출된 지 두 달 후, 그리고 심지어 그녀가 취임하기 이전에 베이징은 감비아와의 관계를 회복할 것이라고 발표했다. 감비아는 2013년 타이완과의 관계를 단절했지만 중국은 국민당이 아직 집권하고 있는 동안 아무런 대응도 하지 않았다. 베이징이 보기에 민진당이 선거에서 승리했으므로 대응을 자제할 이유가 없어졌다. 그 후 베이징은 타이완의 외교 파트너 일곱 곳을 추가로 선택해, 2016년 12월 상투메 프린시페,* 2017년 6월 파나마, 2018년 5월 도미니카공화국과 부르키나파소, 2018년 8월 엘살바도르, 2019년 9월 솔로몬 제도

---

* 　상투메 프린시페 민주공화국(República Democrática de São Tomé e Príncipe)을 지칭하며, 영어로는 Saint Thomas and Prince라고 표기한다. _옮긴이 주

및 키리바시와 외교 관계를 수립했다.

다양한 요인이 적어도 외교 관계에서 이러한 반전의 시기를 결정했다. 감비아에 대한 결정은 베이징에서 열린 아프리카 지도자 회의 때 이루어졌다. 좌파 정부로 바뀐 엘살바도르는 차이잉원이 이 지역을 여행하고 나서 얼마 지나지 않아 우파 정부로 정권이 넘어가려 하고 있었다. 하지만 가장 큰 요인은 돈이었다. 중국은 이제 궁핍하고 때로는 부패한 정부가 외교 관계를 전환하도록 유도하는 데 사용할 수 있는 많은 현금을 보유하고 있다. 반대로 타이완은 20세기에 비해 자금이 적고 입찰 전쟁에 참여하는 경향이 적다. 이는 베이징이 타이완의 남아 있는 외교 파트너를 빼앗고자 한다면 조만간 그렇게 할 수 있다는 것을 의미했다. 유일하게 가능한 예외는 바티칸으로, 아마도 돈이 요인이 아닐 것이다. 더 중요한 것은 베이징과 바티칸 간의 분단을 끝내고자 하는 프란치스코 교황의 열망이다. 이는 결국 중국이 본토의 모든 가톨릭 주교를 임명하는 데 있어 로마에 수용 가능한 역할을 기꺼이 부여할 의향이 있는지 여부에 달려 있다.

경제적 비용 부과와 이득 제공

베이징은 압력과 인센티브를 적용하기 위해 본토에 대한 타이완 사회의 특정 부문이 지닌 경제적 의존성을 이용하려 했다. 하나는 마잉주 정부 초기에 개방된 관광 부문이었다. 그 결과 타이완을 찾는 중국인 관광객이 단체와 개인으로 급증했다. 타이완 정부의 관광 통계에 따르면 2009년에서 2015년(마잉주 정권 6년) 사이에 타이완을 찾은 관광객 수는 2009년 95만 3009명에서 2015년 414만 3836명으로, 평균 299만 6094명으로 급증했다. 이 6년 중 마지막 4년의 평균은 숫자가 축적된 이후에 337만 112명이었다. 하지만 데이터를 입수할 수 있는 차이잉원 집권 2년(2017년과 2018년)의 평균은 267만 8849명이었다.[18] 즉, 마잉주 정부의 마지막 4년에서 차이잉원의 첫 번째 임기 2년까지 연평균 20.5% 하락했던 것이다. 그 수치는 2019년 1월부터 9월까지 다시 증가해 237만 5252명이 되었다. 연간 기준으로 350만 명 이상이 될 것인데, 이는 차이잉원 재임 기간 평균보다 훨씬 높다.[19] 2019년 8월, 중국이 타이완의 관광 부문에 피해를 주기 위해 타이완으로의 개인 여행 허가를 일시적으로 중단한다고 발표한 이유는 이것으로 설명할 수 있다. 하지만 또 다른 이유는 다가오는 선거를 보기 위해 타이완에 갈 수도 있는 중국 시민(관광객)의 수를 제한하는 것이었을 것이다.[20]

차이잉원 총통이 집권하고 중국인 관광객이 줄어든 후, 그녀의 정부는 호텔, 레스토랑 및 고급 상점을 포함하는 관광 부문에 대한 경제적 영향을 완화하기 위한 조치를 취했다. 예를 들어, 타이완의 비자 면제 프로그램을 확대함으로써 다른 나라의 여행자들이 타이완을 더 쉽게 방문할 수 있게 되었다. 그런 노력은 성공적인 것으로 판명되었다. 마잉주 정부의 마지막 해인 2015년의 총 관광객 수는 1040만 명이었다. 2018년까지 그 수는 1110만 명으로 6% 증가했다.

중국이 타이완 국민에게 긍정적인 인센티브를 제공하기 위해 가장 많은 노력을 기울인 것도 경제 분야였다. 이는 2018년 2월 말에 시행된 이른바 '31개 조치'였다. 중국의 30개 이상의 기관에서 초안을 작성한 명시된 목적은 타이완의 개인 및 기업이 중국 본토에서 활동할 수 있도록 보다 공평한 경쟁의 장을 만드는 것이었다. 사실상 그 기관들은 본토 행위자들에 비해 타이완 사람들에게 내국민 대우를 했으며, 표면적으로 타이완 기업과 개인에게 더 나은 기회를 제공하고자 했다. 비즈니스 측면에서 이러한 조치는 제조, 인프라, 금융, 직업, 엔터테인먼트 및 예술과 같은 부문을 대상으로 했다. 교육과 관련해 시행된 새로운 정책으로 인해 타이완 학생들은 본토 교육 기관에 더 쉽게 입학할 수 있었다. 최소한 새로운 정책은 타이완 관리와 경제학자들이 염려하는 두뇌 유출을 악화시켰다.[21] 약 50만 명의 타이완 거주자가 일하기 위해 중국으로 이주했다.[22] 이러한 인센티브는 향후 선거에서 민진당에 대한 반대를 강화할 수 있다. 베이징은 타이완 총통선거 실시를 3개월 앞둔 2019년 10월에 '26개 추가 조치'를 발표했다.[23]

타이베이는 제1차 '31개 조치'에 대응해 자체 조치를 발표했다. 2018년 3월 17일 타이완의 경제부 부장은 '4대 목표'를 추진하기 위한 '8대 정책'을 발표했다. 해당 정책에는 학자에 대한 인센티브 강화, 기업 위협에 대한 방어 개선, 산업 혁신 강화가 포함되었다. 목표는 양질의 교육 및 고용을 장려하고 재능 있는 인재를 보유하며, 타이완의 이점과 글로벌 공급망을 유지하고 자본 시장 확장을 촉진하며, 문화산업, 특히 영화 분야를 강화하는 것이었다.[24] 이 프로그램은 특히 타이완 인재의 두뇌 유출이 이미 진행 중이었기 때문에 의미가 있었다 (문제는 프로그램이 왜 이전에는 시행되지 않았느냐 하는 것이다). 타이베이의 또 다른 반응은 많은 타이완 사람들이 베이징의 인센티브를 이용하지 않고 있고 베이징이 인센티브를 제공하는 또 다른 동기가 있다는 사실을 타이완 대중에게 알리는 것이었다. 타이베이는 중국 본토의 비즈니스 환경 변화가 외국인 투자자들 사이에서 환멸을 느끼게 했고 이로 인해 베이징이 타이완에 손을 뻗을 수 있었다고 주장했다. 대부분의 경우, 그러한 조치의 경제적·정치적 이유들이 서로를 강화했다. 마지막으로, 도널드 트럼프가 대통령이 된 이후 발발한 중국과 미국 사이의 무역 분쟁은 타이완 기업들이 타이완으로 돌아가거나 어느 다른 곳으로 공급망을 이전하려는 유인에 추가되었다.[25]

중국을 방문한 타이완 주민 억류

2019년 9월, 해협교류기금회는 차이잉원이 총통이 된 이후 중국에서 실종된 타이완 시민들의 신고를 149건 받았다고 발표했다. 이들 중 67명의 상황은 발표 당시 알려지지 않았다. 그중의 한 명으로 지방정부의 고문*이었던 리멍쥐(李孟居)가 홍콩에서 마지막으로 목격된 시점은 2019년 8월이다. 그는 페이스북을 통해 시위운동에 대한 지지를 표명했다. 아울러 남타이완양안관계협회연합회(南台灣兩岸關係協會聯合會) 차이진수(蔡金樹) 주석은 2018년 7월 샤먼에서 마지막으로 목격되었다. 그리고 은퇴한 타이완 국립사범대학 교수이자 대기업의 경제학자인 스정핑(施正屛)은 그로부터 1개월 뒤에 실종되었다. 중국 국무원 타이완사무판공실의 관계자는 억류 사실을 확인하면서 그들의 "범죄가 국가안보를 위협하고 있다"라고 시사했다. 이러한 범죄는 민주주의 체제에서 평화적인 정치적 권리 행사라고 간주되는 것을 포함시키기 위해 중국 정권에 의해 광범위하게 정의된다.[26]

하지만 가장 악명 높은 경우는 리밍저(李明哲) 사건이었다. 이는 원산서취대학(文山社區大學)** 소속 인권운동가로 민진당 소속이었다. 그의 부인***의 말에 따르면 그는 2017년 3월 "타이완의 민주화 경험을 중국 친구들에게 '설교'하고 '나누기' 위해 중국으로 갔다"가 마카오에서 마지막으로 목격되었다. 11월 말, 리밍저는 연락두절 상태로 구금되었고 '국가 전복' 혐의로 재판에 넘겨졌다. 그는 자백을 강요당한 뒤에 징역 5년의 유죄를 선고받았다. 타이완에 있는 리밍저의 지지자들은 차이잉원 정부가 베이징에 대해 강경하게 대응하도록 압력을 가했다. 차이잉원 정부는 리밍저의 곤경을 악화시키고 싶지 않았기 때문에 진퇴양난에 빠졌다.[27]

더 많은 구금의 망령은 홍콩 사태가 발전함에 따라 어두워졌다. 2019년 하반기에 홍콩은 때때로 폭력적으로 변하는 정기적인 시위에 시달렸다. 시위의

---

*   타이완 핑둥현(屛東縣) 팡랴오향(枋寮鄉) 향정고문(鄉政顧問)이었다. _옮긴이 주
**   타이베이시에 위치해 있으며, 영어로는 Wenshan Community College라고 표기한다. _옮긴이 주
***   리징위(李淨瑜)를 지칭한다. _옮긴이 주

계기는 홍콩 정부가 '범죄인 인도법' ─ 홍콩인들이 자신들의 정치적 권리를 침해하는 데 이용될 것으로 우려한 법률인 ─ 통과를 제안한 데 있었다. 하지만 이 시위는 경찰의 학대와 홍콩의 '일국양제' 체제의 기본을 포함하는 것으로 확대되었다. 베이징은 홍콩 정부가 스스로 질서를 회복할 수 없다고 확신하고 국가보안법을 제정하기로 결정했다.[28]

타이완에 있어 중요한 것은, 새로운 법이 제정한 범죄 중 하나가 '외세 또는 외부 세력과의 공모'였다는 점이다. 이에 따라 홍콩 거주자는 "① 선거에 대한 조작 또는 훼손, ② 제재 부과 또는 '(홍콩 또는 중국에 대한) 기타 적대적 활동 참여', ③ 중국 정부 또는 홍콩 정부에 대한 홍콩 주민들의 증오심을 '불법적 수단으로 도발' 같은 활동에서 외부인에게 지원을 요청하는 것이 금지되었다"라고 말했다. 조지워싱턴대학교의 법학자 도널드 클라크Donald Clark는 "이 법의 많은 다른 핵심 용어는 매우 폭넓게 해석될 수 있다"[29]라고 강조했다. 중국의 관영신문 ≪환구시보(環球時報)≫는 타이완 국민에게 "홍콩 '국가보안법'은 홍콩에서 국가안보를 위협하는 '타이완 독립' 혼란 행위에 대해 명확한 처벌 조항을 규정하고 있어 이 법은 공식적으로 홍콩에서 민진당 당국의 혼란을 차단하는 '법적인 검(劍)'이 된다"[30]라고 경고했다. 타이완의 대륙위원회는 베이징이 홍콩 내부 및 홍콩에 대한 개인 활동을 근거로 범죄인 인도 협정을 맺은 국가들에서 타이완 개인들을 중국으로 추방할 권한을 주장하고 있다고 법에 근거해 경고했다.[31] (타이완에서 온 일부 사람들이 시위운동을 지원하려 했을 수도 있지만, 타이완 정부가 개입했다는 증거는 없다는 점에 주목할 필요가 있다. 이 조항은 중국 정권이 자국의 정책 실패에 대해 미국과 같은 외부인들을 비난하려는 선입견을 반영한다.)

허위 정보: 전통적인 미디어

'마음과 마음을 형성'하기 위한 중화인민공화국의 목표 중 하나는 전통적인 미디어를 갖는 것이었으며, 가장 큰 성공 사례는 왕왕중스미디어그룹(旺旺中時媒體集團)*의 회사들이었다. 차이옌밍이 소유하고 있는 왕왕중스미디어그룹은 본토 시장을 공략하는 타이완 식품회사에서 시작되었다. 천수이볜 정권 말기인 2006년부터 2008년까지 이 회사는 두 개의 텔레비전 방송국[CTV와 중텐텔레비전CTi-TV(中天電視)], 그리고 유서 깊은 신문 《중국시보(中國時報)》**를 인수했다. 《중국시보》는 1980년대에는 온건한 정치 개혁을, 타이완이 민주주의로 전환된 이후에는 국민당 진영을 지지했다. 하지만 《파이낸셜 타임스 Financial Times》의 캐스린 힐Cathrin Hille은 "《중국시보》는 주류 신문에서 비평가들이 중국공산당의 대변자라고 부르는 것으로 변형되었다"[32]라고 썼다. 왕왕중스미디어그룹의 재무 기록에 따르면, 이 회사는 2004년부터 2018년까지 5억 8670만 달러의 보조금을 받았다.[33] 왕왕중스미디어그룹은 이 돈이 친중화인민공화국 보도에 대한 보상금이었다는 것을 부인하고 있지만, 《중국시보》와 CTi-TV의 편집국장들은 베이징의 타이완사무판공실로부터 어떤 것을 취재해야 할지 과제를 받고 있는 것으로 알려졌다.[34] 미국 국무부가 작성한 2019년 타이완 인권보고서에서 보도된 것처럼, 중국 당국은 보도 범위가 정책에서 너무 벗어난 타이완 언론사에 대해 광고를 철회하라는 압력을 행사했다.[35]

2019년 5월, 차이옌밍은 반차이잉원 성향의 타이완 언론사 간부들을 이끌고 베이징을 방문했다. 시진핑 이후 타이완 정책을 책임지고 있는 왕양(汪洋)

---

*   왕왕중스그룹(旺旺中時集團) 또는 왕중그룹(旺中集團)이라고도 불린다. _옮긴이 주
**   《중국시보(中國時報, China Times)》는 《연합보(聯合報, United Daily News)》, 《자유시보(自由時報, Liberty Times)》, 《빈과일보(蘋果日報, Apple Daily)》와 함께 '4대보(四大報)'라고 불린다. _옮긴이 주

중국공산당 중앙정치국 상무위원이 이들을 접견했다. 그들은 왕양이 차이잉원을 조롱하자 웃었다. 그런 다음 왕양은 중국공산당 정책의 도구로서의 그들의 역할을 상기시키며 "우리는 평화통일, 일국양제를 실현하고자 하기 때문에 언론계 친구들의 공동노력에 의존해야 한다. 역사는 당신들을 기억할 것이다"[36]라고 말했다. 그들은 또한 왕양이 '타이완이 미국에 의존하지 말아야 하는 이유'에 대해 설명하는 것을 경청했다. 미국은 1949년 공산주의의 승리를 막을 수 없었다. 또한 한국에서 승리를 거두지 못했다. "미국은 우리가 가난할 때에도 우리를 이기지 못했다. 따라서 미국이 오늘날 중국을 상대하게 된다면 무슨 일이 일어날까? 미국이 과연 우리와 싸울 용기가 있을까?"[37] 왕양의 이와 같은 발언은 아마도 중국공산당이 자국의 수정주의적 목적을 위해 타이완 정치에 개입하려는 의도 및 타이완 여론에 대한 진정한 존중의 결여를 가장 분명하게 인정한 것일 것이다. 당연하게도, 중국에서의 언론 보도는 게시되자마자 인터넷에서 삭제되었다.

소셜 미디어를 통한 허위정보

2016년 미국 대통령선거는 소셜 미디어 플랫폼을 통해 외부의 적수가 얼마나 효과적으로 민주 정치 체제를 왜곡하고 교란시킬 수 있는지를 보여주었다. 이런 점에서는 타이완이 미국보다 더 취약할 것이다. 2018년 인터넷 보급률은 92.78%, 휴대전화 가입률은 123.66%로 악역 배우에게 개방적인 장을 제공하고 있다.[38] 나쁜 행위자(이 경우에는 베이징)와 피해자(타이완)가 같은 문자 체계의 두 가지 버전뿐만 아니라 서양에서 만다린Mandarin으로 알려진 공통의 표준 구어(口語)도 공유하기 때문에, 중국이 타이완의 온라인 담론을 조작하는 것은 러시아가 미국에 간섭하는 것보다 더 쉽다.

실제로 스웨덴 예테보리대학교의 「2019년 세계 민주주의 연례보고서2019

annual report on the world's democracies」에 따르면, 타이완의 민주주의 체제는 외국 정부의 잘못된 정보 유포에 가장 많이 노출된 국가 중 하나이다.[39] 이 판단은 다른 독립적인 관찰자들에 의해 확인되었다. 워싱턴을 거점으로 활동하는 중국 전문가인 로런 딕키Lauren Dickey의 연구는 중국의 행위자들이 타이완 여론을 조종하려고 하는 다양한 경로를 잘 묘사하고 있다. 그녀는 성공적인 허위정보 캠페인은 대개 수용자가 이미 존재하는 곳에 콘텐츠를 제공함으로써 통상적으로 '기존의 분열'을 활용한다는 것을 다음과 같이 인정하고 있다.

> 타이완의 경우, 중국이 수행하는 허위정보 캠페인은 친타이완 플랫폼에 대한 지원을 더욱 분열시키고 대신 중국의 정치적 통일 목표를 지지하는 서사를 만들려고 한다. 이러한 노력은 민진당을 주요 목표로 삼고 있다. 중국은 민진당의 플랫폼을 "'타이완 독립'을 고집하는 것"으로 보고 있기 때문이다. …… (한편) 국민당은 …… 중국에서 시작된 것으로 여겨지는 허위정보 및 소셜 미디어 캠페인의 후원자이다.[40]

마찬가지로 타이베이에 기반을 둔 프리랜서 저널리스트 폴 황Paul Huang은 2018년 가오슝시 시장 선거에서 한궈위가 포퓰리즘 파도를 타고 승리한 소셜 미디어 조작의 역할에 대해 법의학적으로 분석했다. 많은 요소들이 그의 승리에 기여했으나 폴 황은 "한궈위가 무명의 인물에서 슈퍼스타로 떠오르게 된 데에는 작은 도움이 있었는데, 그것은 바로 중국의 미스터리한 전문 사이버집단이 조직한 소셜 미디어에 의해 조작된 캠페인 덕분이었다"[41]라고 주장했다.

타이완 정부의 외부에서 나온 가장 권위 있는 발언은 제임스 모리아티 미국 재타이완협회 회장으로부터 나왔다. 그는 미국 정부가 타이완과 외교 관계가 없는 상황에서 타이완과 실질적인 관계를 맺는 기구를 맡고 있다. 모리아티는 가오슝시 시장선거를 2주 앞두고 가진 TVBS 방송과의 인터뷰에서 "타이완에서는 외부 세력이 논쟁을 바꾸고 잘못된 정보를 퍼뜨리려는 시도가 분명히 있으며 이는 위험하다"라고 말했다. 국민당 진영과 연계된 TVBS 방송국은 홈페이지에 인터뷰를 올렸다가 며칠 뒤 이를 철회했다. 미국재타이완협회의 타이페이 사무소는 기관 페이스북에 그 인터뷰를 게시했다.[42]

당연히 반민진당 세력은 중국이 대규모 허위정보 캠페인을 벌이고 있다는 정부의 비난 및 이에 대응하는 정부의 노력에 맞서 싸웠다. 2018년 선거가 끝나고 한 달 뒤에 발행된 ≪중국시보≫의 한 사설에서 발췌한 다음 내용은 수사의 풍미를 제공한다. "정부는 국민 전체가 내는 세금을 통해 축적된 막대한 재원을 통제하고, 많은 정부기관은 언론과 홍보 대변인을 유지하기 위해 공적 자금을 사용한다. …… 정확한 정보 제공으로 국민의 신뢰를 얻을 수 있는 방법은 없지만, 반대로 (다르게 보면) 시민의 표현의 자유와 언론의 자유를 제한하는 것은 정부의 무능함을 가감 없이 확인시켜 주는 것"이라고 말했다.[43] 언론의 자유와 정치적 동기가 있는 허위정보를 제한하는 것 사이에서 균형을 잡는 것은 확실히 쉬운 일이 아니다. 속성 질문attribution question ─ 허위정보의 출처를 식별하는 ─ 은 항상 존재하는 문제이다. 중국의 행위자들이 타이완의 소셜 미디어 토론에 참여하지 않는다 해도 타이완 내에서 생성된 허위정보가 존재할 것이다. 그것은 야단법석을 떠는 민주 정치에서 변함없이 일어나는 일이다(누가 그 내용을 형성하고 있는지를 감안할 때, ≪중국시보≫는 아마도 여기에서 가장 신뢰할 수 있는 심판은 아닐 것이다).

타이완 정부 안팎에서는 허위정보의 영향을 제한하려는 노력이 있었다. 정부 내에서는 가짜뉴스를 퇴치하는 것이 다양한 기관, 특히 국가안보를 책임지는 기관의 우선순위가 되었다. 팩트체킹(사실 확인)이 중요한 방어선이 되었다. 예를 들어, 타이완 행정원의 홈페이지에는 정부기관에 대한 잘못된 보고를 수집한 다음 영향을 받는 기관과 협력해 수정 사항을 신속하게 게시하는 하위 페이지가 존재한다. 행정원 및 입법원은 모두 기존 법률을 수정해 허위정보를 퇴치하기 위한 보다 광범위한 권한을 부여했다. 결과적으로 정부는 콘텐츠를 확인하지 않고 공익을 해치는 정보를 유포한 일부 방송국에 벌금을 부과했다. 민간 부문의 소셜 미디어 플랫폼은 가짜뉴스를 걸러내는 메커니즘을 개발했으며, 두 개의 시민사회 단체는 부정확한 콘텐츠를 실시간으로 수정하기 위해 타이완 팩트첵크 서비스Taiwan FactCheck service를 만들었다.[44] 한 평가에 따르면 "타이완은 허위 주장을 확인하고 반박하기 위해 자발적인 보고를 기반으로 시민이 만들고 운영하는 플랫폼을 활용했다. 시민들은 또한 선거를 앞두고 미디어 리터러시media literacy 커리큘럼을 공동으로 설계하고 신속하게 배포했다."[45]

결국 허위정보의 영향에 대한 의문이 있다. 허위정보는 유권자를 위한 유일한 정보원이 아니며 대부분의 사람들이 이미 갖고 있는 견해를 강화할 뿐이다. 주요 영향은 가까운 선거에서 결정을 내리지 못한 유권자들에게 미칠 수 있다. 더욱이 타이완을 괴롭히는 모든 허위정보가 외부에서 오는 것은 아니며 정치 캠페인이 유권자를 오도하는 행위가 될 수 있다. 하지만 한편으로는 국내 허위정보 및 허위정보가 선거 결과에 미치는 부정적인 영향과, 다른 한편으로는 타이완에서 누가 권력을 쥐고 있으며 그들이 무엇을 하는지를 결정하려는 외부 세력의 간섭 사이에는 근본적인 차이가 있다.

통일전선

레닌주의 정당은 직접적이고 제도적인 수단으로는 통제할 수 없지만 간접적으로 통제하고 싶은 정치세력을 만날 때마다 내부에서 이를 약화시키기 위해 해당 정치세력 내의 동정적인 요소들과 '통일전선'을 만들려고 한다. 따라서 중국공산당은 1949년에 집권하기 전에 학생, 지식인, 사업가 등 국민당이 통제하는 도시 지역에서 동맹을 얻고 '새로운 중국 체제new PRC regime'에 반대하는 사람들을 고립시키기 위해 통일전선공작부(統一戰線工作部)를 창설했다.[46]

정권이 수립되기 전에도 중국공산당은 영국 식민 통치에 반대하는 홍콩 사회의 요소들과 결탁했다. 1949년 이후의 타이완은 국민당 정권의 권위주의적 통제로 인해 더 어려운 도전이었지만, 민주화는 새로운 가능성을 창출했다. 본토에서 사업을 시작한 기업 임원들이 하나의 대상 그룹을 구성했다. 리덩후이에 의한 '국민당의 타이완화'에 불만을 갖고 통일에 더 개방적인 분열 정당을 만든 보수 정치인들이 또 다른 보수 정치인들을 구성했다. 베이징의 희망은 이 단체들이 그것과 병행해서 일하는 것으로, 처음에는 독립에 반대하기 위해서, 그다음에는 통일을 촉진하기 위해서 일하기를 바랐다. 새로운 동맹을 통일전선으로 끌어들일 수 있게 되자 그러한 일이 이루어졌다. 결성된 통일전선에 대항하는 적은 악마화되었고 바라던 대로 고립되었다. '일국양제' 아래에서 통일이 이루어진다면 통일전선의 일원이었던 타이완인들이 베이징의 주권을 대신해 타이완을 통치할 후보자가 될 것이었다.[47]

마잉주 집권 기간 동안 베이징은 타이완의 통일전선을 강조할 필요가 없었다. 중국에 대한 마잉주의 정책은 통일을 앞당기고 준비하는 중간 단계이자 베이징이 '평화적 발전'이라고 부르는 것에 기여했기 때문이다. 하지만 마잉주가 퇴임한 이후에는, 천수이볜이 총통으로 있을 때와 마찬가지로, 이것이 타이완에 대한 중국 정책의 더욱 핵심적인 부분이 되었다.

통일전선 전략의 첫째 요소는 적을 악마화하는 것이다. 그래서 베이징은 차이잉원 개인에 대한 비판을 꾸준히 쏟아냈다. 중국에서 격년으로 발행되는 '국방 보고서'* 2019년도판의 다음 구절은 단지 많은 공격 중 하나일 뿐이다.

> 민진당이 이끄는 타이완 당국은 '타이완 독립'을 완강하게 고집하며 '하나의 중국' 원칙을 구체화한 92공식을 인정하지 않고 있다. 그들은 점진적

---

* 『新時代的中國國防』(中華人民共和國國務院新聞辦公室, 2019年7月). _옮긴이 주

독립을 위해 본토와의 연결고리를 끊는 노력을 강화하고 법적 독립을 추진하며 적대감과 대립을 격화시키고 외세의 영향력을 빌리는 등 분리주의의 길로 더 나아갔다. '타이완 독립'의 분리주의 세력과 그들의 행동은 타이완 해협의 평화와 안정에 가장 큰 즉각적인 위협으로 남아 있으며, 타이완의 평화통일을 가로막는 가장 큰 장벽으로 남아 있다.[48]

이는 차이잉원 총통이 일관되게 조심하고 있다는 사실과 그녀를 선출한 유권자들을 포함한 타이완 대중들 사이에서 일국양제가 얼마나 인기가 없는지에 대해 베이징이 인정하지 않는 사실을 포함해 현실을 심하게 잘못 표현한 것이다.

차이잉원 총통을 악마로 몰아넣은 베이징의 통일전선은 타이완 내부에서 동맹세력을 확보하고 독립을 지향하려는 그녀의 행보를 견제하며 그녀의 당(민진당)을 권력에서 몰아내기 위해 노력했다. 따라서 그녀가 취임할 때부터 그러한 활동에 대한 의혹이 표면화된 것은 놀라운 일이 아니었다. 타이완 국가안전국의 천원판은 베이징이 민진당의 통제를 받지 않는 지방 관할권과의 연계를 만들고 자기들 방식으로 편익을 취했다며 다음과 같이 주장했다.

타이완에는 중국 본토로부터 온 24개의 비즈니스 미디어와 반(半)공식적 대표들이 상주하며 폭넓은 인맥을 형성하고 있다. 이들 중 일부는 정해진 사명을 뛰어넘는 활동을 하고 있다. 적어도 22개의 친통일 단체와 정당들이 있으며, 우리는 지역 사원, 본토에 있는 타이완 사업가, 또는 타이완 청년들에게까지 자신들의 네트워킹을 확장시키는 조직범죄와 관련 있는 많은 사람들을 확인했다.[49]

이들 정당 중 가장 관심을 끄는 것은 조폭 출신이자 '하얀 늑대(白狼)'라는 별칭을 갖고 있는 장안러(張安樂)가 이끄는 중화통일촉진당이다. 1980년대에 장안러는 타이완의 3대 주요 범죄조직* 중 하나인 죽련방(竹聯幇)의 일원이었으며, 이들은 타이완 보안국과 관련이 있었다. 1984년 10월, 장안러는 캘리포니아 데일리시티에 살고 있는 중국계 미국인 작가 헨리 류를 살해하려는 음모에 가담했다. 그는 국민당 지도자들을 불리하게 기술하는 책을 쓰고 있었다. 헨리 류가 살해된 이후, 미국 정보당국은 이것이 무작위적인 살인이 아니라 타이완 정부기관의 지시였다는 증거를 입수했다. 이 결과는 레이건 행정부의 행동과 미국 의회의 비판을 촉발시켰다.[50] 이 사건은 또한 엄격한 내부 통제를 유지하고자 하는 보안 기관과 정치 개혁가들 사이의 교착 상태를 깨뜨렸다. 장징궈 총통은 개혁가들의 편을 들며 보안 계통의 권력을 축소시킴으로써 타이완을 민주주의로 향해 나아가는 길로 이끌었다.[51]

장안러가 중화통일촉진당을 창당한 2005년으로 거슬러 올라가보자. 당의 목표는 이름을 보면 명확하다. 즉, 통일을 촉진하자는 것, 그리고 일국양제 방안을 받아들이자는 것이다. 더군다나 중화통일촉진당은 타이완 사회를 어지럽히는 정치적 행동까지 자행했다. 예를 들어, 2017년에 이 당의 당원들은 캠퍼스에서 중국이 후원하는 행사에 반대하는 시위를 벌인 국립타이완대학의 학생들을 공격했다. 이로 인해 여섯 명의 당원이 폭행과 갈취 혐의로 유죄 판결을 받았다.[52] 천원판을 포함한 차이잉원 정부의 관료들은 중국의 자금 지원이 이들 정당의 활동을 뒷받침한다고 믿을 만한 주장을 해왔다. 이러한 자금이 흘러가는 통로로는 본토에 있는 타이완의 재계 인사들이 꼽히고 있다.[53]

베이징은 국민당이 집권할 가능성이 가장 높고 타이완의 양안 정책을 목표에 부합하는 방향으로 이끌 것이며 통일전선의 최적 파트너가 될 것이라고 간주했다. 1990년대 초에 리덩후이 정부는 더 나은 경제 관계를 가로막는 장애물

---

* 타이완의 3대 주요 범죄조직으로는 죽련방(竹聯幇, Bamboo Union), 사해방(四海幇, Four Seas Gang), 천도맹(天道盟, Thento Union)이 있다. _옮긴이 주

을 제거하는 데 베이징과 기꺼이 협력했다. 사업을 본토로 옮기고 있던 비즈니스 커뮤니티의 일부는 국민당을 지원했다. 그리고 양안관계를 개선하는 데서 가장 큰 진전을 이룬 것은 국민당의 마잉주 정부였다. 하지만 이미 논의한 바와 같이 베이징의 계획은 타이완의 국내정치에 의해 방해를 받았고, 베이징은 마잉주와 국민당이 기꺼이 경제 문제에서 정치적 문제로, 궁극적으로는 통일로 이동할 것인지에 대해 약간의 의구심을 가지고 있었다. 국민당의 '타이완 진영'*은 제약을 가하고 있었고 2016년 및 2020년 선거에서 모두 패한 국민당의 처참한 모습은 당의 유지력에 대한 의문을 불러일으켰다.

중국이 자신의 통일전선 전략을 훼손하는 경우도 있었다. 한 건은 2020년 9월에 국민당 지도자들이 참석한 본토의 연례 양안 포럼과 관련해 발생했다. 당시 대표단의 지도자는 남측 타이완의 국민당 당수인 왕진핑(王金平)**으로, 베이징이 육성해야 할 인물이었다. 하지만 중국 관영 TV 중국중앙텔레비전(CCTV)의 앵커는 이 방문에 대해 논하면서 국민당이 "강화(講和)를 제의할 것"이라고 언급했다. 이는 타이완에서 엄청난 후폭풍을 일으켰고 국민당은 당 차원에서 포럼 참가를 취소할 수밖에 없었다. 다만 개인 회원이 개인적인 자격으로 참석하는 것은 금지되지 않았다.[54]

언급한 바와 같이, 정당이 통일전선 활동의 표적이 되는 타이완의 유일한 조직은 아니다. 농업 및 어업 근로자의 사원temple과 협회는 타이완 정치에서 중요하고 영향력 있는 행위자이며 중국에 동정적이 되도록 만드는 유용한 요소

---

* 국민당 진영 중에서 온건파 세력을 포괄적으로 함의하는 말이다. _옮긴이 주

** 1941년 가오슝주[高雄州, 현재의 가오슝시(高雄市)]에서 출생했으며 타이완성 성립사법학원[台灣省省立師範學院, 현재의 국립타이완사범대학(國立台灣師範大學)] 수학과를 졸업했다. 그 이후 입법위원, 국민당 부주석, 입법원 부원장(1993~1999) 및 원장(1999~2016)을 역임했다. 그는 특히 입법원 의정 활동을 통해 장제스, 옌자간(嚴家淦), 장징궈, 리덩후이, 천수이볜, 마잉주, 차이잉원 등 역대 일곱 명의 총통 집권 시기를 모두 경험했다. _옮긴이 주

이다. 사원은 같은 신을 숭배하는 중국의 자매 사원과의 관계를 심화시킬 수 있고, 협회는 본토 시장에 유리한 가격으로 제품을 판매할 수 있는 제안을 받는다.[55] 학교는 또한 해협을 가로질러 견학을 할 수 있도록 초청장과 기금을 받는다. 이를 촉진시키는 핵심은 돈이며, 이 자금은 베이징의 타이완사무판공실 지사 네트워크에서 지출한다.

베이징은 또한 정치적 목적을 위해 문화를 사용한다. 2019년 10월, 중국 정부 산하의 무용단이 당시 국민당의 총통 후보 한궈위가 시장이던 가오슝시와 다른 세 개의 국민당 지배하의 현에서 공연했다. 중국공산당 통일전선공작부와 연계된 단체가 조직한 극단은 타이완 정부에 예술교육 교류 형태로 등록할 수 있는 허가를 받았다. 타이완 측의 후원자는 중국청년구국단 산하의 재단이었는데, 이 재단은 국민당에 소속되어 있다. 공연 제목은 '중국 가족의 사랑, 타이완의 축하'였다. 제목의 첫 부분은 시진핑의 타이완 정책에서 핵심 주제 중 하나인 해협의 양측이 모두 '하나의 중국 가족의 일부'라는 것을 쉽게 상기시켰다. 그 특징에는 타이완인의 분리된 정체성은 중국인의 정체성에 어긋나기 때문에 불법이라는 견해가 함축되어 있으며, 타이완인들은 '가장'인 시진핑의 권위를 받아들여야 한다는 견해도 함축되어 있다. 타이완에서 총통선거가 3개월도 채 남아 있지 않은 시점에서 공연이 이루어진 것은 우연이 아닐 가능성이 크다.[56]

타이완의 정치 체제에 중국이 다양한 형태로 개입하는 것을 억제하고 처벌하기 위해 2019년 마지막 날 타이완 입법부는 '반침투법'을 통과시켰다. 이 법안의 목표는 "외부 적대 세력의 간섭을 방지하고 국가안보와 사회의 안정을 보장하며 중화민국과 민주주의 및 헌법 기관의 주권을 수호하는 것"이었다. 특히 타이완 내에서 정치 활동을 지시하거나 자금을 조달하려는 외부 출처의 노력에 초점을 맞추었다.[57] 차이잉원은 이 행위를 '민주적 방어기제'라고 불렀지만, 재계 지도자들은 검찰이 중국 기업의 금융 거래를 잘못 해석할 수 있기 때문에 모호하고 일상적인 양안의 경제 관계에 이것이 위험을 초래할 수 있다고 보았다. 중화민국전국상업총회(中華民國全國商業總會)* 라이정이(賴正鎰) 이사장은 "구체적인 정의가 없어 쉽게 법으로 처벌될 수 있다는 우려 속에서 타이완 기업들이 타이완해협을 가로질러 교류를 중단할 수 있다"라고 말했다.[58] 국민당도 이 법안을 비판했다. 차이잉원 총통은 재선되고 나서 2주가 지난 뒤 확대되는 우려를 진정시키기 위해 해당 법안은 정상적인 양안 교류를 대상으로 삼지 않으며 중국이 지시하거나 자금을 지원할 경우 "정치적 기부, 선거운동에의 관여, 합법적 집회를 방해하는 행위, (그리고) 로비와 선거에 대한 방해"를 제한하기 위한 것이라고 말했다.[59]

사이버 전쟁

아마도 베이징이 처리할 수 있는 가장 효과적인 비폭력적 무기는, 중국의 능력과 타이완의 상대적으로 약한 방어 측면에서, 사이버 활동일 것이다. 타이완은 지구상에서 사이버 공격의 최고의 표적 중 하나라는 불확실한 영예를 갖고 있다. 2017년에는 타이완 정보기술 장치의 멀웨어 감염 비율이 두 자릿수 및 세 자릿수로 증가했으며, 사물인터넷(IoT) 공격이 600% 증가했다. 중국이 이러한 공격의 유일한 원천은 아니지만 분명히 중요한 원천이다. 2017년 중국의 '인터넷 군대'는 사물인터넷 공격의 21% 및 타이완 정부기관에 대한 288건의 성공적인 공격을 감행했다. 타이완의 사이버보안 회사인 사이크래프트CyCraft의 연구원들은 2018~2020년 기간 동안 최소 일곱 개의 타이완 칩 회사를 공격한 중국 본토에 기반을 둔 해킹 활동을 발견했다. 목표는 소스 코드, 소프트웨어 개발 키트, 칩 설계를 포함해 가능한 한 많은 지적재산을 절취하는 것이었다.[60]

---

* 영어로는 General Chamber of Commerce of the Republic of China라고 표기한다. _옮긴이 주

2019년 9월 타이베이에서 열린 행사에서 브렌트 크리스텐슨Brent Christensen 미국재타이완협회 타이베이 사무소장은 2018년에 타이완에 대한 본토의 사이버 공격이 2017년보다 7배 증가했으며 2020년에는 2019년 공격보다 20배 더 증가할 것으로 예상된다고 발표했다.[61] 크리스텐슨은 사람들이 인터넷의 개방성을 이용해 분열을 뿌리고 양극화를 만들고 노골적인 거짓을 퍼뜨려 민주주의 제도가 신뢰를 잃기 시작했다고 말했다. 중국은 또한 타이완 경제, 특히 반도체, 스마트 기계 및 전자 부품 산업을 위협하는 사이버 공격을 감행했다.[62]

하지만 가장 큰 위험은 아마도 정부와 민간 모두의 차원에서 타이완의 중요한 기반 시설에 존재할 것이다. 2019년 6월에 해커는 25만 명에 달하는 공무원의 개인정보를 손상시켰다. 2016년에는 동유럽 갱단이 타이완 제일은행(第一銀行)*의 네트워크에 침투해 타이완 전역의 ATM에서 현금을 빼내갔다. 은행은 230만 달러의 손실을 입었다. 2017년 10월 사이버 도둑들은 원동은행(遠東銀行)**의 해외 지점에서 약 6000만 달러를 절취했다. 화웨이와 같은 중국 기업에서 제조한 부품을 타이완 통신회사가 통합하는 것에 대해 경고가 제기되었다. 인프라의 취약성을 더욱 악화시키는 제어 시스템은 종종 구식 소프트웨어를 사용하고 있다.[63]

타이완 정부는 사이버 위협을 완화하기 위해 몇 가지 조치를 취했다. 정부는 사이버 보안을 위한 국가전략을 채택하고 관련 기업들을 광범위한 산업개발계획에 통합했다. 재능 있는 '선량한 해커white hat hacker'***의 간부들을 양성했다. 차이잉원 총통은 수사적으로 정보보안과 국가안보를 동일시했다. 차이잉

---

* 정식 명칭은 제일상업은행(第一商業銀行, First Commercial Bank)이다. _옮긴이 주
** 정식 명칭은 원동국제상업은행(遠東國際商業銀行, Far Eastern International Bank)이다. _옮긴이 주
*** 컴퓨터 시스템을 보호하는 등 회사에 유익한 일을 하기 위해 고용된 해커를 지칭한다. _옮긴이 주

원 정부는 정부기관을 위한 사이버 보안 프로토콜을 표준화하고 단순화하려 했다. 2018년 12월 핵심 기반시설을 보호하기 위한 '사이버보안관리법'의 초안을 작성하고 통과시켰다. 차이잉원 정부는 이전에는 군대 내에 분리되어 있던 기존 구성 요소를 통합하기 위한 사령부를 만들었다. 또한 중요한 인프라를 보호하기 위한 민간 차원의 커뮤니케이션·사이버보안센터도 창설했다. 행정원은 중앙과 지방 양쪽 모두의 기관에서 중국의 정보통신 제품의 사용을 줄이기 위한 통제 체제를 작성했다. 2019년 4월, 행정원은 지방정부 기관들과 그러한 취지의 가이드라인을 발표했다. 행정원은 모든 정부기관이 취급하는 정보의 민감도에 기초해, 모든 정부기관에 대한 보안 허가 시스템을 만들었다. 마지막으로, 타이완 정부는 사이버 보안과 관련해 미국과의 협력을 강화했다.[64]

하지만 타이완의 핵심 인프라에 대한 그리고 대중의 신뢰에 대한 위험은 지속되고 있다. 타이완의 국방 싱크탱크인 국방안전연구원(國防安全研究院)*의 쩡이쉬(曾怡碩) 교수는 중국이 타이완에 사이버 공격을 가할 수 있는 다음과 같은 두 가지 방법을 제시했다. 즉, ① 해저 케이블과 그 네 개의 지상국을 절단함으로써 타이완이 이 케이블을 사용하는 외부 세계와의 통신을 끊는 것이다. ② 중국의 사이버 공격과 서비스 장애로 인한 대규모 혼란에 대응해 타이완이 국내 인터넷 서비스를 중단하도록 강요할 수 있다.[65]

베이징은 이러한 공격을 오랫동안 계속할 필요가 없다. 베이징은 단지 타이완 대중에게 심리적인 영향을 미치기 위해 전기를 차단하거나 ATM 기계를 무력화하거나 정부에 의한 전자결제를 중단할 수 있는 능력을 입증하기만 하면 된다.

---

* 영문 명칭은 INDSR(Institute for National Defense and Security Research)이다. _옮긴이 주

결론

'비폭력적 강압' 전략을 사용하는 사람들에게 중요한 사실은 바로 효과가 있을 필요는 없다는 것이다. 목표는 대상 사회의 심리적 자신감을 약화시키는 것이다. 빨리 성공을 거두면 좋지만, 공격 대상이 공격자가 궁극적인 승리를 달성하는 데서 문을 닫는 행동을 취할 능력과 의지가 없는 한 중요한 것은 장기전이다.

타이완의 경우 중국이 수행하는 비대칭 공격의 중장기적 목표는 통일의 필연성과 이를 수용해야 할 필요성을 타이완 국민에게 교화하는 것이다. 중국(중화인민공화국)의 선전가들이 뭐라고 하든 간에 타이베이 정부가 법적 독립을 선언할 위험성은 낮다. 따라서 단기적으로 베이징의 목표는 두 가지였다. 첫째, 차이잉원 정부를 처벌하는 것이었다. 즉, 함축적인 의미에서 2016년 민진당이 권력을 차지하도록 힘을 실어준 유권자들을 처벌하는 것이었다. 둘째, 민진당을 집권당의 자리에서 몰아내는 것이었다. 그러한 노력이 성공해 마잉주와 비슷한 정책 프로그램을 가진 '국민당 진영' 지도자를 배출할 수 있을지는 미지수였다. 하지만 2020년에 국민당이 승리했다면 미래에 대한 베이징의 자신감이 높아지고 강압에서 설득으로의 전환이 가능해졌을 것이다. 중국의 관점에서 보면, 약한 '국민당 진영'의 지도자가 차이잉원보다 더 유순했을 것이다.

하지만 그렇게 되지 않았다. 차이잉원은 2020년 총통선거에서 2016년 당시보다 더 큰 표차로 총통에 당선되었다. 민진당은 입법원에서 과반수를 유지했다. 하지만 그것이 베이징에 있어 완전한 재앙은 아니었다. 앞서 언급했듯이 '비폭력적 강압'은 때때로 단기적으로 효과가 있을 수 있지만, 장기적으로는 더욱 적합한 전략이라고 할 수 있다. 비대칭 공격은 차이잉원 총통의 재임 중에 중국이 취할 수 있는 가장 그럴듯한 선택지이다. 비대칭 공격은 위험 부담이 적고 잠재적으로 높은 이득을 얻을 수 있다. 왜냐하면 그것은 실제 취약점인 대중의 장기적인 신뢰를 표적으로 삼기 때문이다. 베이징은 적어도 차이잉원 총통의 두 번째 임기 동안 천수이볜 집권 8년 만에 그랬던 것처럼 타이완에 대한 여론이 어느 정도 바뀔지 지켜볼 수 있다.

중국의 지도자들이 가장 우려할 만한 것은 중기 시나리오이다. 차이잉원은 2017년부터 2019년까지 타이난시(台南市) 시장을 역임한 라이칭더를 2기 동안 부총통으로 임명했다. 라이칭더 부총통은 일반적으로 차이잉원 총통보다 독립에 더 전념하는 것으로 간주되고 있으며, 그는 2024년 총통 선거에 출마하기 위해 자신을 포지셔닝하려고 할 것이다. 만약 라이칭더가 승리한다면, 베이징은 옳든 그르든 간에 타이완 국민들이 국민당 진영의 방향으로 회귀하지 않을 것이고 통일의 문이 닫히고 있다고 결론지을 수 있을 것이다.

타이완의 지도자들과 대중은 중국의 의도와 자제를 유도하는 데 필요한 것에 대한 어떠한 환상 아래 행동할 수 없다. 베이징은 차이잉원 정부 첫해에 천수이볜의 두 번의 임기보다 훨씬 더 많은 처벌을 내리기로 결정했다. 하지만 객관적으로 중국의 이익에 도전하는 데서 더욱 도발적인 행동을 취했던 것은 천수이볜 총통이었다. 이러한 대조는 베이징이 추구한 타이완 정책의 동기가 두려움에서 탐욕으로 옮겨갔음을 반영한다고 생각한다.

이는 결국 중국의 탐욕과 국내 정치 및 정책의 맥락에서 타이완이 어떻게 안보를 강화하고 있는지에 대한 의문을 불러일으킨다. '민진당 진영'은 베이징이 탐욕에 의해 동기부여된다고 믿지만 적어도 '국민당 진영'의 일각에선 여전히 공포가 원동력이고 그 두려움을 줄이는 것은 타이완의 몫이라고 생각한다. 그래서 차이잉원 총통의 정책에 대한 국민당 진영의 비판도 있었다. 베이징의 군사력 증강과 차이잉원 정부에 대한 비폭력적 강압 활동은 타이베이에 대한 '이중 경고'이다. 한편으로는 군사적 방어를 강화함으로써 군사적 공격에 대한 억지력을 강화해야 하는데, 위협 환경에 적합한 방식으로 그렇게 해야 한다. 다른 한편으로는 베이징의 비대칭 공격에 대한 대응책을 계속 개발하고 정부의 안보정책에 대한 국민의 신뢰를 유지해야 한다. 타이완의 정치는 이러한 두 가지 과제를 수행하기 위한 노력을 복잡하게 만든다. 다음 두 가지 중 어떤 것이 성공할 가능성이 더 높을까? 민진당과 국민당 중 한쪽이 궁극적으로 지배적인 세력으로 부상하면서 안보정책의 변화에 따라 권력이 정기적으로 순환되는 것일까? 아니면, 정치와 정책 방면에서 어느 정당이 총통 자리를 차지하든 상관없이 더 큰 합의와 지속적인 안보가 두 주요 정당 간의 융합에서 비롯되는 것일까?

제13장

타이완의 민주제도

독특하게도 타이완은 안보 도구에 민주적인 시스템을 포함시켰다. 유권자들이 4년마다 수행하는 권한과 정기적인 여론조사 결과는 베이징이 타이완에 대해 자제력을 발휘하고 타이완을 더 잘 수용해야 하는 이유로 작용하고 있다. 따라서 2020년 차이잉원 총통이 재선된 것은 그녀의 첫 임기 동안 중국(중화인민공화국)이 실행한 압력과 위협에 대한 대중의 반응으로 해석할 수 있으며 또한 경제와 정치를 분리하는 그녀의 정책 ― 모든 중국의 도발에 상대하지 않으면서 베이징에 대해 어느 정도 균형을 맞추기 위해 (국민당의 보다 수용적인 입장과는 반대로) 미국에 의존하는 ― 에 대한 선호도를 확인한 것으로 해석할 수 있다. 미국 후버연구소Hoover Institution의 학자인 카리스 템플먼Kharis Templeman은 "결국 타이완의 민주주의 기관들은 버텨냈다. 타이완은 기본적인 강점을 보여주었다. 즉, 광범위한 권한을 가진 규제기관들, 독립적이고 활기찬 검찰청, 그리고 무엇보다도 선거 관리에서 훌륭한 시스템을 갖고 있다는 것을 보여주었다"[1]라고 결론지었다.

따라서 민주주의는 타이베이가 양안관계를 수행하는 데 사용하는 도구이다.

반면 베이징은 선거에서의 경쟁을 베이징의 일국양제에 대한 국민투표로 규정하고 여론조작의 일환이라고 해석할 가능성이 높다. 중국의 ≪환구시보≫는 사설에서 2020년 9월 리덩후이가 사망했을 당시 그가 추진한 민주화로 인해 "중국의 부상에 대한 저항이 크게 증가했다. …… 리덩후이는 타이완을 막다른 골목으로 몰아넣었는데, 이 과정에서 기형적인 민주주의를 이용해 '타이완 독립'이 갈증을 해소하기 위해 독을 마시도록 도왔다"[2]라고 주장했다.

타이완의 도전과 민주제도

지금까지 이 책은 다음과 같은 몇 가지 기본적인 사실을 발견해 냈다. 첫째, 타이완은 중장기적인 실존적 도전에 직면해 있다는 것이다. 중국은 타이완을 홍콩, 마카오와 유사한 특별행정구로 만들어서 타이완의 현 상태를 변화시키기를 바라고 있다. 중화민국은 법적으로 존재하지 않을 것이며, 홍콩에 적용되는 모델인 '일국양제'에 기초한다 하더라도 타이완의 민주정치는 제약을 받게 될 것이다.

둘째, 여론조사에 따르면 타이완 국민들은 사회적·문화적 가치, 정치적인 문제들 - 예를 들면, 민족정체성, 국가정체성, 미래에 대한 선호도 같은 - 에 대해 비교적 단결되어 있는 것으로 나타났다는 것이다. 여론조사 기관의 부정확한 용어를 무시하더라도 응답자들은 자신을 타이완인과 중국인이 혼합된 것으로 보는 경향이 있다. 그들은 민주주의를 있는 그대로 선호한다. 그리고 통일 또는 독립이라는 미지의 세계로 나아가는 것보다 현상유지를 선호한다.

셋째, 한편으로 여러 공공정책 이슈에 대해서는 분열이 노정되고 있다는 것이다. 예산 우선순위, 에너지, 경제, 과도기적 정의와 같은 문제에 대해 정부기관, 정치인, 시민사회, 대중 사이에 서로 다른 견해가 존재한다. 정치적 정체성,

독립성 대 통일 대 현상유지 같은 기본 이슈를 넘어 중국과 직접 관련된 이슈에 대해서는 의견 불일치가 더 심하다. 그럴 만도 하다. 왜냐하면 정책 현안이 복잡하고 베이징의 도전이 실존적이어서 이를 어떻게 풀어야 할지 판단을 내리기가 쉽지 않기 때문이다.

넷째, 1979년부터 중국 지도자들은 일국양제가 타이완의 미래를 위한 최선의 선택이라고 설득하기를 희망했다는 것이다. 하지만 그런 호소는 묵살되었다. 현재이든 나중이든 극소수만 통일을 지지한다. 중국으로서는 엎친 데 덮친 격으로, 1995년부터 2008년까지 타이완 지도자들이 타이완을 완전히 독립시키는 방향으로 이끌고 있는 것으로 나타났다. 그러한 두려움을 바탕으로 1990년대 후반에 인민해방군은 그러한 결과를 저지할 수 있는 군사적 능력의 발전을 추구하기 시작했다.

다섯째, 2008년 이후 독립으로 이동할 객관적인 위험이 줄어들었다는 것이다. 마잉주와 차이잉원 총통은 수용accommodation을 통해 베이징의 두려움을 달래려 했지만 방법과 관련해서는 의견이 일치하지 않았다. 마잉주의 수용 방식은 더 유연했고 차이잉원의 수용 방식은 더 회의적이었다. 베이징은 마잉주의 접근 방식을 수용했지만, 차이잉원이 총통에 당선된 것을 분리주의를 향한 새로운 모멘텀으로 해석하거나 또는 잘못 해석했다. 베이징은 현상유지를 지향한다는 차이잉원 총통의 약속을 믿지 않기로 선택했다.

여섯째, 객관적으로 말해서 베이징의 설득에 대한 의존도가 지금까지 제대로 작동하지 않았다는 것이다. 타이완 대중은 1990년대 초반 당시보다 일국양제를 받아들이는 태도를 덜 보여주고 있다. 동시에 중국 지도자들은 원하는 것을 얻기 위해 군대를 사용하는 것에 의존하지 않았다. 군대를 사용할 경우 베이징은 미국의 개입 가능성을 배제할 수 없기 때문에 이것은 위험한 선택이다. 또한 목표를 달성할 것이라고 확신할 수도 없다.

일곱째, 차이잉원 총통의 첫 임기 동안 중국은 협박, 압박, 고립, 협조 및 타이완 문제에 대한 간섭에 의존했다는 것이다. 이러한 '비폭력적 강압'은 통일을 향한 타이완의 거부 및 차이잉원 총통의 목표가 독립이라는 공포에 대처하기 위한 '올바른 방법'이다. 이것은 전쟁보다 덜 위험하고, 통일에 대한 타이완 대중의 반대를 단순히 받아들이는 것보다 목표를 달성할 가능성이 더 크다. '비폭력적 강압'은 약한 대상인 타이완 대중의 심리를 공격하는 것이다(인민해방군은 타이완 자체와 이를 방어하는 군대를 대상으로 삼을 것이다). 사람들이 타이완 해협 너머에서 야기되는 도전을 견뎌낼 수 있는 능력에 대한 자신감을 잃는다면 베이징이 승리를 거두는 것이다. 타이완의 지도자들과 시민들이 어떻게 할 것인지를 두고 서로 의견이 엇갈린다면 이 또한 베이징이 이기는 것이다.

2020년 1월 차이잉원 총통이 재선에 성공한 것은 아마도 중국 지도자들이 '비폭력적 강압'을 계속할 것임을 의미할 것이다. 하지만 국민당의 후보 한궈위가 2020년 총통선거에서 승리해서 과거에 마잉주 후보가 했던 방식으로 92공식을 받아들였다 하더라도, 양안관계는 아주 오랫동안 마잉주 시대 초기의 패턴으로 되돌아가지는 않았을 것이다. 베이징은 첫 임기에도 정치대화를 시작하자고 마잉주를 압박하기 시작했다. 베이징의 논리는, 중국의 물리적 힘은 계속 강해지고 타이완은 더욱 약해질 것이므로 타이완은 중국의 힘에 직면해 조만간 항복하리라는 것이었다. 베이징은 아직 타이완과 손을 잡지 못했지만 손을 잡을 수 있는 능력이 커졌다고 믿고 있다.

타이완은 정책 문제가 실질적으로 복잡할 뿐만 아니라 결과적으로 발생하는 딜레마가 해결되려면 타이완의 민주주의 정치 체제 내에서 해결되어야 하기 때문에 우선순위를 조정하는 데 어려움을 겪고 있다. 권위주의 시대에는 비교적 소수의 관리가 중요한 결정을 내렸다. 국가안보 문제에 대해서는 군대 장교 및 외교관이, 경제 문제에 대해서는 기술관료들이 결정을 내렸다. 하지만 민주주의는 정책 경쟁자와 이해관계자의 범위를 확장시키기 때문에 차이점을 해결하는 작업을 복잡하게 만든다.

이러한 질문을 제기하는 것조차 민주주의적인 타이완의 긍정적인 평판과 모순된다. 타이완은 1980년대와 1990년대에 전 세계적으로 일어난 민주화의 '제3의 물결'의 전형이었다. 사회경제적 현대화, 정치적 반대의 증가, 국민당의 지도자였던 장징궈의 1985년 결정이 상호 결합되어 체제와 반대 사이에서 협상이 이루어졌으며 점진적이고 평화로우며 자유주의적이고 대중적인 통치로 전환되었다.[3] 타이완의 민주주의는 1996년에 전환되었지만 여전히 외부 관찰자들로부터 높은 평가를 받고 있다. 미국 정부의 관리들은 정기적으로 타이완의 정치적 진전을 칭찬했다. 미국 국무부의 인권 관행에 대한 연례 보고서에 따르면 타이완에서는 시민적·정치적 권리와 법치주의가 잘 수호되고 있는데, 프리덤하우스Freedom House의 시민적·정치적 권리에 대한 연간 순위가 이를 확인시켜 준다. 선거는 자유롭고 공정하며 경쟁이 치열하다.[4] 세 차례에 걸쳐 총통 권력이 이양되었는데, 이것은 일반적으로 민주주의가 공고화되었음을 알리는 신호였다. 정당 체제는 제도화되고 안정적이며, 두 개의 크고 독특한 정당이 있는데, 이 정당들의 지도자와 충성스러운 추종자들은 선거가 타이완 지도자를 선출하는 합법적인 방법이라는 것을 인정한다.[5]

전 세계의 민주적 거버넌스의 질(국가 역량 수준 및 민주주의 수준으로 정의)에 대한 한 평가에서 타이완은 두 가지 측정치 모두에서 높은 점수를 받았다. 그 순위에서 타이완은 유럽 민주주의 국가, 일본 및 한국과 함께 확고하게 자리 잡고 있다.[6]

게다가 타이완은 2010년대 초반에 시작된 세계적인 '민주주의 침체'와 관련된 최악의 현상들 — 쿠데타 발생, 선거 청렴성·법치·민주적 자유의 약화, 부패와 권력남용으로 인한 전반적인 나쁜 거버넌스, 권위주의 정권의 부활 — 을 피했다.[7] 또한 국제투명성기구Transparency International의 조사에 따르면, 타이완은 언제나 민주주의 시스템의 골칫거리인 부패를 줄이는 데 더 나은 성과를 거두고 있는 것으로 인식된다. 천수이볜 집권의 마지막 해인 2007년에 타이완은 투명성지수에서 57점을 받았고 세계 순위는 34위를 기록했다. 그로부터 12년 이후의 점수는 65점이었고 순위는 28위였다.[8]

타이완의 민주주의 체제가 높은 평가를 받긴 했지만, 타이완이 직면한 도전과 위태로움에 비추어 이를 평가해야 한다. 만일 캐나다의 정치 체제가 제대로 작동하지 않더라도 이것이 국가안보에 미치는 영향은 제한적일 것이다. 외부의 위협이 기껏해야 미미하기 때문이다. 하지만 이스라엘의 경우 상당히 적대적인 이웃나라들에 에워싸여 있는 상황이라서 국내의 기능 장애는 생존할 수 있는 국가의 능력을 약화시켜 왔다.[9] 수전 라이스Susan Rice 전 미국 국가안보보좌관은 2020년 9월에 다음과 같이 논했다.

> 나는 오랫동안 국내 분열을 우리의 가장 큰 국가안보상의 취약점으로 여겨왔다. 정치적 양극화는 다른 위협을 악화시키고 그에 맞서 싸우는 우리의 능력을 무력화시키는 '힘의 승수(force multiplier)'이다. 분열적인 정치로부터 이익을 취하는 지도자들에 의해 부추겨진 우리의 양극화는 우리가 중요한 도전에 효과적으로 대처하는 것을 방해한다. …… 우리의 균열은 또한 러시아가 소셜 미디어를 사용해 허위정보를 퍼뜨리고 불신을 뿌림으로써 미국인들의 서로에 대한 두려움을 불러일으키고 민주주의에 대한 우리의 믿음을 잠식시킬 수 있는 손쉬운 틈을 제공한다.[10]

이해관계가 높으면 그에 따라 정치 체제에 대한 도전도 커진다. 중국의 야망이 타이완에 큰 도전을 일으킴에 따라 그 결과는 타이완의 미래를 영구적으로 결정할 수 있다. 이는 다시 타이완의 민주주의 시스템이 지닌 질에 대한 질문을 제기하며, 이를 통해 도전 과제에 응할 것이다. 그렇다면 이것은 어려운 정책 딜레마를 완화하는가, 아니면 악화시키는가? 미래의 도전에 접근하는 방법에 대한 합의를 촉진하는가, 아니면 불일치를 심화시키고 교착 상태를 야기하는가?

타이완 민주제도에 대한 간략한 소개

타이완의 민주주의 체제는 서로 다른 네 가지 유산의 산물이었다. 바로 ①
쑨원 박사의 정치사상, ② 1946년 중화민국 헌법, ③ 레닌주의 권위주의 정권
의 성격과 그에 따른 민주적 과도기, 그리고 ④ 명칭과 실제가 서로 부합해야
한다는 정명론(定命論)에 입각한 유교사상 등이다. 결과적으로 1980년대 후반
과 1990년대 초반에 민주적 전환을 주도했던 정치 지도자들은 백지상태로 시
작한 것이 아니었다.

쑨원

쑨원은 1925년에 사망할 때까지 국민당의 창립자이자 지도자였다. 그는 '중
화민국의 아버지"'로 알려져 있다. 이 '새로운 중국(중화민국)'의 정부에 대해
구상하면서, 쑨원은 미국의 시스템으로부터 많은 것을 차용했다. 그는 1789년
미국 헌법에 설립된 3개의 부[행정부, 입법부, 사법부_옮긴이]를 모방해 행정원,
입법원, 사법원을 표방했다[원(院)은 평의회council를 의미한다]. 하지만 그는 공
무원을 모집하기 위해 고시원(考試院)을 추가했고 옴부즈맨 기능을 수행하기
위해 감찰원(監察院)을 추가했다. 이 두 제도는 중국 제국의 시험 제도와 검열
기관을 모방한 것이다. 쑨원은 또한 서유럽과 미국에서의 활동에 감명을 받아
직접민주주의의 메커니즘인 참정권, 소환권, 발의권, 국민투표권을 제안했다.
쑨원의 후계자인 장제스가 이끈 국민당 운동이 1928년에 중화민국 정부를 장
악하면서 쑨원의 '5권 체제'를 확립하고 국가원수의 직무를 수행할 총통부(總
統府)를 추가했다.

---

* '국부(國父)'라고 표기한다. _옮긴이 주

1946년 헌법

하지만 1928년 이후의 국민당 정권은 국내 군벌 세력들의 도전과 일본과의 전쟁에 시달리게 되어 1946년까지 이러한 제도를 헌법에 담을 수 없었다.[11] 중간 중간 여러 차례 시도를 했지만 성과는 없었다. 최고 민간인 지도자를 위한 올바른 '권력 시스템'을 고안하는 것은 어려운 일이었다. 특히 최고 군사 지도자인 장제스가 결과에 대한 이해관계를 갖고 있었고, 그가 어떤 공식적인 지위를 가지고 있든지 간에 일반적으로 시스템을 지배했기 때문이다. 1946년에 등장한 헌법은 쑨원의 5권(五權) 또는 5원(五院)을 포함하고 있었고, 국민들의 선거에 의해 뽑힌 대표들로 구성된 국민대회에 총통을 선출하고 헌법 수정안을 제정할 수 있는 권한을 부여했으며,* 참정권, 소환권, 발의권 및 국민투표권을 포함한 다양한 시민적·정치적 권리를 명시했다.[12] 헌법에 명시되어 있는 시민권과 정치적 권리는 1948년 5월, 본토에서 일어난 내전 중에 중단되었으며 1991년까지 타이완에서 회복되지 않았다. 국민당이 타이완으로 후퇴한 이후에는 국민대회와 입법원의 대부분의 의석에 대한 선거가 중단되었는데, 중화민국이 중국 전역의 정부였지만 대부분의 선거구가 있는 중국 본토를 통제하지 않았다는 이유에서였다. 타이완에서는 입법원을 위한 대중 선거가 1992년에 처음 실시되었고, 총통선거는 1996년에 실시되었다. 발의권과 소환권을 구현하는 법률은 2003년까지 제정되지 않았다.

오늘날 총통은 자체적으로 대표(입법위원)를 선발하는 입법원을 제외한 모

---

* 쑨원은 중화민국의 헌법을 구상하면서 국민이 선거, 파면, 국민 발안, 국민 투표를 행사할 수 있게 했으며, 정부는 권력을 정권(政權)과 치권(治權)으로 나누어서 행사해야 한다고 명시했다. 구체적으로 치권(治權)은 5원(五院, 행정원, 입법원, 사법원, 감찰원, 고시원)이 행사하고, 정부, 영토 주권, 헌법 개정 등에 해당되는 정권(政權)은 국민대회가 행사한다고 명시했다. 국민대회는 헌법상 5원 위에 놓이면서 중화민국 최상의 중앙정부기구가 되었다. _옮긴이 주

든 원(院)의 지도자를 임명한다. 입법원은 또한 행정원, 사법원, 감찰원 및 고시원에 대해 총통이 지명한 책임자를 승인해야 한다. 대법관은 총통이 지명하고 입법원이 승인한다. 단원제(單院制)인 입법원 자체의 경우, 73개의 의석이 지역별 당선자로 채워진다. 그리고 각 정당이 지역구 선거와 별도로 집계해 얻은 득표율을 기준으로 각 정당이 후보자 명단에서 34명을 뽑는다. 아울러 나머지 6개의 의석은 원주민 공동체의 구성원을 위해 남겨져 있다[2022년 3월 기준 입법원의 총 의석수는 113개이다_옮긴이].

국민당 지도부가 1940년대 후반에 선거와 민권, 정치적 권리에 관한 헌법 조항들을 정지시켰을 뿐 헌장을 완전히 종료하지 않았다는 것은 약 40년 후에 큰 의미를 지니게 되었다. 국민당 지도부가 민주주의로의 전환을 결정했을 때, 기본 틀은 이미 존재했다. 민권과 정치적 권리에 관한 조항 같은 일부 조항의 경우 1948년의 보류를 해제하는 행위로 이러한 권리들을 세세하게 정의하는 절차를 시작했다. 그 밖의 사항으로는, 시간의 경과를 감안해 개정안 통과가 필요했다. 예를 들어, 1990년대와 2000년대에 제정된 선거 관련 개정안은 타이완 및 그 부속 섬들('자유지역free areas'이라고 불린다)에서만 시행되도록 작성되었다. 만약 1990년대 초에 제헌의회를 통해 완전히 새로운 헌법의 초안을 잡아야 했다면, 그것은 국가와 민족의 본질에 대한 광범위한 논의를 자극했을 가능성이 높다. 민진당은 의심의 여지없이 그런 논쟁을 환영했을 것이지만, 그 전환은 아마도 (이미 복잡다단한 상황이지만) 실제의 경우보다 더 복잡했을 것이다.

국민당의 권위주의와 민주적 이행

타이완이 권위주의에서 민주주의로 전환한 데 따른 중요한 특징은 권위주의 정당인 국민당이 이 같은 진화의 참여자이자 수혜자라는 것이다. 예를 들어 국민당은 계엄이 종료된 이후 13년 동안 집권을 유지했다가 2008년에 다시 8

년 동안 집권에 성공했다. 2016년에만 국민당이 입법원에 대한 통제력을 잃었다. 이러한 유형의 전환은 다른 권위주의의 사례와는 매우 다르다. 다른 나라의 경우 집권당이 무너지면 과거의 권위주의 정당이 사라지고 새로운 체제가 처음부터 만들어진다. 국민당이 오랫동안 집권을 유지한 것은 몇 가지 중요한 요인, 즉 경제발전과 관련된 긍정적인 성과, 사회에 뿌리를 둔 확고한 조직, 상당한 자원 등의 결과였다.[13] 하지만 권위주의적인 과거는 몇 가지 지속적인 결과를 가져왔다.

무엇보다 첫째, 일부 타이완인은 독재정권 시절 국민당 정권의 희생양이었던 결과로 아직도 쓰라림을 느끼고 있다. 2016년 총통선거 및 그 이후에 과도기적 정의가 화두가 된 것은 국민당이 여전히 존재하고 있기 때문이다.

둘째, 국민당이 사상적으로는 반공주의적이었지만 조직상으로는 '레닌주의 정당'이었다는 점은 민주화 이후의 정치에 영향을 미쳤다. 권위주의 기간 동안 국민당 조직의 촉수는 레닌주의 방식으로 행정부, 군대 및 기타 모든 정치 및 사회 기관에 침투했다. 예를 들어, 군대 장교가 대학 캠퍼스에 상주하고 있었다. 이러한 시스템은 또한 공무원, 군인, 교사 등이 충성도를 보여주고 경력 전망을 향상시키기 위해 국민당 당원이 되도록 하는 인센티브를 만들었다. 결과적으로 군과 정보기관을 포함한 행정부의 제도적 장치는 정치적 중립의 역사가 없었다. 2000년에 민진당이 집권했을 때, 천수이볜 총통에 의해 관료 기관을 이끌도록 임명된 사람들은 직업 관료들이 자신들의 정책 방향을 따를지 의심스러워했다. 반대로, 국가기관에 근무한 사람들은 중화민국에 대한 새로운 정치적 주인의 자격과 충성도에 의문을 제기했을 수 있다. 물론 모든 민주주의 체제에는 능력에 따라 공무원을 선발하고 기술적인 방식으로 문제를 해결하는 데 주력하는 기술관료와 정치적 기반으로 선발된 기관장 사이에 긴장 상태가 존재한다. 하지만 타이완에서는 역사가 이러한 상호 불신을 더욱 악화시켰다. 민진당의 구성원들은 과거 국민당에 의한 탄압을 회상했고, 국민당 사람들은 민진당의 목표가 독립이라고 (그것이 옳든 그르든 간에) 믿었다.

명칭의 수정

마지막으로 '민진당 강경파'의 타이완 민족주의자들은 공식 문서와 조직의 명칭에서 '타이완'이라는 용어를 최대한 많이 사용할 필요가 있음을 강조한다 (예를 들어 타이완중유공사 등). 그들은 일반적으로 중국, 특히 중화민국에서 자신의 고향으로 간주하는 것을 분리하고 싶어 한다. 확실히 이것은 독재정권 시절 국민당 정권이 중화민국이 '중국' 전체의 정부라는 주장을 강화하기 위해 '중국'이라는 말을 사용하던 관행에 대한 대응이었다. 권위주의에서 민주주의로의 전환과 더불어, 이름이 정치적인 이슈가 된 것은 민진당 사람들 때문이었다.

예를 들어, 민진당의 지도자인 천수이볜의 정부는 초기 국민당 통치의 유산인 중국China이라는 단어가 포함된 타이완 국영기업의 호칭을 바꾸려고 했다. 2020년 일부 민진당 의원은 1928년 난징(南京)에서 설립된 권위 있는 연구기관 중앙연구원Academic Sinica의 영문 명칭을 'Academic Taiwan' 또는 'Taiwanica'로 바꾸자고 제안함으로써 이러한 관행을 부활시키려 했다[14](다만 이 기구의 중국어 명칭에는 '중국'이라는 단어가 포함되어 있지 않다). 그해 말, 민진당 내부의 일각에서는 여권과 국책 항공사인 중화항공China Airlines에 '타이완'이라는 이름을 붙이는 것을 강조하려는 움직임이 있었다(천수이볜 정부에서도 이와 비슷한 조치가 있었다). 입법원은 행정원에 그러한 조치를 취하도록 장려하는 결의안을 통과시켰지만 이를 요구하지는 않았다. 그럼에도 불구하고 행정원은 2020년 9월 여권 변경을 강행하겠다고 발표했다.[15]

이러한 주장을 지지하는 이유는 다음과 같다. 즉, 타이완 정부의 공식 명칭이 타이완이 '중국'의 일부라는 것을 암시하는 '중화민국'이라는 것에 대한 분개, 권위주의 정권 아래에서 겪었던 고통에 대한 기억, 그리고 베이징이 통일 목표를 수행하려 노력할 것이고 국민당의 지도자들이 국민의 이익을 해치면서 이를 도울지도 모른다는 두려움 때문이다. 적어도 타이완 민족주의자들이 '타이완'이라는 용어를 사용하는 것은 타이완 자체와의 동일시 및 '중국'과의 차별화를 분명히 주장하는 것이다. 이러한 정신으로 2003년, 민진당의 친독립파 당원들은 유엔 가입을 위한 로비를 전개하고자 타이완유엔연합을 결성했다. 그 근본적인 목표는 '명칭과 실제가 서로 부합하는' 타이완 공화국Taiwan Republic[台灣國]을 세우는 것이었다.[16] 그런데 여기에는 아이러니가 있다. "말이 현실을 반영해야 한다"는 생각은 본질적으로 과거 중국의 철학자 공자의 기본 원칙이라는 것이다.[17]

시스템 역동성

타이완의 시스템은 정신적으로 다양한 방식으로 시각화될 수 있다. 헌법적 관점은 제도 간의 관계, 특히 행정부와 입법부의 관계를 강조한다. 정치적 관점은 해당 기관 내에서 특히 선거 시기에 캠프와 정당이 충돌하는 데 중점을 두고 있다. 기능적 관점은 일련의 동심원을 생성한다. 우선 중앙의 동심원은 총통과 총통이 임명한 고위 관리들로 구성된 정치 지도부로 행정부를 이끌고 지휘한다. 지도부는 주로 선거에서 승리함으로써 자신의 권위를 주장한다. 둘째 동심원은 군사 및 안보기관을 포함한 집행기관으로 구성된다. 이들 각각은 자신의 임무와 정책, 구현할 일련의 기술관료적 작업, 확립된 일상에 따라 수행할 직업적 전문가 간부를 가지고 있다. 셋째 동심원은 책임의 영역으로 정치적 리더십과 기술관료주의를 견제한다. 입법부가 이 영역의 핵심 기관이지만 법원, 감찰원 및 대중 매체도 책임을 부과할 수 있다. 그리고 선거는 궁극적인 판결을 내린다.

동심원들 사이에서는 다른 역학이 가능하다. 예를 들어 천수이볜 총통 시기에 국민당이 장악한 입법원과 국민당이 장악한 기술관료는 정치 지도부를 방어적으로 유지시켰다. 마잉주가 총통이었을 당시 그는 본토에 대한 관여정책 뒤에 관료주의와 국민당이 지배하는 입법부를 통합하려고 노력했다. 차이잉원 시대에는 정치 지도부와 민진당이 지배하는 입법부가 기술관료를 무시해왔다.

정치체계가 어떤 특정 사안을 처리하는 방법은 사안의 본질, 이를 두고 다투는 주체, 그리고 더 넓은 정치 환경에 따라 달라질 수 있다. 이전 장들, 특히 제5장에서 논의된 쟁점은 각각의 쟁점 — 즉, 예산, 경제정책, 에너지 정책, 과도기적 정의, 그리고 중국(중화인민공화국)과의 관계 등 — 이 각자의 정치를 가지고 있다는 점을 보여준다.

예산에 대해서는 총통부가 리더십 우선순위를 반영해 우선순위를 어느 정도 재설정할 수 있지만, 지배적인 위치를 점하고 있는 것은 행정원 주계총처와 재정부이다. 예상 세입, 자격 프로그램의 요구사항, 예산 파이의 과거 분할은 매년 예산이 어떻게 만들어지는지를 규정한다. 입법원은 특정 할당량만 줄일 수 있기 때문에 선출직 입법위원들은 대중성과 정당 선호도를 반영하기 위해 예산을 편성하는 데 다소 제약을 받는다. 연금과 같은 문제에 대한 정책을 바꾸자는 제안은 대중의 항의를 불러일으킬 수 있다.

경제정책을 수립할 때에는 경쟁적인 우선순위와 거의 불변인 제약 때문에 선택이 어려워진다. 성장과 형평성, 대기업의 요구와 소기업의 요구, 그리고 노령층의 요구와 청년층의 요구는 서로 상충된다. 베이징을 수용하려는 정치 지도부의 의지는 타이완의 성장과 양자 간 무역협정 체결 능력, 역내포괄적경제동반자협정(RCEP) 등 다자간 협정에 참여하는 능력에 영향을 미칠 수 있다. 총통과 경제부는 기본 정책을 지배하며, 입법자들은 지역구에 이익을 제공해 줄 자원을 찾는다. 선거철이 되면 유권자들은 최우선 과제인 경제에 대한 기대치를 충족하지 못했다고 판단되는 정권을 퇴출시킬 수 있다.

에너지 정책은 원래 국가의 정치 지도부에 의해 공식화되었고 행정원의 기관들에 의해 수행되었다. 1980년대에 시작된 이러한 기술주의적 접근은 민진당과 시민사회로부터 특히 원자력 에너지의 안전성에 대한 비난을 받았다. 정보기술 분야가 원자력을 지원한 것은 원자력이 전기의 지속적인 공급에 대한 필요를 충족시킬 가능성이 높았기 때문이다. 이 정책은 정치권력이 국민당에서 민진당으로 이동하면서 바뀌었다. 재생에너지가 그 공백을 메울 수 있을지에 대한 전망은 불확실하지만, 현재의 정책은 원자력발전의 완전한 제거를 요구하고 있다. 한편, 어떤 정치 지도자도 전기 요금을 인상함으로써 대중의 분노에 맞서려 하지 않았다.

과도기적 정의 프로젝트의 이니셔티브는 2016년 총통선거 운동 기간 동안 민진당 내부에서 나왔다. 차이잉원은 이 문제를 중요한 문제로 취급했다. 민진당이 집권하자 그녀는 입법원에서 민진당에 우선권을 주려는 의원총회의 강한 열망을 수용한 것으로 보인다. 민진당은 입법원에서 다수당이었기 때문에 누가 이 프로젝트를 시행할 것인지, 어떤 규범을 따를 것인지를 지정할 수 있었다. 행정원은 과거에 그러한 문제에 대한 책임이 없었기 때문에 할 수 있는 역할이 거의 없었다. 이 투쟁에서 국민당의 유일한 '동맹'은 사법부였으며, 사법부는 부당당산처리위원회와 과도기정의위원회가 제안한 조치 중 일부를 수행하지 못하도록 막았다.

중국에 대한 정책에서, 베이징을 얼마만큼 수용할 것인지를 논의했던 것은 정당들과 그들의 지도자들이었다. 재계는 양안 무역과 투자를 촉진하는 정책을 선호했다. 다른 단체들은 경제적 의존에서 정치적 종속으로 향하는 미끄러운 경사를 걱정했다. 대중은 베이징의 적대 행위를 유발하지 않는 절제된 정책을 지지했다. 군대는 국방 전략 등을 놓고 의견이 갈렸다. 충분한 억지력을 만들기 위해서는 첨단 장비가 필요했다. 이러한 억지력을 위해 돈을 지불하는 것은 더 넓은 '예산 정치', 즉 낮은 세입과 지출 파이 분할에 의해 발목이 잡혔다.

2020년 초에는 타이완 정치 체제에 또 다른 시험대가 제공되었다. 코로나19의 방역은 예외적으로 잘 수행되었다. 2020년 중반까지 타이완은 473명의 환자와 7명의 사망자를 기록했다.[18] 국경 통제, 감염 여부 테스트, 연락처 추적 및 검역을 성공적으로 수행해 코로나19 감염자 수를 낮게 유지했다. 정치 체제 대응의 몇 가지 특징이 이러한 성공에 기여했다. 차이잉원 정부의 지도부는 단결되고 진지하며 투명했다. 사람들은 감기에 걸렸을 때 습관적으로 마스크를 착용했기 때문에 코로나19 바이러스에 관한 한 마스크를 쓰도록 하기 위해 공식적인 설득이 크게 필요하지 않았다. 입법위원들은 그러한 이해관계를 잘 알고 있었기 때문에 이 문제를 정치화하지 않았다(즉, 타이완은 이 문제에 대해 좋은 지도자와 추종자 모두 가지고 있었다). 하지만 가장 중요한 요인은 전염병에 대한 타이완 공중보건기관의 대응 능력이 향상되었다는 점이다. 그들은 2003년 초에 사스(SARS)가 발병한 이후 좋은 성과를 거두지 못했으나, 그 이후 결함을 찾아내고 표준 운영 절차를 수정해 준비태세를 높은 수준으로 끌어올렸다. 요컨대 정치 지도층, 기술관료, 정치인, 그리고 대중이 함께 노력해서 모범적인 결과를 만들어낸 것이다.

타이완의 민주주의에 대한 시민들의 태도

타이완 국민들은 자신들의 정치 체제에 대해 엇갈리고 복합적인 견해를 가지고 있다. 태도에 대한 가장 좋은 정보 출처는 아시아바로미터조사(ABS)로, 네 차례에 걸쳐 타이완의 태도에 대해 질의했다. 2001년 여름(민진당이 처음으로 총통에 당선되고 나서 1년 후), 2006년 겨울, 2010년 겨울(국민당이 총통 자리를

표 13-1 | 타이완과 한국의 민주주의에 대한 태도(2001~2015년)　　　　　단위: %

		타이완 (2001년 여름)	타이완 (2006년 겨울)	타이완 (2010년 겨울)	타이완 (2014년 여름/겨울)	한국 (2015년 가을)
민주주의에 대한 일반적인 태도	민주주의에 문제가 있을 수 있지만 민주주 의는 여전히 최고의 정부 형태이다			90	88	89
	의회와 선거를 제고하고 강력한 지도자가 결정을 내리도록 해야 한다	22	18	17	16	20
	단 하나의 정당만 선거에 출마하고 공직을 맡을 수 있어야 한다	18	12	10	8	15
	군대가 나라를 통치하도록 개입해야 한다	8	7	5	4	9
	우리는 선거와 의회를 제거하고 전문가들 이 국민을 대신해 결정하도록 해야 한다	17		14	12	21
타이완의 민주제도에 대한 태도	민주주의의 작동 방식에 만족한다	53	59	70	64	63
	민주주의는 사회의 문제를 해결할 수 있다	58	62	65	61	76
	민주주의는 우리나라에 적합하다	59	68	74	78	84
	우리나라는 얼마나 민주주의인가(완전한 가 또는 사소한 문제가 있는가)?		53	63	60	68
	민주주의는 경제발전보다 더 중요하다	11	16	16	19	23
	정치자유의 보호는 경제불평등 해소보다 더 중요하다			17	21	16
	민주주의는 언제나 바람직하다	45	50	52	47	63

자료: Yun-han Chu, and others, "Re-assessing the Popular Foundation of Asian Democracies: Findings from Four Waves of the Asian Barometer Survey," Working Paper Series 120(Asian Barometer, 2016).

되찾고 나서 2년 후), 그리고 2014년 여름의 일이었다.[19] 민주주의 전반에 관한 결과와 비교하기 위해 2015년 타이완과 한국을 대상으로 한 아시아바로미터 조사의 결과를 〈표 13-1〉에 제시했다.

　2010년과 2014년에 실시된 여론조사에 따르면 타이완 국민들은 문제가 무엇이든 간에 여전히 민주주의가 최고의 정부 형태라는 생각을 강하게 지지하는 것으로 나타났다(2010년 90%, 2014년 88%). 그들은 민주주의에 대한 여러 가지 대안 ─ 독재자, 군부, 일당, 기술관료에 의한 통치 ─ 을 반대하고 있다. 이러한 대안들 중에서 가장 명확한 기준점은 1980년대 후반까지 타이완에서 지속된 권위주의 체제와 오늘날 중국(중화인민공화국)의 권위주의 체제이다.

타이완에서 실시한 가장 최근의 설문조사 결과에 따르면, 조사 대상자의 64%가 타이완에서 민주주의가 작동하는 방식에 만족하고 있으며, 응답자의 4분의 3 이상이 민주주의가 타이완에 적합하다고 생각하는 것으로 나타났다. 하지만 다음과 같은 몇 가지 모순된 의견도 있었다.

- 응답자의 60%만이 자신들의 정치 체제가 완전한 민주주의이거나 사소한 문제만 있는 민주주의라고 말했다.
- 응답자의 47%만이 민주주의를 항상 선호한다고 말했다.
- 경제발전보다 민주주의가 더 중요하다고 답한 응답자는 19%에 불과했다.
- 응답자의 21%만이 정치적 자유가 경제적 평등을 줄이는 것보다 더 중요하다고 보았다.

2014년 말 타이완 응답자들은 비슷한 시기 다른 나라 국민들보다 민주주의 체제에 대해 덜 긍정적이었다. 예를 들어, 타이완 사람들의 61%만 민주주의가 사회의 문제를 해결할 능력이 있다는 데 동의한 반면, 일본인의 77%, 한국인의 76%, 인도네시아인의 87%, 말레이시아인의 82%, 필리핀인의 65%가 그렇게 생각했다.

2012년 세계가치관조사World Values Survey: WVS는 응답자들에게 민주주의의 필수 요소에 대해 물었다. 0부터 10까지의 척도를 사용했는데, 10은 반드시 필수적임을 의미했다. 평균 점수가 8점 이상으로 가장 강력한 지지를 받은 요소는 자유선거를 통해 지도자를 선출하는 것, 정부의 억압으로부터 보호하기 위해 시민권이 존재하는 것, 남성과 여성이 동등하게 인정되는 것이었다. 부와 소득을 동등하게 하고 실업자를 돕는 정부 정책에 대해서는 온건한 지지(평균 6.44~7.43점)가 더 많았다.[20]

타이완의 민주주의를 연구하는 학자인 주윈한(朱雲漢)과 황민화(黃旻華)는 2007년 아시아바로미터조사 데이터를 분석함으로써, 응답자들의 민주주의에 대한 일반적인 지지와 자유민주주의 가치에 대해 그들이 고수하는 정도를 측정하고자 했다. 따라서 응답자들은 네 개의 그룹, 즉 ① '일관된 민주주의자'(타이완의 민주주의 체제와 자유주의 가치에 대해 높은 지지를 보임), ② '비(非)민주주의자'(두 변수 모두에 대해 낮은 지지를 보임), ③ '피상적 민주주의자'(입으로는 민주주의를 옹호하지만 반민주주의적인 태도를 많이 가지고 있음), ④ '비판적 민주주의자'(자유민주주의 원칙을 믿지만 "특정한 역사적 맥락에서 민주주의의 바람직함, 적합성, 효과 또는 우선순위에 대해 다소 유보적인 태도를 보임")로 분류되었다. 조사 결과에 따르면 타이완 시민의 절반이 비판적 민주주의자이고, 4분의 1은 일관된 민주주의자인 것으로 나타났다. 즉, 응답자의 4분의 3은 자유 및 민주주의의 가치를 믿지만, 그중 3분의 2는 실제로 민주주의의 가치에 대해 회의적인 입장을 보였다(조사된 사람들 가운데 6분의 1은 비민주주의자이고 8%는 피상적 민주주의자였다).[21]

세계가치관조사는 타이완 사람들에게 국내 기관을 얼마나 신뢰하는지에 대해 물었다. 2012년에 이 조사에 따르면 민주주의와 관련된 기관들에 대한 평가가 좋지 않았다. 응답자들이 다음과 같은 기타 기관들에 대해 '대단한 신뢰' 또는 '꽤 많은 신뢰'를 보인 비율은 다음과 같았다.

- 은행 76.1%
- 환경단체 73.6%
- 중앙정부 44.8%
- 공무원 59.4%
- 종교 단체 66.7%
- 경찰 62.1%

- 군대 52.9%
- 법원 47.5%
- 언론 28.4%
- 입법원 27.6%
- 정당 22.4%[22]

언론, 입법원, 정당에 대한 지지도가 낮다는 것은 놀라운 일이 아니다. 왜냐하면 그러한 기관들은 일반적으로 평판이 좋지 않기 때문이다. 하지만 국민들이 경찰이나 군대보다는 환경단체에, 법원보다는 종교단체에, 입법부나 정당보다는 공무원에게 더 많은 신뢰를 갖고 있다는 사실은 여전히 흥미롭다. 또한 흥미로운 점은 적어도 2012년에는 29세 이하의 응답자가 나이 든 집단보다 정치 제도에 대해 동등하거나 더 큰 자신감을 가지고 있었다는 것이다. 하지만 타이완 문제와 씨름하는 데서 핵심적인 역할을 하는 기관들(입법원과 정당들)이 자신감을 거의 갖지 못한다는 것은 우려스러운 문제이다.

타이완의 입법위원들이 존경을 받지 못하는 이유 중 하나는 부패에 대한 그들의 평판 때문인데, 이는 충분히 그럴 만한 것으로 보인다. 앞서 국제투명성기구의 부패인식지수Corruption Perception Index: CPI에서 타이완의 순위가 2007년 이후 개선되었다고 지적한 바 있다. 2019년에 타이완은 세계 28위에 올랐다. 동아시아에서는 호주와 뉴질랜드를 제외하고 싱가포르, 홍콩, 일본에 이어 4위였다. 타이완의 점수는 100점 만점에 65점이었다. 싱가포르 85점, 홍콩 76점, 그리고 일본은 73점이었다.[23] 타이완과 싱가포르, 홍콩과의 격차는 타이완에 개선의 여지가 있음을 시사한다.

물론, 부패인식지수는 의원들(입법위원들)에 대한 여론보다 더 많은 것을 조사했지만, 부패에 대한 인식이 심각한 수준이라는 일화적인 증거는 많다. 예를 들어 검찰은 2020년 9월 입법위원 3명과 전직 입법위원 1명을 업무상 분쟁에 연루된 데 대한 부패방지법 위반 혐의로 기소했다. 2명은 국민당 당원이었고, 다른 2명은 각각 민진당과 소수당 시대역량(時代力量) 소속이었다.[24] 이런 행태가 지닌 더 큰 의미는, 정부 인사들이 관직을 이용해 개인 재산을 늘릴 경우 그들은 타이완의 미래에 영향을 미치는 이슈들을 다루는 데 집중하지 않을 수도 있다는 것이다. 정부 인사들은 또한 시스템의 무결성에 대한 신뢰를 약화시킨다. 부패로 약화된 민주주의 체제는 타이완뿐만이 아니다. 미국은 확실히 정치적 타당성의 빛나는 사례가 아니다. 하지만 타이완의 독특한 상황 아래에서 타이완 정치인들은 큰 그림을 무시하고 지대추구에 시간을 보낼 여유가 있을까?

세계가치관조사는 정치적 참여의 유형과 관련해 타이완 사람들이 중요하게 여기는 것들의 변화를 보여준다. 물론, 그들은 선거에서 투표에 높은 가치를 두고 있다. 지방선거에서 항상 투표했다고 답한 응답자는 59.6%, 전국선거에서 항상 투표했다고 답한 비율은 70.6%였다. 지방선거와 전국선거에 참여한 적이 없다는 응답은 각각 10.3%, 5.2%에 불과했다. 게다가 81.8%는 선거가 유권자들에게 진정한 선택을 제공한다고 믿었다. 더 많은 85.9%는 선거가 그들의 가족이 잘살 수 있게 하는 데 매우 또는 다소 중요하다고 믿었다. 하지만 응답자의 71%는 정치에 대해 관심이 없거나 전혀 관심이 없다고 답했다. 그들 중 약 4분의 1이 탄원서에 서명하고 평화 시위에 참여했다.[25]

타이완 국민의 61%만이 민주주의가 사회의 문제를 해결할 수 있다는 데 동의하고 47%만이 민주주의가 항상 바람직한 제도라고 생각한다는 사실이 드러났다.[26] 아시아바로미터조사는 "가장 놀라운 추세는 총통, 중앙정부, 입법원, …… 그리고 정당들 …… 같은 주요 민주주의 기관에 대한 대중의 신뢰가 급격히 낮아지고 있다는 것이다. 권력이 바뀔 때마다 진자의 극적인 스윙이 반복되는 패턴은 …… 민주주의 체제의 기초적 정당성에 많은 피해를 입혔다"[27]라고 경고한다. 앞 장에서 정책 현안을 둘러싼 역기능 정치에 대해 분석한 내용은 조사 결과에 근거가 있음을 시사한다. 더욱이 타이완의 현대 민주주의에는 대중의 신뢰를 약화시킬 수 있는 몇 가지 특징이 있다. 일부 특징은 시스템이 설계된 방식에서 비롯된다. 다른 특징은 대의제 제도와 절차를 우회하려는 시민들의 시도의 일부이다.

차선의 성과의 원천으로서의 기관

민주주의로 이행한 이후로 정치를 형성하는 것은 제도였다. 선거는 정당의 상대적인 힘을 결정짓고, 무엇보다 행정부와 입법부의 상호작용이 정책을 결정한다. 타이완 정치의 일부 측면은 이러한 제도의 설계에서 비롯된다. 양극화, 다수결주의, 제3당 형성, 비토크라시Vetocracy*의 힘이 바로 그것이다.

양극화

토머스 캐러더스Thomas Carothers와 앤드루 오도너휴Andrew O'Donohue는 『분열된 민주주의: 정치적 양극화의 지구적 도전Democracies Divided: The Global Challenge of Political Polarization』에서 많은 민주주의 국가에서 '제로섬 정치'로 향하는 추세에 대해 체계적이고 비교적인 분석을 제시하고 있다. 정당들이 경쟁자들과의 차별화를 추구함에 따라 민주적 제도에서 일부 양극화는 불가피하다. 경쟁은, 특히 정치 체제의 성능을 향상시킨다면, 나쁜 것이 아니다. 하지만

---

*　비토크라시(Vetocracy)란 미국 스탠퍼드대학교의 프랜시스 후쿠야마(Francis Fukuyama) 교수가 미국의 양당 정치를 비판하면서 만든 용어로, 상대 정파의 정책과 주장을 모조리 거부하는 극단적인 파당 정치를 의미한다. _옮긴이 주

『분열된 민주주의』에서 저자들은 갈라진 틈이 더 이상 교차되지 않고 누적되는 소위 '심각한 양극화'에 초점을 맞추고 있다. 각 당의 의원들은 모든 주요 쟁점에 대해 높은 수준의 공감대를 형성하고 있다. 정당 간의 차이는 '원칙적인 이슈에 기반한 차이점'을 넘어 사회적 정체성의 '분리'에까지 이른다.[28]

타이완은 심각하게 양극화된 민주주의 국가로 규정될 수 있는가? 타이완 정치를 관찰하면서 느낀 인상은, 타이완 정치가 매우 접촉 스포츠contact sport라는 것이다. 그리고 때로는 문자 그대로 그러하다. 한쪽에 있는 정치인들은 종종 상대방의 동기가 가장 나쁘다고 생각한다. 심지어 그들은 자신들의 동기가 최선이라고 생각하기도 한다. 많은 정책적 이슈에서 정당에 가입하는 것은 자신의 실질적인 위치를 결정한다. 정체성과 정치적 충성에 대한 논쟁은 정치적 담론의 중심 부분이다. '국민당 진영'과 '민진당 진영'이 타협하는 것은 어렵다. 갈등과 마찬가지로 번창하는 대중 매체는 정치권의 양극화를 악화시킨다. 결과는 종종 제로섬 경쟁you-live-I-die[중국어로는 니휘워쓰(你活我死)_옮긴이]이 된다. 중국(중화인민공화국) 요인은 상당한 복잡성의 층을 추가하지만, 그것이 분열의 유일한 원천은 아니다.

다수결주의

양극화와 관련된 것은 2008년 이후 타이완의 정치 체제를 특징지어 온 다수결주의이다. 최다득표자를 당선시키는 총통 선출 방식의 편향은 확실한 과반수를 확보할 수 있는 후보를 선택하는 데 유리하다. 2005년 선거구 제도를 중선거구제multi-member district에서 소선거구제single-member district로 대체한 입법원선거의 제도 개혁도 비슷한 영향을 미쳤다. 2008년부터 하나의 정당이 총통과 입법부를 모두 장악하고 있다. 국민당은 2008년부터 2016년까지 내부 갈등을 겪으면서도 집권했다. 민진당은 2016년 총통선거와 입법위원선거 모두에서 국민당을 누르고 2024년까지 집권할 예정이다.

다수결 시스템에는 몇 가지 장점이 있다. 이 시스템은 선거 결과가 승자 독식 방식이기 때문에 더 적은 수의 정당 또는 최소한 더 적은 수의 대규모 정당을 만들어내는 경향이 있다. 정당이 적다는 것은 유권자가 선택해야 하는 정책 프로그램이 적다는 것을 의미한다. 타이완처럼 국가가 실존적 도전에 직면했을 때에는 경쟁하는 정책 프로그램의 수를 줄이는 것이 가치 있을 수 있다. 제안이 너무 많으면 혼란과 교착 상태가 발생할 수 있다. 입법부에서 정당 수가 적으면 집권 연정을 구성하는 데 필요한 시간이 줄어든다. 또한 지역구에서 위원을 선출할 경우 중선거구제에서 선출된 위원보다 유권자에게 더 민감하고 책임감을 지닌다. 후자의 경우, 위원 집단이 하나의 대선거구를 대표할 때 각 위원이 유권자의 요구에 주의를 기울이는 유인은 그 위원이 유일한 위원일 때보다 더 낮다.

하지만 다수결 시스템에는 단점도 있다. 입법위원선거는 승리한 정당에 유리하게 결과를 왜곡한다. 따라서 2016년에 민진당은 입법원 단일 위원 투표에서는 44.6%를 얻었지만 해당 의석 중에서는 68.5%를 얻었다. 타이완 입법원의 다수결주의 체제는 정치에서 제로섬적인 성격을 조장하는데, 이는 같은 날 실시되는 총통선거의 승자독식 특성으로 인해 확대된다.[29] 입법원에 대한 타이완의 선거 시스템은 별도의 정당 투표를 기준으로 34석의 비례대표와 결합함으로써 다수결주의의 왜곡을 완화한다. 하지만 여전히 왜곡이 존재한다. 예를 들어 2016년 민진당의 정당 득표율은 44.1%였는데, 의석은 52.9%를 얻었다.[30]

책임성과 관련해 행정부·입법부 다수결주의가 지닌 최악의 특징은 현재의 집권 권력이 임기 동안 최대한 많은 의제를 제정할 기회와 유혹을 갖고 있다는 점이다. 그중 대부분 또는 모든 의제는 다음 권력 이양에서 살아남을 것이라는 희망을 갖고 제정된다. 타이완에서 그런 기회의 기간은 최소 4년, 그리고 아마도 8년 동안 지속될 수 있다. 왜냐하면 총통이 두 번의 임기를 수행할 수 있기 때문이다.

다수파 주도의 권력 구성, 특히 행정부와 입법부의 다수당 간부회의가 긴밀한 조정을 통해 작업하는 권력 구성은 소수파 정당에 깊은 좌절을 야기할 수 있다. 소수파 정당은 행정부 정책에 거의 또는 전혀 영향을 미치지 않으며, 다수가 법안을 통과시키기로 결정한 경우 다수가 제안한 법안을 변경하거나 차단할 수 있는 투표권이 부족하다. 거리 시위와 일부 언론의 지지는 이러한 힘의 불균형을 어느 정도 보완할 수 있지만 야당의 좌절감을 부정하지는 못한다.

또한 파괴적인 도전을 할 동기가 커진다. 예를 들어, 2020년 6월에 입법원은 차이잉원 총통이 개인 지명한 사람을 옴부즈맨 기관인 감찰원의 원장 및 위원으로 고려할 예정이었다. 차이잉원 총통이 상정했던 후보는 천쥐(陳菊)였는데, 그녀는 1970년대부터 국민당 정권에 대한 반대자였으며 그 결과 감옥에 수감되었다. 최근 천쥐는 가오슝시 시장을 두 차례 연임했으며 차이잉원 총통의 비서실장이었다. 국민당 간부회의는 그녀에 대한 추인을 민진당에 강력하게 도전하기 위한 이슈로 선택하고, 천쥐가 가오슝시 시장 시절 업무를 잘못해서 시정을 망쳐 놓았기 때문에 감찰원장은 맡을 수 없다고 주장했다. 6월 28일 일요일 오후에 국민당의 일부 입법위원들이 회의실을 점거했다. 그들은 쇠사슬로 회의실 문을 고정시키고 두 번째 장애물로 의자를 쌓았다. 6월 29일 늦은 아침, 민진당 당원들은 쇠사슬을 자르고 회의실로 들어갔다. 몸싸움이 이어졌고, 한 시간이 지나서야 민진당 당원들은 연단을 장악할 수 있었다.[31] 몇 차례의 고군분투 끝에, 민진당의 다수가 압도함으로써 후보가 확정되었다.[32]

물론 그런 방식에서 민진당의 책임이 없는 것은 아니다. 민진당은 자신들이 영구적인 소수자 지위를 유지할 것처럼 보였을 때 동일한 전술을 여러 번 사용했다. 2014년 해바라기운동과 함께 시민사회는 민진당 간부회의로부터 적지 않은 도움을 받아 입법원에 대한 점령 행위에 들어갔다. 이러한 분출을 초래하는 좌절감과 선동자들이 자신들의 대의를 위해 끌어들이는 언론의 홍보에도 불구하고, 정규 입법과정의 규범을 존중하는 것은 어려움을 겪는다. 이에 따라 입법부가 상징하는 대의제 정부의 개념에 대한 존중도 함께 쇠퇴한다.

양극화와 다수결주의의 한계

타이완이 심하게 양극화되어 있고 다수결주의의 희생양이 되었다는 가설을 검증해 보면, '국민당 진영'과 '민진당 진영'이 통일되어 있지 않다는 것은 분명하다. 이미 언급했듯이, 각 진영은 이념과 실용주의의 정도에 따라 정의된 '하위 진영'으로 나뉜다. 스펙트럼은 통일을 지향하는 국민당 강경파에서부터 보다 실용적인 국민당 온건파 및 민진당 온건파를 거쳐 독립을 찬성하는 민진당 강경파의 스펙트럼까지 이어진다. 각 진영 내에서는 일부 사안에 대해 권력 다툼이 벌어져 왔다.

하지만 이러한 투쟁은 주요 정당마다 다른 방식으로 일어난다. 국민당 내에서 보다 타이완 진영에 속하는 국민당 온건파는 국민당 강경파의 지도부가 중국에 너무 수용적인 정책을 채택하는 것을 막으려 할 수 있다. 민진당 쪽에서는 민진당 온건파의 지도자가 총통으로 선출될 가능성이 높은데, 이는 부분적으로 그 또는 그녀가 보통의 중도층 유권자들에게 호소력을 지니고 있어 당선될 수 있기 때문이다. 그 결과, 그 사람은 독립을 향해 더 빨리 나아가고 대중의 주류 밖에 있는 다른 목표들을 추구하라는 민진당 강경파의 압력을 받게 될 것이다. 하지만 궁극적인 견제는 유권자들이 '국민이 선호하는 주류를 벗어난 것에 대해 처벌할 것'이라는 여당의 두려움이다. 2008년과 2016년의 선거 결과는 처음에는 천수이볜이, 그다음에는 마잉주가 한 방향으로 너무 멀리 갔다는 유권자들의 믿음을 반영했다. 그러한 견제는 존재하지만, 책임을 지고 있는 정당이 긍정적인 성과를 내려면 적어도 4년, 아마도 8년은 걸릴 것이다. 그것은 또한 유권자들이 현직 입법위원들을 교체하기 전에 많은 피해를 입힐 수도 있다.

당내 권력투쟁의 한 사례는 마잉주가 입법원장 왕진핑을 숙청하려고 했던 그의 두 번째 임기 때 일어났다. 표면적인 이유는 왕진핑이 기밀을 잘못 취급했다는 혐의였지만, 진짜 이유는 국민당 온건파였던 왕진핑이 자신의 지위를 이용해 입법 계획을 좌절시켰다는 마잉주 총통의 깊은 좌절감 때문이었다. 왕진핑은 반격했고, 마잉주는 물러나야 했다.

그 이후 2015년에 국민당은 총통 후보를 고르는 데 어려움을 겪었다. 주류의 견해를 가진 유력 후보일수록 차이잉원 후보의 당선이 확실하다고 믿었기 때문에 망설였다. 후보로 나서는 사람이 없자 국민당 강경파의 무명 인물이었던 홍수주(洪秀柱)가 경쟁 없이 후보에 올랐다. 하지만 중국(중화인민공화국)에 대한 그녀의 견해는 국민당으로서도 상당히 전향적이었다. 국민당 당원들은 그녀의 견해를 들을수록 더 신경이 쓰였다. 남부 출신의 타이완인인 경향이 있고 왕진핑을 지도자로 여기고 있던 국민당 온건파는 홍수주에 대해 반발했다. 2015년 10월, 총선을 3개월 앞두고 국민당은 그녀 대신에 주리룬(朱立倫)* 당시 신베이시 시장으로 후보를 교체했다. 후보 지명을 둘러싼 국민당 내부의 논쟁은 차이잉원이 주리룬을 압도적으로 이긴 이유들 중의 하나이다.

정당 내분의 또 다른 사례는 2018년 지방선거에서 민진당이 완패한 후에 일어났다. 민진당 강경파는 차이잉원이 추구해 온 정책들이 특히 독립 의제와 관련된 문제들에 대해 너무 온건하다고 주장하며 그녀를 비난했다. 그들은 차이잉원이 베이징의 타이완 정책에 도전하기 위해 더 많은 일을 했어야 했다고 말했다. 도널드 트럼프 대통령이 이끄는 미국이 타이완에 대해 전례 없이 강력한 지지를 보이고 있다는 점이 그러한 믿음을 강화시켰다. 일부 민진당 강경파는

---

* 2009년 9월 10일부터 2010년 5월 17일까지 타이완 행정원 부원장(부총리)을 역임했다. _옮긴이 주

차이잉원 총리에게 재선에 출마하지 말라고 압력을 넣기까지 했다. 이를 위해 차이잉원 정부에서 총리 직무를 수행해 온 라이칭더에게 총통 후보 지명에 도전하라고 독려했다. 차이잉원 총통의 지지자들은 라이칭더를 지지하는 나이 많은 민진당 강경파들이 벌인 비방 캠페인의 악랄함에 격분했는데, "특히 같은 당의 '동지'들 간의 경쟁이었기 때문에 더욱 분노했다." 결국 차이잉원은 후보 지명을 받았고 라이칭더를 부총통 후보로 선택했다.[33]

중국(중화인민공화국)에 관한 민진당 내부의 분열은 다른 쟁점들로 진행 중이다. 민진당 지도부가 정권을 잡고 유지하려면 경제를 신경 쓰지 않는다는 인상을 심어주는 일은 피해야 한다. 본토가 타이완의 번영에 미치는 영향이 워낙 크고 경제가 유권자들의 최우선 과제이기 때문에, 민진당은 비즈니스 촉진과 이념을 분리하는 방법을 찾아야 한다. 민진당의 치안판사와 시장들은 자신들의 성과가 부분적으로 관할 구역과 본토 경제 간의 유리한 경제적 유대를 유지하는 데 달려 있음을 이해했다. 마찬가지로 1990년대에 민진당과 연정을 맺었던 시민사회 단체들은 천수이볜 정부가 대기업을 수용하기 위해 민중의 이익을 희생했다는 결론을 내리고 새로운 세기, 즉 21세기 초에 민진당에서 탈당했다.

요컨대 국민당은 당내에서 본토인과 타이완인, 북쪽과 남쪽, 국민당 중앙과 지방 지부 간에 단결을 이루어내지 않고는 전국적 차원에서 승리할 수 없다. 민진당은 온건파와 강경파 간의 차이를 줄여 더 넓은 범위의 유권자에게 호소하지 않는 한 전국적 차원에서 승리할 수 없다.

이러한 분열은 또한 총통과 입법원 모두를 지배하는 정당의 정치적 영향을 제한할 수 있다. 마잉주 정부는 일부 의제를 추진할 수 없었다. 왜냐하면 부분적으로 마잉주 정부는 그것을 입법원에서 열린 국민당 당원대회를 지지하겠다는 단일 블록으로 취급할 수 없었기 때문이다. 당시 왕진핑 입법원장은 이러한 입법 독립의 모범을 보였지만, 그는 가장 명백한 예에 불과했다.[34] 민진당은 왕진핑 입법원장이 2년 전에 해바라기운동을 종식시키기 위해 협상했던 양안 경제협정에 대한 입법원 감독을 강화하는 법안을 제정할 목적으로 2016년 출범했다. 하지만 민진당 진영 내부의 분열 때문에 법률은 부분적으로 진전되지 않았다.[35]

이 에피소드는 입법원의 성격과 규범이 다수당의 우위를 제한할 수 있는 몇 가지 방법을 보여준다. 타이완 국립정치대학의 정치학자 황스하오(黃土豪)와 성싱위안(盛杏湲)은 '개별 입법위원뿐만 아니라 모든 크기의 정당이 어떻게 입법부에 다양한 접근 지점을 가지고 영향력을 행사할 수 있는지'에 대해 기록하고 있다. 결과적으로 많은 것이 제안되지만 상대적으로 달성되는 것은 거의 없다. 아울러 "입법에 대한 영향력이 정당마다 비교적 고르게 분포되어 있으며, 행정부와 다수당의 입법적 이점은 작다."[36]

두 정치권이 보이는 것처럼 통합되지 않았을 뿐만 아니라, 대중이 정치인만큼 양극화되지 않았다는 증거도 있다. 국가정체성에 대한 인식을 보다 엄격하게 조사한 결과, 사람들은 자신을 중국이나 타이완 둘 중의 하나가 아니라 '그 둘의 조합'으로 본다는 것을 알게 되었다. 세계가치관조사는 대체로 응답자들이 소득 불평등, 경제 소유권의 사유 또는 국유 여부, 정부 또는 국민 스스로가 국민의 복지를 책임져야 하는지 여부에 대해 중도적인 입장을 취하는 경향이 있는 것으로 나타났다.[37]

또한 타이완국가안보조사의 정당 충성도 조사 결과에 따르면 국민의 상당 부분이 민진당이나 국민당, 민진당 진영이나 국민당 진영 가운데 어느 한쪽에만 강하게 묶여 있지 않은 것으로 나타났다(〈표 13-2A〉 참조). 이 설문조사에서는 주요 정당을 '특별히 지지하는가', '대체로 지지하는가', 또는 주요 정당 쪽으로 '기울었는가'를 물었다. 해당 정당 중 하나와 관련이 있는 응답자만 살펴보면 분포가 양분되어 73~83%가 자신의 진영을 강력하게 지지하거나 대체로 지지한다. 그러나 전체적으로 응답자의 약 50%는 자신이 '중립적'이라고 답했거나, 응답하지 않았거나, 다른 정당(대부분은 소수 정당이다)과 연관되어 있다고

표 13-2A | 2017년의 정당 충성도(국민당 지지자, 민진당 지지자, 중립 유권자)   단위: %

구분	지지 수준	합계
국민당	변함없음*	16.7
	취약함	6.2
	합계	22.9
민진당	변함없음*	19.6
	취약함	3.7
	합계	23.3
중립**		50.5

표 13-2B | 2017년의 정당 충성도(국민당 지지자와 민진당 지지자만)   단위: %

지지 수준	국민당	민진당	합계
변함없음*	33.7	39.6	73.3
취약함	12.5	7.5	20.0

* '특별히' 또는 '대체로' 해당 정당을 지지하는 것, ** 중립 또는 다른 당(제3당)을 지지하는 것을 의미함.
자료: Taiwan National Security Survey, Program in Asian Security Studies, Duke University(https://sites.duke.edu/pass/taiwan-national-security-survey/).

말했다. 해당 그룹을 고려한다면 결과는 중간에 상당히 많은 중립 또는 무소속 유권자 그룹이 분포된 단봉 형태일 것이다. 이 분포는 단지 예시일 뿐이다. 왜냐하면 이 '중립' 그룹 중 얼마나 많은 사람이 진정한 무소속인지 알 수 없기 때문이다. 타이완 국립정치대학의 정치학자 유칭신(游清鑫)은 이 문제를 보다 정확하게 다루었는데, 그는 2012년까지의 선거를 바탕으로 진정한 무소속이 유권자의 최소 25%를 차지하는 것으로 추정하고 있다.

최근 선거를 통해 유권자들은 민진당 진영 지지자와 국민당 진영 지지자, 그리고 진정한 무소속으로 분열된 모습을 확인할 수 있었다. 정치적 상황의 변화와 결합된 이러한 추정된 감정 분포는 대선 결과에 영향을 미친다. 따라서 천수이볜 집권하에서 8년간 민진당이 집권한 이래, 마잉주가 2008년 58%의 득표율로 총통에 당선되었다. 다음 선거인 2016년 총선까지 현직 후보가 없었고 국민당의 인기는 크게 떨어져 차이잉원에게 큰 도전이 되지는 못했다. 따라서 차이잉원은 56%의 득표율로 승리했다. 그리고 2018년 지방선거에서는, 무소속과 소규모 정당을 제외하면, 국민당 후보가 55%, 민진당 후보가 45%를 얻었다.[38] 하지만 14개월 후 차이잉원 총통은 2016년보다 더 높은 비율로 재선되었다. 이 패턴이 시사하는 바는, 일부 유권자는 상황에 관계없이 자신의 정당에 투표하지만 상당한 유권자는 현직 정당의 성과에 따라 투표한다는 것이다. 이에 대해 유칭신은 "무소속은 종종 가까운 선거의 최종 결과를 결정하는 데 중추적인 역할을 한다. 그들은 또한 양극화된 사회에서 중요한 균형 역할을 한다. 이것은 정당 체제가 아직 안정되지 않은 타이완과 같은 초기 민주주의에서 특히 중요하다"[39]라고 지적한다.

제3당

주요 정당들이 열어둔 틈새를 메우기 위해 분파 정당들이 정기적으로 등장한다. 그 결과, 그들은 정책 문제에 대해 가장 밀접하게 연계되어 있는 진영의 응집력과 결속력을 약화시키고 정치 체제의 일정한 파편화를 야기한다. 제3당의 존재는 국민당 및 민진당이 겉으로 보이는 것만큼 견고하지 못하다는 점, 실제로 양극화가 보기보다 약하다는 점도 보여준다.

쪼개짐은 다른 이유로 발생한다. 하나는 거대 정당들 중 일당 내의 이념 분열이다. 예를 들어 국민당 강경파의 보수주의자들은 1993년 국민당을 탈당해 신당을 창당했는데, 이는 리덩후이가 점점 더 타이완 정체성을 강조하는 것을 좋아하지 않았기 때문이다. 정치적 경험은 또 다른 자극제가 될 수 있다. 2014년 해바라기운동 이후 시대역량을 창당한 청년들은 그 운동의 성공을 이용하고자 했다. 시대역량의 지도부는 또한 어느 정당도 노동계급의 이익에 관심이

없다고 믿었기 때문에 시대역량은 그 틈새를 메우려고 노력했다. 지배적 양당
체제에서 소외된 정치인들이 관련성을 유지할 수 있는 수단으로 새로운 당이
등장하는 경우도 있다. 이에 리덩후이는 2000년 총통직에서 물러난 뒤 민진당
강경파에 속하는 타이완단결연맹(台灣團結聯盟)을 결성했다. 같은 해 쑹추위
는 국민당 강경파에 속하는 친민당(親民黨)을 결성했다.

결과적으로 국민당과 민진당은 그들 스스로 떠날 수 있는 선택권을 가지고
있기 때문에 다양한 지도자와 파벌의 절대적인 충성심에 의존할 수 없다. 2020
년 총통선거에서는 타이완민중당(台灣民衆黨)이 창당되었다. 이 당은 무소속
타이베이시 시장인 커원저(柯文哲)의 조직적인 수단이자 증가하는 포퓰리즘
정서를 반영하는 것이기도 했다.

제3당에 대한 지지는 그 당들이 민진당과 국민당에 대한 긍정적인 대안으로
보이는 것을 제시하기 때문에 창당 직후 가장 강력하다. 하지만 1990년대 중반
이후 등장한 제3당들은 모두 성장을 위한 내재된 한계에 직면했기 때문에 크게
성장하지는 못했다. 그들은 종종 지리적인 지역구에서 총통이나 입법위원을
선출하는 데 필요한 조직이 부족하다. 그들이 영향력을 행사할 수 있게 해주는
것은 입법위원선거의 정당명부 기능으로, 이는 유권자들이 자신이 선호하는
정당뿐만 아니라 지역구 대표에게도 투표하는 방식이다. 소규모 정당이 전체
정당명부 투표의 5% 이상을 얻으면 그 투표의 점유율을 기준으로 의석이 부여
된다. 예를 들어 2020년까지 친민당은 소수의 입법원 의석을 얻기 위해 국민당
강경파의 유권자들로부터 충분한 지지를 얻었고, 친민당 쑹추위 주석은 종종
총통선거에 출마함으로써 지지를 강화하려고 노력했다. 소수 정당을 장악한
입법자들은 표를 얻기 위해 두 거대 정당과 흥정을 한다.

2020년 입법위원선거에서 정당명부 투표는 크고 작은 정당들의 상대적인
힘을 갱신했다. 민진당은 차이잉원보다 23% 적은 34%의 득표율을 기록했다.
국민당은 33%를 얻었고 나머지 정당들은 3위를 차지했다. 친민당 및 타이완단

결연맹은 모두 5% 미만의 득표율로 의석을 얻지 못했다. 시대역량은 5석에서 3석으로 떨어졌지만, 커원저가 이끄는 타이완민중당은 11%의 득표율에 5석을 얻었다. 이러한 결과에 대한 가장 그럴듯한 설명은 상당수의 유권자(아마도 청년들)가 차이잉원 총통이 계속 총통직을 유지하기를 원했거나, 한궈위가 총통이 되는 것을 막고는 싶었지만 민진당의 성과에 만족하지 못했다는 것이다. 정당 투표에서 타이완민중당에 투표하는 것은 그들이 그러한 메시지를 전달하는 방법이었다.

거대 정당들 중 어느 정당도 입법원에서 절대 다수를 차지하지 못할 때 소수 정당이 가장 큰 영향력을 갖는다. 그러한 상황에서는 다수당이 쟁점별로 과반수를 확보하기 위해 소수 정당과 협상을 해야 한다. ≪타이베이 타임스≫의 사설은, 소규모 정당들은 입법원의 문화에 긍정적인 영향을 미칠 수 있는 제3의 세력을 함께 형성할 수 있다고 지적한다. "타이완의 정치는 비효율적인 당파적 봉쇄로 인해, 그리고 당혹스러운 입법부 및 의회 원내 갈등 ─ 모든 단일 문제에 대해 순전히 양극화된 접근 방식을 취하는 정체된 부족주의로 인해 악화된 ─ 으로 인해 고통 받고 있다. 정부 제안의 성공과 실패의 차이를 의미할 수 있는 득표율을 지닌 소수 정당을 갖는 것은 틀림없이 더 합리적인 토론을 장려할 것이다."[40]

비토크라시

여당 다수당의 프로그램에 반대하는 사람들은 그 프로그램을 막기 위해 선거와 선거 사이에 제도의 다양한 구멍을 이용할 수 있다. 이러한 현상의 악명 높은 사례는 입법 계획을 지연, 희석, 또는 차단하기 위해 입법원의 과정을 조작하는 것이다. 이런 일은 국민당이 입법원의 과반수를 차지하고 있었고 국민당이 원하는 법안을 통과시켜야 했던 마잉주 집권 시기에 가장 흔했다. 하지만 법안은 최종 표결에 들어가기 전에 '협상회의(協商會議)'에서 논의되어야 했다.

입법원 의석이 3석 이상인 정당은 위원회에서 동등한 대표성을 가졌는데, 이 경우 다수당의 입법원 마진이 얼마나 큰지는 중요하지 않았다. 이러한 구성의 아이러니한 점은 당시 국민당 부주석이자 국민당에서 타이완 진영 지도자였던 왕진핑 의장이 이를 주도했다는 것이다. 그는 자신의 권력을 마잉주 총통이나 행정원보다 강화하는 데 자신의 역할을 활용했고, 이 과정에서 민진당에 도움을 주었다.[41] 2016년 민진당이 입법원을 장악했을 때 위원회 회의를 대중에게 공개함으로써 그러한 종류의 반다수결주의적 전술의 가능성을 줄였다.

다수당의 계획이 좌절될 수 있는 다른 방법들도 있다. 야당 입법위원들, 또는 다수당 파벌의 입법위원들은 정기적인 청문회나 위원회 회의에서 행정원 관계자들을 대중의 비판에 굴복시킬 수 있다. 입법위원들은 특정 프로그램에 대한 예산을 삭감하겠다고 위협할 수 있다. 시민사회 단체들은 시위나 다른 유형의 공공 행동을 통해 행정부를 방어적으로 만들 수 있다. 대규모 시위도 같은 효과를 낼 수 있으며, 아울러 대중매체는 시위대의 시위 원인을 증폭시킬 수 있다.

이것은 비토크라시의 힘을 보여준다. 해마다 어느 정도 일관성 있게 예산을 나누는 것은 기관, 의원, 이익단체 연합이 예산에서 차지하는 상대적 비중을 보전하고 다른 이들의 몫이 확대되는 것을 차단할 수 있음을 시사한다. 세금과 전기료 인상에 대한 기업과 국민의 강한 혐오감은 어떤 정권에서든 정책을 변화시킬 수 있는 역량을 제약한다. 국민당은 과도기적 정의 운동의 일부 움직임을 저지하기 위해 법원을 이용할 수 있었다.

정부 조치에 대한 장애물은 선제적으로 설치될 수 있다. 가장 중요한 예는 2019년 5월 입법원이 통과시킨 '타이완 지구와 대륙 지구 인민관계 조례(台灣地區與大陸地區人民關係條例)'*의 개정안이었다. 이 개정안은 '중요한 헌법적

---

*　영어 명칭은 Act Governing Relations between the People of the Taiwan Area and the

또는 정치적 효과'가 있는 중국(중화인민공화국)과의 협정 초안을 고려하는 절차를 확립했다. 이 법안은 집권 민진당이 2020년 총통선거와 입법위원선거 이후 권력을 잃을 것이라고 우려하던 시기, 그리고 새 정부가 베이징과 평화협정을 협상할 것이라고 우려하던 시기에 제정되었다.[42] 모든 협정을 승인하는 데 필요한 단계는 다음과 같다.

- 먼저 이 제안이 '중요한 헌법적 또는 정치적 효과'가 있는지 여부에 대한 결정이 있을 것이다(이 용어는 정의되지 않았으며 결정을 위한 절차도 확립되지 않았다).
- 그런 다음, 행정원은 협상이 시작되기 최소 90일 전에 입법원에 '서명 계획'과 '정치 영향 평가 보고서'를 제출할 것이다.
- 다음으로, 재적 입법위원 4분의 3이 참석한 회의에서 입법위원 4분의 3이 계획을 승인할 것이다.
- 베이징과의 회담이 시작되면, 수석 기관은 입법원에 '적시 보고'를 할 것이다. 행정원이 협상이 불가능하다고 판단하면 협상을 종료시킬 수 있다. 입법원도 같은 결론을 내리면 다수결로 회담을 취소할 수 있다.
- 합의문 초안이 도출되면 총통 서명 후 15일 이내에 발표되기를 바란다.
- 합의안이 효력을 발휘하려면 재적 입법위원 4분의 3이 참석한 가운데 입법위원 4분의 3의 과반수 의결을 거친 이후 국민투표에서 유권자 절반의 찬성을 얻어야 한다.[43]

현실적으로 말하자면, 이러한 일련의 절차적 조치의 최종 결과는 모든 주요 정당의 지지 없이는 어떠한 합의도 결코 발효될 수 없다는 것으로, 이 경우 입

Mainland Area이며, 양안 조례(兩岸條例, Cross-Strait Act)라고도 불린다. _옮긴이 주

법 및 대중의 승인이 그러한 지지에 해당할 가능성이 더 높을 것이다(이 법은 왕진핑이 해바라기운동 지도자들에게 입법원에 대한 점령을 끝내도록 약속했던 법률이 아니었다. 해당 법안은 경제협정을 지배하고 있으며 아직 불확실한 상태에 있다).

미국 스탠퍼드대학교의 프랜시스 후쿠야마Francis Fukuyama 교수가 선진적인 정치 체제가 붕괴할 수 있는 핵심 방법 중 하나라며 비판한 흐름인 비토크라시 행위자들은 미국에서도 월등한 권력 수준을 갖고 있다. 후쿠야마는 "잘 작동하고 합법적인 정권은 정부 권력과 국가를 제약하는 제도 사이에 균형을 이룰 필요가 있다. 한편으로는 국가 권력에 대한 불충분한 견제로 인해, 다른 한편으로는 집단행동을 방해하는 사회 집단에 의한 과도한 거부권으로 인해 어느 방향으로든 균형이 깨질 수 있다"[44]라고 논한다. 후쿠야마는 타이완 정치 체제가 지닌 불균형을 이러한 불균형 중 둘째 원인에 기인한 것으로 간주할 가능성이 크다.

기관의 우회

1990년대 초에 세워진 민주주의 체제의 전제는 정치는 기관, 특히 정당과 입법원을 통해 진행될 것이며, 타이완의 유권자들은 선거에서 성과를 판단할 것이라는 것이었다. 하지만 그러한 기관들이, 특히 성과가 만족스럽지 않다면, 영원히 존경받을 것이라고 믿을 이유가 없었다. 그럴 경우, 새로운 정치 방식이 등장할 것이고 새로운 방식은 기존 기관들이 효과적이고 관련성을 유지하려면 스스로 적응해야 하는 부담을 줄 것이다.[45] 예를 들어, 정보기술의 변화는 사람들이 선호하는 정치 참여의 종류를 변화시켰다. 국립타이완대학의 정치학자 황민화는 타이완에서 투표와 시위 같은 시민 행동주의 형태 사이에 균형을 발견하고 다음과 같이 논했다.

사회적 의사소통의 변화는 …… 정치 참여에 현저한 영향을 끼친다. 사람들은 정치에 관여하는 전통적인 통로에 만족하지 않고 자신들의 정치적 견해를 말하고 정치에 영향을 미치는 직접적인 수단을 채택하려는 경향이 있다. …… 인터넷의 발달은 정보의 흐름을 촉진하고 의사소통의 시공간적 제약을 깨뜨려 집단행동을 함께 조직하기 쉽게 만들며, 그 결과 사람들은 전통적인 선거 참여 방식에 비해 운동권 참여에 의한 보다 직접적이고 즉각적인 조치를 통해 정치 문제에 참여할 수 있다. 이러한 경향은 특히 청년 세대에서 두드러진다.[46]

2008년 이후 세 가지 우회 방식, 즉 ① 시위문화(정치적 권리를 적극적으로 행사), ② 정책 문제를 결정하기 위한 국민투표권 행사 촉진, ③ 포퓰리스트 및 비기득권 정치인에 대한 유권자의 끌림이 보편화되었다.

시위문화의 출현

타이완의 권위주의 후반기에는 정치 체제를 개방하려는 야당인 당와이(黨外)의 주기적인 노력을 보완하는 사회적 저항 운동이 일어났다. 가장 두드러진 운동 중 하나는 1986년 창화현의 루강(鹿港) 마을에서 일어났다. 주민들은 지역 산업지대에 듀퐁 티타늄 산화물 공장을 건설하는 데 항의했다. 공장 건설로 발생하는 오염이 어업에 피해를 입히고 사원을 손상시키며 관광 산업을 방해할 것을 우려했기 때문이다. 1987년 초까지 계속된 시위로 인해 듀퐁은 결국 프로젝트를 루강에서 타오위안현으로 더 북쪽으로 옮겼다.[47] 그 이후 시민사회 단체는 다양한 이슈로 확산되었다. 공교롭게도 1986년 창당된 민진당의 한 파벌은 정치권력을 얻기 위한 가장 효과적인 방법이 시민사회 단체와 협력하는 것이라고 주장했다.

하지만 민주주의로의 이행이 완료된 이후 2000년대 후반까지 정치는 주로 민진당과 국민당 같은 정당을 통해 흘러들어갔다. 총통선거와 입법위원선거를 통한 대의민주주의가 일반적이었고, 발의권, 국민투표권, 소환권 등의 메커니즘을 통한 직접민주주의는 일반적이지 않았다. 정책에 대한 논쟁은 입법원 내부와 입법원과 행정부(기술정치) 기관들 사이에서 일어났다. 시민사회 분야가 존재해 입법 집행의 이중화에 대한 견제를 제공했지만 여전히 상대적으로 미약했다. 2000년 선거에서 민진당이 정권을 잡고 시민사회 단체들이 더 많은 정치적 영향력을 기대했을 때에도 그들은 곧 실망했는데, 천수이볜 정부가 시민사회 단체의 의제를 무시하고 점점 더 '기업 이익'에 경도되었기 때문이다(천수이볜은 정책적 이유가 아니라 정치적 이유로 국민투표를 사용했다).[48] 시민사회 단체들은 시위가 일어날 정도로 권위 자체를 겨냥하기보다 정책 현안에 치중했다.

정당을 통한 정치 행태는 2008년 마잉주 총통이 취임한 이후 바뀌기 시작했다. 타이완에서 발생하는 시위 건수는 2006년에 거의 800건에 달했다가 2008년과 2009년에 400건 이상으로 떨어졌다. 2012년과 2013년에는 500~600건까지 다시 증가했다. 2012년과 2013년 2년 동안 30개 이상의 행사에 1000명이 넘는 참가자가 모였다. 2010년부터 경찰과의 충돌이 발생한 '대치 시위' 횟수는 100여 차례에 이르렀다.[49]

식품 안전, 환경보호, 역사 보존 같은 일련의 문제들을 중심으로 새로운 운동단체들이 생겨났다. 이상주의에 의해 해고되고 소셜 미디어에 의해 동원된 청년들이 정치 전문가가 아닌 이들 집단에 리더십을 제공했다.[50] '플래시' 이벤트는 보다 전통적인 선언문과 시민사회 단체의 기자회견을 대체하면서 정치적 행동의 주요 방식이 되었다. 플래시 이벤트는 타이완 정치의 정기적이고 거의 일상화된 부분이었던 철저한 시위와는 달랐다. 무엇보다 타이완의 대단히 능동적인 대중매체가 새로운 스타일의 정치 메시지를 증폭시키고 소셜 미디어를 활용해 지지층을 동원하는 덕을 톡톡히 봤다. 예를 들어 2013년 공민1985행동연맹(公民1985行動聯盟)이라는 무명의 단체는 의문사한 군인 홍중추(洪仲丘) 상병의 죽음을 애도하는 촛불집회를 8월 4일 토요일 저녁 총통 집무실 앞에서 열었다. 20만 명이 넘는 인파가 몰리자 주최 측조차 놀랐고, 타이완 국방부장은 해당 상병의 사망에 대한 책임을 지고 곧 사임했다.[51]

시간이 흐르면서 정상적인 시스템 외부에서 정치 활동을 하는 지도자들, 조직들, 네트워크들이 느슨하게 나타났다. 각각의 운동은 그다음 운동에 적용되는 교훈을 얻었고, 궁극적으로 해바라기운동으로 전성기를 맞이하는 학습을 축적했다.[52] 다만 대의민주주의가 정책적 현안을 해결하는 데 효과적이지 못하다고 규정하더라도 직접민주주의 역시 특별히 잘 작동하지는 않았다. 대중시위는 자신들이 원하는 것을 홍보하는 것보다 반대하는 것을 막는 데 더 효과적이었다. 정당, 입법부, 행정부 관료, 대중 매체, 그리고 21세기 사회 운동의 복잡한 상호작용은 이제 광범위한 정치적 지지를 누리는 결과를 더욱 성취하기 어렵게 만들었다.

해바라기운동

시민사회 단체가 재탄생한 것은 부분적으로 마잉주 정부의 보수적인 이념 편향에 대한 대응이자 마잉주 정부가 중국과 경제 관계를 정상화하는 정책을 펼치면서 무역과 투자의 자유화를 통한 경제적 상호의존을 추구한 데 대한 대응이었다.[53] 2013년 6월까지 20개 이상의 양안 협정이 체결되었는데, 이때 서비스 무역에 관한 양안 협정이 체결되었다. 몇 가지 이유로 인해 그것은 곧 반발을 불러일으켰다.

우선, 여러 경제 분야에서는 이 협정으로 인해 본토 경쟁자들에 비해 경쟁에서 불리해질 것이라고 우려했다. 예를 들어, 인쇄업자들은 타이완의 인쇄 산업에 대한 본토 투자 허용에 반대했다. 중국 정부의 검열로 인해 타이완 인쇄업자들의 인쇄물은 본토 시장 진입이 제한되었기 때문이다. 타이완의 행정원은 합의 내용을 사전에 설명하지 않음으로써 이러한 두려움을 더욱 악화시켰다.

더 넓게 보면, 민진당과 시민사회 단체들은 마잉주의 베이징을 향한 경제적 관여가 나머지 인구의 희생을 감수하면서 부유한 개인과 대기업에만 이익을 주고 있다고 주장했다. 반대파들은 타이완 경제가 공동화(空洞化)될 것을 두려워했고, 중국에 대한 경제적 의존도가 증가하면 타이완이 정치적 문제를 협상할 때(비록 마잉주 정부가 정치회담을 시작하려는 베이징의 시도를 거부했음에도 불구하고) 약한 위치에 놓이게 될 것이라고 주장했다. 이후 2015년 말에 실시된 여론조사에 따르면, 조사 대상자 중 62%가 타이완이 경제적으로 본토에 너무 의존하게 되었다고 생각하는 것으로 나타났다.[54] 설립된 비정부 조직들은 해당 합의에 반대하는 일종의 민주전선에서 함께 뭉쳤다. 학생 활동가들이 결성한 핵심 단체는 흑색도국청년진선(黑色島國靑年陣線)이었다.

절차상 마잉주 정부는 협정을 자세하게 검토하지 않으려는 실수를 저질렀다. 마잉주 정부는 그것이 더 광범위한 검토가 아니라 '기록을 위해' 입법원에 제출해야 하는 행정명령이라고 주장했다. 입법원의 일부 국민당 의원(입법위원)들은 이러한 방식으로 우회되는 것에 대해 제도적 근거를 들어 반대했다. 당시 마잉주와 극심한 정쟁에 휘말렸던 왕진핑 입법원장은 입법원의 민진당 간부와 국민당 간부 사이에 개입해 합의를 조문별로 검토할 것이라면서 상호 간의 이해를 중재했다.[55]

2013년 7월부터 협약의 다양한 부분에 대한 의견을 듣기 위해 20회의 공청회가 열렸다(이 중 12번은 국민당 입법위원이, 8번은 민진당 입법위원이 의장을 맡았다). 국민당과 민진당 간 이견은 2014년 3월 중순 공청회 기간이 끝나고 2차 합의서로 넘어가는 시점에 정점에 이르렀다. 아이러니하게도 민진당의 여론조사 센터가 실시한 여론조사에 따르면 대중은 실제로 민진당의 양안 정책보다 국민당의 양안 정책을 선호하는 것으로 나타났다. 예를 들어, '어느 정당의 양안 경제정책이 당신과 더 가깝습니까?'라는 질문에 응답자의 44.7%는 국민당을, 25.5%는 민진당을 선택했다.[56]

하지만 대중 분위기에 대한 이러한 평가는 서비스 무역협정을 검토할 책임이 있는 국민당과 민진당 입법위원들 간의 논쟁에 영향을 미치지 않았다. 국민당 간부회의는 3월 10일 갑자기 입법원의 운영에 관한 법률 조항에 따르면 계약 검토 기간이 만료된 지 오래되었다고 주장했다. 민진당 간부회의는 인용된 조항이 이 경우에 적용되지 않는다고 아마도 정확하게 반박했을 것이다. 국민당의 일부가 동의했다.[57] 민진당은 상호 시장개방, 공정한 경쟁, 민생, 국가안보의 원칙에 따라 검토를 수행할 것을 촉구했다.[58]

또한 3월 10일에는 조항별로 본회의에서 어느 정당이 의장이 될 것인지에 대한 격렬한 논쟁이 시작되었다.[59] 입법원의 규칙에 따르면 위원회 위원장은 다수당(이 경우 국민당)과 소수당(당시 민진당) 사이에서 순환된다. 청문회가 종료된 시점에는 민진당 입법위원이 관할위원회(내부 관리)의 의장석에 있었다. 국민당 간부회의는 야당이 합의안의 본회의 의제를 정하는 것이 부적절하다고 판단해 장칭중(張慶忠) 입법위원이 의장을 맡을 때까지 절차를 미루었다.

이는 마잉주 정부가 중국과의 협상을 '블랙박스'[60]에 보관했다는 이유로 자체 절차상의 장애물을 만든 민진당을 화나게 만들었다. 3월 11일 저녁, 민진당은 국민당의 장칭중 입법위원이 의장을 맡을 수 없도록 회의실을 점거했다.[61]

3월 12일 ≪타이페이 타임스≫에 따르면, 민진당 입법위원들이 주재한 회의는 혼란과 갈등, '민진당 진영'과 '국민당 진영' 간의 대치로 특징지어졌고, 이 과정에서 장칭중은 민진당 당원들이 발언권을 행사할 수 없도록 서명 용지를 옮겨쥐었다.[62] 같은 날, 민진당은 협정 재협상을 요구했다.[63]

3월 17일 회기 역시 장칭중이 회의를 소집하려 하자 민진당 입법위원들이 난동을 부리는 등 어수선한 모습이었다. 논쟁은 3시간 동안 계속되었고, 화가 난 장칭중은 또 다른 마이크를 잡고서 2차 독회가 완료되었고 최종 심의를 위해 합의문을 입법원의 전체회의로 전달할 것이라고 발표했다.[64] 민진당의 입법위원 세 명은 다음날 단식투쟁을 하기로 결정했다.

여기서 중심적인 문제는 입법 과정의 규칙을 이 상황에 어떻게 적용할 것인가에 대한 명확성이 부족하다는 것이었다. 국민당과 민진당 사이에 소집권을 공유하는 규범이 잘 확립되어 있었던 것은 문제를 더욱 복잡하게 만든다. 이 규범은 의제에 대한 다수당의 통제권을 박탈했다. 크게 논란이 되지 않는 사안에 대해서는 이것이 큰 문제가 아니었지만, 이해관계가 높을 때는 문제가 되었다(2016년 국민당이 입법원의 소수당일 때에도 같은 방해전술을 썼다).[65]

흑색도국청년진선이 여전히 배후로 남아 있었기 때문에, 법안을 신속히 검토하려는 장칭중의 시도는 의외였다. 하지만 이 단체는 재빨리 행동을 개시했다. 3월 18일 늦은 시간, 동원된 세력은 4월 10일까지 유지했던 입법원 회의실을 점령했다. 흑색도국청년진선의 이 조치가 정당성을 갖는 이유는 마잉주 정부가 암실에서 비밀리에 처리한 서비스 무역협정을 양지로 끌어올렸기 때문이다. 그래서 그들의 운동은 해바라기운동이라고 불렸다. 왕진핑 입법원장은 경찰에 의사당 점거를 중단시키도록 요청할 수 있는 권한이 있었지만, 전술한 마잉주 총통과의 개인적·정치적 다툼 때문에 그 권한을 사용하지 않기로 결정했다.

학생들이 선제공격한 이후 민진당은 입장을 바꿨다. 민진당은 본회의에서 법안에 반대하는 것을 용인하기보다 서비스 무역협정에 반대하기로 결정했다. 민진당 의원들은 해바라기 점령자들이 회의실에 계속 접근할 수 있도록 교대로 문을 지켰다. 민진당 간부들은 또한 운동가들에게 필요한 물자를 공급해 주었다.

일요일이자 공휴일인 3월 23일 저녁, 흑색도국청년진선은 행정원 앞마당에서 농성을 벌이며 격화되었다. 이후 시위대 일부가 행정원 건물에 난입했다. 경찰이 건물을 탈환하기 위해 개입했고, 사건은 폭력적으로 번졌다. '입법원 점령' 사태는 4월 10일 왕진핑 입법원장이 입법원이 양안 경제협정에 대한 첫 번째 합의안을 통과시킬 때까지 서비스 무역협정에 대한 어떠한 조치도 취하지 않을 것이라는 합의를 도출하면서 끝이 났다(이 합의는 마잉주 총통 및 행정원과 상의 없이 이루어졌다). 앞에서 지적한 바와 같이, 해당 법안은 2020년 말 현재 입법원에 계류되어 있다.

또한 6년이 지난 후에도 시위대와 정부 관계자들의 행동과 관련해, 그리고 어떤 행동에 대해 누가 책임을 져야 하는지에 대해 법정 소송이 계속되었다. 2020년 4월, 타이완 고등법원은 해바라기운동의 활동가 일곱 명에게 행정원 침입 시도에 대해 징역 2개월에서 4개월을 선고했다. 이것은 그들이 하급 법원에서 재판을 받고 무죄를 선고받은 후였다. 9월에 타이베이 지방법원 민사사건에서는 당시 마잉주 정부에서 총리(행정원장)를 역임했던 장이화 및 경찰 고위 간부 두 명이 같은 사건에서 과도한 위력을 행사한 혐의에 대해 무죄판결을 받았다.[66]

해바라기운동은 많은 분석과 논평에 영감을 주었다.[67] 그것은 거의 10년 만에 전개된 가장 중요한 대중 운동이었고 정치에 반대하는 일련의 시민사회 행동의 정점이었다. 게다가 자신들이 반대하는 것을 막는 데에도 큰 성공을 거두었다. 이 운동에 동조하는 평론가들은 마잉주 정부의 투명성 부족, 중국(중화인민공화국)의 타이완 사회에 대한 침투 위험성 증가, 민진당 및 다른 야당의 국민당 정책에 대한 견제 실패, 타이완의 권위주의적인 과거를 불러일으키는 것으로 알려진 경찰의 폭력 일화 등으로 그 운동을 정당화한다.

하지만 민진당이 시민사회 단체의 목표를 촉진하고 마잉주 정부의 정책을 견제할 능력이 없거나 그럴 의지가 없다는 것에 대해서만 비난할 뿐, 그 어떤 논평도 이 일화를 타이완의 기존 간접민주주의 체제와 법치에 대항하는 직접민주주의라는 관점에서 평가하지 않는다. 서비스 무역협정에 반대하는 사람들이 좋아하든 싫어하든 간에, 타이완 유권자들은 두 번이나 마잉주에게 총통직을 맡겼고 국민당에게 입법원의 과반수를 안겼다. 사실 행정부는 협정이 왜 타이완 경제에 도움이 되는지, 왜 타이완을 위험에 빠뜨리지 않는지에 대해 제대로 설명하지 못했을 수도 있다. 하지만 대의제의 규범은 소수가 헌법에 부여된 견제를 통해 다수의 정책을 변경할 수 없다면, 단기적으로는 어렵겠지만, 선거에서 승리해 권력을 획득하는 것이 적절하고 궁극적인 대응이라는 것이다. 상대적으로 소수의 시민이 시민을 대표하는 사람들의 업무를 선점하는 것은, 그들이 업무를 아무리 불완전하게 수행하더라도, 시민을 대표하는 사람들의 궁극적인 권위를 박탈하는 것이다.[68] 그러한 행동에 가담하는 것은 공개토론의 반대편에 있는 정치세력이 같은 방식으로 행동하는 선례를 만들 뿐이다. 더욱이 상대적으로 적은 수의 시민이 자신의 대의의 정당성을 아무리 확신하더라도 공공건물, 특히 대의제 정부가 행사되는 건물을 점거하는 것은 엄밀히 말해서 위법이다.

이러한 선례는 제쳐두고, 해바라기운동과 같은 사회 조직이 '주류 정당정치에 대한 환멸감' 및 입법원의 절차와 규범의 약점을 반영한다는 것은 부정할 수 없다. 시민사회 단체는 자신의 일을 하기 위해 입법부와 주요 정당에 도전함으로써 민주주의를 강화할 수 있다.[69] 하지만 가치 있는 목적을 달성하기 위해 의심스러운 수단을 사용하는 것은 민주주의를 약화시킬 수 있는 반면, 유효한 수단을 합법화하기 위해 노력하는 것은 민주주의를 강화시킬 수 있다.

정치인에 대한 대중의 불만을 인정하더라도(여론조사에서 응답자의 27.6%만 입법부에 대해 '대단한 신뢰' 또는 '꽤 많은 신뢰'를 가지고 있다는 결과가 나올 정도였다), 입법부는 여전히 대의기관이었다. 입법위원의 65% 이상이 지역구를 대표했고, 나머지는 정당과의 대중적 연계를 반영했다. 입법원 회의실을 점거한 사람들은 누구를 대표했는가? 그들은 아마도 (의심의 여지없이) 자신들이 국민 전체를 대표해서 마잉주 정부와 국민당의 입법원 간부회의에 반대한다고 믿었을 것이다. 하지만 그들은 무슨 근거로 그런 주장을 했을까? 마잉주 총통과 입법원의 모든 구성원은 자신들이 당선됨으로써 얻은 민주적 정당성을 언급할 수 있었다. 해바라기운동의 운동가들은 그런 주장을 할 수 없었고 단지 극단적인 정치적 입장을 취할 수 있는 권리를 스스로에게 부여했을 뿐이다. 이 운동이 중단된 이후, 일부 퇴역 군인들은 시위에서 선거정치로 옮겨갔다. 2014년 지방선거에는 청년들이 총동원해 민진당에 힘을 실었다. 이후 해바라기운동의 지도자들은 시대역량을 창당해 2016년 입법위원선거에서 5석의 의석을 차지했으나 2020년 입법위원선거에서는 다시 3석으로 떨어졌다. 2019년에 이 운동의 지도자 중 한 명인 린페이판(林飛帆)은 해바라기운동이 대중과 소통하는 데 실패했다는 것을 정직하게 인정했다. "우리는 풀뿌리 차원에서 소통하지 못했다. 이것이 여전히 많은 사람들이 보수적이고 개혁을 받아들이려 하지 않는 이유이다."[70]

국민투표의 권리

쑨원은 중화민국 정치 체제를 설계하면서 행정원, 입법원, 사법원, 고시원, 감찰원의 다섯 개 원을 가진 중앙정부를 옹호했다. 하지만 그는 또한 직접민주주의의 네 가지 메커니즘인 참정권, 소환권, 발의권, 국민투표권을 포함할 것을 요구했다. 쑨원은 이러한 메커니즘이 스위스와 미국의 일부 주에서 어떻게 작동하는지에 대해 어느 정도 이해하고 있었으며 이를 통해 사람들이 전문가로 구성되고 효율성을 우선시하는 행정부와 입법부를 견제하고 균형을 맞출 수 있다고 믿었다. 따라서 1947년 중화민국 헌법이 제정되었을 때 제17조에 "국민은 선거, 소환, 발의 및 국민투표에 대한 권리를 가진다"라고 명시하고 제136조에 "발의권과 국민투표권은 법률로 정한다"라고 명시한 것은 놀라운 일이 아니다.[71] 하지만 국민당은 이후 40년 동안 권위주의적으로 통치했기 때문에 정권은 그러한 법률을 제정하지 못했다.

1990년대 초에 타이완이 민주주의로 이행했을 때, 강조점은 대의제 또는 간접민주주의 제도와 선거 규칙을 구축하는 것이었다. 직접민주주의의 다른 세 가지 메커니즘을 활성화하는 법안을 통과시키기 위해 즉시 수행된 것은 없다. 그중 국민투표권이 가장 두드러졌으나 독립운동가인 차이퉁룽(蔡同榮)의 한결같은 노력이 없었다면 실현되지 못했을 수도 있다. 차이퉁룽은 자신의 이름을 로마자로 트롱 차이Trong Chai라고 표기했다. 그는 또한 차이쿵터우(蔡公投, '차이 국민투표')라는 별명을 가지고 있었다. 그런데 차이퉁룽은 국민투표법을 위한 그의 캠페인에 나를 잠시 끌어들였다.

차이퉁룽은 1935년 오늘날의 자이현(嘉義縣)*에서 태어났다. 자이현은 1947년 2월 28일 이른바 '2·28 사건' 이후 중화민국 군대로부터 가장 심하게 탄압을 받은 곳 중 하나였다. 당시 차이퉁룽은 초등학교 5학년 학생이었고, 중화민국 군대에 반대했던 그의 교사는 실종되었다. 많은 타이완인과 마찬가지로 그에게도 국민당 탄압은 개인의 삶을 송두리째 바꿔놓았다. 1960년 그는 미국 대학원에 진학했는데 몇 년 후에 반국민당 정치활동에 휘말렸다. 중요한 사건은 1982년에 그와 다른 망명 타이완인들이 타이완의 정치 체제를 변화시키기 위한 도구로 타이완인공공사무회(台灣人公共事務會)를 조직했을 때 일어났다. 이 조직은 미국 의회의 민주주의를 옹호하는 의원들을 지원하려 했으며, 국민당 정권에 직접적으로 그리고 미국 정부의 행정부를 통해 압력을 행사하려 했다. 그 구성원 중 한 명이 1981년 1월 미국 연방의회 하원 아시아태평양문제 소위원회의 위원장이 된 브루클린 지역의 민주당원 스티븐 솔라즈였다. 솔라즈는 법적 독립이라는 차이퉁룽의 궁극적인 목표를 고취하는 것은 내키지 않아 했지만 타이완의 민주화와 인권 보호를 위해 기꺼이 일했다. 나는 1983년부터 1993년까지 솔라즈가 위원장으로 있던 아시아태평양문제 소위원회의 직원이

---

* 그가 출생했을 당시의 행정구역 명칭은 타이난주(台南州)였다. _옮긴이 주

었고 그곳에서 차이퉁룽과의 연락을 담당했다.

1988년 4월, 차이퉁룽은 솔라즈가 타이완이 중국(중화인민공화국)의 일부가 되어야 하는지에 대한 국민투표를 요구하는 의회 결의안을 발의할 것을 제안했다. 국민투표에 초점을 맞춘 것은 타이완 국민들의 자결권을 현실화하는 차이퉁룽의 오랜 열망을 반영한 것이었다. 하지만 여기에는 양안의 사회적·경제적 접촉이 확대되는 것에 대한 그의 우려도 작용했다. 나는 국민투표를 고취하는 것이 타이완에 득보다 실이 많을 것이라고 믿었다. 하지만 1990년 봄 솔라즈는 계속해서 운영 조항을 포함한 결의안을 제출했다. "타이완의 미래를 결정할 때에는 국민투표와 같은 실효성 있는 민주적 메커니즘을 통해 타이완 주민들의 의지와 바람을 고려해야 한다는 것이 의회의 관점이다."[72] 결의안을 제시하는 것 외에 추가 조치는 취해지지 않았고 실질적인 피해도 발생하지 않았다.

하지만 그 구상은 사라지지 않았다. 1990년 6월, 국민당 정권은 오랫동안 해외 반체제 인사들의 블랙리스트에 올랐던 차이퉁룽에 대해 인도주의적 이유로 타이완으로 임시 귀국하는 것을 허용했다. 타이완에 도착한 이후, 그는 민진당의 당원으로서 정치에 참여하기 시작했다. 차이퉁룽이 타이완에 끼친 영향은 1991년 민진당 당장(黨章)에 있는 다음과 같은 문장에서 명백히 알 수 있다. "타이완의 국민주권 원칙에 기초해, 주권적이고 독립적이고 자치적인 공화국의 설립은 국민투표를 통해 타이완의 모든 주민에 의해 수행되어야 한다."[73]

국민투표권을 제정한 근거는 기존 제도가 자신들에게 불리하게 조성되어 있다는 민진당 의원들의 믿음에서 비롯되었다. 1990년대에는 국민당이 행정부, 입법부, 사법부를 지배했다. 이로 인해 국민당에는 선거운동 자금을 마련하기 위한 정당 소유 자산, 지역 차원의 정치 브로커 네트워크 등 다양한 이점이 발생했다. 선거에서 우위를 점한 국민당은 정부 정책을 통제했다. 차이퉁룽과 같은 타이완 민족주의자들은 대중은 선거 결과가 시사하는 것보다 더 반국민당적이라고 여겼으며, 국민투표를 실시할 경우 국민당의 권력과 정책을 견제하고 민주적 정당성을 가질 수 있다고 믿었다.[74] 차이퉁룽과 민진당의 다른 강경파의 당원들에게 가장 중요한 것은 국민투표가 국민당 정부와 중국(중화인민공화국)의 통합을 저지하는 하나의 방법이었다는 것이다. 하지만 단순히 국민당의 지배를 완화하기 위한 방법을 만드는 것 이상의 일이 진행되고 있었다.

우선, 현재 국민투표를 가리키는 일반적인 용어가 단순히 '시민들이 투표를 한다'는 뜻의 공민투표[公民投票, 약칭 '공투(公投)']라는 점에 주목할 필요가 있다. 하지만 중화민국 헌법에서 사용되는 국민투표를 의미하는 용어는 복결(複決)로, 입법부가 제안하거나 승인한 법안을 직접적인 국민투표로 재심의한다는 의미를 내포하고 있다. 또 중화민국 헌법 제12조는 입법원이 수정안을 승인한 후에는 중화민국의 '자유지역'(타이완 및 그 부속 섬들) 유권자들이 투표에 의해 검토 또는 복결의 대상이 된다고 명시하고 있다.[75] 하지만 국민투표권을 가장 강력하게 지지하는 사람들은 그 장치가 법안 검토 또는 입법원에서 통과된 헌법 개정 초안 이외의 목적 — 예를 들어 타이완과 중국의 법적 관계를 정의하는 것과 같은 — 으로 사용되어야 한다고 믿었다.[76]

현재 타이완에서 사용되는 공민투표는 referendum*과 plebiscite** 둘 다 지칭할 수 있지만, 영어에서는 적어도 둘 사이에 미묘한 차이가 있다는 점에 주

---

* 메리엄-웹스터(Merriam-Webster) 사전의 정의에 따르면, referendum은 "ⓐ 입법 기관이나 대중의 발의에 의해 통과되거나 제안된 법안을 일반 투표에 제출하는 원칙 또는 관행(ⓐ the principle or practice of submitting to popular vote a measure passed on or proposed by a legislative body or by popular initiative), 또는 ⓑ 제출된 법안에 대한 투표(ⓑ a vote on a measure so submitted)"를 의미한다. _옮긴이 주
** 메리엄-웹스터 사전의 정의에 따르면, plebiscite는 "특히 정부나 통치자의 선택에 대해 국가나 지역 전체가 제안을 찬성하거나 반대하는 의견을 표현하는 투표(a vote by which the people of an entire country or district express an opinion for or against a proposal especially on a choice of government or ruler)"를 의미한다. _옮긴이 주

목할 필요가 있다. referendum은 법률을 심사한다. 한편 plebiscite는 특히 주요 정책 이슈와 관련해 동일한 의미를 가질 수 있지만, 그것은 또한 훨씬 더 결과적인 정치적 행위, 즉 한 정치 단위의 구성원들이 미래에 대해 스스로 결정하는 행위를 지칭할 수도 있다. 차이퉁룽을 포함한 국민투표권의 가장 강력한 지지자들이 원한 것은 후자의 목적이었다.

2004년 대선이 다가오자 천수이볜은 국민투표 문제를 부활시켰다. 그가 국민투표 문제를 부활시킨 것은 주로 자신의 첫 임기 2년 동안 상대적으로 온건한 정책 접근에 불만을 품었던 민진당 강경파를 동원하기 위해서였다. 천수이볜 총통은 베이징이 독립을 향한 단계로 해석할 제안을 했는데, 국민당이 통제하는 입법원의 견제를 무효화하는 방법으로 국민투표를 제안한 것이다. 2003년 5월 천수이볜은 원자력 문제, 입법부 규모, 타이완의 세계보건기구(WHO) 참여 여부에 대한 국민투표를 요구했다. 마지막 사안은 베이징에 민감한 사안이었는데, 이는 이 질문이 어떻게 표현되느냐에 따라 타이완의 법적 정체성에 영향을 미칠 수 있기 때문이었다. 2003년 9월 천수이볜은 타이완을 정상적인 국가(사실상 독립국가)로 만들고 국민투표를 통해 새 헌장을 승인하기 위해 새로운 헌법을 요구했다.

2003년 가을, 민진당은 입법원에서 국민투표 법안을 제안했다(당시 입법위원이었던 차이퉁룽은 제안자 중 한 명이었다). 초안은 국경선, 국기 및 국가의 공식 명칭을 변경하는 데 대한 국민투표를 승인했다. 또한 국민투표가 유효한 것으로 간주되려면 얼마나 많은 사람들이 투표해야 하는지에 대한 조항을 허용했다. 국민당 및 국민당의 분파인 친민당은 법안을 부결시킬 수 있는 표를 갖고 있었으나 2004년 3월 대선에서 유권자들의 심판을 받을 것을 우려했다. 따라서 투표율 규정을 강화하고 공식 국가명 같은 주제를 제외하는 타협안이 도출되었다.[77] 천수이볜은 법안에서 '방어적 국민투표'를 승인하는 조항을 이용해 국가안보와 관련된 질문을 포함할 것을 제안했다. 하지만 그가 질문을 공식화한 방식을 고려할 때 대중이 무엇을 느끼는지에 대해서는 의심의 여지가 거의 없었기 때문에, 그가 국민투표를 소집한 동기는 분명히 정치적이었다. 결국 이것은 국민투표에서 득표율이 낮아 부결되었다.[78] 천수이볜 총통은 민진당 총통 후보를 돕기 위해 2008년 선거에서 또 다른 국민투표를 시도했다. 이번에는 타이완이 유엔에 가입하고 '중화민국' 대신 '타이완'을 사용하자고 제안해서 더 논란이 되었다. 이것은 국호를 바꿔 불필요하게 베이징을 도발하는 것으로 해석될 수 있었다. 이번에도 투표율이 낮아 국민투표가 부결되었다.

2016년 민진당이 재집권하자 당내로부터 법 개정 압력이 다시 제기되어 국민투표를 통해 정부 정책을 바꾸기가 쉬워졌고, 입법원은 2017년 12월 개정안을 통과시켰다. 이에 따라 국민투표를 실시하자는 청원은 이전 총통선거에서 전체 유권자 수의 0.1%가 아닌 0.01%만 서명하면 되었다. 2단계 인준 통과에 필요한 서명인원은 유권자의 5.0%에서 1.5%(약 28만 명)로 줄었다. 국민투표가 통과되려면 유권자의 50%가 아닌 25%가 투표해야 했고, 과반수가 찬성 표를 던져야 했다(양안 문제, 영토 변경 같은 민감한 주권 및 헌법 문제에 대한 국민투표는 허용되지 않았다). 개정안은 또한 국민투표의 투표 연령을 20세에서 18세로 낮추었다.[79]

국민당과 그 동맹 세력은 민진당 강경파가 선택한 정치적 무기인 국민투표를 통해 이에 반대했다. 투표용지에 질문을 넣는 것을 승인하는 법의 느슨한 조항을 이용해, 투표용지에 10개의 국민투표 항목이 포함되었다. 이 중 3개는 특히 원자력발전에 관한 민진당의 에너지 정책을 목표로 했다. 동성결혼에 관련된 항목은 5개로, 그중 3개는 자금이 풍부하고 잘 조직된 보수층 투표에 의해 지지를 받은 것이었고, 나머지 2개는 결혼 평등을 옹호하는 사람들이 막판에 제안한 것이었다. 다른 1개는 식품 안전에 관한 것으로, 특히 2011년 3월 원자력 사고로 피해를 입은 일본의 현으로부터의 식품 수입을 금지하는 내용이었다(이것은 식품이 오염되었다는 과학적 증거에 근거한 것이 아니라 영향을 받은 현

중 한 곳에서 식품이 수입되었다는 단순한 사실에 근거해 이루어진 것이었다). 마지막 1개는 민진당 강경파 정치인들이 요구한 것으로, 국제올림픽위원회(IOC)가 승인하고 중국이 받아들여 타이완 올림픽팀이 1984년부터 사용한 이름인 'Chinese Taipei'(中華台北) 대신 'Taiwan'(台灣)이라는 이름을 사용하는 조치를 추진한 것이었다.

마지막 항목을 제외한 모든 결과는 성과에 대한 여론이 전반적으로 부정적이던 시기에 유지되었던 차이잉원 정부의 정책 프로그램에 큰 타격을 입혔다. 3개의 에너지 조치가 모두 통과되었는데, 가장 중요한 것은 행정부의 최우선 과제였던 원자력 사용을 중단하기로 한 2025년이라는 시한을 취소하도록 요구한 것이었다. 동성결혼에 반대하는 보수적인 3개 법안은 통과된 반면, 동성결혼의 지지자들이 후원하는 2개 법안은 실패했다.[80] 일본으로부터의 수입을 금지하는 국민투표가 통과되어 차이잉원 정부의 최우선 과제이기도 했던 타이완-일본 관계 개선이 중단되었다. 올림픽 참가팀의 명칭을 변경하는 조치는 실패했다. 국제올림픽위원회에서 'Chinese Taipei'로 참가해도 되는지 여부를 분명히 했기 때문에 이는 쉬운 일이었지만, 민진당 강경파의 후원자들은 차이잉원과 민진당 지도부가 중립적인 입장을 취한 것에 대해 분노했다.

민진당은 이에 대해 제 손으로 자기 무덤을 판 것이라고 불평했다. 민진당의 저우장제(周江杰) 대변인은 이러한 행동은 "국민투표 정신에 반하며, 본래 대중 대화를 촉진하기 위해 고안된 도구가 사회를 분열시키는 도구로 전락하도록 만들었다"[81]라고 말했다. 그래서 2019년 여름, 민진당이 이끄는 입법원은 국민투표를 정치적 무기로 사용하는 것을 더 어렵게 하기 위해 몇 가지 변화를 만들었다. 국민투표는 2년마다 8월 말에 실시하며, 전국 단위 선거와 동시에 실시하지 않는다. 중앙선거관리위원회는 국민투표 청원에 찬성한 사람들의 신원을 30일이 아닌 60일 동안 확인할 것이다. 마지막으로, 국민투표의 요지는 투표일 28일 전이 아니라 90일 전에 공개함으로써 국민 토론에 더 많은 시간을

허용하도록 할 것이다.[82]

  민의를 반영해 만들어진 모든 정치적 절차는 어느 정도 왜곡될 수 있다. 소선거구를 기반으로 한 입법위원선거는 과반수를 얻은 정당에게 구조적으로 유리하다. 국민투표는 소극적이고 부주의한 다수보다 활동적인 소수에게 유리하다. 타이완에 거점을 두고 활동하고 있는 미국의 정치학자 네이선 바토는 에너지 정책과 관련된 2018년 11월 국민투표를 논하면서, 다음과 같은 세 가지 이의를 제기했다. 첫째, 유권자들에게 절충안을 고려하도록 강요하지 않는다. 둘째, 장기적인 계산법으로 해결되어야 하는 문제들에 대해 유권자들에게 단기적인 해결책을 고르라고 요청한다. 셋째, 유권자들이 합리적으로 예상할 수 있는 것보다 훨씬 더 많은 정보를 가지고 있다고 가정한다. 바토가 내린 결론은 "국민투표는 대중이 선택을 하는 끔찍한 방법이다"[83]라는 것이었다. 바토는 「국민투표는 여론을 반영하는가?Do Referendums Reflect Public Opinion?」라는 제목의 더 긴 논문에서 "궁극적으로 …… 대부분의 사람은 특정 정책 질문에 대해 올바른 결정을 내릴 만큼 충분히 알지 못하거나 충분히 신경을 쓰지 않는다. 선출된 정치인을 거치지 않고 국민에게 직접 질문하는 것은 고상하고 민주적인 것처럼 들리지만, 실제로 '직접민주주의'는 재앙이다"라고 판단했다.[84]

포퓰리즘

  서구의 민주주의를 연구하는 학자들에게 현재의 일반적인 민주주의 기능장애의 주요 원인은 포퓰리즘이다. 그러한 주장을 하는 학자들 중 한 명인 미국 민주주의진흥재단National Endowment for Democracy: NED의 마크 플래트너Marc F. Plattner는 포퓰리즘에 대해 지도자들이 "절차상의 정교함과 개인의 권리 보호에 대한 자유주의의 강조"[85]를 크게 고려하지 않고 다수의 의지라고 주장하는 것을 밀어붙이는 경향이라고 정의한다. 미국 프린스턴대학교에서 정치를 가르치는 얀베르너 뮐러Jan-Werner Mueller에게 포퓰리즘은 엘리트에 대한 공격이기도 하지만 민주주의를 가능하게 하는 다원주의에 대한 공격이기도 하며, 그래서 자신의 적이 정치 생활에서 배제되는 것을 보고 싶어 하는 것이다. 아울러 그는 "포퓰리스트는 정치적 대표성의 원칙에 반대하는 것이 아니다. 그들은 단지 자신들만이 국민의 합법적인 대표자라고 주장한다"라고 논했다.[86] 한편 네덜란드의 정치학자 카스 무데Cas Mudde는 포퓰리즘을 "사회를 궁극적으로 '순수한 국민' 대 '부패한 엘리트'라는 두 개의 동질적이고 적대적인 집단으로 분리된다고 간주하고, 정치는 국민의 일반의지volonté générale*의 표현이어야 한다고 주장하는 이념이다"[87]라고 정의한다.

타이완의 저명한 사회학자 샤오신황(蕭新煌)도 비슷한 견해를 가지고 있다.[88] 그에게 포퓰리즘은 대중을 동원하기 위한 카리스마적 리더십과 엘리트들이 정치의 모든 측면을 지배해서는 안 된다는 원칙이 반영된 수사 스타일을 포함한다. 샤오신황은 포퓰리스트적인 "팔로어(추종자)들은 쉽거나 공허한 구호에 이끌리거나 동원되는 경향이 있다"[89]라고 말한다. 타이완 정치를 전문적으로 연구하는 학자인 네이선 바토는 이러한 관점에 동의하며 "포퓰리즘은 정치적 경쟁을 도덕적 문제로 프레임화하는 방법이다. 포퓰리스트들은 자신들이 도덕적으로 순수하고 동질적이라고 생각하는 실제 국민을 옹호한다. …… 이 포퓰리스트들은 누가 실제 국민을 구성하는지를 자신만이 정의한다고 주장한다"[90]라고 논한다.

민주화 이후 타이완 정치에서는 포퓰리즘의 기조가 자주 나타났다. 선거 운동에서 리덩후이와 천수이볜은 모두 타이완인의 정체성을 내세웠다(따라서 누

---

* 장자크 루소의 국가론에 나타나는 중심 개념으로, 모든 개인이 지닌 공통의 의지를 뜻한다. _ 옮긴이 주

가 '국민'인지를 정의한다고 주장했다). 국민투표 실시를 촉진하기 위해 노력한 정치인들은 민의를 가장 훌륭하고 정확하게 표현하는 것은 누가 총통이 되어야 하는지, 누가 지역 입법위원이 되어야 하는지를 국민이 직접 표현할 수 있을 때가 아니라 '국민'이 정책에 대한 자신의 선호도를 직접 표현할 수 있도록 허용되었을 때라고 가정했다. 해바라기운동의 지도자들은 서비스 무역협정에 대한 대중의 이익을 위해 자칭 대변인이 되었다.

타이완식 포퓰리즘이 들끓기 시작한 것은 해바라기운동 이후였다. 그 첫째 징후는 무소속으로 타이베이시 시장선거에 출마한 국립타이완대학 의학원(醫學院)의 외과의사 커원저(柯文哲)였다. 커원저의 정치 스타일은 매우 즉흥적이었는데, 이는 대부분의 정치인의 프로그램화된 관행과는 매우 달랐다. 하지만 그는 선동가도 아니었다. 2014년 타이베이시 시장선거와 2018년 타이베이시 시장선거에서 그는 텔레비전과 소셜 미디어를 사용해 청년들과 중산층 전문가들에게 단순한 구호를 어필했다.[91] 특히 그는 자신을 엘리트에 대항하는 인민의 옹호자라고 구체적으로 묘사하지 않았다. 하지만 그의 호소력은 충분히 커서 그는 당 조직의 지배와 차이잉원 총통 본인에게 포퓰리즘적으로 도전한 세 명의 타이완 정치인 중 한 명이 되었다.

둘째 징후는 2018년 가오슝시 시장선거에서 국민당이 후보로 내세운 한궈위로, 국민당은 그가 이길 것이라고 기대하지 않았다. 하지만 그는 자신의 슬로건과 어려운 문제에 대한 간단한 해결책을 제안하고 '서민(庶民)'의 좌절감을 이용함으로써 승리를 거두었다. 그의 열렬한 네티즌 지지자 집단은 그가 소셜 미디어를 장악하는 데 도움을 주었고, 지역의 정치 동맹들은 사람들을 동원하는 것을 도왔다. 한궈위는 가오슝시 시장으로 취임하자마자 차이잉원 총통에게 대항하기 위한 움직임을 보이기 시작했다. 셋째 포퓰리스트는 애플과 다른 정보기술 회사들을 위해 중국에서 제조 계약을 하는 폭스콘Foxconn의 설립자인 궈타이밍이었다. 억만장자인 그는 포퓰리스트로 보이지는 않았지만, 타이완 경제를 회복시킬 재능과 연줄을 가지고 있다고 청년층과 불완전 고용자들에게 충분히 주장할 수 있었다(그는 시진핑과 도널드 트럼프를 모두 만났다). 커원저, 궈타이밍, 그리고 한궈위는 2019년 첫 9개월 동안 시장직을 차지하려고 활동을 전개했다. 한궈위와 궈타이밍은 전통적인 정치인 몇 명과 함께 국민당 후보로 지명받기 위해 경쟁했는데, 결국 한궈위가 승리했다. 커원저와 궈타이밍은 동맹을 맺고 무소속으로 출마하는 것에 대해 이야기를 나누었지만 결국 두명 모두 출마하지 않았다.[92]

정치 분석가들은 한궈위를 지지하는 사람들의 특성에 대해 경쟁적으로 견해를 제시하고 그의 포퓰리즘적인 매력에 반응했다. 해바라기운동의 지도자인 린페이판은 반정부적인 관점을 제시했다. "정부에 대한 실망감이 (많은 사람들로 하여금) 포퓰리스트 운동에 참여하도록 밀어붙였다."[93] 또 다른 관점에서 볼 때, 한궈위의 '서민'은 종종 국민당 지지자인 교사, 군인, 공무원이었다. 또 다른 지지층은 중등교육만 받은 노인과 중장년, 청년들이다. 또 다른 예로는 노년층(노동자, 농부, 어업 종사자)과 군인가족 출신이 있다. 이들 그룹은 보다 단순한 과거에 대한 향수와 중화민국과 연관된 애국심을 더 나은 정치적·경제적 삶을 바라는 열망과 결합한 것으로 보인다.[94]

차이잉원 총통직과 더 큰 정치 기득권에 대한 포퓰리즘적인 도전에서 주목할 만한 점은 그것이 얼마나 빨리 쇠퇴했는가 하는 것이다. 한궈위는 7월 28일 국민당의 총통 후보로 지명을 받았으며, 9월 초 선거가 가까워질수록 차이잉원과의 격차는 두 자릿수로 벌어졌다. 여론조사 기관 마이 포르모사My Formosa가 실시한 10월 말 종합 여론조사에서 차이잉원은 모든 연령과 교육 부문에서 선두를 달리고 있었다.[95] 이는 한궈위와 관련된 그룹이 더 이상 그를 강하게 지지하지 않는다는 것을 의미했다.

타이완의 많은 사람들이 관심을 보인 한궈위가 몰락한 주된 이유는 중국 때문이었다. 1월 2일 시진핑 주석이 주요 정책 연설에서 일국양제의 통일을 강조하자 국민당과 총통선거 후보 자리를 놓고 경쟁하는 개인들은 수세에 빠졌다. 시진핑 주석이 자신이 원하는 목표로 통일에 초점을 맞추었기 때문에 국민당 지도부는 일단 그들의 당이 다시 집권하면 양안관계가 마잉주 총통의 첫 임기 동안 우세했던 상황으로 돌아갈 것이며 타이베이가 정치 전선에서 양보해야 한다는 베이징의 요구는 없을 것이라고 주장하기가 더 어려워졌다. 2019년 6월 홍콩에서는 홍콩 관할구역에서 기소되어 구금된 개인을 인도협정이 없는 관할구역으로 송환하도록 허가하는 법안 초안에 반대하는 시위가 시작되었다. 차이잉원은 일국양제 모델의 이러한 부정적인 결과를 이용해 국민당을 다시 수세에 몰아넣었다. 마침내 그녀는 총통으로서 자신이 펼친 정책이 가오슝시 시장으로서 한궈위가 한 활동보다 서민들을 위해 더 많은 일을 하고 있다는 것을 성공적으로 증명했다.[96]

2020년 1월 총통선거에서 국민당의 한궈위 후보는 차이잉원 총통에게 165만 표 차이로 졌다. 그 이후 그는 소환 운동의 표적이 되었고 6월에 공직에서 해임되었다. 하지만 포퓰리즘은 동면 상태에 있는 것일 뿐일 수도 있다. 커원저는 향후 2024년 총통선거에서 또 다른 포퓰리즘적 도전을 펼칠 수 있다. 그가 2020년에 결성한 타이완민중당은 커원저에게 지금까지 부족했던 조직적 기반을 제공함으로써 그 도전을 추진하는 데 일조할 수 있다.* 적어도 현재로서는 정치와 거버넌스를 엘리트와 '서민' 사이의 단순한 분할로 축소하는 것이 이미 진행 중인 것으로 보인다.

---

* 커원저는 2014년 12월 25일부터 2022년 12월 25일까지 타이베이시 시장을 역임했으며, 2023년 5월 20일에 타이완민중당의 2024년 총통선거 후보자로 옹립되었다. 2023년 6월 8일, 커원저는 일본 도쿄에서 가진 기자회견에서 "민진당은 중국 정부의 신뢰를 완전히 상실했고 국민당은 중국 정부에 과도하게 순종한다"면서 "타이완의 단결을 위해 각 당에 의한 연합정부를 실현해야 한다"라고 호소했다. 그러면서 그는 "타이완은 미중 양국의 의사소통에서 가교 역할을 해야 하며, 미중 대립의 망아지(駒)가 되어서는 안 된다"라고도 언급했다. _옮긴이 주

결론

타이완 정치인들의 양 진영 간 양극화는 일반 대중보다 더욱 강력하다. 하지만 심하지는 않다. 각 정치 진영에는 내부 분열이 있다. 2008년 이래로 정치 체제는 모든 부수적인 장점과 단점을 지닌 다수결의 성격을 지녀왔지만, 여전히 현 정부의 반대자들이 정부의 이니셔티브를 막을 수 있는 약간의 기회를 허용하는 접근 지점을 가지고 있다. 하지만 비토크라시와 시위운동의 지도자들은 동일한 딜레마에 직면해 있다. 즉, 그들은 자신들이 좋아하지 않는 것을 멈출 수 있을지는 모르지만, 자신들이 선호하는 것에 대해 성공적으로 행동할 수는 없다. 발의권과 국민투표권을 주장하는 사람들은 이러한 메커니즘이 민주주의의 본질이라고 생각했을지 모르지만, 그들은 반대자들이 자신 및 자신이 지지하는 행정부에 대해 동일한 도구를 사용할 수 있을 것이라고 예상하지 못했다. 포퓰리즘은 타이완에서 산뜻하게 출발하는 듯했지만, 홍콩에서 시위가 시작되자 총통 선거에서 관심을 끌지 못했다.

그 결과, 대의정부를 기반으로 한 타이완의 기존 정치 체제가 우위를 유지하게 되었다. 사실 타이완의 민주적 결핍은 일부 다른 민주주의나 사이비 민주주의만큼 심각하지 않았다. 하지만 일부 국민들의 불만은 사그라질 기미가 보이지 않았다. 정치 진영 간의 양극화 — 대중들 사이에서 반드시 그렇지 않은데도 — 는 지속되었다. 대의민주주의 제도를 우회하려는 시도는 그 제도들의 근본적인 기능 장애가 지닌 증상이었다. 시스템을 더 잘 만들지 못하면 새로운 도전만 불러올 뿐이다.

특히 2014년 아시아바로미터조사에서는 응답자의 19%만이 경제 발전보다 민주주의가 더 중요하다고 답했고, 21%만이 경제적 평등을 줄이는 것보다 정치적 자유가 더 중요하다고 생각했다는 사실을 알 수 있다(〈표 13-1〉 참조).[97] 이러한 결과는 의심의 여지없이 타이완 사람들이 개발과 불평등 감소를 중요하게 생각한다는 것을 반영한다. 하지만 그들은 또한 정치 체제가 가질 수 있는 두 가지 다른 종류의 정당성 사이의 긴장에 대해서도 말한다(정당성은 일반적으로 통치자의 통치권과 시민의 복종 의무로 정의된다).[98] 하나는 절차에 관한 것이고, 다른 하나는 성과에 관한 것이다. 절차 정당성은 정치 지도자가 선출되는 방식(행정부 및 입법부 모두) 및 선출된 지도자가 자신의 공직을 관리하는 규칙과 규범을 얼마나 준수하는지를 나타낸다. 성과 정당성은 정치 지도자들이 무엇을 성취하는지, 그들이 사회의 요구에 반응하는지에 관한 것이다.[99] 설문조사 결과에 따르면 타이완 시민에게 결과는 지도자를 선택하고 정책을 제정하는 과정보다 더 중요하거나 최소한 그만큼 중요하다.

이것은 크게 놀랄 일이 아니다. 모든 민주주의 국가의 시민들은 자신들이 선출한 지도자가 약속을 이행하고 사회가 직면한 문제들을 해결하기를 원한다. 그들은 아마도 민주적 절차를 보장하기보다 정책 결과에 훨씬 더 초점을 맞추는 싱가포르처럼 성과주의를 위해 민주주의를 희생할 준비가 되어 있지 않을 것이다.[100] 하지만 에너지 안보, 경제성장과 평등, 예산 자원의 규모와 할당, 미래에 대한 과거의 보수성, 그리고 무엇보다도, 중국(중화인민공화국)으로부터 사회를 보호하는 방법과 같은 문제에 대해 타이완 내부에서 장기간에 걸쳐 의견 불일치가 드러난 것은 민주 체제가 그 어느 때보다 더 잘 수행될 수 있음을 나타낸다.

물론 타이완의 정치 체제만 양극화, 비토크라시, 시위, 그리고 포퓰리즘을 겪고 있는 것은 아니다. 사회는 미국을 포함한 대부분의 다른 선진국들과 함께, 기관들에 의한 차선의 성과와 그러한 기관들을 우회하기 위한 대중적 노력을 촉진한 성공의 결과를 공유한다. 하지만 타이완이 한국, 일본, 미국, 캐나다, 그리고 서유럽 국가들과 비슷하다고 할지라도, 타이완은 중국이라는 특별한 도전에 직면해 있다. 베이징의 목표는 분명하다. 베이징의 인내심은 무한하지 않다. 베이징은 차이잉원 정부에 대한 비폭력적 강압 활동을 통해 타이완 국민들이 원하는 현상에 도전할 의지와 능력이 어느 정도인지를 보여주었다. 그 독특하고 실존적인 도전은 그 도전을 해결할 책임이 있는 민주적으로 선출된 지도자들의 지분을 증가시킨다. 정치 체제가 직면한 문제가 단순히 탈근대성의 문제라면, 차선책의 체제는 참을 만할 것이고, 사회는 그럭저럭 헤쳐 나갈 수 있을 것이다. 하지만 베이징이 독특한 도전을 제기하고 있기 때문에, 타이완의 차선의 성과 ─ 베이징의 작업을 더 쉽게 만드는 ─ 는 그러므로 '괜찮지' 않다.

제14장

미국의 정책

미국은 타이완이 정치 체제 문제를 완화하도록 도울 수 없다. 사실 미국은 자신의 체제가 지닌 기능 장애를 해결할 수 없는 것처럼 보이므로 다른 누군가가 미국의 조언을 받아들이곤 하는 이유가 불분명하다. 하지만 1950년대 이후 중국(중화인민공화국)이 제기한 도전에 직면해 타이완의 정치 체제가 안보를 강화하기 위해 노력한 방식은 종종 미국의 이익에 영향을 미쳤다. 워싱턴은 처음에는 미국-중화민국 상호방위조약(1954~1980년)을 통해, 그 후에는 정책 성명과 행동을 통해 타이완을 보호하기로 약속했다. 타이완의 정치 체제가 권위주의적인지 민주적인지가 미국의 정책을 완전히 좌우하지는 않았지만 워싱턴이 그 정책의 효과를 관리하는 방식에는 영향을 미쳤다.

2018년 7월 타이완의 우자오셰 외교부장은 미국 CNN과의 인터뷰에서 "중국인들이 미국의 지원을 받지 못하는 타이완의 취약점을 본다면, 그들은 타이완을 장악할 수 있는 시나리오를 시작하는 것에 대해 생각할 것이다"[1]라고 확인했던 것처럼, 안보를 어떻게 보장할 수 있는지에 대한 타이완의 기본 대답은 항상 미국에 의존하는 것이었다. 그렇기는 하지만 이전 장에서 언급했듯이 타이완 내에는 중국을 얼마나 수용할 것인지, 얼마나 억제할 것인지, 국방에 얼마를 지출할 것인지, 국방 자원을 사용하는 가장 효과적인 전략이 무엇인지를 둘러싸고 분열이 존재한다. 이러한 분열은 미국의 이익에 영향을 미친다. 더욱이 미국인들은 종종 타이완에 대한 정책과 관련해 의견이 분분하다.

현재 미국과 타이완 관리들은 양국 관계가 그 어느 때보다 좋아졌다고 정기적으로 말하며, 2008년 이후 그러한 진술에 많은 진실이 담겨 있다. 타이완의 지도자들은 안보정책의 정치를 관리하는 면에서 성숙해졌으며, 미국과 타이완의 이해관계는 더욱 긴밀해졌다. 하지만 더 자세히 살펴보면, 트럼프 행정부의 타이완 접근 방식 중 일부 요소는 '이보다 더 나은 적이 없었다'는 판단에 의문을 제기했으며, 이는 타이완 지도자들로 하여금 미국 민주주의의 변화가 그들의 이익에 어떤 영향을 미쳤는지를 숙고하도록 이끌었다.

역사적 배경

1950년 초에 트루먼 행정부는 처음에 타이완이 마오쩌둥의 군대에 함락되는 것을 기꺼이 받아들였다. 하지만 1950년 6월 북한이 남한을 침공하자 미국의 정책 입안자들은 동아시아에서의 미국의 이익에 대한 타이완의 전략적 가치를 평가하는 방식을 바꾸었다. 그들은 국민당 정권과 함께 미국의 안보 관계를 재건하기 시작했다. 1954년 아이젠하워 행정부는 미국-중화민국 상호방위조약을 통해 타이완과 펑후군도를 방어하겠다는 약속을 공식화했다. 하지만 중국이 타이완을 장악할 능력이 없었기 때문에 미국은 그 약속을 지킬 필요가 없었다.[2] 타이베이는 1970년대와 1980년대 초에 닉슨 행정부와 카터 행정부가 점차적으로 중화민국과의 외교 관계를 종료하고 1979년 설날에 공식적으로 중국과 외교 관계를 수립함에 따라 안보에 대한 미국의 약속이 지닌 신뢰성에 대해 매우 불안해했다. 그 과정에서 미국은 미국-중화민국 상호방위조약을 종료했고, 단지 미국이 양안 분쟁의 '평화적 해결'에 대해 지속적으로 관심을 갖고 있다는 선언문으로 대체했다. 미국 의회는 1979년 '타이완관계법Taiwan Relations Act: TRA'에 보안 문구를 추가했는데, 이는 타이베이와의 비공식 관계를 위한 틀 — 조약 약속을 대체하는 것처럼 보이지만 실제로는 그렇지 않은 — 을 만들었다.[3] 카터 행정부와 '타이완관계법'은 무기 판매를 계속하겠다고 약속했지만, 레이건 행정부는 미국을 무기 판매 중단의 길로 안내하는 것으로 보였다.[4]

하지만 시간이 지나면서 타이완의 안보와 신뢰에 대한 미국의 의지가 회복되었다. 워싱턴은 선언적 정책을 강화했고 무기 판매 금액은 감소하기보다 증가했다. 1979년에 본질적으로 종료된 미군과 타이완 군대 간의 실질적인 교류는 1990년대 후반에 재개되었다. 미국의 의도를 바꾸려는 베이징의 노력은 성공하지 못했다. 그리고 1990년대까지 미군의 군사력은 분명히 인민해방군을 압도했다.

타이완의 민주화와 타이완의 미래에 대한 새로운 아이디어는 베이징과 워싱턴의 계산을 바꿨다. 1990년대 중반 이전에 미국과 중국은 다음과 같은 가정 하에, 즉 타이완의 국민당 지도자들은 타이완이 중국(중화인민공화국)이라는 국가의 주권 영토에 속하는 일부이며 일종의 통일이 궁극적인 목표라는 중국의 의견에 계속 동의할 것이라는 가정하에 작업할 수 있었다. 하지만 타이완의 정치세력은 이제 타이완의 독립을 옹호하거나 적어도 통일에 반대할 자유를 갖게 되었다. 이는 중국 본토와의 경제적 관계 확대에도 불구하고 — 또는 그 때문에 — 이루어진 것이었다. 정치 문제에 베이징을 개입시키려는 리덩후이의 초기 개방성은 총통 재임 기간이 지남에 따라 약해졌고, 그는 국내 선거 때문에 급증하는 타이완 정체성에 호소하게 되었다. 한편 베이징은 리덩후이가 독립의 길로 들어서고 있는 것을 우려했다. 적어도 명목상으로는 독립을 지지하는

민진당의 지도자인 천수이볜이 2000년에 총통이 되자 베이징은 더욱 걱정이 되었다.[5]

이와는 대조적으로 2008년 이후 마잉주 총통과 차이잉원 정부는 타이완이 분쟁을 일으킬 수 있다고 생각할 만한 이유를 미국 정부에 거의 주지 않았다. 제8장과 제9장의 여론조사 결과가 보여주는 것처럼, 양측은 대중의 현상유지 및 위험 회피 정서를 인식해 양안관계와 타이완 민족주의의 정치에 대해 자제력을 가지고 행동했다. 타이완 유권자들은 자국 정부가 베이징에 대해 절제된 방식으로 행동하기를 원한다. 오바마 행정부와 트럼프 행정부는 타이완 측의 이러한 온건화에 대한 보답으로, 중국이 무력으로 통일 목표를 달성하려 할 경우 부담해야 할 중국의 비용을 높이기 위해 미국과 타이완 군부의 안보 관계를 강화했다. 차이잉원 총통은 그녀가 미국의 지지를 이용해 독립 방향으로 나아갈 수 있다고 믿었던 민진당 강경파가 그녀를 재지명하지 않으려 하는 것을 극복해야 할 정도로 신중했다.

트럼프 행정부의 타이완 정책

트럼프 행정부의 타이완에 대한 접근 방식이 동시에 여러 방향으로 진행되었기 때문에 여기에서는 복수의 '정책'이 의도적으로 사용되었다. 더욱이 현실은 행정부가 무엇을 하고 무엇을 하지 않았느냐의 문제라기보다 행정부가 무엇을 말했느냐의 문제였다.

선언적 정책

미국 행정부 고위 관리들은 연설할 때 일반적으로 베이징과의 복잡한 관계에서 미국과 타이완을 일치시켰다. 2018년 10월 마이크 펜스Mike Pence 부통령은 3개국이 외교 관계를 타이베이에서 베이징으로 전환하도록 부추긴 데 대해 '중국공산당'을 비난했다. 또한 그는 "3개의 공동성명과 '타이완관계법'에 반영된 바와 같이 미국 행정부는 하나의 중국 정책을 계속 존중할 것이지만, 미국은 타이완의 민주주의 수용이 모든 중국인을 위한 더 나은 길을 보여준다고 항상 믿을 것"[6]이라고 단언했다.

2019년 2월 당시 국방부 고위 관리였던 랜달 슈라이버Randall Schriver는 "미국은 타이완이 중국의 침략을 억제하는 데 필요한 능력을 갖추도록 '타이완관계법'을 충실히 이행함으로써 타이완을 계속 지원할 것이다. …… '타이완관계법'은 타이완의 충분한 자위를 위해 자위적 성격의 무기를 타이완에 공급할 수 있는 유연성을 제공한다"라고 선언했다. 또한 그는 타이완 해협 너머의 위협이 커짐에 따라 "미국이 타이완과 하는 일도 자연스럽게 진화했다"[7]라고 말했다.

2019년 3월, 트럼프 행정부의 국무부 동아시아-태평양 문제 차관보로 지명된 데이비드 스틸웰David Stilwell은 상원 외교위원회에서 "중국은 …… 압력과 강압을 중단하고 타이완에서 민주적으로 선출된 당국과 대화를 재개해야 한다"[8]라고 말했다.

2019년 10월 펜스 부통령은 "미국은 힘들게 얻은 자유를 수호하는 타이완을 지지한다. 이 행정부하에서 미국은 추가 군수품 판매를 승인했으며, 타이완이 세계 최고의 무역 경제 국가이자 중국 문화와 민주주의의 등대임을 인정한다"[9]라고 주장했다.

2020년 7월 의회 증언에서 스티븐 비건Stephen Biegun 국무부 부장관은 "'타이완관계법' 시행에 대한 미국의 공약은 확고하다. 양안 문제를 강압이나 위협 없이 평화적으로 해결하겠다는 미국의 주장을 포함해 하나의 중국 정책에 대한 미국의 공약도 확고하다"라고 말했다. 그는 타이완이 국제사회에 더 완전히 참여할 수 있도록 허용하려는 워싱턴의 바람과 섬의 방어 개선을 지원해야 할 필

요성에 대해 구체적으로 언급했다.[10]

자유롭고 열린 인도-태평양 전략

트럼프 행정부 정책의 가장 의미 있는 성명은 아마도 국방부가 2019년 6월에 발행한 「인도-태평양 전략 보고서Indo-Pacific Strategy Report」일 것이다.[11] 이 문서는 2017년 말과 2018년 초에 각각 완성된 행정부의 「국가안보전략National Security Strategy」 문서와 「국방 전략National Defense Strategy」 문서보다 미국 정책에 대해 더 자세히 설명했으며, 대부분은 원칙에 대한 설명을 제공했다. 또한 타이완을 인도-태평양 지역에 대한 광범위한 전략과 정책의 맥락에 두었다.

전략의 기초는 매우 위협적인 것으로 간주되는 중국의 의도에 대한 평가였다. 그 평가는 당시 미국 국방장관 대행이던 패트릭 샤나한Patrick Shanahan이 보낸 보고서의 전달 서한으로 시작되었다. "자유로운 세계 질서와 억압적인 세계 질서 사이의 지정학적 경쟁으로 정의되는 국가 간 전략적 경쟁은 미국 국가안보의 주요 관심사이다. 특히 중국공산당이 주도하는 중국은 군사 현대화, 영향력 작전, 약탈적 경제를 활용해 다른 국가를 압박함으로써 (동아시아) 지역을 유리하게 재편하려고 한다."[12] 또한 보고서의 중국에 대한 섹션의 제목은 중국공산당을 '수정주의 세력'으로 언급했으며 해당 섹션은 베이징의 목표에 대해 "중국은 경제적·군사적 우위를 이어가면서 단기적으로는 태평양 지역에서의 헤게모니를, 궁극적으로는 장기적으로 글로벌 우위를 추구한다"[13]라고 분명히 밝혔다.

타이완과 관련해, 해당 보고서는 이러한 목표가 베이징의 군사력 증강에 기인한 것으로 보았다. "인민해방군은 타이완이 독립을 향한 움직임을 포기하도록 강요하기 위해 타이완 해협에서 일어날지 모를 만일의 사태에 계속 대비하고 있다. 인민해방군은 또한 타이완을 무력으로 통일하는 동시에 타이완을 위한 제3자의 개입을 저지, 지연, 또는 부인하는 만일의 사태에도 대비하고 있다." 또한 이 보고서는 인민해방군 능력의 증가에 비추어볼 때 "이에 상응해 타이완과의 방위 약속을 강화하고 방위 물품과 서비스를 제공함으로써 타이완이 안전하고 자신감 있고 강제로부터 자유롭고 자신의 조건하에서 본토와 평화적·생산적으로 업무를 할 수 있도록" 하는 것이 미국의 정책이었다고 언급했다.[14]

해당 보고서는 타이완이 미중 양국 간의 안보 경쟁에 기여할 수 있다고 명시적으로 언급하지는 않았지만 간접적으로는 언급했다. 이 보고서는 타이완을 싱가포르, 뉴질랜드, 몽골과 함께 안보 파트너(동맹국이 아니다)로 지정하고 동맹국 및 파트너가 기여할 수 있는 부분에 대해 "상호 이익이 되는 동맹과 파트너십은 미국의 전략에 매우 중요하며, **어떤 경쟁자나 라이벌도** 따라올 수 없는 지속적이고 비대칭적인 전략적 이점을 제공한다"[15]라고 명시했다. 따라서 이러한 틀에서 타이완은 미국의 전략적 자산이었다.

트럼프 행정부의 '자유롭고 열린 인도-태평양 전략Free and Open Indo-Pacific strategy: FOIP' 및 이와 관련된 문서는 어느 정도 미국이 취한 행동을 수사학적으로 합리화한 것이었다. 이것은 오바마 대통령의 '아시아 재균형'에 대한 대안으로 개발된 것으로, 여러 면에서 비슷했다. 두 행정부의 전략의 가장 큰 차이점은 그들이 중국에 관심을 갖는 방식이었다. 오바마는 기후변화, 이란, 북한과 관련해서는 워싱턴과 중국 간에 협력을 유지·강화하려 했고, 동아시아의 해양 영역 같은 영역에서는 경쟁을 관리하려 했다. 오바마에게 협력은 그 자체로 좋은 것이었지만, 또한 관계에 균형을 제공하고 상호 갈등으로 넘어가지 않도록 하는 것이기도 했다. 하지만 트럼프 행정부의 많은 부분은 미중 관계에 대해 제로섬 접근 방식을 취했고, 이것은 타이완을 보다 긍정적으로 평가하게 만들었다.

그러나 타이완이 미국의 전략적 파트너라는 미국 국방부 보고서의 분명한 의미는 트럼프 대통령 본인의 견해와 극명한 대조를 이루었다. 2018년 4월부터 2019년 9월까지 국가안보보좌관을 지낸 존 볼턴John Bolton은 자신의 회고록 『그것이 일어난 방: 백악관 회고록The Room Where It Happened: A White House Memoir』에서 타이완이 미국의 전략에서 지닌 가치에 대한 트럼프 대통령의 평가가 기껏해야 낮았다고 밝혔다. 볼턴은 "트럼프가 가장 좋아하는 비교 중 하나는 자신의 펜 끝을 가리키면서 '이것은 타이완이다'라고 말한 다음, 대통령 집무실에 있는 유서 깊은 결단의 책상Resolute Desk을 가리키면서 '이것은 중국이다'라고 말하는 것이었다. 또 다른 민주주의 동맹에 대한 미국의 약속과 의무는 이 정도이다"라고 언급했다. 볼턴은 타이완에 대한 트럼프의 태도에 대해 "특히 소화불량에 걸린 듯했다"[16]라고 지적했다.

안보

선언적 정책과는 별개로, 트럼프 행정부는 몇 가지 방법으로 타이완의 안보를 계속 지지했다. 첫째는 타이완의 고위 지휘부와 협력해 변화하는 위협 환경에 대응해 국방 전략을 효과적으로 조정하고 있는지 확인하는 것이었다. 둘째는 무기 판매를 유지하는 것이었다. 2020년 2월까지 트럼프 행정부는 F-16 전투기, 주력 전차, 대전차 미사일 등 95억 달러어치의 무기를 사용할 수 있도록 했다.[17] 셋째는 타이완의 취약성을 높이는 인민해방군 훈련에 직면해 미국 해군 및 공군이 타이완 인근에서 수행하는 작전(이 작전은 타이완에 대한 미국의 지지를 표시하기 위해 고안되었다)을 증가시키는 것이었다. 마지막으로, 그리고 마찬가지로 중요한 것은, 미국 행정부가 미국과 타이완 군대 사이에서 일어나는 일련의 교류를 계속하는 것이었다. 이 모든 것은 타이완의 전투 능력을 향상시키기 위한 것이었다. 트럼프 대통령하의 국방부는 이전 행정부와 마찬가지로 타이완과의 안보협력 강화를 대부분 조용히 추진했다. 이 보고서는 베이징이 이러한 활동이 일어나는 것을 알고 있었지만 공개적이고 외교적인 논쟁을 일으키지 않았다고 추정했다.

큰 의문은 중국이 타이완을 공격할 경우 미국의 의도에 관한 것이다. 타이완에 대한 미국의 오랜 관심은 타이완 지역의 평화와 안전을 유지하는 것이었다. 미국-타이완이 다양한 형태로 안보를 협력하는 근본적인 목적은 양안 분쟁을 유리하게 해결하기 위한 베이징의 군사적 시도를 더 잘 저지하는 것이다. 하지만 만약 베이징이 타이완을 구하기 위해 미국이 개입하지 않을 것이라고 결론지을 경우, 억지력은 약해질 것이다.

타이완, 중국, 미국에는 인민해방군이 타이완을 공격할 경우 '타이완관계법'에 따라 미국이 타이완을 방어해야 한다고 믿는 사람들도 있다. 그런데 법적으로 '타이완관계법'은 그런 일을 수행하지 않는다. 이 법은 정책적으로는 타이완 문제가 평화적으로 해결될 것이라는 미국의 기대를 명시하고 있지만, 갈등이 발생할 경우 행정부에서 해야 할 일은 의회에 보고하는 것뿐이다.[18]

게다가 '타이완관계법' 초안이 작성될 당시 법안의 작성자들은 중국이 일방적으로 타이완을 공격할 것이라고만 예상했을 뿐, 전쟁이 일어날 가능성은 고려하지 않았다. 왜냐하면 타이완 지도자들은 중국 지도자들이, 옳든 그르든 간에, 중국의 근본적인 이익에 도전한다고 믿었던 행동을 취했고 따라서 강력한 대응이 필요했기 때문이다.

리덩후이에 대한 중국의 정의와 반응은 클린턴 행정부로 하여금 그 가정을 수정하게 만들었다. 당시 국무장관 워런 크리스토퍼Warren Christopher는 이 문제에 대한 미국의 선언적 정책을 자세히 설명했다. 1996년 5월에 행한 연설에서 크리스토퍼는 "미국은 현 상황을 바꾸거나 미해결 문제를 평화적으로 해결하는 데 위험이 될 수 있는 도발적인 행동 또는 일방적인 조치를 피하는 것의 중요성을 양측에 강조했다"[19]라고 말했다. 2004년 타이완 총통선거를 앞두고 천수이볜이 도발적인 발언을 하자 부시 행정부는 이러한 견해를 더욱 심화시켰는데, 이는 2004년 4월 제임스 켈리James Kelly 국무부 차관보(아시아-태평양 담당)가 의회 청문회에서 다음과 같이 증언한 내용에서 알 수 있다.

> 우리의 최우선 관심사는 평화와 안정을 유지하는 것입니다. …… 미국이 양안 분쟁에 휘말릴 가능성이 매우 높기 때문에 대통령은 미국인의 생명이 잠재적으로 위험에 처해 있다는 것을 알고 있습니다. 우리의 '하나의 중국' 정책은 타협할 수 없는 차이가 존재하는 한 타이완 해협의 평화를 유지하겠다는 우리의 확고한 약속을 반영합니다. (조지 W. 부시) 대통령의 지난해(2003년) 12월 9일 메시지는 …… 현 상태를 바꾸려는 중국 또는 타이완의 일방적인 움직임에 대해 미국 정부가 반대한다는 점을 거듭 강조했습니다. 이 메시지는 양쪽 모두에게 전달되었습니다. 대통령과 현 행정부의 고위 지도부는 '타이완관계법'에 따라 미국은 타이완이 스스로를 방어할 수 있도록 도울 의무를 다할 것임을 중국 지도자들에게 일관되게 분명히 밝혔습니다. 동시에 우리는 중국이 타이완이 독립을 지향하며 중국으로부터의 영구적인 분리를 향한 길을 가고 있다고 확신하고 타이완의 이런 노력을 중단시킬 수 없다는 결론에 이른다면, 중국의 강압을 억제하려는 우리의 노력이 실패할 수 있다는 매우 실질적인 우려를 갖고 있습니다.[20]

크리스토퍼와 켈리의 진술이 암시하는 바는, 타이완을 돕기 위해 반드시 개입하지는 않겠지만 중국(중화인민공화국)이 일방적인 공격을 가할 경우에는 개입할 것이라는 점이다. 이것은 이중 억제의 자세이다. 물론 미국의 억지력 경고의 대상은 타이완과 본토 중 어느 쪽이 평화와 안정에 더 큰 위험을 초래하는지에 달려 있다. 2008년에 시작된 타이완 지도자들의 온건함은 중국의 이익에 도전하지 않도록 경고할 필요성을 줄였다. 게다가 중국의 능력과 의도에 대한 트럼프 행정부의 상대적으로 암울한 발언 — "인민해방군은 또한 타이완을 무력으

로 통일하는 만일의 사태에도 대비하고 있다" — 은 베이징에 대한 미국의 억제 필
요성이 커졌다는 것을 의미한다.

여기서도 와일드카드는 트럼프 자신이었다. 적어도 1980년대 후반부터 트
럼프는 미국의 동맹 및 그에 수반되는 국방 공약에 대해 혐오감을 가지고 있었
으며, 미군의 해외 주둔 및 이라크와 아프가니스탄 같은 분쟁에 대한 미국의
개입에도 거부감을 가지고 있었다.[21] 이러한 오랜 태도는 타이완에 시사하는
바가 있다. 밥 우드워드Bob Woodward는 트럼프 행정부의 첫 해에 관한 이야기
인『공포: 백악관의 트럼프Fear: Trump in the White House』에서 2018년 1월 19일
백악관에서 트럼프와 국가안보팀이 미국이 우방과 파트너를 방어하는 이유에
대해 논의한 회의 — 첫 회의는 아니었다 — 를 언급한다. 트럼프 대통령은 이 특
정한 주장에서 "한반도에 대규모 군사 주둔을 유지함으로써 우리가 얻는 것이
무엇인가?"라고 먼저 물었다. 이어 그는 뜬금없이 "한반도보다 타이완을 더 보
호함으로써 우리가 얻는 것은 무엇인가?"라고 물었다.[22] 이 진술에 대한 다음
세 가지 요점은 주목할 가치가 있다. 첫째, 트럼프 대통령은 과거 행정부들이
타이완을 방어하기 위해 모종의 노력을 기울였다 — 비록 상황은 그보다 복잡하
지만 — 고 사실상 믿는 것처럼 보였다는 것이다. 둘째, 타이완을 보호하겠다는
미국의 약속을 평가할 때 '얻는 것get'이라는 단어를 매우 거래적으로 사용했다
는 것이다. 셋째, 베이징이 양안 전쟁을 택하더라도 트럼프가 타이완을 위한
개입에 회의적일 수 있음을 암시했다는 것이다.

외교

트럼프 행정부의 국무부는 타이완과의 관계에서 보다 진보적인 태도를 보
였다. 타이완을 여행하는 민간 공무원의 수준이 높아졌다. 사이버 보안 같은
문제에 대한 협력이 확대되었다. 중화인민공화국은 국가들이 중화민국과 맺

은 외교 관계를 중화인민공화국으로 전환하도록 유도했는데, 이에 대응해 워싱턴은 남아 있는 국가들이 베이징으로 '돌아서는' 것을 막으려 했다. 미국이 타이완과 실질적인 관계를 유지하는 비정부 기구인 미국재타이완협회의 타이베이 사무소를 위한 새 건물이 2019년에 문을 열었는데, 이것은 미국의 약속에 대한 가시적이고 값비싼 상징이었다. 국무부는 미국이 '하나의 중국' 정책 ─ 중국 정부(중화인민공화국 정부)를 '중국'의 유일한 합법 정부로 인정하고 타이완과는 비공식적으로 관계를 맺겠다는 약속 ─ 의 기본 한계 내에 머물렀다고 합리적으로 주장할 수 있다. '비공식적'이 의미하는 바의 정의를 확장한 경우에도 마찬가지이다. 더욱이 미국은 이 조치를 상당히 조용히 취했다.

다시 말하지만, 트럼프 대통령은 때때로 자신의 길을 갔다. 대통령 당선자로서 그는 2016년 12월 2일 차이잉원 총통의 전화를 받아 타이완 쪽으로 기울어지는 듯했다(트럼프는 나중에 이 전화 통화를 후회했다). 하지만 그로부터 9일 후에 그는 타이완을 무역과 북한에 대한 대중국 지렛대로 이용하려는 것처럼 말했다. 그 이후 트럼프 대통령은 타이완 문제를 중국의 시진핑 주석에게 기꺼이 미루는 것처럼 보였다. 2018년 9월 6일 ≪워싱턴 포스트≫의 칼럼에서 조시 로긴Josh Rogin은 '행정부의 고위 관리'의 성명을 이렇게 보고했다. "개인적인 관점에서 보면 트럼프 행정부는 타이완에 대해 가장 매파적인 팀을 갖고 있다. …… 하지만 시진핑이 (도널드 트럼프에게) 전화를 걸어 하소연하면 대통령의 본능은 우리가 중국인에게 무엇인가 원하는 현안이 항상 있기 때문에 이를 따르는 것이다."[23] 타이완에게 더 불길한 것은 트럼프가 시진핑에게 중요한 일에 대해 양보를 구하고, 보상적 양보에 대한 시진핑의 요구에 트럼프가 개방될 가능성이었다. 존 볼턴의 회고록에 보고된 바와 같이, 2019년 6월 트럼프가 2020년 대선에서 자신을 돕기 위해 미국 농산물을 더 사달라고 시진핑 주석에게 간청한 사실이 적절한 사례이다.[24]

경제정책

외교·안보 차원에서의 미국 정책이 지닌 긍정적인 흐름이 경제정책에서는 뚜렷하게 드러나지 않는 것은 이해하기 어려운 일이다. 인구가 2300만 명에 불과한 타이완은 세계 15위의 수출국이자 19위의 수입국이다.[25] 2019년 기준으로 대미 수출액은 543억 달러(13위), 대미 수입액은 312억 달러(14위)로, 미국의 열 번째로 큰 무역 파트너였다.[26] 1960년대 이후 타이완의 경제 전략은 선진국, 특히 미국에 있는 대형 소매업체의 수요를 충족시키는 것이었다. 타이완의 기업가들은 먼저 타이완에서 제품을 생산하고 외부 수요 변화에 빠르게 적응하는 전략을 구현했다. 1980년대에 이 섬의 회사들은 주로 생산과 조립 같은 일부 사업을 다른 장소, 특히 중국 본토로 이전함으로써 자신들의 글로벌 경쟁력을 유지했다. 그 결과 타이완의 대미 수출 수치는 과소평가되었다. 왜냐하면 미국에 대한 중국 수출의 상당 부분은 타이완이 완전히 소유한 공장에서 생산된 것이기 때문이다. 타이완은 2018~2019학년도에 2만 3369명의 학생을 미국으로 유학을 보내 미국에 일곱째로 많은 학생을 보낸 국가였다.[27] 타이완의 정보기술 산업에서 가장 뛰어나고 똑똑한 많은 사람들은 미국에서 훈련을 받았고 실리콘 밸리에서 일했다.

그러나 여러 미국 정부의 경제기관들이 추진해 온 타이완 정책과 미국 정부의 다른 부분들 — 특히 트럼프 행정부 시절 동안의 — 이 내세운 전략적 가치 사이에는 심각한 단절이 있다. 타이완은 오랫동안 미국과의 경제 관계에서 중요한 개선을 추구해 왔다. 트럼프 행정부가 2017년 초에 환태평양경제동반자협정(TPP)에서 철수할 때까지 타이베이는 미국이 두 번째 회원국을 받아들이기 위한 협상에서 자국을 협정에 포함시키기를 희망했다. 최근 타이완은 미국과의 FTA를 추진했지만 조기 협상 가능성은 절대적으로 희박했다.[28] 미국 기업 연구소American Enterprise Institute 데릭 시저스Derek Scissors의 말에 따르면, 트럼프 행정부가 '무역균형 보호무역주의'의 입장에서 출발한다는 점을 감안할 때 타이완의 대미 혹자 530억 달러는 어떤 회담이라도 개시하는 데 심각한 장애가 될 수 있다.[29] 또한 보도에 따르면 트럼프 행정부는 "중국이 아프리카에서 끼치는 영향력에 대응하기 위해" 2020년 케냐와 FTA 협상을 시작할 용의가 있다고 했는데, 이것은 미국이 왜 동일한 논리로 타이완과 FTA 협상을 시작하지 않았는지에 대한 의문을 제기했다.[30]

게다가 마잉주 정부 이후 미국 무역대표부US Trade Representative: USTR는 타이완이 쇠고기와 돼지고기, 특히 락토파민이 첨가된 육류 수출에 대한 시장 접근과 관련해 약속을 어겼다고 주장해 왔다. 타이완 행정부는 대부분의 쇠고기 수입과 마찬가지로 돼지고기 수입에 대해서도 제한을 해제할 수 있는 권한이 있지만, 돼지고기 농민은 미국과 마찬가지로 타이완에서도 중요한 정치적 지지층이기 때문에 결정을 연기했다. 더욱이 락토파민 수치가 국제기구가 과학적으로 섭취하기에 안전하다고 결정한 수치보다 낮더라도, 식품안전을 위한 엄격한 조치를 주장하는 시민사회 단체들은 돼지고기 수입에 반대하고 있다. 2020년 초 현재, 미국과 타이완 간 중요한 경제 협정에 대한 전망은 우울해 보였는데, 특히 미국 무역대표부가 돼지고기와 쇠고기 문제가 먼저 해결되어야 한다고 주장할 경우 더욱 그러했다. 이와 반대로, 타이베이의 미국 상공회의소는 이러한 접근 방식이 "긍정적인 결과를 얻지 못했다"라고 결론지으면서, "이러한 (농업 관련) 문제가 협상의 일부로 해결되어야 한다"라는 명확한 이해와 함께 FTA 관련 대화를 시작할 것을 주창했다[31](또한 타이완과의 협상에 대한 미국의 입장을 형성한 것은 이러한 협상이 미국 무역대표부와 베이징 간 대화를 복잡하게 만들 수 있다는 두려움이었다).

2020년 8월 28일 차이잉원 총통은 락토파민 함량이 국제 전문가들이 판단한 수준 미만인 외국 돼지고기에 대해서는 식용을 허용하는, 정치적으로 과감한 조치를 취했다.[32] 그녀는 FTA를 포함해 미래 지향적인 경제 회담을 위한 미국 무역대표부의 전제 조건을 충족함으로써 미국 법원에 협상의 공을 던졌다.

이와는 별개로, 이 행동은 앞의 장에서 언급되었던 타이완 정치 체제의 일부 역기능적 특징을 보여준 국민당의 행동을 자극했다. 국민당의 입법원 간부회의는 쑤전창(蘇貞昌)* 총리(행정원장)가 새로운 입법원 회기의 초기에 전통적인 정책 연설을 하는 것을 막기 위해 절차상의 전술을 사용했다. 언론의 주목을 더 끌기 위해 그들은 사건이 진행되는 동안 큰 플라스틱 돼지를 입법원 회의실로 가져갔다.[33] 차이잉원 총통은 그렇게 행동할 법적 권한을 가지고 있음에도 불구하고 국민당은 차이잉원의 결정에 대한 국민투표를 신청하면서 직접민주주의에 의지했다.[34] 가장 불안한 일이자 타이완 정치의 양극화를 반영하는 것은, 국민당이 당원들이 이끄는 지방정부들에 그들의 관할 구역에서 락토파민이 든 돼지고기의 판매를 금지하는 조례를 제정할 것을 요구했던 것이다.[35]

트럼프 행정부는 타이완에 다른 경제적 도전들을 제시했는데, 그중 하나는 도널드 트럼프가 선거운동 기간에 미국의 대중 무역적자를 줄이기 위한 방안으로 중국으로부터의 수입 관세를 급격하게 올리겠다고 약속한 것에서 비롯되었다. 트럼프는 양국 무역수지가 경제적 관계에서 비용과 효익의 균형을 측정하는 최선의 척도가 아니거나 유일한 척도가 아니라는 점을 이해하지 못했다. 그는 또한, 비록 제품 가치의 상당 부분이 다른 곳에서 추가되긴 했지만, 미국 세관이 특정 상품의 출처를 결정하는 데 사용하는 기준인 최종 조립이 중국에서 이루어지기 때문에 미국의 많은 '중국산 수입품'이 중국산 상품으로 계산된다는 점도 이해하지 못했다. 예를 들어, '메이드 인 차이나Made in China'라고 표시된 산악용 자전거는 타이완 회사가 타이완에서 더 정교한 부품을 생산하고

---

*   2023년 1월 19일 쑤전창은 총리(행정원장)에서 사임하겠다는 의사를 표명했고, 2023년 1월 31일 천젠런(陳建仁) 전 부총통이 그 후임자로 취임했다. _옮긴이 주

본토에 있는 자회사에서 조립한 제품일 수 있다.

트럼프 행정부는 또한 아이패드, 아이폰 등 많은 전자제품에 대한 관세를 인상하겠다고 위협했다. 이들 제품은 미국, 타이완, 그리고 다른 장소들로부터 수입된 부품으로 중국 본토에서 조립한 것으로, 타이완 기업인 폭스콘이 이 공급망을 관리한다. 이런 정보기술 제품의 수입에 대한 미국의 관세를 인상했다면 중국 기업보다 미국과 타이완 기업이 훨씬 더 큰 타격을 입었을 것이다. 관세 인상을 강행하겠다는 행정부의 위협은 2020년 1월 중국과의 1단계 무역협정의 일환으로 철회되었다.[36]

트럼프 행정부 관리들은 중국과의 경제 관계와 관련해, 크고 여전히 증가하고 있는 양국 간 무역적자는 제쳐두고, 다른 목표들을 염두에 두고 있었다. 그 중 하나는 중국 본토에 진출한 외국 기업들의 사업 환경에 가해진 변화를 되돌리기 위해 압박하는 것이었다. 중상주의 산업정책을 지향하는 베이징의 행보는 타이완을 포함한 모든 선진국 경제에 타격을 입혔기 때문에 보다 수준 높은 경기장으로 돌아가는 것이 가치 있는 목표였다. 하지만 많은 전문가들은 트럼프 행정부가 중국 상품에 대한 관세 인상에 의존하거나 심지어 관세 인상을 위협한 것은 그러한 목적을 달성하는 올바른 방법이 아니라고 믿었다. 그들은 중국의 정책에 대항해 피해를 입은 모든 기업의 연합 전선을 동원하는 것이 더 효과적이라고 생각했다.

트럼프 행정부의 또 다른 목표는 글로벌 공급망을 중국 본토 밖으로 옮기고 자주 사용되는 용어로 미국과 중국 경제를 '분리'하도록 압력을 가하는 것이었다. 그 목표에서 트럼프 행정부는 어느 정도 성공했는데, 부분적으로는 외국 기업을 위한 사업비용이 이미 상승했고 미국 관세 인상에 대한 전망이 빠르게 추가 인센티브가 되었기 때문이다. 타이완이나 한국의 기업들이 공급망을 중국 본토 밖으로 이전한다면 트럼프 행정부의 입장에서는 더할 나위 없이 좋은 일이다. 타이완 기업들로서는 트럼프의 일부 관세 인상으로 조성된 미국 정책에서의 불확실성과 이를 더 늘리겠다는 위협만으로도 중국 본토 밖으로 사업장을 옮길 유인이 생겼다. 이는 관련된 회사에는 문제를 일으킬 수 있지만 타이완 전체에는 유리하게 작용했다. 이들 기업은 공급망을 타이완을 포함한 동아시아 다른 지역으로 재배치함으로써 생산 플랫폼으로서의 중국에 대한 의존도를 줄이려고 했다. 2019년 8월 시점을 기준으로 '리쇼어링reshoring'[제조공장 등을 본국으로 회귀하는 것_옮긴이] 기업은 타이완의 지역 경제에 약 5000억 달러를 투자해 약 3만 9000개의 일자리를 창출할 것으로 예상되었다.

차이잉원 총통의 정부는 토지, 물, 전기 부족을 해결하고 들어오는 돈이 부동산 부문으로 들어가지 않도록 하기 위한 조치를 취했다.[37] 이것은 타이완 경제에 단기적으로 이익이었다. 동시에 단점은 이들이 타이완으로 이전하는 하드웨어 회사였기 때문에 이전으로 인해 하드웨어와 소프트웨어의 장기적인 통합에 대한 인센티브가 줄어들 수 있다는 것이었다(제4장 참조). 또한 타이완은 모든 리쇼어링 기업의 수요를 충족시키기에 인력이 충분하지 않다.

트럼프 행정부의 가장 광범위한 정책 의도는 기술에 관한 것이었다. 행정부의 경제 및 안보 관계자들은 다음과 같이 믿었다. 즉, 미국은 중국과 경제적·군사적 우위를 놓고 실존적 투쟁을 벌이고 있고, 미국이 승리하려면 21세기의 흐름을 규정하는 결정적인 기술을 스스로 획득해야 하며, 미국과의 격차를 좁히는 데 도움이 되고 앞으로 나아갈 기술들을 중국에 거부해야 한다고 믿었다. 죽음을 향한 이 싸움에서 미국의 핵심 무기는 기술 통제 체제였다. 이 체제에서 특정 중국 '기업'은 미국 기술을 거부당할 것이고, 미국인 및 아마도 다른 사람들이 중국 고객에게 중요한 기술 목록에 있는 품목들을 판매하려면 라이선스를 취득해야 할 것이다. 다만 이 같은 정책이 시사하는 바는 양면적이다. 통신 대기업 화웨이(Huawei, 華爲) 등 중국 본토 기업들은 여전히 광범위한 부품 및 구성 요소를 미국, 타이완 등에 의존하고 있는데, 이는 이런 기업들이 수익 흐름의 일부를 중국 시장에 의존하고 있다는 것을 의미한다. 일례로 세계적인 반도체 파운드리 TSMC의 중국 본토 수출은 이 회사 매출의 약 17%를 차지한다. 미국과 다른 기술 기업 및 그 기업들의 중국 본토 고객들 간에 선을 끊는 것은 미국에게 후자의 '죽음의 키스'가 될 수 있다. 하지만 그것은 또한 공급자들의 수익에도 타격을 줄 것이다.[38]

트럼프 행정부가 개발한 수출통제 체제는 단순히 미국 생산업체에서 지정된 중국 고객으로 하드웨어가 넘어가는 것을 막는 것 이상으로 복잡했다. 미국이 더 이상 첨단 기술 개발에 대한 독점권을 갖고 있지 않기 때문에 미국이 화웨이 등 타깃 중국 기업과 해외 공급자 간 거래에 얼마나 치외법적 영역을 확대할지가 관건이었다. 예를 들어 미국 정부의 압력으로 타이완 기업인 렌화전자(UMC, 聯華電子)는 미국이 푸젠진화(JHICC, 福建晋華)에 대한 판매를 금지하자 2018년에 푸젠진화와의 협력을 종료했다.[39]

또 다른 접근 방식은 TSMC와 같은 회사가 생산해서 중국 기업에 판매한 반도체, 특히 이 칩에 내장된 미국산 기술의 점유율에 초점을 맞추었다. 2019년 중반 미국 정책은 TSMC 같은 타이완 기업이, 미국 콘텐츠가 25%에 못 미칠 경우, 라이선스를 확보하지 않고 화웨이에 부품을 판매할 수 없도록 제한했다. 그 한도를 10%로 줄이는 것에 대한 약간의 논의가 있었지만, 그 이야기는 보류되었다. 더 중요한 것은, 중국 업체에 판매된 반도체가 생산되는 지역과 반도체를 생산하는 장비의 원산지에 따라 제한을 가하는 것이었다. 원래 트럼프 행정부는 미국에서 칩을 생산하는 미국 기업이 화웨이 같은 회사에 부품을 팔기 전에 상무부로부터 라이선스를 받도록 요구했다. 하지만 그것은 허점을 만들었다. 미국 기업의 외국 법인을 포함한 미국 외 지역의 회사들은 미국산 장비를 갖춘 공장에서 생산한 칩에 대한 라이선스를 (최종 제품에서의 미국 콘텐츠 25% 제한을 유지하는 한) 요구하지 않았다. 하지만 2020년 5월 트럼프 행정부는 그 허점을 메우고 장비를 구매할 때마다 미국 장비로 미국 밖에서 생산된 칩에 대한 라이선스를 요구하기 시작했다. 이는 트럼프 행정부의 중대한 역외 침입이었다. 한편 TSMC는 애리조나에 칩 공장을 짓기로 하면서 트럼프 행정부에서의 위험요인을 분산했다.[40] 다만 류더인(劉德音) TSMC 회장은 트럼프 행정부 정책의 두 가지 요소인 관세 인상과 정보 자유흐름 제한에 대한 위험성에 대해 경고했다. 그는 "첫째, 경쟁이 격화될 것이다. 둘째, 과거처럼 세계를 통째로 활용할 수 없기 때문에 생산 비용 또는 개발 비용이 더 많이 들 것이다"[41]라고 말했다.

미국의 정권교체가 중국에 대한 기술정책에 어떤 영향을 미칠지는 미지수이다. 하지만 트럼프 행정부의 엄격한 정책으로 인해 타이완 기업들은 이미 중국 본토 기업과 거래하거나 미국 기업과 거래하는 것 중 하나를 선택하도록 강요받고 있다.[42] 정책의 미래에 대한 불확실성만으로도 이들 기업의 계산에 영향을 미친다. 모든 선진국은 일부 기술의 중국 이전을 관리하는 체제를 강화할 필요가 있지만, 그것은 미국의 우방 및 파트너들과의 관계를 손상시키는 대신 강화하는 방식으로 이루어져야 한다.[43]

의회

미국 의회의원들은 타이완에 많은 지지 신호를 보냈다. 도널드 트럼프 대통령 재임 기간 동안 여러 결의안과 법안이 제정되었다. 의회가 한 일의 대부분은 주로 의사당 내 반중 분위기의 기능이었다. 베이징에서는 미국 의회가 트럼프 행정부의 친타이완 정책에 적극적으로 기여했다고 보았다. 하지만 이러한 의회의 조치에 관해서는, 그 중요성을 평가하기 위해 작은 글자로 인쇄된 부분을 읽는 것이 중요하다. 의회가 제정한 법률의 대부분은 권고사항이었고 행정부에 대한 구속력이 부족했다. 타이완 국민들은 미국 의회의 의원들이 자신들에게 느끼는 동정심에서 용기를 얻은 것은 맞지만, 타이완 국민들은 때때로 이러한 조치가 미국 정책 수행에 미치는 영향을 과장하기도 한다.

예를 들어, '국방수권법'에는 타이완에 관한 두 개의 조항이 있었다.[44] 첫째 조항인 제1257조는 트럼프 행정부에 구속력을 가졌지만, 필요한 것은 타이완의 군사력을 평가하고, '타이완의 자주국방능력의 효율성, 효과성, 준비성, 복원력을 향상하기 위한 권고사항'을 여러 분야에서 제시하고, 이러한 권고사항을 이행하기 위한 계획을 개발하는 보고서였다. 미국-타이완 방위 관계의 고도화를 찬성하는 국방 전문가들이 그동안 논의했던 '미국 군대와 타이완 군대의 고위군관 참여 및 합동훈련' 확대도 계획에 포함되었다. 이러한 고위층의 참여와 합동훈련이 이루어졌다면 최소한 수사적으로라도 중국이 소리 높여 대응했을 것이라는 데에는 의심의 여지가 없다. 하지만 이 법안은 이러한 활동 중 어느 것도 일어나도록 요구하지 않았다. 미국 국방부에 보고만 요청했을 뿐이다. 더욱이 미국 행정부는 이미 이러한 이니셔티브를 수행할 권한을 가지고 있었으나 정책상의 문제로 이를 수행하지 않기로 선택해 왔었다.

둘째 조항인 제1258조는 '타이완에 대한 의회 의식'에 대한 성명이었다. 이 조항은 행정부가 취해야 할 여러 단계를 제시했는데, 모두 이미 현행 방침이거나 미래를 위해 의미 있는 조치였다. 가장 논란이 된 것은 국방부가 "재난대응 계획 및 대비태세 개선을 위한 연례 태평양동반자Pacific Partnership 임무의 일환으로 미국 병원선의 타이완 방문을 지원하는 것을 검토해야 한다"는 조항이었다. 미군 함정의 방문은, 심지어 병원선 방문이더라도, 비공식적인 관계에 대한 정상화 약속을 위반할 수 있기 때문에 이는 민감한 사안이었다. 하지만 다시 말하지만, 의회에서의 발언은 행정부에 대한 명령을 구성하지 않는다.

또 다른 예는 2018년 초에 의회에서 통과된 이른바 '타이완여행법Taiwan Travel Act: TTA'이다. 이 법안에 명시된 목적은 '모든 수준에서 미국과 타이완 간의 방문을 장려'하는 것이었다. 이 법안에 따라 모든 직급의 미국 관리는 타이완을 방문할 수 있도록 허용되어야 하고 타이완 고위 관리는 미국을 방문할 수 있도록 허용되어야 한다는 정책이 발표되었다. 만일 미국 행정부가 그러한 정책을 채택했다면, 역대 행정부가 고위 공무원의 양방향 왕래를 목적으로 비공식적 유대 정책을 시행했던 방식을 제쳐놓았을 것이다. 실제로 '비공식적'이라는 용어가 어떻게 지속적인 의미를 가져왔는지 알기는 어렵다. 물론 타이완-워싱턴 관계에서의 공식적인 입장을 주장해 온 중국이 미국이 그 약속을 어겼다고 믿는다면 어떤 반응을 보일지 정확히 예측할 수는 없다. 실질은 제쳐두고, 이 법안은 정책 성명과 의회의견으로만 구성되었기 때문에 구속력이 없었다.[45] 대통령은 이미 그 법안이 제안한 대로 할 수 있는 권한을 갖고 있었다.

마지막 예는 2020년 2월 중순 테드 크루즈Ted Cruz(공화당, 텍사스) 상원의원이 도입한 '타이완주권상징법Taiwan Symbols of Sovereignty(SOS) Act'(S. 3310)이다.[46] 이 경우 법안은 '~해야 한다shall'는 표현을 사용해 행정부에 명령의 형태를 취했다. 구체적인 내용은 다음과 같다. "국무장관과 국방장관은 중화민국(타이완) 또는 타이베이 경제문화대표부의 군인 및 정부 대표자들이 (b)항에 명시된 공식적인 목적을 위해 주권공화국의 상징 — (1) 중화민국(타이완)의 국기와 (2) 해당 군부대의 상징 또는 휘장을 포함해 — 을 공식적으로 전시하는 것을 허용해야 한다." 이는 미국이 타이완과 비공식적으로 관계를 맺는다는 방침에 어긋나는 것이다.

이 조치들 대부분이 구속력이 없는 형태로 표현된 이유 중 하나는 최고사령관과 외교수장으로서의 대통령의 헌법적 권한을 침해할 수 있기 때문이다. 서명 당시 발표된 2019년 '국방수권법'에 관한 트럼프 대통령의 서면 성명에는 제1257조와 밀접하게 관련된 조항이 포함되어 있다.

제1207조, 제1241조, 제1257조, 제1289조를 포함한 법안의 여러 조항은 외부 군사 및 외교 문제에서의 미국의 위치를 명시하고 있다. 우리 행정부는 이 조항들을 대통령의 **독점적** 헌법 권한에 따라 최고 통수권자로서 그

리고 외교 문제에서의 국가의 유일한 대표자로서 다룰 것이다. 여기에는 외국 주권자를 인정하는 조건을 결정하고, 외국 대표자를 접견하고, 국가 외교를 수행하는 권한이 포함된다.[47]

크루즈 법안이 트럼프 대통령의 책상에까지 도달한다면, 이는 백악관의 헌법적 권위에 대한 정의에 이의를 제기하는 것이 될 것이다. 행정부는 이 조치를 무시하고 크루즈 상원의원이 법원에 불복종 조치를 취하도록 내버려둘 것이다(이 법안에 대해서는 아무런 조치가 취해지지 않았다).

결론은, 의회의원들은 미국 정책을 바꿀 가능성이 낮다는 것을 알면서도 그러한 조치를 통과시킴으로써 타이완을 도운 공로를 인정받을 수 있다는 것이다. 타이완 사람들은 타이완에 대한 미국의 지원이 실제보다 더 강력하다고 믿을 가능성이 높다(타이완 정부는 아마도 그러한 조치의 진정한 법적 영향을 이해하고 있을 것이다). 중국 정부는, 각 개별 조치로 인한 수입 또는 수입 부족이 무엇이든 간에, 이러한 조치가 미국 정책에서의 부정적인 추세를 나타내는 것임을 두려워해 예상보다 더 경각심을 갖게 된다. 미국-타이완 관계의 이러한 측면에서 적어도 무대는 진지한 정책 수립을 대체해 왔다.

정책 혼란

타이완에 대한 미국 정책의 차이는 부분적으로 무역 기관과 외교 및 안보기관 간의 지속적인 관료적 싸움의 결과였다. 여기에는 미국 정부 조직의 변덕이 작용했다. 미국 무역대표부는 대통령실(백악관) 소속이므로 정책을 설정하고 실행하는 방법에서 국무부 및 국방부 같은 기관의 압력을 덜 받는다. 더욱이 미국 무역대표부는 다른 국가에서의 시장 접근에 대한 구체적인 우려를 제기하는 의원들에게 매우 민감하게 반응한다. 미국 무역대표부는 대통령이 지시하는 경우에만 보다 광범위한 전략적 경쟁 내에서 타이완에 대한 무역 정책을 수행할 것이다.

하지만 트럼프 행정부 시절에는 제도적 문제가 더욱 심화되었다. 간단히 말해서, 1940년대 후반 이후 이루어진 정기적인 정책결정 과정은 다음과 같은 특징을 가지고 있다.

- 정책결정 과정은 포괄적이었다. 주어진 문제와 이해관계가 있는 여러 기관이 서로 대화하고 정책적 합의를 찾기 위해 노력하는 것을 허용하고 요구했다.
- 프로세스는 상향식이었다. 의결이 필요한 문제는 대통령의 책상에 도달할 때까지 상급에서 논의했다.
- 프로세스가 상향식으로 이루어졌기 때문에 실무자들의 전문성이 도움이 되었다. 그 결과, 고위 관리들은 모든 결정과 관련된 결과 및 상충 관계를 더 잘 이해할 수 있었다.
- 정책결정 과정은 제도화되었고, 새로운 행정부가 취임할 때마다 발표한 일련의 규칙에 안치되었다.

이러한 과정이 트럼프 행정부에서 무너졌다. 결정이 조정되지 않았다. 경합하는 기관은 독립적으로 행동할 수 있었다. 실수가 있었다. 타이완과 중국 모두 미국 정책의 진정한 균형점을 잘못 인식했을 가능성이 크다. 건전한 정책 수립 과정이 좋은 정책을 보장하는 것은 아니지만, 미국의 타이완 안보정책과 무역정책 사이의 갈등을 해결하기 위해서는 이것이 아마도 필수적일 것이다. 그렇지 않고는 워싱턴이 타이베이를 대했던 정신분열증적인 방식이 틀림없이 계속될 것이다. 미국 대통령이 시진핑 주석과의 개인적 관계를 중시하고, 타이완의 전략적 중요성을 폄하하고, 시진핑 주석과의 협상에서 종종 타이완을 지렛대 역할로 여기고, 제도화된 과정에서 멋대로 선택하는 현상은 특히 위험했다.

타이완의 관점

대체로 타이완 대중은 미국에 대해 긍정적인 시각을 갖고 있다. 2016년 타이완국가안보조사는 응답자에게 미국에 몇 점을 할당할 것인지 물었는데, 0은 '특히 싫어함', 10은 '특히 좋아함'을 나타냈다. 평균 점수는 5.53점으로 미국을 선호하는 쪽이 다수를 차지했다. 응답자의 3분의 1이 5점이라는 중립적인 점수를 선택했고, 6~10점 범위가 41.6%였다. 2019년 타이완국가안보조사국의 응답자들은 타이완이 독립을 선언하지 않았을 때 미국이 타이완의 방위에 나설 것인지 여부에 대해 상당히 확신했다. 응답을 거부하거나 모른다고 답한 사람을 제외하면 나머지 10.5%는 미국이 '반드시 개입하지 않을 것'이라고 응답했고, '개입하지 않을 것'이라고 응답한 비율은 17.5%, '개입할 것'이라고 응답한 비율이 34.2%, '반드시 개입할 것'이라고 응답한 비율이 37.7%였다. 따라서 감정의 균형은 2.56 대 1이었다.[48]

트럼프 행정부가 타이완 정책과 중국 정책을 향해 보낸 상반된 신호는 대응책에 대한 다양한 견해를 자극했고, 정보에 입각한 의견은 더욱 분분했다. 한쪽에서는 미국과 중국 양국 간의 긴장이 고조되고 있는 시기에 안보를 위해 미국에 너무 의존하는 것이 위험하다고 보는 목소리가 있었다. 마잉주의 초대 국가안전회의* 비서장이었던 쑤치(蘇起)도 그러한 목소리 중 하나였다. 2019년 10월에 쓴 글에서 그는 트럼프 행정부가 중국과의 '전략적 경쟁'이라고 부

---

*   영어 명칭은 NSC(National Security Council)이다. _옮긴이 주

른 상황에서 차이잉원 총통이 미국 편을 든다고 비판했다. 쑤치는 타이완이 편을 든다면 더 중립적인 입장에서 허용되었을 '기동 공간'을 스스로 부정할 것이라고 썼다. 더욱이 미국과의 과도한 제휴가 너무 분명하면 베이징은 대응해야 하는 위치에 놓이게 되며 결과적으로 더 큰 경쟁이 초래된다는 것이었다. 쑤치가 생각하는 것처럼, 중국이 워싱턴과 타이베이를 상대로 대결을 선택한다면 미국은 시험대에 오르게 될 것이다. 미국도 대결을 선택하면 전쟁이 일어날 것이고 타이완은 "반드시 무서운 결과를 겪을 것"이다. 워싱턴이 베이징을 수용한다면, 쑤치가 보기에, 민진당의 독립 추진은 "단순히 통일을 완성하는 것"으로 끝날 것이다(왜냐하면 쑤치는 중국이 타이베이에 압력을 가해 결국 굴복할 것이라고 믿기 때문이다). 결과가 어떻든, 타이완은 미국과 중국 양국 간의 경쟁을 가속화시킴으로써 그 과정에서 스스로 "더 위태로운 위치"에 놓이게 될 것이다.[49]

펜실베이니아주립대학교에서 수년간 가르쳤으며 나중에 천수이벤 정부에서 공무원으로 재직했던 장쉬청(張旭成)*은 전략적 역학을 다르게 해석했다. 민진당 강경파의 일원이었던 그는 타이완이 미국-중국 경쟁과 트럼프 행정부의 섬에 대한 강력한 지원을 이용했어야 한다고 믿었다. 2018년 8월 ≪타이베이 타임스≫에 기고한 그는, 타이베이는 타이완이 결과로부터만 이익을 얻을 수 있다는 믿음하에 워싱턴이 타이완 정책을 철저하게 검토하도록 압력을 가해야 한다고 권고했다. 그는 대통령이 타이완을 방어하기 위해 군사력을 사용할 수 있도록 승인하는 결의안이 미국 의회에서 통과하는 것을 지지했다. 장쉬청은 미국이 타이완과 정상적인 관계를 수립할 수 없거나 수립해서는 안 되는 법적 또는 정치적 이유를 찾지 못했다. 타이완은 이러한 조치를

---

* 2004년 6월 21일부터 2006년 9월 28일까지 타이완 국가안전회의 부비서장을 역임했다. _옮긴이 주

취하도록 워싱턴에 왜 진즉 압력을 가하지 않았는지와 관련해, 그는 신원을 명시적으로 밝히지는 않았지만 차이잉원 총통을 지목했다. "왜 이렇게 된 것인가? 트럼프의 백악관과 긴밀한 관계를 맺고 있는 한 미국 전문가에 따르면, 지금까지 타이완은 너무 과묵하고 공손해서 타이완이 원하는 것이 무엇인지, 인도-태평양 전략에서 어떤 역할을 할 의향이 있는지를 미국에 정확하게 말해주지 않았다. 일부 사람들이 베이징의 기분을 상하게 하는 것을 두려워하는 것은 아닌가?"[50]

타이완 대중은 이 두 가지 견해 사이에서 고르게 분열된 것으로 보인다. 2019년 타이완국가안보조사는 "일부 사람들은 타이완이 본토에 맞서 미국, 일본과 협력을 강화해야 한다고 말합니다. 당신은 여기에 찬성합니까, 아니면 반대합니까?"라는 질문을 던졌다. 그리고 이에 대한 응답은 찬성 46.6%, 반대 45.4%였다.[51]

쑤치도 장쉬청도 시진핑이 도널드 트럼프의 계산을 어떻게 형성할 수 있었는지에 주목하지 않았다. 매우 실질적인 의미에서, 타이완에 대한 미국의 이니셔티브를 저지하는 데서 시진핑이 지닌 가장 효과적인 무기는 전화를 거는 것이었다. 가상적으로 봤을 때, 차이잉원 총통이 베이징과 워싱턴 사이에서 어느 정도 균형을 유지하려는 접근 방식을 포기했거나 트럼프 행정부가 자국 정부를 보다 반중적인 입장으로 밀어붙였다면, 시진핑은 트럼프 대통령에게 전화를 걸어 직접 이의를 표명하기만 하면 되었다. 물론 상황에 따라 트럼프가 어떻게 대응했을지 모르지만, 트럼프가 시진핑을 기쁘게 하기 위해 타이완에 대한 미국의 이익을 희생했을 가능성도 배제할 수 없다.

워싱턴이 해야 할 일

2020년에 미국-타이완 관계가 그 어느 때보다 나았다고 말하는 것은 '무엇보다 나은가?'라는 질문을 던지게 한다. 두 수도(워싱턴과 타이베이)의 관리들은 과거에는 항해해야 하는 거친 바다가 있었음을 인정할 것이다. 그들은 미래에 상황이 악화될 가능성을 배제할 수 없으며, 이 장에서는 그러한 일이 어떻게 일어날 수 있는지에 대한 예를 시사했다. 더욱이 최근 타이완과 미국 행정부에서 미국과 타이완의 이해관계가 수렴되었다고 해서 — 이것은 2008년 이후 긍정적인 국면이 전개된 원인이었다 — 더 이상 관계가 개선되지 않을 이유가 없다.

정책 수립 및 시행

우선 프로세스와 관련해, 미국은 외교정책과 안보정책이 만들어지고 시행되는 방식에서 트럼프 행정부가 끼친 피해를 시정할 필요가 있다. 이것은 타이완에 관해서뿐만 아니라 전반적으로 사실이다. 하지만 타이완은 특별한 경우이다. 확실히 타이완은 미중 양국 관계의 추세로 인해 어떤 면에서 이익을 얻었다. 특히 안보 측면에서 그렇다. 하지만 그러한 상호작용(예를 들면 기술이전 정책 및 트럼프와 시진핑 사이의 간헐적인 브로맨스)의 희생자가 될 수도 있다. 과거 행정부의 제도화되고 포용적이며 상향식이자 전문가를 기반으로 한 프로세스로 돌아가는 것은 공화당 당원과 민주당 당원 모두에게 절대적으로 필요하다. 이것이 미국 정책의 완전성을 보장하지는 않지만, 돌이킬 수 없는 방식으로 타이완의 이익을 손상시키는 실수의 가능성을 줄일 것이다.

필연적으로, 타이완에 대한 정책은 미국 행정부의 대중국 정책과 관련해 일정한 기능을 하게 될 것이다. 그렇다고 해서 미국과 중국(중화인민공화국) 양국 관계에서 이루어지는 내용과 행태가 타이완을 희생양으로 삼을 것이라는 의미는 아니다. 그럴 수도 있지만 반드시 그래야 하는 것은 아니다. 베이징-워싱턴 관계, 타이베이-워싱턴 관계, 타이베이-베이징 관계의 복잡성을 감안할 때, 바이든 행정부는 그 범위가 포괄적인 프로세스를 통해 실질적인 균형을 가장 잘 평가하고 조정할 것이다. 좋은 프로세스가 그 자체로 좋은 정책 내용과 타이완 이익의 적절한 보호를 보장하는 것은 아니지만, 비정상적이고 무질서한 프로세스는 절대 그러한 것을 보장하지 않을 것이다.

경제관계

우선순위의 더 나은 균형이 필요한 영역은 무역, 투자 및 기술과 관련된다. 전략적으로 볼 때 타이완의 미래는 타이완이 강력하고 세계적으로 연결된 경제를 가지고 있을 경우 더 보장된다. 이는 그 자체로도 중요하지만 그것이 대중의 신뢰를 강화하기 때문에도 중요하다. 베이징은 제3국과 FTA를 협상하고 다자간 경제 그룹에 가입하려는 타이완의 노력을 차단함으로써 타이완이 세계 경제에 접근하는 것을 최대한 통제하기 위해 노력하고 있다. 여기에서의 무언의 메시지는 국제 경제로 가는 길은 베이징을 관통한다는 것이다. 이러한 주변화 캠페인은 경제적 영향을 미치며, 타이완에 머무는 것을 선호하는 타이완 기업들로 하여금 다른 국가의 관세장벽 뒤로 물러나게 한다. 하지만 주변화는 정치적·심리적 효과도 있다. 베이징은 자신이 통제하고 있음을 보여줌으로써 타이베이 정부의 권위를 약화시키고 사람들 사이에 절망감을 조장한다.

따라서 베이징은 은밀하게 경제현황을 바꾸고 있다. 미국의 고위 관리들은 미국이 상대방에 의한 일방적인 현상 변화에 반대한다고 말했다. 만약 그 경고가 경제로 확대된다면, 내가 생각하기에, 미국은 이러한 추세에 대항하고 타이완의 주변화를 완화하는 방향으로 타이완에 대한 경제정책을 짜야 할 것이다. 미국이 전략적 경쟁이라는 명목으로 중국을 강경하게 봉쇄한다면 그것은 명백해 보일 것이다. 중국은 타이완의 적수이기 때문에 봉쇄의 파트너가 된다. 하지만 비록 미국의 정책이 봉쇄가 암시하는 것만큼 제로섬이 아니라 일부 분야에서 베이징과의 협력 가능성과 필요성을 받아들인다 하더라도, 타이베이가 자신들의 경제를 강화하고 국제 경제에 새로운 길을 열도록 도와주는 것은 여전히 미국의 이익에 부합한다.

이를 위한 가장 효과적인 방법은 FTA 또는 FTA의 장과 동등한 일련의 협상된 협정을 통하는 것이다. 심지어 협상의 시작을 발표하는 것만으로도 타이완의 정치 지도자들과 대중에게 사기를 북돋아줄 것이다. 하지만 FTA의 진정한 가치 또는 FTA의 기능적 등가물은 처음에는 성공인 협상 과정에서 발생하는 신뢰 구축에서, 그리고 그 다음에는 타이완 경제 내에서 합의가 촉발될 구조적 조정에서 나올 것이다. 일련의 개별 협정을 순차적으로 하는 것은 포괄적 FTA를 시도하는 것보다 두 가지 측면에서 이점이 있을 수 있다. 우선, 그러한 접근법은 협상을 책임지는 기관들에게 어느 때보다 스트레스를 덜 줄 것이다. 그리고 쉬운 문제부터 시작하면 성취감 및 더 어려운 문제에 대한 추진력이 생길 것이다.

'구성 요소' 접근 방식을 염두에 두어야 하는 또 다른 이유가 있다. 미국 행정부가 다른 경제와 FTA를 협상한 다음 수정안, 찬성 또는 반대투표를 위해 의회에 제출할 수 있는 권한('무역촉진권한')이 2021년 7월 1일에 만료되기 때문이다. 워싱턴과 타이베이가 포괄적 FTA를 협상할 가능성은 부분적으로 그 기간 동안 미국에서 일어날 정치적 전환 때문에 사실상 불가능하다. 다가오는 만료 이후 무역촉진권한이 갱신될 가능성은 불확실하다.[52]

선언적 정책

선언적 정책을 수립하는 데서 가장 중요한 것은, 히포크라테스 선서에 따르자면, 해를 가하지 않는 것이다. 미국의 선언적 정책의 다양한 요소는 시간이 지남에 따라 축적되어 왔다. 각각의 요소는 도움이 되지만, 중요한 것은 전체 패키지 및 특정 시점에서 다른 요소보다 일부 요소에 강조점을 두는 것이다. 이런저런 요소를 삭제하는 것은 일반적으로 그만큼의 수고를 들일 가치가 없는 일이다. 예를 들어 미국과 중국(중화인민공화국) 양국 간의 3개 공동성명이 아닌 무역촉진권한에 대한 약속을 되풀이하는 것은, 타이베이와 베이징 모두에게 3개 공동성명에 대해 불필요하게 경고하고 무역촉진권한에 대해 과도하게 희망을 주는 신호를 보낼 수 있다.[53]

미국-중화인민공화국 관계가 수립되고 미국-중화민국 관계가 단절된 지 40년 이상 되었기 때문에, 21세기의 미국 외교관들은 미국-타이완 관계를 정리한 어휘집의 이 부분 또는 저 부분에 대한 근거를 반드시 아는 것은 아니다. 이것이 미국 관리들이 메시지를 계속 전달하는 데 도움이 되는 통합 정책 프로세스를 가져야 하는 이유이다. 하지만 트럼프가 행정부의 의사결정 과정으로부터 제약을 받지 않았을 때, 그리고 시진핑과의 상호작용에서 거래적이고 고립된 성격을 부여받았을 때, 시진핑은 트럼프가 미국의 타이완 정책에 대해 중국에 유익하고 타이완에 피해를 입히는 방식으로 무심코 이야기하도록 유도할 위험이 있었다. 예를 들어, 시진핑의 조용한 제안에 따라 트럼프가 지금 미국의 정책은 일국양제 방안을 기반으로 한 통일을 선호한다고 말했다면, 타이완의 민진당과 국민당 모두의 지도자의 위치를 완전히 약화시켰을 것이다.

하지만 미국 지도자들이 타이완에 대해 말하는 방식과 이해관계를 가진 것은 타이완의 정치 지도자들뿐만이 아니다. 그것은 섬의 사람들과 관계되어 있기도 하다. 미국이 미국 수사학 패키지에서 민주주의 요소를 훨씬 더 강조해야 하는 이유가 더욱 많아졌다. 이 요소는 1990년대 후반에 등장했으며, 2000년 3월 빌 클린턴 대통령이 연설에서 가장 권위 있는 표현으로 이렇게 말했다. "우리는 타이완 문제를 해결하기 위한 수단으로 무력 사용을 계속 거부할 것이며, 베이징과 타이완 사이의 문제는 타이완 국민들의 동의를 얻어 평화적으로 해결되어야 함을 절대적으로 분명히 할 것입니다."[54] 이것은 미국 정책이 혁명적으로 변화한 것이라기보다 타이완의 민주화로 인해 중국과의 분쟁을 협상을 통해 해결하는 방법에서 타이완 주민들에게 중요한 발언권이, 아마도 최종 발언권이 주어졌다는 현실을 진술한 것으로 간주되어야 한다. 베이징이 통일 목표를 향해 진전을 이루고자 한다면 설득해야 할 대상은 타이완의 유권자들이다. 더욱이 이전 장에서 언급했듯이, 베이징은 헌법 개정안을 제정할 수 있을 만큼 폭넓은 지지를 얻어야 한다. 미국 외교관들은 타이완에 대한 미국의 지속적인 무기 판매나 봉쇄 정책이 통일을 방해하고 있다는 중국의 표준적인 주장을 거부해야 한다. 걸림돌은 1980년대 초반 제안된 이후 타이완 지도자들과 국민들이 거부해 온 베이징의 '일국양제' 통일 방안이다. 양안관계와 관련해 타이완의 민주주의는 클린턴이 성명을 발표한 이후로 성숙했다. 따라서 미국 관리들은 중국 정부에게 베이징에서 타이베이로 가는 길은 워싱턴을 통과하지 않는다는 것을 정기적으로 상기시키는 것이 더욱 중요하다.

안보

안보 분야에서의 미국의 정책은, 타이완의 안보에는 두 가지 위협이 있다는 인식에서 출발해야 한다. 하나는 군사적 위협이고 다른 하나는 정치적 위협이다. 두 가지 위협의 목적은 동일한데, 바로 섬의 지도자들로 하여금 베이징의 조건에 따라 통일을 수용하도록 강요하는 것이다. 하지만 수단은 다르다. 첫째 위협은 타이완의 군대와 영토를 노리며 타이완에 대한 군사 작전의 형태를 취할 것이다. 타이완이 얼마나 단호하게 저항할지와 미국의 대응에 따라 상당히 짧은 시간이 걸릴 수 있다. 둘째, 더 많은 정치적 위협은 타이완 지도자와 대중의 자신감을 표적으로 삼을 것이다. 따라서 이러한 심리적 효과를 달성하기 위해 외교, 정치, 정보, 사이버, 군사 등 중국 권력의 다양한 요소를 조합해서 사용한다(군사적 측면에서 인민해방군은 무력을 표시하기만 할 뿐, 무력을 사용하지는 않는다).

타이완은 두 가지 유형의 안보 위협에 직면해 있기 때문에 타이완을 도우려는 미국은 이와 동일한 두 가지 경로를 따라야 한다. 군사적 측면에서 펜타곤은 타이완이 인민해방군 행동의 비용을 수용할 수 없는 수준으로까지 끌어올리는 능력을 획득하도록 계속 도와야 한다. 그러한 설득의 전제는 타이완이 미군이 개입할 때까지 충분히 오래 저항할 수 있다는 것을 입증하는 것이다. 미국이 타이완을 지원하는 근거는 국방부가 정체방위구상Overall Defense Concept: ODC을 신뢰할 수 있게 수용하고 해당 개념을 지원하는 조달 계획을 채택하는 데서 시작해야 한다. 타이완은 정체방위구상이 지시하는 종류의 억제에 거의 기여하지 않거나 전혀 기여하지 않는 첨단 시스템을 획득하는 것을 삼가야 한다. 인민해방군의 약점을 이용하고 동적인 공격에 대해 다시 생각하게 만드는 능력을 창출하는 것은 타이완 국방부와 펜타곤(미국 국방부)의 우선 사항이 되어야 한다. 물론 그러한 능력을 창출하려면 국방부가 사용할 수 있는 예산 자원이 지속해서 증가해야 할 것이다.

타이완이 둘째 위협에 대처하도록 미국이 돕는 방법은 더 복잡하다. 베이징은 다양한 도구를 사용할 수 있으며 물질적 효과보다 심리적 효과를 얻기 위해 그 도구들을 사용할 것이기 때문이다. 사이버 보안 같은 일부 영역에서 미국은 타이완의 회복력을 향상시키기 위해 노력해 왔으며, 이는 앞으로도 계속해야 할 작업이다. 미국-타이완 FTA가 체결되면 장기적으로 타이완의 경쟁력이 강화될 것이지만, 미국이 협정을 체결할 준비가 되어 있다고 발표하는 것만으로도 타이완은 심리적으로 그리고 즉각적으로 강화될 것이다. 트럼프 행정부는 타이완의 일부 외교 상대국에게 외교 관계를 베이징으로 옮기지 말라고 경고했는데, 이는 타이완 사람들에게 혼자가 아니라는 신호를 보내는 것이다. 양안 관계에 대한 중국의 수사에 반대하는 미국의 공개 성명과 타이완 인근에서 인민해방군 순찰에 대응하는 미군의 행동도 마찬가지이다. 이와 관련해 미국이 F-16V 항공기를 타이완 공군에 판매한 것은 신호 측면에서 인민해방군의 공군 순찰에 더 잘 대응할 수 있게 되었음을 의미한다. 언뜻 보기에 레거시 시스템 legacy system[구형 시스템_옮긴이]은 인민해방군의 군사 행동을 억제하는 데 기여하지 못하는 것처럼 보이지만(인민해방군의 미사일 및 대공 시스템이 전투 가치를 감소시키기 때문이다) 이것은 적어도 일부 인민해방군 항공기를 모니터하기 위해 필사적으로 노력함으로써 타이완 국민의 신뢰를 유지하기 위한 전투에 도움이 된다. 또한 억제 목적에도 이바지한다.

2020년 9월, 미국외교협회Council on Foreign Relations: CFR의 리처드 하스Richard Haass 회장과 그의 동료 데이비드 색스David Sacks는 타이완의 안보에 대한 미국의 과거 선언적 정책이 인민해방군의 능력이 향상되고 있음을 고려할 때 중국의 공격을 억제하는 데 여전히 효과적인지에 대해 철저히 의문을 제기했다. 그들은 그 정책을 '전략적 모호성strategic ambiguity'이라고 불렀다. 즉, 워싱턴이 타이완을 방어할 것인지에 대해 타이베이와 베이징 모두에게 의구심을 불러일으키고 있다는 것이다. 그들은 대신 '전략적 명확성strategic clarity'으로의 전환을 요구했다. 이것은 "하나의 중국 정책에 대한 미국의 지원을 거듭 강조하면서도 타이완이 중국의 무력 공격을 받을 경우 미국이 대응할 것임을 분명히 밝히는 대통령 성명 및 이에 수반되는 행정명령"을 의미했다. 동시에 이 성명은 미국이 타이완의 독립을 지지하지 않는다는 것을 분명히 할 것이었다.[55]

한때는 전략적 모호성이 미국 안보정책을 정확하게 설명하는 용어였지만, 나는 이것이 빠르면 1996년, 늦어도 2004년에는 '이중 억제dual deterrence' — 미국이 베이징에 양안 상황의 변화에 대해 경고하는 것을 포함한 — 로 대체되었다고 생각한다. 그 공식은 미국이 그러한 변화에 군사적으로 대응할 것임을 암시한다. 더 중요한 것은 효과적인 억제를 위해서는 아무리 명확하더라도 공개 성명 이상의 것이 요구된다는 것이다. 타이완의 경우 여기에는 중국 지도자들이 미국의 의도를 어떻게 읽고 있는지, 인민해방군 자산의 배치 및 운용이 전쟁으로의 전환을 시사하는지 여부에 대한 건전한 분석이 포함된다. 그리고 잠재적 위기 상황에서 무력을 사용하는 데 반대하는 미국 일반 대중의 경고를 적용한 외교·안보 채널을 통해 미국의 비공개 메시지를 전달하는 내용도 포함된다. 무엇보다도 미국의 개입이 효과적일 수 있도록(무엇보다도 인민해방군이 공격하는 데서의 비용과 위험을 높이기 위해) 리드 타임lead time[준비부터 완료까지 걸리는 시간_옮긴이]이 길게끔 미국의 능력을 개선하는 것이 요구된다. 또한 미국의 개입이 발생할 때까지 타이완이 버틸 수 있도록 타이완의 국방 전략과 능력을 형성하는 것이 요구된다.[56] 타이완에 대한 군사 작전을 고려하는 중국 지도자들은 미국의 의도를 평가할 때 이러한 모든 요소를 평가할 것이다. 사실상 그들은 미국 지도자들의 말뿐만 아니라 펜타곤이 전쟁을 준비하기 위해 하는 일에도 귀를 기울일 것이다. 만일 타이완의 안보에 관한 미국의 선언적 정책이 충분한 역량으로 뒷받침되지 않는다고 결론 내리면 중국 지도자들은 수사학적 경고를 공허한 것으로 해석할 것이다. 따라서 미국 정책 입안자들이 이중 억제 공식이 충분히 정확하지 않다고 결정하더라도 그들은 자신들이 마음대로 이용할 수 있는 군사적 능력이 그 선언적 정책의 신뢰성을 제공하는지 평가해야 한다. 그렇지 않은 경우 군사적 능력을 개선해야 한다.

미국의 선언적 정책의 명확성의 정도는 또한 타이베이 정부가 추구하는 정책을 고려해야 하며, 그러한 정책이 군사 행동을 유발할 정도로 중국의 이익에 도전하는지 여부도 고려해야 한다. 과거 경험에 비추어 볼 때, 미국은 타이완이 전쟁의 위험이 있고 미국의 목표와 일치하지 않는 정책을 추구하는 것을 허용하지 않도록 주의해야 한다. 워싱턴과 타이베이는 베이징이 타이베이의 행동을 이기적인 방식으로 해석하는 것을 허용하지 않아야 하며, 중국이 행동을

지시하는 데 있어 중국의 인식이나 오해가 미치는 영향을 무시해서는 안 된다.[57]

관계의 수행

미국은 중국과 국교를 수립할 당시 중국 정부가 중국의 유일한 합법 정부라고 밝혔다. 즉, 워싱턴은 두 개의 중국 정책이 아니라 하나의 중국 정책을 가지고 있었던 것이다. 이것은 실제로 베이징과 타이베이 모두가 미국에 적용한 선택이었다. 그 정책의 파생물은 미국이 타이완과 비공식적인 관계를 맺겠다고 베이징에 약속한 것이지만, 이후 역대 미국 행정부는 그 약속이 관계를 수행하는 데 실질적으로 의미하는 바를 정의할 권리를 유보했다.[58] 실제로 1990년대 초반 이후로 미국과 타이완의 관리들이 상호작용하는 방식이 크게 확대되었으며 이전에는 당장 거부당했을 관행이 일반화되었다.

이러한 확장이 미래에 계속되어야 하는지 여부와 그 범위를 결정하는 몇 가지 요소가 있다. 하나는 특정 행동이 정당화될 수 없을 만큼 공식과 비공식 사이의 모호한 선을 너무 명백하게 넘어서는지 여부로, 부분적으로는 이것이 중국으로 하여금 미국과의 외교 관계를 중단하거나 단절하도록 만들 가능성이 매우 높기 때문이다. 그런 결과를 환영하는 미국인도 있겠지만, 현재 미국-중국 관계의 어려움이 무엇이든 간에, 외교 관계 중단의 대가가 이익보다 크다는 것이 미국의 주류 시각이 아닐까 생각한다. 중국 정부와 미국 간 소통이 위축되면 미국의 이익을 해치는 지점이 있다. 그처럼 명백하게 선을 넘는 사례로는, 타이완 총통이 미국의 수도 워싱턴을 방문해서 미국 대통령이나 국무장관과 회담하는 것을 들 수 있다. 또 다른 요소는 선례를 깨는 행위에서의 실체와 상징성 간의 균형이다. 미국 관리들은 때때로 상징적 행동이 그 효과에 있어 실질적이라는 것을 이해하고 있지만, 오랫동안 미국은 명백히 실질적인 행동을 취하고 상징을 위한 상징적 행동은 무시하는 것을 선호해 왔다. 예를 들어, 미국 국방부 및 의회에서는 미국 해군의 함정이 타이완에 기항하는 것에 대해 논의한 적이 있었다. 그것은 분명히 상징적이며 타이완의 많은 사람들에게 매우 환영받을 것이지만 억지력이 어떤 식으로든 강화되었다고 주장하기는 어렵다. 마지막 요소는 타이완 지도부가 중국에 대한 정책을 어떻게 수행하고 있으며 그 정책이 미국의 이익에 얼마나 수렴하는가 하는 것이다. 베이징은 타이완 해협의 현상유지를 바꾸고 있을지 모르지만 ─ 미국은 현상유지를 바꾸는 데 반대한다 ─, 타이베이는 그런 어려운 상황을 악화시키지 않음으로써 스스로를 돕고 있다(다만 2008년 이후로는 그렇게 하지 않고 있다).

결론

타이완이 스스로를 돕기 위해 취할 수 있는 조치가 있다. 예를 들어 미국이 양자 간 FTA에서 요구할 것으로 예상되는 바와 타이완의 경제정책을 일방적으로 일치시키는 것, 국방 지출을 늘리는 것, 그 자금을 올바른 일에 사용하는 것 등이다. 최근 베이징의 압박 전술에도 불구하고 섬의 지도자들이 중국에 대해 균형 잡힌 신중한 접근을 취한 것은 미국의 핵심 이익인 타이완 지역의 평화와 안보에 중요하게 기여하고 있다. 하지만 워싱턴으로서는 중국에 대한 목표 및 이러한 입장이 타이완과의 관계에 미치는 영향을 더 잘 정의하는 것이 점점 더 필요해지고 있다. 미국-중국 관계가 너무 악화되어 타이완이 실제로 우호적인 공격의 희생자가 되는 것 ─ 이는 트럼프 행정부에서 때때로 가능해 보였다 ─ 은 타이완에 이익이 되지 않는다.[59] 워싱턴은 타이완 정책을 자국의 이익에 기초해야 하지만 정책 조치를 조정할 때 타이완의 이익을 무시해서는 안 된다. 타이완 사람들 또한 미국-중국 양국 관계의 긴장이 항상 자신들에게 유리하게 작용할 것이라고 가정해서는 안 되며, 주의를 기울여야 할 필요성을 부정해서도 안 된다. 타이완은 중국의 도전에 대처하는 데서 어려운 선택에 직면해 있다. 그러한 선택을 할 때에는 미국의 이익과 의도를 적절하게 이해해야 한다.*

---

* 2023년 6월 19일 중국의 시진핑 국가주석과 회견한 미국의 토니 블링컨(Tony Blinken) 국무장관은 미국은 △'신냉전'을 추구하지 않을 것이고, △중국의 제도를 변화시키는 것을 추구하지 않을 것이고, △맹우(盟友) 관계를 강화하는 것을 통해 중국에 반대하는 것을 추구하지 않을 것이고, △'타이완 독립'을 지지하지 않을 것이고, △중국과의 충돌을 발생시키고자 하는 의도가 없다고 전했다["習近平會見美國務卿布林肯", 中國外交部(2023.6.19)(https://www.fmprc.gov.cn/zyxw/202306/t20230619_11099942.shtml)]. _옮긴이 주

제15장

무엇을 해야 하는가

타이완은 안보와 좋은 삶 둘 다 누릴 수 있는가? 아니면 더 정확하게 질문을 하자면, 더 많은 안보와 더 나은 삶을 동시에 누릴 수 있는가? 타이완은 이미 번영하는 사회이며, 타이완 정부는 사회 및 경제의 발전 단계를 충족시키는 데 필요한 공공재를 제공하기 위해 노력하고 있다. 타이완은 누가 정부를 이끌어야 하는지, 그들이 일을 잘하고 있는지에 대한 대중의 의지를 정기적으로 등록하는 활기찬 민주주의 시스템을 가지고 있다. 또한 타이완은 상당히 안전하다. 1970년대 초에 국제사회로부터 소외되기 시작한 이후에도 타이완은 미국의 도움으로 살아남았다. 실제로 타이완 사람들이 오늘날 많은 사람들이 누리는 좋은 삶을 창조할 수 있었던 것은, 바로 미국이 안보 우산을 제공했기 때문이다.

여론조사원이 타이완 사람들에게 더 많은 안보와 더 나은 삶을 원하는지 물으면 그들은 의심의 여지없이 그렇다고 대답할 것이다. 덜 안전하고 덜 번영하기를 원하는지 묻는다면 그들은 확실히 아니라고 대답할 것이다. 이 두 가지 바람직한 조건을 동시에 얻을 수 없을 경우, 다음과 같은 더 어려운 질문이 발생한다. 그렇다면 어느 것이 더 중요한가? 사람들이 각각에서 일부를 갖기 위해 둘 사이에서 절충해야 하는 것은 무엇인가? 타이완의 생활수준을 낮추어야만 더 많은 안보를 살 수 있다면, 그것은 과연 지불할 만한 가치가 있는 가격인가? 현재의 '좋은 삶'의 전부 또는 일부를 유지하려면 중국(중화인민공화국)을 어느 정도까지 수용해야 하는가? 그렇다면 얼마나 그리고 어떤 위험을 감수해야 하는가?

상황을 더욱 복잡하게 만드는 것은 현재 상태가 고정적이지 않다는 것이다. 타이완의 인구는 계속해서 고령화될 것이다. 인민해방군은 계속해서 군사 능력을 향상시킬 것이며, 미국의 동맹 같은 약속에도 불구하고, 타이완이 자체 능력을 향상시킬 수 있는 것보다 더 빨리 그 능력을 향상시킬 것이다. 온실가스로 인한 피해는 타이완을 비롯한 국제사회가 이 피해에 대응할 수 있는 능력과 의지를 불러일으키는 것보다 더 빠르게 발생할 것이다.

타이완의 여론조사 기관은 일반적으로 질문을 공식화할 때 이러한 수준의 세부 사항을 다루지 않으며, 설문조사가 신뢰할 수 있는 답변을 얻을 수 있는 가장 좋은 방법인지도 명확하지 않다(이것은, 예를 들면, 포커스 그룹과 대조된다). 하지만 이 책의 이전 장에서 발견한 내용은 몇 가지 단서를 제공한다. 세계행복보고서World Happiness Report: WHP는 타이완 사람들이 동아시아에서 가장 행복하다는 것을 정기적으로 발견했다. 대다수의 타이완 사람들은 경제성장을 유지하는 것이 최우선 정책이라고 생각하고, 양안관계의 현상유지를 선호하고, 양안관계가 지금보다 더 빨리 발전해야 한다고 여기고, 일반적으로 베이징에 대한 온건한 접근을 중시하지만 중국과의 근본적인 분쟁을 해결하기 위한 일국양제 공식에는 완강히 반대한다. 2019년까지 대다수의 사람은 92공식(타이완에서는 '하나의 중국에 대한 서로 다른 해석'으로 정의된다)을 사용하는 것이 양안관계를 수행하는 데서 수용 가능한 기반이라고 생각했다. 2019년 1월 중국의 시진핑 주석이 타이완 정치 및 중국의 홍콩 탄압에 대해 연설한 이후인 지금도 그러한지 여부는 또 다른 문제이다. 그럼에도 불구하고 여러 여론조사를 종합해 보면 대중은 최소한 안보와 좋은 삶을 모두 누릴 수 있기를 희망하는 것으로 나타났다.

국민당의 주류 견해도 타이완이 하나의 중국 문제에 대해 베이징에 모호한 확신을 제공하는 한두 가지 목표를 모두 달성할 수 있다고 주장한다. 하지만 현재의 국민당 지도부는 당을 92공식과 강하게 연관시키는 국내 정치적 위험을 인식하고 있다. 민진당의 주류 견해는 중국 본토에 경제적으로 과도하게 의존하는 것과 본토의 정치적 전제조건을 수용하는 것은 과도한 위험을 수반하고 베이징이 통일을 강요할 수 있는 지렛대를 제공한다는 것이다. 민진당은 타이완의 국내 경제를 활성화하고 무역 파트너를 다양화하며 안보를 위해 미국에 더 많이 의존하는 것을 지지한다. 하지만 이들 각각의 길은 장애물로 어수선하다. 각 진영은 자신들이 선호하는 접근 방식으로 문제를 가볍게 여긴다.

일부 타이완 총통 선거는 세밀한 정책 접근에 대한 대중의 지지를 명확하게 보여주었지만, 2020년 총통선거는 그중 하나가 아니었다. 차이잉원 총통은 2020년 선거를 타이완이 중국과의 통일을 지지하는지 여부에 대한 국민투표라고 규정함으로써 가오슝시 시장 한궈위를 쉽게 이겼다. 타이완의 대다수가 일관되게 일국양제 방안에 따른 통일을 반대하기 때문에 이것은 그녀에게 쉬운 사례였다. 그녀의 프레이밍은 한궈위와 국민당을 영구적으로 수세에 몰아넣음으로써 효과적인 선거 목적에 기여했지만, 타이완이 어떻게 경쟁적인 우선순위를 조정해야 하는지에 대한 진지한 논의를 불러일으키지는 못했다. 한궈위는 자신이 '서민들'의 요구를 더 잘 충족시킬 것이라고 주장함으로써 차이잉원 총통을 수세에 몰아넣으려고 했지만, 차이잉원 총통은 유권자들에게 그녀의 행정부가 현실적인 사회적·경제적 문제들을 다루기 위해 실제로 무엇을 했는지 상기시킴으로써 성공적으로 반격했다.[1]

핵심 질문, 즉 타이완의 정치 체제는 안보를 강화시키고 좋은 삶을 보장할 수 있는가라는 질문은 남아 있다. 이 책의 결론은 이러한 질문에 대한 시스템의 성능이 최적이 아니라는 것이다. 한 가지 그럴듯한 이유는 지금까지 타이완이 직면해 왔던 정책 문제들이 기술적으로 해결하기 어렵다는 것이다. 에너지 안보 등 국내 현안에 대해서는 타이완만 이런 문제에 직면한 것이 아니다. 그리고 만약 타이완 해협 양안이 분쟁을 해결하기 위해 상호 간에 수용 가능한 공식을 고안할 수 있을 만큼 충분히 창의적이었다면, 그들은 이미 오래 전에 그렇게 했을 것이다.

타이완의 민주주의 체제 자체가 문제의 일부일 수도 있다. 왜냐하면 타이완의 민주주의 체제는 타이완이 지속적인 대중의 지지를 약속하는 방식으로 경쟁 우선순위 간의 균형을 맞추는 일을 제대로 하지 못하기 때문이다. 문제에 대한 기술주의적 해결책이 존재하더라도 정치적 반대 때문에 시행되지 못하는 경우가 많다. 때로는 정치적 역학이 정책 옵션을 제한하기도 한다. 즉, 타이완이 직면한 어려움은 본질적으로 구조적인 것이지, 개별 지도자나 집단의 실패에 의한 것이 아니다. 따라서 정책적 어려움과 차선의 정치가 결합되어 현상유지가 타이완이 얻을 수 있는 최상의 상태임을 의미한다는 것은 상상할 수 없는 일은 아니지만, 매우 아쉬운 일이다.

좋은 삶을 더 많이 누리기

몇 가지 문제는 타이완 정치 체제가 시민들에게 좋은 삶을 제공하기 위해 노력하는 과정에서 직면한 수많은 도전 과제를 보여준다. 가장 중요한 것은 정부 예산, 에너지, 과도기적 정의, 경제이다.

정부 예산

예산에 대한 논의는 일부 영역에서 변경이 자동적이거나 관련 문제에 대응한다는 것을 보여준다. 법의 요구에 따라 2009년에서 2019년 사이에 사회보험 지불액이 약 3분의 1 증가했다. 마잉주 정부는 글로벌 금융 위기로 인해 발생할 성장 저해 영향을 상쇄하기 위해 경제 발전을 위한 정부 지출을 늘렸는데, 이는 성공적이었다. 또한 여성이 결혼하고 자녀를 낳을 수 있도록 장려하고 취학 전 보육을 확대해 여성이 계속 일할 수 있도록 지원하는 이니셔티브에 착수했다. 임금 소득자가 두 명인 가정은 가처분 소득이 높아져 내수 수요가 증가할 것이었다. 하지만 다른 영역에서는 예산 조정을 타이완의 대내외 환경을 바꾸는 데 활용하기가 어려웠다.

연금 개혁은 모든 행정부가 예산 부문 간에 자원을 재할당할 때 직면할 어려움을 보여준다. 마잉주 정부는 기존 체제가 지속 가능하지 않다는 것을 이해하고 적절한 개혁을 시도했지만 결국 패배를 인정해야 했다. 차이잉원 정부의 노력은 더 성공적이어서 시스템의 지급 능력을 연장했다. 하지만 심각한 정치적 비용이 발생했다. 현상유지를 옹호하는 일부 사람들은 자신들의 관대한 혜택에 중대한 변화가 일어나는 것에 대해 정기적으로 그리고 때로는 폭력적으로 시위를 벌였다. 갈등을 악화시키면서, 정치적 역사는 좋은 기술관료적 해결책을 찾는 것을 덮어씌웠다. 기존 시스템의 옹호자들은 오래된 시스템의 혜택은 정부가 지켜야 할 법적 의무이며 개혁이 자신들에게 불리하게 발생해서는 안된다고 주장했다. 민진당 진영의 사람들은 기존 체제를 권위주의 통치의 유산이자 국민당 정권이 공무원, 교사, 장교의 지지를 얻는 방식으로 보았다. 결국 연금 개혁은 통과했지만 한동안 그 과정은 광범위한 합의가 아닌 더 깊은 정치적 분열을 조장했다.

또 다른 영역은 교육이다. 여기서 문제는 중앙정부 예산의 15%, 지방 예산의 35%를 교육비로 써야 한다는 헌법상의 요건이다. 표면적으로는 좋은 교육 시스템이 경제적 경쟁력의 핵심이기 때문에 이치에 맞다. 하지만 타이완은 이미 대학이 많고 출생률이 매우 낮다. 지난 10년 동안 사립대학들이 폐쇄되거나 합병되었지만 여전히 대학이 너무 많다.[2] 객관적으로 볼 때 현재 교육에 대한 지출 수준과 그 수준을 설정하는 헌법상의 명령이 타이완의 요구에 정말 부합하는가? 이제 그 명령을 철회할 때인가? 교육 확대는 입법위원과 지방정부 지도자들이 좋은 성과라고 주장하는 것을 보여주는 한 가지 방법이기 때문에 폐지하는 것이 정치적으로 가능할까? 고용주의 요구에 더 잘 맞도록 교육 시스템의 방향을 바꾸는 것이 더 실현 가능할까?

국방비 지출을 늘리면 국내 지출을 위한 자금이 고갈될 가능성이 있다. 2008년에서 2019년 사이에 국방 지출은 전체 정부 예산의 약 11%를 차지했다. 차이잉원 정부는 실제 국방비 증액에 성공했지만 중국 위협에 대처하기 위해 계속 국방비를 증액하면 국내 지출이 줄어들 수 있다. 이런 식으로 안보를 찾는 것은 좋은 삶의 보존을 해칠 수 있다.

타이완 예산 문제의 근본 원인은 정부가 사회에서 더 많은 자원을 추출할 능력이 없거나 자원 추출을 꺼리는 데 있다기보다 자원을 잘못 배분하는 데 있다. 2008년부터 2018년까지 타이완의 GDP는 약 3분의 1이 증가했으며 GDP 대비 세입은 평균 12.4%로 안정된 상태이다. GDP에서 지출이 차지하는 비중은 17.9%에서 16.0%로 감소했다. 세입을 늘리는 것은 어떤 민주주의 체제에서도 인기가 없다. 기업에 대한 세금 인상에는 글로벌 경쟁력을 약화시킬 위험이 항상 존재한다. 하지만 타이완의 부의 분배에 관한 정보는 정부가 대중의 능력과 지불 의지를 초과하지 않으면서 공정하게 세입을 늘릴 수 있음을 시사한다. 그렇게 하려면 정치 지도자들, 가급적이면 모든 주요 정당의 지도자들이 타이완이 세금을 너무 적게 내서 스스로를 해치고 있다는 설득력 있는 사례를 만들고 희생이 필요한 이유를 설명해야 한다.

문제는 입법원이 예산 문제에 대해 행정부, 특히 재정부 및 주계총처의 기술 관료보다 더 많은 권한을 가져야 하는지 여부에 대한 것이다. 헌법은 입법위원이 다양한 예산 부문에서 금액을 늘리는 것을 금지한다. 하지만 입법위원들은 예산을 삭감할 수는 있다. 내가 판단하기에, 현재의 힘의 균형은 — 보다 민주적으로 예산을 편성하는 데 한계가 있긴 하지만 — 적절하다. 입법원의 구성원은 이미 자신이 좋아하는 프로그램을 대신해 행정원과 총통부에 로비를 할 수 있는 선택권이 있다. 입법원의 구성원들에게 더 많은 권한을 부여하면 실제로 예산 상황이 더 악화될 수 있다. 왜냐하면 입법원의 구성원들은 유권자에게 이익이 되는 지출을 늘리는 경향이 있을 것이고 상충되는 우선순위 사이에서 어려운 선택을 하는 것을 꺼릴 것이기 때문이다.

에너지

타이완은 여러 가지 경쟁 우선순위의 균형을 맞추려고 노력하고 있다. 즉, 경제 기계의 작동을 유지하고, 석탄과 석유의 소비(및 석탄과 석유가 생성하는 온실가스 양)를 줄이고, 에너지 믹스에서 풍력과 태양광 발전의 비중을 늘리고, 원자력발전을 중단하고, 에너지 가격을 상대적으로 낮게 유지하고, 편안한 라이프 스타일을 유지하려고 한다. 이러한 모든 목표를 동시에 달성하려는 시도는, 자원과 가치가 유사하게 혼합된 모든 사회에서 그렇듯이, 힘든 일이었다.

하지만 분명히 민진당 일부의 강력한 반핵적 사고방식은 지속가능하고 혼합된 전략에 도달하는 데서 정부 및 기타 이해 관계자의 유연성을 감소시켰다. 정치권력이 민진당에서 국민당으로, 다시 민진당으로 이동함에 따라 정권이 바뀔 때마다 에너지 정책이 재편되었다. 또한 행정원의 원자능위원회(原子能委員會)는 핵폐기물 처리 및 수리를 위해 중단된 원자로의 재가동에 관한 한 자신들이 더 많은 전문 지식을 가지고 있음에도 불구하고 최종 결정을 법원에 양도했다. 좀 더 광범위하게는 타이완의 에너지 수요의 절반을 천연가스로 충족하고 20%를 재생 가능 에너지로 충족할 수 있다는 확신이 들 때까지 2025년 이후에도 백업으로 원자력을 보존하는 것이 현명했을 것이다. 하지만 정치와 이념은 그러한 것이 전혀 선택지가 될 수 없을 정도로 선택에 대한 논의를 차단했다. 2025년에 원자력이 종료되고 재생에너지가 차이잉원 정부가 계획하고 있는 에너지 몫을 산출하지 못한다면, 기본값은 석탄과 석유를 더 많이 수입하고 온실가스를 더 많이 배출하는 것이 될 것이다. 선택을 더욱 제한하는 것은 전력을 실제 시장 비용으로 책정하는 것에 대해 대중이 반대하고 나서는 것이다.

과도기적 정의

타이완에서는 과도기적 정의를 추구할 필요성이 이해되고 있으며, 리덩후이 정부는 1990년대 초에 초기 노력을 기울였다. 문제는 과도기적 정의를 시행할지 여부가 아니라 그 과정의 범위를 정의하고 어떤 결정이 내려지든지 현재와 미래의 결과를 평가하는 것이다. 범위의 문제에 있어서, 초기 권위주의 시대에 발생한 사건들(대부분의 사건은 권위주의 시대에 발생했다)의 기록 보관소를 여는 것은 인도주의적으로 타당하다. 독재정권 말기인 1979년 발생한 가오슝 사태와 같은 사건과 관련해서는 아마도 투명성을 피할 길이 없을 것이다. 왜냐하면 그 결과로 민진당의 일부 현직 중진들이 투옥되었기 때문이다. 예를 들어, 천쥐(陳菊)는 차이잉원의 첫 임기 동안 총통부 비서장이었는데 이 사건과 관련해 소요죄로 유죄 판결을 받았다. 하지만 오늘날 민주주의 체제의 국민당은 1990년대 초까지 독재 정권을 지배했던 국민당에서 진화했기 때문에 어떤 요구를 하기가 더 어렵다. 정당 자산 같은 문제를 예로 들면, 과도기적 정의를 수행하는 책임자들은 자신의 행동이 복수욕이나 정치적 이익에 의해 동기부여된다는 인상을 피하기 어렵다. 그 결과, 국민당과 민진당 사이는 화해하는 것이 아니라 분열이 더 깊어졌다. 설상가상으로 과도기적 정의를 구현해야 할 책임자들은 실수를 저질렀고 국민당이 자신들의 행동을 막을 것이라고 예상하지 못했다.

경제

비록 중국이 존재하지 않더라도, 타이완은 경제를 경쟁력 있게 유지하는 데서 어려움을 겪을 것이다. 타이완은 이러한 도전에 대처하기 위해 할 수 있는 일들이 있지만, 여기에는 정치적 비용이 수반될 것이다.

아마도 타이완이 본토 시장에 대한 의존으로 인한 딜레마를 피할 수 있는 최적의 방법은 미국 및 일본과의 경제적 관계를 크게 향상시키는 것일 것이다. 이것은 일반적인 FTA를 통해 또는 보다 제한적이지만 여전히 중요한 무역협정을 통해 이루어질 수 있다. 하지만 타이완이 그 이익을 거두기 위해 부담해야 할 비용에 대한 환상은 없어야 한다. 미국과 일본 양국은 금융 부문의 규제 완화를 포함해 섬 경제에 중요한 개혁을 요구할 것이다. 타이베이가 이러한 요구를 받아들인다면 장기적으로는 경제가 좋아질지라도 단기적으로는 국내의 승자와 패자를 양산하는 구조적 조정이 이루어질 것이다.

게다가 그러한 논의를 시작하는 것조차 타이완에게 어려울 수 있다. 일본은 2011년 원전 참사 현장인 후쿠시마 지역의 식품 반입 금지가 해제되어야 협상을 검토할 수 있다. 그럼에도 불구하고, 일본은 타이완의 식품 안전 비정부 기구들이 금지령을 부활하려 할지도 모른다고 걱정할 것이다. 미국과 관련해서는 2020년 8월 차이잉원이 미국산 쇠고기와 돼지고기에 대한 시장접근 결정을 내림으로써 FTA를 포함해 양국 경제관계 개선을 전향적으로 논의하는 데 걸림돌로 작용했던 것들이 제거되었다. 향후 미국의 새로운 행정부[조 바이든 행정부_옮긴이]가 그 기회를 잡을 수 있을지는 미지수이다. 만약 미국 정부가 합의로 나아가는 것을 선택한다면, 타이완 정부는 부정적인 영향을 받을 부문들의 반발을 줄여야 할 것이다.

미국, 일본 같은 국가들과의 무역 및 투자 자유화는 바람직하지만 하루아침에 합의가 이루어지지는 않을 것이다. 이와 병행해서 타이완은 경제 경쟁력을 확보하고 성장의 이점을 널리 확산시키는 데 도움이 되는 조치를 취할 수 있을 것이다. 요컨대 타이완은 1980년대 중국의 시장개방 이후 구축된 비즈니스 모델을 수정할 필요가 있다. 왜냐하면 시간이 지나면서 저비용 노동력 등 그 모델을 육성했던 요인들이 약화되었기 때문이다.

일부 타이완 부문은 다른 부문보다 강세이다. 정보기술 부문은 여전히 강력한데, 물론 이것은 민감한 기술 통제에 대한 미국 정책의 미래에 따라 달라질 수 있다. 타이완은 또한 유능한 서비스 산업을 많이 가지고 있다. 하지만 제조업과 서비스업 모두에서 일부 기업은 비효율적이고 우수한 고용 기회를 제공하지 않는다. 고품질의 FTA와 함께 도래할 구조적 조정은 새롭고 더 수익성 높은 부문의 출현을 장려하기 때문에 일몰 산업의 쇠퇴를 가속화할 것이다.

타이완은 외부에서 유도된 구조조정이 진전되기 시작할 때까지 기다릴 필요가 없다. 국내 개혁 프로그램의 일부가 되어야 할 정책 단계는 타이완이 미국이나 일본과의 FTA에서 해야 할 양보 및 TPP 가입이 가능해지면 해야 할 양보와 유사하다. 이러한 조치들이 무역 협상에서 제기될 때까지 미루려는 유혹은 이해할 수 있지만, 그러한 합의들을 달성하는 데 얼마나 오랜 시간이 걸릴지, 심지어 그러한 합의가 가능할지 여부도 확실치 않다. 이러한 조치들은 타이완이 자국의 이익을 위해 일방적으로 시작해야 할 조치이다. 미국-타이완 FTA 또는 타이완의 역내 협정 가입(또는 둘 다)이 가능해지면 일의 상당 부분이 이미 이루어져 타이완이 주도권을 쥐었다는 평가를 받게 될 것이다.

하지만 정보기술 분야에서도 혁신 역량을 강화하기 위해 보완해야 할 약점이 있다. 여기서 한 가지 우선순위는 미래 기술에 대한 첨단 연구를 위해 정부

재원을 늘리는 것이어야 한다(애초에 반도체 산업이 이런 방식으로 육성되었다). 둘째 우선 영역은 능력 있는 인재가 꾸준히 배출되도록 보장하기 위해 현재와 미래에 '과학, 기술, 공학, 수학science, technology, engineering, and mathematics: STEM' 에 대한 교육을 개선하는 것이어야 한다. 이는 자금 지원 확대, 산학협력을 통한 대학 창업 인큐베이터 육성, 타이완의 부문별 사람들 간의 이해를 촉진하기 위한 비즈니스 및 기술 교육 연결, 타이완을 기반으로 한 창업 기업들에게 더 큰 국제적 노출 제공을 통해 이루어질 수 있다.[3]

강력한 소프트웨어 분야를 발전시키는 데 걸림돌이 될 수 있는 타이완 경제의 작은 규모를 극복하기 위한 정책도 필요하다. 미국의 전 국무부 차관보 에반 파이겐바움Evan Feigenbaum은 이것이 타이완을 차세대 소프트웨어 산업 제품 및 서비스의 허브로 개발하고 데이터 양보다 데이터 품질을 강조함으로써 이루어질 수 있다고 썼다. 이를 통해 타이완은 정보기술 분야에서 신뢰할 수 있는 공급자와 통로로서 비교 우위를 구축할 수 있다.[4] 중국 내에서의 운영 리스크가 커지는 시대에 타이완은 이로부터 영향을 받는 기업의 안전한 피난처가 될 수 있으며 국제 산업 표준에 부합하고 기여할 수도 있다.[5] 이와 동시에 타이완은 재능 있는 국외 거주자들이 타이완에서 일하고 생활하는 것을 더 쉽게 만듦으로써 스스로를 도울 수 있다.[6]

그러한 프로그램이 적절하게 설계된다면 최근 대학 졸업자들로 채울 수 있는 더 많고 더 나은 일자리를 창출함으로써 중요한 고용 효과를 가질 수 있다. 그렇게 되면 차례로 결혼율과 출산율이 증가해 고령화 인구의 수요가 완화될 수 있다. 물론 정부는 고용주의 요구에 부응하도록 교육 시스템 — 특히 대학 수준에서의 교육 시스템 — 에 인센티브를 제공해야 할 것이다.

이러한 단계 중 일부는 자금이 필요하므로 예산 당국과 입법원은 다른 프로그램에 대한 자금을 삭감하거나(이는 어려운 일이다) 세금을 인상해야 한다(이 또한 어려운 일이다). 모든 무역 및 투자 자유화 프로그램은 보호된 부문과 이를 규제하는 정부기관에 영향을 미칠 것이다. 자유화를 추구하는 행정부에 발생하는 정치적 문제는, 시장개방의 영향을 받는 부문의 경쟁력에 대한 부정적인 영향은 상당히 즉각적으로 나타나는 반면 경제 전체의 경쟁력이 강화되는 이점은 점진적으로만 나타난다는 것이다. 정부가 전환을 용이하게 하기 위해 취할 수 있는 조치가 있다. 그럼에도 불구하고 자유화를 추진하는 행정부는 장기적 이익이 단기적 비용보다 크다는 것, 그리고 성장의 향상과 생활수준의 향상이 피할 수 없는 희생을 감수할 가치가 있다는 것을 대중에게 설명해야 하는 어려운 정치적 도전에 직면할 것이다. 마잉주 정부는 서비스 무역협정과 관련해 그러한 사례를 만드는 데 성공하지 못했지만, 그 일화는 미래에 대한 교훈을 제공할 수 있다.

베이징 요인

경제, 에너지 정책, 예산 선택의 균형은 다른 많은 선진국들도 직면한 문제이다. 비록 섬의 특별한 역사가 그 투쟁의 성격을 정의한다 할지라도, 타이완은 또한 과도기적 정의를 위한 투쟁에서 독특하지 않다. 타이완을 독특하게 만드는 것은 중국이 타이완의 경제적·사회적·정치적 미래에 제기하는 도전이다. 1980년대 이후 타이완의 번영은 타이완의 고객을 위해 그리고 타이완 기업의 생산 및 조립 공장에서 일하는 타이완 국민을 위해 본토 시장에 어떻게 접근하는지에 달려 있었다. 이와 동시에 중국 정부는 타이완을 자국 헌법 체계에 통합하려 하고 있으며, 만약 홍콩에서의 경험이 어떤 지침이 된다면 통일 후에도 타이완의 민주주의와 일치하지 않는 통제력을 유지하기를 원할 것이다. 베이징이 아직 확실하게 결정하지 못한 것은 자신들이 원하는 결과를 정확히 어떻게 얻을 수 있는지에 대한 것이다. 설득은 통하지 않았다. 협박은 효과가 있을 수 있지만 효과를 발휘하는 데 아마도 오랜 기간이 걸릴 것이다. 무력 사용은 위험하긴 하지만 여전히 선택 사항으로 남아 있다. 따라서 타이완의 경우 가장 어려운 정책 절충안은 좋은 삶을 유지하는 데 중요한 경쟁력과 번영을 유지하면서 중국과의 관계를 관리하는 방법이다. 타이완이 민주화로 전환한 이후 중국은 항상 주요 안보 문제이자 경제적 파트너였을 뿐만 아니라(제8장 참조), 정당에 있어 타이완 정치를 가장 크게 휘젓는 정책 문제였다.[7]

타이완의 분열된 국내 정치가 베이징의 도전에 대한 현명한 대응을 공식화하는 것을 방해했다는 사실은 통찰력을 지닌 타이완 사람들을 짜증나게 했다. 나의 타이완 지인이자 재능 있는 한 30대 여성은 그 좌절감을 잘 보여준다. 그녀는 정치적 성향이 민진당 진영이었을 가능성이 높은 타이완 가정에서 태어나 자랐다. 그녀는 미국에서 대학원을 졸업한 후 수도 워싱턴에서 타이완과 관련된 문제를 중심으로 민간 부문에서 몇 년 동안 일했다. 그녀는 미국에서 10년을 보낸 후 2010년대 후반 집으로 돌아왔다. 그 후 얼마 지나지 않아 그녀와 이야기를 나눌 기회가 있었는데, 나는 매일 국내 정치에 노출된 그녀가 타이완에 대해 받은 인상이 궁금했다. 그녀를 가장 놀라게 하고 걱정시킨 것은, 그녀가 보기에 국민당과 민진당 사이의 실질적인 정책 차이가 그다지 크지 않은데도 국민당 진영과 민진당 진영 간에 존재하는 갈등의 강도였다. 하지만 그 미묘한 격차는 정치인들이 주고받는 '나는 살고 너는 죽는다'는 분위기를 완화시키지 못했다. 그녀가 느끼기에 각 진영은 상대편을 적으로 여기면서 진짜 적은 90마일 떨어진 타이완 해협 반대편에 있다는 명백한 사실을 무시했다.[8]

내 친구가 국내 정치 분열에 대해 느낀 좌절은 다음과 같은 질문을 불러일으킨다. 중국은 진정 타이완의 적인가? 제8장에서 논의한 바와 같이, 민진당은 일반적으로 중국이 적이며 타이완의 정치적인 항복을 유도하기 위해 중국이 경제력을 사용할 계획이라고 믿고 있다. 따라서 타이완은 경계를 늦추지 않고 베이징의 함정에 빠지지 않아야 한다고 생각한다. 국민당의 지도자들은 경제

성장과 안보를 동시에 보장하는 것이 사실상 가능하다고 믿는다. 하지만 그들은 또한 타이완이 특히 92공식을 수락함으로써 법적 독립 가능성에 대한 베이징의 두려움을 진정시키는 것이 필요하고 합리적이라고 믿는다.

또한 각 진영은 서로가 문제의 일부라고 믿는다. 많은 민진당 진영 지지자는 국민당 진영을 타이완 내 중국의 허수아비 입후보재[특정 정당 대표에 대한 지지도를 가늠하기 위해 그의 상대 후보로 나서는 사람_옮긴이]이자 타이완 정치 침투의 도구로 간주한다. 그들은, 제12장에서 논한 바와 같이, 중국시보그룹China Times group에 대한 중국의 지원과 지침을 그러한 혐의에 대한 증거로 지적할 수 있다. 그들은 2019년과 2020년 이루어진 베이징의 홍콩 탄압을 중국의 너무 많은 관여가 매우 나쁘게 끝날 것이라는 분명한 증거로 인용할 수 있다. 국민당 진영의 일부는 민진당을 의심스럽게 생각하는데, 이는 역사적으로 민진당이 법적 독립을 지지했기 때문이기도 하고, 차이잉원 총통이 92공식을 명시적으로 지지하지 않음으로써 지속적이고 상호 유익한 양안관계에 불필요한 장애물을 세웠다고 생각하기 때문이기도 하다. 국민당이 보기에 차이잉원 정부에 대한 베이징의 대응은 예고된 것이었다. 하지만 국민당 진영에는 타이완 태생의 사람들도 있는데, 이들은 본토 태생의 국민당 진영 동료들이 자신들의 나라(즉, 토착 타이완인의 나라)를 팔아먹지 않을까 걱정하고 있다.[9]

분명히, 두 진영이 이 핵심 분석 문제(중국이 적인지 여부)에 대해 동의하지 않는다면 제8장에서 논의된 두 가지 정책 관련 질문에 대한 답변에 동의하지 않을 가능성이 높다. 즉, 베이징의 의도는 수정주의적인가 아니면 현상유지를 지지하는가? 그리고 중국 지도자들은 위험을 회피하는가 아니면 위험을 수용하는가? 이에 대한 명확성이 부족하면 타이완이 수용 또는 억제 가운데 어떻게 대응해야 하는지에 대한 논쟁이 발생할 것이다. 두 진영이 서로를 적으로 간주하면 중국이 제기하는 도전에 대응하는 것은 훨씬 더 차선책이 될 것이다.

나는 국민당의 논리가 옳고 타이완에 대한 중국의 태도가 악의적이지 않고 온순하며 92공식을 타이베이의 집권자가 수락하면 현재의 난국이 종식될 것이라고 믿고 싶다. 하지만 그러한 믿음에 의문을 제기할 만한 이유가 있다. 우선, 차이잉원 총통이 양안관계의 연속성을 위해 집권 당시 92공식을 수용하기로 결정했다면 베이징이 2016년에 집권한 민진당 정부에 더 우호적이었을 것이라는 주장을 검토해야 한다. 제8장에서 언급한 바와 같이, 베이징은 실제로 그녀에게 마잉주가 타이완은 중국이라는 국가의 주권 영토에 포함되어 있다고 명시적으로 주장함으로써 92공식을 수용한 방식을 반복하는 것 이상을 요구했다. 그녀는 베이징의 요구를 거부했는데, 왜냐하면 민진당의 많은 사람들이 그러한 성명에 반대할 것이며 이런 식으로 베이징을 수용하면 협상의 대상이 되어야 할 점을 양보해야 한다고 믿었기 때문이다.

더욱이 그녀는 개인적으로 안도감을 주기 위해 선거 전에 열심히 노력했고 취임사에서 이러한 점을 모호하게 다루려고 했다. 하지만 베이징은 답변에 동의하거나 그녀와의 신뢰 구축에 참여하는 것을 꺼렸다. 내 나름대로 해석하자면 베이징은 조정의 기준을 그녀가 합리적으로 명확하게 할 수 있는 것보다 높게 설정함으로써 대화를 통해 정부와 협력 관계를 발전시킬 필요가 없도록 하고 있다.

둘째, 차이잉원 정부는 차치하고 베이징과 국민당도 92공식에 대해 서로 다른 정의를 내리고 있다. 국민당 진영에 속한 타이완 사람들에게 92공식은 '하나의 중국, 서로 다른 해석'이며, 중화민국은 그 하나의 중국에 대한 국민당의 해석이다. 2019년 1월 중국의 시진핑 주석은 "양안은 '하나의 중국'에 속해 있으며 조국통일을 위해 함께 노력할 것"이라고 말했다.[10] 여기에서는 베이징이 타이완으로 하여금 '하나의 중국' – 특히 그것이 중화민국일 경우 – 에 대한 '서로 다른 해석'을 기꺼이 받아들이도록 할 의향이 있다는 징후가 없다. 마잉주가 이러한 점에 대해 능청스럽게 행동하도록 베이징이 내버려둔 것은 마잉주의 상세한 설명을 받아들였기 때문이 아니라 마잉주의 광범위한 의도를 신뢰하고 그가 정치적 대화를 시작하기를 희망했기 때문일 가능성이 크다. 이제 새로운 비민진당 행정부가 마잉주의 책략을 반복하도록 베이징이 허용할 것이라고 보기는 어렵다.

셋째, 92공식은 정치적 문제는 제쳐두고 경제 및 사회 문제에 대한 양안 협력을 촉진하기 위해 의도적으로 설계되었다. 92공식은 결코 정치적인 대화의 기초가 될 의도는 없었다. 중국 정부가 마잉주 정부에 회담을 시작하도록 압력을 가한 것은 양안관계를 새로운 단계로 끌어올리기 위해서였으나 마잉주가 이의를 제기했다. 마잉주 정부는 타이완이 두어 개의 FTA와 몇 개의 국제기구 회의에 참석하는 것 이상으로 국제 공간을 확장할 수 있도록 해달라고 베이징에 요청했으나 베이징은 이 요청을 거부했다. 중국 관리들의 논리는, 타이완이 국제 공간을 확장하는 것은 양안 정치 회담에서 먼저 다루어야 하는 정치적 문제라는 것이었다. 이 중 어느 것도 그다지 놀라운 일은 아니었다. 마잉주 정부에 대한 베이징의 개입은 쉬운 문제를 먼저 어려운 문제를 나중에, 경제 문제를 먼저 정치 문제를 나중에 처리하는 방식으로 구성되었다. 따라서 중국이 어디로 가고자 하는지에 대한 의문이 없었다. 그리고 새로운 비민진당 총통이 92공식을 수용하고 베이징이 그 사람의 기본 의도를 신뢰한다면 그 접근 방식은 달라질 것 같지 않다. 경제 관계를 정상화하고 '쉬운' 문제에 대한 과거 합의를 재확인할 충분한 이유가 있을 것이다. 하지만 머지않아 타이완 정부는 정치적 대화에 대한 중국의 요구와 정치적 문제에서의 양안 논의에 대한 국내 저항에 직면할 것이다.

민진당이 아닌 정부가 양안 정책과 국내 정치 사이에서 균형을 유지할 수 있는 능력을 복잡하게 만든 것은 입법원이 2019년 5월에 통과시킨 법으로, 이것은 '중요한 헌법적 또는 정치적 효과'를 지닌 베이징과의 협상 및 승인 조건을 설정한 법률이다. 이 법은 국민당과 민진당 모두 해당 조치가 타이완의 이익에 부합한다고 믿는 경우에만 합의를 협상하고 승인할 수 있다는 엄격한 요구 사항을 설정했다. 새로운 비민진당 정부가 집권하고 나면 베이징은 조만간 정치회담을 시작할 것을 요구할 가능성이 높은데, 이는 이 법으로 인해 사실상 불가능할 것이다. 물론 새 정부는 그 법안을 폐지하려 할 수도 있고, 베이징이 그 법안의 폐지를 요구할 수도 있다. 그 법안이 폐지될 때까지는 베이징이 의제를 진행할 수 없을 것이다.

중국에 대한 차이잉원 총통의 접근 방식 — 국민당보다 중국의 요구에 덜 수용적이고 미국의 지원에 더 의존하는 — 은 타이완의 이익을 보호하는 데 '충분히 좋은' 것처럼 보일 수 있다. 차이잉원 정부는 중국이 자신들을 고립시키고 주변화하고 응징하기로 선택했음에도 불구하고 경제 성장과 안보를 유지하기 위해 고안된 일련의 정책을 취했다. 여기에는 5+2 주요 혁신 산업경제 프로그램, 신남향정책, 미국과의 긴밀한 관계 유지가 포함되어 있다. 차이잉원 총통의 첫 임기 동안 이러한 정책이 진전한 것은, 홍콩 시위가 매우 큰 영향을 미쳤음에도 불구하고, 아마도 2020년 1월 재선에 기여했을 것이다. 하지만 차이잉원 정부가 첫 번째 임기를 성공적으로 통과했음에도 불구하고 중국 정책은 타이완에 문제를 일으키고 있다.

예를 들어, 본토 노출로 타이완 기업의 이익에 영향을 미치는 문제는, 마잉주 정부 기간 동안 체결된 것과 유사한, 타이완의 해협교류기금회와 중국의 해협양안관계협회 간의 상호작용 및 합의를 통해서만 해결할 수 있다. 한 예로, 2010년 6월에 체결된 양안 경제 협력 기본 협정에 따라 양측은 상품 및 서비스 무역에 관한 제안된 협정 외에 투자 보호 및 분쟁 해결에 관한 협정을 협상하기로 했다. 협상이 시작되었지만 일련의 장애물로 인해 빠르게 중단되었다. 이 두 협정은 모두 중국 본토에서 사업을 운영하는 타이완 회사보다 베이징에 덜 중요하기 때문에 베이징은 긴급하게 종결할 필요가 없었다. 또한 민진당의 위상을 높일 성과를 차이잉원 정부에 제공할 이유도 없었을 것이다. 하지만 중국이 차이잉원 총통을 비난하면서 해협교류기금회와 해협양안관계협회 간의 접축을 중단한 것은 편리한 핑계로 작용한다.

더 중요한 것은 2016년 이후의 베이징의 비폭력적 강압 캠페인이 타이완 대중의 자신감에 미친 영향이다. 경제, 외교, 정치, 군사, 선전 및 기타 영역에서 베이징이 행동하는 표적은 대중의 사기이며, 목표는 분열과 절망을 만드는 것이다(그것은 또한 베이징의 목표가 실제로 수정주의적이라는 민진당 진영의 견해를 강화했다). 대중의 신뢰 약화에 대응하기 위해 타이완 정부와 민진당은 베이징의 노력에도 불구하고 타이완이 살아남을 수 있다는 감각을 강화할 수 있는 추가 방법을 개발해야 한다. 타이완 정부와 민진당은 다수의 기업이 중국 본토에서 타이완으로 귀환한 것, 미국과의 관계 강화, 신남향정책의 점진적인 성공, 2020년 상반기에 정부가 코로나19 대응에서 보여준 역량 등을 강조했다. 2020년 선거에서 유권자들이 지지했던 데서 알 수 있듯, 이 모든 것은 중요하다. 하지만 이런 것들은 국가적 망궈간(亡國感)에 대처하기에 충분하지 않을 수 있다. 타이완의 지도자들은 '비폭력적 강압'이 통하지 않을 것이라고 단정할 수 없다.

요컨대 타이완 여당이 민진당이건 대안인 어떤 당이건 간에 양안관계는 순탄치 않을 것이다. 실제로 1990년대 이후로 타이베이 정부는 로버트 퍼트넘Robert Putnam의 중요한 말처럼 '양면 게임two-level game'을 해야 했다.[11] 즉, 연속적인 타이완 정부는 베이징과의 거래에서 국내 정치세력을 고려해야 했다. 따라서 민진당의 강경파와 민진당이 대표하는 사람들은 자신들의 총통이 할 수 있는 일에 제한을 두었다. 마찬가지로 마잉주는 민진당과 청년 시위대가 자신의 양안 무역협정 통과를 성공적으로 차단하자 정책 주도권을 잃었다. 따라서 타이완은 차이잉원 집권에 대한 베이징의 대응으로 야기된 단순한 교착 상태보다 더 중요한 딜레마에 빠졌다(베이징에는 자체 정치가 있지만 양면 게임을 하는 것이 더 쉽다). 민진당과 국민당은 타이완과 그 기업들이 중국으로부터 누리는 경제적 이익을 유지하기를 원하는 만큼, 각 당은 나름대로 회피하기 어렵고 국내의 정치적 대가를 수반할 수 있는, 베이징이 부과한 비경제적 제약에 직면해 있다.

타이완은 민족 및 국가정체성을 재정의함으로써 중국의 야망에 대항하는 지적·정책적 방어를 개발하려고 노력해 왔다. 한편으로, 배타적인 타이완 정체성이나 중국-타이완 혼성 정체성은 중국의 민족 정체성의 기초가 되는 '한족 정체성'과 대조된다. 다른 한편으로, 중화민국이나 타이완이 주권국이라는 원칙을 오랫동안 강조해 온 것은, '일국양제'하의 타이완이 중앙집권적 통일국가(홍콩 같은)에서 종속적인 실체가 될 것이라는 베이징의 주장 및 타이완 사람들이 탐구할 만하다고 생각할 수 있는 대안적인 통일 공식(연방federation이나 연맹 confederation 같은)에 대한 거부에 장벽으로 작용했다. 또한 타이완의 민주적 체제 측면에서는 민족 및 국가정체성을 구축하는 추세가 나타나고 있다. 하지만 민족과 국가를 정의하는 데서는 만장일치가 없으며, 제안된 정의는 합의가 존재하더라도 때때로 그 내용이 빈약하다.

따라서 타이완 지도자들과 대중은 민족과 국가에 대한 보다 강력한 합의를 이끌어내고 다른 국가들과 협력해야 하는 숙제를 안고 있다. 중국은 이러한 주제에 대해 명확한 견해를 가지고 있기 때문에, 그리고 타이완은 이와 상반된 견해를 방어막으로 만들어왔기 때문에, 보다 명확하고 일관성 있게 그러한 견해를 옹호할 필요가 있다. 설령 타이완의 주민들이 현 상태를 유지하는 것을 선호한다고 하더라도, 여론조사 결과에서 알 수 있듯, 타이완 주민들과 그들의 정부는 언젠가 베이징과의 정치적 대화에 말려들 가능성을 배제할 수 없다. 그러한 회담에서 중국 당국은 타이완이 영토적으로 중국이라는 국가에 속하며 통일이 목표라는 명확하고 확실한 약속을 타이완으로부터 받아내려 할 것으로 보인다.

민족과 국가에 대한 폭넓은 공감대가 형성되려면 타이완 국민들이 이를 공식화해야 할 것이다. 이 숙제를 하는 것은 타이베이로 하여금 타이완의 지위에 대해 베이징에 반박할 수 있게 해주는 데 그치지 않는다. 민족과 국가의 문제에 대한 보다 통일된 접근은 더 강한 안보의식에 기여할 수 있다. 이는 외국인들이 해야 할 과제는 아니지만, 이 책에서 논의한 내용은 몇 가지 출발점을 시사한다.

우선, 타이완인이 가진 정체성 — 타이완만의 독자성과 이중 정체성 모두에서 — 의 범위와 내용에 대한 보다 정확하고 정교한 연구가 필요하다. 어떤 연구는 '이중 정체성'이 독자적 정체성보다 실제로 더 강하다고 시사한다. 만약 그것이 사실이라면, 이 혼합의 함량을 정의해야 한다. 사람들은 어떤 방식으로 자신이 중국인이라는 것을 인정하고 받아들이려 하는가? 더 중요한 것은, 정체성을 심층적으로 이해하는 대중의 지지를 창출하기 위해서는 광범위하고 집중적인 교육 노력이 필요하다는 것이다. 타이완 사람들이 적어도 인종적·사회적·문화적으로 중국인이라는 공통된 이해는 베이징을 안심시킬 수 있다.

둘째, 국가와 관련해 몇 가지 쟁점이 있다. 첫째는 타이완이 주권국가라는 널리 지지되는 주장을 강화할 필요가 있다는 것이다. 특히 타이완이 어떻게 법적·정치적으로 통일된 중국에 적합할 수 있는지와 관련해 스티븐 크래스너가 '베스트팔렌/바텔적 주권'이라고 부르는 것을 더 잘 정의하기 위해 노력해야 한다. 홍콩과 같은 종속 주체가 되지 않으려면 어떻게 맞출 것인지를 구체적으로 준비할 필요가 있다. 예를 들어, 타이완의 지도자들과 시민들은 베이징이 기꺼이 받아들일 것이라고 가정할 경우, 어떤 종류의 연합 관계를 흔쾌히 받아들일 것인가?[12] 이러한 논의에 착수하는 것은 타이완의 주권 주장이 독립을 추구하는 것과 마찬가지라는 중국의 관점을 유용하게 약화시킬 것이다. 이러한 유형의 주권은 타이완이 국제사회 내에서 주권적 실체인가 — 타이완의 지도자들 대부분이 주권을 언급할 때 떠올리는 것 — 에 대한 질문과는 다르다. [그것은 중요한 문제로 남을 것이지만, 다른 하나(베스트팔렌/바텔적 주권_옮긴이)는 결정적이다.] 이론적으로 타이완의 베스트팔렌 주권에는 타이완의 정치 지도부와 국민들이 좋은 거래의 일부라면 기꺼이 포기할 수도 있는 측면이 있을 수 있다. 따라서 어떤 주권 요소가 거래될 수 있는지, 어떤 요소가 협상 가능한지, 어떤 대가를 치르더라도 방어되어야 하는 요소는 무엇인지에 대한 연구가 더 필요한 상황이다. 이러한 균형이 깨지더라도, 타이완은 중화인민공화국이 건국되기 37년 전인 1912년에 중화민국이 건국되어 여전히 타이완에 존재한다고 주장하고 그 목표에 대한 지지를 구축함으로써 주권 주장을 강화할 수 있을 것으로 보인다.

마지막으로, 민주주의가 민족과 국가정체성의 추가적인 기초가 되려면 정치 체제를 더 효과적으로 만들기 위한 노력이 필요할 것이다.

타이완의 민주주의 개선

국민당 정부와 민진당 정부 모두 안보와 경제성장에 대해 베이징으로부터 만족을 얻지 못하고 대중의 사기가 문제시되는 상황이라면, 타이완은 그러한 절박한 관심사의 정치를 더 잘 관리함으로써 스스로를 더 잘 보호하고 번영을 유지할 수 있을 것이다. 이를 위해서는 정치 체제가 작동하는 방식을 개선해야 한다.

정치인들과 정치학자들은 어떻게 하면 타이완의 정치 체제가 더 잘 작동하게 할 수 있는지에 대해 오랫동안 논의해 왔다. 이러한 생각들 중 일부는 현행 준대통령제에서 대통령 또는 의원내각제 정부로 이동하는 것과 같이 종종 헌법 개정이 필요한 주요한 구조적 변화를 수반한다. 정확히 말하자면 헌법 개정 없이는 그러한 변화를 제정할 수 없기 때문에 이는 현재의 정치 풍토에서는 고려할 가치가 없다. 실제로, 제안된 개정안이 통과되기 위해 입법원에서 4분의 3의 과반수 기준을 충족하려면 국민당과 민진당 모두의 지지가 필요할 것이며, 그리고 나서도 국민투표에서 유권자(투표자가 아닌)의 과반수의 찬성을 얻어야 할 것이다. 1990년대에 민주화가 시작된 이후 제정된 개정안과 천수이볜 정부 때 통과된 개정안의 경험에 비추어볼 때, 국민당과 민진당이 동의하지 않는 한 개헌은 통과되지 않는다. 그 개정안을 통과시키기 위한 정확한 과정은 오늘날 사용되는 것과 다소 달랐지만, 원리는 동일하다. 국민당과 민진당이 개정안 통과에 합의하지 않는 한, 그리고 그 발의안이 대중의 폭넓은 지지를 받지 않는 한, 헌법은 바뀔 수 없다.[13]

현재의 정치 체제를 바꾸는 것에 대한 대안은 민진당, 국민당, 또는 일부 다른 당이 장기간 지배적인 지위를 얻는 것이다. 그렇게 되면, 이 지배적인 정당은 심각한 도전에 직면하지 않거나 주요한 구조적 변화 없이 동일한 기본 정책을 지속적으로 추구할 수 있다. 일본이 선례이다. 일본 자민당은 1955년 창당 이래 몇 년을 제외하고 계속 정권을 잡고 있다. 때때로 조정이 있었지만 성공적인 야당의 도전은 명백히 이런 규칙의 예외였다.

타이완은 그 방향으로 가고 있을 수도 있지만, 아직 거기에 도달하지는 못했다. 이 체제는 2008년부터 운영되어 국민당이 2016년까지 행정부(행정원)와 입법부(입법원)를 통제했으며, 지금은 민진당이 2024년까지 그렇게 할 수 있는 위치에 있다. 선거 이후에 민진당이 행정원과 입법원 모두를 장악할 수 있다는 것은 일당제 체제로의 움직임을 보여주는 강력한 지표가 될 것이다. 하지만 최근의 경험에 따르면, 차이잉원 정부가 중국에 비교적 신중한 접근을 계속한다면 민진당은 지배력을 얻는 데서 더 나은 위치를 차지할 것으로 보인다. 민진당 강경파가 추구하는 의제 ─ 현재의 현상유지에 도전하는 것처럼 보임으로써 중국의 한계를 밀어붙이는 ─ 로 전환하는 것은 위험할 수 있으며, 이것은 분명히 국민의 현상유지 정서에 반하는 것이다. 민진당이 2024년에 변화보다 연속성을 선택한다고 해도 선거에서 계속 승리할 수 있다는 보장은 없다. 타이완에는 선거권력의 균형을 바꿀 만큼 무소속 유권자들이 매우 많기 때문에 민진당과 국민당 모두 승리를 당연시할 수 없다.

일당 독재는 독재정권에는 좋을지 몰라도 타이완의 민주주의 체제에는 좋지 않다. 정기적인 권력 교체의 가능성조차도 여당이 실수를 피하고 대중의 지지가 부족한 계획을 기피할 이유를 제공한다. 효과적인 민주주의 체제를 위해서는 강력한 야당이 필요하다. 2024년 국민당이 실효성 있는 도전에 나선다면 현재의 순환다수결주의 패턴이 계속될 것이다. 이를 통해 현재의 여당이 차기 총선에서 패할 수 있는 합리적인 확률이 계속 존재할 것이며, 이는 일당 지배체제에서보다 더 높은 수준의 책무성을 생성한다.

하지만 그러기 위해서는 국민당이 다시 경쟁력을 갖추어야 한다. 국민당은 2000년과 2004년 대선에서 패배한 뒤 생존해 2008년 다시 집권했다. 하지만 국민당이 바로잡아야 할 것이 몇 가지 있다.

우선, 국민당은 선거운동에서 효과적으로 경쟁하는 데 필요한 자원을 확보하기 위해 새로운 전략을 마련해야 한다. 둘째, 역사적으로 유권자, 특히 농촌 유권자를 동원하기 위해 조직적 메커니즘에 의존해 왔기 때문에 타이완의 도시 및 미디어 집약적 사회에 적합한 방법을 더욱 강조해야 한다. 셋째, 이와 관련해 청년들에게 새로운 호소력을 키우고 청년들의 관심사에 부응해 노인이 지배하는 정당이라는 인상을 없애야 한다. 넷째, 국민당 내부의 분열을 더 잘 연결하는 새로운 총통선거 후보를 선출하기 위한 메커니즘을 개발해야 한다. 그러한 메커니즘의 부재가 2016년과 2020년 총통선거에서 국민당 후보가 완패했던 주된 이유이다.

다섯째, 그리고 무엇보다 중요한 것은, 국민당이 새로운 현재 현실에 대응하는 양안관계에 대한 비전을 형성해야 한다는 것이다. 즉, 중국 본토의 변화하는 비즈니스 환경, 베이징의 장기적인 야망에 대한 더 큰 명확성, 그리고 타이완 내 여론 동향을 감안해야 할 것이다. 후자에 대해 국립정치대학 선거연구센터의 정치학자인 유칭신은 다음과 같이 문제를 명확하게 설명한다. "타이완 정체성의 증가는 국민당의 정치적 호소력에 해를 끼쳤고, 중국과의 적극적이고 긍정적인 관계가 타이완에 이익이 될 것이라는 당(국민당)의 주장을 훨씬 더 어렵게 만들었다."[14] 따라서 새로운 국민당의 비전은 국민당이 사회 전체의 이익보다 중국과 타이완 대기업의 이익을 위해 봉사하는 데 더 관심이 있다는 일부의 의혹을 설득력 있게 반박해야 한다.

2020년 중반까지 국민당 지도부는 이러한 방향으로 몇 가지 조치를 취했다. 우선 2020년 3월에 장치천을 국민당 주석으로 선출했다. 그는 1972년생으로 마잉주 그룹보다 젊은 세대여서 청년 세대에 대한 지원활동을 상징했다. 장치천은 자신의 다면적인 정체성, 즉 인종적으로는 중국인이고, 타이완에서 태어나고 자랐으며, 그리고 중화민국의 시민이라는 정체성을 과시하려 했다.

장치천은 국민당 주석이 되자 개혁을 위한 위원회를 설치하고 위원회 내에 양안 담론과 관련된 대책위원회를 구성했다. 이러한 대책위원회를 설립한 이유에 대해 장치천은 타이완과 국민당의 최우선 과제는 "현재 양안 간의 교착상태를 해결할 수 있는 열쇠를 찾는 것"이라고 말했다. 하지만 대책위원회의 제안은 국민당 내부의 모든 사람을 만족시키지는 못했다. 대책위원회는 양안관계에 대해 네 가지 원칙, 즉 ① 중화민국의 주권 수호, ② 민주주의와 인권의 보호, ③ 타이완의 안보 우선화, ④ 양안관계에서의 상생과 번영 구축을 제안했다. 이러한 원칙 중 어떤 것도 논쟁의 여지가 없었지만, 제시된 목록에 92공식이 없다는 것이 눈에 띄었고 이는 국민당 내부에서 의견 충돌을 야기했다. 대책위원회는 이 공식을 "과거 양안 간의 상호작용에 대한 한 가지 역사적인 설명"으로 간주할 것을 제안했다. 국민당 내부의 일각에서는 날카로운 비판의 목소리가 제기되었다. 류다베이(劉大貝)*는 이 제안이 자신이 지금까지 보아왔던 것 중에서 "최악의 양안 이론"이라고 묘사하면서 국민당은 "민진당의 레토릭을 앵무새처럼 흉내 내는 것"[15]에 불과할 뿐이라고 말했다. 이것은 92공식이

---

* 　중국국민당 중앙상무위원회 위원을 역임했다. _옮긴이 주

제기한 국내 정치적 책임이 얼마나 큰가에 대한 국민당 내부의 분열을 반영하는 것일 뿐만 아니라 증가하고 있는 세대 간의 분열도 반영하는 것이었다.[16]

다양한 파벌 간의 광범위한 협의 끝에 2020년 9월 초에 국민당 당대회가 열렸다. 이 회의의 핵심 성과물은 '양안 담론'에 대한 8개 조항의 타협 성명이었다. 그중에 아래에 제시된 첫 네 개 조항은 국민당이 자신들 앞에 펼쳐져 있는 딜레마를 해결하지 못했다는 것을 보여준다.

① 중화민국 헌법은 민주주의와 자유를 증진할 뿐만 아니라 양안 교류를 위한 법적 근거도 제공한다.
② 공식적인 양안 대화는 중화민국의 헌법질서를 정면으로 직시해야 하고 중화민국의 존재를 존중해야 한다.
③ 92공식 및 과거 국민당의 '하나의 중국, 서로 다른 해석'에 대한 성명은 중화민국 헌법에 근거했다.
④ 양안 교류를 지속하기 위해서는 중화민국 헌법에 기초한 92공식을 활용해야 한다.

이러한 수사학적 공식이 국민당 내의 여러 분파를 만족시키기에는 충분하더라도 타이완 대중 전체에게는 충분하지 않을 수 있으며, 베이징의 견해 — 중화민국은 존재하지 않으며 따라서 그 헌법은 양안 상호작용의 기초가 될 수 없다는 — 와 모순될 수도 있다. 더욱이 이 '담론'은 원칙을 정책으로 전환하는 방법에 대한 지침을 제공하지 않았다.[17]

분명히 국민당이 정책과 입장을 둘러싼 내부 분열을 봉합하고 타이완 유권자와 베이징 정책 입안자들을 동시에 만족시킬 수 있는 방법을 찾으려면 해야 할 일이 있다. 튀빙겐대학교의 중국학 교수인 귄터 슈버트Günter Shubert는 국민당의 딜레마를 다음과 같이 정확하게 요약했다.

국민당은 주어진 상황에서 여당이 되기 위해 유권자들에게 중국의 '통일 발언'에 대해 단호한 입장을 취할 준비가 되어 있는 '타이완 제일(Taiwan First)' 정당임을 확신시켜야 하며, 그렇게 함으로써 베이징 정부와 협력해야 한다. 또한 국내 무대에서도 혁신적인 새로운 정책을 수립해야 한다. 국민당은 갈림길에 서 있으며 어떤 길을 택하든 매우 험난할 것이다.[18]

국민당이 스스로 부활해 총통과 입법부의 통제권을 되찾거나 다른 정당이 이를 대체하기 위해 민진당의 효과적인 라이벌로 등장하더라도, 특히 중국과 같은 강력한 문제에서, 시스템의 다수결 성격이 반드시 바뀌지는 않을 것이다. 상호 모순적인 정책 패키지를 가진 정당 간의 지속적인 권력 교체는 현재의 정치적 분열을 축소하기보다 강화할 가능성이 크다. 물론 한 정당이 총통 자리를 장악하고 다른 정당이나 정당 연합이 입법부를 통제하는 제도적 권력 공유가 수렴을 촉진할 수 있다는 것은 상상할 수 없는 일이 아니다. 하지만 분열된 통제의 한 사례인 천수이볜 집권은 당내의 치열한 경쟁으로 특징지어졌는데, 그런 점에서 큰 희망을 걸 수 없다.

앞으로 정치권력이 어떻게 구성되든지 간에, 정치 지도자와 정치인들이 대의 정부에 대한 국민의 신뢰를 높이는 것이 중요하다. 1990년대에 만들어진 간접민주주의 체제에 대한 국민의 신뢰가 무너지면서 대규모 시위, 국민투표 추진, 포퓰리즘 등의 현상이 발생했다. 그것들은 그 자체로 문제였던 것이 아니라 문제의 증상이었다. 2012년 세계가치관조사에서 조사한 응답자의 59.4%가 공무원을 신뢰하는 반면, 입법부의 성과를 신뢰하는 비율은 27.6%, 정당을 신뢰하는 비율은 22.4%였다.[19] 입법자는 대중의 관심을 끌지 못하는 문제에 대해 배후에서 타협을 모색하는 데 있어 대중이 알고 있는 것보다 더 효과적일 수 있다. 시민들은 양극화된 갈등이 때로는 입법원 바닥에서 물리적 충돌로 이어지는 광경을 미디어에서 본다. 따라서 입법위원과 정당에 대한 부정적인 이미

지로 인해 사람들은 입법위원과 정당이 대중의 신뢰를 받을 가치가 있다는 확신을 갖기 어렵다. 베이징에 대한 정책과 같이 타이완의 장기적인 미래를 결정할 문제에 대해서는 특히 그렇다.

연공서열과 전문성에 더 중점을 두고 의원들에게 더 많은 직원 지원을 제공하는 제도 개혁은 이미 기한이 지났다. 훨씬 더 중요한 것은, 존 매케인 미국 상원의원이 세상을 떠나기 전에 상원에서 했던 마지막 연설(이 책의 첫 부분에서 그의 연설문 중 일부 내용을 발췌한 바 있다)에서 동료들에게 조언했던 것처럼, 더 큰 공동체와 기꺼이 타협하려는 입법원 문화의 변화이다. 이러한 변화는 대중이 기대하는 것이자 대중이 마땅히 받아야 할 것, 즉 이해관계가 깊게 얽혀 있을 때 지도자가 대중의 이익과 가치를 대표하는 정치 체제를 제공하는 데 기여할 것이다.

공통 영역 확장

타이완 국민들 사이에서는 여러 가지 문제와 관련해 반대하는 것에 대해 폭넓은 공감대가 형성되어 있다. 베이징의 일국양제 공식이 그중 하나이다. 사회가 무엇을 위한 것인지, 경쟁적인 목표를 어떻게 조율해야 하는지를 규정하는 권위적인 결정을 내리는 것은 타이완 지도자들에게 더 어려운 일이 되어왔다. 중국 과제는 이러한 어려운 선택 목록의 맨 위에 있으며, 명확한 선택을 미루기에는 위험이 너무 크다. 이를 위해서는 아마도 경쟁하는 정치 진영이 심각한 외부 위협이 존재한다는 것, 그리고 공동의 위협을 충족시키려면 사회의 이익과 각각의 정치적 이익이 서로 협력해야 한다는 것에 동의해야 할 것이다. 쉽지 않은 일이지만 불가능하지는 않다. 이러한 합의가 이루어진 역사적 사례도 있다. 여기에 제시된 첫째 사례는 타이완 고유의 역사에서 나온 것이다. 다른 사례들은 다른 지역과 정치 제도에서 가져온 것이다.

타이완의 개척 초기 2세기 동안 사회적 갈등은 예외가 아니라 규범이었다. 원주민 집단 내에서는 결속이 강했지만 집단과 집단 사이에서는 결속이 강하지 않았다. 한족 정착민들 사이에는 단결이 존재했지만 그러한 단결은 그들이 본토의 어디에서 왔는지에 근거했을 때만 가능했다. 정기적으로, 그리고 다양한 조합으로, 원주민, 취안저우(泉州)의 한족, 장저우(漳州)의 한족, 광둥성 동부의 커자족은 땅, 물, 여자 등을 놓고 서로 싸웠다. 제국 정부는 질서를 확립하는 데 필요한 자원을 사용하기를 꺼렸다.[20] 그러던 중 1894년과 1895년 청일전쟁이 일어났고, 청나라 정부는 타이완을 일본에 할양했다. 새로운 외부의 적에 맞서기 위한 집단 간 연대는 최소한 섬의 북쪽 끝에서 집단 간 갈등을 대체했다. 역사가 스테반 하렐Stevan Harrell은 "40년이라는 짧은 기간 동안 북부 타이완의 지역 엘리트는 지역의 소수민족으로 조직된 공동체의 분열된 일련의 지도자에서 사회 계층을 기반으로 조직된 고도로 연결된 네트워크로 스스로를 변화시켰다. 그들은 서로 싸우다가 일본군과 싸우게 되었다"라고 설명했다.[21]

1947년 영국은 더 이상 그리스와 터키의 안보를 지원할 자원이 없다고 결정했다. 그 당시 서방에서는 소련이 동유럽의 다른 지역에서와 마찬가지로 해당 국가의 정부를 약화시키기 위해 노력하고 있다는 두려움을 갖고 있었다. 트루먼 행정부는 이것이 유럽에 가하는 위협을 이해했고, 본능적으로 아테네와 앙카라에 지원을 제공했다. 하지만 공화당의 고립주의로 인해 장애가 생겼고, 민주당조차도 세계 문제에서의 미국의 행동주의적 역할에 대한 개념에 생소했다. 하지만 트루먼 행정부는 1947년부터 1949년까지 상원 외교위원회 위원장을 지낸 아서 반덴버그Arthur Vandenberg 상원의원이 이끄는 공화당 파벌의 지지를 얻었다. 트루먼 행정부 관리들, 특히 국무장관 딘 애치슨Dean Acheson은 대부분 초당파적인 외교 정책을 수립했으며 의회를 통해 중요한 법안을 통과시켰다. 반덴버그는 행정부의 안보정책에 대해 정치적 동기가 부여된 공화당의 공격을 줄임으로써 애치슨을 도왔다. 반덴버그는 "당파정치는 국경선에서 멈추어야 한다politics stops at the water's edge"라는 말을 만들어냈고, 그리스와 터키의 문제를 '소련과 미국 사이의 더 큰 대결'이라는 맥락에서 설정하도록 트루먼 행정부에 촉구했다.[22] 즉, 소련이 제기한 위험을 강조함으로써 미국 정치 엘리트 내에서 안보정책에 대한 폭넓은 공감대를 형성했다.[23]

전후 초기 기간은 소련의 직접적인 스칸디나비아 이웃인 핀란드에도 심각한 도전이 되었다. 핀란드는 제2차 세계대전에서 적군과 맞서 싸웠고 히틀러의 독일과 동맹을 맺었지만, 여전히 독립을 유지하기를 원했고 모스크바가 폴란드, 동독, 그리고 궁극적으로 동유럽 전역에 부과한 유형의 협정에 복종하지 않기를 원했다. 핀란드 엘리트들은 또한 공산당이 중요한 역할을 하지 않는 민주주의 체제를 유지하기를 원했다. 따라서 핀란드는 동서 간의 냉전 경쟁에서 중립을 유지하겠다고 모스크바에 약속했다. 핀란드 지도자들은 또한 국가 독립을 유지하기 위해서는 국내 정치 활동에 대한 일부 제약을 수용해야 한다는 점을 인식했는데, 핀란드 대중 또한 곧 이 사실을 이해하게 되었다. 존 루카치 John Lukacs는 모스크바를 수용하는 데에는 "모스크바를 자극할 수 있는 모든 것을 피하기 위해 언론, 출판 및 기타 종류의 커뮤니케이션에서 표현의 자유에 대해 스스로 부과한, 때로는 정부가 부과한 제한이 수반되었다"[24]라고 설명한다. 핀란드 언론인 막스 야곱슨Max Jacobson은 1980년에 "핀란드인들은 감정적으로 만족스러운 제스처를 취하는 사치를 스스로 부인한다. 그들은 모스크바에서 의혹을 불러일으키거나 초강대국 소련의 위신을 끌어들이는 것을 피하려고 조심하고 있다"[25]라고 논했다.

분명히 말하자면, 나는 핀란드의 사례를 제시함으로써 타이완이 중국과 미국 간의 경쟁에서 중립적인 입장을 취하도록 간접적으로 제안하고 있는 것이 아니다. 상황은 매우 다르다. 동시에, 어떤 논의를 시작할 때 수용주의적 접근법의 일부 변형을 무시해서는 안 된다. 적어도 한 명의 미국인 학자는 마잉주의 정책에서 핀란드식 반향을 보았고, 타이완 학자 겸 정치인인 장야중은 핀란

드의 사례를 공개적으로 지지해 왔다.[26] 하지만 여기서 나의 유일한 초점 — 이
자 중요한 초점 — 은 외부 위협이 어떻게 대상국의 정치 지도자들과 국민들로
하여금 그 위협에 더 잘 대처하기 위해 과거의 갈등을 완화하도록 유도할 수 있
는지에 관한 것이다.

최근 아프가니스탄의 사태 진전은 엘리트들 내의 공통점이 지닌 중요성에
대해 다소 극단적이고 부정적인 예를 제공한다. 탈레반은 국가의 평화와 안정
그리고 기존 정부의 생존에 심각한 위협이다. 트럼프 행정부는 탈레반 내부 입
지를 강화하기 위해 미국이 대부분의 군 병력을 아프가니스탄에서 철수시키는
내용의 협정을 협상했다. 하지만 미국 정부는 탈레반이 아프가니스탄 정부와
진지하게 협상해야 한다는 구속력 있는 요구조건을 부과하기 위해 이 합의문
을 사용하지는 않았다. 그러나 아프가니스탄 정부는 2019년 대선 이후 각 후보
들이 각자 취임식을 열 정도로 분열이 심하다. 탈레반이 제기하는 위험이 증가
함에도 불구하고, 각각의 정치 진영은 서로를 계속 적으로 간주하고 있다. 타
이완은 훨씬 나은 상황이지만, 아프가니스탄은 여전히 주의를 기울여야 할 교
훈이다.[27]

라이벌 정치 진영의 일부 타이완 지도자들은, 적어도 수사적으로는 통합의
중요성을 이해하고 있다. 마잉주는 2012년 5월에 행한 두 번째 취임사에서 다
음과 같이 말했다.

우리는 가족이고 타이완은 우리 모두의 고향입니다. 여야 간에 어떤 정
치적 이견이 있더라도 우리는 여전히 한 가족이라고 굳게 믿고 있습니다.
지난 몇 년간 여야 간에 많은 어려움이 있었음에도 불구하고 저는 우리가
민주주의에 대한 공통의 의지를 가지고 있다고 믿습니다. 이러한 기반 위
에서 우리는 분명히 합의를 모색하고 협력해서 문제를 해결할 수 있습니
다. 지난 4년 동안 저는 시민단체를 꾸준히 초청해 대화에 임했습니다. 하

루빨리 야당 지도부와 대화의 장이 열렸으면 하는 바람입니다. 여야가 경쟁만 할 것이 아니라 협력도 할 수 있다는 것을 국민들에게 보여드리겠습니다. 우리 국민 모두의 복지를 위해 우리 함께 타이완 민주주의의 모범을 보입시다.[28]

차이잉원도 이와 유사한 호소를 여러 차례 했다. 예를 들어, 2020년 1월 재선에서 승리한 당일 저녁에는 "선거가 끝났으니 선거 과정에서 발생한 어떤 갈등도 끝나야 한다는 것을 모두에게 상기시키고 싶습니다"라며 수락 연설을 마무리했다. "나는 내 지지자들 중 누구도 우리의 반대자들을 자극하려고 시도하지 않기를 바랍니다. 우리나라가 직면한 난관을 극복하려면 서로를 끌어안고 민주주의의 기치 아래 단결해야 합니다"[29]라고 말했다. 단결은 차이잉원이 한동안 강조해 왔던 주제였다. 물론 그녀가 단결을 강조한 이유는, 2012년에 마잉주가 그랬던 것처럼, 이익이 있기 때문이었다. 두 사람 모두 한 번의 임기 후에야 야당이 자신의 행정부에 협조하는 것이 통치하는 데 더 쉽다는 것을 알게 되었다. 하지만 그들의 말에는 근본적인 진실이 있는데, 바로 정치세력이 협력하는 사회보다 분열된 사회는 당면한 문제를 해결할 능력이 떨어진다는 것이다. 이것은 모든 정치 체제에서 마찬가지이지만, 크고 약탈적인 이웃이 지평선 너머에 있을 경우 특히 그렇다.

미사여구와 실천은 별개이다. 수사학을 중요한 정책 과제를 해결하는 데 효과적이면서도 오래 지속되는 정치적 합의로 바꾸는 것은 또 다른 문제이다. 거의 정의상 민주주의는 어느 사회에나 존재하는 이익과 가치의 차이를 반영하는 분열을 조장하는 제도이다. 민주주의는 결과적인 경쟁을 제도화함으로써 그 분열적인 결과를 완화시킬 수 있지만, 항상 그렇지는 않다. 만약 한 진영이 다른 진영에게 자신의 관점을 출발점으로 받아들이라고 주장한다면 타이완에서 더 큰 통합은 일어나지 않을 것이 분명하다. 또한 어느 한쪽이 정치 체제 제도를 지배하는 규범을 거부하는 경우 — 예를 들어, 민진당이나 국민당의 간부회의가 입법원의 운영 규칙을 위반하거나, 소수당이 다수당의 행동을 막기 위해 의회를 점거하는 경우 — 에도 그런 일은 일어나지 않을 것이다.[30]

타이완에서는 정당 간의 협력이 크게 이루어진 전례가 하나 있다. 1990년대에 타이완의 민주적 전환을 완성하기 위해 헌법 개정이 필요했던 때였다. 헌법 개정안이 통과되려면 국민당과 민진당, 또는 최소한 각 당의 일부가 협력해야 한다. 1990년대의 경우, 리덩후이는 국민당과 민진당 내의 분열을 이용해 필요한 개정안을 통과시키기 위해 국민당 온건파와 민진당 온건파가 결합하는 작업 연합을 구상했다. 하지만 이러한 협력은 아마도 리덩후이 총통의 카리스마와 각 파벌이 리덩후이의 성공에 가지고 있는 지분의 기능이었을 것이다. 더욱이 리덩후이 전 총통이 퇴임한 이후 당의 기강은 더욱 제고되었고, 총통이 당을 분열시키는 것은 국민당과 민진당 지도부에게도 이익이 되지 않는다.

하지만 리덩후이가 설계한 임시적인 당 사이의 협력은 타이완의 현 상황을 대변하지 못한다. 필요한 것은, 목표와 이를 달성하는 방법에 대한 다양한 정당 지도자들 간의 명확한 합의를 바탕으로 하는 협력, 각 당이 개별적으로 작업하는 것보다 함께 작업함으로써 더 많은 것을 얻을 수 있다는 상호 합의, 문제를 해결하기 위해 필요한 만큼 오래 지속되는 이행인 것으로 보인다. 만약 두 주요 정당 내에서 강경파 세력과 온건파 세력 간의 분열이 계속된다면 그러한 협정은 효과가 없을 것이다. 아마도 그러한 협정은 각각의 정당 내에서 '온건파 세력의 지배'를 필요로 할 것이다. 또한 다양한 사회 분야(기업계, 시민사회, 청년 등)와 미국 정부의 견해를 통합하는 방안도 필요할 것이다. 하지만 목표는 명확하다. 즉, 모든 행위자가 다음 두 가지 규범에 동의하도록 사회화하는 것이다. 첫째 규범은, 반덴버그 상원의원의 말을 빌리자면, 당파정치가 타이완해협에서 멈추는 것이다. 둘째 규범은, 벤저민 프랭클린Benjamin Franklin이 미국 독립선언문에 서명하던 당시에 했던 경고, 즉 "우리는 모두 함께 매달려야 한다. 그렇지 않으면 우리는 모두 확실하게 따로 매달릴 것이다"[31]라는 것이다.

이러한 합의를 더 성공적으로 이끄는 것은 다음과 같은 사항일 것이다. 즉, 오늘날 존재하는 모호함보다 더 많은 정의를 가진 타이완-중국 이중 정체성, 정치적 상징의 수준에서 경쟁하기보다 정책 문제를 해결하겠다는 의지,[32] 베이징이 타이완에 관해 가진 목표의 성격에 대한 명확한 인식, 어떤 대가를 치르더라도 보존할 가치가 있는 현재의 현상유지 요소 및 협상 가능한 요소에 대한 합의, 진정으로 인민해방군의 공격에 대한 억지력을 강화하는 방어 태세, 중국이 타이완 국민의 의지를 왜곡함으로써 타이완의 민주주의를 간섭하는 방식에 대한 공통된 이해, 국내와 본토 및 기타 지역에서 사업을 운영할 때의 기회와 위험에 대한 합의, 미국과 긴밀하고 강력한 관계를 유지해야 하는 필요성에 대한 인식, 베이징이 제기하는 도전과 심각한 실패에 따른 비용을 성공적으로 해결하는 것과 관련된 이해관계에 대한 명확한 인식 등에 기초한다면 이러한 합의가 더욱 성공적일 것이다.

국민당과 민진당의 지도자들은 이 아이디어를 더욱 구체화하기 위해 다음과 같은 것들을 공동으로 해낼 의지와 창의성을 발휘할 수 있을까?

- (현재보다 더 많은 자본에 과세함으로써) 점진적인 방식으로 세입을 늘리고 연금 및 의료 프로그램을 지속 가능한 기반으로 하는 초당파적인 정부 재정 개혁을 발전시킨다.
- 정부의 모든 부처에서 공직자들의 부패에 대한 강력한 규제를 도입해서 거버넌스를 개선한다.
- 중국 이외의 무역 상대국, 특히 일본 및 미국과의 경제 관계를 지속적으로 확장해 나간다. 미국과 관련해서는, 2020년 8월 차이잉원이 쇠고기와 돼지고기에 대해 취한 조치가 타이완의 경제 전체에 이익을 줄 FTA를 위한 필수적인 첫 단계였다는 데 동의한다.

• 본토 경제에 대한 타이완의 의존도를 수용 가능한 정도에서 동의한다. 그 평가에 따라, 서비스 무역에 대한 양안 협정을 부활시킬 것인지를 고려한다(여기에는 원래 협정의 특정 결함을 다루기 위한 개정안 개발도 포함된다). 그리고 상품 무역협정에 대한 베이징과의 협상을 재개하기 위해 움직인다.

• 현재의 위협환경에 대응하는 방어 전략에 합의하고, 병력구조, 인력, 조달에 관한 군의 정책이 해당 정책과 일치하도록 보장하기 위해 협력한다.

• 중국의 비폭력적 강압 캠페인에 대한 도전에 대응하기 위해 '정부 전체 whole of government' 접근 방식을 개발한다.

• (중국이 92공식을 포용 조건으로 강제하는 대신) 타이완의 미래 진로에 대해 객관적으로 신뢰할 수 있는 확신을 전달하는 양안관계에 대한 초당파적 접근 방식을 개발한다. 이러한 합의가 합리적인 대중의 지지를 얻을 경우 승인될 수 있는 가능성을 높이기 위해 중국과의 정치적 합의에 관한 2019년 5월 법률을 수정하거나 폐지한다.

• 근본적인 양안 간 분쟁을 해결하기 위한 모든 접근법은 헌법 개정안을 통과함으로써 승인되어야 한다는 것을 기본원칙으로 표명한다.

• 베이징이 타이완의 선거에서— 말과 행동에서 — 중립을 지키고 그 결과를 존중할 것이라는 공동의 기대를 표명한다.

• 시진핑 주석의 2019년 1월 연설에 따라, '여러 정당과 각계에서 추천하는 대표 인사'로 구성된 기구 구성을 양측에 선동하려는 통일친화세력의 어떠한 노력도 선제적으로 거부하되, "92공식을 고수하고 '타이완 독립'에 반대하는 공통의 정치적 기반"에만 의존한다(베이징이 민진당을 배제하기 위해 그 전제 조건을 사용할 것이기 때문이다).[33]

• 입법원에 대한 새로운 절차 규칙을 개발해 무엇보다 품위를 함양하고 정당 간부회의 또는 외부 집단이 입법원 의사당을 점거하는 것을 금지한다.

이 계획들 중 어떤 것도 쉽지는 않겠지만, 이 계획들을 공동으로 실행하는 것은 타이베이를 베이징과 더 강력한 협상 위치에 놓이게 할 것이고, 국내적으로는 정치적 지지를 강화시킬 것이다.

이러한 실질적인 협력을 어떻게 진행할 것인가 하는 것도 쉽지 않다. 가설적으로, 그것은 다소 임시방편적인 성격을 가질 수 있고 기본사항에 대한 합의가 유지된다면 지속가능할 수 있다. 아마도 더 지속적이고 타이완이 직면한 도전에 적합한 것은 국민통합의 공식적인 정부를 만드는 것일 것이다. 형태가 어떻든 간에 양당 간 융합은 아마도 당의 최고 지도부가 솔선수범할 때만 이루어질 것이다. 결국, 선도하는 것은 그들의 일이다. 여러 정당의 평당원들과 다른 분야의 인사들도 따라가야 함에도 불구하고, 그러한 융합이 밑바닥에서부터 일어나기를 기대하는 것은 비현실적이다.

타이완과 멀리 떨어진 세계 반대편에 있는 나로서는 이런 아이디어를 제안하는 것이 분명 쉬운 일이다. 타이완 지도자들과 추종자들이 내가 생각하는 구조를 구축하고 유지하는 것은 매우 어려울 것이다. 민진당이 심각하게 받아들일 정도로 국민당이 재기하지 못하거나, 민진당 내부의 흐름이 민진당 강경파의 지도부로 향한다면 매우 어려울 것으로 예상한다. 하지만 타이완의 정치 지도자들은 베이징의 야망을 가볍게 여길 여유가 없다. 타이완 지도자들은 그저 최선을 바라면서 단순히 대처하기를 기대할 수 없다. 가까운 미래에, 중국의 야망에 대항하기 위한 적절한 방법을 찾는 것은 타이완의 민주주의 체제가 해결해야 할 가장 심각한 과제이다. 이러한 방법을 찾지 않는 것은 타이완의 좋은 삶, 안보, 그리고 매우 정치적인 존재를 보존하는 임무를 지도자들에게 위임한 유권자들 ─ 민진당과 국민당 모두의 ─ 과의 신뢰를 깨는 것이다. 결국 민주주의는 단지 자유롭고 공정한 선거를 통해 지도자를 선출하고 당면한 문제를 두려움 없이 토론하기 위한 제도가 아니다. 민주주의는 선출직 지도자들에게 사회 전체의 이익을 위해 좋은 성과를 내야 하는 의무를 부여하는 제도이기도

하다.

국가적 절망을 심화시킬 수 있는 세력을 단순히 무시하거나 어물쩍 넘어가려는 것은 공익을 증진할 의무 그리고 자신들을 통치하도록 선택한 유권자의 요구를 충족시켜야 할 의무를 저버리는 것이다. 상황이 절망적인 것은 아니다. 타이완의 선출직 공무원들은 자신들이 잘 해내고 있다는 대중의 기대를 충족시킬 수 있는 능력을 가지고 있다. 문제는 그들이 의지가 있느냐 하는 것이다. 안보와 좋은 삶을 보장하기 위한 좋은 정책을 수립하기 위해서는 경쟁하는 우선순위 사이에서 선택을 해야 하며, 선택된 사항이 가장 좋은 이유에 대해 대중에게 설명해야 한다. 따라서 이해관계가 높고 실패에 따른 대가가 클 수 있기 때문에 정치 지도자들은 새로운 책임 기준을 충족해야 한다. 타이완 국민들은 그만한 대접을 받을 자격이 있다.

주

제1장 서론

1   편의상 나는 '섬(island)'을 타이완의 동의어로 사용하고 있는데, 이 용법이 정확한 것은 아니다. 타이완 정부는 많은 다른 섬에 대한 관할권을 가지고 있지만, 대부분의 인구는 사람들이 타이완을 생각할 때 보통 떠올리는 곳에 살고 있다. 여기에는 타이완 본토의 서쪽에 있는 평후 군도(澎湖群島)와 중국 본토의 남동쪽 해안에 가까운 여러 작은 섬이 포함되며, 그중 가장 눈에 띄는 섬은 진먼다오(金門島) 및 마쭈다오(馬祖島)이다.

2   예를 들어 다음을 참조하라. Thomas G. Mahnken and others, "Tightening the Chain: Implementing a Strategy of Maritime Pressure in the Western Pacific," Center for Strategic and Budgetary Assessments(May 23, 2019).

3   International Monetary Fund, "World Economic Outlook Database"(October 2017).

4   "Taiwan Population (Live)," Worldometers; "Urban Population (% of total population)," World Bank, based on United Nations Population Division, World Urbanization Prospects: 2018 revision.

5   *Statistical Yearbook of the Republic of China*[Directorate-General Budget, Accounting and Statistics, ROC(Taiwan)](September 2019), table 15, "Higher Education," and table 39, "General Situation of National Income"(https://eng.stat.gov.tw/public/data/dgbas 03/bs2/yearbook_eng/Yea rbook2018.pdf); *Taiwan Statistical Data Book, 2019*[Taipei: National Development Council, ROC (Taiwan), 2019], table 3-1, "Gross Domestic Product and Gross National Income".

6   *Statistical Yearbook of the Republic of China*, tables 7, 15 and 39.

7   *Taiwan Statistical Data Book*, table 13-6a, "Number of Students Receiving Higher Education by Discipline"; table 13-9, "Availability of Schools and Teachers"; and table 13-10, "Educational Expenditure per Student at All Levels," *The CIA World Factbook, 2020-2021*(New York: Skyhorse Publishing, 2020), "Taiwan," section on "People and Society," p.917.

8   *Taiwan Statistical Data Book*, table 2-4, "Population Aged 15 and Over by Level of Education".

9   "Taiwan Likes Facebook, Has Highest Penetration," *Taipei Times*(February 28, 2014).

10   *Taiwan Statistical Data Book*, table 3-2a, "Average Annual Growth Rate of Real GDP".

11   *Statistical Yearbook of the Republic of China*, table 46, "Average Disposable Income per Household by Disposable Income Quintile".

12   *Statistical Yearbook of the Republic of China*, table 9, "Unemployment Rates by Educational Attainment and Age".

13   Lalaine C. Delmendo, "Taiwanese House Prices Continue to Fall Due to Harsh Taxes," *Global Property Guide*(August 8, 2019).

14 Syaru Shirley Lin, "Taiwan in the High Income Trap and Its Implications for Cross-Strait Relations," in Dafydd Fell, ed., *Taiwan's Economic and Diplomatic Challenges and Opportunities* (London: Routledge, forthcoming).

15 National Development Council. "Population Projections for the R.O.C.(Taiwan): 2018-2065," in *Population Projections for the R.O.C.(Taiwan): 2020-2070*, pt.A.

16 Central Intelligence Agency, "Taiwan"; National Development Council, "Population Projections for the R.O.C.(Taiwan): 2018-2065".

17 National Development Council, "Population Projections for the R.O.C.(Taiwan): 2018-2065".

18 World Factbook; Yale University, Environmental Performance Index, 2014(http://archive.epi.ya le.edu/epi/country-profile/taiwan).

19 경성 권위주의(hard authoritarianism)와 연성 권위주의(soft authoritarianism)에 대해서는 다음을 참조하라. Edwin A. Winckler, "Institutionalization and Participation on Taiwan: From Hard to Soft Authoritarianism?," *China Quarterly*, No.99(September 1984), pp.481~499.

20 "Remarks by AIT Chairman James Moriarty at Brookings Institution"(October 12, 2017), American Institute in Taiwan(www.ait.org.tw/remarks-ait-chairman-james-moriarty-brookings-institution/).

21 Richard C. Bush, *At Cross Purposes: U.S.-Taiwan Relations Since 1942*(Armonk, N.Y.: M. E. Sharpe, 2004), pp.179~219.

22 빌 클린턴(Bill Clinton) 행정부는 미국재타이완협회 이사장 차원에서 리덩후이 총통의 발언에 대한 불만을 표명하기 위해 나를 보냈다.

제2장 타이완의 국민의식: 예비 기준선

1 별도로 명시되지 않는 한, 이 책에서 사용되고 있는 중국이라는 용어는 '국제 시스템의 일원으로서의 중국'이 아니라 '중화인민공화국 정부(PRC government)' 또는 '중국 대륙(mainland China)' 지역을 의미한다.

2 이 보고서는 1인당 GDP, 사회적 지원, 건강한 기대수명, 삶의 선택의 자유, 관대함, 부패 인식 등의 변수를 바탕으로 세계 각국의 행복도('주관적 웰빙')를 측정하고자 한다. John F. Helliwell, Richard Layard, and Jeffrey D. Sachs, eds., *World Happiness Report 2018*(New York: Sustainable Development Solutions Network), figures 2.2 and 2.3. 2020년에 타이완은 세계 25위에 올랐으며 동아시아에서는 1위이다. William Yen, "Taiwan Ranked Happiest Country in East, Southeast Asia: Survey," *Focus Taiwan*(March 21, 2020).

3 설상가상으로 한 문화에서 행복을 구성하는 것은 다른 문화에서 사람들이 행복을 정의하는 방식과 다를 수 있다. 또한 인생 주기의 한 단계에서 사람들을 행복하게 하는 것이 다른 단계에서 사람들을 행복하게 만드는 것과 다를 수 있다.

4 "Taiwan Telephone and Mobile Phone Interview Survey of the Presidential Satisfaction: The Twenty-Second Wave," Taiwan's Election and Democratization Study, National

Chengchi University, survey conducted December 2017(http://teds.nccu.edu.tw/main.
php).

5   André Laliberté, "Religion and Politics," in Gunter Schubert, ed., *Routledge Handbook of
    Contemporary Taiwan*(Abingdon, U.K.: Routledge, 2016), p.338.

6   Central Intelligence Agency, "Taiwan," in *The CIA World Factbook, 2020-2021*(New
    York: Skyhorse Publishing, 2020), pp.914~915. 타이완 원주민의 대다수는 푸젠성 남부의
    ① 장저우(漳州)와 ② 취안저우(泉州), 그리고 광둥성 동부의 ③ 커자(客家)에서 도래한 3개
    의 하위집단으로 나뉘었다.

7   Ralph N. Clough, *Island China*(Harvard University Press, 1978), p.37.

8   T. Y. Wang, "Changing Boundaries: The Development of the Taiwan Voters' Identity," in
    Christopher H. Achen and T. Y. Wang, eds., *The Taiwan Voter*(University of Michigan
    Press, 2017).

9   "World Values Survey: Taiwan, 2012," study# 552, Vol.20180912(www.worldvaluessurvey.
    org/WVSDocumentationWV6.jsp; click on "WV6_Results_Taiwan2012_v20180912").

10 Stephan Haggard and Robert R. Kaufman, *Development, Democracy, and Welfare States:
    Latin America, East Asia, and Eastern Europe*(Princeton University Press, 2008).

11 타이완에서 일어난 사회운동에 대해서는 다음을 참조하라. Dafydd Fell, ed., *Taiwan's Social
    Movements under Ma Ying-jeou: From the Wild Strawberries to the Sunflowers*(New
    York: Routledge, 2017).

12 젊은 층의 투표에서 온라인 참여로 이동한 데 대한 세부 사항과 관련해서는 다음을 참조하라.
    Min-hua Huang and Mark Weatherall, "Online Political Participation in East Asia:
    Replacement or a Substitute for Electoral Participation," *Asian Barometer*, Working Paper
    112(2016)(www.asianbarometer.org/publications//1de82720b3151fd962872eee584d7f71.
    pdf).

13 Ming-sho Ho, "The Activist Legacy of Taiwan's Sunflower Movement," Carnegie
    Endowment for International Peace(August 2, 2018).

14 Lin Xingfei, "2017 'Tianxia' Guoqing Diaocha: 39 sui, Minyi di Duanliedian"[The 2017
    Tianxia state-of-the-nation survey: 39 years old is the point of cleavage], *Tianxia*,
    No.614(January 3, 2017)(www.cw.com.tw/article/articleLogin.action?id=5080204).

15 *Statistical Yearbook of the Republic of China, 2019* (Directorate-General Budget,
    Accounting and Statistics, ROC, September 2019), table 9, "Unemployment Rates by
    Educational Attainment and Age".

16 Ming-sho Ho, "The Activist Legacy of Taiwan's Sunflower Movement".

17 Shelley Rigger, *Taiwan's Rising Rationalism: Generations, Politics, and "Taiwanese
    Nationalism,"* Policy Studies 26(Washington, D.C.: East-West Center Washington, 2006).

18 Shelley Rigger, "The China Impact on Taiwan's Generational Politics," in Gunter Schubert,
    ed., *Taiwan and the "China Impact": Challenges and Opportunities*(New York: Routledge,
    2015), pp. 70~90.

19   세대별로 보면, 세계가치관조사는 25세 이하, 30~39세, 50세 이상으로만 구분되었다.

제3장 타이완의 정부 예산

1   Jessica T. Mathews, "America's Indefensible Defense Budget," *New York Review of Books* (July 18, 2019), p.23.

2   Yeun-Wen Ku and James Cherng-Tay Hsueh, "Social Welfare," in Gunter Schubert, ed., *Routledge Handbook of Contemporary Taiwan*(New York: Routledge, 2016), pp.342~358.

3   이 논의는 아래의 글을 토대로 삼았다. Tsai-tsu Su, "Public Budgeting System in Taiwan: Does It Lead to Better Value for Money?," in Andrew Podger and others, eds. *Value for Money: Budget and Financial Management Reform in the People's Republic of China, Taiwan, and Australia* (Canberra: Australia National University Press, 2018), pp.79~93.

4   정부는 또한 자체 자금 조달이 가능하고 정부의 행정부와 입법부의 연간 조치를 받지 않는 많은 국영 기업 및 비영리 회전 기금과도 연계되어 있다.

5   Rebecca Lin and Pei-hua Yu, "Taiwan on the Edge of a Precipice?," *CommonWealth Magazine* 607(October 11, 2016).

6   *Taiwan Statistical Data Book 2018*[Taipei: National Development Council, ROC(Taiwan), 2018], table 2-5, "Population by Dependent and Working Age Groups(1)".

7   "2017 Central Government Budget Overview," Central Government General Budget Proposal, Fiscal Year 2017, updated February 17, 2017, Directorate-General for Budget, Accounting and Statistics, ROC(https://eng.dgbas.gov.tw/public/Attachment/7217104714ZX60WRZE.pdf). 연기금은 2016년 6월 현재 총 17조 5920위안(2019년 12월 환율로 5억 8200만 달러)을 초과하는 미래에 직면할 우발채무로 추정된다. 2017년 예산에 대한 타이완 행정원 주계총처의 보고서는 이것이 초래할 부담에 대해 "이러한 미래 우발채무는 각 연도의 연간 예산으로 충당되어야 하는 미래의 법정 지출이거나, 그렇지 않으면 보험료 조정 또는 기타 연금 개혁으로 보상될 수 있는, 재정난을 겪고 있는 사회보험이 지불할 수도 있는 것이다"라고 경고했다.

8   "It's Time to Raise NHI Premiums," editorial, *Taipei Times*(May 29, 2020).

9   "Taiwan (Republic of China)'s Constitution of 1947 with Amendments through 2005," Constitute(www.constituteproject.org/constitution/Taiwan_2005.pdf?lang=en).

10   이와 관련된 배경에 대해서는 다음을 참조하라. Eva E. Chen and Hui Li, "Early Childhood Education in Taiwan," in Nirmala Rao, Jing Zhou, and Jin Sun, eds., *Early Childhood Education in Chinese Societies*(Dordrecht, Neth.: Springer, 2017), pp. 217~224.

11   *Taiwan Statistical Data Book 2018*, pp.267~268.

12   "Taiwan Telephone and Mobile Phone Survey of the Presidential Satisfaction: The Sixth Wave," Taiwan's Election and Democratization Study, National Chengchi University, survey conducted September 2019(http://teds.nccu.edu.tw/main.php).

13   Su, "Public Budgeting System in Taiwan".

14 같은 글.

15 Central Intelligence Agency, "Taiwan," *The World Factbook*, last updated December 6, 2019(w ww.cia.gov/library/publications/the-world-factbook/geos/tw.html).

16 Su, "Public Budgeting System in Taiwan," p.82.

17 "Taiwan (Republic of China)'s Constitution of 1947 with Amendments through 2005," Constitute.

18 금액은 '예산 제안' 및 '법률 예산'에 대한 수치를 제시하는 주계총처 웹사이트 섹션에서 찾을 수 있다. "Fiscal Year 2007-Fiscal Year 2017," Central Budget Information, Directorate-General for Budget, Accounting and Statistics, ROC(http://eng.dgbas.gov.tw/np.asp?ct Node=1911&mp=2).

19 지역 수준의 예산 책정 프로세스는 다양한 역학 관계에 따라 달라진다. 한편으로 지방 관할 구역은 선택을 제한하는 주계총처에 의해 부과된 지침의 적용을 받는다. 다른 한편으로 그들은 재정적 제약을 받지 않으며 지출이 수입을 초과할 때 종종 중앙정부에 보조금을 요청한다. Su, "Public Budgeting System in Taiwan," pp.85~86.

20 "Introduction to the Special Budget," Directorate-General for Budget, Accounting and Statistics, ROC, last updated October 29, 2009(https://eng.dgbas.gov.tw/ct.asp?xItem= 25529&CtNode=530 4&mp=2); Wang Yung-yu, Justin Su, and Elizabeth Hsu, "Legislature Passes Special Budget for F-16 Purchase," Focus Taiwan(November 22, 2019).

21 "New NT$210bn Virus Budget to be Introduced," *Taipei Times*(July 10, 2020).

22 *Taiwan Statistical Data Book 2019*[Taipei: National Development Council, ROC(Taiwan), 2018], p.181.

23 Central Intelligence Agency, "Taiwan".

24 Anthony Shorrocks, Jim Davies, and Rodrigo Lluberas, *Global Wealth Databook 2018* (Zurich: Credit Suisse Research Institute, October 2018), p.156.

25 Central Intelligence Agency, "Taiwan".

26 Ministry of Finance, *Guide to ROC Taxes, 2018* (www.mof.gov.tw/file/Attach/80779/File _106065.pdf), pp.5~6.

27 *Taiwan Statistical Data Book 2019*, table 9(2b), "Net Government Revenues of All Levels by Source," p.178.

28 Chenwei Lin, "Weak Taxation and Constraints of the Welfare State in Democratized Taiwan," *Japanese Journal of Political Science*, Vol.19(September 2018), pp.397~416.

29 주식시장의 자본수입과 재산세 수입이 적은 경우에 대해서는 다음을 참조하라. "Taiwan: 'Island of Inequity'?" *CommonWealth Magazine*, Vol.445(April 22, 2010)(https://english. cw.com.tw/magazine/magazine.action?id=175).

30 Ministry of Finance, *Guide to ROC Taxes, 2018*, p.20.

31 *Ibid.*, p.9.

32 Jane Rickards, "A Taxing Problem: Taiwan's Comparatively High Personal Income Tax-Rates," *Taiwan Business Topics*(August 2018)(https://topics.amcham.com.tw/2018/08/a-

taxing-problem-taiwans-comparatively-high-personal-incometax-rates/).

33   "Central Government General Budget, Fiscal Year 2013," Directorate General for Budget, Accounting, and Statistics, ROC(https://eng.dgbas.gov.tw/ct.asp?xItem=33683&CtNode =6002& mp=2); "The General Budget Proposal of Central Government: Summary Table for Annual Expenditures by Functions, FY 2019," Directorate-General of Budget, Accounting, and Statistics, ROC(https://eng.dgbas.gov.tw/public/Attachment/89271149 T64V6LTY.pdf).

34   Thomas Piketty, *Capital in the Twenty-First Century*(Cambridge, Mass: Belknap Press, 2014).

35   이 프로그램들에 관해서는 다음을 참조하라. "Taiwan(China)," Social Security Programs Throughout the World: Asia and the Pacific, 2018, U.S. Social Security Administration (https://www.ssa.gov/policy/docs/progdesc/ssptw/2018-2019/asia/taiwan.html).

36   Shih Jiunn Shi, "The Fragmentation of the Old-Age Security System: The Politics of Pension Reform in Taiwan," in Ka Ho Mok and Yeun-Wen Ku, eds., *Social Cohesion in Greater China: Challenges for Social Policy and Governance*(Hackensack, N.J.: World Scientific, 2010), p.365.

37   같은 글.

38   Stephan Haggard and Robert R. Kaufman, *Development, Democracy, and Welfare States: Latin America, East Asia, and Eastern Europe*(Princeton University Press, 2008), p.256.

39   Lin and Yu, "Taiwan on the Edge of a Precipice?," *Common Wealth Magazine*.

40   James Lin, "Pension Promises Disguise Reality," *Taipei Times*(July 1, 2019).

41   Jens Kastner, "Projected Pension Cuts Outrage Taiwan's Military," *Asia Sentinel*(July 4, 2018); J. Michael Cole, "Unprecedented Violence, Possible China Link as Anti-Pension Reform Protesters Storm Taiwan's Legislature," *Taiwan Sentinel*(April 27, 2018).

42   Lin Chang-chun, Elizabeth Hsu, and Christie Chen, "Parts of Pension Reform Laws Violate Constitution: Court," *Focus Taiwan*(August 23, 2019).

43   Feng Chien-san, "Combating Injustice with Fair Taxes," *Taipei Times*(February 18, 2019).

제4장 타이완의 경제

1   Robert Wade, *Governing the Market: Economic Theory and the Role of Government in East Asian Industrialization*(Princeton University Press, 1990).

2   Gary G. Hamilton and Cheng-shu Kao, *Making Money: How Taiwanese Industrialists Embraced the Global Economy*(Stanford University Press, 2018).

3   *Taiwan Statistical Data Book 2019*[Taipei: National Development Council, ROC(Taiwan), 2019], tables 11-9a and 11-9e, "Commodity Trade with Major Trading Partners". 이 수치는 타이완의 대홍콩 수출의 3분의 2를 포함하는데, 이는 홍콩을 통해 본토로 운송될 가능성이 높은 첨단기술 품목이다.

4   Ali Wyne, "Potential Downsides to U.S.-China Trade Tensions on Taiwan's Economy,"

Global Taiwan Brief 5, No. 5(2020).

5 제1기 마잉주 정부의 전개와 관련해서는 다음을 참조하라. Richard C. Bush, *Uncharted Strait: The Future of China-Taiwan Relations*(Brookings Institution Press, 2013).

6 *Taiwan Statistical Data Book 2019*, table 3-6, "Per Capita National Income," p.58.

7 Central Intelligence Agency, "Taiwan," *The CIA World Factbook, 2020-2021*(New York: Skyhorse Publishing, 2020), p.917.

8 Directorate-General for Budget, Accounting, and Statistics, Republic of China, "2017 Nian Woguo HDI, GII Fenbie Weiju Quanqiu di 21 ming ji di 8 ming"[In 2017, Taiwan's HDI and GII ranked 21st and 8th in the world, respectively], *Guoqing Tongji Tongbao* [National statistics bulletin] (October 2018)(www.dgbas.gov.tw/public/Data/810301614 46GEYJEAG4.pdf). 타이완은 UN 회원국이 아니기 때문에 유엔개발계획의 인간개발지수에 포함되어 있지 않지만, 주계총처는 유엔개발계획의 가장 최근 방법을 사용해서 수치를 계산했다.

9 Klaus Schwab, ed., *The Global Competitiveness Report 2019* (Geneva: World Economic Forum, 2019). 인용된 쪽수는 p.2이다. 전체적인 세계 순위는 p.xiii에 있다. 타이완과 관련된 정보는 pp.538~541에 있고, 중국과 관련된 정보는 pp.154~157에 있다.

10 Schwab, *Global Competitiveness Report 2019*, p. 7. 타이완은 유사한 연구에서 좋은 점수를 받았다. 정부 규제 체제의 정황에서 사업을 설립하고 운영하는 것이 쉽거나 어려운 현황을 중점적으로 조사한 세계은행 '비즈니스 여건(Doing Business)' 조사에서 타이완은 2019년 13위를 차지했다. World Bank Group, *Doing Business 2019: Training for Reform*(Washington, D.C.: World Bank, 2019). 한편 세계경제포럼의 평가 방법과 비슷한 방법을 사용하고 있는 IIMD(The International Institute for Management Development)는 2020년에 타이완이 11위를 차지했다고 평가했다. "Taiwan Up to 11th in IMD Competitiveness Rankings," *Taipei Times*(June 17, 2020). 하지만 세계경제포럼 같은 평가 활동은 완벽하지 않다. 빈부 경제를 모두 평가하는 데 사용되는 요소들이 서로 경쟁하는 선진 경제만을 평가하는 데 있어서는 충분한 차별성이 없을 수 있다. 나아가 세계경제포럼 조사의 일부 지표는 인구의 비율로 인터넷 이용자 수 등 객관적으로 측정할 수 있는 반면, 다른 지표는 2단계 조사에서 결정된 해당 국가의 기업 임원의 판단에 의존한다. 타이완의 경우 세계경제포럼의 협력기관은 국가발전위원회로, 타이완이 높은 평가를 받는 것에 대해 납득할 만한 관심을 가질 수 있는 정부 기구였다. 2019년 이전에는 세계경제포럼이 각 경제에서 설문 응답자 수를 제시했는데, 2018년에는 112명에 불과했다. 이는 타이완 경제의 활력 넘치는 비즈니스 커뮤니티를 고려하면 다소 낮은 수치이다. 2018년 이후에는 응답자 수가 제공되지 않았다. Schwab, *Global Competitiveness Report 2018*, p.627.

11 *Taiwan Statistical Data Book 2019*, table 3-1, "Gross Domestic Product and Gross National Income".

12 Robyn Mak, "Taiwan, Not China, Is Its Own Worst Enemy," Reuters Breakingviews(April 24, 2017).

13 George Liao, "MOI: Taiwan Officially Becomes an Aged Society with People over 65 Years Old Breaking the 14% Mark," *Taiwan News*(April 10, 2018).

14 "Taiwan," *The CIA World Factbook*, 2020-2021, p.914.

15 "Taiwan Population 2020 (Live)," *World Population Review*.

16 Central Intelligence Agency, "Taiwan"; National Development Council, "Population Projections for the R.O.C.(Taiwan): 2018-2065," in Population Projections for the R.O.C.(Taiwan): 2020-2070, part A.

17 National Statistics, Republic of China (Taiwan), "Population".

18 "Number of Married Couples in Decline; Singles Hit 4.4m," *Taipei Times*(October 25, 2017); *Taiwan Statistical Data Book 2019*[Taipei: National Development Council, ROC (Taiwan), 2019], tables 2-7a and 2-7b, pp.33~34, "Percentages of Population by Age Group".

19 *Taiwan Statistical Data Book 2019*, table 1-1e, "Indicators of the Taiwan Economy," p.23.

20 *Statistical Yearbook of the Republic of China 2018*(Directorate-General Budget, Accounting and Statistics, ROC(September 2018).

21 익명의 검토자가 관찰한 내용이다.

22 Elizabeth Hsu, "Taiwan Has 13th Most Millionaires of Any Country," *Focus Taiwan* (November 15, 2017).

23 Bloomberg, Bloomberg Billionaires Index(2020년 10월 기준)(October 20, 2020)(www. bloomberg.com/billionaires/?sref=ctSjKj2N).

24 Chen Cheng-wei and Evelyn Kao, "Taiwan's Average Household Net Worth Hit NT$11.23 Million in 2015," *Focus Taiwan*(April 27, 2016).

25 Tsai Yi-chu and Chang Yu-hsi, "Taiwanese Parents Save 17% of Monthly Income in Education Funds," *Focus Taiwan*(September 11, 2017).

26 Chiu Po-shen, Ko Lin, and Wang Szu-chi, "Majority of Taiwanese in Their Thirties Owe Big Debts: Survey," *Focus Taiwan*(July 12, 2018)(http://focustaiwan.tw/news/asoc/2018 07120024.asp x).

27 Syaru Shirley Lin, "Taiwan in the High Income Trap and Its Implications for Cross-Strait Relations," in Dafydd Fell, ed., *Taiwan's Economic and Diplomatic Challenges and Opportunities*(London: Routledge, forthcoming); 내정부(內政部)에서 인용.

28 Jane Rickards, "What's Holding Down Salaries in Taiwan?," *Taiwan Business Topics* (March 15, 2018).

29 첫째 부문에는 제조, 건설, 광업 및 채석이 포함되며, 주주의 투자 자본이 8000만 위안(242만 달러) 이하이고 정규 직원이 200명 미만이다. 둘째 부문에는 농업, 임업 및 어업, 물, 전기 및 가스, 상업, 운송, 창고 및 통신, 금융, 보험 및 부동산, 산업 및 상업 서비스, 사회 및 개인 서비스 산업이 포함되며, 매출은 1억 위안(303만 달러)이고 지난해 정규직 직원이 100명 미만이다. Tzong-Ru Lee and Irsan Prawira Julius Jioe, "Taiwan's Small and Medium Enterprises (SMEs)," *Education about Asia* 22, No.1(2017), pp.32~34.

30 Timothy Ferry, "Taiwan Tech in Education," *Taiwan Business Topics*(August 15, 2016).

31 Timothy Ferry, "Taiwan Needs Talent," *Taiwan Business Topics*(April 25, 2018); Rickards,

"What's Holding Down Salaries in Taiwan?".

32 Molly Reiner, "The Search for Balance in the Taiwan IT Industry," *Taiwan Business Topics* (September 13, 2015). 다음 네 개의 인용문도 이 출처에서 나온 것이다.

33 American Chamber of Commerce in Taipei, "AmCham Taipei White Paper, 2020 edition," *Taiwan Business Topics* 50, No.6(June 2020), p.WP 7.

34 Timothy Ferry, "Asia·Silicon Valley—Don't Forget the Dot!," *Taiwan Business Topics* (May 8, 2017).

35 Matthew Fulco, "Taiwanese Startups: Making up for Lost Time," *Taiwan Business Topics* (March 8, 2015). 또한 다음을 참조하라. Matthew Fulco, "Five Taiwanese Startups to Watch," *Taiwan Business Topics*(March 6, 2015); Matthew Fulco, "Taiwan's Rising Startups," *Taiwan Business Topics*(May 23, 2018). 또한 위험(risk)을 회피하는 투자자에 대해서는 다음을 참조하라. Linda Lew, "Taiwan Turnaround: An Asian Tiger Catching Up in the Internet. Sector," *Technode*(August 30, 2017).

36 Jason Lanier and E. Glen Wey, "How Civic Technology Can Help Stop a Pandemic," *Foreign Affairs*(March 20, 2020).

37 Linda Lew, "Taiwan Turnaround: Going Global," *Technode*(September 6, 2017).

38 Linda Lew, "Taiwan Turnaround: Are Regulators Killing Innovation?," *Technode*(October 25, 2017).

39 U.S. Taiwan Business Council, *An Assessment and Analysis of Taiwan's Private Equity Environment*, report(Arlington, Va.: May 28, 2020).

40 Angelica Oung, "Tsai Vows to Liberalize Finance Rules," *Taipei Times*(August 1, 2020).

41 Matthew Fulco, "Is Taiwan Winning the U.S.-China Trade War," *Taiwan Business Topics* (August 2019), pp.16~20.

42 Liu Shih-chung, "Taiwan Faces a Changed Economic Outlook in Asia Following COVID-19," Taiwan-U.S. Quarterly Analysis, Brookings Institution(June 29, 2020).

43 Michael Reilly, "Can Taiwan Decouple from the Chinese Economy?" *Taiwan Insight* (February 17, 2020).

44 Central Intelligence Agency, "Taiwan".

45 Naoko Munakata, *Transforming East Asia: The Evolution of Regional Economic Integration*(Brookings Institution Press, 2006).

46 World Trade Organization, "Information Technology Agreement"(2020).

47 World Trade Organization, *Report of the Working Party on the Accession of China and Working Party on the Accession of the Separate Customs Territory of Taiwan, Penghu, Kinmen and Mats*(https://docs.wto.org/dol2fe/Pages/FE_Search/FE_S_S006.aspx?Query =@Symbol=%20(wt/acc/chn/49/add.1)&Language=ENGLISH&Context=FomerScripted Search&languageUIChanged=true#).

48 Kevin G. Cai, "The China-ASEAN Free Trade Agreement and Taiwan," *Journal of Contemporary China* 14, No. 45(2005), pp.585~597; William A. Reinsch, Jack Caporal,

and Lydia Murray, "At Last, an RCEP Deal," Center for Strategic and International Studies (December 4, 2019).

49 "FTAs Signed with Trading Partners," Bureau of Foreign Trade, Ministry of Economic Affairs.

50 "Full Text of Ma Ying-jeou's Inaugural Address," *Focus Taiwan*(May 20, 2012).

51 Bush, *Uncharted Strait*.

52 '채텀하우스 규칙(Chatham House rules)'에 입각해 2012년 4월 12일 워싱턴 DC에서 중국 고위 관리와 만났을 때 전해들은 내용이다.

53 Richard C. Bush, "Taiwan and the Trans-Pacific Partnership: the Political Dimension," Brookings Institution(February 11, 2014).

54 당시 미국 대통령선거의 후보였던 힐러리 클린턴은 선거운동 기간 동안 TPP에 반대했지만 당선된다면 취임 후 진입을 용이하게 할 수 있는 방법을 찾았을 것이라는 점을 이해했다.

55 Prashanth Parameswara, "Assessing Taiwan's New Southbound Policy," *The Diplomat* (April 23, 2019).

56 David Madland, "Growth and the Middle Class," *Democracy: A Journal of Ideas*, No.20 (Spring 2011); Jonathan D. Ostrey, Andrew Berg, and Charalambos G. Tsangarides, "Redistribution, Inequality, and Growth," International Monetary Fund Discussion Note 14/2(April 2014).

57 Rickards, "What's Holding Down Salaries in Taiwan?".

58 Matthew Fulco, "Resolving Taiwan's Talent Exodus," *Taiwan Business Topics*(August 22, 2017); Central Intelligence Agency, "Taiwan".

59 *Taiwan Statistical Data Book 2019*, tables 3-2a and 3-2b, "Average Annual Growth Rate of Real GDP," pp.52~53.

60 Phillip Liu, "Bill to Ease Way for Foreign Professionals," *Taiwan Business Topics*(August 22, 2017).

61 Rickards, "What's Holding Down Salaries in Taiwan?".

62 같은 글.

63 같은 글.

64 같은 글.

65 Fulco, "Resolving Taiwan's Talent Exodus".

66 같은 글.

67 같은 글.

68 같은 글.

69 Rickards, "What's Holding Down Salaries in Taiwan?".

70 같은 글.

71 Oxford Economics, *Global Talent 2021: How the New Geography of Talent Will Transform Human Resource Strategies*(n.d.).

72 Rickards, "What's Holding Down Salaries in Taiwan?".

73 Timothy Ferry, "Taiwan Tech in Education," *Taiwan Business Topics*(August 15, 2016).

74 Rickards, "What's Holding Down Salaries in Taiwan?".

75 William Zyzo, "What Competence Do Taiwan Talents Need for Good Jobs?," *Taiwan Business Topics*(May 16, 2017).

76 Albert O. Hirschmann, *Exit, Voice, and Loyalty: Responses to Decline in Firms, Organizations, and States*(Harvard University Press, 1970).

77 Fulco, "Resolving Taiwan's Talent Exodus".

78 Ting-feng Wu and Chia Lun Huang, "Taiwan's Dire Brain Drain," *CommonWealth Magazine*, Vol.550(June 27, 2014).

79 Judith Norton and Edward J. Barss, "China's 31 Measures," East Asia Peace and Security Initiative(March 22, 2018).

80 Wang Xiaoqing and Han Wei, "Welcome Mat Fades for Taiwan Businesses," *Caixin* (August 26, 2016).

81 중국이 타이완 등 세계무역기구(WTO)의 회원국에게 특혜를 제공하면서 다른 어떤 국가에게 도 특혜를 제공하지 않는 것은 틀림없이 WTO의 최혜국 대우의 기본 원칙을 위반하는 것이다. 이와 관련해 다음을 참조하라. Ian C. Forsyth, "Analyzing China's 31 Measures for Taiwan," *China-U.S. Focus*(April 24, 2018).

82 Timothy Ferry, "Taiwan Competes for Talent and Manpower," *Taiwan Business Topics* (April 18, 2018).

83 예를 들어 다음을 참조하라. "MAC Announces Report on the Implementation Results of the 'Eight Strategies for a Stronger Taiwan: Responses to Mainland China's 31 Taiwan-Related Measures'," Mainland Affairs Council, Republic of China(Taiwan)(September 6, 2018).

84 Rickards, "What's Holding Down Salaries in Taiwan?".

85 André Beckershoff, "The Sunflower Movement: Origins, Structures, and Strategies of Taiwan's Resistance Against the 'Black Box'," in Dafydd Fell, ed., *Taiwan's Social Movement under Ma Ying-jeou: From the Wild Strawberries to the Sunflower Movement*(New York: Routledge, 2017), pp.113~133. 해바라기운동에 대해서는 또한 다음 을 참조하라. Hsu Szu-Chien, "The China Factor and Taiwan's Civil Society Organizations in the Sunflower Movement: The Case of the Democratic Front against the Cross-Strait Service Trade Agreement," *ibid.*, pp.134~153; and Ming-sho Ho, "Occupy Congress in Taiwan: Political Opportunity, Threat, and the Sunflower Movement," *Journal of East Asian Studies* 15(April 2015), pp.69~97.

86 Pan Tzu-yu and Chiang Yi-ching, "Taiwan Cuts 2020 GDP Growth Forecast Due to COVID-19 Impact," *Focus Taiwan*(May 28, 2020).

87 이 용어는 개도국에서의 도시와 농촌의 구분에 초점을 맞춘 아서 루이스 경(Sir Arthur Lewis) 에 의해 다르게 사용되었다. 그의 중요한 통찰력에 대해서는 다음을 참조하라. W. A. Lewis, "Economic Development with Unlimited Supply of Labour," *Manchester School*, Vol.22,

No. 2(1954), pp.139~199.

88 *Taiwan Statistical Data Book 2019*, tables 5-3a, 5-3b, and 5-3c, "Indices of Industrial Production by Sectors," pp.107~109. 해당 지수에서 2016년의 수치는 100이었다.

89 American Chamber of Commerce in Taipei, "AmCham Taipei White Paper, 2019 Edition," *Taiwan Business Topics* 49, No.6(2019), pp.WP 6~8.

90 Evan A. Feigenbaum, "Assuring Taiwan's Innovation Future," Carnegie Endowment for International Peace(February 2020).

91 Mainland Affairs Council, "A Year after Mainland China Announced the 31 Taiwan-Related Measures, the Implementation Results Are Overstated and the So-Called 'Favor Taiwan and Encourage Integration' Intends to 'Benefit China and Promote Unification'" (February 27, 2019).

92 "Taiwan Telephone and Mobile Phone Survey of the Presidential Satisfaction: The Twenty-Second Wave," Taiwan's Election and Democratization Study, National Chengchi University, survey conducted September 2019(http://teds.nccu.edu.tw/main.php).

제5장 타이완의 에너지 정책

1 "Taiwan," in *The CIA World Factbook, 2020-2021*(New York: Skyhorse Publishing, 2020), p.917.

2 *Statistical Yearbook of the Republic of China 2019*(Directorate-General Budget, Accounting and Statistics, ROC, September 2019), table 26, "Emissions of Greenhouse Gases".

3 Bureau of Energy, Ministry of Economic Affairs, "Per Capita GDP and Primary Energy Consumption in Major Countries(2016)," Energy Statistical Annual Reports, Republic of China(Taiwan)(www.moeaboe.gov.tw/ECW/english/content/ContentLink.aspx?menu _id=1540).

4 Anthony Rowley, "Taipei in Push to Reduce Energy Imports," *The National*(December 26, 2017); U.S. Energy Information Administration, "U.S. Natural Gas Exports and Re-Exports by Country," Department of Energy(August 31, 2020).

5 Timothy Ferry, "Phasing Out Nuclear Power in Taiwan," *Taiwan Business Topics* (September 15, 2015).

6 이 장의 뒷부분에서 자세히 설명하겠지만, 원자력발전은 경제적 목적과 안보상의 목적을 모두 가지고 있다.

7 "Telephone and Mobile Phone Interview Survey of the Presidential Satisfaction: The Twenty-Second Wave," Taiwan's Election and Democratization Study, National Chengchi University, survey conducted December 2017(http://teds.nccu.edu.tw/teds_plan/list. php?g_isn=127).

8 Keoni Everington, "44% of Taiwanese Mistakenly Believe Most of Taiwan's Energy Comes from Nuclear Power," *Taiwan News*(December 5, 2018).

9   "Telephone and Mobile Phone Interview Survey of the Presidential Satisfaction: The Twenty-Second Wave," survey conducted December 2018(http://teds.nccu.edu.tw/teds _plan/list.php?g_i sn=127).

10   Bureau of Energy, Ministry of Economic Affairs, "Structure of Electricity Generation(by Fuel)(2018)"(www.moeaboe.gov.tw/ECW/english/content/ContentLink.aspx?menu_id =1540).

11   Bureau of Energy, Ministry of Economic Affairs, "Per Capita Real GDP and Per Capita Energy Consumption"(www.moeaboe.gov.tw/ECW/english/content/ContentLink.aspx? menu_id=1540).

12   정부가 설정한 가격 책정 구조로 인해 국영 기업인 타이완전력회사가 수년간 적자를 내고 있다. 이와 관련해서는 다음을 참조하라. Ferry, "Phasing Out Nuclear Power in Taiwan". 또한 나는 기존 시설과 새 시설을 구분하는 데 따른 가격 영향을 설명해 준 서맨사 그로스(Samantha Gross)에게 감사드린다.

13   Timothy Ferry, "Is Renewable Energy the Way Forward for Taiwan?," *Taiwan Business Topics*(September 15, 2015); John Weaver, "Solar Price Declines Slowing, Energy Storage in the Money," *PV Magazine*(November 8, 2019).

14   Timothy Ferry, "An Early Nuclear-Free Homeland," *Taiwan Business Topics*(October 19, 2016); Timothy Ferry, "Taiwan Undertakes Power Market Reforms," *Taiwan Business Topics*(November 4, 2016).

15   Timothy Ferry, "Keeping Taiwan from Going Dark," *Taiwan Business Topics*(October 13, 2017).

16   *Taiwan Statistical Data Book 2019*[Taipei: National Development Council, ROC(Taiwan)], table 5-5a, "Installed Capacity and Operation of the Power System(1)," and table 5-6a, "Power Generation and Consumption".

17   Central Intelligence Agency, "Taiwan"; Yale University, Environmental Performance Index, 2018; Tsai Shu-yuan, "Taichung Air Pollution 'a Crisis'," *Taipei Times*(March 18, 2019).

18   Chao Li-yan, Su Mu-chun, and Matthew Mazzetta, "Taichung Government, Taipower Clash over Coal-Powered Generator," *Focus Taiwan*(June 26, 2020).

19   "2018: Surveys on Taiwanese People's Attitudes towards Climate Change and Energy," Taiwan Institute for Sustainable Energy(May 2018).

20   Timothy Ferry, "Taiwan's Energy Dilemma: Emission Reductions vs. Dwindling Supply," *Taiwan Business Topics*(September 15, 2015).

21   Lin Chia-nan, "White Paper Urges Drastic Plans on Greenhouse Gas," *Taipei Times*(June 7, 2019).

22   Derek J. Mitchell, "Taiwan's Hsin Chu Program: Deterrence, Abandonment, and Honor," in Kurt M. Campbell, Robert J. Einhorn, and Mitchell B. Reiss, eds., *The Nuclear Tipping Point: Why States Reconsider Their Nuclear Choices*(Brookings Institution Press, 2004),

pp.293~314; Vincent Wei-cheng Wang, "Taiwan: Conventional Deterrence, Soft Power, ant the Nuclear Option," in Muthiah Alagappa, ed., *The Long Shadow: Nuclear Weapons and Security in 21st Century Asia*(Stanford University Press, 2008), pp.404~428.

23 James Reardon-Anderson, *Pollution, Politics, and Foreign Investment in Taiwan: Lukang Rebellion*(New York: Routledge, 1992).

24 이 논의는 아래의 글들을 토대로 했다. Simona Grano, "The Evolution of the Anti-Nuclear Movement in Taiwan Since 2008," in Dafydd Fell, ed., *Taiwan's Social Movements under Ma Ying-jeou: From the Wild Strawberries to the Sunflowers*(New York: Routledge, 2018), pp.154~176; Simona A. Grano, "Anti-Nuclear Power Movement," in Gunter Schubert, ed., *Routledge Handbook of Contemporary Taiwan*(New York: Routledge, 2016), pp.297~312; Ming-Sho-Ho, "The Politics of Anti-Nuclear Protest in Taiwan: A Case of Party-Dependent Movement(1980-2000)," *Modern Asian Studies*, Vol.37, No.3(2003), pp.683~708.

25 모든 기업 부문이 민진당의 반전에 만족했던 것은 아니다. 성장하는 독립 전력 생산자 부문은 국영 타이파워와 경쟁하며 틈새시장을 찾고 있었다.

26 Yu Hsiao-han and Elizabeth Hsu, "President, Ex-Premier to Attend Annual Anti-Nuclear March: Organizers," *Focus Taiwan*(April 24, 2019).

27 폐기는 25년의 시간이 소요되는 과정이기 때문에 비핵화가 빨리 이루어지지는 않을 것이다. 진산(金山) 2호기는 2019년 7월 공식적으로 해체되었으며, 이 지위를 얻은 첫째 원자로이다. 하지만 타이파워는 냉각지에서 사용후 핵연료를 처리하는 방법에 대해 신베이시 시정부와의 논쟁에 발목이 잡혔기 때문에 다음 단계를 밟을 수 없었다. Timothy Ferry, "Nuclear Decommissioning Stuck in Limbo," *Taiwan Business Topics*, Vol.50, No.2(February 2020).

28 Ferry, "Phasing Out Nuclear Power in Taiwan". 수력발전의 공급을 늘리는 것은 선택사항이 아니다. 왜냐하면 모든 잠재적 자원이 이미 이용되었고, 미사(微砂, 물에 쓸려 와서 강어귀 항구 등에 쌓이는 미세한 모래진흙_옮긴이] 퇴적과 가뭄이 정상적으로 이용 가능한 공급을 감소시키고 있기 때문이다. Everington, "44% of Taiwanese Mistakenly Believe Most of Taiwan's Energy Comes from Nuclear Power,"

29 "2018: Surveys on Taiwanese People's Attitudes towards Climate Change and Energy".

30 "Climate and Weather Averages in Yaichung, Taiwan," Time and Date.com.

31 Timothy Ferry, "Taiwan's 'Energiewende': Developing Renewable Energy," *Taiwan Business Topics*(October 20, 2016); Frank Hiroshi Ling, "Recommendations for Taiwan's Energy Policy," *Taiwan Business Topics*(February 14, 2017).

32 Ferry, "Phasing Out Nuclear Power in Taiwan"; Ferry, "Taiwan's 'Energie-wende'".

33 Timothy Ferry, "Reaching Peak Energy in Taiwan," *Taiwan Business Topics*(October 19, 2016).

34 Ferry, "Taiwan's 'Energiewende'".

35 Timothy Ferry, "Solar Power Moves Ahead in Taiwan Despite Obstacles," *Taiwan*

Business Topics(October 19, 2017).

36 Ling, "Recommendations for Taiwan's Energy Policy".

37 Ferry, "Solar Power Moves Ahead in Taiwan Despite Obstacles".

38 같은 글.

39 Ferry, "Phasing Out Nuclear Power in Taiwan".

40 Ferry, "Solar Power Moves Ahead in Taiwan Despite Obstacles".

41 같은 글.

42 Angelica Oung, "New Solar Farm Rules Trigger Debate," *Taipei Times*(July 14, 2020).

43 같은 글.

44 같은 글.

45 Timothy Ferry, "Green Energy for a Nuclear-Free, Low-Carbon Future," *Taiwan Business Topics*(May 10, 2017).

46 Timothy Ferry, "Vast Potential in Taiwan for Offshore Wind Power," *Taiwan Business Topics*(October 19, 2017).

47 Ferry, "Phasing Out Nuclear Power in Taiwan".

48 같은 글.

49 Ferry, "Taiwan's 'Energiewende'".

50 Wang Shu-fen and Evelyn Kao, "CAA Reiterates Opposition to Wind Farm Off Taoyuan Coast," *Focus Taiwan*(September 3, 2020).

51 United Daily News, "Wind Power Generation: Operators Scramble to Sign Contracts at 'NT$5.8 Per kWh'," KMT Official Website(December 8~9, 2018).

52 Ted Chen, "Final Feed-In Tariff Set for Wind Farms," *Taipei Times*(January 31, 2019); Jerry Liu, "Politics Scaring Off Foreign Investors," *Taipei Times*(January 17, 2019).

53 Evan Feigenbaum and Jen-yi Hou, "Overcoming Taiwan's Energy Trilemma," Carnegie Endowment for International Peace(April 27, 2020).

54 Timothy Ferry, "Energy in Taiwan: Uncertainty in Liquefied Natural Gas," *Taiwan Business Topics*(November 2017).

55 현재 다탄(大潭)은 남쪽으로부터 파이프라인을 통해 공급받고 있다.

56 Ferry, "Energy in Taiwan".

57 Ted Chiou, "EPA Move Spells the End of the Green Ideal," *Taipei Times*(October 16, 2018).

58 Lin Chia-nan, "Premier Urged to Jettison Gas Terminal Project," *Taipei Times*(January 9, 2019).

59 Nathan Batto, "The Current (Missing) Energy Crisis," *Frozen Garlic*(blog)(August 30, 2019).

60 Timothy Ferry, "Harnessing the Wind," *Taiwan Business Topics* 49(September 2019), pp.17~21; Ferry, "Despite Referendum, Nuclear Power Faces 2025 Deadline," pp.22~24;

Ferry, "Balancing Solar Energy Development and Biodiversity," pp.24~25.

61 Ferry, "Taiwan's Energy Dilemma".

62 같은 글. 비록 시간당 3.91위안으로 LNG 화력발전소의 발전 비용이 전력회사가 고객에게 청구할 수 있는 것보다 더 비싸지만, 마잉주 정부의 배출가스 감축 정책으로 인해 LNG는 타이파워의 총 발전량 가운데 30% 이상의 비중을 차지하는 연료원이 되었다.

63 Alex Jiang, "President Revises Electricity Rate Hike Plan amid Growing Anger," *Focus Taiwan* (May 1, 2012).

64 Liao Yu-yang and Elizabeth Hsu, "Government Keeps Electricity Rates at Current Level," *Focus Taiwan*(March 18, 2019); Liao Yu-yang and Evelyn Kao, "Electricity Prices Projected to Rise to NT$3.39 Per K Wh by 2025," *Focus Taiwan*(March 4, 2019).

65 "2018 Taiwanese Referendum," Central Election Commission(November 24, 2018) (https://web.archive.org/web/20181125031636/http://referendum.2018.nat.gov.tw/pc/en/00/00000000000000000.html).

66 "Referendum Act," Laws and Regulations Database of the Republic of China, amended on June 21, 2019(https://law.moj.gov.tw/ENG/LawClass/LawAll.aspx?pcode=D0020050).

67 David Spencer, "Lessons from Taiwan's Recent Referendums and Why E-Voting Is the Way Forward," *Taiwan News*(December 1, 2018).

68 Elaine Hou and Chi Jo-yao, "Cabinet Agrees to Abolish Nuclear Free Goal," *Focus Taiwan* (December 6, 2018).

69 Sean Lin, "KMT Decries 'Reinstatement' of Nuclear Policy," *Taipei Times*(February 2, 2019).

70 Wang Cheng-chung and Elizabeth Hsu, "2 Nuclear Power-Related Referendum Proposals Pass Initial Screening," *Focus Taiwan*(March 19, 2019); Wang Cheng-chung and Evelyn Kao, "Anti-Nuclear Referendum Petition Delivered," *Focus Taiwan*(April 2, 2019).

71 Nathan Batto, "Energy Policy and Referenda," *Frozen Garlic*(blog)(December 1, 2018).

72 Feigenbaum and Hou, "Overcoming Taiwan's Energy Trilemma". 기술정책을 변화하기 위한 여러 가지 유용한 제안을 하고 있는 이 논문은 이 책이 완성된 이후에 발표되었다.

제6장 타이완의 과거에 대한 정치

1 David Goodman, Shane White, and Lawrence W. Levine, "'The Future Is Secure; It's Only the Past That's Uncertain': An Interview with Lawrence W. Levine," *Australasian Journal of American Studies*, Vol.7, No.2(1988), p.28.

2 이어지는 장들에서는 타이완의 법적 정체성 및 중국(중화인민공화국)과의 관계와 관련해 타이완에서 벌어지고 있는 논쟁에 대해 자세히 설명한다.

3 United Nations Security Council, "The Rule of Law and Transitional Justice in Conflict and Post-Conflict Societies: Report of the Secretary-General"(August 23, 2004); Vladimir Stolojan, "Transitional Justice and Collective Memory in Taiwan: How Taiwanese Society Is Coming to Terms with its Authoritarian Past," *China Perspectives*, No.2(2017), p.27 인

용.

4   Jau-Yuan Hwang, "Transitional Justice in Postwar Taiwan," in Gunter Schubert, ed.,
    Routledge Handbook of Contemporary Taiwan(London: Routledge, 2016), pp.169~183.

5   Naiteh Wu, "Transition without Justice, or Justice without History: Transitional Justice in
    Taiwan," *Taiwan Journal of Democracy*, No.1(July 2005), pp.77~102.

6   Neil Kritz, "The Dilemmas of Transitional Justice," in Neil Krinz, ed., *Transitional Justice:
    How Emerging Democracies Reckon with Former Regimes*, Vol.1, General
    Considerations(Washington, D.C.: U.S. Institute of Peace, 1997), p.xxi.

7   George H. Kerr, *Formosa Betrayed*(Irvine, Calif.: Taiwan Publishing, 1992); Steven
    Phillips, *Between Independence and Assimilation: The Taiwan Elite and Nationalist
    Chinese Rule, 1945-1950*(Stanford University Press, 2002); and Richard C. Bush, "Difficult
    Dilemmas: The United States and Kuomintang Repression, 1949-1979," in *At Cross
    Purposes: U.S.-Taiwan Relations since 1942* (Armonk, N.Y.: M. E. Sharpe, 2004), pp.40~
    84.

8   임시조항이 제정되기 전까지 헌법 제9조는 군사법원이 민간인을 재판하는 것을 금지했다.

9   억압에 대한 허구적 설명 및 비허구적 설명은 무엇보다 다음 자료를 참조하라. Tehpen Tsai,
    Elegy of Sweet Potatoes: Stories of Taiwan's White Terror(Upland, Calif.: Taiwan
    Publishing, 2002); Peng Ming-min, *A Taste of Freedom: Memoirs of a Formosan
    Independence Leader*(New York: Holt, Rinehart and Winston, 1972); and Vern Sneider,
    A Pail of Oysters(Manchester, U.K.: Camphor Press, 2016).

10 Wu, "Transition without Justice, or Justice without History," p.96.

11 같은 글, p.90.

12 Sheena Chestnut Greitens, *Dictators and Their Secret Police: Coercive Institutions and
    State Violence*(Cambridge University Press, 2016), pp.75~111.

13 같은 책, pp.179~210. 수치 추정치가 도출된 차트는 같은 책 p.181에 나와 있다. 또한 중국의
    노동 교화 시스템과 유사한 불량배[流氓] 통제 시스템이 점차 개혁되어 경찰의 과잉 행동을 억
    제했다. Jerome A. Cohen and Margaret K. Lewis, *Challenge to China: How Taiwan
    Abolished Its Version of Re-education through Labor*(New York: US-Asia Law Institute,
    2013).

14 Edwin A. Winckler, "Institutionalization and Participation on Taiwan: From Hard to Soft
    Authoritarianism?," *China Quarterly*, No.99(September 1984), pp.481~499.

15 Mab Huang, *Intellectual Ferment for Political Reform in Taiwan, 1971-1973*, Monographs
    in Chinese Studies, University of Michigan Center for Chinese Studies(1976).

16 당시에 나는 미국 연방의회 하원 아시아태평양문제 소위원회의 직원으로 재직하고 있었으며,
    1985년 2월 7일 헨리 류 사건에 대한 청문회를 조직했다. Richard C. Bush, "Congress Gets
    into the Taiwan Human Rights Act," in *At Cross Purposes*, pp.206~209

17 U.S. Department of State, *Country Reports on Human Rights Practices for 1986* (U.S.
    Government Printing Office, 1987), pp.698~708.

18 Sean Lin, "Transitional Justice Act: ANALYSIS: Judge Law in terms of Security Act: Academics," *Taipei Times*(December 10, 2017).

19 Wu, "Transition without Justice, or Justice without History," p.11.

20 Hwang, "Transitional Justice in Postwar Taiwan," p.177.

21 Robert E. Goodin, "Disgorging the Fruits of Historical Wrongdoing," *American Political Science Review*, Vol.107, No.3(2013), pp.478~491.

22 "Key Statements from the Second Presidential Debate of the 2016 Elections," based on broadcast by Sanlih Cable News Channel(January 2, 2016)(U.S. government, Open Source Enterprise, CHO2016010760163614)[2019년 7월 비정부 종사자에게는 OSE에 대한 접근이 종료되었다. 이 항목의 복사본은 저자의 파일에 있다].

23 "KMT Pans Party Assets Bill as DPP Pushes for Quick Passage," *Taiwan News*(July 14, 2016); Central News Agency, "KMT Defends, Maps Handling of Party Assets, in New Policy Platform," *Taiwan News*(September 4, 2016).

24 C. Donovan Smith, "Save the Sinking Ship: Can the KMT Reform?," *Ketagalan Media* (February 3, 2020).

25 "Key Statements from the Second Presidential Debate".

26 "Full Text of Tsai Ing-wen Inaugural Address," Focus Taiwan(May 20, 2016).

27 David G. Brown, "Governing Taiwan Is Not Easy: President Tsai Ing-wen's First Year," Brookings Institution(May 17, 2017).

28 Yuan-Ming Chiao, "Ill Gotten Party Assets Bill Passes in LY," *China Post*(July 26, 2016).

29 Stacy Hsu, "KMT Claims Ex-Japanese Assetsas Compensation," *Taipei Times*(March 24, 2017).

30 Jason Pan, "Ruling Upholds Ill-Gotten Assets Act, Committee," *Taipei Times*(August 29, 2020)(자세한 사항은 p.112 참조).

31 "Court to Petition for Judicial Review over NWL Case / IGPASC Not to File Interlocutory Appeal," *United Daily News*(March 8, 2019), summary at KMT Official Website.

32 Stacy Hsu, "Agency Seals Off KMT Properties," *Taipei Times*(August 18, 2018).

33 Chen Yu-fu and Jonathan Chin, "Plan to Disburse KMT Ill Gotten Wealth Detailed," *Taipei Times*(June 14, 2019); Chen Yu-fu and Dennis Xie, "KMT Asset Suits Moving at Snail's Pace," *Taipei Times*(March 24, 2020).

34 "Collective Silence: An Accomplice in Unconstitutional Act of IGPASC," *United Daily News* (November 30, 2016), KMT Official Website.

35 "Ma Criticizes IGPASC as Unconstitutional, Fears Totalitarian Taiwan," *China Times* (February 13, 2017), KMT Official Website.

36 Chin Heng-wei, "An Easy Path to Transitional Justice," *Taipei Times*(November 15, 2016).

37 Chen Yu-fu and Dennis Xie, "KMT Asset Suits Moving at Snail's Pace," *Taipei Times* (March 24, 2020).

38 Jason Pan, "Ruling Upholds Ill-Gotten Assets Act, Committee," *Taipei Times*(August 29,

2020).

39 Hwang, "Transitional Justice in Postwar Taiwan," p.180.

40 "KMT Plans to Resume System of Fundraising by Party Officials and Public Officials of KMT Affiliation," *United Daily News*(December 10, 2017), KMT Official Website.

41 Lee Hsin-fang, "Executive Yuan Approves NAA Document Collection," *Taipei Times* (February 27, 2017).

42 Lu Hsin-hui, Claudia Liu, and S. C. Chang, "Advocates Demand More Government Action on 'Transitional Justice'," *Focus Taiwan*(February 27, 2017); Stacy Hsu, "All 228 Incident Documents Declassified," *Taipei Times*(February 27, 2017).

43 "Taiwan's Leader Tsai Vows to 'Prudently' Handle 1947 Massacre," *Kyodo World Service* (February 28, 2017), U.S. government, Open Source Enterprise(OSE), JPR201702285026 2747); 저자 파일의 사본.

44 Lee Hsin-fang, "Su Urged to Act on Transitional Justice," *Taipei Times*(May 31, 2017).

45 Shih Hsiu-chuan, "Veteran Democracy Advocate to Lead Transitional Justice Work," *Focus Taiwan*(March 27, 2018).

46 Shih Hsiu-chuan, "Transitional Justice Legislation Passes Legislature," *Focus Taiwan* (December 5, 2018). 2020년 8월까지 과도기정의위원회는 점진적인 진전이 있었다고 보고 할 수 있었다. 54개 기관은 권위주의적 통치의 상징을 제거했거나 제거할 계획을 세웠다. Chen Yu-fu and Jake Chung, "Progress Made on Removal of Authoritarian-Era Statues," *Taipei Times*(August 13, 2020).

47 Chin Heng-wei, "The DPP Must Implement the Law," *Taipei Times*(December 13, 2017); Chen Yu-fu, "Inventory Identifies 1,083 Chiang Kai-Shek Monuments," *Taipei Times* (December 8, 2018).

48 과도기정의위원회의 일부 공무원은 정권이 바뀌고 나서 20년이 지난 후에 구정권과 관련된 개인들을 공직에서 퇴출시키기를 원했다는 것이 나중에 밝혀졌다. 이로써 복수하는 것이 진정한 동기였다는 데에는 의심의 여지가 없었다. Sean Lin, "KMT Again Disrupts Premier's Report," *Taipei Times*(September 29), 2018.

49 "Liberty Times Editorial: Seeking the Truth They Want to Bury," *Taipei Times*(December 14, 2017).

50 Chang Kuo-tsai, "Admission of Guilt Is Necessary for Justice," *Taipei Times*(January 9, 2018). 정치범이었던 스밍슝(施明雄)은 가해자 문제가 어려울 것이라는 보다 실질적인 이유를 다음과 같이 설명했다. "억압의 가해자들은 …… 결국 권력이 바뀌어 사건이 뒤집힐 것이라고 예견했다. 자신의 역할이 조사될 것을 두려워한 참여자들은 자신의 이름, 배경 및 직위, 그리고 범죄 진압에서의 역할을 숨길 계획이었다. 그들은 자신들에게 권한이 주어진 동안 최대한 많은 증거를 파괴했다." Shih Ming-hsiung, "Perpetrators Must Not Be Allowed to Edit History," *Taipei Times*(December 4, 2018).

51 Lin, "Transitional Justice Act".

52 Wu Ching-chin, "Transitional Justice Vaguely Defined," *Taipei Times*(December 15, 2017).

53   "Ma: Transformational Justice Statute Violates Principles of 'Rule of Law'," *United Daily News*(December 26, 2017), KMT Official Website(www1.kmt.org.tw/english/page.aspx?type=art icle&mnum=112&anum=20392).

54   Shelley Shan, "KMT Rejects Transitional Justice Commission Invite," *Taipei Times*(July 24, 2018).

55   Chen Yu-fu, "Commission Creating Justice Database," *Taipei Times*(September 23, 2018); Matt Yu and Matthew Mazzetta, "TJC Unveils Online Database of Persecutions in Martial Law Period," *Focus Taiwan*(February 26, 2020).

56   Shelley Shan, "Justice Commission Asks for the Impossible: KMT," *Taipei Times*(August 14, 2018); Chen Yu-fu, "Declassification Slowing Justice Process: Source," *Taipei Times* (December 31, 2018); Chen Yu-fu and Shery Hsiao, "Declassification of Political Cases Urged," *Taipei Times*(April 9, 2019).

57   Hsieh Chia-chen and Matthew Mazzetta, "Intelligence Reports on Kaohsiung Incident Declassified," *Focus Taiwan*(December 7, 2019); Wen Kuei-hsiang and Matthew Mazzetta, "Academia Historica to Publish Materials on Activist Chen Wen-chen," *Focus Taiwan*(December 28, 2019); Chen Yu-fu and William Hetherington, "New Details Revealed in Activist's Death," *Taipei Times*(May 5, 2020).

58   Lu Hsin-hui and Flor Wang, "Tsai Apologies to Political Victims after Convictions Rescinded," *Focus Taiwan*(October 10, 2018); "1,505 Victims of Political Persecution Exonerated in Taiwan," *Taiwan Today*(December 10, 2018); Chen Yu-fu and Sherry Hsiao, "More than 2,000 Convictions Overturned," *Taipei Times*(May 31, 2019).

59   Elaine Hou and Y. F. Low, "Taiwan's Cabinet Announces Nominees to Transitional Justice Committee," *Focus Taiwan*(March 31, 2018).

60   Stacy Hsu, "Internal Meeting Probe Published," *Taipei Times*(September 22, 2018); Sean Lin, "Lai Apologizes over Justice Incident," *Taipei Times*(October 3, 2018).

61   Elaine Hou and Lee Hsin-Yin, "Taiwan's Transitional Justice Commission Chairman Resigns," *Focus Taiwan*(October 6, 2018); Sean Lin, "KMT Seeks to Eliminate Transitional Justice Purse," *Taipei Times*(December 9, 2018)(www.taipeitimes.com/News/front/archives/2018/12/09/20037057 69); Fan Cheng-hsiang and Christie Chen, "Legislature Approves NT$1.998 Trillion Government Budget for 2019," *Focus Taiwan*(January 10, 2019).

62   "No Truth without Reconciliation," editorial, *Taipei Times*(February 28, 2020).

63   "President Tsai Leads 228 Incident Commemoration," *Focus Taiwan*(February 28, 2020).

64   Wu, "Transition without Justice, or Justice without History".

65   "Full Text of President Tsai's Inaugural Address," *Focus Taiwan*(May 20, 2016).

66   Chang Hsiao-ti, "Draft Bill on Transitional Justice Promotion Finalized," *Taipei Times* (March 29, 2016).

67   "The Liberty Times Editorial: Accelerating Transitional Justice," *Taipei Times*(March 14,

2020).

68   Hu Wen-chi, "Taiwan Must Face Truth to Heal"(March 1, 2020).

제7장 타이완을 향한 베이징의 야망

1   이 장과 이어지는 장들에서는 타이베이 정부와 베이징 정부 간의 관계를 다루고 있으며, 아울러 국제사회 일원으로서의 국가인 '중국(China)'과 '중국'의 정부라고 주장하는 정부, 즉 중화민국(ROC)과 중화인민공화국(PRC)을 구분한다. 이 때문에 양안관계에 대한 관례적인 표현은 '중국'과 '타이완'으로 지칭되지만, 나는 '중국'에 대해 '중화인민공화국' 또는 '베이징'을 사용하고자 한다.

2   영어 용법의 경우, 중화인민공화국은 타이완이 일제 강점기 이전에 중국의 일부였다는 것을 강조하기 위해 자신들의 목표를 '재통일(reunification)'이라고 언급한다. 한편 타이완에서 통상적으로 사용되는 영어 단어를 '통일(unification)'이다. 하지만 한자로는 같은 한자, 즉 統一이 중화인민공화국과 타이완에서 모두 사용된다.

3   이 부분은 앨런 워치맨(Alan M. Wachman)의 다음과 같은 획기적인 연구를 기반으로 했다. Alan M. Wachman, *Why Taiwan? Geostrategic Rationales for China's Territorial Integrity* (Stanford University Press, 2007), pp.43~68.

4   Richard C. Bush, *At Cross Purposes: US-Taiwan Relations, 1942-2000*(Armonk, N.Y.: M. E. Sharpe, 2004), pp.9~39; Wachman, *Why Taiwan?*, pp.69~81.

5   "President Truman's Statement on the Situation in Korea," *DocsTeach*, National Archives (June 27, 1950).

6   Robert Accinelli, *Crisis and Commitment: United States Policy towards Taiwan, 1950-1955* (University of North Carolina Press, 1996), p.33. 트루먼 행정부는 앞으로 점점 더 많은 국가들이 중화인민공화국을 중국 정부로 인정하고 타이완이 법적으로 중국의 일부라는 입장을 취할 것을 우려했다. 이 경우 국제법에 따르면 미국은 타이완 방어에 나설 수 없었다. 따라서 타이완 문제를 국제 평화와 안보와 관련된 문제의 하나로 재구성했다.

7   1950년대 초 미국-타이완 관계에 대해서는 다음을 참조하라. Accinelli, *Crisis and Commitment*.

8   "Working Together to Realize Rejuvenation of the Chinese Nation and Advance China's Peaceful Reunification," 타이완 동포에게 보내는 메시지 발표 40주년 기념회의에서 시진핑 주석의 연설(Beijing: January 2, 2019), Taiwan Affairs Office of the State Council(www. gwytb.gov.cn/m/news/201904/t20190412_12155846.htm).

9   같은 글.

10   Hu Bo, *2049 di Zhongguo Haishang Quanli: Haiyang Qiangguo Jueqi zhi Lu*[China's maritime power in 2049: The path of an oceanic great power's rise](Beijing: Zhongguo Fazhan Press, 2015), pp.8~9. 나는 이 자료를 참조할 수 있도록 도움을 제공해 준 로런 딕키(Lauren Dickey)에게 감사를 표현한다.

11   Frank Dikotter, *The Tragedy of Liberation: A History of the Chinese Revolution, 1945~1957*(New York: Bloomsbury Press, 2013), pp.21~24.

12   이 세 지역은 중화인민공화국 정부가 중국의 영토라며 영유권을 주장했던 곳이지만 당시 중

화인민공화국 정부는 이들 지역에 대한 관할권이나 통제권이 없었다.

13 일국양제에 대한 초기 성명에는 타이완의 군대가 계속 존재할 수 있다는 약속이 포함되었지만, 시진핑이 2019년 1월 2일 했던 권위 있는 연설 "중국 국가의 부흥을 실현하고 중국의 평화통일을 추진하기 위해 협력한다"에는 그 내용이 포함되어 있지 않았기 때문에 불확실성이 제기되고 있다. Richard C. Bush, "8 Key Things to Notice from Xi Jinping's New Year Speech on Taiwan," Brookings Institution(January 7, 2019).

14 Christopher H. Achen and T. Y. Wang "The Power of Identity in Taiwan," in Christopher H. Achen and T. Y. Wang, eds., *The Taiwan Voter*(University of Michigan Press, 2017), pp.273~292.

15 Miao Zong-han and Emerson Lim, "Big Majority Reject 'One Country, Two Systems': Survey," *Focus Taiwan*(March 21, 2019).

16 먼저 리덩후이를 제압하고 그 이후 천수이볜을 제압하려는 베이징의 노력 중 일부는 미국을 — 처음에는 클린턴 행정부를, 그다음에는 조지 부시(George W. Bush) 행정부를 — 동원하려는 시도였다.

17 Douglas Mendel, *The Politics of Formosan Nationalism*(University of California Press, 1970).

18 Peng Ming-min, *A Taste of Freedom: Memoirs of a Formosan Independence Leader*(New York: Holt, Rinehart and Winston, 1972).

19 예를 들어 다음을 참조하라. Yan Yu, "Thoughts on Tsai Ing-wen's Address," *China-US Focus*(May 27, 2020).

20 Bush, *At Cross Purposes*, pp.85~123. 미국 국무부의 '두 개의 중국' 공식은 베이징이 이를 거부하고 배제에 대한 책임을 스스로 지게 될 것이라는 기대감에서 고안되었다. 하지만 장제스는 1971년이 되어서야 이에 동의했는데, 당시는 이미 때가 너무 늦었다.

21 이러한 이중적 공포의 증거로는 타이완의 소규모 자연보호 NGO인 중국야생조류연맹(Chinese Wild Bird Federation: CWBF)의 사례를 들 수 있다. CWBF는 수년간 국제 파트너십인 버드라이프 인터내셔널(Birdlife International)에 참여해 왔으나 명칭에 대한 버드라이프 인터내셔널의 요구에 직면했다. 이 요구는 베이징이 자극했을 가능성이 높다. 2020년, 버드라이프 인터내셔널은 CWBF가 "중화민국의 정통성 또는 타이완의 독립을 촉진하거나 옹호하지 않겠다"는 서약서에 서명하지 않았다는 이유로 CWBF의 참여를 종료시켰다. Matt Yu and Chiang Yi-ching, "MOFA Blames China for Conversation Group's Removal from Partnership," *Focus Taiwan*(September 15, 2020).

22 2012년 마잉주 정부에 대한 나의 분석은 다음을 참조하라. Richard C. Bush, *Uncharted Strait: The Future of China-Taiwan Relations*(Brookings Institution Press, 2013).

23 2012년 4월 미국 워싱턴D.C.에서 내가 중화인민공화국 관리와 인터뷰를 했을 때 전해 들었던 내용이다.

24 "Working Together to Realize Rejuvenation of the Chinese Nation and Advance China's Peaceful Reunification". 별도의 언급이 없는 한, 시진핑 주석의 발언에서 인용한 것이다.

25 시진핑 주석이 말하는 전제는 중국이 '핵심 이익'이라고 부르는 것에 대한 언급이며, 베이징은

특정 상황에서 이러한 이익이 어떻게 적용되는지를 규정할 권리를 스스로 보유한다.

26 Richard C. Bush, *Untying the Knot: Making Peace in the Taiwan Strait*(Brookings Institution Press, 2005), pp.91~99, 230~233.

27 시진핑 주석은, 중국공산당 총서기의 이전 보고서에 이 원칙이 등장했음에도 불구하고, 중국 공산당 제19차 당대회 보고에서 이 원칙을 삭제했다. 당시에는 베이징이 통일을 위한 협력자로서 국민당에 걸었던 희망을 잃었다는 해석이 나왔다. 시진핑이 중국의 정책 어휘에 이 원칙을 복원시킨 것은 2018년 지방선거에서 국민당이 강세를 보였기 때문일 것이다.

28 James Townsend, "Chinese Nationalism," *Australian Journal of Chinese Affairs*, No.27 (January 1992), pp.97~130; and Frank Dikotter, "Racial Identities in China: Context and Meaning," *China Quarterly*, No.138(June 1994), pp.404~412.

29 James A. Millward, "What Xi Jinping Hasn't Learned from China's Emperors," *New York Times*(October 1, 2019)(www.nytimes.com/2019/10/01/opinion/xi-jinping-china.html?searchResul tPosition=7).

30 Richard C. Bush, *Hong Kong in the Shadow of China: Living with the Leviathan* (Brookings Institution Press, 2016).

31 "President Tsai Issues Statement on China's President Xi's 'Message to Compatriots in Taiwan'," *Focus Taiwan*(January 2, 2019).

32 Richard C. Bush, "A Requiem for the City of Hong Kong," Brookings Institution (November 18, 2019); Donald Clarke, "Hong Kong's National Security Law: An Assessment," *China Leadership Monitor*(July 13, 2020).

33 Luo Yuan, "Major General: Exercise in Taiwan Strait is a Reunification Rehearsal," *China Military Online*(April 20, 2018); Luo Yuan, "Luo Yuan: 'Yiguo Liangzhi' di 'Yiguo' Burong Taolun"[Luo Yuan: The "one country" part of "one country, two systems" is not up for debate], *Global Times*(July 22, 2019). 인용된 문구는 '중국군사 온라인(China Military Online)' 항목에 나타난다.

34 토머스 크리스텐슨(Thomas Christensen)은 정책결정자들이 이득과 손실 중에 어느 것이 더 큰지에 대한 자신들의 평가에 기초해 행동한다는 '창(windows)'의 개념을 동아시아에 적용하고 있다. Thomas Christensen, "Windows and War: Changes in the International System and China's Decision to Use Force," in Alastair Iain Johnston and Robert Ross, eds., *New Approaches to China's Foreign Relations: Essays in Honor of Allen S. Whiting*(Stanford University Press, 2006), pp.50~85.

35 Muthiah Alagappa, "PacNet #26: China's Taiwan Dilemma; Beijing Must Rethink Its Ideas of Nation, State, and Sovereignty," Pacific Forum-CSIS(March 28, 2017),

36 2016년 10월 베이징에서 내가 중국(중화인민공화국)의 학자와 나눈 대화 내용이다.

37 "當前國際關係研究的若干重點問題," ≪國際展望≫(2001年2月15日), p.7.

제8장 타이완의 안보 추구

1 "Working Together to Realize Rejuvenation of the Chinese Nation and Advance China's

Peaceful Reunification," 타이완 동포에게 보내는 메시지 발표 40주년 기념회의에서 시진핑 주석의 연설(January 2, 2019), website of the Taiwan Affairs Office of the State Council (www.gwytb.gov.cn/m/news/201904/t20190412_12155846.htm).

2   Richard C. Bush, *Untying the Knot: Making Peace in the Taiwan Strait*(Brookings Institution Press, 2005), pp.107~141.

3   Barry R. Posen, *Restraint: A New Foundation for U.S. Grand Strategy*(Cornell University Press, 2014), pp.1~3. 나는 러시 도시(Rush Doshi)에게 배리 포센(Barry R. Posen)의 연구를 소개해 준 것에 대해 감사를 표한다.

4   David A. Baldwin, "The Concept of Security," *Review of International Studies*, Vol.23, No.1(1997), p.13.

5   가치 있는 예들은 다음을 참조하라. Helga Haffendorn, "The Security Puzzle: Theory-Building and Discipline-Building in International Security," *International Studies Quarterly*, Vol.35, No.1(1991), pp.4~5.

6   *Taiwan Statistical Data Book 2019*[Taipei: National Development Council, ROC(Taiwan), 2018], tables 11-9a and 11-9e, "Commodity Trade with Major Trading Partners". 나는 홍콩으로 가는 것으로 지정된 타이완 수출의 3분의 2가 실제로는 중화인민공화국으로 환적되는 것으로 추정한다.

7   Brian Hioe, "The Dried Mango Strips of National Doom," Popula(November 6, 2019).

8   "Working Together to Realize Rejuvenation of the Chinese Nation and Advance China's Peaceful Reunification".

9   Taiwan National Security Survey, Program in Asian Security Studies, Duke University (https://sites.duke.edu/pass/taiwan-national-security-survey/).

10   Christopher H. Achen and T. Y. Wang, "The Power of Identity in Taiwan," in Christopher H. Achen and T. Y. Wang, eds., *The Taiwan Voter*(University of Michigan Press, 2017).

11   Randall L. Schweller, "Managing the Rise of Great Powers: History and Theory," in Alastair Iain Johnston and Robert S. Ross, eds., *Engaging China: The Management of an Emerging Power*(New York: Routledge, 1999), pp.1~31.

12   같은 글, p.14. 랜달 슈웰러(Randall L. Schweller)는 관여를 "부상하는 강대국의 행동에서의 비(非)현상유지적 요소를 개선하기 위해 비강압적인 수단을 사용하는 것"이라고 정의한다.

13   Tim Bouverie, *Appeasement, Chamberlain, Hitler, Churchill, and the Road to War*(New York: Random House, 2019).

14   Thomas Christensen, "Windows and War: Changes in the International System and China's Decision to Use Force," in Alastair Iain Johnston and Robert Ross, eds., *New Approaches to China's Foreign Relations: Essays in Honor of Allen S. Whiting*(Stanford University Press, 2006), pp.50~85.

15   Baldwin, "The Concept of Security," pp.14~18.

16   J. Michael Cole, "Proxy Organizations in Taiwan Align with Beijing's Push for 'One Country, Two Systems'," *Global Taiwan Brief*, Vol.4, No.17(2019).

17 Paul Kennedy, "The Tradition of Appeasement in British Foreign Policy, 1865-1939," in *Strategy and Diplomacy, 1870-1945* (New York: HarperCollins, 1989), p.16; Schweller, "Managing the Rise of Great Powers," p.14 인용.

18 Richard C. Bush, *Uncharted Strait: The Future of China-Taiwan Relations*(Brookings Institution Press, 2013), pp.87~91, 116~117.

19 Nathan Batto, "What Is Taiwan Independence?," *Frozen Garlic*(blog)(June 1, 2019).

20 중화인민공화국의 국정운영 기술에서 뱌오타이(表態)와 관련해서는 다음을 참조하라. David Shambaugh, "China's External Propaganda Work: Missions, Messengers, Mediums," *Party Watch Annual Report 2018* (October 2018).

21 "Cross-Strait Relations at a Crossroad: A View from Ma Ying-jeou, Former President of the Republic of China," speech to the Oxford Union(October 31, 2019), 저자 파일의 사본.

22 Yang Hsin-hui and Jake Chung, "China Skewed '1992 Consensus,' Ma Says," *Taipei Times* (January 19, 2020).

23 "Tsai Ing-wen at CSIS, DPP Transcript of Speech and Q&A," *The View from Taiwan* (blog) (June 4, 2015).

24 민진당 지도자들은 이와 같은 함정의 위험성을 강조하면서 중화인민공화국의 협상 행태에 대해 연구했던 리처드 솔로몬(Richard H. Solomon)의 다음 저서를 참고했다. Richard H. Solomon, *Chinese Negotiating Behavior: Pursuing Interests through "Old Friends"* (Washington, D.C.: U.S. Institute of Peace, 1999).

25 "Full Text of President Tsai's Inaugural Address," *Focus Taiwan*(May 20, 2016).

26 같은 글; Richard C. Bush, "Tsai's Inauguration: It Could Have Been Worse"(May 23, 2016), Brookings Institution.

27 Lally Weymouth, "Taiwanese President Tsai Ing-wen: Beijing Must Respect Our Democratic Will," *Washington Post*(July 21, 2016).

28 Fu Ying, "China's Advice to Trump and Kim Jong Un," *Washington Post*(June 10, 2018).

29 "Full Text of Former Ma Ying-jeou's Video Speech at SOPA," *Focus Taiwan*(June 16, 2016).

30 Sean Lin and Chung Li-hua, "Presidential Office Rebuts Ma's '1992 Consensus' Claims," *Taipei Times*(August 23, 2020).

31 같은 글.

32 "President Tsai Delivers 2017 National Day Address"(October 10, 2017), Republic of China(Taiwan), Office of the President.

33 "President Tsai delivers 2018 National Day Address"(October 10, 2018), Republic of China (Taiwan), Office of the President.

34 "President Tsai delivers 2019 National Day Address"(October 10, 2019), Republic of China (Taiwan), Office of the President.

35 Bonnie Glaser and Matthew P. Funaiole, "China's Provocations around Taiwan Aren't a Crisis," Foreign Policy(May 15, 2020).

36 Matt Rivers, Steven Jiang, and Ben Westcott, "Taiwan Vulnerable to Chinese Invasion without US, Foreign Minister Says," *CNN*(July 23, 2018).

37 양안 간의 전쟁과 관련된 관점에 대해서는 이 책의 제9장을 참조하라.

38 같은 글.

39 "Public's View on Current Cross-Strait Relations," 2018, Republic of China(Taiwan), Mainland Affairs Council. 중국의 적대감과 양안관계의 속도에 대한 조사는 1년에 세 번 정도 실시되는데, 모든 여론조사에서 이러한 문제가 다뤄지는 것은 아니다.

40 타이완국가안보조사에서도 비슷한 결과가 나왔다. 조사 대상자들은 양안관계가 특별히 적대적이거나 우호적이지 않은 것으로 간주했다.

41 Election Studies Center, NCCU, "Trends in Core Political Attitudes among Taiwanese: Changes in the Unification: Independence Stances of Taiwanese as Tracked in Surveys by Elections Study Center, NCCU(1994-2017.12)"(December 2017)(https://esc.nccu.edu.tw/pic.php?img=167_8a93afa2.jpg&dir=news&title=Image).

42 Election Studies Center, NCCU, "Trends in Core Political Attitudes among Taiwanese: Changes in the Unification - Independence Stances of Taiwanese as Tracked in Surveys by Elections Study Center, NCCU(1992/06~2019/06)"(July 10, 2019)(https://esc.nccu.edu.tw/pic.php?img=167_bad0ecc6.jpg&dir=news&title=Image).

43 Taiwan National Security Survey, 2017. 이 여론조사는 선거조사센터에 의해 실시되었다.

44 같은 글.

45 같은 글.

46 "Taiwan Telephone and Mobile Phone Survey of the Presidential Satisfaction," Taiwan's Election and Democratization Study, National Chengchi University, January 2012, January 2016, and December 2017(http://teds.nccu.edu.tw/main.php). 이 설문조사는 '하나의 중국, 서로 다른 해석'에 대한 마잉주 총통의 정의를 사용하지 않았으며, 응답자들은 그들 스스로 합의(consensus)라는 용어를 정의해야 했다.

47 교육 항목을 대상으로 설문조사를 실시했을 때 수준별 차이는 거의 없었으며, 대부분 '전체적으로 찬성한다'는 응답의 평균인 59.7%를 맴돌았다.

48 2016년, 2017년, 2019년 타이완국가안보조사 결과에 대해서만 확보할 수 있다.

49 Bush, *Uncharted Strait*, pp.98~114.

50 궁극적으로 이는 국제사회에서의 방어적 현실주의와 공격적 현실주의 학파 간의 논쟁과 연계되어 있다.

51 양안관계의 안심(reassurance)과 억지(deterrence)와 관련해서는 다음을 참조하라. Thomas J. Christensen, "The Contemporary Security Dilemma: Deterring a Taiwan Conflict," *Washington Quarterly*, Vol.25, No.4(2002), pp.5~21.

제9장 타이완의 군사방어

1 *China Military Power: Modernizing a Force to Fight and Win*(U.S. Defense Intelligence Agency, 2019), p.33. 아울러 이어지는 두 문단은 pp.55~86, 33~44에서 인용했다.

2   같은 책, pp.45~46.

3   Peter Mattis, "Counterintelligence Remains Weakness in Taiwan's Defense," *China Brief*, Vo.17, No.11(August 2017).

4   *China Military Power*, pp.25~28. 중국의 군사개혁과 관련된 상세한 내용에 대해서는 다음을 참조하라. Phillip E. Saunders, Arthur S. Ding, Andrew Scobell, Andrew N.D. Yang, and Joel Wuthnow, eds., *Chairman Xi Remakes the PLA: Assessing China's Military Reforms* (Washington, D.C.: National Defense University Press, 2019).

5   *Annual Report to Congress: Military and Security Developments Involving the People's Republic of China*, U.S. Department of Defense, Office of the Secretary of Defense (September 2020), p. 95.

6   *2017 Quadrennial Defense Review: Republic of China*(Republic of China, Ministry of National Defense), p.9.

7   "The One-China Principle and the Taiwan Issue," *Taiwan White Paper*, Taiwan Affairs Office and the Information Office of the State Council, Embassy of the People's Republic of China in the United States(February 21, 2000); and "Anti-Secession Law(Full text)," Embassy of the People's Republic of China in the United States(March 15, 2005),

8   Zhu Weidong, "Xinshidai Zhongguo heping tongyi Jincheng mianlin di tiaozhan yu yingdui"[Challenges faced in the course of China's peaceful unification in the new period and responses], *Zhongguo Pinglun*, No.247(July 22, 2018)(http://hk.crntt.com/doc/1051/2/1/9/105121941.html?coluid=136&kindid=4711&docid=105121941&mdate=0724132606).

9   *Annual Report to Congress: Military and Security Developments Involving the People's Republic of China*(September 2020), pp.113~114.

10 같은 책, pp.83, 113~114.

11 *2017 Quadrennial Defense Review*, pp.21~22, 24~25.

12 *Annual Report to Congress*, p.83. 강조점은 추가한 것이다.

13 M. Taylor Fravel, "China's Search for Military Power," *Washington Quarterly*, Vol.31, No.3(2008), pp.125~141.

14 *China Military Power*, p. 65.

15 같은 책, pp.40, 45.

16 Eric Heginbotham et al., *The U.S.-China Military Scorecard: Forces, Geography, and the Evolving Balance of Power, 1996-2017*(Santa Monica, Calif.: RAND Corporation, 2015), p.282.

17 Su Chi, "'Gaicheng shishi': Taiwan anquan xinmihao"("Fait accompli": New codeword on Taiwan security), *Lien Ho Pao(United Daily News)*(June 28, 2020)(https://udn.com/news/story/7339/4663710); 저자 파일의 영문 번역.

18 Kharis Templeman, "The Domestic Politics of Defense Spending," paper presented at seminar, "Monitoring the Cross-Strait Balance," Taiwan Democracy and Security Project,

Stanford University(March 4, 2019); 저자 파일의 사본.

19   *2017 Quadrennial Defense Review*, p.28.

20   Jessica T. Mathews, "America's Indefensible Defense Budget," *New York Review of Books*(July 18, 2019), p.23.

21   "General Budget of Central Government Summary Table for Annual Expenditures by Agencies FY2019," Directorate-General of Budget, Accounting, and Statistics, Taiwan (https://eng.dgbas.gov.tw/public/Attachment/9226143559Q5ISNJQV.pdf); "General Budget Proposal of Central Government Summary Table for Annual Expenditures by Agencies FY2020," Directorate-General of Budget, Accounting, and Statistics, Taiwan (https://eng.dgbas.gov.tw/public/Attachment/9951629 24N41Q4GNS.pdf); "General Budget of Central Government Summary Table for Annual Expenditures by Functions FY2018," Directorate-General of Budget, Accounting, and Statistics, Taiwan(https://eng. dgbas.gov.tw/public/Attachment/83984949XUOZUPXC.pdf); Flor Wang and Yu Hsiang, "Executive Yuan Passes 2021 Central Government Budget Plan," *Focus Taiwan*(August 13, 2020).

22   Wang Yang-yu, Justin Su, and Elizabeth Hsu, "Legislature Passes Special Budget for F-16 Purchase," *Focus Taiwan*(November 22, 2019).

23   *Annual Report to Congress*, p.90.

24   "Greater Threat Awareness Needed," editorial, *Taipei Times*(January 24, 2019).

25   Templeman, "The Domestic Politics of Defense Spending".

26   이 논의는 다음의 글에 기초해 있다. Drew Thompson, "Hope on the Horizon: Taiwan's Radical New Defense Concept," *War on the Rocks*(October 2, 2018). 또한 미국 국방부의 전직 관리들은 "타이완의 지휘관들은 전통적으로 전차, 전투기 같은 값비싼 무기를 중시하는 데 이로부터 벗어날 필요가 있다"라고 말했다. Steven Lee Myers and Javier C. Hernandez, "With a Wary Eye on China, Taiwan Moves to Revamp Its Military," *New York Times* (August 30, 2020); Tanner Greer, "Why I Fear for Taiwan: Tanner Greer," *The Scholar's Stage*(blog)(September 11, 2020).

27   같은 글.

28   *Annual Report to Congress*, p.90.

29   David F. Helvey, "Keynote Remarks," delivered at US-Taiwan Defense Industry Conference, Ellicott City, Maryland(October 7, 2019)(http://us-taiwan.org/reports/2019_ october07_david_helv ey_dod_keynote.pdf).

30   같은 글.

31   Chang Guan Chung, "Opening Remarks: Hand in Hand for the Peace and Stability of the Indo-Pacific Region," US-Taiwan Defense Industry Conference(October 7, 2019)(http:// us-taiwa n.org/reports/2019_october07_vice_minister_chang_mnd_keynote.pdf).

32   David F. Helvey, "Closing Keynote Remarks," speech, US-Taiwan Defense Industry Conference(October 6, 2019).

33   Philip Caruso, "Taiwan Needs More Than Election Victories to Fend Off China," *Foreign Policy*(January 17, 2020).

34   Taiwan National Security Survey, Program in Asian Security Studies, Duke University (https://sites.duke.edu/pass/taiwan-national-security-survey/).

제10장 타이완의 정치방어: 민족정체성

1   G. William Skinner, *Chinese Society in Thailand: An Analytical History*(Cornell University Press, 1957), especially pp.253~260; and G. William Skinner, *Leadership and Power in the Chinese Community of Thailand*(Cornell University Press, 1958), pp.148~170.

2   Clifford Geertz, "The Integrative Revolution: Primordial Sentiments and Civil Politics in New States," in Clifford Geertz, ed., *Old Societies and New States*(New York: Free Press, 1963), pp.259~260.

3   Benedict Anderson, *Imagined Communities: Reflections on the Origin and Spread of Nationalism*, rev. ed.(New York: Verso, 2016), p.6.

4   Margaret McMillan, *The War That Ended Peace: The Road to 1914*, Kindle ed.(New York: Random House, 2013), loc.4157.

5   Suisheng Zhao, *Nation-State by Construction: Dynamics of Modern Chinese Nationalism* (Stanford University Press, 2004), pp.4~5.

6   Linda Colley, *Britons: Forging the Nation, 1707-1837*, rev. ed.(Yale University Press, 2009).

7   James Townsend, "Chinese Nationalism," *Australian Journal of Chinese Affairs*, No.27 (January 1992), pp.97~130. 도구주의자들은 본질주의적 요소를 무의미한 것으로 간주하지 않을 것이다. 하지만 그들은 자신들이 상상하는 공동체의 매개변수를 정의하기 위한 투쟁에서 그런 요소들을 무기로 취급할 것이다. 경쟁자들은 도구주의적 현실 버전을 지지하고 반대자들의 현실을 논박하는 본질주의적 요소를 사용한다. 하지만 도구주의자들은 본질주의적 요소가 인간 현실의 외부에 존재하는 객관적 부문이라는 주장, 즉 사람들을 특정한 정체성에 가두는 것이라는 주장을 거부할 것이다.

8   "Charter of the United Nations and Statute of the International Court of Justice," San Francisco(1945).

9   Francis Fukuyama, *State-Building: Governance and World Order in the 21st Century* (Cornell University Press, 2004), p.6. 강조점은 원문 그대로이다.

10   Charles Tilley, ed., *The Formation of National States in Western Europe*(Princeton University Press, 1975), p.42.

11   Fukuyama, *State-Building*, pp.6~14.

12   '국가(state)'는 개념적으로 정치 체제의 유형인 '정권(regime)'과 구분되어야 한다. 따라서 20세기에 다음과 같은 세 개의 다른 정권이 타이완을 통치했다고 볼 수 있다. 즉, 일본의 식민주의, 국민당 권위주의, 그리고 민주주의이다. 이러한 차이점을 지적해 준 익명의 검토자에게 감사를 전한다.

13 Stephen D. Krasner, "Building Democracy after Conflict: The Case for Shared Sovereignty," *Journal of Democracy*, Vol.16, No.1(2005), pp.70~71.

14 Hurst Hannum, *Autonomy, Sovereignty, and Self-Determination: The Accommodation of Conflicting Rights*, 1st ed.(University of Pennsylvania Press, 1990), p.15.

15 Brian J. McVeigh, *Nationalisms of Japan: Managing and Mystifying Identity*(New York: Roman and Littlefield, 2004), p.3.

16 Jill Lepore, *This America: The Case for the Nation*(New York: Liveright Publishing, 2019), pp.26~29, cited sentence on p.29.

17 Mathew Mathews, ed., *The Singapore Ethnic Mosaic: Many Cultures, One People* (Singapore: World Scientific, 2018), pp.xi~xxxvii.

18 통치 기관의 의미에서 '국가(state)'에 대한 최고의 중국어 번역은 아마도 문자 그대로 '행정 기계' 또는 '행정 기관'을 의미하는 '施政機構'(시정기구)일 것이다.

19 Wu Jingrong and Cheng Zhen Qiubian, eds., *Xinshidai Hanying Dacidian*(New Age Chinese-English dictionary)(Beijing: Commercial Press, 2014).

20 이 기간과 관련해서는 다음을 참조하라. John Robert Shepherd, *Statecraft and Political Economy on the Taiwan Frontier, 1600-1800*(Stanford University Press, 1993); and Melissa J. Brown, *Is Taiwan Chinese? The Impact of Culture, Power, and Migration on Changing Identities* (University of California Press, 2004).

21 이러한 분열에 대해서는 다음을 참조하라. Stephane Corcuff, ed., *Memories of the Future: National Identity Issues and the Search for a New Taiwan*(Armonk, N.Y.: M. E. Sharpe, 2002).

22 Denny Roy, *Taiwan: A Political History*(Cornell University Press, 2002). 후버연구소 (Hoover Institution)의 린샤오팅(林孝庭) 연구원은 이것을 '우발적 국가(accidental state)'라고 명명했다. Hsiao-ting Lin, *Accidental State: Chiang Kai-shek, the United States, and the Making of Taiwan*(Harvard University Press, 2016).

23 Jay Taylor, *The Generalissimo's Son: Chiang Ching-kuo and the Revolutions in China and Taiwan*(Harvard University Press, 2000); Lloyd E. Eastman, "Who Lost China? Chiang Kai-shek Testifies," *China Quarterly*, No.88(December 1981), pp.658~668; Ramon H. Myers and Hsiao-ting Lin, "Starting Anew on Taiwan: Chiang Kai-shek and Taiwan in 1949," *Hoover Digest*(April 2008); Peter Chen-main Wang, "A Bastion Created, A Regime Reformed, An Economy Reengineered, 1949-1970," in Murray A. Rubenstein, ed., *Taiwan: A New History*(Armonk, N.Y.: M. E. Sharpe, 1999), pp.320~338.

24 변모하는 타이완의 정치경제에 관해서는 다음을 참조하라. Thomas B. Gold, *State and Society in the Taiwan Miracle*, 1st ed.(Armonk, N.Y.: M. E. Sharpe, 1997).

25 확실히 부분적으로는 서로 다른 임무를 갖고 있기 때문에 정권의 다양한 요소 사이에 긴장이 표면화되었다. 국가안보 관련 엘리트와 '경제 테크노크라시'가 항상 의견일치를 유지했던 것은 아니다. 예를 들어, 수출주도 성장은 사람과 금전의 순환에 더 큰 유연성을 요구했다.

26 Edwin A. Winckler, "Institutionalization and Participation on Taiwan: From Hard to Soft

Authoritarianism?," *China Quarterly*, No.99(September 1984), pp.481~499. 제한된 선거가 정치 체제에 미치는 영향에 대해서는 다음을 참조하라. Shelley Rigger, *Politics in Taiwan: Voting for Democracy*(New York: Routledge, 1999).

27   Richard C. Bush, *At Cross Purposes: US-Taiwan Relations, 1942-2000*(Armonk, N.Y.: M. E. Sharpe, 2004), pp.85~123.

28   Steven E. Phillips, *Between Assimilation and Independence: The Taiwanese Encounter Nationalist China, 1945-1950*(Stanford University Press, 2003), p.43. 1945년 이전에 적어도 엘리트 사이에 이루어진 '타이완 정체성'의 성장에 관해서는 다음을 참조하라. Evan N. Dawley, "The Question of Identity in Recent Scholarship on China," *China Quarterly*, No.198(June 2009), pp.442~452.

29   Christopher Hughes, "Post-Nationalist Taiwan," in Dafydd Fell, ed., *The Politics of Modern Taiwan: Critical Issues in Modern Politics*, Vol.1, Nationalism and National Identity(New York: Routledge, 2008) pp.217~219.

30   Hill Gates, "Ethnicity and Social Class," in Emily Martin Ahern and Hill Gates, eds., *The Anthropology of Taiwanese Society*(Stanford University Press, 1981), pp.241~286.

31   독립선언문을 공표하려고 시도했던 펑밍민에 대해서는 다음을 참조하라. Peng Ming-min, *A Taste of Freedom: Memoirs of a Formosan Independence Leader*(New York: Holt, Rinehart and Winston, 1972).

32   Joseph R. Allen, *Taipei: City of Displacements*(University of Washington Press, 2012), pp.81~87.

33   Alan M. Wachman, *Taiwan: National Identity and Democratization*(Armonk, N.Y.: M. E. Sharpe, 1994), pp.106, 119.

34   "Changsuo di Beiai: Sheng wei Taiwanren di beiai"["A place of sorrow: The sorrow of being born a Taiwanese"], in Lee Teng-hui, *Jingying Da Taiwan*[Managing Great Taiwan](Taipei: Yuanliu Publishing, 1995), pp.469~483; 'Son of Taiwan'은 천수이볜이 집필한 책 제목에 대한 영어 번역이다. Chen Shui-bian, *Taiwan zhi Zi*(Taipei: Chenxing Publishing, 2000).

35   Hughes, "Post-Nationalist Taiwan," p.228.

36   Richard C. Bush, *Untying the Knot: Making Peace in the Taiwan Strait*(Brookings Institution Press, 2005), pp.45~71; Da-Chi Liao, Boyu Chen, and Chi-chen Huang, "The Decline of 'Chinese Identity' in Taiwan?!: An Analysis of Survey Data from 1992 to 2012," *East Asia*, Vol.30, No.4(October 2013), pp.273~290.

37   Richard C. Bush, *Uncharted Strait: The Future of China-Taiwan Relations*(Brookings Institution Press, 2013), pp.80~81.

38   Hughes, "Post-Nationalist Taiwan," pp.218~233.

39   "Taiwan Telephone and Mobile Phone Interview Survey of the Presidential Satisfaction: The Twenty-Second Wave," Taiwan's Election and Democratization Study, National Chengchi University, survey conducted December 2017(http://teds.nccu.edu.tw/main.

php).

40 Shelley Rigger, "The China Impact on Taiwan's Generational Politics," in Gunter Schubert, ed., *Taiwan and the "China Impact"*(New York: Routledge, 2016), p.88.

41 민주화가 이루어지기 이전에는 이 문제가 용어상으로 존재하지 않았다. 대조가 된 것은 '본성인'과 '외성인'이었지, '타이완인'과 '본토인' 또는 '중국인'이 아니었다.

42 Alaister Iain Johnston and George Yin, "Meilidao 2018 Liangan Guanxi Mindiao(1): Daduoshu Taiwan Minzhong Shifou Zhi Rentong Taiwan, bu Rentong Zhongguo?" [Formosa 2018 Cross-Strait Relations Survey: (1)Do the majority of the Taiwan public identify with Taiwan but not with China?], *Meilidao Dianzibao(Formosa Magazine)*(April 17, 2018).

43 Zheng Sufen, "Jiexi 'Taiwanren/Zhongguoren' renting de chixu yubianyi"[Analyzing continuity and change in "Taiwanese/Chinese" identity], paper presented at the "Symposium on Taiwan's Democratization and Free Elections" at the Election Study Center of National Chengchi University (May 25, 2019).

44 "Taiwan Telephone and Mobile Phone Interview Survey of the Presidential Satisfaction: The Sixth Wave," Taiwan's Election and Democratization Study, National Chengchi University, survey conducted December 2013(http://teds.nccu.edu.tw/main.php).

45 Yang Zhong, "Explaining National Identity Shift in Taiwan," *Journal of Contemporary China*, Vol.25, No.99(February 2016), p.341. 중양은 이 결과가 타이완 사람들이 "분리되고 독특한 타이완 민족-문화적 정체성의 개념을 거부"한다는 것을 의미한다고 추론한다. 하지만 설문조사 중 "당신이 생각하기에 다음 중 타이완인의 의미에 가장 가까운 것은 무엇입니까?" 라는 질문에 대한 결과에 따르면 이는 다소 거짓인 것으로 나타났다. 응답자 중 7.7%는 '혈통이 같은 사람들', 39.2%는 '타이완 문화와 역사에 동조하는 사람들', 44.9%는 '타이완에서 거주하며 일하는 사람들'이라고 답했다.

46 Brown, *Is Taiwan Chinese?*; Chen Shu-juo, "How Han Are Taiwanese Han? Genetic Inference of Plains Indigenous Ancestry among Taiwanese Han and Its Implications for Taiwan Identity," (Ph.D. diss., Stanford University, 2009). 중국 대륙에서도 비슷한 논쟁이 있는데, 한족이 우세하다고 주장하는 사람들은 많은 한족이 오늘날 동남아시아 및 태평양 제도 사람들의 유전자를 가지고 있다는 DNA 증거를 직시하거나 무시해야 한다. Yinghong Cheng, "DNA and the Globalization of Humanity," *AsiaGlobal Online*(January 17, 2019).

47 이것은 내가 참석했던 회의에서 타이완의 '대중문화 전문가'가 제기했던 질문이었다.

48 Robert P. Weller, "Identity and Social Change in Taiwanese Religion," in Murray A. Reubinstein, ed., *Taiwan: A New History*(Armonk, N.Y.: M. E. Sharpe, 1999), pp.358~361.

49 Grace Tsoi, "Taiwan Has Its Own Textbook Controversy," *Foreign Policy*(July 21, 2015).

50 "Only by Removing Tsai Ing-wen from Office Can We Rectify and Reinstate Guidelines for High School History Textbooks," editorial, *China Times*(August 12, 2019), KMT Official Website에서 발췌.

51 스밍은 일제 식민 통치에 반대하는 사람으로 정치 활동을 시작했지만 그 이후에 마르크스주

의에 이끌려 중국공산당에 가입했다. 1949년 장제스의 군대가 패배했을 때, 스밍은 중국공산 당의 만행을 충분히 목격했다. 그는 타이완으로 이주했지만, 국민당 정권에 빠르게 불만을 품 었다. 1952년 스밍은 장제스를 암살하려는 음모에 가담했고 그 음모가 발각된 이후 운 좋게도 일본으로 탈출했다. "Su Beng, a Father of Taiwan Independence, Dies at 100," *New York Times*(October 4, 2019).

52 Su Beng, *Taiwan's 400 Year history: The Origins and Development of the Taiwanese Society and People*(Washington, D.C.: Taiwanese Culture Grass Roots Association, 1986), p.5. 스밍의 '식민지로서의 타이완'이라는 프레임은 다른 학자들, 특히 브루스 제이콥 스(Bruce Jacobs)에 의해 더욱 정교해졌다. Bruce Jacobs, "Whither Taiwanization? The Colonization, Democratization, and Taiwanization of Taiwan," *Japanese Journal of Political Science*, Vol.14, No.4(2013), pp.567~586.

53 "The Liberty Times Editorial: Chiang Kai-shek's Place in History," *Taipei Times*(April 11, 2017).

54 "The Liberty Times Editorial: Returning Taiwan to Taiwanese," *Taipei Times*(December 18, 2015).

55 "Guomindang zhuxi Lian Zhan zai Beijing daxue de yanjiang"(KMT Chairman Lien Chan's speech at Peking University)(May 5, 2005), Radio Free Asia. 강조점은 추가한 것이다.

56 Chang Ya-chung, "A Modest Proposal for a Basic Agreement on Peaceful Cross-Strait Development," *Journal of Current Chinese Affairs*, Vol.39, No.1(2010), pp.133~148.

57 "Paving the Way for a Sustainable Taiwan"(full text of Chen Shui-bian's 2004 inaugural speech), *Taipei Times*(May 21, 2004).

58 "Ma Ying-Jeou, 'Inaugural Address,' May 20, 2008," US-China Institute at the University of Southern California. 쑨원은 국민당의 창립자였다.

59 "Full Text of President Ma Ying-jeou's Inaugural Address," *Focus Taiwan*(May 20, 2012).

60 Lin Liang-sheng, "KMT's Chiang Says He Is 'Taiwanese and Chinese," *Taipei Times*(March 19, 2020).

61 Shelley Rigger, "Disaggregating the Concept of National Identity," *Asia Program Special Report*, No.114(Washington, D.C.: Woodrow Wilson International Center for Scholars, 2003), pp.17~21.

62 "President Tsai Addresses Copenhagen Democracy Summit Via Video," *Focus Taiwan* (June 19, 2020).

63 차이잉원에 대한 마잉주의 부정적인 견해와 관련해서는 다음을 참조하라. Ma Ying-jeou, "Cross-Strait Relations at a Critical Time," lecture delivered at the Taoyuan Campus of Ming Chuan University(May 23, 2020); 저자 파일의 사본.

제11장 타이완의 정치방어: 국가

1 이 부분은 다음의 책에 토대를 두고 있다. Richard C. Bush, *Untying the Knot: Making Peace in the Taiwan Strait*(Brookings Institution Press, 2005), pp.39~54.

2   Ko Shu-ling "'State to State' Theory Is Dead, Ma Says," *Taipei Times*(September 4, 2008).

3   "Join in a Common Struggle for Realizing the Nation's Great Rejuvenation and Promoting the Motherland's Peaceful Reunification," '타이완 동포에게 보내는 편지' 발행 40주년 기념 집회에서의 시진핑 주석의 연설(January 2, 2019), Xinhua Domestic Service, Open Source Enterprise에 의한 번역, 저자 파일 번역.

4   Hurst Hannum, *Autonomy, Sovereignty, and Self-Determination: The Accommodation of Conflicting Rights*, 1st ed.(University of Pennsylvania Press, 1990), p.15.

5   Bush, *Untying the Knot*, p.85.

6   Taiwan National Security Survey, 2017, Program in Asian Security Studies, Duke University(https://sites.duke.edu/pass/taiwan-national-security-survey/).

7   타이완의 국민대회(國民大會)는 (미국의 선거인단처럼) 총통을 간접 선출하고 헌법 개정을 검토하는 등 권한이 제한적이었다. 2005년 6월에 국민대회는 향후 국가통일이 될 때까지 중단되었다[좀 더 자세히 설명하자면, 2005년 6월 7일 입법원이 제출한 헌법 수정안이 채택되어 헌법에서의 국민대회 관련 조항이 동결되고 국민대회 기능이 정지되었다. 다만 국민대회는 향후 중국 통일이 이루어질 때 기능을 복원하는 것으로 했다. _옮긴이].

8   Shelley Rigger, *From Opposition to Power: Taiwan's Democratic Progressive Party* (Boulder, Colo.: Lynne Rienner Publishers, 2001), p.125.

9   중화인민공화국이 타이완의 주권을 인정한다고 해서 통일 방안을 배제하지는 않았을 것이지만, 중화인민공화국의 타이완 주권 인정은 일국양제를 근간으로 삼는 것은 배제했다.

10 "Closing Remarks to the Thirteenth Plenum of the National Unification Council"(July 22, 1998), in *President Lee Teng-hui's Selected Addresses and Messages: 1998*(Taipei: Government information Office, 1999), pp.113~120.

11 '국가의 권리와 의무에 관한 몬테비데오 협약(Montevideo Convention on the Rights and Duties of State)'은 1933년 12월 26일에 서명되어 1934년 12월 26일에 발효되었다.

12 "Zongtong Jieshou Deguo zhi Yin Zhuanfang"[The president receives an exclusive interview by Deutsche Velle](July 9, 1999), Office of the President website(www.president.gov.tw/NEWS/57 49); "Interview of Taiwan President Lee Teng-hui with Deutsche Welle Radio"(July 9, 1999), *New Taiwan: Ilha Formosa*(www.taiwandc.org/nws-9926.htm).

13 '국가'와 '국가 영토' 간의 관계에 대한 역사적 배경에 대해서는 다음을 참조하라. Hendrik Spruyt, *The Sovereign State and Its Competitors: An Analysis of Systems Change* (Princeton University Press, 1994).

14 이러한 진술로 이어지는 과정에 대한 자세한 설명은 다음을 참조하라. Bush, *Untying the Knot*, pp.55~57, 218~221. 클린턴 행정부는 성명서에 대한 협의 부재와 그로 인해 야기된 심각한 상황에 대한 견해를 전달하기 위해 미국재타이완협회의 회장 자격으로 나를 파견했다.

15 Taiwan(Republic of China)'s Constitution of 1947 with Amendments through 2005, Constitute Project.org; Su Chi, *Taiwan's Relations with Mainland China: A Tail Wagging Two Dogs*(New York: Routledge, 2008), pp.61~62. 쑤치(蘇起)의 분석은 이를 가장 잘 설

명해 주고 있다.

16 Statement by the President Truman on Korea(June 27, 1950), History and Public Policy Program Digital Archive, Wilson Center. Harry S. Truman, 1945 to 1953. 또한 다음을 참조하라. www.trumanlibrary.gov/library/public-papers/173/statementpresident-situation-korea.

17 일본이 중화민국과 체결한 조약에 대해서는 다음을 참조하라. Treaty of Peace between the Republic of China and Japan, signed at Taipei(April 28, 1952), Taiwan Documents Project.

18 타이완의 민간 정부에 대해서는 다음을 참조하라. Brian Hioe, "Taiwan Civil Government Proves a Peculiarly Taiwanese Example of Conspiracy Theories Found Worldwide," *New Bloom*(May 21, 2018); and Jason Pan, "Heads of Taiwan Civil Government Released on Bail," *Taipei Times*(October 5, 2018).

19 Additional Articles to the Constitution of the Republic of China(Sixth Revision, 2000), Government Information Office, Republic of China, Taiwan Documents Project. 이 수정안은 헌법 개정 및 영토 변경의 권한을 국민대회에서 입법원으로 이동시켰다. 왜냐하면 1999년 국민대회가 임기연장을 시도해 대중의 반발을 불러일으켰기 때문이다. Shelley Rigger, "The Politics of Constitutional Revision," in Robert Ash, John Garver, and Penelope Prime, eds., *Taiwan's Democracy: Economic and Political Challenges*(New York: Routledge, 2013), pp.37~38.

20 중화민국은 통치하지 않는 중국 대륙의 지방들을 포함한 중국 전역의 정부라는 전통적인 국민당의 관점에 따라, 타이완을 위한 지방정부가 필요하게 되었다. 이러한 정부는 1998년까지 실무를 수행하다가 모든 기능이 중앙정부로 이관되었다. 하지만 중화민국 헌법에 '타이완성 성장(省長)'이라는 직책이 언급되어 있기 때문에 지금까지 공식적으로는 폐지되지 않았다.

21 "DPP Resolution on Taiwan's Future," TaiwanDC.org(May 8, 1999).

22 "The DPP Platform," DPP 2000[an internet resource developed by Shelley Rigger, Davidson College]; 저자 파일의 사본.

23 Taiwan(Republic of China)'s Constitution of 1947 with Amendments through 2005.

24 "Ma on Cross-Strait Relations: One Republic of China, Two Areas," KMT Official Website (March 3, 2010).

25 "Full Text of President Ma Ying-Jeou's Inaugural Address," *Focus Taiwan*(May 20, 2012).

26 Sherry Hsiao, "Beijing Needs to Accept Complete 'Consensus': Ma," *Taipei Times*(July 7, 2020). 강조점은 추가한 것이다.

27 Zheng Sufen, "Jiexi 'Taiwanren/Zhongguoren' renting de chixu yubianyi"[Analyzing continuity and change in "Taiwanese/Chinese" Identity], paper presented at the "Symposium on Taiwan's Democratization and Free Elections" at the Election Study Center of National Chengchi University (May 25, 2019); 저자 파일의 사본.

28 "Ma Ying-Jeou, 'Inaugural Address,' May 20, 2008," US-China Institute, at the University of Southern California.

29 Liu Chien-kuo and others, "Language: A Tool for Messages or Identity," *Taipei*

Times(January 18, 2017); Lee Min-yung, "Taiwan Needs to Develop Its Own Culture," *Taipei Times*(December 24, 2017).

30   "DPP Resolution on Taiwan's Future," *New Taiwan, Ilha Formosa*.

31   Ma Ying-Jeou, "'Inaugural Address,' May 20, 2008," USC US-China Institute. 앞의 장에서 언급했듯이, 2020년에 국민당의 장치천 주석은 자신이 "태생은 타이완인이고, 민족은 중국인이며, 중화민국의 시민이다"라고 말했다. Lin Liang-sheng, "KMT's Chiang Says He Is 'Taiwanese and Chinese'," *Taipei Times*(March 19, 2020).

32   "Time for Taiwan (Republic of China)," editorial, *Taipei Times*(August 24, 2020)

제12장 중화인민공화국의 비대칭 공격

1   J. Michael Cole, "China Hardening Rhetoric toward Taiwan Foreshadows Increased Tensions," *Global Taiwan Brief*, Vol.5, No.9(2020); John Dotson, "Military Activity and Political Signaling in the Taiwan Strait in Early 2020," *China Brief*, Vol.20, No.6(2020).

2   "PLA Conducts Combat-Ready Patrols and Exercises in Taiwan Straits—Ministry of National Defense," *China Military Online*(September 18, 2020); Michael Mazza, "Signaling from Chinese Military Exercises around Taiwan," *Global Taiwan Brief*, Vol.5, No.19(October 7, 2020).

3   J. Michael Cole, "China Acting on 'Lebanization' Threat against Taiwan," *Taiwan Sentinel* (May 18, 2018).

4   Ian Easton, "Taiwan's Anti-Invasion Strategy: Elevating Defense Capabilities from Crisis to Wartime," Project 2049 Institute(March 7, 2017).

5   Scott L. Kastner, "Is the Taiwan Strait Still a Flash Point? Rethinking the Prospects for Armed Conflict between China and Taiwan," *International Security*, Vol.40, No.3(2015/ 2016), p.84.

6   Bonnie Glaser and Matthew P. Funaiole, "China's Provocations around Taiwan Aren't a Crisis," *Foreign Policy*(May 15, 2020).

7   June Teufel Dreyer, "The Big Squeeze: Beijing's Anaconda Strategy to Force Taiwan to Surrender," Foreign Policy Research Institute(August 13, 2018).

8   Sean Lin, "China Ramping Up Military Threats: Yen," *Taipei Times*(November 13, 2019).

9   Keoni Everington, "China Fires Long March Rocket Directly Over Taiwan," *Taiwan News* (September 15, 2020).

10   Sun Tzu and Sun Pin, *The Complete Art of War: Sun Tzu, Sun Pin*, translated by Ralph D. Sawyer(Boulder, Colo.: Westview Press, 1996), p.50. 인용된 문장의 전체 내용은 다음과 같다. "백 번 싸워 백 번 이기는 것은 최선 중의 최선이 아니며, 싸우지 않고 적을 굴복시키는 것이 최선 중의 최선이다." 중국어 원문은 "是故百戰百勝, 非善之善者也 ; 不戰而屈人之兵, 善之善者也"이다.

11   Alastair Iain Johnston, *Cultural Realism: Strategic Culture and Grand Strategy in Chinese History*(Princeton University Press, 1995), pp.107~108.

12 우발적 충돌의 위험성에 대해서는 다음을 참조하라. Brendan Taylor, *Dangerous Decade: Taiwan's Security and Crisis Management, International Institute for Strategic Studies* (London: Routledge, 2019). 또한 다음을 참조하라. Glaser and Funaiole, "China's Provocations around Taiwan Aren't a Crisis"; Gerry Shih, "Taiwan Says Threat of Military Clash with China Is 'on the Rise'," *Washington Post*(July 22, 2020).

13 2013년에 출간한 『미지의 해협(Uncharted Strait)』이라는 책에서 나는, 중국이 마잉주 정부 당시 시도했지만 실패했던 것처럼, 설득을 통해 정치적 목표를 진전시키지 못한다면 협박과 압력을 사용하는 전략을 실시할 가능성도 있다고 경고했다. *Richard C. Bush, Uncharted Strait: The Future of China-Taiwan Relations*(Brookings Institution Press, 2013), pp.137~158.

14 Nathan Beauchamp-Mustafaga, "Cognitive Domain Operations: The PLA's New Holistic Concept for Influence Operations," *China Brief*, Vol.19, No.16(September 6, 2019).

15 Vincent W. F. Chen, "Republic of China, Taiwan's Unique Status Shall Not Perish: CCP's Influence Operations against Taiwan," paper presented at the Jamestown Foundation's Ninth Annual China Defense and Security Conference, Washington, D.C(October 15, 2019); 저자 파일의 연설 사본.

16 같은 글.

17 Bush, *Uncharted Strait*, pp.49~51.

18 "Yearly Statistics: Visitor Arrival by Residence," Tourism Statistics, Tourism Bureau, Ministry of Communication and Transportation, Republic of China(2018).

19 "Monthly Statistics: Visitor Arrivals by Residence," Tourism Statistics, Tourism Bureau, Ministry of Communication and Transportation, Republic of China(2018).

20 "Chinese Tourist Numbers Declined 68% Last Month," *Taipei Times*(October 19, 2019).

21 Ian C. Forsyth, "Analyzing China's 31 Measures for Taiwan," *China-US Focus*(April 24, 2018). 또한 다음을 참조하라. Zhu Songlin, "Thirty-One Measures: From Ideas and Principles to Policies," *China-US Focus*(May 28, 2018).

22 "Opening Statement of Syaru Shirley Lin," U.S.-China Economic and Security Review Commission, Hearing on "U.S.-China Relations in 2019: A Year in Review," Washington, D.C.(September 4, 2019).

23 Ku Chuan, Shen Peng-ta, and Joseph Yeh, "China's '26 Measures' Seek to Influence Elections: Taiwan Government," *Focus Taiwan*(October 4, 2019).

24 Lee Hsin-fang and Jake Chung, "New Policies to Counter China Incentives," *Taipei Times* (March 17, 2018).

25 "Taiwan Brain Drain Reaches 1 Million," *China Post*(April 28, 2019); "MAC Announces Report on the Implementation Results of the 'Eight Strategies for a Stronger Taiwan: Responses to Mainland China's 31 Taiwan-Related Measures'," press release, Mainland Affairs Council (September 18, 2018); Kensaku Ihara, "Taiwan to Call Businesses Home from China, Says Economic Minister," *Nikkei Asian Review*(March 29, 2018).

26 Miao Zong-han and Chung Yu-chen, "67 Taiwanese Missing in China since Tsai Took Office: Agency," *Focus Taiwan*(September 19, 2019); Miao Zong-han and Matthew Mazzetta, "China Confirms Detentions of Three Taiwanese," *Focus Taiwan*(November 13, 2019); Russell Hsiao, "Fortnightly Review: Taiwan Academic Missing in China as Broader Clamp Down of Foreign Nationals by Chinese Authorities on National Security Grounds," *Global Taiwan Brief*, Vol.4, No.21(2019)(http://globaltaiwan.org/2019/11/vol-4-issue-21/#RussellHsiao11062019).

27 Abraham Gerber, "Taipei Urged to Be Tough on Rights Advocate's Vanishing," *Taipei Times*(March 25, 2017); Chris Horton, "China Sentences Taiwanese Human Rights Activist in Subversion Case," *New York Times*(November 27, 2017); J. Michael Cole, "What Lee Ming- che's Show Trial Tells Us," *Taiwan Sentinel*(September 12, 2017).

28 해당 법과 관련해서는 다음을 참조하라. Donald Clarke, "Hong Kong's National Security Law: An Assessment," *China Leadership Monitor*(July 13, 2019).

29 같은 글.

30 Li Zhenguang, "Xianggang Guoanfa Jiang Yancheng 'Taidu' Luangang Xingjing"["Hong Kong's National Security Law will severely punish 'Taiwan Independence' for acts of chaos in Hong Kong"], *Global Times*(July 4, 2020). 이 법률 조항에서 '외부 세력'이라는 용어는 타이완을 지칭하고 있다. 왜냐하면 중화인민공화국은 타이완을 중국의 일부로 간주하고 있기 때문이다.

31 Peng Wan-hsin, "Taiwanese Risk Deportation to China," *Taipei Times*(July 13, 2020).

32 Kathrin Hille, "China Is Influencing Taiwan's Elections—through TV," OZY(July 26, 2019).

33 J. Michael Cole, "An Analysis of Possible Chinese Influence Operations against Taiwan: The Want-Want Case," *Prospect Foundation Newsletter*(May 6, 2019).

34 같은 글.

35 Stacy Hsu and Chiang Yi-ching, "China Pressured Media Outlets in Taiwan: U.S. Human Rights Report," *Focus Taiwan*(March 12, 2020).

36 Hille, "China Is Influencing Taiwan's Elections".

37 Luke Sabatier and Emerson Lim, "Chinese Official Bashes U.S. at Cross-Strait Media Gathering," *Focus Taiwan*(May 12, 2019).

38 Central Intelligence Agency, "Taiwan," *CIA World Factbook*(www.cia.gov/library/publications/resources/the-world-factbook/index.html).

39 Lin Chia-nan, "False Information on the Rise in Taiwan: Academic," *Taipei Times* (September 28, 2019).

40 Lauren Dickey, "Confronting the Challenge of Online Disinformation in Taiwan," in Yuki Tatsumi, Pamela Kennedy, and Jason Li, eds., *Taiwan Security Brief: Disinformation, Cybersecurity, and Energy Security*(Washington, D.C.: Henry L. Stimson Center, September 2019), pp.11~32; cited passage on p.16, brackets in original.

41 Paul Huang, "Chinese Cyber-Operatives Boosted Taiwan's Insurgent Candidate," *Foreign Policy*(June 26, 2019).

42 Elaine Hou and Ko Lin, "AIT Posts Chairman Moriarty's Interview on Facebook Page," *Focus Taiwan*(November 17, 2018).

43 "Gov't Is the Least Qualified to Determine What News Is True or Fake," editorial, *China Times* (December 18, 2018)(www1.kmt.org.tw/english/page.aspx?type=article&mnum =113&anum=22460).

44 Dickey, "Confronting the Challenge of Online Disinformation in Taiwan," in *Disinformation, Cybersecurity, and Energy Security*, pp.15~17. 또한 다음을 참조하라. Facebook, "Defending Election Integrity in Taiwan"(October 2020).

45 Jason Lanier and E. Glen Wey, "How Civic Technology Can Help Stop a Pandemic," *Foreign Affairs*(March 20, 2020).

46 Lyman P. Van Slyke, *Enemies and Friends: The United Front in Chinese Communist History*(Stanford University Press, 1967).

47 Christine Loh, *Underground Front: The Chinese Communist Party in Hong Kong* (University of Hong Kong Press, 2010).

48 State Council Information Office of the People's Republic of China, "China's National Defense in the New Era"(July 24, 2019).

49 Chen, "Republic of China, Taiwan's Unique Status Shall Not Perish".

50 당시에 나는 미국 연방의회 하원 외교위원회 아시아분과위원회 직원으로 일하면서 헨리 류의 피살 사건에 관한 청문회를 조직했다.

51 David E. Kaplan, *Fires of the Dragon*(New York: Scribner, 1992).

52 Teng Pei-ju, "Pro-China Political Party Backs Han for Taiwan President," *Taiwan News* (August 11, 2019).

53 Chen, "Republic of China, Taiwan's Unique Status Shall Not Perish"; Gary Schmitt and Mark Mazza, "Blinding the Enemy: CCP Interference in Taiwan's Democracy," Global Taiwan Institute(October 2019).

54 Emerson Lim, "KMT Pulls Out of Cross-Strait Forum over Chinese TV Comment," *Focus Taiwan*(September 14, 2020).

55 Luo Cheng-tsung, "Taiwan Can't Control Its Temples and China Knows It," *Ketagalan Media*(December 28, 2019).

56 Chen Yu-fu, "Chinese Troupe to Stage Unification-Themed Show," *Taipei Times*(October 28, 2019); "Dance Tour a 'United Front' Tactic," editorial, *Taipei Times*(November 1, 2019).

57 Sean Lin, "Legislature Passes Anti-Infiltration Act," *Taipei Times*(January 1, 2020).

58 Tsai Peng-min, Joe Yeh, and Frances Huang, "Business Groups Fear Chilling Effect From Anti-Infiltration Act," Focus Taiwan(January 1, 2020).

59 Yeh Su-ping and others, "President Reassures Public after Anti-Infiltration Act Takes

Effect," *Focus Taiwan*(January 15, 2020).

60　Andy Greenberg, "Chinese Hackers Have Pillaged Taiwan's Semiconductor Industry," *Wired*(August 6, 2020).

61　Timothy Ferry, "Cybercrime Poses a Mounting Problem in Taiwan," *Taiwan Business Topics*(May 17, 2018); Philip Hsu, "Taiwan's Emerging Push for Cyber Autonomy," *China Brief*, Vol. 18, No.13(2018); Lee Hsin-Yin, "U.S.-Taiwan Cooperation Crucial for Global Cybersecurity: AIT Head," *Focus Taiwan*(September 17, 2019).

62　Lee, "U.S.-Taiwan Cooperation Crucial: AIT Head".

63　같은 글; Timothy Ferry, "Government Seeks to Thwart Cyber Threats," *Taiwan Business Topics*(May 17, 2018); Holmes Liao, "Mitigating China's Threat to Taiwanese Telecom Networks," *Prospect Foundation Newsletter*, No.3(February 19, 2019).

64　Timothy Ferry, "Taiwan Wakes Up to the Need for Stricter Cybersecurity," *Taiwan Business Topics*(May 11, 2018); Ferry, "Government Seeks to Thwart Cyber Threats"; Russell Hsiao, "Taiwan Launches National Communications Reliability and Cyber Security," *Global Taiwan Brief*, Vol.23, No.23(2018); Laney Zhang, "Taiwan: New Cybersecurity Law Takes Effect," Library of Congress, Global Legal Monitor(January 30, 2019); Lee Hsin-fang and Sean Lin, "Cabinet Says Ban Aimed at Boosting National Security," *Taipei Times*(January 25, 2019); Sean Lin, "Cabinet Unveils Cybersecurity Guidance," *Taipei Times*(April 20, 2019); Lee Hsin-fang, "Tighter Cybersecurity System Proposed," *Taipei Times*(May 27, 2019); Russel Hsiao, "United States and Taiwan Step Up Cybersecurity Cooperation amid Uptick in China's Cyber Offensive," *Global Taiwan Brief*, Vol.4, No.19(2019).

65　Lawrence Chung, "Taiwan Braced for Wave of Cyberattacks from Mainland China Ahead of Local Elections," *South China Morning Post*(September 20, 2018). 타이완의 통신 네트워크에 대한 사이버 위협과 관련해서는 다음을 참조하라. Liao, "Mitigating China's Threat to Taiwanese Telecom Networks".

제13장 타이완의 민주제도

1　Kharis Templeman, "How Taiwan Stands Up to China," *Journal of Democracy*, Vol.31, No.3(July 2020), p.86.

2　"Sheping: Zhongguo Lishi Juebuhui Kuanshu Tuidong Fenlie di Ren"["Editorial: Chinese history will never forgive promoters of separatism"], *Huanqiu Shibao*(July 31, 2020) (https://huanqiu.co m/article/3zGnd9P3ng).

3　Larry Diamond, *The Spirit of Democracy: The Struggle to Build Free Societies throughout the World*(New York: Times Books, 2008), pp.88~112; Linda Chao and Ramon Myers, *The First Chinese Democracy: Political Life in the Republic of China on Taiwan*(Johns Hopkins University Press, 1997).

4　"2018 Human Rights Report(Taiwan Part)," American Institute in Taiwan(March 15, 2019).

5   Kharis Templeman, "The Party System Before and After the 2016 Election," in Kharis Templeman, Yun-han Chu, and Larry Diamond, eds., *Dynamics of Democracy in Taiwan: The Ma Ying-jeou Years*(Boulder, CO: Lynne Reiner Publishers, 2020), p.125.

6   Pippa Norris, *Making Democratic Governance Work: How Regimes Shape Prosperity, Welfare, and Peace*(Cambridge University Press, 2012), pp.58~59.

7   Larry Diamond, "Facing Up to the Democratic Deficit," *Journal of Democracy*, Vol.26, No.1(2015), pp.141~155, cited passage on p.152.

8   "Corruption Perceptions Index," *Transparency International*(2019).

9   예를 들어 다음을 참조하라. Chuck Freilich, "This Is Israel's Last Ever Zionist Election," *Haaretz*(September 12, 2019).

10   Susan Rice, "A Divided America Is a National Security Threat," *New York Times* (September 22, 2020).

11   1946년 헌법은 1946년 12월에 채택되어 1947년 1월 1일에 공포되었으며 1947년 12월 25일에 발효되었다.

12   Ch'ien Tuan-sheng, *The Government and Politics of China, 1912-1949*(Stanford University Press, 1950), pp.317~330.

13   정치적 전환의 유형에 대해서는 다음을 참조하라. James Loxton, "Authoritarian Successor Parties," Journal of Democracy, Vol.26, No.3(2015), pp.157~170; Mikael Mattlin, *Politicized Society: The Long Shadow of Taiwan's One-Party Legacy*(Copenhagen: NIAS Press, 2011).

14   "DPP Lawmakers Want Name Change for Academia Sinica," *Focus Taiwan*(March 9, 2020).

15   Ku Chuan, Chen Chun-hua, and Lee Hsin-Yin, "Resolutions Passed to Highlight 'Taiwan' on Passport, CAL Jet," *Focus Taiwan*(July 22, 2020); "Taiwan to Change Passport, Fed Up with Confusion with China," Reuters(September 2, 2020).

16   "Taiwan Lianheguo Xiejinhui: Jianzhang"[Taiwan United Nations: Alliance General regulations] (www.taiwan-un-alliance.org.tw/document/intro.htm).

17   "이름이 바르지 않으면 말이 순조롭지 않고, 말이 순조롭지 않으면 일이 이루어지지 않는다" (名不正, 則言不順. 言不順, 則事不成). Confucius, *The Analects*, translated by Raymond Dawson(Oxford University Press, 1993), p.49.

18   Don Shapiro, "Taiwan Shows Its Mettle in Coronavirus Crisis While the WHO Is MIA," Brookings Institution(March 19, 2020).

19   Yun-han Chu and others, "Re-assessing the Popular Foundation of Asian Democracies: Findings from Four Waves of the Asian Barometer Survey," Working Paper Series 120, Asian Barometer (2016).

20   World Values Survey, "Taiwan, 2012," study 552, Vol.20180912(www.worldvaluessurvey.org/WVSDocumentationWV6.jsp; click on "WV6_Results_Taiwan 2012_v20180912").

21   Yun-han Chu and Min-hua Huang, "The Meanings of Democracy: Solving an Asian

Puzzle," *Journal of Democracy*, Vol.21, No.4(2010), pp.114~122, results on p.118.

22 World Values Survey, "Taiwan, 2012".

23 "Corruption Perceptions Index," *Transparency International*(2019). 타이완에 관한 정보는 www.transparency.org/en/cpi/2019/results/twn#details 및 글로벌 데이터 세트(global data set)에서 찾아볼 수 있다. CPI는 여러 설문조사를 통해 한 국가의 공공부문에서의 부패 수준에 대한 전문가와 기업 경영진의 견해를 반영한 종합지수를 도출한다.

24 Jason Pan, "Five Politicians Charged with Graft," *Taipei Times*(September 22, 2020).

25 같은 글. 한편 타이완 사람들은 세속적이고 자발적인 사회 그룹에 가입하는 것에서는 상당히 한결같은 것처럼 보인다. 즉, 그들은 꽤 높은 불참 비율을 보였다. 오직 스포츠와 레크리에이션 단체에서만 조사 대상자들 중 25% 이상이 자신이 '활동적인 회원'이라고 응답했다. 종교는 이러한 사회활동 패턴의 예외이다.

26 Yun-han Chu and Wen-chin Wu, "Sources of Regime Legitimacy in East Asian Societies," Asian Barometer Survey, Working Paper 135, Asian Barometer, p.20.

27 Yu-tzung Chang and Yun-han Chu, "Assessing Support for Democracy," in *Dynamics of Democracy in Taiwan*, p.241.

28 Thomas Carothers and Andrew O'Donohue, *Democracies Divided: The Global Challenge of Political Polarization*(Brookings Institution Press, 2019), pp.6~8. 인용된 구절의 출처는 Murat Somer and Jennifer McCoy, "Déjà vu? Polarization and Endangered Democracies in the 21st Century," *American Behavioral Scientist*, No.62(January 2018), pp.3~15이며, 이것은 Thomas Carothers and Andrew O'Donohue, *Democracies Divided*에서 도출된 것이다.

29 Larry Diamond, *Developing Democracy: Toward Consolidation*(Johns Hopkins University Press, 1999), pp.100~101.

30 "2016 Taiwan Legislative Elections," Wikipedia(September 16, 2020).

31 Chiu Yen-ling and Sherry Hsiao, "KMT Bid to Block Legislative Votes Fails," *Taipei Times* (June 30, 2020).

32 Kuo Chien-shen and others, "Legislators Fight, Hundreds Protest as Controversial Nominees Confirmed," *Focus Taiwan*(July 17, 2020).

33 Lu Ling, "A Story of Old Overseas Taiwanese Independence Activists," *Ketagalan Media* (July 3, 2019).

34 나는 이 점을 밝혀준 외부 검토자에게 감사의 말을 전한다.

35 "DPP's Oversight Bill Flawed, Sunflower Activist Says," *Taipei Times*(April 25, 2016).

36 Isaac Shih-hao Huang and Shing-yuan Sheng, "Legislative Politics," in *Dynamics of Democracy in Taiwan*, pp.177~178.

37 World Values Survey, "Taiwan, 2012, Questions 96-101".

38 Richard C. Bush, "Taiwan's Local Elections, Explained," Brookings Institution(December 5, 2018).

39 Ching-hsin You, "Parties, Partisans, and Independents in Taiwan," in Christopher H. Achen and T. Y. Wang, eds., *The Taiwan Voter*(University of Michigan Press, 2017).

40 "The TPP Might Be Good for Taiwan," editorial, *Taipei Times*(October 24, 2019).

41 "Taiwan's Legislative Yuan: Oversight or Overreach?," Brookings Institution, Center for East Asia Policy Studies(June 23, 2014).

42 Matthew Strong, "Taiwan Requires Referendum for Political Agreements with China," *Taiwan News*(March 28, 2019).

43 Sean Lin, "Rules for Deals with China Beefed Up," *Taipei Times*(June 1, 2019).

44 Francis Fukuyama, *Political Order and Political Decay*, Vol. 2, From the Industrial Revolution to the Globalization of Democracy(New York: Farrar, Straus and Giroux, 2014), pp.39, 488~505. 또한 다음을 참조하라. George Tsebelis, "Decision Making in Political Systems: Veto Players in Presidentialism, Parliamentarism, Multicameralism, and Multipartyism," *British Journal of Political Science*, Vol.25, No.3(1995), pp.289~325.

45 참여와 제도 사이의 이러한 긴장은 사무엘 헌팅턴(Samuel Huntington)의 다음과 같은 고전적인 학술성과의 주제였다. Samuel Huntington, *Political Order in Changing Societies*(Yale University Press, 1968).

46 Huang Min-Hua, "The Rise of the Internet and Changing Political Participation in Asia," working paper, Brookings Institution, Center for East Asia Policy Studies(June 2015), pp.5, 25~26; 저자 파일의 사본. 이 주장에 대한 추가적인 논의로는 다음을 참조하라. Huang Min-Hua and others, "How Does Rising Internet Usage Affect Political Participation in East Asia? Explaining Divergent Effects," *Asian Perspective*, Vol.41, No.4(2017), pp.527~558.

47 James Reardon-Anderson, *Pollution, Politics, and Foreign Investment in Taiwan: The Lukang Rebellion*(New York: Routledge, 1992).

48 Dafydd Fell, "Social Movements in Taiwan after 2008: From the Strawberries to the Sunflowers and Beyond," in by Dafydd Fell, ed., *Taiwan's Social Movements under Ma Ying-jeou: From the Wild Straberries to the Sunflowers*, Kindle ed.(New York: Routledge, 2017), loc.372~433.

49 Ming-sho Ho, *Challenging Beijing's Mandate of Heaven: Taiwan's Sunflower Movement and Hong Kong's Umbrella Movement*(Temple University Press, 2019), pp.63, 64, 66.

50 소셜 미디어의 영향에 대해서는 다음을 참조하라. Eric Chen-hua Yu and Jia-sin Yu, "Social Media and Cyber Mobilization," in *Dynamics of Democracy in Taiwan*, pp.311~338.

51 "The Rise of People Power," editorial, *Taipei Times*(August 6, 2013).

52 운동권 활동의 발전과 학습을 보여주는 일련의 사례 연구는 다음을 참조하라. Fell, *Taiwan's Social Movement under Ma Ying-jeou*.

53 이 논의는 다음의 논문에 기초하고 있다. Ming-sho Ho, "Occupy Congress in Taiwan: Political Opportunity, Threat, and the Sunflower Movement," *Journal of East Asian Studies*, Vol.15, No.1(2015), pp.69~97.

54 Jimmy Hsiung, "2016 State of the Nation Survey: Ready to Test a New President," *CommonWealth Magazine*(January 8, 2016).

55 이 점을 명확히 해준 것과 관련해 카리스 템플먼(Kharis Templeman)에게 감사드린다.

56 여론조사 결과는 저자의 파일에 있다.

57 "DPP Says Trade Accord Cannot be Forced," *Taipei Times*(March 11, 2014).

58 같은 글.

59 같은 글.

60 상대적으로 낮은 수준의 투명성은 미국 정부가 협상했던 무역협정과 다르지 않았다.

61 "Lawmakers Get Ready to Tackle Thorny Trade Pact," *Taipei Times*(March 12, 2014).

62 "Legislative Review Descends into Chaos," *Taipei Times*(March 13, 2014).

63 "DPP Renews Trade Pact Renegotiation Call," *Taipei Times*(March 13, 2014).

64 "Trade Pact Review Meeting Cut Short," *Taipei Times*(March 18, 2014).

65 "KMT Obstructs Infrastructure Bill," *Taipei Times*(May 3, 2017).

66 Liu Shih-yi, Liu Kuan-ting, and Evelyn Kao, "Acquittal Verdicts Overturned for 7 Sunflower Movement Protesters," *Focus Taiwan*(April 28, 2020); Liu Kuanting, Lin Chang-shun, and Matthew Mazzetta, "Former President Cleared of Using Excessive Force During Protests," *Focus Taiwan*(September 15, 2020).

67 가장 유용한 분석을 제시하고 있는 것으로는 다음을 참조하라. Ho, "Occupy Congress in Taiwan"; Andre Beckershoff, "The Sunflower Movement: Origins, Structures and Strategies of Taiwan's Response against the Black Box," in Dafydd Fell, ed., *Taiwan's Social Movements under Ma Ying-jeou*; Hsu Szu-chien, "The China Factor and Taiwan's Civil Society Organizations in the Sunflower Movement: The Case of the Democratic Front against the Cross-Strait Service Trade Agreement," in Dafydd Fell, ed., *Taiwan's Social Movements under Ma Ying-jeou*.

68 더욱이 서비스무역협정은 투명하지 않은 방식으로 협상되었을 수 있는데, 무역협정의 경우에는 종종 그러하다(미국은 확실히 그러하다).

69 Fell, "Social Movements in Taiwan after 2008," locs.714, 731~732.

70 William Yang, "Five Years On, the Sunflower Generation's Outlook for Taiwan," *Ketagalan Media*(March 19, 2019).

71 Taiwan's (Republic of China) Constitution of 1947 with Amendments through 2005, Constitute Project.

72 H.Con.Res.293, 101st Congress(1989-1990). 이것은 타이완의 미래에 대한 미국 의회의 의견을 표명한 것이었다.

73 Shelley Rigger, *From Opposition to Power: Taiwan's Democratic Progressive Party* (Boulder, CO: Lynne Rienner Publishers, 2001), p.125.

74 당시 차이잉원 총통이 타이완 체제에 대해 내린 진단은 중국의 민족주의자 쑨원이 직접민주주의 체제를 도입해야 한다고 주장한 이유, 즉 간접민주주의 체제가 국민의 의견에 귀를 기울이지 않고 통치에만 치중할 것이라고 주장한 이유와 일치했다.

75 중화민국 헌법의 추가 조항은 민주주의로 이행하는 동안 및 그 이후에 통과된 조항이다.

76 "Zhonghua Minguo Xianfa Zengxiu Tiaowen"[Additional Articles of the ROC Constitution],

website of the constitutional court of the Judicial Yuan(https://law.judicial.gov.tw/FLAW /dat02.aspx?lsid=FL000002&). 중국어로는 "經中華民國自由地區選擧人投票複決"이다.

77 Joseph Lee, "The Referendum Law 2003 in Taiwan: Not Yet the End of the Affair," *China Perspectives*, No.65(May/June 2006).

78 같은 글.

79 "2018 Human Rights Report(Taiwan Part)".

80 동성결혼 문제에 대해서는 다음을 참조하라. C. Donovan Smith, "The DPP's Disaster: The Mishandling of Marriage Equality," *Ketagalan Media*(May 14, 2019).

81 "Tsai, DPP Defend Referendum Act Amendment," *Focus Taiwan*(July 7, 2019).

82 같은 글.

83 Nathan Batto, "Energy Policy and Referenda," *Frozen Garlic*(blog)(December 1, 2018).

84 Nathan Batto, "Do Referendums Reflect Public Opinion?," *Frozen Garlic*(blog)(November 7, 2019).

85 Marc F. Plattner, "Populism, Pluralism, and Liberal Democracy," *Journal of Democracy*, Vol. 21, No.1(2010), pp.81~92.

86 Jan-Werner Muller, *What Is Populism?*(University of Pennsylvania Press, 2016), p.101.

87 Cas Mudde, "The Populist Zeitgeist," *Government and Opposition*, Vol.29, No.4(2004), p.543.

88 샤오신황은 중앙연구원 사회학연구소에 소속되어 있다.

89 Hsin-huang Michael Hsiao, "Observations on Rising Populism in Taiwan Politics," *Ketagalan Media*(August 6, 2019); reprinted from *Global Taiwan Brief*(July 31, 2019).

90 Nathan Batto, "Populism and Han Kuo-yu," *Frozen Garlic*(blog)(December 27, 2019).

91 C. Donovan Smith, "Political Power Players to Watch, Part 1: Terry Gou, Ko Wen-che, and Wang Jin-pymg," *Ketagalan Media*(August 29, 2019).

92 같은 글.

93 William Yang, "Five Years On, the Sunflower Generation's Outlook for Taiwan," *Ketagalan Media*(March 19, 2019).

94 Yi-chih Wang, "Who Are Han Kuo-yu's Hardcore Fans?," *CommonWealth Magazine*(July 17, 2019).

95 "Meilidao Mindiao: 2019 nian, 11 yue Guozheng Mindiao"[My Formosa public opinion poll: November 2019, National Politics Poll], *Meilidao Dianzibao*[My Formosa](November 2019), table 10(http://my-formosa.com/DOC_151991.htm).

96 Nathan F. Batto, "When Populism Can't Beat Identity Politics," *New York Times*(January 12, 2020).

97 Chu and others, "Re-assessing the Popular Foundation of Asian Democracies".

98 *Social Science Encyclopedia*, 3rd ed., *s.v.* "legitimacy".

99 Richard C. Bush, *Hong Kong under the Shadow of China: Living with the Leviathan*

(Brookings Institution Press, 2016), pp.161, 168~169.

100 베이징에 위치한 칭화대학의 정치 이론가 대니얼 벨(Daniel Bell)은 "정치 능력주의의 기본 개념은 모든 사람이 교육을 받고 정치에 기여할 수 있는 동등한 기회를 가져야 하지만 모든 사람이 도덕적으로 정보에 입각한 정치적 판단을 내릴 수 있는 동등한 능력을 갖고 이 과정에서 나오지는 않는다는 것이다. 따라서 정치의 임무는 평균 이상의 능력을 가진 사람들을 식별해 정치 공동체에 봉사하게 하는 것이다. 지도자들이 잘하면 기본적으로 국민들은 따라갈 것이다"라고 언급했다. Daniel A. Bell and Chenyang Li, eds., *The East Asian Challenge for Democracy: Political Meritocracy in Comparative Perspective*(Cambridge University Press, 2013), p.3, and pp.238~340.

제14장 미국의 정책

1 Matt Rivers, Steven Jiang, and Ben Westcott, "Taiwan Vulnerable to Chinese Invasion without US, Foreign Minister Says," CNN(July 23, 2018).

2 인민해방군은 1958년 8월 진먼다오(金門島) 앞바다에 포격을 가했고, 미군은 중화민국 군대가 그곳을 지키도록 도왔다. 그것은 심각한 국가안보 위기였지만, 타이완 섬에 대한 모든 위협은 군사적인 것보다 심리적인 것이었다.

3 그 이유와 관련해서는 다음을 참조하라. Richard C. Bush, "The 'Sacred Texts' of United States-China Taiwan Relations," in *At Cross Purposes: U.S.-Taiwan Relations since 1942* (Armonk, N.Y.: M. E. Sharpe, 2004), pp.124~178.

4 같은 글.

5 Richard C. Bush, *Untying the Knot: Making Peace in the Taiwan Strait*(Brookings Institution Press, 2005).

6 Mike Pence, "Remarks by Vice President Pence on the Administration's Policy toward China," White House, Washington, D.C.(October 4, 2018).

7 Rita Cheng and Joseph Yeh, "U.S. Supports Taiwan Self-Defense Capability: Schriver," *Focus Taiwan*(February 8, 2019).

8 David Stilwell, "Statement of David Stilwell Nominee to be Assistant Secretary of State for East Asian and Pacific Affairs," Washington, D.C., Senate Committee on Foreign Relations (March 27, 2019).

9 Mike Pence, "Remarks by Vice President Pence at the Frederic V. Malek Memorial Lecture," Conrad Hotel, Washington, D.C.(October 24, 2019), White House.

10 Stephen E. Biegun, "U.S. Policy toward China," testimony before the Senate Committee on Foreign Relations(July 22, 2020).

11 *Indo-Pacific Strategy Report: Preparedness, Partnerships, and Promoting a Networked Region*(U.S. Department of Defense, June 1, 2019).

12 같은 책, "Message from the Secretary of Defense," n.p.

13 같은 책, pp.7~8.

14 같은 책, p.31.

15 같은 책, p.21. 강조점은 추가한 것이다. 이 보고서에는 타이완이 공격을 받을 경우 이를 방어하겠다는 약속이 명시되어 있지 않다는 점에 주목할 필요가 있다.

16 John Bolton, "The Scandal of Trump's China Policy," *Wall Street Journal*(June 17, 2020).

17 Elaine Hou, Matt Yu, and Emerson Lim, "U.S., Taiwan Seal Arms Deals," *Focus Taiwan* (December 21, 2019).

18 Bush, *At Cross Purposes*.

19 Warren Christopher, "American Interests and the U.S.-China Relationship," address to the Asia Society, the Council on Foreign Relations, and the National Committee on U.S.-China Relations, New York(May 17, 1996); Shirly Kan, *China/Taiwan: Evolution of the 'One China' Policy; Key Statements from Washington, Beijing, and Taipei* (Washington, D.C.: Congressional Research Service, October 10, 2014), pp.60~61 인용.

20 James A. Kelly, "Overview of U.S. Policy toward Taiwan," testimony before the House International Relations Committee Hearing on Taiwan, Washington, D.C.(April 21, 2004).

21 Thomas Wright, "The 2016 Presidential Campaign and the Crisis of American Foreign Policy," Lowy Institute(October 10, 2016).

22 Bob Woodward, *Fear: Trump in the White House*(New York: Simon and Schuster, 2019), p.305.

23 Josh Rogin, "Trump Is Failing to Counter China's Diplomatic Assault on Taiwan," *Washington Post*(September 6, 2018).

24 Bolton, "The Scandal of Trump's China Policy".

25 *The CIA World Factbook, 2020-2021*(New York: Skyhorse Publishing, 2020), pp.916~917.

26 U.S. Census Bureau, "Top Trading Partners, December 2019".

27 "Number of International Students in the U.S., by Country of Origin, 2018-19," *Statista*.

28 Yeh Su-ping, Emerson Lim, and Evelyn Kao, "President Pitches Bilateral Trade Pact in Meeting with U.S. Official," *Focus Taiwan*(December 19, 2019).

29 Derek Scissors, "Prospects for US-Taiwan Economic and Trade Cooperation in 2020," remarks at panel discussion, Global Taiwan Institute, Washington, D.C.(February 5, 2020).

30 Ana Swanson, "U.S. to Start Trade Talks with Kenya to Counter China's Influence," *New York Times*(February 6, 2020).

31 American Chamber of Commerce in Taipei, "AmCham Taipei White Paper, 2020 edition," *Taiwan Business Topics*, Vol.50, No. 6(June 2019), p.13.

32 "President Tsai Issues Remarks Regarding International Trade," Office of the President website(August 28, 2020).

33 Shelley Shan, "KMT Thwarts Premier's Policy Address," *Taipei Times*(September 23, 2020).

34 Chen Chun-hua, Yeh Su-ping, and Matthew Mazzetta, "KMT Submits Petition for Referendum on Government Pork Policy," *Focus Taiwan*(September 23, 2020).

35 Lee Hsien-feng, Wang Chen-chung, and Elizabeth Hsu, "KMT Pushes Local Governments to Set, Uphold Anti-Ractopamine Rules," *Focus Taiwan*(August 31, 2020).

36 트럼프 대통령의 임기 초기에 미국은 타이완을 포함한 여러 나라에서 수입되는 철강에 관세를 부과했는데, 그 근거로 그 수입품이 미국의 국가안보에 위협이 된다는 믿을 수 없는 이유를 들었다.

37 Matthew Fulco, "Is Taiwan Winning the U.S.-China Trade War?," *Taiwan Business Topics*, Vol.49, No.8(2019), pp.16~20.

38 Hannah Kirk, "The Geo-Technological Triangle between the US, China, and Taiwan," *The Diplomat*(February 8, 2020).

39 Ali Wyne, "Potential Downsides to U.S.-China Trade Tensions on Taiwan's Economy," *Global Taiwan Brief*, Vol.5, No.5(2020); Raymond Zhong, "U.S.-China Tech Feud, Taiwan Feels Heat from Both Sides," *New York Times*(October 1, 2020).

40 Ana Swanson, "U.S. Delivers Another Blow to Huawei with New Tech Restrictions," *New York Times*(May 15, 2020); Ana Swanson, Paul Mozur, and Raymond Zhong, "U.S. Is Using Taiwan as a Pressure Point in Tech Fight with China," *New York Times*(May 19, 2020).

41 "TSMC Warns China-U.S. Deleveraging Will Drive Up Costs," Reuters(September 24, 2020).

42 트럼프 행정부는 2020년 1월에 TSMC가 미군 프로젝트에 제공하는 칩의 생산을 미국으로 옮기도록 압력을 가한 것으로 알려졌다. Lauly Li and Cheng Ting-fang, "Exclusive: Washington Pressures TSMC to Make Chips in US," *Nikkei Asian Review*(January 15, 2020).

43 Lindsey Ford, "Refocusing the China Debate: American Allies and the Question o US-China 'Decoupling'," Brookings Institution(February 7, 2020).

44 U.S. Congress, Public Law 115-232, "John S. McCain National Defense Authorization Act for Fiscal Year 2019," H.R. 5515, secs. 1257 and 1258.

45 U.S. Congress, Public Law 115-135, "Taiwan Travel Act," H.R. 535.

46 U.S. Congress, 116th Congress, "Taiwan Symbols of Sovereignty (SOS) Act of 2020," S.3310.

47 Donald J. Trump, *Statement on Signing the John S. McCain National Defense Authorization Act for Fiscal Year 2019 August 13, 2018* (Government Printing Office). 강조점은 추가한 것이다.

48 Taiwan National Security Survey, Program in Asian Security Studies, Duke University(https://sites.duke.edu/pass/taiwan-national-security-survey/).

49 Su Chi, "Should Taiwan Take Sides between the U.S. and China?," *United Daily News* (June 16, 2019).

50 Parris Chang, "Taiwan Must Act on US Goodwill," *Taipei Times*(August 30, 2018).

51 Taiwan National Security Survey.

52 Barbara Weisel, "Next Steps for Enhancing US-Taiwan Trade Relations," *Global Taiwan*

Brief, Vol.5, No.19(September 24, 2020).

53   미국 행정부의 연이은 수사적 부정확성에 대해서는 다음을 참조하라. Alan D. Romberg,
     *Rein In at the Brink of the Precipice: American Policy towards Taiwan and U.S.-PRC
     Relations*(Washington, D.C.: Henry L. Stimson Center, 2003).

54   "Full Text of Clinton's Speech on China Trade Bill," Johns Hopkins University의 Paul H.
     Nitze School of Advanced International Studies에서 행한 연설(March 9, 2000).

55   Richard Haass and David Sacks, "American Support for Taiwan Must Be Unambiguous,"
     Foreign Affairs(September 2, 2020).

56   리처드 하스(Richard Haass)와 데이비드 색스(David Sacks)는 이것이 필수적이라는 것을 인
     정하고 있지만, 그냥 지나칠 뿐이다.

57   비록 하스와 삭스가 미국의 성명이 타이완 독립을 지지하지 않는다는 표현을 포함해야 한다
     고 말하고 있지만, 그 자체로는 베이징이나 타이베이의 '수정주의 정부'를 안심시키기에 충분
     하지 않을 것이다.

58   Richard C. Bush, "A One-China Policy Primer," Brookings Institution(March 2017).

59   Ryan Hass, "This US-China Downturn May Be Difficult for Taiwan," Brookings Institution
     (February 24, 2020).

제15장 무엇을 해야 하는가

1   Nathan F. Batto, "When Populism Can't Beat Identity Politics," *New York Times*(January
     12, 2020).

2   Bethany Green, "Taiwan's Universities Are Fighting for Their Lives as Birth Rates
     Plummet," *Ketagalan Media*(January 30, 2020).

3   Evan A. Feigenbaum, "Assuring Taiwan's Innovation Future," Carnegie Endowment for
     International Peace(January 2020), pp.23~25.

4   같은 글, pp.26~28.

5   같은 글, pp.30~31.

6   Phillip Liu, "Bill to Ease Way for Foreign Professionals," *Taiwan Business Topics*(August
     22, 2017); Matthew Fulco, "Resolving Taiwan's Talent Exodus," *Taiwan Business Topics*
     (August 22, 2017).

7   Christopher H. Achen and T. Y. Wang, "The Power of Identity in Taiwan," in Christopher
     H. Achen and T. Y. Wang, eds., *The Taiwan Voter*(University of Michigan Press, 2017).

8   2018년 6월에 내가 익명의 제보자와 나눈 인터뷰 내용이다. 아이러니하게도, 내 친구의 논평
     은 마오쩌둥의 선집에 수록된 첫째 에세이의 다음과 같은 첫 문장을 떠올리게 한다. "누가 우
     리의 적인가? 누가 우리의 친구인가? 이것은 혁명에서 가장 중요한 질문이다. 이전의 중국 혁
     명 투쟁이 거의 성공하지 못한 근본적인 이유는 진짜 적을 공격하기 위해 진짜 친구들과 단결
     하지 못했기 때문이다." Mao Zedong, "Analysis of the Classes in Chinese Society"(1925), in
     Selected Works of Mao Zedong(Peking: Foreign Language Press, 1965), p.1.

9   2012년 5월에 내가 타이완 태생의 중화민국 관리와 나눈 대화 내용이다.

10 "Working Together to Realize Rejuvenation of the Chinese Nation and Advance China's Peaceful Reunification," 타이완 동포에게 보내는 메시지 발표 40주년 기념회의에서의 시진 핑 주석의 연설(Beijing: January 2, 2019), Taiwan Affairs Office of the State Council, PRC (www.gwytb.gov.cn/m/news/201904/t20190412_12155846.htm).

11 Robert D. Putnam, "Diplomacy and Domestic Politics: The Logic of Two-Level Games," *International Organization*, Vol.42, No.3(1988), pp.427~460.

12 Richard C. Bush, *Untying the Knot: Making Peace in the Taiwan Strait*(Brookings Institution Press, 2005), pp.271~273.

13 2005년까지 개헌안을 통과시키는 것은 지금은 없어진 국민대회의 몫이었다. 그 이후에는 앞에서 설명한 입법원 중심의 과정이 적용되었다.

14 Ching-hsin Yu, "Trends in Public Opinion," in Kharis Templeman, Yun-han Chu, and Larry Diamond, eds., *Dynamics of Democracy in Taiwan: The Ma Ying-jeou Years*(Boulder, CO: Lynne Reiner Publishers, 2020), p.269.

15 Flor Wang and Yu Hsiang, "KMT Criticized for Sidestepping Consensus That Enabled Good Relations," *Focus Taiwan*(June 19, 2020); Shih Hsaio-kuang and Dennis Xie, "KMT Task Force Unveils Four Pillars for Stable, Peaceful Cross-Strait Relations," *Taipei Times*(June 20, 2020).

16 William Yang, "KMT's Proposal for Cross-Strait Policy Exposes Generational Differences in Views toward China," *Global Taiwan Brief*, Vol.5, No.13(2020).

17 David G. Brown, "Can the KMT Reform—and Remain Relevant," *The Diplomat*(September 11, 2020).

18 Gunter Shubert, "Quo Vadis, KMT?," *Taiwan Insight*(June 5, 2020).

19 World Values Survey: Taiwan, 2012, study 552, Vol.20180912(www.worldvaluessurvey. org/WVSDocumentationWV6.jsp; click on "WV6_Results_Taiwan 2012_v20180912").

20 John Robert Shepherd, *Statecraft and Political Economy on the Taiwan Frontier, 1600-1800*(Stanford University Press, 1993).

21 Stevan Harrell, "From Xiedou to Yijun: The Decline of Ethnicity in Northern Taiwan, 1885- 1895," *Late Imperial China*, Vol.11, No.1(1990), pp. 99~127.

22 Dean Acheson, *Present at the Creation: My Years at the State Department*(New York: W. W. Norton, 1969), p.225.

23 미국의 대중(對中)정책에 대해서는 초당적 협력이 불가능했다. 미국의 공화당은 장제스와 국민당 정권이 마오쩌둥의 공산주의자들에 맞서 싸우는 것을 강력히 지지했고, 트루먼 행정부는 타이완의 몰락을 받아들일 정도로까지 중국 내전에서 손을 떼는 것이 미국의 이익이라고 믿었다.

24 John Lukacs, "Finland Vindicated," *Foreign Affairs*, Vol.71, No. 4(1992), p. 59.

25 Max Jacobson, "Substance and Appearance: Finland," *Foreign Affairs*, Vol.18, No. 5(1980), p.1041.

26 Bruce Gilley, "Not So Dire Straits: How the Finlandization of Taiwan Benefits U.S.

Security," *Foreign Affairs*, Vol.89, No.1(2010), pp.44~60; Hans Mouritzen, "The Difficult Art of Finlandization," *Foreign Affairs*, Vol.89, No.3(2010), pp.130~131; and Tu Ho-ting, "Examining the Security Situation," *Taipei Times*(February 20, 2019).

27   Mujib Mashal, Fatima Faizi, and Najim Rahim, "Ghani Takes the Oath of Afghan President; His Rival Does, Too," *New York Times*(March 9, 2020); Vanda Felbab-Brown, "What's in Store after the US-Taliban Deal," Brookings Institution(March 4, 2020).

28   Ma Ying-jeou, "Full Text of President Ma Ying-jeou's Inaugural Address"(Taipei: May 20, 2012), *Focus Taiwan*.

29   Tsai Ing-wen, "Full Text of Taiwan President Tsai Ing-wen's Acceptance Speech"(Taipei: January 11, 2020), *Focus Taiwan*.

30   2020년 6월 국민당 간부회의가 그랬던 것처럼 말이다. 이와 관련해서는 이 책의 제13장을 참조하라.

31   Elizabeth Knowles, ed., *Oxford Dictionary of Quotations*(Oxford University Press, 2009), p. 218.

32   David Brooks, "America Is Facing 5 Epic Crises All at Once," *New York Times*(June 25, 2020).

33   "Working Together to Realize Rejuvenation of the Chinese Nation and Advance China's Peaceful Reunification".

"利天下者, 天下啓之"_『六韜』

　코로나19가 발생해 급속히 확산되는 가운데 2022년 2월 러시아의 기습으로 시작된 우크라이나 전쟁[1]으로 인해 세계의 정치, 경제, 외교, 안보 등의 다양한 영역에서는 전례 없는 불확실성이 높아지고 있다. 러시아의 우크라이나 침공 이후, 미국은 미군을 파견하는 것 자체는 하고 있지 않지만 우크라이나에 대한 무기 제공, 러시아에 대한 경제제재, 그리고 중유럽 및 동유럽에 대한 증파를 실시하고 있다. 타이완에는 마이클 멀린Michael Mullen 전 합참의장을 포함한 초당파 차원의 전직 정부 고관을 파견했다. 그것은 미국의 약속이행을 보장하기 위한 움직임이기도 하지만, 또한 타이완이 스스로를 지키기 위해 더욱 노력하도록 요구하는 것이기도 했다.

　우크라이나 전쟁의 심화와 이로 인한 위기는 타이완 해협에도 일정한 영향

1　러시아가 우크라이나를 침공한 전략적·군사적 배경에 대해서는 다음을 참조하기 바란다. 사토 지카마사(佐藤親賢), 『푸틴과 G8의 종언』, 이용빈 옮김(한울엠플러스, 2019); 廣瀬陽子, 『ハイブリッド戦争: ロシアの新しい國家戦略』(講談社現代新書, 2021); 小泉悠, 『現代ロシアの軍事戦略』(ちくま新書, 2021); 峯村健司 外, 『ウクライナ戦爭と米中対立』(幻冬舎新書, 2022); 遠藤誉, 『ウクライナ戦爭における中國の対ロシア戦略』(PHP新書, 2022); Jack Watling and Nick Reynolds, *Operation Z: The Death Throes of an Imperial Delusion*, Special Report(RUSI, 2022).

을 미치고 있다. 미국 내에서는 우크라이나 사태를 해결하기 위한 비용 및 부담을 유럽 국가들에게 전가하면서 미국이 미중 양국 간의 경쟁 및 타이완 문제 등을 더욱 중시해야 한다는 논의가 제기되고 있다.[2] 이에 반해, 러시아와 중국의 움직임에 대해서는 냉전적인 사고방식에 기초해 미국의 주도하에 유럽의 국가들과 함께 러시아와 중국에 전면적으로 대항해야 한다는 매우 강경하고 공세적인 주장도 존재한다.[3]

또한 2021년에 공표된 『더 롱거 텔레그램The Longer Telegram』은 미국의 대전략이 중국공산당을 전복시키거나 중국 정부를 분열시키는 것이 아니라 중국의 엘리트들이 미국이 주도하는 자유 국제질서하에서 '2등의 자리'를 수용하도록 만들어야 한다는 의견을 피력했다.[4] 그런데 이러한 의견에 대해서는 전략이 아니라 원하는 것들을 나열한 일람표에 불과하며, 이를 행동으로 옮길 경우 중국과의 경쟁을 위해 미국의 현행 헌법 구조를 파괴시키는 결과를 초래할 수도 있다는 경고가 제기된 바 있다.[5] 이러한 논쟁의 배경에는 미국이 보유한 전략자원의 유한성을 둘러싼 견해의 차이도 영향을 미치고 있으며, 이는 우크라이나 전쟁과 타이완 해협의 동향이 궁극적으로 한반도의 평화와 번영에 미칠 전략

2　Elbridge Colby and Oriana Skylar Mastro, "Ukraine is a Distraction from Taiwan," *The Wall Street Journal*(February 13, 2022).

3　Matthew Kroenig, "Washington Must Prepare for War With Both Russia and China," *Foreign Policy*(February 18, 2022). 한편 파리드 자카리아(Fareed Zakaria)는 최고의 대중(對中) 전략은 우크라이나 전쟁에서 러시아를 패배시키는 것이라고 논하고 있다. Fareed Zakaria, "The best China strategy? Defeat Russia," *The Washington Post*(June 9, 2022) (https://www.washingtonpost.com/opinions/2022/06/09/biden-administration-defeat-russia-contain-china-ukraine-war/).

4　Anonymous, *The Longer Telegram: Toward a new American China strategy*(Atlantic Council, 2021).

5　Tanner Greer, "Oh God, Not Another Long Telegram About China," *Foreign Policy*(March 4, 2021)(https://foreignpolicy.com/2021/03/04/china-us-relations-longer-telegram-response/).

적인 흐름의 중요성을 현시해 주고 있다.

한편 우크라이나 전쟁의 여파로 인해 미중 관계에 새로운 기회가 도래할 수 있다는 지적이 있다.[6] 다른 한편으로 타이완을 둘러싼 미중 양국 간의 전쟁이 핵전쟁으로 격화될 수 있다는 전망도 있다.[7] 2021년 3월, 인도-태평양군 사령관 필립 데이비드슨Philip Davidson 해군대장은 미국 연방의회 상원에서 열린 청문회에서 6년 이내에, 즉 2027년 이전에 인민해방군이 타이완을 침공할 수 있다는 발언을 했다. 그의 후임자 존 아킬리노John Aquilino 사령관은 자신의 인준 청문회에서 타이완 침공의 시기에 대해 "대부분의 예상보다 훨씬 빠를지도 모른다"라고 증언했다. 최근 미군이 행하는 시뮬레이션 훈련에서 미군이 인민해방군에 패배하는 일이 늘어나는 것으로 알려져 있으며, 이러한 사령관의 발언은 인도-태평양군에서 확산되고 있는 위기감을 반영하고 있다고 할 수 있다.[8]

또한 윌리엄 번스William Burns 미국 중앙정보국(CIA) 국장은 인민해방군 창군 100주년이자 시진핑 중국 국가주석의 제3기 임기의 마지막 해인 2027년까지 타이완을 공격할 준비를 끝내도록 인민해방군에 지시가 내려졌다고 주장했다.[9] 그리고 미국 후버연구소의 미샤 어슬린Misha Auslin은 미중 양국 간의 해전이 2025년에 발생할 수 있다고 내다보았다. 아울러 2022년 10월 마이클 길데이Michael Gilday 미국 해군 작전부장Chief of Naval Operations: CNO은 중국이 2024년 이전에 타이완을 침공할 준비를 하고 있을 수 있다고 경고했다.[10] 즉, 적어

6   Francis J. Gavin, "With Great-Power Crisis Comes Great-Power Opportunity: The War in Ukraine Should Prompt a New Opening to China," *Foreign Affairs*(June 9, 2022).

7   Stacie L. Pettyjohn and Becca Wasser, "A Fight Over Taiwan Could Go Nuclear: War-Gaming Reveals How a U.S.-Chinese Conflict Might Escalate," *Foreign Affairs*(May 20, 2022).

8   日本國際問題研究所,『戰略年次報告2021 価値, 技術, 海洋を巡るせめぎ合い: 激化する米中競爭と國際社會の対応』(日本國際問題研究所, 2022), pp. 22~24.

9   "First strike' includes intruding in Taiwan's airspace: Defense minister," *Focus Taiwan* (October 5, 2022)(https://focustaiwan.tw/cross-strait/202210050018).

표 1 | 근현대 타이완의 각 시대별 특징

	네덜란드 통치 시대 (1624~1661)	정씨(鄭氏)* 통치 시대 (1661~1683)	청조(清朝) 통치 시대 (1684~1895)	일본 통치 시대 (1895~1945)	중화민국 통치 시대 (1945~현재)
지역의 성격	중상주의국가의 식민지·통상기지(일시적으로 북부의 일부 지역을 스페인이 점령했지만 네덜란드에 의해 축출됨)	무장해양교역집단+망명한 중국의 국가[남명(南明)]의 할거지·통상기지	중화 왕조의 직할하에 있는 하나의 지방	대일본제국의 식민지/신영토(모호한 국민화 정책)	중화민국 타이완/성(省) → 분열된 중국의 국가의 한 분열체로서의 '중화민국'/실질적 타이완 국가로서의 '재타이완 중화민국'
통치기구	네덜란드 동인도회사[본사: 바타비아(현재의 자카르타)]	'동도[東都, 나중에 '동녕(東寧)'] 정부[현재의 타이난(台南)]	푸젠성(福建省) 타이완부(台灣府) → 타이완성(台灣省)	타이완 총독부(台灣總督府)	중화민국 정부[수도: 난징(南京) → 임시수도 타이베이(台北)]/중국 국민당 일당독재 → 민주체제]
외래자의 이주 (총인구)	한족 농민·상인 (수만 명)	한족 군인, 병사, 관료, 농민 등 (10여 만 명)	한족 농민·상인 등 (약 290만 명)	일본인 관료, 상공업자, 기술자 등 (600만 명)	외성인 관료, 군인, 병사, 지식인과 그 가족 등(대다수는 한족, 총인구의 약 13%)
민족 관계	- 네덜란드인 - 원주민 - 한족	- 한족 - 원주민	- 한족(취안저우인, 장저우인, 커자인) - 원주민[숙번(熟蕃)/생번(生蕃)]	- 일본인 - 한족[본도인(本島人)] - 원주민[생번(生蕃)=고사족(高沙族)]	- 한족[본성인(本省人), 외성인] - 원주민[산지동포]→ 4대 족군[복로(福佬), 객가(客家), 신주민(新住民), 원주민]
경제발전	농업 발전의 공간적 확대 (평지의 개발 → 구릉지의 개발) 상업적 농업의 전개 [사탕, 쌀 → 사탕, 차]			상업적 농업의 집약적 발전/근대 제당업의 발전/전시(戰時)의 초보적 공업화	섬유제품 등의 수입대체 공업화 → 섬유, 가전 등의 수출주도 공업화, 석유화학 제품 등의 수입대체 공업화 → 산업의 고도화·자본수출국화
주요 수출 지역	중국 대륙, 동남아시아, 일본 [녹각, 녹피, 사탕]		중국 대륙(쌀, 사탕) →구미(차, 장뇌), 일본(사탕)	일본[사탕, 봉래미(蓬來米)], 구미(차, 장뇌)	미국[섬유, 잡화, 가전제품] → 미국·일본(컴퓨터), 중국(석유화학 제품)
중국 대륙 정권과의 관계	공존	적대	느슨한 통합 → 통합의 강화	일본에의 통합 강화, 중국 대륙과의 왕래를 제한	적대 → '경제연계·정치분리' → 동아시아 안보의 초점이 됨

* 동녕국[東寧國, 통칭 정씨왕국(鄭氏王國)]의 정성공(鄭成功), 정경(鄭經), 정극상(鄭克塽)을 지칭함.
자료: 若林正丈, 『台灣』(ちくま新書, 2001), pp.22~23을 토대로 역자가 정리해서 작성함.

10 Jude Blanchette and Ryan Hass, "The Taiwan Long Game: Why the Best Solution Is No Solution," *Foreign Affairs*(January/February 2023).

도 2024년에서 2027년 사이에 '타이완 유사' 사태가 발생할 확률이 매우 높은 것으로 전망[11]되고 있는 것이다.[12]

한편 2021년 11월 15일, 화상회의 형태로 실시된 조 바이든 미국 대통령과 시진핑 중국 국가주석 간의 첫 번째 정상회담에서, 바이든은 "미중 양국의 지도자는 양국의 경쟁이 충돌로 변하지 않도록 할 책무가 있다"라고 지적했고, 시진핑은 "중미 양국은 상호 존중하고 평화롭게 공존하며 윈윈의 협력을 해야 한다"라고 강조했다. 또한 미중 양국의 정상은 예기치 않은 군사적 충돌을 방지하기 위한 별도의 협의체를 설치하기로 의견을 모았으며 북한, 아프가니스탄, 이란의 정세에 대해 의견을 교환하기도 했는데, 타이완 문제는 포함되지 않았다는 것에 주의할 필요가 있다.

아울러 미국 국방부는 중국의 군사력에 관한 연례 보고서[13]에서 중국이 2030년까지 적어도 1000발의 핵탄두를 보유할 가능성이 있다고 분석하면서 인민해방군의 핵전력 증강에 대한 우려를 표명했다. 또한 미국의 초당파 의회 정책자문기구인 미중경제·안보검토위원회(USCC)는 연례 보고서[14]를 통해 2021년에

---

11 마잉주 전 중국국민당 주석도 "앞으로 5년 이내에 양안 개전"이 발생할 수 있다면서 우려를 표명했다. 李澄欣, "中共二十大：'反台獨'写入黨章后台灣是否'更危險'?," *BBC News*(中文)(https://www.bbc.com/zhongwen/simp/chinese-news-63382267). 한편 일본의 2022년도 『방위백서(防衛白書)』(令和4年版)에서도 처음으로 수년 내의 '타이완 유사'를 상정한 내용이 언급되었다. 福島香織, 『台灣に何が起きているのか』(PHP新書, 2022).

12 한편 시진핑 중국 국가주석은 2035년 무렵까지를 양안의 평화통일을 달성하는 해로 삼고 있으며, 이를 위해 4기(2027~2032년) 연임까지 가능할 것이라는 주장도 있다. "'很多事情10年做不完' 習近平放眼2032 有意幹20年?," ≪聯合報≫(2022.10.22); "中國の'台灣への軍事侵攻'の可能性が極めて低いと言える理由…習近平が恐れる'第2のゴルバチョフ化'," ≪週間現代≫(2022.11.1).

13 Office of the Secretary of Defense, *Military and Security Developments Involving the People's Republic of China 2021, Annual Report to Congress*(2021).

14 U.S.-China Economic and Security Review Commission(USCC), *2021 Annual Report to Congress of the U.S.-China Economic and Security Review Commission*(Washington, D.C.: U.S. Government Publishing Office, 2021).

표 2 | 중국국민당, 중국공산당, 민주진보당 역대 주석/총서기

중국국민당*	중국공산당**	민주진보당***
쑨원(孫文, 재임 기간: 1912~1925)	천두수(陳獨秀, 1921.7~1927.8)	장펑젠(江鵬堅, 1986.11~1987.11)
장징장(張靜江, 1926.5~1926.7)	취추바이(瞿秋白, 1927.8~1928.6)	야오자원(姚嘉文, 1987.11~1988.11)
장제스(蔣介石, 1926.7~1927.3)	샹중파(向忠發, 1928.6~1934.1)	황신제(黃信介, 1988.11~1991.11)
후한민(胡漢民, 1935.12~1936.5)	왕밍(王明, 1931.6~1931.9)	쉬신량(許信良, 1991.11~1993.11)
장제스(1938.4~1975.4)	보구(博古, 1934.1~1935.1)	스밍더(施明德, 1993.11~1996.3)
장징궈(蔣經國, 1975.4~1976.11)	장원톈(張聞天, 1935.1~1945.4)	장쥔훙(張俊宏, 1996.3~1996.6)
장징궈(1976.11~1988.1)	마오쩌둥(毛澤東, 1945.6~1976.9)	쉬신량(1996.6~1998.8)
리덩후이(李登輝, 1988.1~2000.3)	화궈펑(華國鋒, 1976.10~1981.6)	린이슝(林義雄, 1998.8~2000.7)
롄잔(連戰, 2000.3~2005.8)	후야오방(胡耀邦, 1981.6~1987.1)	셰창팅(謝長廷, 2000.8~2002.7)
마잉주(馬英九, 2005.8~2007.2)	자오쯔양(趙紫陽, 1987.1~1989.6)	천수이볜(陳水扁, 2000.7~2004.12)
우보슝(吳伯雄, 2007.2~2007.3)	장쩌민(江澤民, 1989.6~2002.11)	커젠밍(柯建銘, 2004.12~2005.2)
장빙쿤(江丙坤, 2007.3~2007.4)	후진타오(胡錦濤, 2002.11~2012.11)	쑤전창(蘇貞昌, 2005.2~2005.12)
우보슝(2007.4~2009.10)	시진핑(習近平, 2012.11~)	뤼수롄(呂秀蓮, 2005.12~2006.1)
마잉주(2009.10~2014.12)		유시쿤(游錫堃, 2006.1~2007.3)
우둔이(吳敦義, 2014.12~2015.1)		차이퉁룽(蔡同榮, 2007.3~2007.5)
주리룬(朱立倫, 2015.1~2016.1)		천수이볜(2007.10~2008.1)
황민후이(黃敏惠, 2016.1~2016.3)		셰창팅(2008.1~2008.5)
훙수주(洪秀柱, 2016.3~2017.8)		차이잉원(蔡英文, 2008.5~2011.3)
린정쩌(林政則, 2017.7~2017.8)		커젠밍(2011.3~2011.4)
우둔이(2017.8~2020.1)		차이잉원(2011.4~2012.2)
린룽더(林榮德, 2020.1~2020.3)		천쥐(陳菊, 2012.2~2012.5)
장치천(江啓臣, 2020.3~2021.10)		쑤전창(2012.5~2014.5)
주리룬(2021.10~)		차이잉원(2014.5~2018.11)
		린유창(林右昌, 2018.11~2019.1)
		줘룽타이(卓榮泰, 2019.1~2020.5)
		차이잉원(2020.5~2022.11)
		천치마이(陳其邁, 2022.11~2023.1)
		라이칭더(賴淸德, 2023.1~)

* 쑨원은 국민당이사장(國民黨理事長, 1912.8.25~1914.7.8), 중화혁명당총리(中華革命黨總理, 1914.7.8.~1919.10.10), 중국국민당총리(中國國民黨總理, 1919.10.10~1925.3.12)를 맡았다. 장징장은 중국국민당 중앙집행위원회 상무위원회 주석(中國國民黨中央執行委員會常務委員會主席)을 맡았다. 장제스는 중국국민당 중앙집행위원회 상무위원회 주석(1926.7~1927.3) 및 대리주석(代理主席, 1936.5~1938.4)과 중국국민당 총재(中國國民黨總裁, 1938.4~1975.4)를 맡았다. 장징궈는 중국국민당 중앙위원회 주석(中國國民黨中央委員會主席, 1975.4~1976.11)을 맡았으며 그 이후 중국국민당 주석(中國國民黨主席)을 역임했다. 리덩후이는 2001년에 당적(黨籍)을 박탈당했다. 롄잔은 대리주석 및 영예주석(榮譽主席,2005.8~2015.1)을 맡았다. 우보슝 역시 대리주석(2007.2~2007.3) 및 영예주석(2009.10~2015.1)을 맡기도 했다. 우둔이는 대리주석(2014.12~2015.1)을 맡기도 했다. 장빙쿤, 황민후이, 린정쩌, 린룽더는 대리주석을 맡았다.
** 천두수는 중앙국 서기(中央局書記, 1921.7~1922.7), 중앙집행위원회 위원장(1922.7~1925.1), 중앙위원회 총서기(1925.1~1927.8)를 맡았다. 취추바이, 샹중파, 보구, 장원톈은 중앙위원회 총서기를 맡았다. 마오쩌둥은 중앙정치국 주석(1943.3~1945.6), 중앙위원회 주석(1945.6~1976.9)을 맡았다. 화궈펑은 중앙위원회 주석을 맡았다. 후야오방은 중앙위원회 주석(1981.6~1982.9)과 중앙위원회 총서기(1982.9~1987.1)를 맡았다. 자오쯔양, 장쩌민, 후진타오는 중앙위원회 총서기를 맡았다. 시진핑은 현재(2022년 12월 기준) 중앙위원회 총서기를 맡고 있다.
*** 스밍더는 대리주석(1993.11~1994.5)과 주석(1994.5~1996.3)을 맡았다. 장쥔훙, 커젠밍, 뤼수롄, 차이퉁룽, 천쥐, 린유창, 천치마이는 대리주석을 맡았다.
자료: 중국국민당, 중국공산당, 민주진보당 관련 자료를 토대로 역자가 정리해 작성함.

창당 100주년을 맞이한 중국공산당이 패권을 지향하는 행동을 강화하고 있으며 타이완 해협을 둘러싸고 '위험한 불확실성의 시대'에 돌입했다고 강한 우려를 표시하면서, 아울러 반도체 생산이 집중적으로 이루어지고 있는 타이완과 중국 사이에 군사 충돌이 발생할 경우 "세계경제에 혼란을 초래할 수밖에 없다"라고 경종을 울렸다.

2022년 10월 12일에 공표된 미국의 『국가안보전략National Security Strategy』은 중국을 "국제질서를 바꿀 의도와 능력을 지닌 유일한 경쟁상대"라고 규정하고 동맹국 및 우호국과 함께 장기적으로 대항해 나아간다는 자세를 분명히 했다. 또한 우크라이나 침공에 입각해 러시아가 유럽의 안보질서에 임박한 위협을 가져오고 있다고 강조하면서, 중국과의 경쟁은 인도-태평양 지역에서 핵심적으로 제기되고 있지만 또한 갈수록 글로벌 차원이 되어가고 있다고 분석했다. 그러면서 타이완이 자신을 스스로 지키는 것을 지지한다고 밝혔다.

그 이튿날, 중국 외교부의 대변인은 이와 관련해 기자회견을 통해 미국의 바이든 정권이 발표한 『국가안보전략』이 중국에 대항하겠다는 자세를 분명히 함에 따라, "냉전사고 등의 시대에 뒤처진 개념을 고집하고 있는 것에 반대한다"라고 표명하면서 "지정학적인 충돌 또는 대국 간의 경쟁을 과장하는 것에 찬성하지 않는다. 이러한 방식은 현대의 조류 및 국제사회의 기대를 저버리는 것이며 반드시 실패할 것이다"라고 주장했다. 아울러 미중 관계에 대해 "협력하면 함께 이익이 될 것이고, 싸운다면 함께 상처를 입을 것"이라고 거듭해서 지적했다.

양안관계의 역사[15]를 회고해 보면, 장제스[16]는 타이베이를 중화민국의 임시

---

15   냉전 시기 양안관계의 흐름에 대해서는 다음을 참조하기 바란다. 包宗和, 『台海兩岸互動的 理論與政策面向, 1950~1989』(三民書局, 1990). 또한 1928년 4월 15일 상하이에서 타이완 공산당이 결성되는 데 중국공산당이 일정한 협력을 했다는 점에 유의할 필요가 있다. 若林正 丈, 『台灣』(ちくま新書, 2001), pp.84~87.

수도로 정하고 타이완으로 이동[17]한 이후 '반공대륙(反攻大陸)'을 외치며 중국 대륙을 수복한다는 입장을 제기했으며, '한적불양립(漢賊不兩立, 적과 함께 설수 없다)'이라는 관점, 즉 중화민국이 유일한 정통의 '중국'이며 중국공산당은 반란단체에 불과하다는 입장[18]을 견지했다.

한편 1963년 중화인민공화국 국무원 총리 저우언라이는 마오쩌둥의 타이완에 대한 기본 방침[19]을 대타이완 정책으로 정리하면서 '1강4목(一綱四目)'을 제기했다. 1강은 타이완은 반드시 중국에 통일되어야 한다는 것이고, 4목은 ① 타이완이 조국에 통일된 이후 외교상 반드시 중앙에 통일되는 것 외에 타이완의 군정대권 및 인사 안배 등은 모두 장제스에게 위임할 것, ② 타이완의 모든 군정 및 경제 건설을 위한 모든 비용에서 부족한 부분은 모두 중앙정부에서 지급할 것, ③ 타이완의 사회개혁은 완만하게 진행될 수 있는데 반드시 조건이 성숙되기를 기다리고 아울러 장제스의 의견을 존중해 협상을 통해 결정된 이후 진행할 것, ④ 쌍방은 서로 특무(特務)를 파견하지 않고 상대방의 단결을 파괴하는 행동을 하지 않으며 타이완 당국이 단지 타이완을 하루라도 수호하고 타이완이 중국으로부터 분열되지 않도록 하기만 한다면 대륙은 곧 현대의 대타

---

16 장제스의 기본적인 외교전략에 대해서는 다음을 참조하기 바란다. 家近亮子, 『蔣介石の外交戰略と日中戰爭』(岩波書店, 2012); 段瑞聰, 『蔣介石の戰時外交と戰後構想, 1941~1971年』(慶應義塾大學出版會, 2021).

17 국공내전에서 중국국민당이 패한 핵심적인 이유에 대해서는 다음을 참조하기 바란다. 石源華, 『中華民國外交史』(上海人民出版社, 1994), pp.741~744; 横山宏章, 『中華民國: 賢人支配の善政主義』(中公新書, 1997), pp.291~297.

18 이러한 입장은 궁극적으로 법통(法統), 즉 정권의 '법적 정통성'을 둘러싼 외교전으로 발전하게 된다. 邵宗海, 『兩岸關係』(五南圖書, 2006), p.6; 山本秀也, 『習近平と永樂帝: 中華帝國皇帝の野望』(新潮新書, 2017), p.189.

19 1958년 10월 13일 마오쩌둥이 싱가포르 ≪남양상보(南洋商報)≫의 차오쥐런(曹聚仁)과 나누었던 담화 내용을 토대로 한 것이다. 아울러 1958년 10월 25일 펑더화이(彭德懷) 국방부장은 「타이완 동포에게 다시 알리는 글(再告台灣同胞書)」을 발표해 미국이 '두 개의 중국'을 만들어내고자 획책하고 있으며 "세계에는 단지 '하나의 중국'만이 있을 뿐이고 '두 개의 중국'은 없다"라고 천명한 바 있다.

이완 정책을 변경하지 않을 것임을 표명한 것이었다.[20]

1979년 4월 4일 중화민국 총통 장징궈는 '3불정책(三不政策)'을 제기했는데, ① 접촉하지 않고, ② 담판하지 않으며, ③ 타협하지 않는다는 것이었다. 또한 장징궈는 1981년 3월 29일부터 4월 5일까지 중국국민당 제12차 당대회가 개최되었을 때에 삼민주의를 통해 중국을 통일한다는 방침을 천명했다.

1981년 10월 1일 중국공산당 중앙위원회 부주석 및 전국인대 상무위원회 위원장 예젠잉(葉劍英)은 '예9조(葉九條)'[21]를 제기했다. 아울러 1983년 6월 25일 당시 중국공산당 중앙고문위원회 주임이었던 덩샤오핑은 '덩6조(鄧六条)'를 제기했는데 그 내용은 다음과 같다. ① 타이완 문제의 핵심은 조국 통일인데 평화통일은 이미 국공 양당의 공동 언어이다. ② 제도는 다를 수 있지만 국제적으로 중국을 대표하는 것은 오직 중화인민공화국만이 가능하다. ③ 타이완에서 '완전히 자치'를 실시한다는 제법에 찬성하지 않는데 '완전한 자치'는 곧 '두 개의 중국'을 말하는 것이므로 '하나의 중국'이 아니며 자치는 한도가 없을 수 없고 통일이라는 국가의 이익을 훼손할 수 없다. ④ 조국이 통일된 이후에 타이완 특별행정구는 대륙과 다른 제도를 실행할 수 있고 기타 성(省), 시(市),

---

20 한편 1978년 3월 초에 화궈펑(華國鋒) 중국공산당 중앙위원회 주석은 타이완을 해방시키기 위해 무력 사용을 사양하지 않겠다고 선언한 바 있다. 정종욱, 『신중국론(新中國論)』(서울대학교출판부, 1982), 329쪽.

21 구체적인 내용은 다음과 같다. ① 중국국민당과 중국공산당 양당은 대등하게 담판할 수 있고, ② 쌍방은 통우(通郵), 통상(通商), 통항(通航), 탐친(探親), 여행 및 학술·문화·체육 교류의 전개에 있어서 협의를 달성할 수 있고, ③ 통일 이후의 타이완은 군대를 가질 수 있으며 특별행정구로서 특별 자치권을 누릴 수 있고, ④ 타이완의 사회, 경제제도, 생활방식, 기타 외국과의 경제 및 문화 관계는 불변인데 개인재산, 부동산, 토지, 기업 소유권, 합법적 계승권 및 외국 투자는 침범을 받지 않을 것이고, ⑤ 타이완 정계 영수(領袖)는 전국적 정치기구의 영도를 맡아 국가 관리에 참여할 수 있고, ⑥ 타이완의 지방 재정이 어려울 때 중앙정부가 참작해 보조할 수 있고, ⑦ 타이완 인민 중에서 대륙으로 돌아와 정주하는 것을 원하는 자는 적절하게 배정하고 자유자재로 왕래하며 차별을 받지 않을 것이고, ⑧ 타이완 공상계(工商界) 인사가 대륙에 와서 투자하는 것을 환영하고 그 합법적인 권익과 이윤을 보증할 것이고, ⑨ 타이완 각계 인사와 단체가 통일에 대한 건의를 제공하고 함께 국사(國事)를 상의하는 것을 환영한다.

자치구에 없는 스스로 독자적인 일부 권력을 보유할 수 있으나, 사법 독립 및 종심권(終審權)은 베이징이 보유하고 있어야 한다. 타이완은 또한 자신의 군대를 보유할 수 있지만 대륙에 위협이 되어서는 안 되고 대륙이 타이완에 사람을 보내 주둔시키지 않을 것이며 군대를 보내지 않을 뿐만 아니라 행정 인원도 보내지 않을 것이다. 타이완의 당, 정, 군 등의 계통은 모두 타이완이 스스로 관리하겠지만, 중앙정부가 타이완 측에 인원수를 또한 배정할 것이다. ⑤ 평화통일은 대륙이 타이완을 먹어치우는 것도 아니고 타이완이 대륙을 먹어치우는 것도 아니므로 이른바 '삼민주의 통일중국'은 현실적이지 않다. ⑥ 통일을 실현하려면 적당한 방식이 필요하므로 양당이 평등한 회담을 거행해 국공 제3차 합작을 실행할 것을 건의한다. 이는 중앙과 지방의 담판을 제기하는 것은 아니며, 쌍방이 협의에 도달한 이후에 정식으로 선포할 수는 있지만 외국이 개입하는 것은 결코 허용할 수 없다는 것이다. 그렇게 되면 그것은 중국이 아직 독립을 이루지 못했다는 것을 의미하며 그 후환이 끝없기 때문이다.

한편 같은 해인 1983년에 덩샤오핑은 일국양제(一國兩制, One Country, Two Systems) 방안을 제기했고, 이에 대해 1987년 장징궈는 일국양제(一國良制, One County, Better System)로 응수했다.[22]

1995년 1월 15일 중화인민공화국 외교부장 첸치천은 첸7조(錢七條)[23]를 제

---

22 한편 1992년 11월, 양안관계를 다루는 비정부기구인 중국인민공화국의 해협양안관계협회와 중화민국의 해협교류기금회가 홍콩에서 회의를 열고 이른바 '1992년 양회합의(一九九二年 兩會共識)'를 이루었는데, 이것은 그 이후 92공식이라는 형태로 다양한 해석과 논쟁('一中各表', '一中共表' 등)을 촉발시켰다.

23 구체적인 내용은 다음과 같다. ① 홍콩, 타이완 양지(兩地)의 경제문화 교류, 인원 왕래 등을 포함한 현행 각종 민간교류·왕래 관계는 기본적으로 변하지 않을 것이고, ② 타이완 거주민과 타이완 각종 자본이 홍콩에 와서 투자, 무역 및 기타 공상 활동에 종사하는 것을 격려하며 환영하는데, 타이완 거주민과 타이완 각종 자본의 홍콩에서의 정당한 권익은 법에 의거해 보호를 받을 것이고, ③ '하나의 중국' 원칙에 근거해 홍콩특별행정구와 타이완 지구 간의 공중 항선과 해상 운수 항선은 '지구 특수 항선(地區特殊航線)'에 의거해 관리하는데, 홍콩특별행정구와 타이완 지구 간의 해운 및 항운 교통은 상호 호혜주의 원칙에 의거해 진행될 것이고, ④ 타

기했다. 아울러 1995년 1월 30일 중국공산당 총서기 장쩌민은 다음과 같이 장8점(江八点)을 제기했다. ① '하나의 중국' 원칙을 견지한다. ② 타이완의 외국과 민간 차원의 경제 문화 관계를 발전시키는 것에 대해 우리는 이의를 갖고 있지 않지만 타이완이 '두 개의 중국' 또는 '하나의 중국, 하나의 타이완'을 목적으로 해서 이른바 '국제 생존공간을 확대'시키려는 활동에 대해서는 반대한다. ③ 해협 양안의 평화통일을 위한 담판을 진행하는데, '하나의 중국'이라는 전제하에 타이완 당국이 관심을 갖고 있는 각종 문제를 포함해 그 어떤 문제도 담판할 수 있다. ④ 평화통일을 실현하기 위해 노력할 것이며, 중국인은 중국인을 때리지 않을 것이다. ⑤ 양안 경제교류와 협력을 강력하게 발전시켜 양안 경제의 공동 번영에 기여하고 전체 중화민족에게 행복을 가져오는 데서 응당 실제적인 조치를 취해 직접적인 '3통(三通)'[24]의 실현을 가속화하고 양안의 실무적 회

이완 거주민은 홍콩특별행정구 법률에 의거해 홍콩 지구에 진출하거나 당지(當地)에서 취학, 취업, 정주를 할 수 있는데, 타이완 거주민의 홍콩 출입에서의 편의를 도모하기 위해 중앙인민정부는 장차 관련 증명서류 등의 문제에 대해 안배할 것이고, ⑤ 홍콩특별행정구의 교육, 과학, 기술, 문화, 예술, 체육, 전업(專業), 의료·위생, 노공(勞工), 사회 복지, 사회 업무 등 방면의 민간단체와 종교조직은 서로 예속되지 않고 서로 간섭하지 않으며 서로 존중하는 원칙의 기초 위에서 타이완 지구의 관련 민간단체 및 조직과 관계를 유지하고 발전시킬 수 있고, ⑥ 홍콩특별행정구와 타이완 지구 사이에 각종 명의로 진행되는 관방(官方) 접촉 및 왕래, 상담(商談), 협의 체결과 기구 설립은 반드시 중앙인민정부에게 요청해 비준을 받거나 중앙인민정부의 구체적인 수권(授權)을 받아 특별행정구 행정장관을 거쳐 비준을 받아야 하고, ⑦ 타이완의 현재 홍콩에 있는 기구 및 인원은 계속 남아 있을 수 있고 그들은 행동상에서 '중화인민공화국 홍콩특별행정구 기본법'을 엄격하게 준수해야 하고 '하나의 중국' 원칙을 위배해서는 안 되며 홍콩의 안정, 번영을 손해하거나 그 등기된 성질과 부합되지 않는 활동을 해서는 안 되는데, 우리는 그들이 국가통일과 홍콩의 번영, 안정을 위해 공헌하는 것을 격려하고 또한 환영한다. 楊中美, 『中共外交敎父錢其琛』(時報文化出版社, 1999), pp.293~295.

24 3통이란 통상(通商), 통항(通航), 통우(通郵)를 지칭하는데, 1979년 1월 1일 중화인민공화국 당국이 「타이완 동포에게 알리는 글(告台灣同胞書)」을 통해 제기했으나 중화민국 총통 장징궈가 '3불정책(三不政策)'을 표명하며 거부했다. 그 이후 1987년 계엄령이 해제되면서 타이완 당국이 홍콩 또는 마카오를 경유하는 제한적인 형태의 3통을 허가한 이후[진먼다오 및 마쭈다오를 통한 3통은 일명 '소3통(小三通)'이라고 일컬어진다], 마잉주 정권 시기를 거치면서 3통이 거의 실현되었다.

담을 촉진시켜야 한다. ⑥ 중화문화는 시종일관 전체 중국인의 정신적 유대와 연계되어 있으며 또한 평화통일을 실현하는 데서 하나의 중요한 기초이므로 양안 동포는 함께 중화문화의 우수한 전통을 계승하고 발양해야 한다. ⑦ 타이완 동포는 타이완성의 성적(省籍)이든 기타 성적이든 간에 모두 중국인이며 모두 골육의 동포이자 수족 같은 형제이다. 우리는 타이완 각 당파, 각계 인사가 양안관계 및 평화통일과 관련된 의견을 우리와 교환하는 것을 환영하며 또한 그들이 와서 참관하고 방문하는 것을 환영한다. ⑧ 우리는 타이완 당국의 지도자가 적당한 신분으로 방문하는 것을 환영하며 또한 타이완 방면의 요청을 받아 타이완을 방문하게 되기를 희망한다. 중국인의 일은 우리 스스로 처리해야 하며 그 어떤 국제무대의 도움도 빌릴 필요가 없다.

1995년 4월 8일 중화민국 총통 리덩후이는 리6조(李六條)를 발표했는데, 그 내용은 다음과 같다. ① 양안 분치의 현실 위에서 중국의 통일을 추구한다. ② 중화 문화를 기초로 삼아 양안 교류를 강화한다. ③ 양안 경제왕래를 증진해 호리호보(互利互補)의 관계를 발전시킨다. ④ 양안이 국제조직에 평등하게 참여하고 쌍방 지도자가 이를 통해 자연스럽게 만난다. ⑤ 양안은 모두 평화적인 방식으로 모든 분쟁을 해결해야 하는데, 염황자손(炎黃子孫)은 서로 진실된 성의를 보여야 하며 더 이상 골육상쟁을 해서는 안 된다. ⑥ 양안은 함께 홍콩과 마카오의 번영을 유지·수호하며 홍콩과 마카오의 민주를 촉진해야 한다.

1996년 9월 14일 리덩후이는 '전국 경영자 회의'에서 계급용인(戒急用忍) 방침을 제시했는데, 중화민국 대륙위원회(大陸委員會)의 설명에 따르면 그 내용은 ① 만약 중국공산당 당국이 평화적이고 이성적인 태도를 함께 견지하고 쌍방이 조화롭고 안정적인 관계를 만들어낸다면 양안 경제무역 교류는 자연스럽게 더욱 많은 발전 공간을 갖게 될 것이고, ② 시장 리스크를 분산시킨다는 고려에 입각해 이 정책은 또한 중요한 의미를 갖는 것이며, ③ 이 정책의 집행은 온건하고 이성적인 것으로 결코 양안 경제무역 관계를 도태시키고자 하는 의

표 3 | 중화인민공화국과 중화민국 역대 정권의 양안관계 관련 주요 방침

중화인민공화국	중화민국
모택동·저우언라이: 一綱四目	장제스: 反攻大陸, 漢賊不兩立
예젠잉: 葉九條(1981.10.1) 덩샤오핑: 鄧六条(1983.6.25) 　　　　 一國兩制(1983)	장징궈: 三民主義統一中國(1981) 　　　　 三不政策(1979.4.4) 　　　　 一國良制(1987)
첸치천: 錢七條(1995.1.15) 장쩌민: 江八点(1995.1.30)	리덩후이: 李六條(1995.4.8) 　　　　 戒急用忍(1996.9.14) 　　　　 兩國論(1999.7.9)
후진타오: 胡四点(2005.3.4) 　　　　 反分裂國家法(2005.3.14)	천수이볜: 四不一沒有(2000.5.20) 　　　　 一邊一國論(2002) 　　　　 四要一沒有(2007.3.4)
후진타오: 胡六点(2008.12.31)	마잉주: 新三不政策(2008.1.15)
시진핑: 國家安全法(2015.7.1) 　　　　 31條惠台措施(2018.2.28)* 　　　　 對台26項措施(2018.11.4)** 　　　　 習五條(2019.1.2) 　　　　 台灣白書(2022.10.8)***	차이잉원: 新四不(2016.10.4) 　　　　 四個必須, 三道防護網(2019.1.1) 　　　　 反滲透法(2020.1.17) 　　　　 四個堅持(2021.10.10) 　　　　 四個面向(2022.10.10)

* 31條惠台措施는 2018년 2월 28일 중국 국무원 타이완사무판공실 등이 주도해 공표한 「양안의 경제 문화 교류 협력을 촉진하기 위한 약간의 조치에 관해(關於促進兩岸經濟文化交流 合作的若干措施)」를 지칭한다.
** 對台26項措施는 2018년 11월 4일 공표한 「양안의 경제 문화 교류 협력을 더욱 촉진하기 위한 약간의 조치에 관해(關於進一步促進兩岸經濟文化交流合作的若干措施)」를 지칭한다.
*** 台灣白書는 '台灣問題與新時代中國統一事業'(2022.10.8)을 지칭한다.
자료: 중화인민공화국 및 중화민국의 관련 자료를 토대로 역자가 정리해 작성함.

도가 없고, ④ 우리가 양안 경제무역 관계를 촉진시키려면 먼저 반드시 '타이완에 뿌리를 남겨두어' 타이완 경제를 더욱 크게 만들어야만 대륙 경제의 발전에 계속해서 협조할 수 있는 힘을 갖게 되는 것이며, ⑤ 이 정책은 단계적인 정책으로 만약 대륙의 정치경제 정세가 안정적이고 양안관계가 명백하게 개선되고 중국공산당이 양안의 대등한 분치(分治)를 존중하고 타이완 상인의 투자 권익이 쌍방의 협의를 거쳐 적절한 보장을 받게 되고 아울러 타이완 경제의 안정적인 발전에 영향을 미치지 않는다면 중화민국 정부는 장차 이 정책에 대해 검토하고 조정할 수 있다는 것이었다.

또한 1999년 7월 9일 리덩후이는 독일 언론인과의 인터뷰에서 "중화민국은 1912년 건국 이래 줄곧 모두 주권을 보유한 독립된 국가였으며, 또한 1991년에 헌법을 개정한 이후에 양안관계의 위상은 특수한 국가 간의 관계이기에, 타이완의 독립을 재차 선포할 필요가 결코 없다"라고 천명해 특수한 '국가와 국가 간의 관계', 즉 양국론(兩國論)을 제기했다.

2000년 5월 20일 중화민국 총통 천수이볜은 4불1몰유(四不一沒有)를 천명했는데, 4불은 ① 독립을 선언하지 않고, ② 국호를 변경하지 않고, ③ 양국론을 헌법에 삽입하는 것을 추진하지 않고, ④ 현상 변경을 추동하는 통일과 독립에 관한 공민투표를 실시하지 않는다는 것을, 그리고 1몰유는 국가통일강령과 국가통일위원회의 폐지에 관한 문제를 다루지 않는다는 것을 지칭한다.

또한 2002년 8월 3일 중화민국 총통 천수이볜은 일본 도쿄에서 거행된 '세계 타이완 동향회(世界台灣同鄉會) 제29차 연례회의에서 "타이완은 우리의 국가이고, 우리의 국가는 업신여김을 당하거나 왜소화당하거나 주변화되거나 지방화될 수 없다. 타이완은 타인의 일부분이 아니고 타인의 지방정부가 아니며 타인의 한 성(省)이 아니며, 타이완은 또한 두 번째 홍콩 또는 두 번째 마카오가 될 수도 없다. 왜냐하면 타이완은 하나의 주권국가이기 때문이다. 환언하자면, 타이완은 대안(對岸) 중국에 대해 마주하고 있는 일변일국(一邊一國)이며, 이것을 명확히 해야 한다"라고 논하며, 이른바 일변일국론(一邊一國論)을 제기했다.

2005년 3월 4일 중국공산당 총서기 후진타오가 제기한 후4점(胡四点)은 ① '하나의 중국 원칙'을 견지하는 것은 확고부동하고, ② 평화통일을 쟁취하기 위한 노력을 절대로 포기하지 않을 것이고, ③ 타이완 인민에게 희망을 거는 방침을 관철하는 것은 절대로 변화하지 않을 것이고, ④ 타이완 독립 활동을 반대하는 것에 절대로 타협하지 않을 것임을 천명했다. 아울러 후진타오는 2005년 3월 14일 반분열국가법(反分裂國家法)을 선포했다.[25]

2007년 3월 4일 중화민국 총통 천수이볜은 4요1몰유(四要一沒有)를 제기했는데, 4요는 ① 타이완은 독립해야 하고, ② 타이완은 정명이 필요하고, ③ 타이완은 새로운 헌법이 필요하고, ④ 타이완은 발전을 해야 한다는 것을, 그리고 1몰유는 타이완에는 좌우 노선이 없으며, 오로지 통독(統獨, 통일·독립)의 문제만 있다는 것을 지칭한다.

2008년 1월 15일 중화민국 총통 마잉주는 신3불정책(新三不政策)을 제기했는데, 그 내용은 ① 통일하지 않고, ② 독립하지 않고, ③ 무력을 사용하지 않는다는 것이었다.

2008년 12월 31일 중국공산당 총서기 후진타오가 제기한 후6점(胡六点)은 ① 하나의 중국을 엄수하고 정치상의 상호 신뢰를 증진하며, ② 경제협력을 추진하고 공동발전을 촉진하며, ③ 중화문화를 선양하고 정신적 유대를 강화하며, ④ 사람들의 왕래를 강화하고 각계의 교류를 확대하며, ⑤ 국가주권을 수호하고 대외사무를 협상하며, ⑥ 적대상태를 종결하고 평화협의를 달성한다는 것을 제기했다.

2015년 11월 7일 시진핑 국가주석과 마잉주 총통은 싱가포르에서 1949년 이래 쌍방 최고지도자에 의한 최초의 회담[일명 시마회(習馬會)]을 거행해 양안의 역사에서 최대의 돌파구를 상징했다. 이 회담에서 쌍방은 2008년 이래 양안관계의 평화적인 발전이 중요한 성과를 거두었다는 것을 긍정했으며, 또한 쌍방은 92공식을 계속 견지하고 공동의 정치 기초를 공고히 하며 양안관계의 평화적 발전을 추동하고 타이완 해협의 평화와 안정을 수호하며 소통과 대화를 강화하고 양안 교류를 확대하며 상호 협력을 심화하고 호혜·공생을 실현하며 양안 동포의 행복을 위해 노력하고 양안 인민은 모두 중화민족에 속해 있으며

---

25 타이완이 독립 선언을 할 경우 '비평화적 수단'을 행사할 가능성이 명문화되었다. 石川禎浩, 『中國共産黨, その百年』(筑摩選書, 2021), p.327. 한편 이로부터 10년이 지난 2015년 7월 1일 '중화인민공화국국가안전법(中華人民共和國國家安全法)'이, 그리고 2020년 6월 30일 '홍콩국가안전법(香港國家安全法)'이 공포되었다.

그림 1 | 타이완 총통선거와 관련된 중국의 주요 타이완 정책 개념도(1992~2020년)

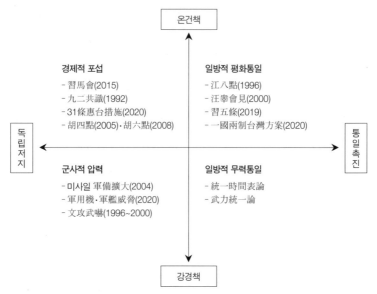

주: 각 시기별 중국의 주요 타이완 정책과 타이완 총통선거가 실시된 해를 4분면으로 나누어 배치함.
자료: 松田康博, "中國の対台灣政策と台灣総統選擧: 1996年~2020年," ≪日本台灣學會報≫ 第23
號(2021), p.54 등을 토대로 역자가 작성함.

모두 염황자손이므로 함께 연대해 협력하고 중화의 진흥을 위해 모든 힘을 기
울이며 민족의 부흥을 위해 노력해야 한다는 것에 의견일치를 보았다.

2016년 10월 4일 중화민국 총통 차이잉원은 신4불(新四不)을 제기했는데,
① 우리의 약속은 불변할 것이고, ② 우리의 선의는 불변할 것이고, ③ 압력
에 굴복하지 않을 것이고, ④ 대항의 낡은 길로 다시 돌아가지 않는다는 것이
었다. 그 이후 2017년 10월 10일 차이잉원은 ① 우리의 선의는 불변할 것이
고, ② 우리의 약속은 불변할 것이고, ③ 대항의 낡은 길로 다시 돌아가지 않
을 것이고, ④ 압력에 굴복하지 않을 것이라고 표명해 신4불의 순서를 바꾸었
다.[26]

2018년 중화인민공화국이 '31조혜태조시(31條惠台措施)'와 '타이완26항조시 (對台26項措施)'를 공표한 이후, 2019년 1월 1일 중화민국 총통 차이잉원은 4개 필수(四個必須), 3도방호망(三道防護網)을 제기했는데, 4개필수는 ① 중화민국 이 존재하고 있다는 사실을 반드시 정시(正視)해야 하고, ② 2300만 명의 인민 이 자유민주를 견지하고 있다는 것을 반드시 존중해야 하고, ③ 화평·대등한 방식으로 우리 사이의 기이(歧異, 분기·차이)를 반드시 처리해야 하고, ④ 정부 또는 정부가 권한을 부여한 공권력기구가 반드시 앉아서 논의해야 한다는 것 이다. 그리고 3도방호망은 ① 민생 안전의 방호망(防護網, 방어·보호망), ② 자 신 안전(資訊安全, 정보 안전)의 방호망, ③ 양안 호동(兩岸互動) 중의 민주 방호 망을 강화한다는 것이다.

2019년 1월 2일 중국공산당 시진핑 총서기는 시5조(習五條)를 제기했는데, ① 민족 부흥을 함께 손을 잡고 추동해 평화통일의 목표를 실현하고, ② 일국양 제의 타이완 방안을 탐색해 평화통일의 실천을 풍부하게 하고, ③ '하나의 중국 원칙'을 견지해 평화통일의 전망을 유지·수호하고, ④ 양안의 융합발전을 심화 시켜 평화통일의 기초를 다지고, ⑤ 동포의 심령계합(心靈契合, 마음의 의기투 합)을 실현해 평화통일의 찬동을 증진한다는 것이다.

2020년 1월 17일 반삼투법(反滲透法)이 수립된 이후, 2021년 10월 10일에 중화민국 총통 차이잉원은 4개견지(四個堅持)를 제기했는데, ① 영원히 자유민 주주의 헌정체제를 견지하고, ② 중화민국과 중화인민공화국이 서로 예속되지 않는 것을 견지하고, ③ 주권의 침범과 병탄을 용납하지 않는 것을 견지하고, ④ 중화민국 타이완의 전도는 전체 타이완 인민의 의지를 따른다는 것을 견지

26 아울러 2021년 10월 10일 차이잉원은 신4불의 기조에 입각해 "우리의 선의는 불변할 것이고, (우리의) 약속은 불변할 것이고, 현상유지는 곧 우리의 주장이고, 우리도 또한 현상의 일방적 개변을 전력을 다해 저지할 것이다"라고 천명했다.

한다는 것으로, 이것은 시진핑의 시5조에 대한 대응 방안으로 간주되고 있다.

2022년 8월 10일 발표된 '타이완 문제와 신시대 중국 통일 사업(台灣問題與新時代中國統一事業)'이라는 제목의 타이완 백서(台灣白書)는 1993년, 2000년에 이어 공표된 세 번째의 백서이다. 통일 이후의 타이완에 대해 1993년의 타이완 백서['타이완 문제와 중국의 통일(台灣問題與中國的統一)'(1993.9.1)]는 "독자적인 군대를 갖는다. 대륙(본토)은 군대를 파견하지 않는다", 2000년의 타이완 백서['하나의 중국 원칙과 타이완 문제'(一個中國的原則與台灣問題)(2000.2.1)]는 "중앙정부는 군대를 파견하지 않는다"라고 되어 있었지만, 2022년의 세 번째 타이완 백서에서는 해당 사항이 삭제되었다. 한편 타이완에 대한 무력행사의 선택지를 배제하지 않고 유지했다. 중국 정부는 낸시 펠로시Nancy Pelosi 미국 하원의장이 2022년 8월 2일 타이완을 방문한 것에 강력하게 반발하며 타이완 주변에서 미사일 발사 등 대규모의 군사훈련을 실시하는 것과 함께, 이제까지보다 더욱 강경한 내용의 타이완 백서를 발표하며 타이완의 지위를 홍콩 및 마카오와 같은 급으로 격하시킨 모양새가 되었다. 즉, 기존에 타이완을 홍콩과 마카오보다 상대적으로 우대해 왔다는 의미에서의 사실상의 일국삼제(一國三制)가 일률적인 일국양제(一國兩制)로 명시된 것이다.[27]

2022년 10월 10일 타이완의 차이잉원 총통은 중국에 의한 군사 위협 및 외교적 압력에 우려를 표시한 뒤 "타이완 해협의 평화와 안정을 유지하기 위해 쌍방이 받아들일 수 있는 방법을 찾아내고자 한다"라고 논하며, 시진핑 지도부를 향해 '이성적이며 대등한 대화'를 호소했다. 아울러 차이잉원은 "타이완인과 여당·야당의 공통된 인식은 주권과 민주주의, 자유로운 생활을 수호하는 것이다. 이 점에서 타협의 여지는 없다"라고 강조하며, 중국과 타이완의 대립은 역사적 요인에 더해 민주주의의 발전에서의 차이로부터 기인하고 있다고 지적했

---

27 "中國白書, 台灣を香港並みに格下げ; '統一後, 軍隊派遣せず'削除," 時事通信(2022.8.17).

표 4 | 인민해방군 군사전략 방침의 변화

마오쩌둥 시기	덩샤오핑* 시기	장쩌민 시기	후진타오 시기	시진핑** 시기
인민전쟁	현대화 조건하의 인민전쟁	첨단기술 조건하의 국지전에서의 승리	정보화 조건하의 국지전에서의 승리	정보화 국지전에서의 승리
- 적극방어, 　전면전쟁 - 조타(早打), 　대타(大打), 　핵전쟁	- 적극방어, 　근해작전 - 혁명화, 현대화, 　정규화	- 적극방어, 　근해작전 - 혁명화, 현대화, 　정규화	- 적극방어, 　근해방어에서 　원해방위로 - 과학발전, 정보화 　주도하에 　정보기술을 운용	- 육군: 기동작전, 　입체공방 - 해군: 근해방어, 　원해방위 - 공군: 공천일체, 　공방겸비***

* 덩샤오핑은 중국공산당 중앙군사위원회 주석(재임 기간: 1981.6~1989.11)을 역임했음.
** 2015년 기존의 7대 군구(七大軍區) 체제를 5대 전구(五大戰區) 체제로 개편했음(또한 중앙군사위회의 기존 4총부[四總部, 총참모부(總參謀部)·총정치부(總政治部)·총후근부(總後勤部)·총장비부(總裝備部)] 체제 등이 개편되어, 현재 △7개 부(部)/청(廳): ① 판공청(辦公廳), ② 연합참모부(聯合參謀部), ③ 정치공작부(政治工作部), ④ 후근보장부(後勤保障部), ⑤ 장비발전부(裝備發展部), ⑥ 훈련관리부(訓練管理部), ⑦ 국방동원부(國防動員部); △3개 위원회: ① 기율검사위원회(紀律檢查委員會), ② 정법위원회(政法委員會), ③ 과학기술위원회(科學技術委員會); △5개 직속기구: ① 전략규획판공실(戰略規画辦公室), ② 개혁·편제판공실(改革和編制辦公室), ③ 국제군사합작판공실(國際軍事合作办公室), ④ 심계서(審計署), ⑤ 기관사무관리총국(機關事務管理總局); 그리고 연합작전지휘센터(聯合作戰指揮中心) 및 연근보장부대(联勤保障部隊) 등이 설치되어 있음.
　2022년 6월 15일, '군대비전쟁군사행동강요(시행)'[軍隊非戰爭軍事行動綱要(試行)]에 서명했음. 또한 2022년 9월 21일, 중국공산당 중앙군사위원회 연합작전지휘센터가 격상된 것으로 관측됨[연합작전지휘센터[총지휘(總指揮): 시진핑 주석이 연합참모부[聯合參謀部, 참모장: 류전리(치振立) 육군 상장(上將)와 동격(同格)으로 격상되고, 타이완통(台灣通)으로 알려져 있는 허웨이둥(何卫东) 육군 상장(중앙군사위원회 제2부주석)이 주축을 형성하고 있는 것으로 파악되었음["中央軍事委の指揮機能強化 '센ター' 格上げ, 台灣通を起用," 時事通信(2022.10.7)].
*** 육군·해군·공군 외의 군종(軍種)이 추구하고 있는 기본방침은 △화전군[火箭軍, 기존 명칭: 제2포병부대(第二炮兵部隊]: 핵상겸비(核常兼備), 전역비전(全域備戰); △전략지원부대(戰略支援部隊): 체계융합(體系融合), 군민융합(軍民融合); △연근보장부대(聯勤保障部隊): 연합작전(聯合作戰), 연합훈련(聯合訓練), 연합보장(聯合保障)임.
자료: 『中華民國110年國防報告書』(台北: 國防部, 2021), p.35를 토대로 역자가 정리해 작성함.

다. 그러면서 '국가안보를 위한 전체적 배치(國家安全整體布局)'에서 4개면향(四個面向)을 제시했는데, 그 내용은 ① 외교에서의 가치 연결을 강화해 타이완의 대체할 수 없는 전략적 중요성을 구축하고, ② 국방전력을 제고시키고, ③ 국내에서 외부 세력이 침투·파괴 활동을 하는 것을 저지해 민주제도 및 사회경제의 정상적인 운영을 확보하고, ④ 글로벌 경제전략을 재조정 및 새로 배치한다는 것이었다.[28]

2022년 10월 16일 개최된 중국공산당 제20차 당대회에서 이루어진 정치보고에서 시진핑 총서기는 타이완 통일을 '역사적 임무'로 규정하고 향후의 타이완 정책과 관련해 평화적 통일을 쟁취하기 위해 최대의 성의와 최대의 노력을 기울이겠지만, "결코 무력의 사용을 포기하는 일은 없다"라고 공표했다.[29] 그러면서 "타이완 문제를 해결하는 것은 중국인 자신의 일이며, 중국인이 결정해야 한다"라고 강조하고, 아울러 "조국의 완전한 통일은 반드시 실현하지 않으면 안 되고, 반드시 실현할 수 있다"라고 천명했다. 같은 날, 중국국민당 중앙위원회는 중국공산당 중앙위원회에 제20차 당대회 개최를 축하하는 축전을 보내며 92공식[30]과 '타이완의 독립에 대한 반대'의 기초 위에서 국공 양당 간의 소통과 협력의 심화를 통해 타이완 해협의 평화와 안정을 수호하는 데 함께 노력하자고 제안했다.[31] 또한 중국공산당 당장(黨章, 당규약)의 개정을 통해 "'타이완의 독립'을 단호히 반대하고 억지할 것"이라는 내용이 새롭게 추가되었다.

이러한 양안관계를 둘러싼 정치적 언명이 교차하는 가운데 2016년 이후 2022년 7월의 시점까지 양안 무역의 총액은 전체적으로 증가하는 추세에 있으

---

28 한편 차이잉원이 기존의 '4개견지(四個堅持)' 방침에 기초해 '4대인성(四大韌性)'을 강화했다는 평가도 있다. 崔慈悌, "蔡英文明國慶演說 站穩'四個堅持'強化'四大韌性'," ≪台北報導≫(2022.10.10).

29 2017년 10월 18일 중국공산당 제19차 당대회에서 거행된 시진핑 총서기의 정치보고에서는 타이완을 통일하는 데서의 무력 사용은 언급되지 않았다. 한편 시진핑 총서기는 과거 1985년 6월 15일 타이완 해협을 사이에 두고 타이완과 마주보고 있는 푸젠성(福建省) 샤먼시(廈門市)의 부시장으로 부임한 이래 17년 동안 푸젠성에서 푸저우시(福州市) 시장 및 당위원회 서기, 푸젠성 성장 등을 역임했기 때문에 타이완 해협을 둘러싼 국제정세를 심층적으로 잘 파악하고 있으며, 이것이 향후 양안관계에 미칠 파급효과를 간과해서는 안 될 것이다. "(大中國の時代 習氏の兵法①)台灣統一に習近平氏'37年の計': 心の侵攻と迫る有事," ≪日本經濟新聞≫(2022.10.25).

30 92공식에는 중국국민당이 기존의 '대륙반공' 정책을 포기한다는 현실적 함의가 내포되어 있다. Dexter Filkins, "A Dangerous Game Over Taiwan," *The New Yorker* (November 14, 2022).

31 "中共冀與國民黨在既有共同政治基礎上加強溝通," 香港電台網站[RTHK](2022.10.16) (https://news.rthk.hk/rthk/ch/component/k2/1671242-20221016.htm).

며 타이완의 대중국 수출은 2019년 917.8억 달러(수출입 총액 1491.8억 달러), 2020년 1024.4억 달러(수출입 총액 1660.3억 달러), 2021년 1259억 달러(수출입 총액 2083.7억 달러)를 기록했다. 또한 2022년 1월부터 7월까지 타이완의 대중국 수출입 총액은 1245.3억 달러로 전년(2021년) 동기 대비 8.9% 증가했으며, 그중에 타이완의 대중국 수출은 725.7억 달러로 전년 동기 대비 4.7% 늘어났고, 수입은 519.7억 달러로 전년 동기 대비 15.3% 증가했다.[32] 적어도 경제적인 측면에서 볼 때, 양안관계는 상생의 흐름 속에서 비교적 안정적인 추세임을 살펴볼 수 있다. 즉, 미중 관계의 지속적인 악화와 중국과 타이완 간의 표면적인 언쟁 속에서도, 양안관계의 경제적 기초는 중화경제 권역의 거시적인 차원에서 지속적으로 확대되고 있다는 점에 유의할 필요가 있다. 이러한 양상은 2008년 중국이 타이완에 선물로 보낸 수컷 판다인 '퇀퇀(團團)'이 2022년 8월 질병을 앓고 있는 것으로 파악되었을 당시 "판다에게는 아무런 죄가 없다"라면서 타이완이 중국 측에 관련 전문가의 파견을 타진한 '판다 평화외교'를 통해서도 잘 살펴볼 수 있다.[33]

1950년 6월 14일 미국의 더글러스 맥아더Douglas MacArthur 장군은 "타이완 Formosa은 …… 가라앉지 않는 항공모함 및 잠수모함submarine tender과 비교될 수 있다. …… 비우호적인 세력에 의한 타이완 지배는 미국에 가장 중요한 재앙이 될 것이다"[34]라고 단언한 바 있다. 다시 말해 "타이완을 지배하는 자가 세

---

32 中華民國大陸委員會, ≪兩岸經濟統計月報≫ 第353期(2022). 앞에서 언급한 타이완의 대중국 수출입 규모에는 홍콩에 대한 수출입 금액이 포함되어 있지 않으며, 홍콩에 대한 수출입 규모를 합산하면 그 금액은 더욱 증가한다.

33 "中國から贈られた台灣のパンダが病気に 中國が専門家派遣で'パンダ外交'再び," ≪NEWS ポストセブン≫(2022.10.10)(https://www.news-postseven.com/archives/20221010 _1800270.html). 2022년 11월 1일 밤에 중국 측이 파견된 두 명의 전문가가 타이완을 방문했다. "中國から専門家2人が到着 脳疾患のパンダ'団団', 手術はせず 緩和ケアを採用/台灣," ≪フォーカス台灣≫(2022.11.2)(https://japan.focustaiwan.tw/society/202211020012).

34 *Memorandum on Formosa, by General of the Army Douglas MacArthur, Commander in*

계를 지배한다"[35]는 것이다. 즉, 70년 이상 동안 "타이완의 운명은 아시아 안보 질서의 핵심"[36]이었다.

2021년 12월 미국 연방의회 상원의 청문회에 참석한 엘라이 래트너Ely Ratner 국방부 차관보는 타이완을 '제1열도선의 사활적인 결절점node'이자 미국의 동맹 네트워크에서의 '닻anchor'이라고 표현하면서 타이완이 사활적으로 중요한 의미를 갖고 있음을 강조했다.[37] 또한 중국이 타이완을 점령할 경우, 미국을 중심으로 한 동맹 네트워크가 붕괴될 것이라는 주장도 있다.[38]

그러나 미국은 1979년에 자국의 국가이익을 위해 중화민국과 일방적으로 단교하고 아울러 유엔 안전보장이사회 상임이사국이었던 중화민국의 지위를 사실상 박탈시키며 중화민국을 유엔 회원국의 자리에서도 쫓아냈다. 그러한 미국의 역사적 선택은 오늘날의 타이완 문제를 더욱 복잡하게 만들고 있다. 미국은 타이완에 대해 "타이완의 주권도 인정하지 않고 중국의 주권도 인정하지 않는 입장을 고수하고 있다."[39] 명목상으로는 '하나의 중국'을 인정한다고 말하

Chief, Far East, and Supreme Commander, Allied Powers[top secret](Tokyo, Japan: June 14, 1950).

35 Niall Ferguson, "A Taiwan Crisis May Mark The End Of The American Empire," Bloomberg (March 23, 2021)(https://www.bloomberg.com/opinion/articles/2021-03-21/niall-ferguson-a-taiw an-crisis-may-end-the-american-empire).

36 Ben Jon, "(Special report: An island complication) China has chilling plans for governing Taiwan: There may be few painless options left," *The Economist*(October 10, 2022) (https://www.economist.com/special-report/2022/10/10/china-has-chilling-plans-for-governing-taiwan).

37 *Statement by Ely Ratner, Assistant Secretary of Defense*, Committee on Foreign Relations, US Senate(December 8, 2021)(https://www.foreign.senate.gov/imo/media/doc/120821_Ratner_Testim ony1.pdf).

38 Elbridge A. Colby, *The Strategy of Denial: American Defense in an Age of Great Power Conflict*(Yale University Press, 2021), p.130.

39 Michael R. Auslin, *The End of the Asian Century: War, Stagnation, and the Risks to the World's Most Dynamic Region*(Yale University Press, 2017), p.163. 아울러 이와 관련된 중국 측의 기본적인 해석으로는 다음을 참조하기 바란다. 薛謀洪, "美國利用台灣問題做文章

지만[40] 사실상으로는 인정하지 않는 것[41]이기에, 타이완에게 미국은 궁극적으로 '공인되지 않은 파트너'에 불과하며, 아무리 미국과 타이완의 관계가 확고하고 대단히 중요하더라도 그것은 '비공식적인 것'에 불과하다.[42]

예를 들어, 스티븐 골드스타인Steven Goldstein은 "미국은 궁극적으로 자국의 이익을 수호할 것이며, 설령 타이완이 공격을 당하더라도 강력한 미국의 대응은 보장되지 않을 것"이라고 말하면서, 그것은 마치 사우디아라비아 당국에 의해 미국의 기자가 추방되었지만 사우디아라비아가 너무나도 중요하기 때문에 미국이 아무것도 하지 않은 것과 같다고 주장했다.[43] 즉, 타이완은 미국의 국가이익에 의해 언제라도 '흥정의 대상'으로 전락되어 버림받을 가능성이 있는 것이다.[44] 실

由來已久," 國務院台灣事務辦公室新聞局 編, 『兩岸關係與和平統一』(九洲圖書出版社, 1996), pp. 238~245.

40 2022년 10월 27일 미국 국방부가 발표한 『2022년 국방 전략(2022 National Defense Strategy)』은 진화하는 중화인민공화국의 위협에 상응해, 그리고 "우리의 '하나의 중국' 정책(our one China policy)"에 일치하는 형태로 타이완의 비대칭적 자기방어를 지원할 것이라고 밝혔다. U.S. Department of State, *2022 National Defense Strategy*(October 27, 2022), p. 15. 여기에서 언급되는 "우리의 '하나의 중국' 정책"은 미국 국방부가 주장하는 '하나의 중국' 정책으로, 여기에는 미국 백악관 또는 미국 국무부에서 주장하는 '하나의 중국' 정책과 차이가 있을 개연성이 내포되어 있다. 미국 국방부의 기본적인 대중(對中) 전략에 대해서는 다음을 참조하기 바란다. 布施哲, 『米軍と人民解放軍: 米國防総省の対中戦略』(講談社現代新書, 2014).

41 Richard Moorsteen and Morton Abramowitz, *Remaking China Policy: U.S.-China Relations and Government Decision making*(Harvard University Press, 1971), p. 6.

42 *Testimony of Daniel J. Kritenbrink, Assistant Secretary of State for East Asian and Pacific Affairs*, Foreign Relations Committee, US Senate(December 8, 2021)(https://www.foreign.senate.gov/imo/media/doc/120821_Kritenbrink_Testimony.pdf).

43 Jacob Sweet, "Ukraine Today, Taiwan Tomorrow?," *Harvard Magazine*(May 22, 2022)(https://www.harvardmagazine.com/2022/05/ukraine-today-taiwan-tomorrow).

44 최근 미국 내부에서는 '타이완 유사' 시에 핵심 반도체기술이 중국에 넘어가지 못하도록 타이완의 TSMC를 파괴하는 '초토화 전략(scorched-earth strategy)'을 수립해야 한다는 논의가 제기되고 있다. 이것은 타이완이 '흥정의 대상'조차 되지 못할 경우 '미국의 국가이익'을 위해 타이완의 민간기업을 공격 대상으로 삼을 수 있다는 것을 보여준다. Jared M. McKinney and Peter Harris, "Broken Nest: Deterring China from Invading Taiwan," *Parameters*, Vol. 51, No. 4(Winter 2021/2022), pp. 23~36. 이것은 사실상 미국이 기존의 '호저 전략(porcupine strategy)'(고슴도치 전략) 및 군사적 수단으로는 타이완을 방어할 수 없다는 점을 암묵적으로

제로 중국에 의한 타이완 점령 그 자체가 "미국의 핵심적 국가이익에 대한 위협이 아니다"라는 평가가 내려진 바 있으며,[45] 이것은 타이완 자체가 미국에서의 핵심적인 국가이익의 부문에 들어가지 않을 수 있음을 암시하는 것이다.[46]

2022년 9월 14일 미국 상원 외교위원회는 '타이완 정책법Taiwan Policy Act' 법안을 가결했다. 해당 법안은 6월에 초당파적으로 제출되어 1979년의 '타이완 관계법'이 제정된 이래의 타이완 정책을 둘러싼 '가장 중요한 법'으로 언급되며 그 행방이 주목을 받았다. 원안에는 "타이완은 북대서양조약기구(NATO) 비가맹의 주요 동맹국MNNA: Major non-NATO ally으로 지정된다"라고 명기되어 있었지만, 수정안에서는 타이완의 '동맹' 진입을 철회하고 타이완은 MNNA에 "지정된 것과 같이 취급된다"라고 명기되었다. 즉, 타이완에 대해서는 자의적으로 해석될 수 있는 일종의 '사이비 동맹'이 구가되고 있는 것이다.[47] 여기에는 미국의 상대적 국력 저하, 바이든 정권에 대한 국제사회의 미온적인 평가, 러시아-중국-이란-북한의 반미 전략 차원에서의 군사적 연대를 동시에 해결할 수 없다는 심각한 안보 딜레마가 현실적으로 반영되어 있다.[48]

인정한 것이다. Gabriel Honrada, "US mulls scorched earth strategy for Taiwan," *Asia Times* (December 6, 2022). TSMC의 파괴라는 '초토화 전략'이 실현될 경우 타이완은 드론, 미사일 및 레이더 등 정교한 무기에 들어가는 반도체를 더 이상 생산할 수 없는 상황에 빠지게 된다.

45 Robert D. Blackwill and Philip Zelikow, *The United States, China, and Taiwan: A Strategy to Prevent War*, Council Special Report No.90(Council on Foreign Relations, February 2021), p.62.

46 이러한 측면에서 타이완을 둘러싼 미중 양국 간의 배타적인 '전략적 흥정'을 배제할 수 없다. 矢吹晋,『チャイメリカ』(花傳社, 2012), pp.134~135.

47 2022년 12월 7일 미국 연방의회 상원 외교위원회 위원장은 타이완에 대한 군사지원을 확대하는 '타이완 정책법' 법안을 수정해 국방예산의 큰 틀을 정하는 '국방수권법' 법안에 포함시키는 방침을 제시했다. 이 방침이 실시되면 향후 5년간 최대 100억 달러의 군사지원을 실시하며 타이완의 억지력 강화를 도모하게 된다. 외교위원회 위원장은 성명을 통해 "타이완의 민주주의는 미국의 '인도-태평양 전략의 심장'으로 계속 존재할 것"이라고 강조하면서 "중국의 도전에 맞설 수 있도록 미국의 전략, 경제, 외교적 수단을 동원하기 위해 법의 성립을 지향한다"라고 표명했다. 그런데 여기에서 주목해야 할 것은 전략적, 경제적, 외교적 수단 이외에 '군사적 수단의 동원'은 명백하게 빠져 있다는 점이다.

2022년 11월 14일 인도네시아 발리섬에서 개최된 미중 양국의 정상회담에서 바이든 미국 대통령은 "경쟁이 충돌로 발전하는 것을 방지하고 서로 협력이 필요한 세계 규모의 과제에 함께 나서는 것이 가능하다고 (국제사회에) 보여줄 책임이 있다"라고 말했다. 시진핑 중국 국가주석은 "중국과 미국이 직면하고 있는 상황은 양국과 양국 국민의 근본적 이익 및 국제사회의 기대에 합치하지 않는다"라고 논하면서 "우리는 미중 관계의 올바른 발전의 방향을 발견하고 제고시켜야 한다. 중미 관계를 건전하고 안정된 발전의 궤도로 되돌리기를 기대하고 있다"라며 바이든 대통령의 의견에 동조했다.

그리고 바이든은 '하나의 중국' 원칙을 견지할 것이라고 논하면서도 "타이완 해협의 일방적인 현상유지 변경"에 대해 반대한다고 밝히고 아울러 중국과의 "신냉전은 필요하지 않다"라고 공언했다. 이에 대해 시진핑은 "타이완 문제는 중국의 핵심이익 중의 핵심이고, 중미 관계의 정치기초 중의 기초이며, 중미 관계에서 넘지 말아야 할 첫째 레드라인"이라고 강조했다. 그러면서 "타이완을 중국으로부터 분열시키려는 그 어떤 자들도 중국의 민족대의를 위배하는 것이며, 중국 인민은 모두 절대로 허락하지 않을 것이다"라고 천명했다. 한편 같은 날, 타이완 총통부 대변인은 '일방적인 현상유지 변경'에 대해 반대한다는 바이든의 발언을 환영한다고 말했지만, '하나의 중국' 원칙을 견지할 것이라는 말에는 침묵했다.[49] 또한 미국 백악관이 밝힌 내용에 따르면, 바이든의 발언은 중국

---

48 최근 미국의 타이완 정책 및 타이완 관련 법제 동향에 대해서는 다음을 참조하기 바란다. 佐橋亮, "アメリカの台灣政策(2021~22)," 日本國際問題硏究所 編, 『國際秩序の動搖と米國のグローバル·リーダーシップの行方』(日本國際問題硏究所, 2022), pp.33~40; Susan V. Lawrence and Caitlin Campbell, "Taiwan: Political and Security Issues," *Congressional Research Service*(updated October 7, 2022).

49 2022년 11월 17일 태국 방콕에서 거행된 중일 양국 정상회담에서 기시다 후미오 일본 총리가 '타이완 해협의 평화가 갖는 중요성'을 언급했다는 것에 대해 타이완 외교부는 마찬가지로 감사의 뜻을 표명했지만, 중국 외교부는 타이완 문제에 있어서 "일본은 '중일 연합성명' 중의 승낙에 추호의 변화도 없다"는 것을 확인했다고 말했다. "習近平會見日本首相岸田文雄," 中國

그림 2 | **인민해방군의 배치**

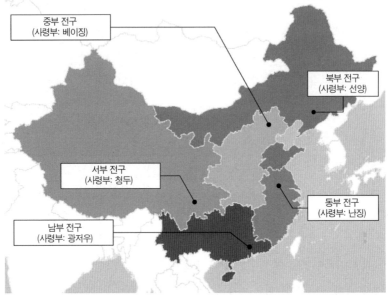

중부 전구
(사령부: 베이징)

북부 전구
(사령부: 선양)

서부 전구
(사령부: 청두)

동부 전구
(사령부: 난징)

남부 전구
(사령부: 광저우)

자료: IISS, *The Military Balance 2022*; 『防衛白書』(日本防衛省, 2022) 등을 토대로 역자가 작성함.

과 타이완 중에 그 어느 쪽이든 '일방적인 현상유지 변경'에는 반대한다는 것이
기에, 사실상 차이잉원 정권의 '타이완 독립'에 의한 '일방적인 현상유지 변경'
에도 반대한다는 함의가 들어가 있다.

2022년 11월 15일 미국의 초당파 의회 정책자문기구인 미중경제·안보검토
위원회는 2022년도 연례 보고서[50]를 통해 중국공산당 제20차 당대회에서 이례
적인 3기 연임을 실현한 시진핑 중국공산당 총서기를 향해 권력집중에 강한 우

外交部(2022.11.18).

50 U.S.-China Economic and Security Review Commission(USCC), *2022 Annual Report to Congress of the U.S.-China Economic and Security Review Commission*(Washington, D.C.: U.S. Government Publishing Office, 2022).

그림 3 | **타이완군(중화민국 국군)의 배치**

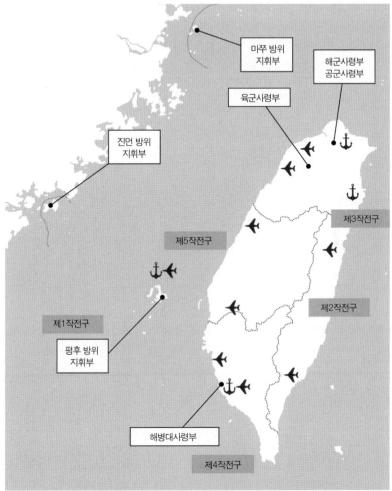

마쭈 방위
지휘부

해군사령부
공군사령부

육군사령부

진먼 방위
지휘부

제3작전구

제5작전구

제2작전구

제1작전구

펑후 방위
지휘부

해병대사령부

제4작전구

자료: IISS, *The Military Balance 2022*; 『防衛白書』(日本防衛省, 2022) 등을 토대로 역자가 작성함.

려를 표시한 뒤, "타이완 해협에서의 위험한 불확실성을 조장하고 있다"라고
경고하고, 아울러 타이완 유사를 상정한 '체제 정비'를 행하도록 미국 정부에
처음으로 제언했다. 또한 2024년의 타이완 총통선거 및 미국 대통령선거를 거

처 타이완의 독립을 향하는 기운이 높아진다면 "분쟁의 불씨가 될 것"이라고 경종을 울렸다.

2022년 11월 29일 미국 국방부는 중국의 군사력에 관한 2022년도 연례 보고서[51]에서 인민해방군이 2035년까지 약 1500발의 핵탄두를 보유할 가능성이 있다고 분석하고, 창군 100주년을 맞이하는 2027년까지 기계화, 정보화, 지능화의 통합적 발전을 실현해 '세계 일류'의 강군이 되는 것을 지향하고 있으며 최근에 다역정확전Multi-Domain Precision Warfare: MDPW(多域精確戰)을 새로운 '핵심적인 작전개념'으로 제시하고 발전시키며 미국의 군사적 취약성에 대한 정밀타격을 준비하고 있다고 분석하면서, 타이완에 대한 해상봉쇄 및 상륙작전 등을 포함해 여러 군사적 선택지를 행사할 수 있다는 것에 우려를 표명했다.

혹자는 한반도의 시각에서 양안관계와 타이완 문제를 고려할 때, 한편으로는 한국의 국력과 외교역량을 과대평가하고 다른 한편으로는 중화인민공화국을 과대평가하고 아울러 중화민국을 과소평가한 결과로 인해 한국은 중화민국과의 단교 과정에서 중화민국에 대한 존중과 배려가 크게 결여되어 그동안 구축해 왔던 공통의 기반을 무너뜨렸다고 지적하면서, "그 당시에도 이해하기 어려웠고 지금도 이해하기 어려운 것은, 단교되기 전에, 더욱이 중국과 수교교섭도 시작되기 전에 우리 스스로 전통적인 우방인 중화민국과 외무장관 등 고위 외교당국자 간의 교류를 자제하기로 했다는 지침이다"라고 평가하기도 했다.[52] 하지만 거시적인 차원에서 보았을 때, 그러한 공통의 기반을 무너뜨린 것은 타이완에 대한 미국의 일방적인 단교 및 유엔으로부터의 축출이었음을 또한 망각해서는 안 된다.[53] 또한 타이완도 미국이 일방적으로 중화민국을 버리

51 Office of the Secretary of Defense, *Military and Security Developments Involving the People's Republic of China 2022, Annual Report to Congress*(2022).
52 조희용, 『대만단교회고 중화민국 리포트 1990~1993』(도서출판 선인, 2022), 122, 540~541쪽.
53 중화민국이 유엔 안보리 상임이사국이었다는 점을 고려하면 그것은 일종의 심각한 배신행위

표 5 | 인민해방군과 타이완군의 군사력 비교

		인민해방군	타이완군(중화민국 국군)
	총병력*	약 204만 명	약 17만 명
육상 전력	육군 병력**	약 97만 명	약 10만 명
	전차 등	99/A형, 96/A형, 88A/B형 등 약 6200대	M-60A, M-48A/H 등 약 750대
해상 전력	함정	약 750척(약 224만 톤)	약 250척(약 20.5만 톤)
	항공모함***, 구축함, 프리깃(호위함)	약 90척	약 30척
	잠수함	약 70척	4척
	해병대	약 4만 명	약 1만 명
항공 전력	작전기	약 3030대	약 520대
	근대적 전투기	J-10(548대) Su-27/J-11(329대) Su-30(97대) Su-35(24대) J-15(50대) J-16(172대) J-20(50대) (제4세대·제5세대 전투기 합계 1270대)	Mirage 2000(55대) F-16(A/B)(77대) F-16(개량V형)(63대) 징궈(經國)(127대) (제4세대 전투기 합계 323대)
참고	인구	약 14억 600만 명	약 2300만 명
	병역 기간	2년	징병에 의한 입대는 2018년 말까지 종료(다만 1994년 이후 출생자는 4개월 동안의 군사훈련****을 받는 것이 의무화되어 있음)

* 중화인민공화국의 무장역량에는 인민해방군 외에 중국인민무장경찰부대(中國人民武裝警察部隊, 총병력: 약 150만 명)와 중국민병(中國民兵, 총병력: 약 800만 명)이 포함되어 있음. 중국민병은 개혁개방 초기의 3000만 명 규모에서 2011년 12월 기준으로 약 800만 명으로까지 삭감되었음.
** 인민해방군의 해군 병력은 26만 명, 공군 병력은 39만 5000명임.
*** '랴오닝(遼寧)호', '산둥(山東)호' 외에, 2022년 6월 세 번째 항공모함 '푸젠(福建)호'가 진수(進水)됨.
**** 2024년 1월 1일부터 4개월 동안의 군사훈련에서 1년 동안의 의무역으로 변경됨.
자료: Kenneth W. Allen, Thomas Corbett, Taylor A. Lee, and Ma Xiu, *Personnel of the People's Liberation Army*(USCC: November 3, 2022), pp.7~8; IISS, *The Military Balance 2022*; 『防衛白書』(日本防衛省, 2022) 등을 토대로 역자가 작성함.

이기도 했다. James C. H. Shen, *The U.S and Free China: How the U.S. Sold Out Its Ally* (Acropolis Books, 1983).

표 6 | 인민해방군과 타이완군의 주요 미사일과 사거리

인민해방군			타이완군(중화민국 국군)**		
둥펑-11(東風-11, DF-11)	SRBM	280~300km	슝펑 I/A***(雄風 I/IA, Hsiung Feng I/IA)	ASCM	40km
둥펑-12(DF-12/M20)	SRBM	280km	슝펑 II(Hsiung Feng II)	ASCM	100~120km
둥펑-15(DF-15)	SRBM	600km	슝펑 IIE****(Hsiung Feng IIE)	LACM	600km
둥펑-16(DF-16)	SRBM	800~1,000km	슝펑 III(Hsiung Feng III)	ASCM	120-150km
둥펑-17(DF-17)	HGV	1,800~2,500km	톈지(天戟, Tien Chi)	SRBM	120km
둥펑-21(DF-21)	MRBM	2,150km	완젠(萬劍, Wan Chien)	ALCM	240km
둥펑-26(DF-26)	IRBM	4,000km	윈펑*****(雲峰, Yun Feng)	LACM	1,200~2000km
둥펑-31(DF-31)	ICBM	7,000~11,700km	제링(捷羚, Antelope Air Defense System)	SAM	9~18km
둥펑-4(DF-4)	IRBM/ICBM	4,500~5,500km	하이젠링(海劍羚, Sea Oryx)	SAM	15km
둥펑-41(DF-41)	ICBM	12,000~15,000km	하이젠 II(海劍二, Hai Chien II)	SAM	#30km
둥펑-5(DF-5)	ICBM	13,000km	루젠 II(陸劍二, Lu Chien II)	SAM	30~35km
훙냐오-2(紅鳥-2, HN-2)	Cruise Missile	1,400~1,800km	톈궁 I(天弓 I, Tien Kung I)	SAM	70km
훙냐오-3(HN-3)	Cruise Missile	3,000km	톈궁 II(Tien Kung II)	SAM	150km
훙냐오-1(HN-1)	Cruise Missile	50~650km	톈궁 IIII(Tien Kung III)	SAM	200km
쥐랑-1(巨浪-1 JL-1)	SLBM	1,700km	톈젠 I(天劍 I, Tien Chien I)	AAM	8km
쥐랑-1A(JL-1A)	SLBM	2,500km	톈젠 II(Tien Chien II)	AAM	60km
쥐랑-2(JL-2)	SLBM	8,000~9,000km	톈젠 IIA(Tien Chien IIA)	AAM	100km
쥐랑-3(JL-3)*	SLBM	12,000km 이상	톈젠 IIC(Tien Chien IIC)	AAM	100km
잉지-18(鷹擊-18, YJ-18)	Cruise Missile	220~540km	톈젠 IIN(Tien Chien IIN)	SAM#	100km

용어: SRBM(단거리탄도미사일), HGV(극초음속활공비행체), MRBM(준중거리탄도미사일), IRMB(중거리탄도미사일), ICBM(대륙간탄도미사일), Cruise Missile(순항미사일), SLBM(잠수함발사탄도미사일), ASCM(대함순항미사일), LACM(지상공격순항미사일), ALCM(공중발사순항미사일), SAM(지대공미사일), SAM#(함대공미사일), AAM(공대공미사일).
* 쥐랑-3(JL-3)은 2018년 11월 24일 시험 발사에 성공했음[보하이만(渤海灣)에서 뉴욕까지 타격이 가능함]. 인민해방군이 보유한 미사일은 탄도미사일, 극초음속활공비행체, 순항미사일을 중심으로 다루었음.
** 이 밖에 탄도미사일 칭펑(靑鋒, SRBM 60~130km), 톈마(天馬, MRBM 600~950km)의 개발이 이루어졌으나 미국의 압력으로 인해 생산과 배치가 중단되었음.
*** 슝펑 IIE(雄風 IIE)의 사거리는 최대 2000km인 것으로 알려져 있음.
**** 슝펑 I/IA(雄風 I/IA)는 현재 사용하지 않고 있음.
***** 윈펑(雲峰)은 현재 개발 중인 것으로 알려져 있음[베이징(北京)을 사거리 안에 두고 있음].
자료: "Missile Threat"(https://missilethreat.csis.org) 등을 토대로 역자가 정리해 작성함.

고 유엔에서 쫓아내며 '국제사회의 고아'로 내동댕이쳤음에도 불구하고, 한국은 중화민국과 외교 관계를 끝까지 유지했던(일본보다 약 20년간 외교 관계를 더 유지했던) 동아시아에서의 '최후의 국가'였다는 사실(史實)을 잊어서는 안 될 것이다.

그러한 측면에서 대륙편향의 외교를 벗어나고 타이완을 경시하는 자세를 버리고 타이완 해협의 양안을 상대로 자주적이고 적극적인 국익지향의 외교를 전개해야 한다는 기존의 논의[54]에서 한 걸음 더 나아가, 미국의 외교적 행태를 거시적으로 관찰하는 것과 동시에 중국 대륙, 타이완, 홍콩, 마카오, 싱가포르 및 글로벌 화교 네트워크 등을 포괄적으로 시야에 넣는 다층적 '중화권 외교'[55] 의 중요성을 인식하고 이에 대한 연구와 실천을 진행할 필요가 있다.[56] 다시 말해 양안관계 및 타이완 문제의 복잡한 역사[57]와 현실은 '하나의 중국', '두 개의 중국' 등의 단순한 대립구조로 이해할 수 있는 단순한 사안이 아니라는 점에 유의해야 한다.[58]

한편 타이완 문제를 포함한 양안관계를 둘러싼 중국의 외교 행태 및 심태(心態)[59]를 과도하게 단순화하는 것은 어리석은 일이 될 것이다.[60] 양안관계는 항

54　홍덕화, 『두 개의 중국과 실리외교』(자작아카데미, 1998), 229쪽.

55　Willem Van Kemenade, *China, Hong Kong, Taiwan, Inc.*(Vintage Books, 1998); 中嶋嶺雄, 『中國·台灣·香港』(PHP新書, 1999).

56　한반도와 양안관계의 역사적 상호 연동 및 인식론적 동향에 대해 다루고 있는 것으로는 다음 글을 참조하기 바란다. 拙稿, "朝鮮半島に対する中國ネット民族主義の台頭とその変容," *ICCS Journal of Modern Chinese Studies*, Vol.4, No.1(2011), pp.75~84. 또한 한반도와 양안관계의 상호 효과가 갖는 전략적 함의에 대해서는 다음을 참조하기 바란다. Robert S. Ross, "Comparative Deterrence: The Taiwan Strait and the Korean Peninsula," in Alastair Iain Johnston and Robert S. Ross, eds., *New Directions in the Study of China's Foreign Policy* (Stanford University Press, 2006), pp.13~49.

57　이러한 '타이완 문제'의 복잡한 역사에는 일본이 출병 및 식민 지배 등을 통해 끼쳐온 영향도 간과할 수 없다. 戴國煇, 『台灣: 人間·歷史·心性』(岩波新書, 1988), pp.55~82.

58　家永真幸, "台灣政治研究の回顧と展望(2008~18年): この10年, これからの10年," ≪日本台灣學會報≫ 第21號(2019年7月), p.63; 野嶋剛, 『新中國論: 台灣·香港と習近平體制』 (平凡社新書, 2022).

59　중화문명의 보편성에 대한 중국의 관점 또한 경시해서는 안 된다. 國分良成, 『中華人民共和國』(ちくま新書, 1999), p.160.

60　Wang Jisi, "International Relations Theory and the Study of Chinese Foreign Policy: A Chinese Perspective," in Thomas W. Robinson and David Shambaugh, eds., *Chinese*

상 '실태(實態)가 선행되고 원칙이 뒤에 따라오는' 규율하에 움직이고 있으므로 '하나의 중국'이라는 원칙을 둘러싼 대립축만 보면 실태를 시야에서 놓치게 된다.[61] 또한 중국에 있어서 '타이완 문제'는 중화제국으로서의 '체면'의 문제이기도 하다는 점도 간과해서는 안 된다.[62] 양안관계는 이미 '타이완 해방'과 '반공대륙'의 대립이 아니고, '일국양제 통일중국'과 '삼민주의 통일중국'의 대립도 아니며, 역사상 존재했던 중원과 변수(邊陲, 변방), 중앙정부와 지방 할거정권 간의 '통'(統, 통일)과 '독'(獨, 독립)의 대항과 유사해지고 있다는 주장도 있다.[63] 타이완 해협의 유사[64]에 대해 만반의 대비를 하는 것도 중요할 것이다.[65] 아울

Foreign Policy: Theory and Practice(Clarendon Press, 1994). p.500.

61 岡田充, 『中國と台灣: 對立と共存の兩岸關係』(講談社現代新書, 2003), p.53.

62 橫山宏章, 『中華思想と現代中國』(集英社新書, 2002), p.151.

63 "兩岸'統獨'对抗與和戰选择: 全國台灣研究會执行副會长王升在'2020年台灣政局暨兩岸关系回顾與展望研討會上的讲话(全文)," 全國台灣研究會(2020.12.30.)(http://tyh.taiwan.cn/benhuidongtai/202012/t20201230_12314330.htm).

64 2020년 11월에 방한했던 왕이(王毅) 중국 외교부장은 한미 동맹이 국지 동맹에 머무르는 한 한반도 고유의 국지적 문제와 관련해 한국과 전향적으로 협력할 여지가 있음을 암시하는 발언을 한 바 있다. 倉田秀也, "朝鮮半島の'アド・ホックな米中協調'と台灣海峽問題," 研究レポート('中國'研究會)FY2021-4號(日本國際問題研究所, 2021年10月28日). 이 발언은 주한미군이 '타이완 유사'에 투입되지 않는 것을 전제로 중국이 한반도 문제(북한 문제)에서 한국과 협의할 수 있다는 의미를 내포하고 있다. 한편 유사 시 한국의 방위를 지원하기 위해 투입되는 미군 증원전력은 육군·해군·공군과 해병대를 포함해 병력 약 69만 명, 함정 약 160척, 항공기 약 2000대의 규모이다. 또한 2020년 기준 한국군의 총병력 수는 55.5만여 명으로 육군 42만여 명, 해군 7만여 명(해병대 2.9만여 명 포함), 공군 6.5만여 명으로 구성되어 있으며, 한국의 예비 병력은 310만여 명이었다. 즉, '한반도 유사' 시에 투입되는 한국의 정규군 규모는 증원되는 주한미군을 포함해 약 125만 명(한국군의 예비 병력을 포함할 경우 약 435만 명)이다. '타이완 유사'의 시나리오에 대해서는 다음을 참조하기 바란다. 히라마쓰 시게오, 『마오쩌둥과 덩샤오핑의 백년대계: 중국군의 핵·해양·우주 전략을 독해한다』, 이용빈 편역(한국해양전략연구소, 2014); 茅原郁生, 『中國人民解放軍: '習近平軍事改革'の実像と限界』(PHP新書, 2018); 清水克彦, 『台灣有事: 米中衝突というリスク』(平凡社新書, 2021); 森本敏・小原凡司 共編, 『台灣有事のシナリオ』(ミネルヴァ書房, 2022); John Dotson, "The PLA Conducts Amphibious Training Drills with Civilian RO-RO Cargo Vessels," *Global Taiwan Brief*, Vol. 7, Issue 20(2022), pp.9~11; Elsa B. Kania and Ian Burns McCaslin, *The PLA's Evolving Outlook on Urban Warfare: Learning, Training, and Implications for Taiwan* (Institute for the Study of War, 2022); Joel Wuthnow, Derek Grossman, Phillip C.

러 타이완 해협에 있어서 점진적이며 파악하기 어려운 형태로 정치적·경제적·군사적 현상이 시시각각 변화하는 상황에 어떻게 효과적으로 대응할 것인지를 유비무환의 자세[66]로 검토하는 작업도 중요할 것이다.[67] 하지만 배궁사영(杯弓蛇影)의 전략적 오판을 범하고 중시지적(衆矢之的)이 되어 결국 동탄부득(動彈不得)에 빠지는 어리석음은 결코 범하지 말아야 한다.

이 책의 저자 리처드 부시Richard C. Bush는 미국재타이완협회의 회장, 미국 브루킹스연구소 동아시아정책연구소(CEAP) 소장 및 타이완연구 석좌를 역임

Saunders, Andrew Scobell, Andrew N.D. Yang, eds., *Crossing the Strait: China's Military Prepares for War with Taiwan*(National Defense University Press, 2022). 아울러 '중국 특색의 인민해군 이론'과 인민해방군 해군(People's Liberation Army Navy: PLAN)의 기본전략에 대해서는 다음을 참조하기 바란다. 劉華淸, 『劉華淸回憶錄』(解放軍出版社, 2004), pp.432~439; 平松茂雄, 『中國, 核ミサイルの標的』(角川書店, 2006), pp.184~205; 金千里, 『第五代將星: 中共對台作戰中堅人物』(夏菲爾出版有限公司, 2006), pp.131~137; 富坂聰, 『中國人民解放軍の內幕』(文春新書, 2012), pp.46~57; 杉山徹宗, 『中國の軍事力 日本の防衛力』(祥傳社新書, 2013), pp.43~52; 李亞明, 『中共解放軍槪論』(國防大學政戰學院, 2022); 孫亦韜, "淺析中共海軍近年建軍發展與戰力成長," ≪海軍學術月刊≫ 第56卷 第2期(2022), pp.84~100; 飯田将史, "增强が進む中國海軍陸戰隊の現狀と展望," ≪NIDSコメンタリー≫ 第238號(2022), pp.1~8; "中國海軍がAI搭載の超大型ドローン無人潛水艦を開發 米'航行の自由作戰'に対抗か," ≪NEWSポストセブン≫(2022.11.3).

65 '문사필유무비(文事必有武備)'의 중요성은 아무리 강조해도 지나침이 없을 것이다. 諸葛亮, "便宜十六策·治軍第九," 中共中央黨校中國歷史敎硏室, 『中國古代政論文選讀』(1986), p.192.

66 타이완 해협의 위기가 높아질수록 중국의 내정과 외사에서의 원칙인 내긴외송(內緊外鬆, 겉으로는 여유 있어 보이나 실제로는 긴장하는 것)을 간과해서는 안 될 것이다. Anne-Marie Brady, *Making the Foreign Serve China*(Rowman & Littlefield Publishers, 2003), p.189. 아울러 "대전(大戰, 미국과의 전쟁)을 피하기 위해 소전(小戰, 타이완과의 전쟁)을 전개한다"는 '이전지전(以戰止戰)'의 군사적 책략이 중국 측에 상존하고 있다는 점도 한반도 상황을 고려하며 주의해야 할 것이다. John Wilson and Xue Litai, *Imagined Enemies: China Prepares for Uncertain War*(Stanford University Press, 2006), p.253.

67 시오자와 에이이치, 『중국인민해방군의 실력: 구조와 현실』, 이용빈 옮김(한울, 2015), 293쪽; 福田円, "習近平政權の対台灣工作: その現狀と展望," ≪交流≫ 第961號(2021), p.6. 그리고 무엇보다 타국의 행태를 편향된 가치관이 아닌 객관적 현실에 입각해 관찰하고 대처하는 것의 학술적 중요성은 재론할 필요가 없을 것이다. 內藤湖南, 『支那論』(文藝春秋, 2013), p.339.

했기에, 양안관계에서 학문과 실무를 겸비한 미국 최고의 정책통이라고 할 수 있다. 과거에 역자도 개인적으로 미국 워싱턴을 여러 차례 방문해 브루킹스연구소에서 열린 회의에 참석하며 미중 관계 및 양안관계에 대한 다양한 논의를 경청했던 바 있다. 이것은 역자가 베이징대학에서 유학했던 경험과 칭화대학이 주관하는 국제학술회의에 타이완연구 관련 토론자로서 참여했던 활동, 그리고 타이완 국립정치대학과 홍콩중문대학 등의 학술 방문과 연계되어 '미중관계와 양안관계의 국제정치'를 심도 있게 이해하는 데 많은 도움이 되었다. 특히 천이신 입법위원(전 중국국민당 대변인), 양녠쭈(楊念祖) 전 국방부장[중화민국고등정책연구협회(CAPS) 이사장], 타이완 국립정치대학 외교학과 리밍(李明) 교수 및 외교부 관계자 등과 개인적으로 의견을 교환한 것은 타이완 내부의 시각을 살펴보는 데 유익했다.

2022년 5월 26일 브루킹스연구소에서 개최된 '향후 수년간 타이완에 대한 전망과 도전Prospects and challenges for Taiwan in the years ahead'이라는 제목의 회의에서 이 책의 저자 리처드 부시는 중국이 현재 미국에 대해 불만을 품는 핵심적인 이유는 미국 정부가 타이완의 자신감을 고취시켜 타이완의 자신감을 약화시키려는 중국의 전략을 방해하고 있다는 점에 있고, 2024년 타이완의 총통선거와 2024년 미국 대통령선거가 같은 해에 이루어진다는 것을 강조하면서 중국의 중기적 우려사항은 2024년 타이완 총통선거에서 민주진보당이 광범위한 지지를 확보하고 현재의 차이잉원 총통보다 더욱 도전적인 리더가 민주진보당으로부터 출현할 가능성이라고 내다보았다.[68] 또한 양안 전쟁의 발발 가능성

68   2021년 6월 26일 미국 외교정책연구소(Foreign Policy Research Institute)의 주최로 행해진 웨비나(webinar)에서 리처드 부시는 "2024년 타이완 총통선거에서 마잉주 전 총통과 유사한 중국국민당 소속 후보자가 당선될 경우 중국의 타이완에 대한 위협, 압력 및 주변화의 정도는 낮아질 것이며, 이에 따라 '전쟁이 곧 일어날 것이다'라는 경고는 사라지게 될 것"이라고 전망하면서도, "하지만 중국국민당이 정권을 잡게 되더라도 시간의 변화, 중국의 변화, 타이완의 변화로 인해 마잉주 전 총통 시기처럼 균형을 잘 유지하기는 어려울 것"이라고 예측했다. 미국

에 대해서는 타이완의 민주주의 시스템이 '통일'과 '독립'을 모두 반대하는 현상유지를 선호할 것이고 중국의 현행 정책이 매우 현명하므로 그 정책의 성공 여부는 말할 수 없지만 전쟁이 일어날 가능성은 가까운 미래에 매우 낮다고 전망했다.[69]

또한 2023년 5월 1일 브루킹스연구소에서 개최된 '미국-타이완 관계: 중국의 도전은 위기를 초래할 것인가?'이라는 제목의 회의에서 리처드 부시는 타이완이 전쟁을 도발한 것으로 미국이 간주하게 되면 미국이 타이완을 방어해 줄 것이라고 확신할 수 없기에 타이완 국민은 현상유지를 선호하게 될 것인데, 그 이유는 현상유지가 완벽하지는 않지만 다른 그 어떤 선택지보다 훨씬 낫기 때문이라고 강조했다. 한편 2024년 타이완 총통선거에서 베이징이 선호하는 후보자가 당선될 경우 군사적 이슈에 대한 강조는 사라지게 될 것이며 그 대신에 미중 양국은 서로 적대하기보다 협력의 영역에 놓이게 될 것이라고 내다보았다.[70]

2024년 타이완 총통선거의 전초전이라 할 수 있는 2022년 11월 26일 지방선거에서는 중국국민당이 승리를 선언했다. 타이완의 주요 미디어는 '민주진보당의 대패(大敗)'라고 보도했으며,[71] 차이잉원 총통은 이번 선거의 결과에 따라

　　의 타이완 정책과 타이완 총통선거의 관계에 대해서는 다음을 참조하기 바란다. 佐橋亮, "米國の対台灣政策と總統選擧," ≪日本台灣學會報≫ 第23號(2021), pp.71~82.

69　아울러 리처드 부시가 참여한 미국-타이완 관계와 관련된 보고서에 따르면, 미국의 관점에서 타이완의 미래는 ① 미국적 가치에 있어서 중요하고, ② 인도-태평양 지역의 평화와 안정에 있어서 중추적이며, ③ 미국 경제의 경쟁력과 번영에 있어서 중요하다고 규정되었다. *Toward a Stronger U.S.-Taiwan Relationship*, A Report of the CSIS Task Force on U.S. Policy Toward Taiwan, Co-chaired by Bonnie S. Glaser, Richard C. Bush, and Michael J. Green (CSIS, October 2020), pp.4~5.

70　이와 관련된 저자의 더 구체적인 논의는 다음을 참조하기 바란다. Ryan Hass, Bonnie Glaser, and Richard Bush, *U.S.-Taiwan Relations: Will China's Challenge Lead to a Crisis?* (Brookings Institution Press, 2023).

71　민주진보당이 선거에서 패배한 원인에 대한 분석으로는 다음을 참조하기 바란다. "欺騙民衆

표 7 | 2022년 타이완 지방선거의 결과

	시·현	당선자
직할시	타이베이시(台北市)	장완안(蔣萬安, 중국국민당)
	신베이시(新北市)	허우유이(侯友宜, 중국국민당)
	타오위안시(桃園市)	장산정(張善政, 중국국민당)
	타이중시(台中市)	루슈옌(盧秀燕, 중국국민당)
	타이난시(台南市)	황웨이저(黃偉哲, 민주진보당)
	가오슝시(高雄市)	천치마이(陳其邁, 민주진보당)
타이완성	지룽시(基隆市)	셰궈량(謝國樑, 중국국민당)
	신주시(新竹市)	가오훙안(高虹安, 타이완민중당)
	자이시(嘉義市)	황후이민(黃敏惠, 중국국민당)
	신주현(新竹縣)	양원커(楊文科, 중국국민당)
	먀오리현(苗栗縣)	중둥진(鍾東錦, 무소속)
	이란현(宜蘭縣)	린포마오(林姿妙, 중국국민당)
	장화현(彰化縣)	왕후이메이(王惠美, 중국국민당)
	윈린현(雲林縣)	장리산(張麗善, 중국국민당)
	난터우현(南投縣)	쉬수화(許淑華, 중국국민당)
	화롄현(花蓮縣)	쉬전웨이(徐榛蔚, 중국국민당)
	자이현(嘉義縣)	웡장량(翁章梁, 민주진보당)
	핑둥현(屛東縣)	저우춘미(周春米, 민주진보당)
	타이둥현(台東縣)	야오칭링(饒慶齡, 중국국민당)
	펑후현(澎湖縣)	천광푸(陳光復, 민주진보당)
푸젠성	진먼현(金門縣)	천푸하이(陳福海, 무소속)
	롄장현(連江縣)	왕중밍(王忠銘, 중국국민당)

주: 2022년 11월 26일 실시[자이시(嘉義市)는 2022년 12월 18일 실시]. 시장(市長)과 현장(縣長)을 각각 선출함.
자료: 타이완 중앙선거위원회의 데이터를 토대로 역자가 작성함.

민주진보당 주석의 자리에서 사임하겠다는 의사를 표명했다. 이에 따라 2024
년 총통선거 및 향후 대중(對中) 정책에 큰 영향을 미칠 것으로 보인다. 특히 타
이베이시에서는 장제스 전 총통의 증손자 장완안(蔣萬安) 전 중국국민당 입법
위원이 승리를 거두었다(〈표 7〉 참조). 한편 11월 26일 중국 국무원 타이완사무

的民進黨終被民衆抛棄,"《聯合報》(2022.11.28).

판공실의 주펑롄(朱鳳蓮) 대변인은 타이완 지방선거에서 여당 민주진보당이 대패한 것과 관련해 "이 결과는 평화와 안정을 추구하고 행복한 삶을 영위하고 자 하는 주류의 민의를 반영하고 있다"라고 평가하는 담화를 발표했다.[72] 흥미로운 것은 이번 타이완 지방선거에서 나타난 '어려운 결단'과 '안정과 행복한 삶에 대한 타이완의 추구'는 바로 이 책의 원제 'Difficult Choices: Taiwan's Quest for Security and the Good Life'와 일맥상통하고 있다는 점이다.

또한 2023년 신년사에서 시진핑 중국 국가주석은 "내일의 중국에 있어서 힘은 단결로부터 나온다. …… 14억여 명의 중국인이 마음을 한곳으로 모아서 생각하고 역량을 한곳으로 집중해 사용하며, 동주공제[同舟共濟, 같은 배를 타고 함께 강을 건너는 것]하고, 중지성성[衆志成城, 많은 사람이 합심하고 협력해서 성(城)을 이루는 것]하면 곧 해낼 수 없는 일이 없으며 헤쳐 나가지 못할 구덩이가 없다. 해협 양안은 한 가족처럼 단결해야 한다. 양안 동포가 서로 마주보고 나아가고, 손을 잡고 함께 나아가며 중화민족의 길게 이어지는 복지를 함께 창조하기를 진심으로 희망한다"라고 피력했다.[73]

한편 차이잉원 타이완 총통은 2023년 1월 1일 신년사에 해당하는 원단 담화(元旦談話)에서 "여기에서 나는 또한 베이징 당국에 타이완 해협의 평화와 안정은 구역 내 각방의 공동 책임이자, 또한 모든 사람의 공동의 기대라는 것을 호소하고자 한다. 코로나19 방역 상황에서부터 글로벌 정치경제의 변국(變局)까지 양안은 현재 수많은 마찬가지의 도전을 겪고 있으며, 전쟁은 예로부터 문제를 해결하는 선택지가 아니었고 오로지 대화와 협력으로 공동으로 구역의 안정과 발전을 촉진하는 것을 목표로 삼아야만 비로소 더 많은 사람이 안전과 행복을 얻을 수 있게 된다. …… 올해 원단(元旦, 1월 1일)의 주제는 '중지성성해서

---

72   "國台辦發言人就台灣地區'九合一'選舉結果答記者問," 新華網(2022.11.26).
73   "國家主席習近平發表二〇二三年新年賀詞," 新華網(2022.12.31).

앞을 향해 나아가는 타이완'이다. 새로운 한해에 집정단대(執政團隊)의 네 가지 중요한 임무는 인민의 생활을 돌보고, 경제 활력을 유지하고, 국가안전을 수호하고, 구역 책임을 잘 해내는 것이다. 우리는 또한 한마음으로 단결하고 모든 사람의 역량을 결집해 국가가 더욱 진보하고 더욱 번영하며 더욱 평화롭고 행복해지도록 해야 한다"라고 말했다.[74] 2023년의 양안 신년사에서 '중지성성'이라는 말이 공통으로 표현되었다는 것, 그리고 '중지성성'이 원래 '중심성성(衆心成城)'에서 나왔다는 것은 시사하는 바가 매우 크다고 할 수 있다.

그리고 2023년 6월 17일 푸젠성 샤먼시에서 개최된 제15차 해협포럼대회(海峽論壇大會)에 중국의 시진핑 국가주석은 다음과 같은 내용의 축하 편지[賀信]를 보냈다(台灣民主自治同盟, 2023.6.19).

······ 중국식 현대화의 새로운 여정은 앞날이 밝으며 국가가 잘되고(國家好), 민족이 잘되어야(民族好), 양안 동포가 비로소 잘될 수 있는 것입니다(兩岸同胞才會好). 우리는 장차 예전과 다름없이 타이완 동포를 존중하고 아끼고 사랑하고 행복하게 만들 것이고 양안 경제·문화 교류의 협력을 지속적으로 촉진하며, 양안 각 영역의 융합 발전을 심화시키고 중화 문화를 함께 고양시키며 양안 동포의 의기투합을 촉진할 것입니다. 양안 동포가 함께 역사의 대세를 파악하고 민족의 대의를 굳게 지키며, 양안관계의 평화 발전을 추동하기 위해 조국 통일의 대업을 추진하는 데 있어서 공헌을 하고 중화민족의 끊임없는 복지를 함께 창출하며 민족 부흥의 위대한 영광을 함께 누릴 수 있기를 희망합니다!

---

74 "元旦談話全文/超徵稅收不發現金? 蔡英文總統: 這個決定不容易 請國人理解," ≪聯合報≫ (2023.1.1).

이러한 맥락에서 이 책은 타이완 해협을 둘러싼 미중 관계와 양안관계의 역사, 행태, 쟁점 및 파급효과를 통시적으로 살펴보고 공시적으로 전망하는 데 매우 유용하다. 또한 이 책을 통해 미중 관계와 양안관계의 변용에 대한 구미 지역 및 중국에서의 최신 논의와 연구 흐름을 학술적 차원에서 전반적으로 파악할 수 있을 뿐만 아니라, 정책적 측면에서의 분석과 평가도 심도 있게 이해할 수 있을 것이다. 특히 최근 들어 갈수록 복잡한 양상을 드러내고 있는 글로벌 경제위기와 우크라이나 전쟁의 흐름 속에서 타이완 해협을 둘러싼 미중 관계와 양안관계의 과거를 이해하고 그 현황을 파악하며 그 미래를 제대로 가늠하는 것의 중요성은 아무리 강조해도 지나침이 없을 것이다.[75]

이 책을 번역하면서 세 가지 측면을 중시했다. 첫째, 일반 독자들이 쉽게 이해할 수 있도록 생소한 인명과 지명에는 한자를 병기해 정확성을 추구했다. 둘째, 구체적인 설명이 필요한 부분에는 '옮긴이 주'를 추가했다. 셋째, 본문에서 언급되고 있는 인물 및 항목에 대해 부연 설명이 필요한 경우에는 독자들의 이해를 돕고자 부기했다.

무엇보다 이 책이 세상에 나올 수 있도록 물심양면 지원해 준 한울엠플러스(주)의 김종수 사장님, 그리고 출간을 위한 제반 작업에 힘써주신 모든 분들에게 진심으로 감사의 말씀을 전한다. 모쪼록 이 책을 통해 독자들이 타이완 해

---

[75] 한 국가의 최고지도자가 국민과 정당으로부터 받는 지지를 유지하는 데 있어 미국과 교섭하는 능력이 중요한 것처럼[信田智人, 『官邸の權力』(ちくま新書, 1996), p. 100; Christopher Andrew, *For the President's Eyes Only*(HarperPerennial, 1996)], 중국과 교섭하는 능력 또한 마찬가지로 중요하다[James Lilley, *China Hands*(PublicAffairs, 2004), pp. 372~384; Henry Kissinger, *On China*(Penguin Press, 2011)]는 점을 결코 망각해서는 안 된다. 요컨대 한반도의 모든 위정자는 심화되는 미중 경쟁과 양안관계의 국제정치를 대처하는 데서 『전국책(戰國策)』의 '한책(韓策)'에 나오는 교훈, 즉 "상대방이 귀하게 생각하는 바를 귀하게 여기는 사람은 귀하게 된다(貴其所以貴者貴)"는 것을 각별히 명심해야 할 것이다. Robert Jervis, *System Effects*(Princeton University Press, 2000), pp. 29~91; Hung-Jen Wang, *Taiwan and the Changing Dynamics of Sino-US Relations: A Relational Approach*(Routledge, 2022).

협을 둘러싼 복잡한 미중 관계와 양안관계의 과거와 현재를 입체적으로 이해하고 향후 발전궤적과 방향을 심층적으로 파악할 수 있기를, 이 책이 인류 전체의 번영에 이바지하고 세계 전체의 이익에 기여하는 미래의 역동적인 '한반도 시대'를 거시적으로 조망하고 적극 대비하는 데 조금이라도 도움이 될 수 있기를 진심으로 바란다.

2023년 7월

이용빈

지은이

리처드 부시(Richard C. Bush)

위스콘신주 애플턴 소재 로렌스대학교 졸업

콜롬비아대학교 대학원 석사(정치학 전공, 1973), 박사(1978)

미국 국가정보관(NIO, 동아시아 지역 담당) 및 국가정보위원회(NIC) 멤버(1995~1997)

미국재타이완협회(American Institute in Taiwan: AIT) 회장(1997~2002)

브루킹스연구소(Brookings Institution) 동아시아정책연구센터(CEAP) 소장(2002~2018)

브루킹스연구소 타이완연구 의장(2013~2020)

현재 브루킹스연구소 동아시아정책연구센터(CEAP) 수석연구위원(비상근), 브루킹스연구소 중국연구센터 수석 연구위원(비상근), 미국 외교협회(Council on Foreign Relations) 회원, 미국 미중관계전국위원회(National Committee on United States-China Relations) 회원, 타이베이포럼재단(Taipei Forum Foundation) 이사

주요 저서: *At Cross Purposes: U.S.-Taiwan Relations Since 1942*(2004), *Untying the Knot: Making Peace in the Taiwan Strait*(2005), *A War Like No Other: The Truth About China's Challenge to America*(공저, 2007), *Perils of Proximity: China-Japan Security Relations*(2010), *Uncharted Strait: The Future of China-Taiwan Relations*(2013), *Hong Kong in the Shadow of China: Living with the Leviathan*(2016), *Taiwan's Economic and Diplomatic Challenges and Opportunities*(공저, 2021), *U.S.-Taiwan Relations: Will China's Challenge Lead to a Crisis?*(공저, 2023) 외

옮긴이

박행웅

한국외국어대학교 영어과 및 동 대학원 졸업

KOTRA 관장(이탈리아 밀라노, 슬로베니아 류블랴나) 및 정보기획처장, 한국출판협동조합 전무 역임

역서:『합동작전환경 평가보고서: 미래 통합군을 위한 도전과 함의』(공역, 2009),『글로벌 거버넌스 2025: 중 대한 기로』(공역, 2011),『소용돌이의 한국정치』(완역판)(공역, 2013),『글로벌 트렌드 2035: 진보의 역설』(공역, 2017),『트럼프의 미국』(편역, 2018),『미중 분쟁의 실상: 미중 경제 안보 검토위원회』(2020),『한국전쟁과 냉전의 시대』(2020),『글로벌 트렌드 2040: 더 다투는 세계』(공역, 2021) 외

이용빈

인도 국방연구원(IDSA) 객원연구원 역임

미국 하버드대학교 HPAIR 연례학술회의 참석(안보 분과)

이스라엘 크네세트(국회), 미국 국무부, 일본 게이오대학 초청 방문

중국 외교학원, 타이완 국립정치대학, 홍콩 중문대학 학술 방문

현재 홍콩국제문제연구소 연구원

저서: *China's Quiet Rise: Peace through Integration*(공저, 2011), *East by Mid-East*(공저, 2013) 외

역서:『시진핑』(2011)(2012년도 아시아태평양출판협회 출판상 수상),『중국의 당과 국가』(2012),『중국 외교 150년 사』(2012),『현대 중국정치』(제3판, 2013),『마오쩌둥과 덩샤오핑의 백년대계』(2014),『중국인민해방군의 실력』(2015),『현대 중국의 정치와 관료제』(2016),『중국 국경, 격전의 흔적을 걷다』(2016),『시진핑의 중국: 100년의 꿈과 현실』(2019),『美中 신냉전?: 코로나19 이후의 국제관계』(2021),『현대 중국의 정치와 외교』(2023) 외

한울아카데미 2471

벼랑 끝에 선 타이완
미중 경쟁과 양안관계의 국제정치

지은이 ㅣ 리처드 부시
옮긴이 ㅣ 박행웅·이용빈
펴낸이 ㅣ 김종수
펴낸곳 ㅣ 한울엠플러스(주)
편집 ㅣ 신순남

초판 1쇄 인쇄 ㅣ 2023년 8월 21일
초판 1쇄 발행 ㅣ 2023년 8월 31일

주소 ㅣ 10881 경기도 파주시 광인사길 153 한울시소빌딩 3층
전화 ㅣ 031-955-0655
팩스 ㅣ 031-955-0656
홈페이지 ㅣ www.hanulmplus.kr
등록번호 ㅣ 제406-2015-000143호.

Printed in Korea.
ISBN 978-89-460-7472-9 93340

※ 책값은 겉표지에 표시되어 있습니다.